개발협력 프로그램 평가의 설계와 실행

이 도서의 국립중앙도서관 출판예정도서목록(CIP)은 서지정보유통지원시스템 홈페이지(http://seoji.nl.go.kr)와 국가자료공동목록시스템(http://www.nl.go.kr/kolisnet)에서 이용하실 수 있습니다. CIP제어번호: CIP2016024365(양장), CIP2016024366(학생판)

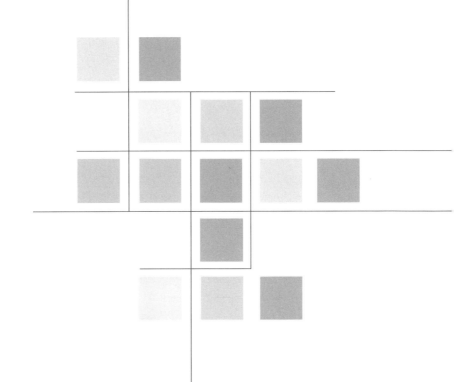

개발협력 프로그램 평가의 설계와 실행

린다 G. 모라 이마스, 레이 C. 리스트 지음

한국국제협력단(KOICA) 강지운·권새봄·라갑채·박소희·이상미·이지수·김유겸·
원지영·장서희·한송이·이우정·전혜선·손송희·김양희·김수지·변지나·이재은 옮김

한국국제협력단(KOICA) 이재은·한송이·변지나·조소희 번역감수

한울
아카데미

한국어판 서문

The Road to Results 한국어 번역본을 소개하게 되어 기쁘게 생각합니다. 한국어 번역본의 출판은 개발협력 평가에 관심 있는 한국의 관계자들이 보다 용이하게 이 책을 접할 수 있게 하는 중요한 과제였다고 생각됩니다.

2014년 KOICA를 방문해 실시한 성과기반 평가 교육을 계기로 한국어 번역본 출판이 시작된 것으로 알고 있습니다. 15명의 KOICA 인력이 각각 한장(章)씩 한국어로 옮기고, 평가심사실이 이를 감수해 최종적으로 마무리했습니다. 한국어 번역에 힘써준 모든 KOICA 직원 분들께 감사 인사를 전하고 싶습니다.

582쪽에 달하는 분량을 한국어로 옮기는 데에는 많은 헌신과 애정이 필요했을 것이라 생각됩니다. 이는 KOICA에서 개발 프로젝트에 대한 성과관리를 보다 적극적으로 도모하는 노력의 일환이라고 볼 수 있습니다.

이러한 *Road to Results*의 한국어 출판이 개발협력의 성과 중심 문화를 제도화하는 첫걸음이 될 것이라고 믿습니다. 향후 한국 개발평가를 통한 학습과 책임성 강화에 이 책이 기여할 수 있기를 희망합니다.

린다 G. 모라 이마스(공저자)

차례

그림 차례

박스 차례

표 차례

약어표

ADB	Asian Development Bank	아시아개발은행
AEA	American Evaluation Association	미국평가협회
AfDB	African Development Bank	아프리카개발은행
ANSI	American National Standards Institute	미국표준협회
ASEAN	Association of Southeast Asian Nations	동남아시아국가연합
CAHMI	Child and Adolescent Health Measurement Initiative	어린이 및 청소년 건강 측정 기관
CES	Canadian Evaluation Society	캐나다 평가학회
CGD	Center for Global Development	글로벌개발센터
CIDA	Canadian International Development Agency	캐나다 국제개발청
CIS	Commonwealth of Independent States	독립국가연합
CODE	Committee on Development Effectiveness	개발효과성위원회
CSF	Community Support Framework	지원 프레임워크
CSR	corporate social responsibility	기업의 사회적 책임
DAC	Development Assistance Committee	개발원조위원회
DANIDA	Danish International Development Agency	덴마크 외교부 국제개발국
DfID	Department for International Development	영국 국제개발부
DEC	Disasters Emergency Committee	긴급재난위원회
EBRD	European Bank for Reconstruction and Development	유럽개발부흥은행
ESRC	Economic and Social Research Council	경제 · 사회 연구협의회

EU	European Union	유럽연합
FAO	Food and Agriculture Organization of the United Nations	국제연합식량농업기구
FATF	Financial Action Task Force on Money Laundering	국제자금세탁방지 태스크 포스
FDI	foreign direct investment	해외직접투자
GAD	gender and development	젠더와 개발
GAO	Government Accountability Office	회계감사원
GDP	gross domestic product	국내총생산
GICHD	Geneva International Centre for Humanitarian Demining	제네바 국제 인도적 지뢰 제거센터
GRPPs	Global and Regional Partnership Programs	국제 및 지역 파트너십 프로그램
HIPC	Heavily Indebted Poor Countries	고채무 빈곤국
IDEAS	International Development Evaluation Association	국제개발평가협회
IDRC	International Development Research Centre	국제개발연구센터
IFAD	International Fund for Agricultural Development	국제농업개발기금
IFC	International Finance Corporation	국제금융기업
IISD	International Institute for Sustainable Development	국제지속개발연구소
ILO	International Labour Organization	국제노동기구
IMF	International Monetary Fund	국제통화기금
IOM	International Organization for Migration	국제이주기구
IPDET	International Program for Development Evaluation Training	국제개발평가 교육 프로그램
IRBM	integrated results-based management system	통합적 성과 중심 관리 체계
INTOSAI	International Organization of Supreme Audit Institutions	국제최고감사기구
IOCE	International Organisation for Cooperation and Evaluation	국제평가협력기구
JICA	Japan International Cooperation Agency	일본국제협력단
MDBs	Multilateral Development Banks	다자개발은행
MDGs	Millennium Development Goals	새천년개발목표

MIS	management information system	관리정보시스템
NGO	nongovernmental organization	비정부기구
NORAD	Norwegian Agency for Development Cooperation	노르웨이 외교부 개발협력국
ODA	official development assistance	공적개발원조
OECD	Organisation for Economic Co-operation and Development	경제협력개발기구
PPBS	Program Performance Budgeting System	프로그램 성과예산 수립체계
PRSP	Poverty Reduction Strategies Paper	빈곤감소 전략
SDC	Swiss Agency for Development and Cooperation	스위스 개발협력청
SHIPDET	Shanghai International Program for Development Evaluation Training	상하이 국제개발평가 교육프로그램
SIDA	Swedish International Development Cooperation Agency	스웨덴 국제개발협력청
SWAps	sectorwide approaches	분야 통합적 접근
TI	Transparency International	국제투명성기구
UNDP	United Nations Development Programme	국제연합(UN)개발계획
UNEG	United Nations Evaluation Group	UN평가그룹
UNEP	United Nations Environment Programme	UN환경계획
UNESCO	United Nations Educational, Scientific and Cultural Organization	UN교육과학문화기구
UNFPA	United Nations Population Fund	UN인구기금
UNHCR	United Nations High Commissioner for Refugees	UN난민고등판무관사무소
UNICEF	United Nations Children's Fund	UN아동기금
UNSD	United Nations Statistics Division	UN통계처
USAID	U.S. Agency for International Development	미국 국제개발처
WHO	World Health Organization	세계보건기구
WID	women in development	개발에서의 여성
WTO	World Trade Organization	세계무역기구

서문

개발의 분석적 · 개념적 · 정치적 프레임워크는 극적으로 변화하고 있으며, 개발의 새로운 어젠다는 다양한 분야, 국가, 개발전략 및 정책을 아우르고 있다. 동시에 개발의 전 과정에서 교훈 도출과 학습, 지속적인 피드백의 중요성이 강조되고 있다.

따라서 개발평가는 일종의 공공재로 인식될 수 있다.

평가는 하나의 조직의 경계를 넘어서 확장된다. 우수한 평가 사례는 개발 커뮤니티 전반에 긍정적 파급효과를 가져올 수 있다. 개발평가는 국제적인 공공재로서의 특성이 있다(Picciotto and Rist, 1995: 23).

개발 어젠다가 점차 광범위하고 복잡해짐에 따라, 개발평가 또한 그 흐름을 따라가고 있다. 새천년개발목표(Millenium Development Goals: MDGs)의 달성과 성과에 대한 관심이 높아지면서, 개발평가자들은 점차 전통적인 시행과 산출물 중심(output-focused) 평가모델에서 벗어나 성과 중심(results-based) 평가모델을 지향하고 있다. 또한 오늘날 국제사회는 프로젝트 중심 접근법에서 벗어나 국가가 직면한 도전에 포괄적으로 대응하고자 한다. 이에 따라 개발평가자 역시 국가, 분야, 주제, 정책, 국제적 차원의 결과를 평가하기 위한 방법을 모색하고 있다. 개발도상국이 직면한 개발과제에 대하여 포괄적이면서도 조화된 접근의 중요성을 인식하고 파트너십을 강조하면서, 공동 평가를 점차 활발히 시행하고 있다. 공동 평가는 여러 면에서 장점이 있지만 평가를 복잡하게 할 수도 있다(OECD, 2006). 그리고 개발평가자는 점차 복잡해지는 포괄적인 환경에서 개별 기관의 성과와 개발에 대한 기여도를 측정하는 데 어려움을 안고 있다.

이렇듯 점차 복잡해지는 개발 접근법에 따라, 개발평가의 설계가 점차 어려워지고 보다 복잡한 방법론과 장기적인 영향력 측정에 대한 높은 기준을 필요로 한다.

평가에 대한 새로운 접근법과 기술에 대한 요구는 경제학의 범위를 넘어선다. 예를 들어, 기후변화와 같이 시급한 이슈는 개발의 지속가능성을 평가하기 위한 새로운 접근법을 요구하고 있다. 넓은 범위에 걸친 환경문제와 국경을 초월하는 영향, 비교 가능한 측정방식 활용의 어려움, 예상치 않은 결과로 인해 복합적인 평가접근법이 필요하다.

> 다양한 문제와 수요, 다수 인류를 위한 활동에 단일한 학습법은 존재하지 않는다. 다양한 분야를 포괄하는 접근이 흔히 활용되고, 평가자는 점차 유연하고 대담하게 사회과학적 방법론을 활용한다(Picciotto and Rist, 1995: 169).

대다수 개발도상국에서는 개발평가의 수행과 방법에 대해 전문성을 갖춘 조직을 구성하여 평가 역량을 구축해나가는 것이 쉽지 않다. 개도국 국가 차원의 평가협회와 지역 평가그룹의 증가와 활성화는 개발평가 커뮤니티의 전문성을 강화하는 중요한 첫 단계이다. 국제개발평가협회(International Development Evaluation Association: IDEAS)를 통해 국제 평가 전문조직을 찾을 수 있다. 또한 석사 수준의 관련 교과과정 개설과 지역 훈련센터 설립을 통해 개발평가 역량 제고를 지원할 수 있다.

이 책은 개발평가 역량 구축을 위해 활용하도록 마련되었다. 개발평가자가 새로운 평가 구조에 대해 탐색하고, 특히 성과 지향적인 평가를 설계하고 시행할 수 있도록 돕는 것이 이 책의 목적이다.

2001년 세계은행(World Bank)의 평가국[현 독립평가그룹(Independent Evaluation Group: IEG)]은 국제개발평가 교육프로그램(International Program for Development Evaluation Training: IPDET)을 신설했다. IEG는 세계은행 연구소(World Bank Institute)의 후원을 받아 칼튼(Carleton) 대학과 공동으로 첫 훈련 프로그램을 캐나다 오타와에서 시행했다. 이 프로그램은 1주 또는 2주 기간의 IPDET 맞춤형 과정으로 개설되었고, 2003년 이후로 12개가 넘는 국가에서 시행되고 있다. 2007년에는 상하이 국제개발평가 교육프로그램(Shanghai International Program for Development Evaluation Training: SHIPDET) 이 신설되었다.

IPDET은 지속적으로 변화하는 개발 현황에 발맞추면서도 지역·국가·국제사회 수준에서 개발평가에 일반적으로 활용이 가능한 평가 도구를 제시하고자 한다. 양자 또는 다자 개발기구, 개도국 정부, 비정부기구(NGO), 국회의원 및 민간 컨설턴트를 대상으로 한다.

IPDET의 전반적인 목표는 증거를 기반으로 한 정책 결정을 위해 참여자들의 지식과 기술 강화 및 효과적인 개발평가설계 역량 강화를 도모하는 것이다. IPDET는 14개 모듈로 구성되어 효과적인 개발평가 방안을 다루고 있다.

이 책은 IPDET의 14개 모듈을 기반으로 개발평가자가 직면하는 이슈를 포괄적으로 소개하고, 개발평가를 수행할 수 있도록 안내한다. 이 책을 통해 보다 많은 개발 분야 인력이 개발 성과 평가에 대한 포괄적인 지식을 습득할 수 있을 것이라 기대한다.

참고문헌

OECD(Organisation for Economic Co-operation and Development). 2006. DAC *Guidance for Managing Joint Evaluations*. Paris: OECD. http://www.oecd.org/dataoecd/28/14/37484787.pdf.

Picciotta, Robert, and Ray C. Rist. 1995. *Evaluating Country Development Policies and Programs: New Approaches for a New Agenda*. San Francisco: Jossey-Bass.

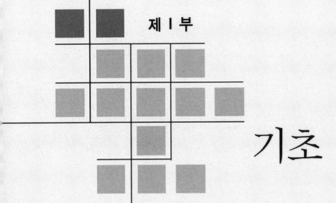

제 I 부

기초

"진정한 천재는 불확실하고 위험하고 상충되는 정보
를 평가하는 역량을 가지고 있다."

— 윈스턴 처칠

개발평가의 소개

이 장에서는 정책, 프로젝트, 프로그램 단위의 평가의 개념과 일반적 정의를 소개하고자 한다. 그리고 개발 프로젝트, 프로그램, 또는 정책평가, 즉 개발평가에 대해 소개할 것이다.

이 장은 다음 내용으로 구성된다.
- 평가란 무엇인가?
- 평가 분야의 역사와 기원
- 개발평가의 배경
- 개발평가의 원칙과 기준
- 개발평가의 사례

1. 평가란 무엇인가?

개발평가를 이해하기 위해서는 평가란 무엇인지 이해하고 그 목적과 활용법에 대해 알아야 할 것이다. 이 장은 다음과 같은 세부 목차로 구성된다.

- 평가의 정의
- 평가의 목적
- 평가의 효용
- 평가의 대상
- 평가의 활용
- 모니터링과 평가의 관계
- 전문 평가자의 역할

1) 평가의 정의

평가[*]는 다양하게 정의된다. 『옥스퍼드 영어사전』은 평가를 다음과 같이 정의한다.

① (재화 등의) 가치를 감정 또는 측정하는 행위, 가치에 대한 계산이나 기술.
② (기술적 표현 또는 물리적 양의 개념으로) 가치를 측량하는 행위 또는 가능성이나 증거의 정도를 추정하는 행위.

평가는 다양하게 정의될 수 있다. 평가에 대한 국제사회의 공통적 정의는 없으나, 각 평가의 중점적인 목적(책임성 또는 교훈 도출 등) 또는 평가의 시기

---

[*] **평가**(Evaluation): 프로젝트, 프로그램, 정책의 가치에 대한 확인 및 측정.

에 따라 다양하게 정의될 수 있다.

현대 평가모델의 창시자 중 하나인 마이클 스크리븐(Michael Scriven)은 오늘날 '평가'에 대해 다음과 같이 약 60개에 달하는 다양한 표현이 사용되고 있다는 점을 지적했다(adjudge, appraise, analyze, assess, critique, examine, grade, inspect, judge, rate, rank, review, score, study, test… ect.)(Fitzpatrick, Sanders and Worthen, 2004: 5).

대부분의 평가에 대한 정의는 평가 대상의 가치에 대한 판단을 내린다는 개념을 포함한다. 그리고 '가치를 측정한다(valuing)'는 점에서 평가를 연구나 모니터링과 구분한다. 이 책은 다음과 같이 OECD(Organisation for Economic Co-operation and Development) DAC(Development Assistance Committee) Glossary의 정의를 따른다(OECD, 2000: 21).

평가는 개발활동이나 정책 또는 프로그램의 가치나 중요성을 측정하는 과정이다. 계획 또는 진행 중이거나 완료된 개발 활동에 대해 가능한 한 체계적이고 객관적인 평가가 실시되어야 한다.

평가는 형성평가, 총괄평가, 전향평가 등 다양한 유형으로 나눌 수 있다.

형성평가란 성과개선을 목표로 시행되는 평가로서, 프로젝트나 프로그램의 집행 중에 실시한다. 또한 법률·명령의 준수, 법률상의 의무 또는 큰 범위의 평가 이니셔티브의 일환으로 실시되기도 한다. 반면 총괄평가란 프로그램의 종료 시점에 예상했던 결과가 달성되었는지 점검하는 것이다. 총괄평가는 프로그램의 가치에 대한 정보를 제공하기 위해 시행한다(OECD, 2002: 21~22).

형성평가(Formative evaluation)는 개발정책, 프로젝트, 프로그램이 시행되는 방식을 살펴본다. 프로그램에 착수하기 전에 가정한 집행논리가 실제 수행내용과 일치하는지 살펴보고, 단기 결과를 파악한다. 이러한 유형의 평가는 개발프로젝트나 프로그램의 수행단계에서 이루어진다. 형성평가는 집행과정에 초점을 두므로 종종 '과정평가(process evaluations)'라고도 한다.

형성평가의 일례로는 국제개발연구센터(International Development Research Center: IDRC)가 라틴아메리카와 카리브 해의 천연자원 관리 이니셔티브(일명 'Minga')를 위해 시행한 평가가 있다(Adamo, 2003). 밍가(Minga) 이니셔티브는 볼리비아, 에콰도르, 페루의 천연자원 관리전문가 양성을 목표로 했다.

IDRC가 주목했던 이 프로그램의 세부계획 중 하나는 성 주류화(gender mainstreaming)이기 때문에, 성 주류화가 어떻게 실현되었는지 파악하기 위해 형성평가를 의뢰했다. 형성평가는 해당 프로그램의 성 주류화 관련 활동 문헌자료 검토로 시작되었다. 평가자는 출장보고서를 검토하고 프로그램 관리자들과의 인터뷰를 통해 성 주류화를 업무에 실현하기 위해 어떤 노력과 경험을 했고, 그 과정에서 어떤 교훈을 얻었는지 살펴보았다.

형성평가의 종류로 중간(midterm) 평가 또는 중간지점(midpoint) 평가도 있다. 이름에서 알 수 있듯이 중간평가는 프로젝트나 프로그램, 정책의 시행 중간 시점에 실시된다. 중간평가는 해당 프로젝트나 프로그램에서 우수하게 시행되고 있는 점과 그렇지 못한 점을 파악하는 것을 목표로 하며, 교훈 도출과 적절성·효과성·효율성에 초점을 둔다. 해당 프로젝트의 내용과 전략을 개선하고, 향후 프로젝트 기획 및 운영 방향을 이끌 수 있도록 교훈 도출이 중요하다.

총괄평가(Summative evaluation)는 종종 결과(outcome)평가 또는 영향 (impact)평가로 불리는데, 개발 활동의 마지막 단계에서 당초 의도한 성과를 얼마나 달성했는지 측정하기 위해 수행된다. 총괄평가는 프로그램이나 프로젝트의 가치나 영향력에 대한 정보를 제공하기 위해 수행하며, 영향평가, 비용 - 효과 분석, 준실험, 무작위 실험, 사례 연구 등이 포함된다.

총괄평가의 예로 아시아개발은행(Asian Development Bank: ADB)이 시행한 '2차 몽골 재정 분야 프로그램 평가'(ADB, 2007)가 있다. 이는 ADB가 지원하는 재정 분야 개혁의 일환으로, 단일 은행제도(Mono-banking system)에서 이원적 은행제도(Two-tier banking system)로 전환하는 프로그램이었다. 총괄평가는 이 프로그램의 두 번째 단계 종료시점에서 실시되었다. 총괄평가는 해당 프로젝트나 프로그램의 적절성, 성과, 영향, 지속가능성, 외부 유용성, 교훈 도출에 초점을 두고 시행된다.

형성평가와 총괄평가의 차이점은 다음과 같다.

- 형성평가는 개발정책, 프로그램, 프로젝트의 수행과 개선을 위해 실시된다.
- 총괄평가는 결과에 중점을 둔다. 총괄평가를 통해 개발정책, 프로젝트 및 프로그램의 지속 여부나 확대 또는 종료, 유사 프로젝트의 시행을 결정할 수 있다.

그간 많은 기관들이 다양한 개발 프로젝트나 프로그램, 정책을 대상으로 이 두 가지 평가를 수행해왔다.

전향평가(Prospective evaluation)는 제안된 프로젝트, 프로그램, 정책을 통해 도출할 수 있는 결과에 대해 평가한다는 점에서 평가성 사정(Evaluability assessment)과 유사하다고 볼 수 있다. 평가성 사정은 "이 프로그램(또는 프로젝트)이 평가를 할 가치가 있는가"와 "평가시행을 통해 확보할 수 있는 이득이 투입되는 노력과 자원에 비하여 가치가 있는가"에 대한 답을 제시한다. 전향평가는 제안된 프로젝트, 프로그램, 정책과 이전에 진행되었던 연구결과를 종합하여 어떤 결과가 나올 수 있을지를 가늠한다. 예를 들어, 미국 의회는 회계감사원(Government Accountability Office: GAO)에 제안된 법안의 예상 결과에 대한 자문을 구한다.

최근 사례는 아니지만, 전향평가의 흥미로운 사례로 1986년에 GAO가 시행한 '10대 청소년의 임신에 관한 조사: 연간 50만 명의 신생아 출생, 그러나 검증되지 않은 프로그램'(U.S. GAO, 1986)을 들 수 있다. 이 평가는 네 단계의 절차를 거쳐 진행되었고, 두 법안의 주요 특징을 분석하고 10대 임신율에 대한 통계자료를 검토했다. 그리고 이전에 실시된 10대 청소년의 임신 및 육아 프로그램과 임신의 위험을 알리는 프로그램의 효과를 분석한 평가보고서를 검토했다. 평가자는 왜 상정된 법안들이 제안한 대로 기능할 것이라 예상했는지 파악하기 위해, 해당 법안이 근거하고 있는 프로그램 이론을 재구성했다. 그리고 제안된 법안의 특성과 그 결과를 비교했다.

이러한 전향평가는 때로는 '사전평가'[ex ante(before the fact) evaluation] (Rossi and Freeman, 1993]로 칭한다. 사전평가 또는 전향평가는 제안된 프로그램 이론의 재구성 또는 평가, 예상 시나리오 분석, 기존 연구결과 요약을 통해 제안 프로그램의 경험적 근거 기반을 강화하고자 한다.

2) 평가의 목적

평가는 다양한 목적으로 활용될 수 있다. 평가의 목적 또는 목표가 어떻게 설정되어야 하는지에 대해서는 다양한 시각이 있다.

일반적으로 평가의 목적은 다음과 같이 네 가지 유형으로 분류할 수 있다.

- **윤리적 목적**: 정치 지도자들과 시민들에게 해당 정책과 프로그램이 어떻게 시행되고 있으며 어떤 결과를 얻었는지 보고하기 위한 목적. 이는 국민에 대한 책임성, 정보 생산, 민주주의 추구 등의 목적과 맥을 같이함
- **관리적 목적**: 재정 및 인적자원을 보다 합리적으로 재분해하여 프로그램 관리를 개선하고 이익을 증가시키기 위함

- **의사결정의 목적**: 프로그램의 지속 또는 종료, 수정을 위한 의사결정의 근거를 확보하기 위함
- **교육 및 동기부여 목적**: 공공기관과 그 협력기관이 수행하고 있는 업무에 대한 이해를 높이고 스스로 목표를 찾게 하는 동기 부여를 위함(Scientific and National Councils of Evaluation, 1999)

이 외에도 다음과 같은 평가 목적이 있다.

- 사회개발 도모
- 심의 민주주의(deliberative democracy) 촉진
- 관리감독과 규정 준수
- 책무성과 투명성의 강화
- 지식의 축적 및 공유
- 조직개선에 기여
- 주요 이해관계자들 간의 대화 및 협력 제고
- 프로젝트, 프로그램, 정책의 적절성, 집행, 효율성, 효과성, 영향력, 지속가능성 측정
- 교훈 도출

    첼림스키와 샤디시(Chelimsky and Shadish, 1997)는 평가의 배경과 맥락을 신기술의 영향, 국가 간의 인구 불균형, 환경보호, 지속가능한 개발, 테러리즘, 인권 등 글로벌 차원의 과제로 확대해 소개한다.
    궁극적으로 모든 평가는 프로젝트나 프로그램, 정책 개선을 위한 의사결정을 뒷받침할 수 있는 정보 제공을 목적으로 한다. 평가를 통해 어떠한 일이 일어났는지, 또는 일어나고 있거나 일어날 것인지 이해함으로써, 의도한 목표를 달성하기 위한 변화와 개선을 도모한다.

3) 평가의 효용

개발 프로젝트에 대한 평가를 통해 다음의 질문에 답변을 제시할 수 있다.

- 해당 프로젝트의 영향은 무엇인가?
- 해당 프로젝트가 계획대로 시행되고 있는가?
- 대상지에 따라 해당 프로젝트의 성과에 차이가 있는가?
- 해당 프로젝트의 수혜자는 누구인가?

평가의 효용은 다양하다. 그 효용이 직접적일 수도 있고, 때로는 간접적이어서 해당 프로젝트의 수혜자로 포함되지 않았음에도 혜택을 받기도 한다. 어떤 프로젝트는 단기간에 이익을 창출하지만 어떤 프로젝트는 장기간이 걸리기도 한다.

사람들이 각각 어떻게 다른 방식으로 혜택을 입는지 다음의 사례를 통해 살펴보자. 미국의 주택도시개발부(U.S. Department of Housing and Urban Development, 1997)는 공공주택에 거주하는 16~20세 남녀 청소년을 대상으로 시행한 야간 농구 프로그램을 평가했다. 프로그램의 시행 이전과 이후에 각각 설문조사를 실시했는데, 이 프로그램이 시행되기 전에는 자신이 문제아가 될 것으로 생각한다고 응답한 비율이 92%이고, 3개월 안에 폭력사건의 피해자가 될 것이라고 생각한다는 응답이 2/3에 달했다. 그러나 프로그램 시행 이후에 실시한 설문조사에서는 응답자 중 자신이 문제아가 될 것이라고 답한 비율은 20%로 낮아졌고, 자신이 폭력사건의 피해자가 될 것이라고 응답한 비율은 약 5%뿐이었다.

야간 농구 프로그램을 통해 공공주택 지역의 16~20세 청소년 범죄율이 78% 감소했음을 확인했다. 설문조사에 따르면, 야간 농구 프로그램이 범죄율 감소에 긍정적인 작용을 했다. 프로그램의 참가자는 프로그램의 직접 수혜자로서, 이를 통해 자신이 범죄자가 될 확률이 낮아지고 폭력사건의 피해자가 되는 것도 피하게 될 것이라 믿게 되었다.

지역주민을 대상으로도 설문이 실시되었는데, 응답자들은 야간 농구 프로그램 시행 이후 그 지역사회와 자녀들이 이전보다 안전해졌다고 느낀다고 답했다. 이 경우 지역주민들은 해당 프로그램의 간접적 수혜자, 적어도 단기 수혜자가 된다(이는 그 혜택이 얼마나 유지되느냐에 달려 있다). 그들이 프로그램에 직접 참여하지는 않았지만 프로그램을 통해 보다 안전함을 느끼기 때문이다.

이 결과를 통해 야간농구 프로그램이 지역사회의 폭력 감소와 예방에 성공적이라는 점을 입증할 수 있다. 또한 프로그램의 관리자는 이 결과를 제시해 시 의회에 프로그램의 지속적 시행을 위한 예산지원을 요청할 수 있다. 프로그램을 계속 시행함으로써 직업을 유지할 수 있다는 점에서 프로그램 관리자 또한 간접적인 수혜자가 된다.

청소년이 범죄에 휘말리지 않는다면, 범죄자 수용시설 관리비용을 줄이고, 청소년 생산성이 감소되지 않아 사회 또한 장기적으로 이득을 얻는다. 청소년이 교도소에 수용되는 대신 일자리를 찾아 세금을 납부하는 성실한 시민이 될 수 있다.

또한 평가를 통해 프로그램 집행 과정에 대한 정보를 제공할 수 있다. 타 지역의 공공주택 관리 기관(의도하지 않은 수혜자)은 해당 프로그램의 진행단계와 그 이후의 평가를 통해서 교훈을 도출할 수 있다.

두 번째 사례로 깨끗하고 안전한 용수처리 공장을 건설하고 관리하는 프로젝트를 들 수 있다. 해당 프로젝트를 통한 직접적이고 즉각적인 이익은 해당 지역 주민들이 깨끗한 식수를 제공받는 것이다. 직접적이고 장기적인 이익은 지역사회 및 인근지역 주민의 수용성 질병에 감염될 확률이 감소하는 것이고, 간접적이고 중기적인 이익은 이 지역이 안전하게 마실 물을 공급받게 됨으로써 산업을 유치하기에 보다 좋은 환경을 조성하게 된 것이다.

4) 평가의 대상

평가를 통해 개발의 다양한 측면을 볼 수 있다(표 1.1). 평가 대상으로는 다음 사례들을 들 수 있다.

- **프로젝트**: 한 지역 또는 여러 지역에서 실시된 하나의 프로젝트
- **프로그램**: 공통의 목표를 달성하기 위한 다양한 활동 또는 프로젝트
- **정책**: 개발 관련 결정을 규제하기 위해 수립한 기준, 가이드라인 또는 규칙
- **기관**: 한 기관에 의해 실시된 여러 프로그램
- **분야**: 교육, 산림, 농업, 보건과 같이 특정 정책분야에서 이루어지는 프로그램
- **주제**: 젠더나 국제 공공재와 같이 범분야(cross-cutting) 이슈로 지칭되는 특정 주제
- **국가 지원**: 국가개발계획 대비 진척사항, 전반적인 원조의 효과 또는 교훈

표 1.1 **정책, 프로그램, 프로젝트 평가의 예시**

평가의 종류	적용	
	상수도 민영화	이주, 재정착(Resettlement)
정책평가	상수도 민영화 모델의 비교	주민들을 새로운 지역으로 이주시키는 전략 비교
프로그램 평가	정부 시스템의 재정관리 평가	이주 농민들의 생계수단 유지 정도 평가
프로젝트 평가	두 지역의 상수도요금 징수율 개선 비교	한 지역 내 이주 농민들의 경작법 평가

자료: 저자 작성.

5) 평가의 활용

평가 결과는 다양하게 활용할 수 있다. 평가를 통해 의뢰기관, 정부, NGOs, 일반 국민 등 다양한 대상에 프로젝트, 프로그램 또는 정책에 대한 피드백을 제시할 수 있다. 세금이 얼마나 유용하게 사용되었는지, 관리자와 정책결정

자는 어떤 프로그램이 잘 운영이 되었는지 또는 어떤 프로그램이 목표를 달성하지 못했는지를 파악할 수 있다.

평가는 공공재원을 사용하는 프로젝트, 프로그램, 정책에 대한 책임성을 확보하는 수단이 되기도 한다. 평가 결과를 기반으로 해당 프로젝트나 프로그램을 확대하거나, 개선 또는 중단할 수 있다.

바이스(Weiss, 2004: 1)는 초기 기획단계에서 평가 결과의 활용 방안을 수립하는 것이 중요하다는 점을 강조한다. "만약 평가 결과의 주요 사용자와 그 활용방안이 명확하지 않다면 평가를 시행해서는 안 되고, 결과를 활용하지 않는 평가는 귀중한 인적·물적 자원을 낭비하는 것이다"라고 지적한다.

평가의 모든 과정은 그 결과의 사용자의 수요에 부합해 기획하고 시행해야 한다. 그 사용자는 평가 과정이나 결과를 기반으로 변화와 개선을 도모하는 역할을 한다.

평가를 통해 다음과 같은 목적을 달성하고, 그 결과를 활용할 수 있다(박스 1.1).

- 왜 의도한 성과를 달성했는지 또는 왜 달성하지 못했는지 분석
- 왜 의도하지 않은 성과나 결과가 발생했는지 파악
- 구체적인 활동이 어떻게, 왜 결과에 영향을 미쳤는지 파악
- 집행단계의 진행사항, 실패 또는 성공을 확인
- 목표달성 대상 프로젝트 또는 프로그램의 개선과 변화를 위한 구체적인 교훈 도출

요약하자면, 평가 결과를 통해 다음과 같은 사항에 초점을 맞출 수 있다.

- 광범위한 전략 및 기획 이슈("옳은 것을 하고 있는지?")
- 집행 및 실행 이슈("옳은 방법으로 하고 있는지?")

- 문제해결을 위한 대안("무엇을 학습하고 있는지?")

6) 모니터링과 평가의 관계

OECD DAC의 평가용어 정의에 따르면 **모니터링**[*]은 다음과 같이 설명할 수 있다.

모니터링이란 개발원조 프로젝트 또는 프로그램의 진행상황 및 목적 달성의 정도에 대한 정보를 제공하기 위해 특정 지표에 대해 체계적으로 자료를 수집하고 활용하는 지속적인 활동이다(OECD, 2002: 27~28).

모니터링은 정례적이고 계속적으로 진행되는 내부 활동이다. 모니터링을 통해 프로그램 진행 상황을 파악하기 위해 관련 활동, 산출물 및 결과에 대한 정보를 수집한다.

모니터링 체계의 사례로 말라위 보건부의 26개 지표를 통한 중앙병원의

---

[*] 모니터링(Monitoring): 이루고자 하는 목표를 측정할 의도로 운영자들이 지속적인 데이터를 수집하는 과정.

보건 품질 모니터링을 들 수 있다. 여기에는 4주 이내에 진찰한 환자 수, 입원 환자 중 사망자 수, 시설분만 도중의 사망자 수, 입원 일수 등이 포함된다 (Government of Malawi, 2007).

보건부는 정기적인 지표 점검으로 주요 추세를 파악하며, 어떤 극적인 변화가 보이면 조사를 실시할 수 있다. 예를 들어 입원 환자 중 사망자 수가 급격히 증가했다면, 병원 내 감염률이 높아 즉시 대응조치를 취할 필요가 있다. 감염률이 감소했다면 새로운 소독약이 효과적이므로, 보다 적극적으로 활용해야 한다는 증거가 될 수 있다.

평가는 일반적으로 모니터링을 통한 자료를 기반으로 '왜'라는 질문에 대한 답을 구하기 위해 실행된다. 예를 들면 '왜 제왕절개 수술이 5개 병원에서만 증가했는지' 또는 '50개 지역 중 왜 3개 지역에서만 신생아의 생존율이 특히 높아졌는지'와 같은 질문이다. 평가는 가능한 다양한 요인이 아닌 특정 프로젝트 또는 프로그램의 영향으로 인한 변화의 결과를 찾고자 한다.

모니터링과 평가는 모두 성과를 측정하고 검토하지만, 서로 다른 방법으로 다른 시점에 이루어진다(표 1.2).

- 모니터링은 프로젝트나 프로그램의 시행단계 전반에서 시행
- 평가는 프로젝트나 프로그램의 수행에 대해 주기적으로 이루어지며, '왜?'라는 질문에 대한 해답 모색

표 1.2 모니터링과 평가의 비교

모니터링	평가
진행 중, 지속적	기간과 시점의 제한
내부적 활동	내부, 외부 또는 참여적 활동
관리자 책임	평가자와 담당직원 및 관리자의 공동책임
프로그램 성과 개선을 위한 지속적인 피드백	주기적인 피드백

자료: Insideout(2005).

모니터링은 프로젝트 관리자가 실시하는 내부적 활동이다. 보통 모니터링을 수행하고 그 결과가 활용되고 있는지 확인하는 것은 프로젝트 관리자의 책임이다. 반면, 평가는 내부적으로 또는 외부 기관 또는 평가자에 위임하여 진행할 수 있고 함께 평가에 대한 책임을 공유한다(Insideout, 2005).

7) 전문 평가자의 역할과 활동

평가의 개념과 목적이 점차 변화됨에 따라 평가자의 역할과 활동 또한 변화해왔다. 평가자는 다양한 역할을 맡아 많은 활동에 참여하는데, 평가자의 역할은 평가의 속성이나 목적에 따라서 다르다. 피츠패트릭 등(Fiztpatrick, Sanders and Worthen, 2004: 28)은 "평가자는 다양한 역할을 수행해야 하는데 때로는 과학적 전문가로서 또는 조력자, 기획자, 조정자, 공동 연구자, 의사 결정자의 조언자, 비판적인 동료의 역할까지 해내야 한다"고 언급했다. 이외에도 평가자는 판사, 신뢰할 만한 사람, 교사 및 사회적 변화 주도자 역할도 해야 한다.

■ 누가 평가를 수행하는가?
평가자는 내·외부 또는 참여적 평가의 일원이다. OECD DAC은 내부평가(Internal evaluation)를 다음과 같이 정의하고 있다.

내부 부서 또는 개인이 실시하고 공여기관, 수원국 또는 시행기관 관리자에게 보고하는 평가(2002: 26).

또한 **외부평가**(External evaluation)는 다음과 같이 정의한다.

공여기관, 수원국 또는 시행기관 이외의 기관이나 개인이 수행하는 평가(2002: 23).

내부 평가자와 외부 평가자를 활용하는 것은 각각 장단점이 있다. 내부 평가자는 프로젝트나 프로그램, 정책에 대해 외부의 그 누구보다 이해가 높기 마련이다. 해당 프로젝트를 개발하고 관리한 담당자가 평가를 담당할 수 있다. 프로젝트의 추진경과와 조직, 문화, 이해관계자, 문제점과 성과에 대해서도 잘 알고 있기 때문에, 내부 평가자는 가장 타당하고 적절한 평가질문을 고안해낼 수 있다.

그러나 이 장점은 역으로 단점이 되기도 한다. 내부 평가자는 대상 프로젝트, 프로그램, 정책에 익숙하기 때문에, 객관적으로 볼 수 없고, 해결책과 개선방안을 인식하지 못할 수 있다. 내부 평가자는 또한 상위 의사결정자에게 압력이나 영향을 받을 수 있다는 단점이 있다. 이로 인해 외부의 이해관계자도 외부의 평가자가 실시한 평가에 비하여 내부 관계자의 평가의 평가 객관성에 대한 신뢰가 낮다.

외부 평가자는 대개 신뢰성과 객관성을 확보할 수 있다. 대부분의 외부 평가자는 효과적인 평가를 위해 필요한 전문적 기술을 보유하고 있는 경우가 많다. 또한 대상 프로젝트의 행정 및 재정관리로부터 독립적이다(Fitzpatrick, Sanders and Worthen, 2004).

그러나 외부평가가 항상 독립적이고 신뢰 가능한 결과를 보장하는 것은 아니다. 특히 컨설턴트가 대상 프로젝트와 이해관계가 있을 수 있고, 향후 관련 업무에 참여하기 위해 대상 프로젝트의 관리자가 원하는 방향으로 협력할 수 있다.

참여적 평가는 제3의 평가방법으로 고려되고 있다. 참여적 평가의 평가자는 공여기관의 대표자 및 이해관계자와 함께 평가의 기획, 관리, 분석을 공동으로 실시한다(OECD, 2002). 참여적 평가는 내부평가 및 외부평가와는 근본적으로 다른 방식을 취하고 있다.

참여적 평가는 독립적 평가모델과는 근본적으로 다르다. … 이 평가방식은 전문가와 비전문가, 조사원과 조사대상 사이의 구분을 약화하고 재정의한다. … 평가자들은 … 주로 다른 사람들이 평가를 할 수 있도록 조력하고 교육하는 역할을 한다(Molound and Schill, 2004: 19).

참여적 평가와 참여적 방식이 다르다는 점은 주목할 만하다. 참여적 방식은 내부평가와 외부평가에도 활용될 수 있다.

■ 평가자 활동

평가자는 다양한 역할에 상응하는 활동을 수행해야 한다. 내부 평가자는 대상 프로젝트나 프로그램의 설계 및 수행, 아웃리치 활동에 모두 참여하나, 외부 평가자는 참여 범위를 대상 프로젝트의 관리로 한정한다. 평가자는 일반적으로 다음의 활동을 수행한다.

- 주요 이해관계자와 협의
- 평가 예산 운영
- 평가 기획
- 평가를 수행하거나 관련 업무를 담당할 인력 채용
- 효과성에 대한 기준을 수립(승인된 문서나 자료에 근거)
- 정보를 수집, 분석 및 해석하여 데이터와 결과를 보고

이를 위해 평가자는 다양한 기술을 갖추어야 한다. 평가 과정의 일부로, 평가자는 지식을 축적하고 교훈을 전파하는 것을 도울 수 있다.

2. 평가 분야의 역사와 기원

　현대의 평가 분야는 과학적인 방법론에 근거한 사회과학 조사방법으로부터 출발했다. 그러나 평가는 그 이전부터 존재해왔다. 지금으로부터 5,000년 전 고대 이집트에서는 곡물생산이나 가축사육 생산량을 확인하기 위해서 정기적인 모니터링을 실시했다는 고고학적인 증거도 있다. 고대 중국과 그리스에서도 평가를 실시했다.

　공공분야에서 공식적인 평가는 BC 2000년 이전부터 실시해왔다는 증거가 있다. 고대 중국의 관료들은 공직자 채용 시험을 실시하여 지원자들의 능력을 평가했다. 소크라테스 또한 교육 과정의 하나로 구술평가를 실시했다(Fitzpatrick, Sanders and Worthen, 2004: 31).

　어떤 전문가는 현대 평가방법이 17세기의 자연과학과 경험적 방법론에 대한 강조에서부터 시작되었다고 본다. 당시 스웨덴에 일종의 평가를 실시하는 특별정책위원회가 설립되었고, 그 위원회 체계는 오늘날에도 계속되어 수백 개의 위원회가 운영 중에 있다.

　1800년대에 들어 일부 앵글로 색슨 국가에서 교육과 사회복지 프로그램에 대한 평가가 시작되었다. 영국 정부가 지명한 위원회를 통해 교육과 사회복지 프로그램에 대한 만족도 평가를 실시했고, 이와 같은 프로그램 평가가 오늘날 외부 조사관을 고용해 학교에 대한 평가를 실시하는 것으로 발전했다.

　미국에서는 1800년대에 학교 시스템과 학업 성취도 평가를 위한 선도적인 노력이 이루어졌다. 이러한 노력은 지금까지도 이어지고 있으며 학생의 성취도 평가는 학교 교육 품질관리의 중요한 측정 수단이 되고 있다. 미국의 중등학교 및 대학 인가제도는 이때부터 시작되었다고 볼 수 있다.

1) 20세기 평가의 역사

미국과 캐나다의 공교육 및 의대 진학제도는 1900년대 초반에 형성되었다. 같은 시기 다른 지역에서의 조사 및 측정, 평가는 건강이나 주택, 업무 생산성, 민주적이거나 권위적인 리더십, 학교시험 기준 표준화 등을 대상으로 이루어 졌는데, 대부분 소규모로 정부기관이나 사회복지기관에서 시행했다.

로시와 프리먼(Rossi and Freeman, 1993)은 미국의 문해율 제고, 직업훈련 제공, 전염병에 의한 사망률 감소와 같은 전 국가적 프로그램에 대한 체계적 평가를 실시했다. 개발 분야에서 "공중보건 개선을 위해 중동지역에 물을 끓여서 식수로 음용하도록 도입한 사례가 2차 세계대전 이전의 실증적 사회학 연구의 대표적인 예이다"(Rossi and Freeman, 1993: 10).

미국의 응용사회학 연구는 루즈벨트 대통령의 뉴딜 정책 이후 빠르게 성장했다. 연방정부가 빠르게 성장함에 따라, 국가 차원의 프로그램을 운영하기 위해 새로운 기관이 설립되었다. 교외 지역의 농업, 공공분야의 프로그램 시행 및 일자리 창출, 농촌의 근대화, 사회적 안전망 구축 프로그램 등이 그 예이다. 이와 같은 대규모 프로그램은 새롭고 실험적이었기 때문에, 착수에 앞서 해당 프로그램의 고용 창출, 사회적 안전망 구축 효과성에 대한 진단이 필요했다.

제2차 세계대전 기간 중 그리고 이후 도심주택, 직업훈련, 보건과 같은 대규모 프로그램이 기획되고 수행됨에 따라 평가에 대한 수요가 더욱 높아졌다. 가족계획, 보건 및 영양, 농촌개발 등의 국제 프로그램에 대한 주요 공약이 수립된 것도 이 시기이다. 공공기금의 규모가 커지자 그 성과를 확인할 필요성이 높아졌다.

1950~1960년대에 들어서 미국과 유럽에서 교육, 보건, 정신건강, 인적 서비스, 청소년 비행방지, 사회 갱생을 위한 프로그램에 대한 평가가 점차 정형화되었다. 1960년대 존슨 대통령이 실시한 '빈곤에 대한 전쟁' 프로그램을 통

해 평가에 대한 관심이 크게 높아졌다. 농업, 지역개발, 보건, 영양 관련 프로그램에 대한 평가가 시행되면서 개도국에서 시행하는 개발 프로그램이 점차 확대되었다. 대부분 설문조사나 통계와 같은 전통적인 사회과학적 방법이 적용되어 평가를 시행했다.

1949년 후버 정부의 첫 번째 위원회는 미국 연방정부의 예산 정보를 항목이 아닌 활동별로 구성하고, 결과보고서와 함께 성과 측정 결과를 보고하도록 권고했다(Burkhead, 1956; Mikesell, 1995). 이와 같은 예산정책의 개혁은 성과주의 예산제도(Performance Budgeting)로 알려졌다(Tyler and Willand, 1997).

1962년 미국 국방장관 로버트 맥나마라(Robert McNamara)는 효율성을 제고하고 정부운영을 개선하기 위해 기획·프로그래밍·예산편성 시스템(Planning, Programming and Budgeting System)을 개발했다. 이 시스템은 다음과 같은 사항을 포함한다.

- 장기 계획 목표 수립
- 목적에 부합하는 대안 프로그램의 비용과 이익 분석
- 프로그램의 예산, 입법안, 장기 전망 수립

이 시스템은 목적을 강조하고 기획과 예산수립의 연계를 강화함으로써 전통적인 예산수립 절차를 변화시켰으며(Office of the Secretary of Defense, 2007), 궁극적으로는 '성과 모니터링' 운동으로 이어졌다고 할 수 있다.

1960년대 후반 많은 서유럽 국가들이 프로그램 평가를 도입했다. 예를 들어, 독일 하원의원은 연방정부에게 다양한 사회경제 및 세금 프로그램의 영향에 대한 보고를 요청했다. 이후 「노동시장 및 고용현황」(1969), 「일반 장학금제도」(1969), 「지역 경제 활성화를 위한 연방 프로그램」(1971) 등 다양한 관련 보고서가 제출되었다(Derlien, 1999). 같은 시기에 캐나다 정부 또한 정부 평가 프로그램의 수립과 그 수행을 시작했고, 각 부처에 기획과 평가부서를 설립했다.

이러한 초기 노력은 가시적인 결과를 내지 못했다. 캐나다와 독일, 스웨덴의 다양한 정책분야의 프로그램 평가가 제도화되었지만, 그 평가 시스템은 계속해서 분절화되어 있었고 수행된 평가연구 수도 많지 않았다(Derline, 1999: 146).

1965년 초중등 교육법(Elementary and Secondary Education Act: ESEA)은 미국 평가 분야의 중요한 분기점이라 할 수 있다. 이 법에 따라 미국 정부는 학생의 학업성취도와 교사의 품질 표준을 평가하는 임무를 안게 되었다. 또한 처음으로 평가를 위한 예산이 별도로 책정됨으로써, 평가를 제도화했다. 1960년대 말과 1970년대 초 평가를 위한 연방정부의 예산이 지원되자, 다수의 관련 논문과 서적이 미국과 일부 OECD 국가들에서 발표되기 시작했다. 초중등 교육보조금 프로그램, 빈곤감소 프로그램을 포함하는 'Great Society' 프로그램, 시민권 활동, 직업기술교육 프로그램(job corps) 등 정부의 사회경제 프로그램의 책임성과 효과성 제고 필요성이 증가함에 따라, 전문 평가교육을 위한 대학원 교육과정이 개발되기 시작했다.

캐나다, 독일, 스웨덴은 1960년대에 정부의 새로운 교육, 보건, 복지 프로그램을 평가하기 위해 프로그램 평가를 수행했다.

이러한 상황에서 공공 기획시스템이 대두되었는데, 중기 재정계획에 한해 실시하거나(독일), 예산을 프로그램 기획과 통합해 수립하는 것이 시도되었다(스웨덴, 캐나다). 어느 경우나 평가는 기획시스템의 일부이거나 프로그램에 필요한 정보 정도로 여겨졌다. … 따라서 평가는 기본적으로 프로그램 관리자가 프로그램을 지속하거나 새로 시작하는 데 사용되었다(Derlien, 1999: 153~154).

1970년대 중반부터 1980년대에 이르러, 평가는 다수의 OECD 국가에서 전문 직업 분야로 인정받게 되었다. 전문 평가자협회가 만들어졌고, 다양한 평가교육 프로그램이 도입되었으며, 평가 전문 발간물도 생겼다. 정부에 국한되지 않고 점차 기업, 재단, 종교단체의 프로그램 평가로 그 범위가 확대되었다. 예를 들어 프랑스에서 공공정책 평가가 발전하여 많은 대학에서 평가에 대한 교육 과정이 개발되었다.

다수의 OECD 국가는 공무원 등 공공분야 종사자를 위한 평가교육 프로그램을 수립했다. 수요자 중심의 정보와 의도하지 않은 성과, 가치와 표준 개발에 초점을 두고, 새로운 방법과 모델이 연구되었다. 평가에 관한 문헌과 정보가 양적·질적으로 성장하고 있었다(Fontaine and Monnier, 2002).

1985년 이후로 컴퓨터와 기술이 발달하면서 평가자가 정보를 수집, 분석하고 평가 결과를 보고하고 공유하는 기회가 큰 폭으로 증가했다.

2) 개발평가와 감사

개발평가는 감사와 사회과학 전통에서 발전한 것이라고 할 수 있다. 이 둘은 몇 가지 유사점과 차이점, 연관성을 가진다.

■ 감사

감사(Auditing)는 19세기 영국에서 시작되었다고 본다.

상업과 산업 발전에 따라 검증가능하고 정확하며 신뢰할 수 있는 재정기록에 대한 수요가 높아졌다. … 감사를 통해 서구의 인프라에 대한 투자가 증가할 수 있었다. 감사자의 의견은 그 전문성과 외부자 신분으로 인한 객관성으로 인해 중요하게 인정받았다(Brooks, 1996: 16).

감사란 조사와 자금관리, 회계를 중심으로 이루어진다. 대상 프로그램이 처음에 의도했던 대로 진행이 되었고, 자금이 법과 규정대로 사용되었는지 파악하고자 한다. 감사는 내부관리, 거버넌스, 입증의 개념을 활용하고, 책무성과 규정의 준수를 강조한다. OECD DAC의 용어 정의는 다음과 같이 세 가지 유형의 감사를 정의한다(OECD, 2002).

- **일반 감사(Srandard audit)**: 기관 운영을 개선하기 위한 독립적이며 객관적인 활동(위험관리 및 거버넌스 절차의 효과성을 평가하고 개선하기 위한 체계적인 접근을 가능하게 함으로써 조직의 목표를 달성하도록 지원)
- **재무 감사(Financial audit)**: 법규와 규정에 대한 준수에 초점을 맞춘 감사
- **성과 감사(Performance audit)**: 타당성 및 경제성, 효율성, 효과성을 고려한 감사

감사는 내부적 또는 외부적으로 실시할 수 있다(박스 1.2). 내부적으로 감사를 시행함으로써, 위험 관리와 거버넌스의 효과성을 제고하고 개선하고 조직의 목표를 달성하도록 할 수 있다. 프로그램 관리로부터 감사의 독립성이 필요할 때에는 외부 감사자를 활용하기도 한다.

감사는 개도국에서 전통이 강력하여, 평가에서 규정 및 절차 준수 감사(Compliance auditing)를 철저히 한다. 예를 들어 말레이시아 감사원(National Audit Department)은 100년이 넘는 전통을 바탕으로 공공분야의 책임성 확보를 도모해왔으며, 해당 기관은 감사를 통해서 다음과 같은 활동을 수행한다.

- 법과 규정의 이행 확보
- 비효율적·비효과적·비경제적 절차를 야기할 수 있는 불확실한 요소를 파악
- 준비된 재무제표가 정확하고 공정한지 여부 및 일반적 회계 기준이나 감사 표준에 따라 적절히 구성되어 있는지 판단

내부 감사는 "시스템, 생산, 엔지니어링, 마케팅, 인사 등을 포괄하는 재정적 활동"으로 그 범주가 넓다(http://www.theiia.org). 감사 업무에 대한 전

1941년 발족된 내부감사기구(The Institute of Internal Auditors)는 내부 감사를 개발하고 촉진시키기 위해 설립된 최초의 국제기구이다. 165개국이 회원으로 가입했으며, 다수 지역에 대표 사무소가 있다.

1947년 내부감사협회 '개발영역에서의 내부감사의 책임에 관한 선언문을 발표했으며, 이는 내부감사 기준의 기초가 되었다. 또한 1978년에 '내부 감사의 전문적 활용 기준'을 발표했다. 대다수 개발도상국 및 선진국들은 국제최고감사기구(The International Organization of Supreme Audit Institutions: INTOSAI)에 가입했다. INTOSAI는 외부의 정부감사 커뮤니티를 통솔하는 기구이다. 1953년에 수립되어, 정부감사에 관한 정보의 개발과 확산을 도모해오고 있다. INTOSAI가 발표한 '윤리강령과 감사 기준, 집행 가이드라인'이 널리 알려져 있다. 2008년 INTOSAI의 회원국은 188개국으로 집계되었다.

자료: http://www.theiia.org, http://www.intosai.org.

문가 자격제도가 마련됨에 따라 감사 기능이 강력해졌다(15장에서 평가자 전문가 자격제도에 대한 찬반론을 살펴보기로 한다).

개발평가는 법규와 절차 준수에 크게 중점을 두는 감사 전통에서 유래했다. 이는 개발은행과 양자 공여기관의 목표를 기반으로 한 프로젝트 평가 프레임워크에서 찾아볼 수 있다. 예를 들어, 다자개발은행(Multilateral Development-ment Banks: MDB)의 평가 협력그룹이 개발한 "MDB의 공공분야 활동에 대한 평가의 모범사례 기준(Good Practice Standards for Evaluation of MDB-supported Public Sector Operations)" 등이 있다. 해당 기준은 "목표 달성을 기준으로 하는 평가를 통해 책임성을 제고할 수 있다"는 점에 근거해 목표 달성을 포함하고 있다(Evaluation Cooperation Group of the Multilateral Development Bank n.d.: 9).

▌ 감사와 평가 사이의 연속성

감사와 평가는 규정준수, 책임성, 영향, 성과에 대한 서로 관련되어 있지만 다른 종류의 정보를 제공한다. "집행에 관한 효율성과 비용 효과성 등에서 …

정책과 결과에 대한 평가와 내부 재무관리 및 경영 시스템에 대한 감사에서 중복되는 부분이 있다"(Treasury Board of Canada Secretariat, 1993: para.3). "감사와 평가 모두 체계적이고 신뢰도가 높은 정보를 제공하여 정책 결정자가 프로그램의 기획, 운영, 관찰, 변경, 폐지를 결정할 수 있도록 돕는다"(Wisler, 1996: 1).

감사와 평가에 관한 공통점 및 차이점에 관해서는 지금까지 많은 논의가 있어왔다. 그 차이점은 각 분야의 시작점에서 유래한다고 볼 수 있는데, 감사는 재무회계에, 평가는 사회과학 연구 분야에 그 뿌리를 두고 있다. 감사는 절차에 대한 준수에 초점을 두는 반면, 평가는 정책, 프로그램, 프로젝트의 변화를 일으킨 요인에 주목한다. 감사를 통해 규범적(normative) 질문에 대해 답을 찾는 반면, 평가는 서술적(descriptive) 질문과 인과관계(cause-and-effect) 질문에 대한 해답을 모색한다(Wisler, 1996).

■ 사회과학 전통

정부와 기관들이 검증(verification)과 준수(compliance)에 대한 강조에서 벗어나 영향(impact)에 주목하게 됨에 따라, 사회과학 방법론이 평가의 일부로 포함되었다. 개발평가는 과학 및 사회조사 방법론에서 유래한다.

과학적 방법론은 객관적인 사실 정보를 취득하기 위한 체계적인 접근법이다. 관찰과 실험의 방법을 통해 자료를 수집하고, 수립한 가설을 검증한다. 과학적인 방법을 사용하는 연구자는 다음과 같은 활동을 한다.

- 문제를 파악하고 조사하며, 이전의 결과를 검토
- 인과관계에 대한 가설을 개발해 제시
- 실험과 자료 수집을 통하여 가설을 시험
- 데이터를 분석하고 결론을 도출
- 결과를 작성하고 확산

• 결과를 활용하여 가설을 수정

평가는 사회학, 인류학, 정치과학, 경제학 등 다른 사회과학 분야 방법론에서 유래한다.

정치, 이데올로기, 민주화 등 현 세기의 변화와 더불어 방법론이 크게 발달함에 따라 사회조사방법을 적용하는 평가가 활성화되었다. 각 대학에서 사회과학 교육이 활성화되며, 사회연구에 대한 지원이 높아졌다는 점이 크게 기능했다. 대학의 사회과학 분야가 초기 프로그램 평가의 중심이 되었으며 여전히 영향력을 발휘하고 있다(Rossi and Freeman, 1993: 9).

또한 이론 수립, 설계, 접근, 데이터 수집 방법론, 분석 및 해석, 통계, 설문조사, 표본추출 등에서도 평가는 사회과학 연구의 이론과 방법을 크게 활용한다.

3. 개발평가의 배경

개발평가는 평가의 하위 영역으로 등장했다. 제2차 세계대전 이후 시작된 경제재건 노력에서 시작되었다. 1944년 설립된 세계은행은 1972년 최초로 평가그룹을 신설했다. 유럽개발부흥은행(EBRD)은 1991년에 설립되었고, 다른 다자 개발은행 역시 1990년대에 생겨났다. 영국 국제개발부(United Kingdom's Department for International Development: DfID), 캐나다 국제개발청(Canadian International Development Agency: CIDA) 등의 양자기관 또한 설립되었다. 이러한 국제개발기관이 신설됨에 따라, 각 기관은 프로젝트 재원과 성과에 대한 책임성 제고를 도모하기 위해 개발평가를 시작했다. 개도국

표 1.3	세계은행의 개발에 대한 접근 변화과정(1950~2000)

시기	중점사항	접근	강조점
1950년대	재건축, 재건, 기술지원과 공학기술	기술 지원	공학기술
1960년대	경제성장으로 인해 빈곤 퇴치가 가능하다는 믿음으로 경제발전, 재무조달, 프로젝트 생성에 초점	프로젝트	재무
1970년대	사회 분야 또는 기초 수요(교육, 보건, 복지), 장기적 계획 및 사회부문 투자	분야 투자	기획
1980년대	구조조정 정책 및 차관, 정책개혁, 금융 및 부채 위기 탈출 지원을 위한 구체적인 조건부 차관 지원	구조조정 차관	신고전주의 경제학
1990년대	개별 프로젝트가 아닌 포괄적인 국가 중심 지원, 개도국의 역량과 제도 강화	국별 지원	다학제적 접근
2000년대	빈곤 감소, 파트너십, 참여, 범분야적 접근, 결과 중심	파트너십	결과 중심 관리

자료: Based on Picciotto(2002).

또한 평가 결과에 대한 학습과 책임성 제고를 위해 공여기관이 개발한 프로그램평가 체계를 통해 평가 결과를 보고하는 책임을 안게 되었다.

개발 기조가 지난 수십 년간 변화함에 따라 개발평가 또한 변해왔다. 그한 예로 세계은행이 개발평가에서 강조하는 중점사항이 변화해온 것을 들 수있는데, 이는 개발평가가 점차 복잡해지는 데 일조하기도 했다(표 1.3).

OECD는 개발평가를 개선하는 데 중요한 역할을 해왔다. 1961년에 수립된 OECD의 임무는 "회원국 정부가 재정적 안정성을 확보하여 지속가능한 경제성장을 달성하고 취업률 및 삶의 질을 높이고, 금융 안정성을 유지하며, 이를 통해 세계경제의 개발에 이바지하는 것이다"(http://www.oecd.org). OECD는 개발원조위원회(DAC)와 같이 분야별로 특화된 위원회를 운영하는데, DAC은 개발평가 작업반을 오랜 기간 운영해왔고 이는 오늘날 DAC 평가 네트워크(DAC Network on Evaluation, Evalnet)로 자리 잡았다. DAC 평가 네트워크는 국제개발 프로그램의 효과성 증진을 도모하기 위해 독립적이고 지식에 기반을 둔 개발평가를 지원해오고 있다. 현재 30개의 양자 및 다자 기관이 회원으로 활동하고 있다.

DAC은 개발평가에 대해 광범위하게 정의하고 있는데, 본 장의 앞부분에서 제시한 평가의 일반적인 정의와는 다소 다르다. DAC에 따르면 개발평가란 다음과 같다.

　　진행 중이거나 완료된 프로젝트, 프로그램, 정책 및 이에 대한 기획, 집행, 결과에 대한 체계적이고 객관적인 평가를 뜻한다. 목표의 적절성과 달성, 개발 효율성, 효과성, 영향력, 지속가능성을 측정한다. 평가를 통해 신뢰할 수 있고 유용한 정보를 확보함으로써 수혜자와 공여자가 모두 의사결정에 그 교훈을 활용할 수 있다 (OECD, 1991b: 4).

　　개발평가를 위해 다양한 방법론이 활용되고 있다. 점차 복잡하고 규모가 방대해지는 개발 프로젝트, 프로그램을 고려하여 일반적으로 다양한 이론과 분석 전략, 방법론을 종합해 활용한다.
　　이러한 방법론의 혼합적 활용을 **방법론적 다각검증/방법론적 삼각측량** (Methodological triangulation)이라 일컫는데, 다음과 같이 정의할 수 있다.

　　다양한 이론과 분석전략, 다양한 출처의 정보를 활용해 다각적으로 분석하는 방식이다. 데이터, 방법, 이론, 정보를 다양하게 혼합하여 사용함으로써 평가자는 단일 정보와 단일 방법론, 단일 이론에 의존함으로써 발생할 수 있는 오류를 방지한다 (OECD, 2002: 37).

　　첼림스키와 샤디시(Chelimsky and Shadish, 1997: 11)는 다음과 같이 말한다.

　　평가는 점차 방법론적으로 다양해지고 있다. 평가자는 심리학, 통계학, 교육학, 사회학, 정치학, 인류학, 경제학 등 모든 범위의 사회과학 방법론을 활용하고 있다.

평가의 기획과 방법론은 평가질문과 정보에 따라 결정한다.

1) 전문 평가협회의 성장

전문 평가협회는 평가지원 체계를 구축하고 평가 전문가 양성을 통해 개발평가의 역량개발을 도모해왔다.

1980년대에는 단 3개의 지역, 국가 차원의 평가조직이 있었지만 이후 급격한 성장을 거듭하여, 국제적으로 새로운 평가조직이 등장했다. 현재는 75개 이상의 평가조직이 있으며, 개발도상국에서도 평가조직이 발달해 이러한 국제적 차원의 평가조직의 성장을 뒷받침했다. 일례로, 말레이시아와 스리랑카에서는 1999년에, 우간다에서는 2002년에 국가수준의 평가협회가 설립되었다. 지역 차원의 평가협회로는, 호주의 평가학회가 1991년에, 유럽 평가학회가 1994년에, 아프리카 평가학회가 1999년에 설립되었다.

평가를 위한 중요한 국제기구로는 국제평가협력기구(International Organization for Cooperation in Evaluation: IOCE)가 있다. 이 기구는 전 세계 여러 지역 또는 국가 평가조직과 협력체계를 구축해오고 있다. IOCE는 개도국의 평가 리더십과 역량 개발과, 평가 이론과 실행에 대한 국제적 활성화를 도모한다. 글로벌 차원의 문제 파악과 해결에 기여하기 위해 전문 평가자는 글로벌 차원의 접근을 취해야 한다(http://ioce.net/overview/general.shtml).

또 다른 중요 조직으로는 국제개발평가협회(IDEAS)가 있다. IDEAS는 2001년에 설립되어 개발도상국의 평가역량 강화를 지원해오고 있다. 평가방법론의 개발과 역량 강화, 주인의식 개선을 통해 개발평가의 선진화를 이끌고자 한다(http://www.ideas-int. org). IDEAS는 개발평가를 시행하는 전문인력으로 구성된 유일한 조직이다.

IDEAS의 전략은 다음과 같다.

- 개발평가를 통해 공공정책과 지출의 결과, 투명성, 책임성을 제고
- 평가역량 개발을 최우선의 가치로 수립
- 개발평가 분야의 최상위의 전문적 기준을 수립한다.

4. 개발평가의 원칙과 기준

개발평가 분야는 평가의 책임성과 신뢰도, 품질을 제고하기 위한 원칙과 기준을 필요로 한다(Picciotto, 2005). 대부분의 개발기관은 OECD DAC의 평가원칙과 기준, 지표를 활용한다. 1991년에 발행한 OECD 자료는 개발원조의 평가를 위한 다섯 가지 중요 기준을 다음과 같이 제안했다(OECD, 1991a).

- **적절성**: 개발원조의 목표가 수혜 대상의 필요와 우선순위를 충족하고, 수혜국과 공여국의 정책에 부합하는 정도를 검토하는 것
- **효과성**: 프로젝트 또는 프로그램의 목적이나 목표의 달성 정도를 측정하는 것
- **효율성**: 투입물 대비 산출물을 측정하는 것(의도한 결과를 달성하기 위해 최소한의 자원을 활용한다는 점을 의미. 다른 대안과 비교해 같은 산출물을 달성하는 데서 가장 효율적인 절차로 운영되었는지 여부를 측정)
- **영향력**: 개발 프로젝트 또는 프로그램을 통해 직접적으로 또는 간접적으로 얻게 되는 의도하거나 의도하지 않은 긍정적 또는 부정적 변화측정(주요 영향이나 효과의 측정은 지역, 환경, 경제 등의 개발 지표를 기반으로 이루어짐. 영향을 측정할 때에는 의도하거나 의도하지 않은 결과를 모두 포괄할 수 있도록 하며, 교역이나 재무 조건의 변화와 같은 외부적 조건을 반영한 긍정 또는 부정적 결과를 포함)
- **지속가능성**: 시간의 흐름에 따라 변화하는 위험에 대응하여 지속적인 효용을 얻을 수 있는지 여부 검토(지속가능성은 특히 대상 활동이나 프로젝트가 재정적 지

원이 종료되거나 감소한 이후에도 그 수혜가 지속될 수 있는지 여부를 평가함. 개발프로젝트와 프로그램은 환경적·재정적으로 지속가능해야 함)(OECD, 1991b)

DAC은 개발원조의 평가원칙을 수립해왔는데(OECD, 1991b), 이 원칙은 다음과 같은 주제를 다루고 있다.

- 평가의 목적
- 공정성과 독립성
- 신뢰성
- 유용성
- 공여기관 및 수혜기관의 참여
- 공여기관의 협력
- 평가 프로그래밍
- 평가의 설계와 시행
- 보고, 공유 및 피드백
- 평가원칙의 활용

1998년 DAC의 '개발원조 평가의 원칙(Principles for evaluation of development assistance)'에 대한 검토가 이루어졌다. 다른 기관의 평가원칙과 비교를 통해 일관성을 분석하고 확대 가능한 분야를 검토했다. 이 원칙에 대해 회원국들은 다음과 같은 점을 개선하도록 제언했으며, 이 검토 내용은 향후 관련 DAC 발행물의 기초로 활용되었다.

- 임무 설명의 수정
- 평가의 현장화와 참여적 평가에 대한 제언 제시
- 수혜기관의 참여와 공여기관의 협력 원칙에 관한 제언 구체화

OECD는 평가 품질을 평가하기 위한 10개 기준을 수립한다.

- 평가의 필요성, 목적, 목표
- 평가의 범위
- 평가 배경
- 평가방법론
- 정보의 출처
- 독립성
- 평가윤리
- 품질보증
- 평가 결과의 부합성
- 완성도

자료: OECD(2006).

- 성과 측정, 성과 등급제, 평가 유형분류 체계 개발 등 최근 개발평가 이슈 소개

1994년에는 미국평가협회(American Evaluation Association: AEA)가 '미국 프로그램 평가표준'을 발표했고, 이는 미국표준협회(American National Standards Institute: ANSI)에서 승인받았다. 1998년 이 기준은 개정되어 개도국을 포함한 다른 평가기관에서 채택되었다.

2006년 3월 DAC 평가 네트워크는 'DAC 평가품질기준(Evaluation quality standards)'을 수립했다(OECD, 2006)(박스 1.3). 최근 일부 시험적 평가에서 활용되고 있는 이 표준은 평가과정과 결과의 품질 제고를 위한 주요 축으로 다음 사항을 제시한다.

- 평가과정(수행)과 결과(산출물)에 대한 기준 제공
- 국가별로 평가 결과의 비교를 장려(메타평가)
- 공동 평가를 통한 협력과 공조를 진흥

- 다른 국가의 평가 결과(우수사례와 교훈을 포함)를 활용
- 평가 체계를 간소화

OECD DAC의 평가 네트워크와 다른 평가조직의 요청에 따라, 세계은행의 독립평가그룹(World Bank's Independent Evaluation Group: IEG)은 평가가 복잡한 글로벌 및 지역 파트너십 프로그램(Global and Regional Partnership Program: GRPP) 평가를 위한 원칙과 표준을 개발했다. 이 원칙과 기준은 실질적으로 적용해 그 결과를 바탕으로 수정하고 재정립될 것이다(해당 원칙과 기준에 관한 내용을 확인할 수 있는 웹사이트는 이 장의 마지막 부분에서 찾아볼 수 있다. 평가원칙과 기준에 대해서는 14장에서 다시 논의하기로 한다).

개발평가의 신뢰도 확보에 중요한 요소는 바로 독립성이다. OECD DAC 용어사전은 **독립 평가**[*]를 "개발 프로젝트의 기획 및 실행기관으로부터 독립적인 기관이나 외부 인력이 수행한 평가"로 정의한다(OECD, 2002: 25).

평가의 신뢰도는 평가가 얼마나 독립적으로 시행되었는지와 관련이 깊다. 독립성은 정치적 영향과 조직의 압력으로부터의 자유를 의미한다. 또한 평가를 위한 충분한 정보 접근과 활용, 조사 및 결과 보고에서의 자율성을 확보한다는 특징을 지닌다.

독립성은 격리를 뜻하지는 않으며, 평가자와 프로젝트 관리자, 수혜자 간의 상호작용으로 평가와 그 결과의 활용을 개선할 수 있다. 평가는 내부적으로 시행될 수 있는데, 그렇다고 해서 이를 독립적인 평가가 아니라고 할 수는 없다. 이 경우에는 책임성 확보보다 교훈 도출을 주요 기능으로 한다고 볼 수 있다.

---

[*] **독립 평가**(Independent Evaluation): 개발 프로젝트의 기획 및 실행기관으로부터 독립적인 기관 또는 외부 인력이 수행하는 평가.

표 1.4 평가부서의 독립성 판단 기준 및 지표

기준	고려사항	지표
조직의 독립성	평가부서의 구조와 역할이 적절하다.	평가범위가 소속기관의 모든 업무범위에 이르며, 평가부서의 보고체계·인력·예산·기능이 소속기관의 전략·기획·운영 부서 및 관련 의사결정 체계와 분리되어 있다는 점을 명시하고 있는지 여부
	평가부서는 소속 기관의 대표 또는 부대표, 이사회에 평가 결과를 보고한다.	평가부서와 소속 기관의 대표 또는 이사회 간의 직접적인 보고체계가 있는지 여부
	평가부서는 평가대상 프로젝트, 관리기능 및 기관으로부터 조직적으로 분리되어 있다.	평가 대상 프로젝트, 활동 또는 기관과 관련한 기관 내 평가부서의 지위
	평가부서는 정기적으로 상위기관의 감사위원회나 다른 감독기관에 보고한다.	감독 기관에 대한 보고체계 및 보고의 빈도
	평가부서는 정치적 압력으로부터 충분히 자유롭게 발견사항을 보고할 수 있다.	평가부서와 그 인력이 정치권력에 설명할 의무가 없고, 정치활동 참여로부터 분리되어 있는 정도
	평가부서는 실적을 기반으로 한 연봉, 연수, 정년보장 및 승진 등의 인사 시스템에 의해 보호받는다.	연봉, 연수, 정년 보장 및 승진을 포함한 실적제도가 시행되는 정도
	평가부서는 모든 필요한 정보와 정보출처에 접근할 수 있다.	기관의 직원, 기록, 기타 공동 재무 파트너, 기타 파트너, 의뢰인, 자금을 지원하는 프로젝트 및 활동에 접근할 수 있는 정도
행위의 독립성	평가부서는 그 결과를 타협하지 않고 발표할 수 있다.	평가부서가 공개조사를 필요로 할 정도의(기밀과 독점 정보를 보호하고 기관의 위험을 경감하는 적절한 범위 내에서) 기관의 프로젝트와 활동으로부터 도출한 교훈을 보고하고, 조직의 최근 활동 중 성과 개선을 위한 기준을 제시하며, 조직의 프로젝트, 활동 및 기관의 결과에 대한 비판을 포함한 보고서를 출간할 수 있는 정도
	평가부서는 투명하게 보고할 수 있다.	조직 업무규정상 평가부서가 결과에 대한 관련 협조부서의 검토 의견은 받지만, 평가범위와 결과에 대해 경영진에게 제한 없이 보고할 수 있는 정도
	평가 결과 보고는 투명하다.	조직의 공시 규정이(기밀과 독점 정보와 기관의 위험을 보호할 수 있는 적절한 선에서) 평가부서의 이해관계자 및 내부와 외부 관련 중요 발견사항을 보고할 수 있도록 허용하는 정도

외부의 간섭으로부터 보호	평가는 적절하게 계획되고 시행된다.	평가부서가 경영진의 간섭 없이 평가계획, 범위, 시기 및 수행을 결정할 수 있는 정도
	평가조사에 충분한 재원이 투자된다.	평가부서가 업무를 수행하는 데 지장을 초래하지 않도록 방해 없이 자금과 기타 자원을 활용할 수 있는 정도
	평가자의 판단을 무효로 하지 않는다.	내용에 대한 적합한 평가자의 판단이 외부 권위에 의해 무효로 취소되거나 영향을 받지 않는 정도
	평가부서의 독립적인 인사관리 절차를 문서화하고 있다.	업무조직도 및 역할분장 관련 공식 문서에서 경영상 독립을 보장할 수 있는 평가부서의 채용, 해임, 임기, 인사고과 등 인사관리 절차를 구체화한 정도
	평가부서는 직원의 채용, 승진 및 해고를 관리할 수 있다.	평가부서가 성과제도에 따라 직원 채용, 승진, 임금 인상 및 해임에 관한 통제권을 가지고 있는 정도
	평가자의 채용 지속 여부는 평가 결과를 기반으로 하지 않는다.	직무수행, 적격성 및 수요만을 바탕으로 평가자의 채용 지속여부를 결정하는 정도
이해관계 상충 탈피	평가의 범위, 공개를 제한하거나, 평가 결과를 약화시키거나 또는 왜곡시킬 수 있는 공식적·전문적·개인적 또는 재정적 관계가 부재하다.	평가의 독립성을 방해할 수 있는 평가자의 관계를 파악할 수 있는 정책과 절차가 마련되어 있고, 연수 및 다른 방법을 통해 직원들에게 관련 정책과 절차를 소개하고 시행 중인 정도
	평가자는 평가 결과에 영향을 줄 수 있는 선입견, 편견 또는 사회적/정치적 편향을 지니지 않는다.	평가자들에게 평가의 객관성을 저해할 수 있는 개인적인 편견과 선입견을 평가해 보고하도록 하고, 평가과정의 일부로서 이해관계자와의 논의를 통해 평가자의 편향을 방지할 수 있도록 하는 정책과 절차를 마련하고 시행하는 정도
	평가자는 현재 및 과거에 대상 프로그램, 활동 및 기관의 의사결정 또는 재정관리, 회계와 관여된 바 없으며, 평가수행 중 해당 프로그램, 활동 및 기관에 구직하지 않는다.	직원들이 현재나 과거 의사결정 또는 재정 관리 업무를 수행했거나, 현재 구직활동을 하고 있는 프로그램, 활동 또는 기관 평가에 참여하지 않도록 하는 관련 규정 및 절차가 시행되는 정도
	평가자는 대상 프로그램, 활동 및 기관과 재정적 이해관계가 없다	직원들이 재정적 이해관계가 있는 프로그램, 활동 및 기관 평가에 참여하지 못하도록 하는 관련 규정 및 절차가 시행되는 정도
	직계 또는 가까운 친족이 대상 프로그램, 활동 및 기관과 관련이 있거나, 직접적이고 중요한 영향을 미치는 직위에 있지 않다.	직원들이 그 가족이 연관된 프로그램, 활동 및 기관 평가에 참여하지 못하도록 하는 관련 규정 및 절차가 시행되는 정도

자료: Danish Ministry of Foreign Affairs(1999); OECD(1991b); CIDA(2000); Institute of Internal Auditors(2000); European Federation of Accountants(2001); Intosal(2001); US GAO(2002).

평가협력그룹(Evaluation Cooperation Group) 정례회의에 참여하는 다자개발은행의 평가부서장은 평가 독립성에 대한 네 가지 차원, 지표와 기준을 다음과 같이 정의했다.

- 조직의 독립성
- 행위의 독립성
- 외부의 간섭으로부터 보호
- 이해상충에서의 탈피

표 1.4는 평가조직의 독립성 평가를 위한 지표와 기준을 보여준다.

5. 개발평가의 사례

박스 1.4~1.8은 평가보고서(ALNAP, 2006)에서 발췌한 사례로, 각각 적절성·효과성·효율성·영향력 및 지속가능성 기준에 대한 평가 내용을 담고 있다.

박스 1.4 적절성: 세계식량기구(World Food Programme: WFP)의 소말리아 구호 및 복구를 위한 식량지원 평가

본 평가는 2001년 7월 중순 3주간 소말리아를 방문한 두 명의 소말리아 출신 인력에 의해 수행되었다. 이는 630억 톤의 기초식량을 130만 명의 사람들에게 3년간 지원한 총 5,500만 달러의 규모의 프로젝트에 대한 평가였다. 지원 내용 중 51%는 재건과 복구에 쓰였고, 30%는 긴급구호, 나머지 19%는 사회제도 지원을 위해 투입되었다. 해당 프로젝트는 긴급 상황에 유연하게 대처하면서, 소말리아의 통합적 복구 프로그램을 위한 광범위한 프레임워크 구축에 기여하는 것을 목표로 했다(WFP, 2002: 4). 그러므로 이에 대한 평가는 각 개발활동의 조합의 적절성과 함께 각 개별 활동의 적절성을 점검할 필요가 있었다.

개발활동의 전체적인 적절성은 소말리아에 대한 원조의 정치경제적 맥락에서 고려되었다. 평가는 소말리아에 대한 식량 지원의 정당성을 고려했다. 식량원조에 대해 반대하는 입장은 소말리아가 항상 식량 부족에 처해 있었고 다수의 인구가 상품시장에서 고립되어 있었으며, 기본적 직업이나 자산을 잃었다는 점을 그 이유로 제시했다. 이들은 수혜자들에게 접근 가능한 지역에서 식량을 구입할 수 있도록, 고용을 창출하고 월급을 식량으로 제공하는 접근(cash-for-work award) 또는 고용을 통해 수익으로 직접 식량을 구입할 수 있도록 하는 접근(food-for-work award)을 제안한다. 그러나 이러한 방법은 확실한 출구 전략이 없는 장기간의 프로그램인 경우가 많다. 광범위한 맥락과 구체적 이슈에 대한 본 평가를 통해 적절성에 대한 분석이 포괄적임을 확인할 수 있다.

박스 1. 5   효과성: 세계식량기구(WFP)의 방글라데시 식량프로그램에 대한 DfID의 평가

2000년 9월, 방글라데시 남서부 6개 지역에서 발생한 홍수로 인해 270만 명의 인구가 심각한 피해를 입었다. DfID는 세계식량기구가 3개 지역에서 쌀, 콩, 기름 등의 식량을 보급하는 활동을 지원했다. 첫 번째 배급에서 26만 명, 두 번째와 세 번째 배급에서 42만 명의 수혜자를 대상으로 식량을 지원했다. DfID는 배급량, 지원식품 구성 및 일정이 프로젝트의 목적과 부합하는지 여부에 대한 종합적 분석을 실시했다(DfID, 2001).

평가를 위해 정량평가와 정성평가 방법이 모두 활용되었다. 정량적 데이터는 해당 지역 마을에서 무작위로 선택된 2,644개의 가구를 대상으로 수집했고, 정성적 데이터는 6개 대표 마을에서 홍수 영향권에 있는 커뮤니티의 생계, 현황 및 전망에 대해 생계평가(livelihood assess-ment)를 통해 수집했다. 첫 번째 정성적 평가 종료 5주 후 두 번째 소규모의 평가팀이 파견되어 식량배급과 관련하여 배급의 적절한 시기, 보급품 구성의 적절성 및 활용 패턴 등에 대한 지역 주민의 인식과 행동을 조사했다. 정량정성 데이터 세트를 종합하여 분석에 활용했다.

보고서에 포함된 효과성 평가를 위한 중요 요소는 다음과 같다.

- 논리모형 분석을 포함하여 프로그램목표의 개발 정도 측정
- 수혜자 선정 기준에 대한 검토, 해당 기준에 대한 주요 이해관계자의 의견
- 지역사회의 참여 수준을 포함한 실행 메커니즘 분석
- 성별과 사회경제적 분리 데이터를 기반으로 한 수혜그룹 선정 정확성 검토
- 지원된 자원(배급량과 보급품 구성 포함)에 대한 평가, 해당 자원의 지원 사유(이는 적절성 기준에서도 평가될 수 있음)
- 배급 일정의 타당성 조사
- 프로그램에 대한 수혜자의 견해 분석

2000년 모잠비크에서 발생한 홍수 발생 이후, 긴급재난위원회(Disasters Emergency Com-
mittee: DEC)는 해당 기관의 인도주의적 대응에 대해 평가를 시행했다(DEC, 2001). 평가는
영국 국민에게 어떻게, 어디에 기금이 쓰였는지 정보를 제공하고, 향후 긴급구호 지원을 위한
우수사례를 발굴하기 위해 실시되었다. 심층면담, 배경조사, 현장방문 및 수혜자 설문조사 등
의 조사방법을 활용했다.

효율성에 대한 평가내용은 다음과 같은 사항에 대한 분석을 포함한다.

- DEC 기관의 군사력 활용: 수요분석을 위한 헬리콥터의 협력적인 활용 부족 평가; 인도적 구
  호활동 시 민간설비 보다 서부의 군사력을 사용하는 데 높은 비용이 소요되는 점; 왕립 공군,
  미군, 남아프리카 국방부의 상대적 비용(군사작전에 많은 예산이 소요될 시 향후 NGO 프로
  젝트 지원이 제한될 수 있음을 고려)
- 저개발된 서비스 시장의 효율성에 미친 영향(정부 도급업체와 협력 시, 대규모 자본 투자 없
  이 도로보수와 같은 중장비가 필요한 프로그램을 시행할 수 있는 반면, DEC 기관의 도급업
  체는 종종 그 의무사항을 적기에 충족하지 못함)
- 대응방안 효율성(해당 기관이 프로그램을 직접 시행, 현지 기관과의 협력, 또는 국제 네트워
  크 회원국을 통해 시행하는 방안), 평가를 통해 직원구성이 대응방안 보다 효율성에 미치는
  영향이 크다는 점을 발견함(이 분야는 또한 적절성 기준으로 평가할 수 있음)
- 지원 시, 기관의 내부인력 또는 해외인력 중 어느 인력을 활용하는 것이 효율적인지 여부
- 과거보다 현재 파트너 기관/업체와의 업무가 보다 효율적인지 여부
- 준비 단계/방안에 대한 투자가 어떻게 보다 효과적인 대응을 가져올 수 있을지
- 회계 시스템의 효율성

당초 기관별로 투입 비용을 비교하고자 했으나 각기 다른 물품이 제공되었고, 사용한 운송 경
로가 달랐기 때문에, 보관 및 운송비와 같은 일반 관리비를 대상으로 평가를 시행했다. 또한
분야별, 기관별로 나누어 평가했다.

르완다 긴급원조에 관한 공동 평가(JEEAR, 1996)는 인도지원에 대한 평가 중 가장 대규모로
종합적으로 시행되었다. 52명의 컨설턴트와 연구자가 본 평가에 참여해, 복잡한 긴급 상황에
서 정치적 활동의 영향에 대한 공동 평가의 표준을 수립했다.

JEEAR은 르완다 군에 의한 대규모 학살 또는 정치적 암살이 일어날 수 있다는 정황이 포착되
었음에도, 국제사회의 지원이 부족했다는 점에 대한 긴급지원의 영향을 평가했다.

국제사회 개입의 부족은 크게 대규모 학살의 역사적 요인에 대한 분석과 학살 발발에 이르기 직전의 상황에 대한 구체적인 설명으로 구성된다. 단일 분야 프로젝트에 대한 평가를 넘어 전반적인 정치경제적 맥락에 대한 분석을 제시했다는 점에서 이 평가의 의의를 찾을 수 있다. 정치경제적 접근은 인도주의적 대응의 효과성에 대한 평가와 연계되어 있다.

이러한 접근은 코소보 분쟁과 여파, 허리케인 '미치'의 영향 및 아프가니스탄 지원과 같은 다른 위기상황에 대한 평가 시 활용된 접근법과 상이할 수 있다. 이들 사례는 단일 기관의 단일 지원 프로젝트를 대상으로 평가가 이루어져, 해당 사건의 정치적 성격과 이에 대한 대응방안에 대한 분석이 충분히 이루어지지 못했다. 이로 인해 코소보와 아프가니스탄 사례에서, 인권 보호 관련 이슈에 대한 분석이 부족했다(ALNAP, 2001; 2004).

JEEAR은 단순히 사건과 그로인한 결과를 나열하는 데 그치지 않고, 왜 르완다에 대한 개입이 적었는지에 대한 분석에 더 초점을 두었다는 점에서 특징적이다. 영향 평가 시 평가자가 참고해야 할 교훈은 바로 어떤 개발 프로젝트가 시행되었는지가 아니라, 다른 환경에서 다른 프로젝트가 시행되었다면 어떤 결과가 발생했을지에 대해서도 살펴보아야 한다는 점이다.

지속가능성: JICA의 제3세계 국가 ICT 연수 프로그램 평가

일본 국제협력단(Japan International Cooperation Agency: JICA)은 필리핀 프로그램 평가를 수행했다. 본 프로젝트는 캄보디아, 라오스, 미얀마 및 베트남 참가자들에게 정보통신기술 분야 지식과 기술 개선 기회를 제공하기 위해 시행되었다.

정보통신기술과 교육개발 재단(FIT-ED)이 프로젝트 목표를 달성하기 위해 향후 연수 프로그램을 운영할 계획이라는 점을 고려해, 해당 프로그램의 지속가능성이 높다는 결론을 도출했다(JICA, 2005b). FIT-ED는 e-group을 만들어 참가자 간의 온라인 네트워크를 통해 지식을 공유하고 역량을 강화시킬 수 있도록 했다. 동남아시아국가연합(ASEAN) 국가의 정부와 기업 분야의 IT 역량 제고에 기여하기 위해, ICT 관련 ASEAN 활동에 계속해서 적극적으로 활동할 계획이다.

3개 연수과정 개설은 해당 연수 프로그램을 유지관리 하고자 하는 FIT-ED의 의지를 반영한다고 볼 수 있다. 참여자 또한 해당 이니셔티브에 대한 지원 의사를 밝혔다. 해당 프로그램에서 ICT의 중요성을 인지하여 참가자의 84%가 이미 연수 기간 동안 획득한 지식과 기술(웹사이트 개발, 커뮤니케이션, 섬유 및 의류, 수공예품의 수출입, 건축, 커피 생산 및 정부 업무 분야)을 그 프로그램에 적용했다고 밝혔다. 응답자들은 연수 프로그램의 시작이라고 할 수 있는 수업 과정이 매우 유용했다고 밝혔다. 참가자들은 또한 연수 프로그램 중 초안을 작성한 전략적 e-business 계획서를 사용하고, 연구과정을 통해 얻은 지식을 활용하기 위해 인터넷을 활용했음을 밝혔다.

평가는 수세기 동안 수행되었으나, 최근에서야 개발 프로그램의 효과성에 대한 평가가 이루어지기 시작했다.

평가는 세 가지 유형(형성, 총괄, 전향평가)이 있고, 네 가지 목적(윤리, 관리, 의사결정, 교육과 동기부여)에 따라 수행된다. 이를 통해 전략(올바른 활동이 수행되고 있는가?), 실행(활동이 바르게 수행되고 있는가?), 그리고 학습(더 나은 방법이 있는가?)에 대한 정보를 제공할 수 있다. 평가는 내부적으로, 외부적으로 또는 참여적 방식으로 수행될 수 있다.

개발평가는 사회과학 연구와 과학적 방법, 감사로부터 유래했다. 평가자의 역할은 감사관, 회계사, 보증인으로서의 역할에서 연구자, 참여적 평가의 촉진자로서 시간의 흐름에 따라 변화해왔다.

개발평가는 OECD DAC 기준인 적절성, 효과성, 효율성, 영향력 및 지속가능성을 근거로 이루어지고 있다. OECD DAC은 또한 개발협력 평가의 세부 원칙과 평가품질기준을 개발했다.

평가 신뢰성의 중요한 요소는 바로 독립성이다. 다자개발은행의 대표들은 평가의 독립성을 판단하는 주요 차원과 기준으로 조직 독립성, 행위 독립성, 이해상충의 탈피 및 외부 간섭으로부터의 보호를 제시한다.

1장 연습문제

응용연습 1.1

① 새로운 국가 프로그램 예산편성 시, 왜 개발평가 항목이 마련되어야 하는지 근거를 요청 받았다고 가정하자. 해당 프로그램은 효과적인 보건 활동에 대한 가족교육을 개선하기 위해 고안되었다. 개발교육의 정당성을 어떻게 설명하겠는가?

② 평가자와의 인터뷰를 통해 평가원칙과 표준을 평가에 어떻게 활용했는지 파악하도록 하라(평가자 인터뷰가 여의치 않은 경우 최근 시행된 평가보고서를 참고하도록 하자). 그

강점과 약점은 무엇인가? 동료 평가자와 결과를 공유하고, 관련 의견을 들어보자. 어떤 패턴을 발견할 수 있는가?

 ## 참고문헌

Adamo, Abra. 2003. *Mainstreaming Gender in IDRC's MINGA Program Initiative: A Formative Evaluation*. https://idl-bnc.idrc.ca/dspace/bitstream/123456789/30972/1/121759.pdf.

ADB(Asian Development Bank). 2007. *Mongolia: Second Financial Sector Program*. http:// www.oecd.org/dataoecd/59/35/39926954.pdf.

ALNAP(Active Learning Network for Accountability and Performance in Humanitarian Action). 2001. *Humanitarian Action: Learning from Evaluation. ALNAP Annual Review 2001*. ALNAP/Overseas Development Institute, London.

_____. 2002. *Humanitarian Action: Improved Performance through Improved Learning. ALNAP Annual Review 2002*. ALNAP/Overseas Development Institute, London.

_____. 2006. *Evaluating Humanitarian Action Using the OECD/DAC Criteria*. Overseas Development Institute, London. http://www.odi.org.uk/alnap/publications/eha_dac/pdfs/eha_2006.pdf.

Bhy, Y. Tan Sri Data' Setia Ambrin bin Huang. 2006. *The Role of the National Audit Department of Malaysia in Promoting Government Accountability*. Paper presented at the Third Symposium of the Asian Organisation of Supreme Audit Institutions(ASOSAI), Shanghai, September 13. http://apps.emoe.gov.my/bad/NADRole.htm.

Brooks, R. A. 1996. "Blending Two Cultures: State Legislative Auditing and Evaluation." In *Evaluation and Auditing: Prospects for Convergence*, ed. Carl Wisler, 15–28. *New Directions for Evaluation* 71(Fall). San Francisco: Jossey-Bass.

Burkhead, J. 1956. *Government Budgeting*. New York: John Wiley & Sons.

Callow-Heusser, Catherine. 2002. *Digital Resources for Evaluators*. http://www.resources4evaluators.info/CommunitiesOfEvaluators.html.

Chelimsky, Eleanor. 1995. "Preamble: New Dimensions in Evaluation." In *Evaluating Country Development Policies and Programs*, ed. Robert Picciotto and Ray C. Rist, 3-8. *New Approaches for a New Agenda* 67(Fall). Publication of the American Evaluation Association. San Francisco: Jossey-Bass Publishers.

_____. 1997. "The Coming Transformations in Evaluation." In *Evaluation for the 21st*

Century: A Handbook, eds. E. Chelimsky and W. R. Shadish, pp. 1–26. Thousand Oaks, CA: Sage Publications.

Chelimsky, Eleanor, and William R. Shadish. 1997. *Evaluation for the 21st Century: A Handbook*. Thousand Oaks, CA: Sage Publications.

CIDA(Canadian International Development Agency). 2000. *CIDA Evaluation Guide*. Ottawa.

Danida, Ministry of Foreign Aff airs. 1998, 1999. Guidelines for an Output and Outcome Indicator System. Copenhagen: Danida.

DEC(Disasters Emergency Committee). 2001. *Independent Evaluation of DEC Mozambique Floods Appeal Funds: March 2000–December 2000*. London.

Derlien, Hans-Ulrich. 1999. "Program Evaluation in the Federal Republic of Germany." In *Program Evaluation and the Management of Government: Patterns and Prospects across Eight Nations*, ed. Ray C. Rist, 37–52. New Brunswick, NJ: Transaction Publishers.

DfID(Department for International Development). *Sector Wide Approaches(SWAps)*. London. http://www.dfid.gov.uk/mdg/aid-effectiveness/swaps.asp.

———. 2001. *Emergency Food Aid to Flood-Affected People in South-Western Bangladesh: Evaluation report*. London.

European Federation of Accountants. 2001. *The Conceptual Approach to Protecting Auditor Independence*. Bruxelles.

Evaluation Cooperation Group of the Multilateral Development Banks. n.d. *Good Practice Standards for Evaluation of MDB-upported Public Sector Operations*. Working Group on Evaluation Criteria and Ratings for Public Sector Evaluation. https://wpqp1.adb.org/QuickPlace/ecg/Main.nsf/h_B084A3976FF5F808482571D90027AD16/1E8F8A3670331832482574 63002F0726/.

Feuerstein, M. T. 1986. *Partners in Evaluation: Evaluating Development and Community Programs with Participants*. London: MacMillan, in association with Teaching Aids at Low Cost.

Fitzpatrick, Jody L., James, R. Sanders, and Blaine R. Worthen. 2004. *Program Evaluation: Alternative Approaches and Practical Guidelines*. 3rd ed. New York: Pearson Education, Inc.

Fontaine, C. and E. Monnier. 2002. "Evaluation in France." In *International Atlas of Evaluation,* eds. Jan-Eric Furubo, Ray C. Rist, and Rolf Sandahl, 63–76. New Brunswick, NJ: Transaction Publishers.

Furubo, Jan-Eric, Ray C. Rist, and Rolf Sandahl, eds. 2002. *International Atlas of Evaluation*. New Brunswick, NJ: Transaction Publishers.

Furubo, Jan-Eric, and R. Sandahl. 2002. "Coordinated Pluralism." In *International Atlas of*

Evaluation, eds. Jan-Eric Furubo, Ray C. Rist, and Rolf Sandahl, 115–28. New Brunswick, NJ: Transaction Publishers.

Government of Malawi. 2007. "National Indicators for Routine Monitoring of Quality of Health Services at Central Hospital." http://www.malawi.gov.mw/MoHP/Information/ Central%20Hospital%20Indicators.htm.

Human Rights Education Associated. 1997. *Evaluation in the Human Rights Education Field: Getting Started*, Netherlands Helsinki Committee. http://www.hrea.org/ pubs/ EvaluationGuide/.

Insideout. 2005. "M&E In's and Out's." *Insideout* 3(October/November) p.1. http://www. insideoutresearch.co.za/news_l/Newsletter_issue%203.pdf.

Institute of Internal Auditors. 2000. *Professional Practices Framework*. Altamonte Springs, Florida.

Inter-American Development Bank. 2004. *Proposal for Sector-wide Approaches*. http:// idbdocs.iadb.org/wsdocs/getdocument.aspx?docnum=509733.

INTOSAI(International Organization of Supreme Audit Institutions). n.d. *Draft Strategic Plan 2004 to 2009*. Vienna, Austria. http://www.gao.gov/cghome/parwi/img4.html.
_____. 2001. *Code of Ethics and Auditing Standards*. Stockholm.

JEEAR(Joint Evaluation of Emergency Assistance to Rwanda). 1996. *The International Response to Conflict and Genocide: Lessons from the Rwanda Experience, 5volumes*. JEEAR Steering Committee, Copenhagen.

JICA(Japan International Cooperation Agency). 2005a. *JICA Evaluation: Information and Communication*. Tokyo. http://www.jica.go.jp/english/operations/evaluation/.
_____. 2005b. *Results of Evaluation, Achievement of the Project Joint Evaluation of Emergency Assistance to Rwanda*. Tokyo.

KRA Corporation. 1997. *A Guide to Evaluating Crime Control of Programs in Public Housing*. Report prepared for the U.S. Department of Housing and Urban Development. http://www.ojp.usdoj.gov/BJA/evaluation/guide/documents/guide_ to_evaluating_crime.html.

Kusek, Jody Zall, and Ray C. Rist. 2004. *Ten Steps to a Results-Based Monitoring and Evaluation System*. World Bank, Washington, DC. http://www.oecd.org/dataoecd/ 23/27/35281194.pdf.

Lawrence, J. 1989. "Engaging Recipients in Development Evaluation: The 'Stakeholder' Approach." *Evaluation Review* 13(3): 243–56.

MEASURE Evaluation. n.d. *Monitoring and Evaluation of Population and Health Programs*. University of North Carolina, Chapel Hill. http://www.cpc.unc.edu/ measure.

Mikesell, J. L. 1995. *Fiscal Administration: Analysis and Applications for the Public*

Sector, 4th ed. Belmont, CA: Wadsworth Publishing Company.

Molund, Stefan, and Goran Schill 2004. *Looking Back, Moving Forward: SIDA Evaluation Manual*. Swedish International Development Agency, Stockholm.

OECD(Organisation for Economic Co-operation and Development). 1991a. *DAC Criteria for Evaluating Development Assistance*. Development Assistance Committee. http://www.oecd.org/document/22/0,2340,en_2649_34435_2086550_1_1_1,00.html.

_____. 1991b. *Principles for Evaluation of Development Assistance*. Development Assistance Committee. http://siteresources.worldbank.org/EXTGLOREGPARPRO/Resources/DACPrinciples1991.pdf.

_____. 1998. *Review of the DAC Principles for Evaluation of Development Assistance*. Development Assistance Committee. http://www.oecd.org/dataoecd/31/12/2755284.pdf.

_____. 2002. *OECD Glossary of Key Terms in Evaluation and Results-Based Management*. Development Assistance Committee, Paris.

_____. 2006. *Evaluation Quality Standards for Test Phase Application*. Development Assistance Committee. http://www.oecd.org/dataoecd/30/62/36596604.pdf.

_____. 2007a. General information. http://www.oecd.org/document/48/0,3343,en_2649_201185_1876912_1_1_1_1,00.html.

_____. 2007b. Development Co-operation Directorate DCD-DAC. http://www.oecd.org/department/0,2688,en_2649_33721_1_1_1_1_1,00.html.

Office of the Secretary of Defense Comptroller Center. 2007. *The Historical Context*. http://www.defenselink.mil/comptroller/icenter/budget/histcontext.htm.

Picciotto, Robert. 2002. "Development Evaluation as a Discipline." International Program for Development Evaluation Training(IPDET) presentation, Ottawa, July.

_____. 2005. "The Value of Evaluation Standards: A Comparative Assessment." *Journal of Multidisciplinary Evaluation* 3: 30–59. http://evaluation.wmich.edu/jmde/content/JMDE003content/PDFspercent20JMDEpercent20003/4_percent20The_Value_of_Evaluation_Standards_A_Comparative_Assessment.pdf.

Quesnel, Jean Serge. 2006. "The Importance of Evaluation Associations and Networks." In *New Trends in Development Evaluation* 5, UNICEF Regional Office for Central and Eastern Europe, Commonwealth of Independent States, and International Program Evaluation Network. http://www.unicef.org/ceecis/New_trends_Dev_EValuation.pdf.

Quinn, Michael 1997. *Utilization-Focused Evaluation*. 3rd ed. Thousand Oaks, CA: Sage Publications.

Rossi, Peter, and Howard Freeman. 1993. *Evaluation: A Systematic Approach*. Thousand Oaks, CA: Sage Publications.

Scientific and National Councils for Evaluation. 1999. *A Practical Guide to Program and Policy Evaluation.* Paris: National Council of Evaluation.

Sonnichsen, R. C. 2000. *High-Impact Internal Evaluation.* Thousand Oaks, CA: Sage Publications.

Treasury Board of Canada Secretariat. 1993. "Linkages between Audit and Evaluation in Canadian Federal Developments." http://www.tbs-sct.gc.ca/pubs_pol/dcgpubs/TB_h4/evaluation03_e.asp.

Tyler, C., and J. Willand. 1997. "Public Budgeting in America: A Twentieth Century Retrospective." *Journal of Public Budgeting, Accounting and Financial Management* 9 (2): 189–19. http://www.ipspr.sc.edu/publication/Budgeting_in_ America.htm.

U.S. Department of Housing and Urban Development. 1997. "A Guide to Evaluating Crime Control of Programs in Public Housing." Paper prepared by the KRA Corporation, Washington, DC. http://www.ojp.usdoj.gov/BJA/evaluation/guide/documents/benefits_of_evaluation.htm.

U.S. GAO(General Accounting Office). 1986. *Teenage Pregnancy: 500,000 Births a Year but Few Tested Programs.* Washington, DC: U.S. GAO.

_____. 2002. "Government Auditing Standards, Amendment 3," GAO, Washington, DC.

Weiss, Carol. 2004. "Identifying the Intended Use(s) of an Evaluation." *Evaluation Guideline 6.* http://www.idrc.ca/ev_en.php?ID=58213_201&ID2=DO_TOPICp1.

WFP(World Food Programme). 2002. *Full Report of the Evaluation of PRRO Somalia 6073.00, Food Aid for Relief and Recovery in Somalia.* Rome.

Wisler, Carl, ed. 1996. "Evaluation and Auditing: Prospects for Convergences." In *New Directions for Evaluation* 71(Fall), 1–71. San Francisco: Jossey-Bass.

World Bank. 1996. *World Bank Participation Sourcebook.* http://www.worldbank.org/wbi/sourcebook/sbhome.htm.

웹사이트

Evaluation Organizations

African Evaluation Association. http://www.afrea.org/.

American Evaluation Association. http://www.eval.org.

Australasian Evaluation Society. http://www.aes.asn.au.

Brazilian Evaluation Association. http://www.avaliabrasil.org.br.

Canadian Evaluation Society. http://www.evaluationcanada.ca.

Danish Evaluation Society. http://www.danskevalueringsselskab.dk.

Dutch Evaluation Society. http://www.videnet.nl/.

European Evaluation Society. http://www.europeanevaluation.org.

Finnish Evaluation Society. http://www.fi nnishevaluationsociety.net/.

French Evaluation Society. http://www.sfe.asso.fr/.

German Society for Evaluation Standards. http://www.degeval.de/.

Institute of Internal Auditors. http://www.theiia.org.

International Development Evaluation Association(IDEAS). http://www.ideas-int.org/. (IDEAS Web page with links to many organizations: http://www.ideas-int.org/Links. aspx.)

International Organisation for Cooperation in Evaluation. http://ioce.net/overview/general. shtml.

International Organization of Supreme Audit Institutions(INTOSAI). http://www.intosai. org/.

International Program Evaluation Network(Russia and Newly Independent States). http://www.eval-net.org/.

Israeli Association for Program Evaluation. http://www.iape.org.il.

Italian Evaluation Association. http://www.valutazioneitaliana.it/.

Japan Evaluation Society. http://ioce.net/members/eval_associations.shtml.

Latin American and Caribbean Programme for Strengthening the Regional Capacity for Evaluation of Rural Poverty Alleviation Projects(PREVAL). http://www.preval.org/.

Malaysian Evaluation Society. http://www.mes.org.my.

Nigerian Network of Monitoring and Evaluation. http://www.pnud.ne/rense/.

Polish Evaluation Society. http://www.pte.org.pl/x.php/1,71/Strona-glowna.html.

Quebecois Society for Program Evaluation. http://www.sqep.ca.

Red de Evaluacion de America Latina y el Caribe. http://www.relacweb.org.

South African Evaluation Network. http://www.afrea.org/webs/southafrica/.

South African Monitoring and Evaluation Association. http://www.samea.org.za.

Spanish Evaluation Society. http://www.sociedadevaluacion.org.

Sri Lankan Evaluation Association. http://www.nsf.ac.lk/sleva/.

Swedish Evaluation Society. http://www.svuf.nu.

Swiss Evaluation Society. http://www.seval.ch/de/index.cfm.

Ugandan Evaluation Association. http://www.ueas.org.

United Kingdom Evaluation Society. http://www.evaluation.org.uk.

Wallonian Society for Evaluation. http://www.prospeval.org.

평가 기준

African Evaluation Association. *Evaluation Standards and Guidelines*. http://www.afrea. org/.

American Evaluation Association. *Guiding Principles*. http://www.eval.org/Publications/ GuidingPrinciples.asp.

Australasian Evaluation Society. *Ethical Guidelines for Evaluators*. http://www.aes.asn. au/content/ethics_guidelines.pdf.

ECGnet [The Evaluation Cooperation Group] https://wpqp1.adb.org/QuickPlace/ecg/Main. nsf/h_B084A3976FF5F808482571D90027AD16/1E8F8A367033183248257463002F0726/.

German Society for Evaluation. *Standards*. http://www.degeval.de/standards/standards.htm.

Italian Evaluation Association. *Guidelines*. http://www.valutazioneitaliana.it/statuto.htm# Linee.

OECD(Organisation for Economic Co-operation and Development). *Evaluation Quality Standards*(for test phase application). Development Assistance Committee. http:// www.oecd.org/dataoecd/30/62/36596604.pdf.

_____. *Evaluating Development Co-Operation: Summary of Key Norms and Standards*. Development Assistance Committee, Network on Development Evaluation. http:// www.oecd.org/dac/evaluationnetwork.

Program Evaluation Standards(updated 1998). http://www.eval.org/Evaluation Documents/ progeval.html.

Swiss Evaluation Society. *Standards*. seval.ch/.

UNEG(United Nations Evaluation Group). *Norms for Evaluation in the UN System*. http://www.uneval.org/docs/ACFFC9F.pdf.

_____. *Standards for Evaluation in the UN System*. http://www.uneval.org/docs/ ACFFCA1.pdf.

UNFPA(United Nations Population Fund). n.d. *List of Evaluation Reports and Findings*. http://www.unfpa.org/publications/index.cfm.

UNICEF Regional Office for Central and Eastern Europe, Commonwealth of Independent States, and International Program Evaluation Network. 2006. *New Trends in Development Evaluation* 5. http://www.unicef.org/ceecis/New_trends_Dev_ EValuation. pdf.

United Nations Development Project Evaluation Office. http://www.undp.org/eo/.

2 장

개발평가를 이끄는
주요 이슈

개발평가 분야는 상대적으로 새로운 분야로 선진국과 개발도상국에서 새로이 등장하는 이슈에 대응해 계속적으로 변화한다. 이번 장은 선진국과 개발도상국 모두에 영향을 미친 최근 이슈에 대해 살펴본다.

이번 장은 2개의 주요 부분으로 구성된다.
- 선진국과 개도국의 평가 개요
- 새로운 개발 이슈의 시사점

1. 선진국과 개도국의 평가 개요

평가를 통해 국가들이 MDGs를 포함한 개발목표를 어떻게, 어느 정도까지 달성하고 있는지를 학습할 수 있다. 정책결정자는 평가 결과에서 도출한 주요 결과와 제언사항을 바탕으로 새로운 변화를 추진할 수 있다. 평가를 통해 파악한 경험에 근거하여 현재의 프로젝트, 프로그램과 정책을 설계하고 실행하며, 미래의 방향을 개선할 수 있다.

많은 선진국과 개도국이 개발을 지원하기 위한 모니터링과 평가(Monitoring and Evaluation: M&E) 시스템을 도입했다. M&E 시스템은 필요와 가능한 재원에 따라 다양한 형태로 수립될 수 있다.

1) 선진국 평가

오늘날 OECD 30개 회원국은 대부분 선진적인 M&E 체계를 갖추고 있는데, M&E 체계 발달 과정, 접근방법, 유형, 개발 정도에서 상당한 차이가 있다.

푸루보 등(Furubo, Rist and Sandahl, 2002)은 OECD 회원국의 평가문화에 대해 조사하여 그 패턴을 분석했다. 23개국을 대상으로 다음과 같은 9개의 변수를 살펴보고, 각 변수에 대해 0(낮음)부터 2(높음) 사이의 점수를 부여했다.

① 평가는 많은 정책분야에서 시행된다.
② 다양한 평가방법, 다양한 분야의 특화된 전문성을 보유한 평가자가 존재한다.
③ 해당 국가 상황에 맞는 평가에 대한 국가 차원의 담론이 존재한다.
④ 국내 전문 평가자 커뮤니티 또는 관련 국제회의에 참여하는 전문가가 있고, 해당 직업의 규범과 윤리에 대한 논의가 존재한다.
⑤ 정부 내에 평가를 수행하고 결과를 정책결정자에게 보고하는 제도적 절차가 마련되어 있다.

⑥ 국회나 다른 입법기관에 평가를 수행하고 정책결정자에게 보고하는 제도적 절차가 마련되어 있다.

⑦ 다원주의적인 요소가 존재한다. 즉, 각 정책분야마다 평가를 위임해 수행할 다수의 사람이나 기관이 존재한다.

⑧ 평가활동이 최고위 감사 기관에서도 시행된다.

⑨ 평가는 기술적 생산이나 투입물/산출물의 상관관계에만 초점을 두지 않는다. 공공분야 평가는 프로그램이나 정책의 결과를 초점으로 해야 한다(Furubo, Rist and Sandahl, 2002).

이러한 기준에 따르면 호주, 캐나다, 네덜란드, 스웨덴, 미국이 2002년 OECD 국가 중 가장 높은 수준의 '평가문화'를 보유하고 있다.

OECD 국가들은 다양한 내부, 외부 압력에 직면해 평가문화와 M&E 제도를 개발했다. 예를 들어 프랑스, 독일과 네덜란드는 강한 내부 및 외부(주로 유럽연합 관련) 압력에 대응하기 위하여 평가문화를 개발했다. 반면 호주, 캐나다, 한국과 미국은 대부분 강한 내부적 압력에 의해 변화했다(Furubo, Rist and Sandahl, 2002).

평가문화 구축에 선도적인 OECD 국가들은 새로운 사회경제 프로그램에 대한 예산수립 명령 등과 같이 대부분 강한 내부적 압력으로 인해 평가문화를 도입했다. 몇 가지 요인이 평가문화의 조기 구축에 기여했다고 보는데, 이 중 다수의 국가가 민주주의 정치체계, 사실과 경험에 입각한 연구적 문화전통, 사회과학 분야에서 훈련받은 공무원, 효율적인 행정체계와 제도라는 요소를 미리 갖추고 있었기 때문에 가능했다.

교육, 보건, 사회복지에 대한 지출이 높은 국가는 해당 분야에 평가 체계를 도입했고, 이는 이후 다른 공공정책분야에도 확산되었다. OECD 국가 중 평가문화를 조기 도입한 국가는 평가에 대한 정보를 다른 국가에 전파하고 평가기관, 연수기관, 네트워크와 컨설팅 기관을 구축하면서 이러한 평가문화를 확산하는 데 중요한 역할을 했다.

반대로, 늦게 평가문화를 도입한 OECD 국가(아일랜드, 이탈리아, 스페인을 포함)는 주로 유럽연합(EU) 회원자격 요건과 EU 제도 개발기금 지원 승인 등 외부의 강한 압력에 따라 평가이슈에 대응하는 경향을 보였다. 후기 도입국가는 선도적 국가와 국제기구의 평가문화로부터 영향을 받았다.

타비스톡 인간관계연구소(Tavistock Institute, 2003)는 평가역량 개발을 위한 모델을 소개하는데, 이는 4개 단계로 구성된다.

- 1단계: 평가의 의무화(Mandating evaluation)
- 2단계: 평가의 조율(Coordinating evaluation)
- 3단계: 평가의 제도화(Institutionalizing evaluation)
- 4단계: 평가체계의 구축(Building an evaluation system)

1단계는 주로 규범, 규정 혹은 정책 목표를 통해 평가를 필요로 하는 외부적 압력에 의해 시작된다. 내부적 동기가 있는 경우에도, 어느 정도 외부적 압력이 있을 것이다.

2단계는 공식적이고 규범에 기반을 둔 1단계 평가정책에 대응하는 두 가지 활동으로 구성된다. 평가 가이드라인과 기초적인 도구의 개발과 질적 제고를 위한 방안으로, 관련 인력의 전문화를 강조한다.

3단계는 주로 평가담당 중앙 조직이 수립되어 운영된 후에 시작된다. 분권화된 평가조직의 신설과 평가 전문성 개선이 있는데, 두 단계는 주로 동시에 이루어진다.

4단계는 정책결정, 프로그램 관리, 거버넌스에 평가가 통합되는 평가체계를 구축하는 것을 말한다.

OECD 국가 중 선두주자와 후발주자는 M&E 체계를 구축하는 접근방식에 차이를 보였는데 그들은 아래 세 가지 접근 방식 중 하나를 택했다.

- 범정부적 접근(whole-of-government approach)
- 단일접근(enclave approach)
- 혼합적 접근(mixed approach)

■ 범정부적 접근[*]

범정부적 접근은 호주와 같은 M&E 선도국가에서 도입했는데, 이는 정부 전체에 걸쳐 M&E 체계를 광범위하게 통합적으로 구축하는 것이다. 이러한 범정부적 접근 체계를 지속가능한 방식으로 구축하기 위해서는 적어도 10년 이상이 소요될 수 있다(World Bank, 1999).

이러한 접근이 성공하려면 정부의 지원이 지속적으로 뒷받침되어야 하고, 필요한 기술이 개발되어야 하며, M&E 결과를 충분히 활용할 수 있도록 행정 제도와 체계가 마련되어야 한다. 이를 위해 개도국은 개발원조기관의 지속적인 지원을 필요로 한다.

MDGs를 채택하면서 많은 개도국이 통합적인 범정부적 평가 체계를 설계하고 실행하고자 한다. 개발차관의 결과에 관심이 높아짐에 따라 보다 많은 공여국과 기관이 개도국의 평가역량과 제도 구축을 지원하고 있다.

▶ **평가에 대한 호주의 접근방식** ㅣ 호주는 1987년부터 모니터링과 평가체계 개발에 선도적 역할을 해왔다. 호주가 우수한 평가문화와 구조를 수립하는 데 기여한 특성은 다음과 같다.

- 공공분야의 강한 인적·제도적 관리역량
- 청렴하고, 투명하며, 전문적인 행정제도

---

[*] **범정부적 접근**(Whole-of-government approach): 광범위하고 포괄적인 정부 전체에 걸친 모니터링과 평가의 통합적 구축.

- 선진적인 재정, 예산과 회계체계
- 책임성과 투명성 전통
- 신뢰할 수 있고, 적법한 정책 리더

호주가 강력한 평가체계를 구축하는 데에는 두 가지 요소가 기여했다. 첫 번째, 예산제약으로 인해 정부가 비용 대비 높은 가치를 달성할 수 있는 방안을 모색한 것이다. 두 번째, 호주는 평가에 중요한 전문기관, 즉 재무부와 국립감사원을 갖추고 있었다. 또한 내각의원과 주요 장관이 평가 결과에 기반을 둔 정책결정을 중요하게 생각하고 관련 체계 구축을 지원했다(Mackay, 2002).

첫 번째 평가개발 세대(1987~1997)는 심각한 예산압박이 있던 시기였다. 대대적인 공공분야 개혁을 통해 관련 정부부처와 기관이 자율성을 확보했으나, 모니터링과 평가 수행에는 실패했다. 이에 따라 정부는 부처와 기관에 평가 수행을 의무화했다. 이 첫 번째 시기는 예산 결정과 정부의 책무성 강화, 정부부처와 기관 관리자의 지원을 목표로 했다.

재무부가 첫 M&E 체계를 설계하고 운영했다. 모든 프로그램에 대해 3~5년 주기로 평가를 수행하도록 의무화했다. 각 분야별 정부부처는 주요 평가를 위해 3년 단위 계획을 수립해야 했다.

다양한 종류의 평가가 수행되면서, 1990년대 중반까지 약 160개의 평가가 시행되었지만, 성과 지표에 대한 자료의 수집과 보고에 대한 요건은 거의 없었다.

모든 평가 결과는 내각에 공개되고, 내각은 그 결과를 매우 중요하게 받아들였다. 실제로 새로운 정책제안 약 80%와 대안책 약 2/3가 내각 예산 결정에 영향을 미쳤다. 각 정부부처와 기관이 해당 평가 결과를 충분히 활용했고, 평가가 공동의 노력으로 자리 잡았다는 점이 이 시기 평가체계의 강점이었다.

1세대 평가체계에는 물론 약점도 있었다. 평가 결과의 품질이 균일하지 않았다. 또한 고급 평가교육에 대한 지원이 부족했고, 성과 지표의 수집과 보고에 대한 공식적인 요건이 부족했다. 정부부처는 이 평가체계가 행정 부담을 가중시킨다고 주장했다.

호주 평가체계의 두 번째 세대는 신보수주의 정부의 집권과 함께 시작되었다. 행정제도의 대규모 축소, 예산절차에 대한 정책자문 체제의 해체, 중앙집권 감독의 약화와 관료주의 규제의 축소, 재무부 축소로 인해 예산수립 단계에 대한 자문 역할이 감소했다.

이러한 정부 변화에 따라, M&E 체계도 변화해야 했다. 기존 평가 전략은 해체되고, 평가는 '탈규범화(deregulated)'되어 평가의 실시가 권장되었지만 의무사항은 아니었다. 산출물과 결과에 대한 성과 모니터링이 강조되었으며, 이를 내각에 사전과 사후에 보고했다.

호주 국립감사원은 이 2세대 평가체계의 성과가 매우 부적합하다고 보고했다. 기준이 취약했기 때문에 자료수집이 열악했고, 목표치 수립과 벤치마킹이 많이 사용되지 않았다. 정부의 산출물에 대해 많은 정보가 수집되었으나, 중기 성과에 대한 정보와 분석이 부족했다. 내각위원회는 평가 결과에 대한 만족도가 매우 낮았다. 그럼에도 일부 정부부처(가족과 지역사회서비스, 교육과 보건)는 우수사례 평가를 통해 교훈을 발굴했다.

(2006년부터 시작된) 평가체계 3세대는 복잡한 정부 프로그램의 집행과 조율(부처와 기관, 연방과 주립 간의 조정을 의미한다)의 어려움으로 인해 시작되었다. 예산과 정책 자문에 국방부의 역할을 강화하고자 하는 노력도 있었다(Mackay, 2007).

정부지출이 효율적이고 효과적으로 우선순위에 부합하는 방향으로 이루어지는지 확인하기 위한 두 가지 검토방안이 마련되었다. 전략적 검토(연간 7회)는 주요 정책과 지출의 목적, 설계, 관리, 결과와 향후 개선점에 초점을 두었다. 프로그램 검토(역시 연간 7회)는 개별 프로그램과 정부의 목표, 효과성, 중복, 예산절약에 초점을 두고 실시되었다.

국방부가 해당 정부지출 검토를 관리했으며, 이에 1,700만 달러의 예산을 책정했다. 퇴직 공무원이 2개 시범 프로그램을 관리했는데, 2세대 평가체계의 성과 모니터링 프레임워크를 계속해 활용했다.

이러한 호주의 평가 프로그램의 발달과정으로부터 도출할 수 있는 교훈은 다음과 같다.

- 프로그램 조율, 집행과 성과(결과)에 대한 이슈는 모든 정부에 지속적인 과제이다.
- 정부의 정책결정 특성이 M&E 정보의 요구 수준을 결정한다.
- M&E 검토 체계를 구축하는 데에는 많은 시간이 소요된다.
- 하향식(top-down)/중앙집권적 및 상향식(bottom-up)/분산적 정보 수요 간의 균형유지가 어렵다.
- 대부분의 부처는 많은 비용이 소요되고 위험할 것 같은 평가를 수행하려고 하지 않는다.

▶ 미 정부의 1993년 성과결과법안 | 지난 20년간 미국 정부 평가 역사에서 가장 큰 사건으로는 1993년 정부성과결과법안(Government Performance Results Act: GPRA)이 통과된 점을 꼽을 수 있는데, 이를 통해 모든 미국 정부 기관에 성과 중심 평가가 제도화되었다. 이 법은 미 정부의 평가 수행방법에 직접적으로 영향을 미쳤다. GPRA는 시범실시를 거쳐, 범정부적 접근방식으로 도입되었다.

미국에서 수행성과 측정은 1970년대 지방정부에서 시작되었다. 이후 주 정부로 확산되었으며, 이후 1993년 GPRA의 입법과 더불어 연방 차원으로 확산되었다.

GPRA의 목표는 다음과 같다.

① 연방기관의 프로그램 성과 달성에 대한 책임성을 확보하여, 연방정부의 역량에 대한 미 국민의 신뢰를 개선한다.

② 프로그램 목표, 성과측정, 진척사항에 대해 보고하는 시범 프로젝트를 통해 프로그램 성과개혁을 착수한다.

③ 결과, 서비스 품질과 고객 만족도 제고를 도모함으로써 연방 프로그램 효과성을 개선하고 공공 책임성을 강화한다.

④ 연방기관 직원이 프로그램 목표를 달성 계획을 수립하고, 프로그램 성과와 서비스 품질에 대한 정보를 제공하도록 함으로써 서비스 실행 개선을 지원한다.

⑤ 연방 프로그램과 지출의 효과성과 효율성에 대한 객관적인 정보를 제공하여 의회의 의사결정을 개선한다.

⑥ 연방정부의 내부 관리를 개선. GPRA는 연방기관이 임무와 목적, 그 달성 방안, 조직의 구조와 업무 절차 개선방안에 주목하도록 한다. 이 법안에 따라, 각 기관은 프로그램에 대한 5개년 전략계획을 수립해 제출하고, 매 3년마다 이를 업데이트해야 한다. 또한 이러한 목표와 목적을 달성하기 위한 기관의 역량에 영향을 미치는 주요 외부 요인에 대해 파악하고, 연간 프로그램 성과 보고서를 의무적으로 출간한다(US Department of Labor, 1993: para.1).

기관들은 목표를 달성하고 정보에 기반을 둔 의사결정을 위해 성과를 측정해야 한다. 성과측정은 프로그램 특성에 기반을 두어야 하고, 정확하며 일관성이 있어야 한다. 수집된 정보를 활용해 구조적 절차를 개선하고, 성과목표를 수립해야 한다(U.S. GAO, 2003).

2003년 미 12개 정부기관의 16개 프로그램에 대한 설문조사 결과, 정기적으로 수집된 결과 데이터가 프로그램 개선을 위해 이미 활용되고 있다는 점이 확인되었다. 결과 데이터를 통해 시행절차를 개선하고, '우수사례'를 파악해 장려하며, 직원에게 동기를 부여하고, 계획 및 예산을 수립했다.

설문조사 결과, 결과 데이터를 사용하는 데 장애가 되는 요인은 다음과 같았다.

- 변화에 대한 관심이나 권한의 부재
- 결과 데이터에 대한 제한적인 이해나 사용
- 결과 데이터의 문제점(오래된 데이터, 중요 기준별로 분리되지 않은 자료, 세부적이지 않은 자료, 중간단계 자료의 필요성 등)
- '기관에 혼란을 가져오지 않을까 하는' 두려움(Hatry and others, 2003)

GPRA는 2003년 성과와 예산을 통합해 연계하도록 확대되었다. GPRA 연간 계획과 성과보고를 연계하기 위한 정부 차원의 노력이 이루어졌다. ChannahSorah는 GPRA를 다음과 같이 요약한다.

이 법령을 통해 장기 및 단기 목표를 수립하고 성과를 측정하는 등 정부부처가 합리적으로 업무를 수행하는 데 필요한 체계가 마련되었다. 삶의 질, 서비스의 양적 증가, 고객 만족도 제고를 희망한다면 비전과 임무, 목표를 수립하고 그 결과를 측정해야 한다(2003: 5~6).

2003년 설문조사 결과, 미국 감사원은 많은 공공기관이 성과 기반 프로그램의 수행체계를 수립하는 데 심각한 문제를 겪고 있다는 점이 발견되었다. 설문에 응답한 연방기관 직원은 기관장이 결과 달성을 위한 강한 의지를 표명하지 않았다고 답했다. 또한, 기관이 전략적 목표를 달성하는 데 기여한 직원을 항상 긍정적으로 인정해주지 않는다고 응답했다. GAO는 또한 높은 성과를 달성하는 기관이 점차 관리와 책무성의 초점을 활동과 절차에서 성과 달성으로 변화하고 있다고 보고했다. 그럼에도 설문에 참여한 많은 연방기관 직원들은, 자신들은 프로그램의 성과 관리와 보고 역할을 수행하지만 해당 기관의 전략적 목표를 달성하기 위해 필요한 의사결정 권한을 가진 사람은 직원 중 소수뿐이라고 응답했다. 마지막으로, 프로그램의 성과지향적 결과 측정방안이 마련된 경우는 증가했으나, 프로그램 관리에 평가정보를 활용한 경우는 이전 설문조사 결과보다 감소했다. GAO 연구결과는 성과지향적이고 협력적인 방향으로 조직문화의 변화 필요성을 강조했다.

미국과 여타 다른 나라의 선도적인 공공기관은 변화 이니셔티브와 정부기관의 문화 개선을 위해서는 전략적 인력자원 관리가 핵심이라는 점을 확인했다. 성과관리 체계는 전략적 인력관리에 필수적인 부분이다. 이를 통해 제도적 성과와 개인의 성과를 일치시켜 수행성과를 극대화할 수 있다. 선도적인 기관은 그 성과관리 체계를 통해 제도, 부서, 각 직원의 성과를 일치시키고, 결과를 달성하고, 변화를 가속화하며, 기관을 운영하고, 커뮤니케이션을 활성화한다.

■ 단일접근

평가체계를 구축하는 역량은 부처별로 상이하다. 범정부적 전략으로 모든 부처를 동시에 변화하도록 이끌 수 없을 때에는 순차적으로 각 정부부처의 평가체계 구축을 추진할 수 있다. 단일 기관 또는 단일 수준에서의 혁신이 종종 다른 기관 및 수준으로 이어질 수 있다.

단일접근(Enclave approach)은 정부의 한 부분 혹은 한 분야, 즉 단일 부처에 초점을 맞춘다. 일례로 멕시코는 사회개발 분야. 요르단은 계획, 키르기스스탄은 보건 분야에 초점을 두고 있다. 범정부적 접근을 수행할 역량이 부족한 국가의 경우, 평가체계 운영에서 선도적인 부처와 협력하는 것이 가장 좋은 방안일 것이다.

■ 혼합적 접근

아일랜드와 같이 평가에 혼합적 접근(Mixed approach)을 도입한 국가도 있다. 일부 분야(EU 구조기금으로 지원받은 프로젝트)는 통합적으로 평가되었지만, 다른 분야에 대한 평가는 관심이 높지 않았다. 아일랜드 정부는 단일접근 방식으로 평가체계를 구축하기 시작했으나, 정부 지출 프로그램에 관해 보다 통합적인 접근방식을 지향했다(Lee, 1999). 이 혼합적 접근은 개도국이 평가 체계를 구축하는 데 참고할 만한 대안이 될 수 있다.

▶ 아일랜드의 평가역량 개발 강화 | 1960년대 후반의 많은 국가들처럼 아일랜드는 합리적 분석과 그 결과를 바탕으로 한 계획과 예산수립에 관심을 가졌다. 정책 입안자들은 사회 프로그램에 대한 객관적 연구와 이를 수행할 수 있는 전문인력 개발의 필요성을 파악했다(Friis, 1965; Public Services Organisation Review Group, 1969). 이에 따라 평가기술 개발을 위한 이니셔티브가 수행되었다.

이러한 이니셔티브가 있었음에도, 평가의 범위는 제한적이었으며 1980년대 후반까지는 의사결정에 미친 영향이 미미했다. 그 이유는 아일랜드에 정책과 프로그램에 대한 평가 전통이 강하지 않았고, 또한 경제위기로 인해 모범적 거버넌스의 주요 도구인 평가가 공공지출을 규제하기 위한 추진력으로 중요하게 인식되지 못했기 때문이다.

하나의 예외는 아일랜드에 대한 EU 프로그램으로, 이는 아일랜드와 EU 지원 프레임워크(Irish-EU Community Support Framework: CSF)하에 공동 평가로 수행되었다. EU는 지속적이고 체계적인 평가를 요구했고, 해당 프로그램 평가는 산업연수와 고용창출 체계와 빈곤 퇴치와 다른 지역개발 프로그램 등 두 가지 주요 정책에 영향을 미쳤다. 노동시장 분야는 결과의 양적 측정에 초점을 맞추는 경향을 보인 반면, 지역개발 이니셔티브는 결과 측정보다는 서술에 역점을 두는 질적 방법에 더 관심을 가졌다(Boyle, 2005).

1989~1993년 동안 유럽사회기금(European Social Fund)과 산업평가 부서에 총 2개의 독립적인 평가부서가 설립되었다. 1989년 이래 EU 구조기금(EU Structural Funds)은 지원 승인에 대한 요건으로 해당 지원 프로그램에 대한 평

가시행을 의무화함으로써 평가 활성화에 기여했다. 1994~1999년 동안에는 재무부에 중앙 평가부서가 설립되었다. 세 번째 평가부서는 농업과 지역개발평가를 담당하기 위해 설립되었으며, 프로그램 지출과 CSF 계획에 대한 평가는 외부 평가자에 위임했다. 1999~2006년 동안은 공공지출에 관한 국가 차원의 평가에 관심이 새로이 높아졌다. 중앙 평가부서의 역량이 증가했고, 독립적 평가 부서는 폐지되었다. 프로그램과 국가개발계획의 중간평가는 외부 평가자에게 위임되었다(Boyle, 2005).

▶ 프랑스의 새로운 평가 접근법 도입 | 2001년까지 프랑스는 OECD 국가 중 평가체계를 구축하는 데 가장 후발주자 중 하나로, 많은 체제전환국과 개도국에 비해서도 뒤처져 있었다. 1980년대 후반과 1990년대 전반에 걸쳐 개혁을 위한 여러 가지 노력이 추진되었다.

2001년에 정부는 1959년 재정 법령을 대체하고, 항목별 예산(체계)을 폐지하고 새로운 프로그램 접근을 제도화하는 법령을 통과시켰다. 이 새로운 규정은 5년 동안(2001~2006년) 단계적으로 도입되었는데, 결과와 성과 지향적 공공관리체계 개혁과 법적 감독 강화를 주요 목적으로 했다. 당시 국무총리 리오넬 조스팽(Lionel Jospin)은 "주요 공공정책별 프로그램 형태로 예산을 발표함으로써 국회의원과 시민에게 정부의 우선순위와 그에 따른 지출, 성과에 대한 명확한 그림을 보여주어야 한다"(Republic of France, 2001)고 강조했다. 약 100개의 프로그램을 발굴하여, 그에 대한 예산을 편성했다. 입법기관에 제출된 모든 프로그램 예산은 명확한 목표와 성과 지표를 명시하도록 했다. 공공관리자에게 재원배분에 대한 큰 자유와 독립성이 보장되는 대신, 그 결과에 대한 책무성이 강화되었다. 즉, 결과 중심적인 새로운 예산절차가 도입된 것이다.

추가자금을 위한 예산요구 시에는 각 프로그램별로 연례 성과계획을 포함하도록 했고, 연례 성과보고서는 예산 검토에 포함되었다. 국회의 정부 프로그램의 수행성과에 대한 평가 역량을 개선하기 위해 수립된 단계였다.

이러한 개혁 이니셔티브는 입법부에 예산 권한을 부여함으로써 프랑스의 정치·제도적 관계를 변화시켰다. "과거 헌법 40조는 입법기관이 지출을 증가하고 소득을 감소시키는 개정안을 상정하는 것을 금지시켰다. 이제 입법기관은 주어진 임무를 수행하기 위해 관련 프로그램 간의 예산 배분을 변경할 수 있다." 입법부는 세입, 개별 임무에 따른 지출, 신규 공직 수의 제한, 특별 회계와 특별 예산에 대해서 투표할 수 있다. 이와 더불어 입법재정위원회는 그 예산에 관한 모니터링과 감독 책임을 부여받는다.

행정 관료는 이러한 변화에 즉각 대응했다. 새로운 규제, 새로운 회계사, 감사, 감사원에 대한 많은 설문, 많은 보고 요청 등이 발생했고, 관리자는 목표에 나타나지 않는 서비스의 품질은 무시하면서, 산출(양적) 결과를 달성하는 데 어려움을 겪었다.

"어떠한 경쟁이나 강력한 소비자의 압력구조로도 서비스의 품질을 보장하는 것이 불가능하다"(Trosa, 2008: 8).

종전의 평가모델을 새로운 모델과 결합함으로써 관리의 자유, 창의성, 혁신을 가져오지 못했기에 트로사(Trosa)는 대안적인 모델이 필요하다고 주장한다. 프랑스의 사례에서 얻은 다른 하나의 교훈은 "공공분야 내부 거버넌스와 연계하지 않고는 내부 관리 개선이 불가능하다"는 점이다(Trosa, 2008: 2). 트로사에 의하면, 새로 필요한 목적과 행동에 대해 명확히 논의함으로써 새로운 체계를 확장해야 한다.

2) 개도국에서의 평가

개도국은 선진국이 평가체계를 지향하고 구축하는 데 마주했던 도전과제와 유사하고도 차별된 도전과제를 마주하게 된다. 평가체계를 구축하고 실행하기 위해 투명성과 모범적 거버넌스가 필요한데, 개도국에서는 평가체계에 대한 수요와 주인의식이 마련되기 더 어려울 수 있다.

정치적 의지와 제도적 역량이 미약하여 평가체계의 진전이 지연될 수도 있다. 부처 간 협력과 조정의 어려움으로 전략적 계획 수립이 저해될 수 있다. 정부의 협력과 조정의 부족 문제는 선진국과 개도국 모두에서 평가체계 발전을 방해하는 요소가 된다.

평가체계가 수립되고 발달하기 위해서는 정치적 위험을 감수하고 이를 옹호할 수 있는 고위급의 지지가 필요하다.

많은 개도국이 여전히 강력하고 효과적인 제도를 정착시키기 위해 애쓰고 있다. 일부 국가는 행정제도 개혁 혹은 법/규제 개혁을 필요로 하고, 국제사회는 이를 지원하기 위해 노력해오고 있다. 제도를 구축하고 행정/공공 서비스 개혁을 감행하거나, 법과 규제적 규정을 개정하고 동시에 평가체계를 구축하는 것이 도전과제이다. 평가체계를 제도화함으로써 이러한 모든 분야에 필요한 개혁을 수행하기 위한 필요한 정보를 정부에 제공하고 가이드라인을 제시할 수 있을 것이다.

개도국은 먼저 평가를 위한 기반을 구축해야 하며, 많은 개도국이 이 방향으로 나아가고 있다. 이는 기초 통계체계와 데이터 및 주요 예산 체계를 갖추는 것을 의미하며, 데이터와 정보는 적절한 품질과 양을 갖추어야 한다. 선진국과 같이 개도국도 주어진 프로그램이나 정책과 관련된 현재의 상황을 파악해야 한다. 이러한 체계를 발전시키고 지속하기 위해서는 인적 역량이 필요하다. 개도국에서는 어려운 장애물일 수 있지만 현대적 데이터를 수집하고 모니터링하며 분석 방법에 대한 교육을 하는 것은 필수적이다(Schacter, 2002).

이러한 도전과제에 대응하기 위해, 많은 원조기관이 제도적 역량구축을 위한 노력을 진행해왔다. 통계시스템 구축, 모니터링과 평가 교육, 준비도/성숙도 진단 및 결과, 성과기반 예산 시스템 구축을 위한 기술과 재정지원 등이 이루어졌다. 오늘날 성과 중심 국가지원전략(Country Assistance Strategies:

CAS) 수립을 강조하는 동향은 모범사례를 발굴하는 데 도움을 준다. 또한 국가주도의 빈곤감소 전략 수립을 위한 개도국 지원도 그와 같은 역량개발을 돕는다.

개도국 역량 지원 노력의 일환으로 개발기관은 개발 네트워크를 구축하고 있다. 개발 네트워크의 구축은 온라인 컴퓨터 네트워크를 구축하고, 전문성과 정보를 나눌 수 있는 참여적 지역사회를 구축하는 것을 의미한다. 사례로는 Development Gateway와 Asian Community of Practice가 있다. 특정 국가의 상황은 고유하며 한 국가의 경험이 일반화될 수 없다는 문제제기가 가능하다. 그러나 일반적인 개발지식이 매우 제한적이라는 점을 인정하면, 그 지식의 원천은 중요하지 않을 것이다. 해당 네트워크의 새로운 표어는 "전 세계적으로 조사하고, 지역적으로 재창조하라"이다(Fukuda-Parr, Lopes and Malik, 2002: 18).

■ 개발평가 교육을 위한 국제프로그램

1999년 세계은행의 독립평가그룹은 개발평가에 대한 교육에 대해 알아보기 위해 설문조사를 시행했는데, 개발기관을 위한 일부 1회성 프로그램 외에는 확인된 것이 거의 없었다. 이에 따라 개발 이슈에 초점을 맞춘 개도국 및 기관의 평가역량을 강화하기 위해 2001년 국제개발평가 교육프로그램(IPDET)이 구축되었다.

IPDET은 개발 분야에서 평가를 설계하고 수행하는 현직 전문가, 혹은 평가업무를 시작하려는 인력을 대상으로 교육한다. 4주 과정의 교육프로그램은 세계은행의 독립평가그룹과 칼튼 대학 공공행정대학 및 캐나다 국제개발청(CIDA), 영국 국제개발부(DfID), 스위스 개발협력청(SDC), 노르웨이 외교부 개발협력국(NORAD), 국제개발연구센터(IDRC), 제네바 국제 인도적 지뢰제거센터(GICHD), 스웨덴 국제개발협력청(SIDA), 코먼웰스(Commonwealth) 사무국, 네덜란드 외교부, 아프리카개발은행(AfDB), 덴마크 외교부 국제개발국(DANIDA)을 포함한 여타 기관의 협력으로 진행되고 캐나다 오타와 대학, 칼튼 대학 캠퍼스에서 열린다.

IPDET은 2주 핵심 프로그램으로 시작하는데, 이 프로그램은 빈곤감소 전략에 대한 모니터링과 평가에 특별히 초점을 맞추고, 성과 중심 M&E와 이해관계자의 참여를 강조한다. 이 핵심 프로그램은 80시간 이상의 교육시간으로 구성되어 평가 도구, 사례를 제시하고 그룹토의를 진행한다. 거의 1/3의 교육시간이 그룹활동 세션으로 구성되며, 비슷한 관심을 가진 참여자들이 실제 개발평가 이슈에 대해 논의하고, 참여자가 실제 업무를 통해 평가해야 하는 프로그램에 대한 예비평가 설계를 수립해보는 기회를 제공한다.

2주 핵심프로그램 이후 2주간은 전문 강사가 30개의 워크숍으로 구성된 맞춤형 교육을 실시한다. 워크숍의 예는 다음과 같다.

- 영향평가설계
- 성과 중심 M&E 체계의 설계와 구축
- 세계은행의 국가, 분야, 프로그램평가 접근 이해
- 혼합적 방식을 사용한 개발평가
- 참여적 M&E 활용
- 분쟁 후 상황에 대한 평가 및 국제 공동 평가
- HIV/AIDS 프로그램 평가
- 소외된 인구에 대한 평가

IPDET은 매년 제공되는 개발평가 프로그램 중 하나로, 정부부처, 양자 및 다자 원조기관, NGOs, 기타 개발기관의 2,000명 이상의 전문가를 대상으로 교육을 진행했다.

IPDET 핵심 프로그램은 이제 지역적·국가적으로 제공된다. 맞춤형 IPDET 버전은 호주(호주 NGO 지역사회), 보츠와나, 캐나다, 중국, 인도, 남아공, 튀니지, 태국, 트리니다드 토바고, 우간다에서 진행되었다. 이러한 '미니-IPDETs'으로 알려진 단기 지역 프로그램은 발표, 그룹토의, 그룹 문제풀이, 사례공유를 혼합한 형태로 매우 상호적인 교육프로그램이다. 동료들과의 상호 활동을 통한 학습기회를 최대화하기 위해 설계되었으며, 실제 글로벌 이슈에 대해 토의하고 실질적인 해답을 모색하는 것에 중점을 두고 있다.

IPDET에 대한 연간 및 영향 평가를 통해 프로그램이 성공적임을 확인하고 이를 바탕으로 세계은행 독립평가그룹은 이제 중국 재무부(국제부), 아시아태평양재정부처센터와 아시아개발은행과 파트너십을 맺고 첫 지역적 제도화 프로그램을 제공한다. 이는 상하이 IPDET(SHIPDET: 상하이 국제개발평가 교육프로그램)으로, 국가 및 지역 차원에서 연간 2회 실시된다. 이 평가교육 프로그램을 통해 개도국과 지역 내 평가역량개발 지원 노력을 확인할 수 있다.

■ 새로운 평가 체계

평가체계를 개발하고 재원을 배분하고 실제 결과를 입증하기 위한 시도는 정치적 적대감과 반대를 가져올 수 있다. 많은 개도국 정부의 특성을 볼 때, 평가체계를 구축한다는 것은 정치적 관계의 재정립으로 이어질 수 있다. 성숙한 평가체계를 구축하는 것은 다양한 정부기관 간의 상호의존, 복합적인 조정과 조율을 필요로 하기 때문에 어렵다. 많은 개도국에서 정부기관들은 서로 아주 느슨하게 연결되어 있어서, 강력한 행정문화와 투명한 재정체계 구축이 필요하다. 따라서 일부 개도국 정부는 제공 가능한 자원의 양과 배분에 대한 정보를 명확히 파악하지 못한다. 이러한 재원이 의도한 목표를 위해 사용되고 있는지에 대해 더 많은 정보가 필요할 수 있다. 이러한 환경에서는 정부의 성과를 정확히 측정하기 어렵다.

많은 선진국과 개도국은 수행성과를 공공지출 프레임워크 또는 전략과 연계하기 위해 노력하고 있다. 이와 같은 연계가 없다면, 프로그램을 지원하기 위한 예산배분이 궁극적으로 성공적인지 판단할 수 있는 방법이 없다.

일부 개도국은 이 분야에서 진전을 보이기 시작했다. 예를 들어 1990년대에 인도네시아는 평가를 연간 예산편성 과정에 연계하기 시작했다. "국가개발계획과 자원배분절차 간의 보다 직접적인 연계를 통해, 평가는 정책과 공공지출 프로그램을 시정하기 위한 도구로 볼 수 있다"(Guerrero, 1999: 5). 브라질, 칠레와 터키를 포함한 일부 중소득 국가는 정부지출을 산출물과 결과목표와 연계하는 점에서 진전을 이루었다. 브라질 정부는 결과 목표치에 대한 별도의 보고서를 출판했다(OECD and PUMA, 2002).

많은 개도국이 여전히 정기지출과 자금/투자 지출을 분리하는 예산체계를 운영하고 있다. 최근까지 이집트 재무부는 정기지출을 관리하고, 계획부처는 자본예산을 관리했다. 이 두 예산 운영을 하나의 부처로 통합한다면, 정부에서 국가 차원의 목표와 목적 달성을 위한 광범위한 평가체계를 고려하기 더 쉬울 것이다.

개도국에서 평가체계를 구축하는 데 어려운 점을 감안할 때, 단일접근, 부분 접근(일부 부처와 부서에서 시범적으로 평가체계를 도입하는 방식)이 범정부적 접근보다 더 바람직할 것이다. 예를 들어 2002년 키르기스스탄공화국에 대한 준비도 평가에서 세계은행은 이미 역량을 갖춘 보건부를 정부 차원의 평가체계의 잠재적 모델로 지원할 것을 권고한 바 있다.

중국, 말레이시아, 우간다는 단일접근을 추구했다.

▶ 경제성장으로 동기가 강화된 평가 | 중국에서 평가는 상대적으로 새로운 현상으로, 1980년대 초반 이전에는 거의 알려지지 않았다. 당시 사회과학의 학풍이 평가에 대한 관심으로 이어지지 않았고, 평가연구와 세계 다른 지역 평가자와의 체계적인 교류가 제한적이었다.

중국은 정책분석, 경제관리 연구, 설문조사 연구, 프로그램 종료 검토 등 평가와 관련된 활동을 수행하기도 했다. 일부 경제정책연구기관은 사회과학 기술/분석 역량을 보유하고 있었다.

그러나 1992년 전까지 감사원, 재무부와 국가계획위원회 등 주요 중앙기관에서 성과 모니터링 및 평가체계를 구축하기 위한 움직임이 없었다. 과학기술평가센터와 네덜란드 정책실행평가부는 최초로 과학기술 프로그램에 대한 공동 평가를 수행했다(NCSTE and IOB, 2004).

지난 20년간 투자와 개발원조가 유입되면서 중국은 기술공학 분석, 재무분석, 경제 분석과 모델링, 사회영향 분석, 환경영향 분석, 지속가능성 분석과 실행 연구에 대한 이해와 역량이 급격하게 증가되었다.

중국에서는 강력하고 지속적인 국가개발과 경제성장이 평가의 발전을 이끄는 동력이 되었다. 2007년까지 연간 GDP는 9년 동안 매년 7.8% 이상 증가했다. 평가에 대한 관심은 개발 분야에 대한 관심이 높아지며 상승했다. 중국국제엔지니어링 컨설팅회사, 건축부, 국가개발은행 등 일부 중앙기관이 점차 기관 내 최상위 단계에서 평가역량을 구축했다.

비록 대부분의 평가가 프로젝트 사후평가로 이루어지지만, 프로젝트 주기의 모든 단계에서 평가가 필요하다는 인식이 점차 높아졌다. 이제 평가를 프로젝트와 프로그램 형성과 실행과 연계하는 방안에 관심이 높아지고 있다. 이미 일부 진행 중인 프로젝트에 대한 평가가 실시되고 있는데, 포괄적인 평가의 사례가 많지는 않다.

일례로 2006년 중국이 5개년 계획에 최초로 체계적인 모니터링 및 평가요소를 도입했다. 11번째 5개년 계획에 포함된 이 M&E 체계는 쿠섹 등(Kusek, Rist and White, 2004)이 제시한 10개 단계를 기반으로 한다.

2006년 4월 중국은 상하이 IPDET(SHIPDET)을 연 2회로 실시했다. 해당 교육프로그램 실시를 위해 재무부, 세계은행, 아시아개발은행과 아시아태평양재정개발센터가 파트너로 협력했다. 중국은 아직 충분한 평가체계를 갖추지 못했지만, 평가를 위한 기반을 구축하는 단계에 있다.

중국 정부 및 행정체계에서 평가를 계속 발전시키려면 다음과 같은 주요 사항이 필요하다.

- 전반적인 평가 관리와 조율을 위한 강력한 중앙기관 설립
- 모든 관련 부처와 은행에서 공식적 평가 부서, 정책과 가이드라인 구축
- 지방과 지역정부 차원에서의 자체 평가 필요성에 대한 인식
- 감사원 내 평가에 대한 감사절차를 마련하여, 관련 정부 부처에서 시행하는 평가, 중앙평가기관, 지방정부, 은행이 발표하는 평가 정책과 가이드라인에 대한 감사 실시
- 평가방법 개발
- 투자기관의 모니터링과 감독 기능 강화
- 많은 정부부처, 지방정부, 은행의 평가를 위한 역량 있는 평가자 배출(Houqui and Rist, 2002).

중국은 평가 결과에 대해 증가하는 수요를 중요한 이슈로 보고 있는데, 이는 정부 투명성 확립에 대한 전통이 약한 국가에 장애로 작용한다.

▶ 말레이시아의 결과 중심 예산수립, 국가 구축, 글로벌 경쟁력 | 개도국 중 말레이시아는 특히 예산과 재정 분야에서 공공행정 개혁의 선도적이었다. 이러한 개혁은 1960년대 전략적 개발을 위한 정부 노력의 일환으로 시작되었다. 공공분야가 개발의 주요 수단으로 간주되었기 때문에, 행정개혁을 통해 공공 서비스 강화 필요성이 강조되었다.

1969년 말레이시아는 프로그램 성과예산 수립체계(Program Performance Budgeting System: PPBS)를 도입하여 1990년대까지 사용했다. 이 시스템으로 항목별 예산제도가 성과 중심 예산체계로 대체되었다. 관련 기관이 프로그램 - 활동 구조를 사용했으나, 실제로는 항목별 예산제도와 좀 더 유사했다.

예산개혁은 말레이시아의 사회경제개발 계획을 수행하는 여러 정부기관의 책임성의 증가와 재무원칙 준수에 초점을 맞추었다. 정부는 업무수행에서 재무규정 준수, 품질 관리, 생산성, 효율성 개선 및 국가개발 관리를 포함

한 추가적인 개혁을 수행했다.

말레이시아의 예산개혁 노력은 국가 수립과 글로벌 경쟁력 개선을 위한 노력과 긴밀히 연결되어 있다. 이러한 개혁을 이끈 원동력 중 하나는 말레이시아를 2020년까지 선진국으로서 자리매김을 목표로 하는 프로그램 비전 2020과의 연계였다.

1990년 정부는 프로그램 성과예산 수립체계를 수정예산체계(Modified Budgeting System: MBS)로 대체했다. 프로그램 성과예산하에서는 산출물과 투입물 간의 연결고리가 약했고, 결과가 체계적으로 측정되지 않더라도 정책은 여전히 지원받을 수 있었다. 수정 예산체계 아래 정부의 프로그램과 활동에 대한 산출물과 영향이 더 크게 강조되었다.

1990년 후반, 말레이시아는 통합적 성과 중심 관리체계(integrated results-based M&E framework: IRBM)를 개발했다. 이 체계는 성과 중심 예산체계와 성과 중심 개인성과체계 요소로 구성되었다. 말레이시아는 또한 관리체계를 보완하기 위해 성과 중심 관리정보시스템(results-based management information system: MIS)과 성과 중심 M&E 체계를 개발했다(Thomas, 2007).

통합적 성과 중심 관리체계는 기관의 성과에 대한 계획, 실행, 모니터링, 보고를 위한 프레임워크를 제공한다. 이를 통해 기관의 성과와 개별 직원의 성과를 연결시킬 수 있다. 아프가니스탄, 보스와나, 인도, 모리셔스와 나미비아를 포함한 국가들이 해당 체계를 단계별로 성과기반 예산수립과 M&E 체계와 통합하고 있다. 말레이시아에서 예산체계는 통합적 성과 중심 관리체계를 이끄는 주요 동력으로 기능하고 있다(Thomas, 2007).

전략계획 프레임워크에 성과측정 기능을 제공함으로써 관리정보시스템과 M&E 체계는 통합적 성과 중심 관리의 활성화에 기여한다. 관리정보시스템과 M&E는 해당 체계를 통해 적시에 적절한 정보를 생산할 수 있도록 서로 긴밀히 연계되어 있다. 말레이시아는 전자 통합 성과관리체계를 개발해 사용하고 있다(Thomas, 2007).

말레이시아 정부는 이 경험을 통해 다음과 같은 교훈을 도출했다.

- 정부 차원의 역량강화 프로그램의 필요성 증가
- 모니터링과 보고에는 많은 시간 소비
- 포괄적 성과 계획절차의 강화 필요
- 모든 단계에 상응하는 보상과 제재가 필요
- 다른 이니셔티브와의 통합이 제한적(Rasappan, 2007).

또한 다음과 같이 제언했다.

- 완전한 수직 및 횡단적 연계 수립
- 정책과 실행 단계에서 환멸 방지
- 모든 지원정책과 제도를 검토하고 강화
- 범정부적 성과에 초점을 두는 통합적 성과 중심 관리체계 확립(Rasappan, 2007).

말레이시아가 공공행정과 예산개혁의 선두주자였음에도, 이 개혁은 지난 몇 년간 순조롭지도 지속적이지도 않았다. 그럼에도 수정 예산체계는 창조성, 역동성, 정책 비용 대비 가치를 확보하기 위한 정부의 중요한 이니셔티브였다(World Bank, 2001).

▶ 우간다의 평가를 추진하는 동력으로서의 빈곤 퇴치 | 우간다 정부는 빈곤감소를 도모하기 위해 효과적인 공공 서비스 제공을 약속했다. 공공 서비스 제공이 국가개발을 위해 필수적이라는 인식이 정부의 결과 중심 지향성을 보여주는 강력한 증거이다. 이러한 약속은 현재 시행 중인 공공관리 정책과 활동에서도 명확하게 드러난다.

지난 10년간, 우간다는 통합적 경제개혁과 거시경제 안정을 달성했다. 포괄적 개발체제(Comprehensive Development Framework)에 따라 빈곤 퇴치 행동계획을 수립하고, 이를 빈곤 퇴치 전략에 포함했다. 행동계획은 1990년 후반 절대 빈곤율 44%에서 2017년 10%까지 감소시키는 것을 목표로 제시하고 있다. 행동계획과 MDGs는 그 초점이 유사하고, 정부와 개발 파트너의의 개발 책무성을 강조한다는 점에서 공동의 목표를 추진하고 있다.

우간다는 고채무 빈곤국 이니셔티브(Heavily Indebted Poor Countries Initiative: HIPC) 지원을 받을 수 있는 첫 번째 대상국가가 되었다. 2000년에 빈곤감소 전략의 효과성, 시민사회를 포함한 협의, 거시경제 안정 유지에 대한 지속적인 노력을 인정받아 고채무 빈곤국 이니셔티브 지원 대상으로 선정되었다.

우간다는 내부 및 외부 이해관계자에게 예산절차를 개방하고 투명성을 제고하기 위해 새로운 방법을 도입했다. 정부는 재정체계를 현대화하고, 프로그램 계획 수립 및 자원관리, 서비스 제공 관리의 지방정부로의 분권화에 착수했다. 또한 재정계획 경제개발부는 산출물 중심 예산수립을 도입했다. 이를 통해 정부기관의 강화와 대국민 책임성 제고를 도모했다.

우간다는 여전히 평가와 빈곤 퇴치 행동계획 관련 조정과 조율에 어려움을 겪고 있다. "빈곤 퇴치 행동계획 M&E 제도의 가장 눈에 띄는 특징은, 빈곤 모니터링과 자원 모니터링을 분리했지만 이를 모두 재정계획 경제개발부에서 관리한다는 점이다. 이 두 M&E 체계는 인력과 보고 체계, 평가기준이 서로 다르다. 재정자원 모니터링은 투입물과 활동, 산출물과 연관되어 있는 반면, 빈곤 모니터링은 전체적인 빈곤 성과를 분석하는 데 중점을 둔다"(Hauge, 2001). 다른 평가 조정 관련 이슈는 새로운 국가기획원 및 분야별 작업반을 신설하는 것이다.

2007년 말 국무총리실은 국가개발계획의 M&E 논의를 위한 문서를 발표했다. 이를 통해 행동계획의 강점과 약점에 대한 검토를 토대로 새로운 국가계획의 M&E를 위해 앞으로 나아가야 할 방향을 제안했다(Uganda OPM, 2007a).

이 문서는 현 모니터링 및 평가체계의 문제점을 다음과 같이 제시했다.

- "성과와 원인을 파악하기 위한 부처별 성과와 산출물, 측정 가능한 지표, 효율적인 모니터링 체계, 평가의 전략적 사용"이 명확하지 않음(Uganda OPM, 2007b: 4).
- 책무성은 실질적인 성과측정 방안보다 지출에 기반을 두고 있음
- 데이터에 대한 수요와 활용 가능 역량과의 균형 없이 데이터 수집이 이루어지고 있음
- 중복적인 모니터링으로 인해, 지표 데이터 수집과 보고가 복잡하고 이로 인한 부담이 가중됨에 따라, 결과적으로 많은 데이터가 비용 대비 가치와 비용 효과성에 대한 평가를 위한 명확한 기반을 제공하지 못하고 있음. 국무총리실 연구결과, "조정 부족과 업무 중복의 발생은 공공 서비스의 인센티브제와 관련이 있는데, 이는 모니터링 활동이 한편으로는 추가 인건비를 수급할 수 있는 계기가 될 수 있기 때문"(OPM, 2007a: 6)
- 계획과 M&E 관련 인센티브의 부재와 책임의 중복으로 인해 M&E 과제 해결을 위한 국가 차원의 M&E 작업반을 소집하는 것에 어려움이 있음
- 비록 많은 평가가 수행되지만, 상당수가 각 분야와 정부부처 내에서 공통 기준이 없이 수행됨
- 지역 차원에서 사람들은 여전히 의사결정에 관여한다고 느끼지 못함

이 문서는 또한 다음과 같은 사항을 제안했다.

- 예산배분을 결과 달성과 연계
- 정책 입안자에게 결과에 대한 정보를 적시에 제공
- 정보와 데이터 수요를 반영해 데이터를 공급
- 품질관리와 보장을 위해 메커니즘을 구축
- 정책 입안자에게 유용한 분석결과를 도출

- 모니터링과 평가 기능을 분리
- 계획수립, 모니터링, 평가 및 관련 품질관리를 위해 정부의 역할과 책임을 명확화

향후 평가에 관해, 우간다는 빈곤감소 전략과 행동계획을 통한 빈곤감소 진전사항을 지속적으로 파악하고 학습해야 하는 과제를 안고 있다. 평가는 국가개발 체계와 과정을 지지하는 의사결정 과정과 인센티브제와 분리될 수 없다(Hauge, 2001).

2. 새로운 개발 이슈의 시사점

새로운 개발 이슈의 등장으로 인해 평가가 점차 복잡해지고 있다. 이번 절에서는 새로운 개발 이슈와 평가에 대한 시사점을 제시한다.

패튼(Patton, 2006)은 평가를 글로벌 공공재로 정의하고, 평가의 최신 경향에 대해 분석한다. 국제 전문 평가기관, 평가협회, 사회단체의 성장과 이러한 전문 평가기관이 수립한 평가기준과 지침에 대해 소개하고, 100개 이상의 새로운 평가모델의 개발 경향에 대해 지적했다.

패튼은 최근 점차 복잡해지는 평가에 대해 보다 쉽게 설명하기 위해 다음과 같은 비유를 제시한다. 과거 평가자는 평가를 수행하는 데 종종 일종의 요리법을 준수했으며, 그 이점은 다음과 같다(Patton, 2006).

- 시험을 통해 요리법을 반복적으로 활용할 수 있음
- 특별한 전문성이 필요하지 않더라도, 요리법을 활용해 성공가능성을 높임
- 요리법을 통해 표준제품을 생산함

요리법은 요리할 때는 유용하지만, 새로운 요리법 개발에 기준이 되는 결

과를 양산해내지는 않는다. 패튼은 개발평가에 관한 새로운 경향은 한 아이를 기르는 것과 같다고 비유했다. 요리법은 단계별 과정이다. 반대로, 아이를 기르는 것은 매우 복잡한 절차이며, 양육자는 지식을 활용해 아이들이 의사결정을 하고 새로운 상황에 대응하도록 돕는다(Patton, 2006).

패튼은 개발평가의 또 다른 경향으로 형성평가의 증가를 꼽는다. 그가 말하는 형성평가는 다음과 같은 경우의 평가를 일컫는다(Patton, 2006).

- 의도하고 목표한 결과가 구체적이지만 측정기법이 시범적인 경우
- 결과를 달성하기 위한 모델에 대해 가정을 수립하고, 시험하고, 수정하는 경우
- 개발 프로그램 수행 방식이 표준화되지는 않았으나, 연구와 문제해결을 통해 개선되는 경우
- 인과관계를 시험할 수 있어야 개발 프로그램으로 인한 성과를 확인할 수 있는 경우

또 다른 최근 경향은 개별 평가연구를 넘어 하나의 흐름을 형성하는 것이다. 리스트와 스테임(Rist and Stame, 2006)은 평가 커뮤니티가 관련 지식을 생산하기 위해 개별 평가자나 결과에 의존하기 보다는 평가 지식 체계에 의존한다고 말한다. 이 논지는 기본적으로 평가 결과를 단순히 수집한다고 해서 해당 연구 전반을 종합하여 얻을 수 있는 지식이 축적되는 것은 아니라는 점을 전제로 한다.

개발 분야가 변화함에 따라 평가에 영향을 미친다. 개발 어젠다는 세계화, 세계 전역에 증가하는 분쟁, 테러와 자금세탁, 심화되는 세계 빈부격차, 개발 이해관계자의 확대, 부채감소에 대한 동기 부여와 개선된 거버넌스 등 새로운 개발 이슈에 따라 계속 진화할 것이다. 이에 따라 평가자 역시 새로운 역할을 수행해야 한다.

포괄적·협조적·참여적인 개발과 성과의 입증은 개발협력 분야의 국제적인 경향이며, 이러한 변화는 개발평가 분야에 새로운 과제를 제시한다. 부분

적 개발에서 통합적인 개발로, 개별적 지원에서 조율된 접근방식, 성장 촉진에서 빈곤 감소로, 집행 중심에서 성과 중심으로 중요한 변화들이 일어났다. 포괄적 개발을 예를 들면, 양자와 다자 공여기관은 "이제 각 프로젝트를 더 큰 틀 안에 놓고 그 지속가능성과 사회, 정치와 경제 전반에 미치는 잠재적인 효과를 살펴보아야 한다"(Takamasa and Masanori, 2003: 6). 다카마사와 마사노리는 다음과 같이 강조한다.

개발 이론가들은 경제개발에 가장 중요한 요소는 자본이 아니라 적절한 정책과 제도라고 믿기 시작했다. 이러한 전환은 노스(North), 스티글리츠(Stiglitz), 센(Sen)과 같은 경제학자들이 개발경제학을 포함한 경제학에 미친 어마어마한 영향에서 비롯되었다. 이를 통해 개도국 내 인간 존엄성의 제고 및 정치와 경제적 자유의 확대를 포함한 넓은 의미의 빈곤감소가 오늘날 국제개발원조의 주요 주제로 자리매김했다.

오늘날 국제개발 논의를 이끄는 주요 이슈는 다음과 같다.

- MDGs
- 몬테레이 합의
- 원조효과성에 관한 파리 선언
- 고채무 빈곤국 이니셔티브
- 민간재단의 역할
- 분쟁 예방과 분쟁 후 재건
- 거버넌스
- 자금세탁 방지와 테러리스트 재정 지원
- 이주민의 송금
- 젠더
- 민간분야 개발과 투자환경

- 환경적 및 사회적 지속가능성
- 글로벌 공공재

개발 논의는 계속적으로 변화하고 있다. 이 책의 출간 시점에서 최근 이슈는 개발도상국에 미치는 글로벌 금융위기의 영향이다.

1) 새천년개발목표(MDGs)

2000년 9월, 189개의 국제연합(UN) 회원국과 여러 국제기구는 UN 새천년 개발선언(United Millennium Declaration)을 채택했고, 그 결과 MDGs(Millennium Development Goals)를 발표했다. 선진국과 개도국 모두의 적극적인 참여의 결과로 국제사회가 2015년까지 함께 달성해야 할 개발목표로 MDGs를 수립했다(박스 2.1). MDGs는 빈곤감소 및 세계 빈곤인구의 삶의 질 개선을 목표로 하며, 이는 경제성장을 통해 빈곤인구를 구원할 수 있다는 기존 국제사회 개발 기조의 큰 전환을 상징한다.

이 8개의 MDGs는 그 진척사항을 측정하기 위한 18개의 세부목표와 48개의 성과 지표를 포함한다(개도국 상황에 따라, 각기 다른 종류의 18개의 목표와 달성시한이 수립되었다). MDGs는 측정하고, 모니터링하고 평가해야 하는 성과 중심적 목표로서, 모든 국가의 평가체계에 중요한 도전과제가 되었다.

많은 개도국은 M&E를 수행할 역량이 부족하다. 이를 위해 많은 개발기구가 통계 및 M&E 역량강화, 기술협력과 지원을 제공했다.

MDGs 채택은 개도국이 M&E 역량과 체계를 갖출 수 있도록 이끌었다. 평가역량과 체계 개선을 위한 기술협력과 재정지원 요청이 높아졌다. 많은 개도국이 점차 MDGs 달성의 진전사항을 확인하기 위해 성과 중심 모니터링 및 평가체계를 구축해오고 있다. MDGs 달성에 대한 평가를 위해서는 평가체계의 개발과 효과적 활용이 필요하다. 평가체계는 "모두에게 자료수집의 중요성과 MDGs 달성을 위한 정부와 시민사회의 노력을 알리기 위해 정보를 활용할 수 있도록" MDGs 정책에 통합되어야 한다(Kusek, Rist and White, 2004: 17~18).

세계은행과 국제통화기금(International Monetary Fund: IMF)은 매년 MDGs에 관한 글로벌 모니터링 보고서(Global Monitoring Report)를 발간해, 국제개발정책 분야의 책임성 강화에 기여한다.

2004년 글로벌 모니터링 보고서는 MDGs 관련 결과를 달성하기 위해 필요한 세계 정책과 활동의 현황에 초점을 두고, 모니터링을 강화하기 위해 다음과 같은 사항을 특히 강조했다.

- 개발 통계를 강화하고, 국제 통계기관이 합의한 시행계획을 적시에 수행.
- MDGs 결정요인, 원조효과성, 거버넌스와 선진국의 정책이 개도국에 미치는 영향과 같은 주요 정책 분야에 대해 연구.
- 파트너 기관과 비교우위에 입각해 협력을 강화하고, 기관 차원의 일관성 있는 모니터링과 평가 접근법을 유지 활용(World Bank, 2004b).

2005년 글로벌 모니터링 보고서는 최근 많은 개도국의 경제성장을 통해 창출된 기회에 대해 시사하고 있다. 이 보고서는 개발을 보다 촉진하기 위해 설계된 5개 어젠다를 다음과 같이 제시했다.

- **국가 주도적으로 개발을 도모한다.** 국가가 주인이며 국가 주도적인 빈곤감소 전략을 통해 개발 효과를 증대한다.
- **민간분야 주도의 경제성장을 위한 환경을 개선한다.** 재정관리와 거버넌스를 강화하고, 비즈니스에 우호적인 환경을 구축하며, 인프라에 투자한다.
- **기초서비스 실행을 증가시킨다.** 보건 분야 인력과 교사의 공급을 신속하게 늘리고, 비용집약적인 서비스 분야에 보다 대규모의 유동적이고 예측 가능한 재원을 제공하고 제도적 역량을 강화한다.
- **무역 장벽을 제거한다.** 농업무역 정책개혁을 포함하는 도하 라운드(Doha Round)를 이용하여 무역 장벽을 제거하고 '무역을 위한 원조'를 증대한다.
- **향후 5년간 개발원조 규모를 2배로 확대한다.** 이와 더불어, 더 신속한 원조조정과 조화의 진전을 통해 원조의 품질을 개선한다(World Bank, 2005a).

2006년 글로벌 모니터링 보고서는 경제성장, 원조의 품질 개선, 무역 개혁과 거버넌스를 MDGs 달성을 위한 주요 요소라고 강조했다(World Bank, 2006a). 2007년 보고서는 양성평등과 여성의 권한 강화(MDG 목표 세 번째)와 극빈곤 인구가 갈수록 집중되는 취약국 문제를 주요 분야로 강조했다(World Bank, 2007f).

2) 몬테레이 합의

2002년 3월 50여 개국의 정상을 비롯한 170여 개국 이상의 정부 대표는 개발 재원에 관한 몬테레이 합의(Monterrey Consensus on Financing for Development)를 위해 한자리에 모였다. 합의문 초안은 하루 1달러 미만으로 살아가는 세계의 가장 빈곤한 인구에게로 개발재원을 더 분배하기 위한 국제사회의 노력을 반영했다.

개발평가에서 가장 중요한 시사점은, 몬테레이 합의를 통해 MDGs를 위한 여정에 상호 간의 책무성을 강조했다는 점이다. 개도국에게는 정책과 거버넌스의 개선을, 선진국에게는 시장 개방과 개발원조의 증대를 촉구했다. 이 합의문은 최빈국의 삶의 질 향상을 위해 개발재원의 증대 필요성을 강조했으나, 원조 규모 증가 또는 부채 탕감, 무역장벽 제거에 대한 구체적인 목표를 설정하지는 않았다(Qureshi, 2004).

MDGs가 채택된 시기로부터 목표시한인 2015년에 이르기 전 중간지점에, 아프리카 경제위원회(Economic Commission for Africa)는 아프리카 지역에서의 몬테레이 합의의 진전사항에 관한 평가보고서를 발간했다. 평가 결과, 부채탕감 분야에서는 상당한 발전이 이루어졌으나 다른 핵심 분야에 대해서는 매우 제한적인 진전이 이루어졌다는 점이 확인되었다. 평가자를 위해 보고서는 다음과 같이 기술한다.

몬테레이 합의의 목표가 실현되기 위해서는 아프리카 국가와 개발 파트너의 공약에 대한 모니터링이 필수적이라는 암묵적 합의가 있다. 아프리카의 정상들은 이 점을 인지하고 아프리카와 개발 파트너의 약속 이행사항을 모니터링하기 위한 체계를 구축했다. 최근 개발재원을 위한 아프리카 장관회의(African Ministerial Conference on Financing for Development)의 제도화는 아프리카 정상들이 일구어낸 중요한 진전이다. 국제사회도 공여국 수행성과를 평가하기 위한 모니터링 메커니즘을 구축했다. 일례로, 아프리카 파트너십 포럼(Africa Partnership Forum)과 아프리카 진전사항 패널(Africa Progress Panel)을 설립했는데, 모두 개발재원에 대한 주요 약속 실행의 진전사항을 모니터링하는 역할을 한다. 최종적으로, 이러한 모니터링 메커니즘의 효과성은 어떻게 개발 파트너가 약속을 이행하도록 이끌었는지로 평가될 것이다. 이러한 약속의 실행을 통해서만 아프리카와 국제사회가 빈곤을 줄여나갈 수 있고 보다 밝은 미래를 위한 초석을 다질 수 있기 때문이다(Katjomulse and others, 2007: vi).

3) 원조효과성 제고를 위한 파리 선언

원조효과성 제고를 위한 파리 선언(Paris Declaration on Aid Effectiveness)은 개도국에 대한 원조 관리에 대한 노력을 강화하기 위한 국제적 합의였다. 100명 이상의 장관, 기관장, 그리고 다른 고위급 대표가 2005년 3월 2일 이 합의에 서명했다.

이 선언문의 중요한 특색은 합의의 실행을 위한 방안으로 모니터링 가능한 활동과 지표를 사용한 것이었다. 12개 지표들이 진전사항을 측정하고, 더 효과적인 원조 달성의 진전을 권장하기 위하여 개발되었다. 2010년 지표 12개 중 11개에 대한 목표치가 수립되었다(OECD, 2005b).

5개 주요 원칙을 중심으로 지표와 목적을 구성했다.

- **주인의식(Ownership)**: 협력대상국이 자국의 개발방향과 우선순위를 바탕으로 개발전략을 기획하고 이행하는 리더십을 발휘
- **일치(Alignment)**: 공여국은 협력대상국의 국가개발전략과 체제를 기반으로 원조 절차를 진행
- **조화(Harmonization)**: 협력대상국 내에서 활동하고 있는 여러 공여기관의 원조활동을 상호 조정
- **성과지향적 관리(Managing for Results)**: 개발목표에 근거한 성과를 중심으로 원조 프로그램을 관리해 의사결정을 향상
- **상호 책임성 강화(Mutual Accountability)**: 협력대상국과 공여국 모두 개발에 대한 책임의식을 공유(Joint Progress toward Enhanced Aid Effectiveness, 2005)

2007년, OECD는 2005년 원조효과성 제고를 위한 활동 현황에 대한 기초선(baseline) 조사 결과를 발표했다(OECD, 2007b). OECD는 몬테레이 합의에서 강조한 원조효과성을 개선하기 위한 진전사항을 모니터링하기 위한 설문조사를 시행했고, 파리 선언을 통해 이를 보다 구체화했다. 그 결과, 다음과 같은 결론을 도출했다.

- 파리 선언은 원조의 실행과 관리를 개선해야 할 필요성에 대한 인식과 국가 차원의 대화를 촉진시켰다.
- 원조 관리 개선을 위한 공여국의 변화 속도는 느리며, 원조의 집행과 관리에 소요되는 거래비용은 여전히 매우 높다.
- 국가개발전략을 강화하고, 협력대상국의 개발 우선순위에 일치하는 개발협력을 지원하고, 재원을 관리하고 배분하는 도구로서의 예산에 대한 신뢰도를 강화하고, 원조 흐름에 대한 정보의 정확도를 향상시켜야 한다.
- 원조 집행 및 관리방식을 변화하기 위해서는 새로운 비용이 필요하며 공여국과 파트너들은 이를 계상해야 될 필요성이 있다.
- 파트너 국가와 공여국은 성과 평가 제도를 이용하고, 비용효과 성과 중심 보고방식을 적극적으로 활용해야 한다. 공여국은 역량강화에 기여하고 국가 보고체계를 활용해야 한다.
- 보다 신뢰할 수 있는 모니터링 체계를 개발해야 한다(Katjomulse and others, 2007).

4) 고채무 빈곤국 이니셔티브(Heavily Indebted Poor Country Initiative)

1996년 세계은행과 IMF는 세계의 최빈국이자 고채무국의 부채를 탕감하기 위한 첫 번째 통합적인 접근방식인 HIPC 이니셔티브를 제안했고, 180개국이 이를 지지했다.

HIPC는 경제와 사회 정책개혁을 추구하는 빈곤국의 채무를 지속가능한 수준으로 감소시키고자 설계되었다. 이는 전통적인 부채탕감 체제를 통해 해당 국가들이 채무상환을 완료하는데 충분하지 못한 경우를 대비해 활용되었다. HIPC는 부채 비중을 감소시키고, 부채서비스 비용을 낮추었다.

이 이니셔티브는 양자와 다자 부채탕감을 모두 포함했다. HIPC 대상 국가의 부채는 약 500억 달러까지 삭감하도록 할 예정이었다. 2009년 1월, 28개 아프리카 국가를 포함한 34개국과 추가로 7개의 국가가 지원 대상으로 선정되었다(IMF, 2009).

HIPC는 통합적인 국가 빈곤감소 전략과 연계되어 있다. 1999년 국제개발 사회는 국가 빈곤감소 전략(Poverty Reduction Strategies Papers: PRSPs)이 양허성 차관과 부채탕감의 기반이 되어야 한다는 점에 합의했다. 이는 정책 매트릭스, 측정 가능한 지표와 진전사항을 측정할 M&E 제도를 포함한다. 한 국가가 개발목표를 달성하면, 부채는 감소되고, 개혁을 촉진시킬 인센티브를 제공하며 국가의 주인의식을 증가시킨다. 부채탕감을 위한 조건으로, 수원국 정부는 개혁 추진과 빈곤감소를 위한 진전사항에 대해 모니터링 및 평가를 시행하여 보고해야 한다. 이로 인해 M&E 역량강화 지원에 대한 수요가 높아졌다.

우간다와 같은 일부 개도국은 평가 분야에서 진전을 이루었고, 보다 우호적인 HIPC 탕감 지원자격을 획득했다. 알바니아, 마다가스카르와 탄자니아 등 다른 HIPC 참여국은 평가를 위한 역량 부족이 문제가 되었고, 해당 국가의 평가 역량강화를 위한 추가적 지원 필요성이 높아졌다.

많은 빚을 안고 있는 국가가 부채위기를 겪지 않도록 위험을 완화하기 위한 양허성 차관이나 무상원조를 제공하기 위해, HIPC는 새로운 평가 이슈를 제기했다. 차관과 달리, 어떻게 무상원조의 효과성을 평가하고 어떤 기준에 따라 평가해야 하는가? 이는 개발평가자에게 새로운 도전과제를 제시한다.

2006년 9월에는 HIPC 이니셔티브 10주년을 맞았다. 1999년 이래 HIPC의 빈곤감소 지출은 증가한 반면 부채서비스 비용은 감소했다(World Bank, 2007e). 이는 HIPC 이니셔티브가 진전되었음을 보여준다.

5) 재단의 역할

한 OECD 연구는 민간자선단체가 개도국에 지원한 자금을 추정했다.

2002년 15개의 대규모 민간재단이 지출한 국제기부 포함 개발재원 규모를 추정했다. 전체 규모는 약 40억 달러이며, 이 중 국제기부 규모는 약 20억 달러였다. 이는 전체 개발원조의 4%를 차지하고,(재단을 포함한) NGOs 전체에 DAC 회원국이 지원한 규모의 절반에 달한다(Oxford Analytica, 2004a).

미국 재단협의회(US Council on Foundations)는 미국에 5만 6,000개의 민간과 지역단체가 연간 275억 달러를 개발재원으로 지출한다고 밝혔다. 유럽재단센터(European Foundation Center)에 따르면, 9개의 EU 국가의 2만 5,000개의 재단이 연간 500억 달러를 개발활동으로 지출한다.

특히 일부 대규모 단체의 역할이 지배적이다. 빌&멀린다 게이츠 재단(Bill & Melinda Gates Foundation), 포드 재단(Ford Foundation), 수전 톰슨 버펫 재단(Susan Thompson Buffet Foundation), 소로스 재단/오픈 소사이어티(Soros Foundation/Open Society) 등이 대표적이다.

소로스 재단/오픈 소사이어티 네트워크는 국제개발협력 사회에서 영향력을 발휘하는 기관으로서 50여 개국에서 개발 프로그램을 추진하고 있다. 이 단체는 교육, 미디어, 공중보건, 여성, 인권보호, 예술과 문화, 사회, 경제와 법적 개혁을 위한 프로그램을 실시한다(SOROS Foundation Network, 2007).

6) 분쟁예방과 분쟁 후 재건

1989~2001년 냉전 후, 44개 지역에서 56차례의 주요 무장분쟁이 발발했고, 2003년 분쟁은 10억 이상의 인구에 영향을 미치는 것으로 추정되었다. 이 시기에 일어난 대부분의 분쟁은 7년 혹은 그 이상의 기간 동안 지속되었다. 세계적으로 내전으로 인한 피해는 크다. "해당 정부가 통제할 수 없는 지역이 발생하고, 무장분쟁은 마약 거래, 테러리즘과 질병의 확산을 낳는다" (Collier and others, 2003).

빈곤은 분쟁의 이유이자 동시에 결과이다. 세계 20개 최빈국 중 16개국은 심각한 내전을 경험했다. 평균적으로 전쟁에서 빠져나온 국가는 첫 번째 전쟁의 종료 후 5년 이내에 다시 전쟁으로 치닫는 확률이 44%나 된다.

분쟁 후 재건 지원을 위해서는 다수의 양자와 다자개발기관의 원조조정과 조율이 필요하다. 예를 들면 60개의 개발기관이 보스니아헤르체고비나에서 활동하고 있고, 50개의 기관이 서안지구와 가자 지구에서 활동하며, 82개 기관이 아프가니스탄에서 활동했다.

분쟁 후 재건은 단지 인프라를 재건하는 것 이상의 노력과 지원이 필요하다. 재건을 위해서는 제도 구축, 민주주의와 선거, NGOs와 시민사회, 민간 경찰력, 예산, 부채 탕감, 국제수지 지원, 양성평등 이슈, 지뢰 제거, 난민과 국내 강제이주민 정착, 참전용사의 사회로의 재통합 지원이 필요하다.

부패에 대한 염려와 공적개발원조 확대 필요성 때문에, 분쟁 후 재건을 위해 새로운 차관도구와 메커니즘이 신설되었다. 예를 들어 서안 지구와 가자 지역에는 팔레스타인의 새로운 행정부의 수립과 예산지원을 위해 다자개발기관 신탁자금이 창설되었다. 이와 같은 제도는 세계 다른 지역의 분쟁 후 재건지역에서도 흔히 도입된다.

몇 십억 달러의 예산이 소요되는 포괄적인 분쟁 후 재건 프로그램은 평가에서 새로운 차원의 이슈를 제기한다(Kreimer and others, 1998). 평가자는 이러한 개발접근법이 분쟁 후 재건과 화합에 미치는 영향에 대해 살펴보아야 한다. 넓고 다양한 그룹의 양자·다자기관 간의 조정절차에 대한 평가는 새로운 도전과제이다.

평가자는 참전용사를 해산시키고 사회에 재통합하며, 지뢰제거 지원 등의 새로운 프로젝트와 프로그램을 검토해야 한다. 다자개발기관 신탁기금과 같은 새로운 종류의 개발지원 메커니즘과 차관 도구 역시 평가해야 한다.

양자·다자 기관은 분쟁의 경제적 원인과 결과에 대해 살펴보고 분쟁 방지 방안을 모색해오고 있다. 사회·인종·종교적 관계, 거버넌스와 정치기관, 인권, 안보, 경제체제와 성과, 환경과 천연자원, 외부요인이 점차 강조되고 있다. 평가자들은 분쟁을 예방하기 위해서는 어떤 요인들이 필요하고 어떤 노력이 추진되어야 하는지 살펴보아야 한다.

7) 거버넌스

거버넌스와 부패 이슈는 1990년대 중반에 들어서야 중점적으로 논의되기 시작했고, 세계의 부패문제에 대한 국제적 협정이 이루어지기 시작했다. UN과 OECD는 부패의 범죄화 예방, 자산복구에 대한 국제적 협력과 반 뇌물수수 방안에 대한 조항을 포함한 부패 관련 협정을 채택했다.

다자개발은행 역시 반부패프로그램을 제도화했다. 효과적이고 책임 있는 공공분야기관의 구축을 지원하기 위한 방향으로 개발차관이 제공되었다. 거버넌스와 반부패 방안이 국가지원전략에 포함되었다. 거버넌스 프로그램은 다음과 같은 사항을 추구한다.

- 반부패
- 공공지출 관리
- 시민서비스 개혁

- 법적 개혁
- 행정, 분권화, 전자정부와 공공 서비스의 실행

국제투명성기구(Transparency International: TI)는 부패를 세계적 주요 어젠다로 포함하고자 1990년대 초반에 창설되었다. 현재 이 NGO는 88개 국가에 지부를 두고 있다. 이 기구는 현지·국가·지역 그리고 국제적 파트너(정부 혹은 비정부)와 부패 퇴치를 위해 활동하고 있다(http://www.transparency.org/).

TI의 연간 부패인지지표(Corruption perception index)는 공공기관 인력의 부패에 대한 인지도에 대해 140개 국가의 순위를 매기고, 연간 뇌물수수자 지표(Bribe payers index)는 뇌물수수에 대한 국가순위를 매긴다.

부패로 인해 사라지는 돈은 연간 1조 달러에 이른다고 알려져 있다. 부패와 부패로 인한 비용을 측정한다는 것은 국제사회를 위해서도 어려운 과제이다.

거버넌스의 여러 차원의 정보를 포함하고, 많은 기관에서 실시한 설문과 여론조사 결과를 활용해 국제적 거버넌스 데이터뱅크를 구축했다. 다양한 출처와 변수를 사용한 점수를 사용하는 동시에 새로운 통합 기술을 사용하여, 데이터뱅크는 이제 전 세계 200개국의 법규, 부패, 규제의 질, 거버넌스 효과성, 의견과 책무성, 정치적 불안정성과 같은 주요 통합지표를 포함한다(World Bank, 2007c: 1).

그러나 개발기관과 평가자는 이러한 데이터를 원조효과성을 측정하기 위해 사용할 수 있다. 조사결과 부패가 높은 지역에서는 원조가 낭비될 가능성이 높다는 것을 보여준다.

성과 중심 관리를 통해 한 국가의 거버넌스에 가장 취약한 요인과 기관을 판별하고 모니터링할 수 있다. 정보 확보를 통해 종전의 모호했던 거버넌스 이슈를 보다 객관적으로 파악하여 대응책을 마련할 수 있다. 또한 생산된 정보를 활용해 평가자는 보다 풍부한 양적 평가 결과를 수집할 수 있고, 투자 및 비즈니스 환경에 대한 평가 등 새롭고 어려운 개념에 도입할 수 있다(이후 나오는 '11) 민간분야 개발과 투자환경' 항을 보라).

이 새로운 분야는 빠르게 변화하고 있다. 평가자는 새로운 정보를 신속히 수집하고 개발해 활용해야 한다.

8) 반(反)자금세탁과 테러리스트 재정지원

자금세탁(Money laundering)과 테러리스트 재정지원은 넓은 의미에서 반부패 분야의 일부이다.

자금세탁은 특정 자금의 정체, 출처와 목적지를 숨기기 위한 재정 거래이다. 과거 '자금세탁'이라는 용어는 오직 범죄활동에 관련된 재정거래를 의미했다. 오늘날 미국 증권거래위원회(Securities and Exchange Commission: SEC)와 같은 정부기관에 의해 그 의미가 확대되어, 법적 근거가 없고 투명하지 못한 모든 재정거래를 의미한다. 자금세탁 불법활동은 오늘날 일반 개인, 소/대규모 프로그램, 부패한 관료, 마약거래나 마피아 조직원과 같은 조직화된 범죄의 조직원에 의해 통상 행해지고 있다(Investor Dictionary.com 2006).

IMF에 의하면 대략 1조 달러(세계 GDP의 2~5%)가 매년 자금세탁으로 흘러가고, 자금세탁은 심각한 국제적 문제로 개도국과 선진국 모두에 영향을 끼친다(Camdessus, 1998: 1). 세계화와 국경의 개방으로 인해 초국가적 범죄활동에 수반되는 불법자금의 유통이 수월해짐에 따라, 세계적 반자금세탁 이니셔티브는 테러리즘의 확산과 더불어 새로운 중요성을 갖게 되었다.

자금세탁은 특히 개도국에게 심각한 타격을 줄 수 있다.

신흥금융시장과 개도국은 법의 규제를 피해 새로운 장소를 끊임없이 물색하는 자금세탁원에게 중요한 표적이자 희생양이다. 자금세탁은 개발도상국의 경제에서 특히 파괴력이 강할 수 있다. 이를 규제하지 않는다면, 자금세탁원은 불법활동을 수행하고 확대하기 위해 (개도국의) 금융제도를 조작할 수 있고… 기관의 안정성과 발전을 빠르게 악화시킬 수 있다(IFAC, 2004: 5).

OECD 국제자금세탁방지 태스크 포스(Financial Action Task Force on Money Laundering: FATF)는 G-7에 의해 1989년 창설되었다. 이는 현재 31개 회원국 및 2개 지역기관으로 구성된다. 이 범정부적 조직은 자금세탁과 테러리스트 금융지원을 타파하기 위한 국가적·국제적 차원의 정책을 개발하고 촉진하기 위해 활동하고 있다.

해당 기구는 다자방식, 동료평가 등의 방식으로 모니터링과 성과 평가를 수행하고 있는데, 그 절차는 다음과 같다.

FATF에 의해 재정, 법규 집행 분야의 다른 회원국의 전문가 3~4인의 현지방문을 통해 각 회원국을 차례로 조사한다. 이를 통해 대상 국가의 효과적인 자금세탁 타파 체계 시행을 통한 변화와 추가적인 개선 필요사항을 분석하여 보고한다(FATF, 2007: 1).

이 기구는 제언사항에 순응하지 않을 경우에 대비해 여러 방안을 마련했다.

9) 이주노동자 송금

연간 국제적 이주노동자들이 자국에 송금한 금액은 공적개발원조(ODA) 규모를 넘어섰다. 연간 송금액은 1998년 600억 달러에서 2002년 800억 달러로 늘어났으며, 2003년에는 약 1,000억 달러로 추정된다. 이 수치는 연간 ODA 규모인 500~600억 달러, 2002년 민간자금흐름인 1,430억 달러와 비교할 때 매우 큰 규모이다. 이주민 송금은 그 규모의 변화에서 민간자금보다 안정적이다(World Bank, 2003; Oxford Analytica, 2004b).

국제 이주민 송금은 개발도상국의 빈곤 감소에 큰 영향을 미친다. "평균적으로, 한 국가의 인구 중 국제이주민이 약 10% 증가하면, 빈곤생활인구(1달러/명/일)의 1.9%의 감소를 가져온다"(Adams and Page, 2003: 1). 전 세계 이주민 송금은 개도국 현지의 가계소비 증대, 농업·산업의 발전, 새로운 중소기업의 창출을 지원한다.

선진국과 개도국은 이와 같이 대규모의 국제 이주민 송금을 투자의 증대로 이어지도록 장려하는 방법을 모색하고 있다. 최근 G-8 정상계획(G-8 Summit Plan)은 회원국과 개도국 정부에게,

> 송금거래비용을 감소하고, 생산적 투자를 위한 지역개발자금을 창설해, 송금 받는 자들의 금융 서비스로의 접근을 개선시키고, 조정을 강화하여 가족들과 소상공인을 지원하기 위한 송금 흐름을 수월케 하도록 촉구했다(G-8, 2004a: 7).

테러리스트 조직 지원을 차단하기 위해 비공식적 거래에 대한 규제가 증가하고 있어, 은행체계를 통한 송금은 더 증가할 예정이며 경쟁의 심화로 인해 은행 수수료가 낮아질 전망이다.

개도국에 미치는 송금의 영향은 연구를 통해 입증되어야 한다. 세계적 송금을 추적하고 투자증대로의 영향에 대한 평가는 새로운 도전과제이다. 빈곤감소의 지렛대로 이를 활용할 수 있는 방안에 대한 고민이 계속되고 있으며, 평가자는 이 논의를 큰 관심을 갖고 지켜보아야 한다.

10) 젠더: 여성개발로부터 젠더와 젠더 주류화로의 개발

젠더는 여성과 남성에게 사회적으로 주어진 역할을 의미한다. 젠더 분석(Gender analysis)은 남성과 여성이 어떻게 자원에 접근하고 지배권을 행사하

는지, 남성과 여성의 다른 개발 수요와 우선순위를 결정하는 체계, 개발이 여성과 남성에 미치는 서로 다른 영향을 살펴본다. 또한 젠더 분석은 계층, 인종, 민족과 같은 다양한 요인이 젠더와 상호작용하여 어떻게 차별적인 결과를 낳는지 고려한다. 교육, 채용, 서비스 등의 혜택에서 남녀 불평등이 있었기 때문에 젠더 분석은 전통적으로 여성을 대상으로 했다.

여성은 세계인구의 절반 이상을 차지하며 경제개발에 주요 역할을 수행한다. 하지만 사회경제개발에 참여하는 여성의 잠재력은 아직 충분히 실현되지 못했다. 여성과 아동은 여전히 세계 빈곤인구의 대부분을 차지한다.

> 여성은 일부 개발도상국에서 식량의 절반을 생산하고, 가정 내 식량안보를 책임지며, 산업과 3차서비스산업 노동력의 1/4을 차지한다. … 하지만 교육과 다른 기회에 대한 제한된 접근으로 인해 남성과 비교할 때 여성의 생산력은 여전히 낮다. 여성의 생산력 개선은 생산, 효율성과 빈곤감소에 기여할 수 있으며, 이는 국제개발의 목표이다(World Bank, 1994: 9).

개발에서의 여성의 역할에 대한 최근 흐름은 전통적인 '개발에서의 여성(Women in Development: WID)' 접근방식에서 '젠더와 개발(Gender and Development: GAD)', 그리고 보다 통합적인 '젠더 주류화' 접근방식으로 진화했다. WID 전략은 프로젝트, 프로그램과 정책의 이해 관련 수혜자그룹 혹은 특정 목표로서의 여성을 강조한다. "WID는(비록 이것이 종종 인지되지 못할지라도) 여성이 개발과정의 적극적 참여자이고, 경제성장에 중요한 힘을 제공하며 … 아직 개발되지 않은 자원으로서, 개발 과정에 통합되어야 한다고 본다"(Moser, 1995: 107).

GAD 접근방식은 남성과 여성이 프로젝트 자원과 활동에 어떻게 참여하며 혜택을 받고 이를 통제하는지를 결정하는 사회적·경제적·정치적 및 문화적 영향력에 주목한다. 이 접근방식은 여성과 남성의 종종 서로 다른 수요와 우선순위를 강조한다. 이 접근방법은 사회적으로 결정되는 남성과 여성 간의 관계에 초점을 둔다.

양성평등과 여성의 강화는 진전을 측정하고 평가하기 위한 목표와 지표를 포함하는 MDGs에 포함되어 있다. OECD DAC은 개발활동 평가 시 참고할 수 있도록 다음과 같은 질문을 예시로 제안한다.

- 해당 프로젝트가 남성과 여성을 위해 동등한 기회와 혜택을 가져왔는가?
- 여성과 남성이 이 프로그램에 의해 차별받거나, 수혜를 받았는가?
- 프로젝트가 젠더 접근법을 효과적으로 활용했는가?(Woroniuk and Schalkwyk, 1998)

성 인지 예산수립(Gender budgeting)은 국가예산이 남성과 여성에 어떻게 혜택을 주는지를 평가하는 한 방법이다. 개발원조가 "여성을 동반하고, 여성을 지원하며, 여성을 강화하고, 여성을 위한 결과를 양산하는"(Jalan, 2000: 75) 분야에 어떻게 혜택을 주는지 보는 방법도 있다. 오늘날 통합적 접근법과 파트너십이 점차 강조되는 것을 감안할 때, 협력대상국, 개발기구와 공여기관의 성 주류화 정책에 대한 평가를 통합하고 조율해야 한다. 모든 평가에서 개발프로젝트, 프로그램, 정책이 어떻게 남성과 여성에게 다르게 영향을 미치는지 살펴보는 것이 중요하다.

11) 민간분야 개발과 투자환경

민간분야 개발과 투자환경에 대해서는 몇 가지 다양한 이슈가 포함된다. 민간분야 역할과 빈곤감소를 위한 해외직접투자, 민영화, 민간의 인프라 서비스 참여와 민관 파트너십, 금융 중재기구를 통한 초중소기업 창설과 지원 등이 이에 해당된다.

■ 민간분야 투자

민간분야 투자는 점차 개도국의 빈곤감소의 주요 동력으로 그 중요성이 높아지고 있다. 개도국에 지원된 개발원조가 약 600억 달러이던 1990년, 개도국에 대한 민간분야 투자는 연간 약 300억 달러였다. 1997년 개도국 개발원조가 500억 달러로 감소했을 때, 개도국에 대한 민간분야 투자는 약 3,000억 달러였다. 민간분야 개발은 10년이 채 못 되는 시간 동안 개발원조의 절반 규모에서 6배로 성장한 것이다.

■ 공적개발원조

투자환경의 한 가지 방안으로는 공적개발원조(Official Development Assistance: ODA)가 있는데, OECD 통계용어집(OECD Glossary of Statistical Terms, 2002a)에서는 이를 다음과 같이 정의한다.

> 개도국의 경제개발과 복지를 주요 목적으로 하고 최소 25%(10%의 고정 할인율을 사용한) 이상의 증여 성격을 띠고 관리되는 공적재원의 흐름. ODA 흐름은 개도국('양자 ODA')과 다자개발기관에 제공한 모든 차원의 공여국 정부기관의 지원을 포함한다. ODA 수령액은 양자공여국과 다자기관의 지출을 포함한다.

1997년부터 2001년 안정기에 도달하기까지 원조의 규모가 증가한 바 있다. DAC 회원국의 총ODA는 2001년 7%, 2003년 5% 가량 증가했다. 2005년에는 DAC 회원국의 공적개발원조가 32% 증가했는데, 이는 대부분 2004년 남아시아 지진해일과 이라크와 나이지리아에 대한 부채탕감에 기인했다(OECD, 2005a). 2006년에는 ODA가 4.6% 감소했는데, 이는 2004년 이례적으로 높았던 부채탕감과 인도적 지원으로 인한 것이었다(OECD, 2006).

ODA는 지난 10년간 꾸준히 증가했으며, 공여국이 MDGs 달성을 위해 원조규모를 확대하겠다고 공약했으므로 계속해서 증가하리라 예상된다. 확대된 원조를 효과적으로 사용하기 위해 공여국과 수원국은 몇 가지의 도전과제를 다루어야 하는데, 특히 다음의 사항이 중요하다.

- 국가, 지역, 글로벌 차원의 개발 우선순위와 프로그램을 통한 상호 보완 달성
- 예산지원과 같이 잠재적으로(규모가) 확대된, 예산지원과 같은 신속히 지원되는 ODA를 효과적으로 사용하기 위한 수원국 역량 강화(World Bank, 2007a)

■ 해외직접투자

투자환경을 측정하는 지표로 **해외직접투자**(Foreign Direct Investment: FDI)가 있는데, 이는 글로벌 비즈니스에서 괄목할 만한 성장을 보이고 있다. FDI는 기업의 지속적인 재정적 이윤과 그 행위를 통해 영향력을 행사하려는 기업이 국경을 초월하여 자산의 최소 10% 이상을 소유하는 투자이다. 이는 경제성장의 주역으로 국가경제에 중요한 혜택을 가져온다고 알려져 있다(InvestorDictionary.com, 2006).

1970년대와 1999년대 행해진 가장 큰 FDI는 개도국에서 이루어졌는데, 연간 흐름이 1970년대 평균 100억 달러, 1980년대 200억 달러에서 1998년 1,790억 달러, 1999년 2,080억 달러로 증가했다. 이러한 흐름은 글로벌 FDI의 큰 부분을 차지한다(Graham and Spaulding, 2005).

UN무역개발협의회(UNCTAD)(2008)는 2007년 보고서를 통해, 세계적으로 FDI 규모가 증가했으며 선진국, 개도국, 남·동유럽과 독립국가연합(CIS) 국가 모두에서 FDI가 증가했다고 발표했다. 이는 세계 많은 곳에서 초국가적 기업의 성장과 높은 경제적 성과를 반영한다. 동시에 수익의 증가와 풍부한 자금을 통해 높아진 탈국경적 기업합병과 인수의 가치를 보여준다. 이러한 거래는 합병과 인수의 가치가 하반기에 감소했더라도 2007년 FDI 흐름의 큰 부분을 차지했다.

개도국으로 향한 FDI 흐름은 2007년에 4년 연속 증가하여 1조 달러를 기

록했다. 개도국과 경제과도기에 놓인 남·동유럽과 CIS에 유입된 FDI 역시 각각 16%와 41% 증가했다.

▌ 민영화

국가소유 기업의 민영화는 1990년대에 특히 활발히 이루어졌는데, 당시 많은 국가들이 사회주의에서 시장지향 경제로의 전환을 추진했기 때문이다. 많은 경제자산을 소유하고 운영하는 국가에서 여전히 이루어지고 있다.

"모든 대륙의 100개 이상의 국가에서 인프라, 제조업과 서비스 분야의 국가소유 기업의 일부 혹은 대부분을 민영화했으며 … 그 결과 약 7만 5,000개의 중소기업과 대규모 기업이 세계 곳곳에서 민영화되었다…." 이를 통한 전체 수익은 7,350억 달러를 상회하는 것으로 추정된다(Nellis, 1999). 민영화에 대해서는 논란이 많다. '만약', '언제', '어떻게' 민영화를 추진해야 하는지에 대해 논쟁은 계속되고 있다. 민영화가 경제 문제에 대한 만병통치약은 아니지만, 복지 분야 혜택과 경제와 사회의 서비스 개선을 촉진하는 데 유용하다는 점은 증명되었다.

▌ 평가에 주는 함의

개발평가 커뮤니티는 이러한 이니셔티브에 어떻게 대응했는가? 국제금융기업(International Finance Corporation: IFC)은 프로젝트 차원의 효과에 대해 평가한다. IFC는 광범위한 기업환경 이슈와 측정가능한 지표를 제안하기 위해 기업환경(Business Environment: BE) 스냅샷을 활용한다(IFC, 2007). 이는 산발적인 데이터, 지표와 한 국가의 기업환경에 대한 프로젝트 정보를 일관된 양식을 통해 쉽게 접근이 가능하도록 한다. 개발 수행자와 정책 입안자는 BE 스냅샷을 이용하여 특정 국가의 기업환경에 대한 전반적인 그림을 확보할 수 있다. BE 스냅샷은 모니터링이나 계획 도구로 사용될 수도 있다.

어떻게 이러한 활동을 평가할 것인가? 일반적으로 활용 가능한 지표를 네 가지로 살펴볼 수 있다.

- 비즈니스 수행성과
- 경제적 지속가능성
- 환경적 효과
- 민간분야 개발

세계개발보고서 2005년(World Development Report, 2005)는 투자환경 설문조사와 기업환경과 기업 수행성과에 대해 강조한다. 해당 설문조사는 53개 개도국의 2만 6,000개 기업과 11개국 3,000개 초소형 및 비공식 기업을 포함한다.

이러한 설문조사를 통해 기존 환경과 시간에 따른 변화를 모니터링 할 수 있도록 벤치마킹 환경과의 비교가 가능하다. 설문조사는 투자환경의 특정 측면을 더 깊이 살펴보고 기업 차원의 생산성과의 연계를 파악할 수 있도록 핵심질문과 여러 모듈로 구성된다.

질문은 다음의 세 그룹으로 나눌 수 있다.

- 기업 프로필 정보 생산
- 프로그램이 수행될 투자환경에 대한 자료수집
- 기업의 수행성과에 대한 지표

사용된 지표는 다음과 같다.

- 정책적 불확실성(주요 제약: 예측 불가능한 규제 해석)
- 부패(주요 제약: 뇌물수수)
- 법 체계(주요 제약: 법원이 사유재산을 지지할 것이라는 신뢰의 부재)

• 범죄(주요 제약: 범죄에 따른 손실). 다른 투자환경 지표로는 비즈니스 위험 서비스, 국가 신뢰도 순위(Euromoney Institutional Investor), 국가위기 지표(World Markets Research Center), 국가 위험 서비스(Economist Intelligence Unit)와 지구경제보고서(World Economic Forum)가 있다.

다자개발은행, 국제금융기관, 개발기구와 민간분야는 모두 이러한 설문조사에 참여하여 중요한 정보와 자문을 제공한다. 전 세계적 투자환경에 대한 정기적인 평가의 예로는 두잉 비즈니스(Doing Business)라는 데이터베이스가 있는데, 이는 프로그램 규제와 시행에 대한 객관적인 측정방안을 제시한다. 145개 경제에 관한 비교 가능한 지표는 프로그램에 대한 규제 비용을 나타낸다. 이 지표는 투자, 생산성과 성장을 개선하거나 제약하는 특정 규제사항을 분석하기 위해 사용된다(World Bank, 2007d). 세계은행의 독립평가그룹의 2008년 보고서는 두잉 비즈니스 지표에 필요한 개선사항을 제안한 바 있다(IEG, 2008).

12) 환경과 사회적 지속가능성

기업의 사회적 책임(Corporate Social Responsibility: CSR)은 기업활동의 경제, 환경, 사회적 영향과 결과를 적극적으로 고려하는 것이다. 민간분야, 기관과 정부는 기업의 활동과 서비스가 국가나 분야의 경제, 사회 혹은 환경에 부정적인 영향을 미치지 않도록 하기 위해 새로운 방안을 모색하고 있다. 예를 들면, 영국 정부는 CSR의 환경과 사회적 지속가능성을 독려하기 위해 다양한 정책과 법령을 채택했다.

정부는 CSR을 우리의 지속가능한 개발 목표 달성을 위한 기업의 기여라고 본다. 이슈는 이윤을 극대화하는 동시에 경제적·사회적·환경적 효과를 기업 활동에 어떻게 고려하느냐이다. … 정부는 기업이 CSR을 채택하고 보고하도록 독려하고 합리적인 규제와 재정적 인센티브를 부여하는 방식으로 지원할 수 있다(BEER, 2004: para.1).

국제적 환경과 사회적 지속가능성 확보 노력의 예로 **적도 원칙**(Equator Principles)*을 들 수 있는데, 2003년 10개의 서구 금융기관이 이에 서명했다. 적도 원칙은 프로젝트 재정지원에서 환경, 사회적 위험을 파악하고, 평가하고, 관리하는 산업적 접근방식으로 민간은행이 개발했고, 2006년 적도 원칙의 개정안이 채택되었다. 개정안은 IFC가 자체적으로 검토한 사회적·환경적 지속가능성에 대한 수행성과 기준(Performance Standards on Social and Environmental Sustainability)을 반영하며, 1,000만 달러 이상의 모든 국가 및 분야 프로젝트 재정지원에 적용된다.

IFC와 61개의 주요 상업은행(북아메리카, 유럽, 일본과 호주)은 국제 프로젝트 재정 지원에 자발적으로 적도 원칙을 채택했다. 이를 통해 그들이 지원하는 프로젝트가 사회적으로 책임 있는 방식으로 개발되고 타당한 환경관리 기준을 따르도록 하고자 한다. 적도 원칙은 전 세계적으로 모든 산업분야의 프로젝트 재정지원을 대상으로 하며, 각 환경·사회적 과정과 기준의 이행을 위해 일반적인 표준과 프레임워크로서 기능한다. 해당 원칙을 채택하면서 민간 금융기관은 고객이 프로젝트 지원을 위해 제출하는 모든 제안서를 신중하게 검토하고, 해당 프로젝트가 환경, 사회 정책과 절차에 부합하지 못할 때에는 차관을 제공하지 않기로 한다. 기준은 환경, 건강, 안전, 원주민, 거주지 보호와 정착에 대한 내용을 포함한다(Equator Principles, 2007).

원칙 준수에 대한 공약과 이를 신념을 갖고 실행에 옮기는 것은 또 다른 일

----

* **적도 원칙**(Equator Principles): 민간분야 프로젝트 재정지원에서 해당 프로젝트의 환경, 사회적 위험을 파악하고 평가하며 관리하는 산업적 접근방식.

이다. 금융 분야의 18개 국제 NGOs 네트워크인 뱅크트랙(BankTrack)은 적도 원칙의 실행을 모니터링하는 중요한 역할을 하고 있다(BankTrack, 2008).

13) 글로벌 공공재

경제학자들은 한 사람의 소비가 다른 사람들이 이용 가능한 양을 감소시키는 것을 **민간재**(Private goods)라고 정의한다(Linux Information Project, 2006). 민간재는 실재하는 물품이며 대부분의 생산품은 민간재이다.

경제학자들은 개인이 원하는 만큼 소비할 수 있으면서도, 다른 이들이 이용 가능한 양을 감소시키지 않는 것을 **공공재**(Public goods)라고 정의한다(Linux Information Project, 2006). 예를 들면 청정 공기는 공공재인데, 청정한 공기를 마시는 것은 다른 이들이 이용 가능한 청정공기의 양을 감소시키지 않기 때문이다. 공공재는 물질적이지 않은 경우가 많고, 다수의 경우 정보나 지식으로 분류된다.

글로벌 공공재[*]는 전 지구에 영향을 미치는 공공재이다. 글로벌 공공재의 예로는 지적재산권, 안전, 재정적 안정성과 깨끗한 환경이 있다. 개발평가 역시 공공재의 하나로 인식되는데 한 기관의 테두리를 벗어나 이용할 수 있기 때문이다. 좋은 평가 연구는 국제사회에 긍정적인 파급효과를 가져올 수 있다(Picciotto and Rist, 1995: 23).

글로벌 공공재의 중요성이 점차 높아지는 이유는 오늘날 국경선이 개방되고, 각 국가의 공공분야가 상호 연결되기 때문이다. 또한 한 국가의 공공재가 다른 국가의 국내 정책과 사건 혹은 다른 국가나 국제적 차원의 결정에 영향을 받기 때문이다(gpgNet, 2008).

---

[*]   글로벌 공공재(Global public goods): 한 국가의 국경에만 국한된 것이 아닌 전 세계에 걸쳐 비경합재이며, 소비 혜택에서 배제시킬 수 없는 공공재.

그러나 글로벌 공공재에 대한 평가는 아직 미미하다.

글로벌 공공재를 제공하기 위해 기획된 협력 프로그램은 독립적인 평가 대상이 아니어서, 명확한 목표나 활용 가능한 평가지표가 부재하다. 게다가 원조, 부채, 해외투자, 환경오염, 이주 패턴과 지적소유권 체계가 선진국의 결정에 따라 크게 영향을 받음에도 선진국 정책이 빈곤국에 미치는 영향이 체계적으로 평가되지 않고 있다(Piciotto, 2002b: 520).

많은 국제개발 어젠다의 상위에 있는 HIV/AIDS의 확산을 제어하고 궁극적으로 이를 퇴치하는 것은 글로벌 공공재의 예이다. 세계화가 빈곤층에 미치는 영향은 아직 평가되어야 한다. 개발평가는 보다 지역적이고, 글로벌하며, 초국가적이어야 할 필요가 있다(Chelimsky and Shadish, 1997).

2004년 세계은행의 독립평가그룹은 세계은행의 글로벌 프로그램에 대한 평가를 발표했다. 세계은행의 「글로벌 프로그램에 대한 접근방식의 평가: 세계화의 도전과제」라는 보고서는 26개의 지구적 프로그램을 조사하여, 이 프로그램의 설계, 수행과 평가에서 교훈을 도출한다(World Bank, 2004a). 이 보고서는 18개의 조사결과 중 다음의 다섯 가지를 특히 강조한다.

- 글로벌 프로그램에 대한 세계은행의 전략이 명확히 규정되어 있지 않음
- 글로벌 프로그램은 전체 원조에서 아주 작은 양을 증가시키는 데 그침
- 개도국의 목소리가 충분히 대변되지 못함
- 글로벌 프로그램은 투자와 글로벌 공공정책의 격차를 보여줌
- 독립적 글로벌 프로그램에 대한 관리가 필요함

이 보고서는 다음과 같은 사항을 조언한다.

- 세계은행의 글로벌 프로그램에 대한 전략적 체계 구축
- 재정지원을 우선순위와 연계
- 글로벌 프로그램 포트폴리오의 선발과 관리 개선
- 개별 프로그램의 거버넌스와 관리 개선
- 추가 평가 수행

요약

각 국가는 평가체계를 구축하기 위해 다양한 접근방식을 채택했다. 범정부적 접근방식은 정부 전체에 걸쳐 M&E 체계를 광범위하게 통합적으로 체제를 구축하는 방식이다. 반면 단일 접근은 정부의 한 분야에 중점을 두고, 혼합형 접근방식을 정부의 일부 분야를 통합적으로 평가한다.

평가체제의 수립은 민주주의, 강한 통계 전통, 사회과학 분야의 훈련받은 공무원 조직, 효과적인 행정체계와 제도가 부재한 개도국에서 더욱 어렵다. 개발기관은 개도국이 평가체계를 수립하고 유지하기 위한 역량을 개발하기 위해 지원하고 있다.

개발평가에는 다양하고 복합적인 개발 이슈가 영향을 미친다. 개발 어젠다를 이끄는 주요 동인으로는 다음과 같은 사항이 있다.

- MDGs
- 몬테레이 협약
- 원조효과성을 위한 파리 선언
- HIPC 이니셔티브
- 재단의 역할
- 분쟁 예방과 분쟁 후 재건

- 거버넌스
- 반(反)자금세탁과 테러리스트 지원
- 이주민 송금
- 젠더
- 민간분야 개발과 투자환경
- 환경과 사회적 지속가능성
- 글로벌 공공재

이 목록은 국제적 환경 변화에 따라 계속해서 변경될 수 있다.

 참고문헌

Adams, Richard H. Jr., and John Page. 2003. "International Migration, Remittances and Poverty in Developing Countries." World Bank Policy Research Working Paper 3179, Washington, DC.

BankTrack. 2008. *The Equator Principles*. http://www.banktrack.org/.

Barslund, Mikkel, and Finn Tarp. 2007. "Formal and Informal Rural Credit in Four Provinces of Vietnam." Discussion Paper 07-07, Department of Economics, University of Copenhagen.

BEER(U.K. Department for Business Enterprise & Regulatory Reform). 2004. "What Is CSR?" London. http://www.csr.gov.uk/whatiscsr.shtml.

Boyle, Richard. 2002. "A Two-Tiered Approach: Evaluation Practice in the Republic of Ireland." In *International Atlas of Evaluation*, eds. Jan-Eric Furubo, Ray Rist, and Rolf Sandahl, 261–72. New Brunswick, NJ: Transaction Publishers.

――――. 2005. *Evaluation Capacity Development in the Republic of Ireland*. ECD Working Paper Series 14, World Bank, Evaluation Capacity Development, Washington, DC.

Camdessus, Michael. 1998. "Money Laundering: The Importance of International Countermeasures." Address by Managing Director of the International Monetary Fund, Washington, DC.

CGAP(Consultative Group to Assist the Poor). 2003. *CGAP Publications on Assessment and Evaluation.* http://www.cgap.org/portal/site/CGAP/menuitem.9fab704d4469 eb0167808010591010a0/.

ChannahSorah, Vijaya Vinita. 2003. "Moving from Measuring Processes to Outcomes: Lessons Learned from GPRA in the United States." Paper presented at the joint World Bank and Korea Development Institute conference on "Performance Evaluation System and Guidelines with Application to Large-Scale Construction, R&D, and Job Training Investments," Seoul, July 24–25.

Chelimsky, Eleanor, and William R. Shadish, eds. 1997. *Evaluation for the 21st Century: A Handbook.* Thousand Oaks, CA: Sage Publications.

Chemin, Matthieu. 2008. "Special Section on Microfi nance. The Benefi ts and Costs of Microfi nance: Evidence from Bangladesh." *Journal of Development Studies*, 44(4): 463–84.

Collier, Paul, V., L. Elliott, Havard Hegre, Anke Hoeffler, Marta Reynal-Querol, and Nicholas Sambanis. 2003. *Breaking the Conflict Trap: Civil War and Development Policy.* Washington, DC: Oxford University Press for the World Bank.

Economic Commission for Europe. 1998. *Public-private Partnerships: A New Concept for Infrastructure Development.* BOT Expert Group, United Nations, New York. http://rru.worldbank.org/Documents/Toolkits/Highways/pdf/42.pdf.

Equator Principles. 2004. http://www.fatf-gafi.org/dataoecd/14/53/38336949.pdf.

———. 2007. "A Milestone or Just Good PR?" http://www.equator-principles.com/principles. shtml.

FATF(Financial Action Task Force on Money Laundering). 2007. *Monitoring the Implementation of the Forty Recommendations.* http://www.fatf-gafi.org/document/60/0,3343,en_32250379_32236920_34039228_1_1_1_1,00.html.

Feuerstein, M. T. 1986. *Partners in Evaluation: Evaluating Development and Community Programs with Participants.* London: MacMillan, in association with Teaching Aids at Low Cost.

Fitzpatrick, Jody L., James R. Sanders, and Blaine R. Worthen. 2004. *Program Evaluation: Alternative Approaches and Practical Guidelines.* New York: Pearson Education, Inc.

Friis, H. 1965. *Development of Social Research in Ireland.* Institute of Public Administration, Dublin.

Fukuda-Parr, Sakiko, Carlos Lopes, and Khalid Malik, eds. 2002. *Capacity for Development: New Solutions to Old Problems.* London: Earthscan Publications.

Furubo, Jan-Eric, and Rolf Sandahl. 2002. "Coordinated Pluralism." In *International Atlas of Evaluation*, eds. Jan-Eric Furubo, Ray Rist, and Rolf Sandahl, 115–28. New

Brunswick, NJ: Transaction Publishers.

Furubo, Jan-Eric, Ray Rist, and Rolf Sandahl, eds. 2002. *International Atlas of Evaluation.* New Brunswick, NJ: Transaction Publishers.

G-8. 2004a. *G-8 Action Plan: Applying the Power of Entrepreneurship to the Eradication of Poverty.* Sea Island Summit, June.

———. 2004b. *G-8 Plan of Support for Reform.* Sea Island Summit, June.

Gerrard, Christopher. 2006. "Global Partnership Programs: Addressing the Challenge of Evaluation." PowerPoint presentation. http://www.oecd.org/secure/pptDocument/ 0,2835,en_21571361_34047972_36368404_1_1_1_1,00.ppt.

gpgNet. 2008. *The Global Network on Global Public Goods.* http://www.sdnp.undp. org/gpgn/#.

Graham, Jeff rey P., and R. Barry Spaulding. 2005. *Going Global: Understanding Foreign Direct Investment.* JPG Consulting. http://www.going-global.com/articles/ understanding_foreign_direct_investment.htm.

Guerrero, R. Pablo 1999. "Evaluation Capacity Development: Comparative Insights from Colombia, China, and Indonesia." In *Building Effective Evaluation Capacity: Lessons from Practice*, eds. Richard Boyle and Donald Lemaire, 177–94. New Brunswick, NJ: Transaction Publishers.

Hatry, Harry P., Elaine Morely, Shelli B. Rossman, and Joseph P. Wholey. 2003. *How Federal Programs Use Outcome Information: Opportunities for Federal Managers.* IBM Endowment for the Business of Government, Washington, DC.

Hauge, Arild. 2001. "Strengthening Capacity for Monitoring and Evaluation in Uganda: A Results-Based Perspective." ECD Working Paper 8, World Bank, Operations Evaluation Department, Evaluation Capacity Development, Washington, DC.

Hougi, Hong, and Ray C. Rist. 2002. "Evaluation Capacity Building in the People's Republic of China." In *International Atlas of Evaluation*, eds. Jan-Eric Furubo, Ray Rist, and Rolf Sandahl, 249–60. New Brunswick, NJ: Transaction Publishers.

IDA(International Development Association), and IMF(International Monetary Fund). 2007. *Heavily Indebted Poor Countries HIPC Initiative and Multilateral Debt Relief Initiative MDRI: Status of Implementation.* http://siteresources.worldbank. org/DEVCOMMINT/Documentation/21510683/DC2007-0021EHIPC.pdf.

IDS(Institute of Development Studies). 2008. "Impact Evaluation: The Experience of Official Agencies." *IDS Bulletin* 39(1). http://www.ntd.co.uk/idsbookshop/details. asp?id=1030.

IEG(Independent Evaluation Group). 2008. "Doing Business: An Independent Evaluation. Taking the Measure of the World Bank–FC Doing Business Indicators."

IFAC(International Federation of Accountants). 2004. *Anti–Money Laundering,* 2nd ed.

New York.

IFC(International Finance Corporation). 2004. *Strengthening the Foundations for Growth and Private Sector Development: Investment Climate and Infrastructure Development*. Development Committee, Washington, DC. http://siteresources. worldbank.org/IDA/Resources/PSDWBGEXT.pdf.

———. 2007. *Business Environment Snapshots*. Washington, DC. http://rru.worldbank. org/documents/BES_Methodology_Note_External.pdf.

IMF(International Monetary Fund). 2009. "A Fact Sheet: Debt Relief under the Heavily Indebted Poor Countries(HIPC) Initiative." http://www.info.org/external/np/exr/ facts/hipc.htm.

Investor Dictionary.com. 2006. "Money Laundering." http://www.investordictionary.com/ defi nition/money+laundering.aspx.

Jalan, Bimal. 2000. "Refl ections on Gender Policy." In *Evaluating Gender Impact of Bank Assistance*, 75–76. World Bank, Operations Evaluation Department, Washington, DC.

Joint Progress toward Enhanced Aid Effectiveness, High-Level Forum. 2005. *Paris Declaration on Aid Effectiveness: Ownership, Harmonization, Alignment, Results, and Mutual Accountability*. http://www1.worldbank.org/harmonization/Paris/ FINALPARISDECLARATION.pdf/.

Katjomulse, Kavazeua, Patrick N. Osakwe, Abebe Shimeles, and Sher Verick. 2007. *The Monterrey Consensus and Development in Africa: Progress, Challenges, and Way Forward*. United Nations Economic Commission for Africa(UNECA), Addis Ababa.

Kreimer, Alcira, John Eriksson, Robert Muscat, Margaret Arnold, and Colin Scott. 1998. *The World Bank's Experience with Post-Conflict Reconstruction*. World Bank, Operations Evaluation Department, Washington, DC. http://lnweb90.worldbank.org/oed/ oeddoclib.nsf/b57456d58aba40e585256ad400736404/f753e43e728a27b38525681700 503796/$FILE/PostCon.pdf.

Kusek, Jody Zall, Ray C. Rist, and Elizabeth M. White. 2004. "How Will We Know Millennium Development Results When We See Them? Building a Results-Based Monitoring and Evaluation System to Give Us the Answer." World Bank Africa Region Working Paper 66, Washington, DC.

Lawrence, J. 1989. "Engaging Recipients in Development Evaluation: The 'Stakeholder' Approach." *Evaluation Review* 13(3): 243–56.

Lee, Yoon-Shik. 1999. "Evaluation Coverage." In *Building Effective Evaluation Capacity: Lessons from Practice*, eds. Richard Boyle and Donald Lemaire, 75–91. New Brunswick, NJ: Transaction Publications.

Linux Information Project. 2006. "Public Goods: A Brief Introduction." http://www.

linfo.org/public_good.html.

Mackay, Keith. 2002. "The Australian Government: Success with a Central, Directive Approach." In *International Atlas of Evaluation*, eds. Jan-Eric Furubo, Ray C. Rist, and Rolf Sandahl, 157–74. New Brunswick, NJ: Transaction Publishers.

_____. 2007. "Three Generations of National M&E Systems in Australia." Power-Point presentation to the Third Latin America and Caribbean Regional Conference on Monitoring and Evaluation, Lima, July 23–24.

_____. 2008. *M&E Systems to Improve Government Performance: Lessons from Australia, Chile and Columbia.* PowerPoint presentation to the High-Level Delegation from the People's Republic of China, Washington, DC, March 6.

Moser, Caroline O. N. 1995. "Evaluating Gender Impacts." *New Directions for Evaluation* 67(Fall): 105-17.

NCSTE(China National Center for Evaluation of Science & Technology), and IOB (Netherland's Policy and Operations Evaluation Department). 2004. *A Country-Led Joint Evaluation of the ORET/MILIEV Programme in China.* http://www.euforic. org/iob/docs/200610201336433964.pdf.

Nellis, John. 1999. "Time to Rethink Privatization in Transition Economies?" IFC Discussion Paper 38, International Finance Corporation, Washington, DC.

OECD(Organisation for Economic Co-operation and Development). 2002a. *OECD Glossary of Statistical Terms.* http://stats.oecd.org/glossary/index.htm.

_____. 2002b. "Public Management and Governance: Overview of Results-Focused Management and Budgeting in OECD Member Countries." Paper presented at the 23rd annual meeting of OECD senior budget officials, Washington, DC, June 3–4.

_____. 2003. *Joint OECD DAC/Development Centre Experts' Seminar on Aid Effectiveness and Selectivity: Integrating Multiple Objectives into Aid Allocations.* Development Assistance Committee. http://www.oecd.org/document/51/0,2340, en_2649_ 34435_2501555_119808_1_1_1,00.html.

_____. 2004a. *Final ODA Data for 2003.* http://www.oecd.org/dataoecd/19/52/34352584. pdf.

_____. 2004b. *The Istanbul Ministerial Declaration on Fostering Growth of Innovative and Internationally Competitive SMEs.* http://www.oecd.org/document/16/0, 3343,en_2649_201185_32020176_1_1_1_1,00.html.

_____. 2005a. "Aid Rising Sharply, According to Latest OECD Figures." http://www.oecd. org/dataoecd/0/41/35842562.pdf.

_____. 2005b. *The Paris Declaration.* Development Co-operation Directorate. http:// www.oecd.org/document/18/0,2340,en_2649_3236398_35401554_1_1_1_1,00. html.

_____. 2006. *Final ODA Data for 2005.* http://www.oecd.org/dataoecd/52/18/37790990.
pdf.

_____. 2007a. "Development Aid from OECD Countries Fell 5.1 Percent in 2006." http://
www.oecd.org/document/17/0,3343,en_2649_33721_38341265_1_1_1_1,00.html.

_____. 2007b. *Final ODA Flows in 2006.* http://www.oecd.org/dataoecd/7/20/3976
8315.pdf.

_____. 2007c. "Monitoring the Paris Declaration." http://www.oecd.org/department/
0,3355,en_2649_15577209_1_1_1_1_1,00.html.

OECD and PUMA(Public Management Committee). 2002. "Overview of Results-Focused
Management and Budgeting in OECD Member Countries." Twentythird annual
meeting of OECD Senior Budget Officials, Washington, DC, June 3–4.

Oxford Analytica. 2004a. "Foundations Muscle into Aid Arena." August 10, Oxford.

_____. 2004b. "Remittances Fund Investment Growth." September 7, Oxford.

Patton, M. Q. 1997. *Utilization-Focused Evaluation.* 3rd ed. Thousand Oaks, CA: Sage
Publications.

_____. 2006. "Recent Trends in Evaluation." Paper presented to the International Finance
Corporation, Washington, DC, May 8.

Picciotto, Robert. 2002a. "Development Cooperation and Performance Evaluation: The
Monterrey Challenge." World Bank, Operations Development Department,
Washington, DC.

_____. 2002b. "Development Evaluation as a Discipline." International Program for
Development Evaluation Training(IPDET) presentation, Ottawa, June.

_____. 2003. "International Trends and Development Evaluation: The Need for Ideas."
American Journal of Evaluation 24: 227–34.

Picciotto, Robert, and Ray C. Rist. 1995. *Evaluating Country Development Policies and
Programs: New Approaches and a New Agenda.* San-Francisco: Jossey-Bass
Publishers.

Pollin, Robert. 2007. *Microcredit: False Hopes and Real Possibilities.* Foreign Policy in
Focus. http://www.fpif.org/fpiftxt/4323.

Public Services Organisation Review Group. 1969. *Report of the Public Services
Organization Review Group.* Dublin: Stationary Office.

Qureshi, Zia. 2004. *Millennium Development Goals and Monterrey Consensus: From
Vision to Action.* World Bank, Washington, DC. http://wbln0018.worldbank.org/
eurvp/web.nsf/Pages/Paper+by+Qureshi/US$File/MOHAMMED+QURESHI.PDF.

Rasappan, Arunaselam. 2007. "Implementation Strategies and Lessons Learnt with
Results-Based Budgeting Malaysia." Training course on program and performance
budgeting, ITP Pune, India, October 1–5. http://blog-pfm.imf.org/pfmblog/files/

rasappan_implementation_strategies_lessons_malaysia.pdf.

Republic of France. 2001. Ministry of the Economy, Finance, and Industry. "Towards New Public Management." *Newsletter on the Public Finance Reform* 1(September), Paris.

Rist, Ray C., and Nicoletta Stame, eds. 2006. *From Studies to Streams: Managing Evaluative Systems.* New Brunswick, NJ: Transaction Books.

Schacter, Mark. 2000. "Sub-Saharan Africa: Lessons from Experience in Supporting Sound Governance." ECD Working Paper 7, World Bank, Evaluation Capacity Department, Washington, DC.

Soros Foundations Network. 2007. "About OSI and the Soros Foundation Network." http://www.soros.org/about/overview.

Takamasa, Akiyama, and Kondo Masanori, eds. 2003. "Global ODA since the Monterrey Conference." Foundation for Advanced Studies on International Development (FASID), International Development Research Institute, Tokyo. http://www.fasid. or.jp/english/publication/research/pdf/global.pdf.

Tavistock Institute, in association with GHK and IRS. 2003. *The Evaluation of Socio-Economic Development: The GUIDE.* http://coursenligne.sciences-po.fr/2004_2005/ g_martin/guide2.pdf.

Thomas, Koshy. 2007. "Integrated Results-Based Management in Malaysia." In *Results Matter: Ideas and Experiences on Managing for Development Results.* Asian Development Bank. http://www.adb.org/Documents/Periodicals/MfDR/dec-2007. pdf.

Trosa, Sylvie. 2008. "Towards a Postbureaucratic Management in France." *Politique et management public*(2).

Uganda Office of the Prime Minister(OPM). 2007a. *National Integrated Monitoring and Evaluation Strategy(NIMES): 2006–2007 Bi-Annual Implementation Progress Report.* Kampala.

_____. 2007b. "Working Note: Monitoring and Evaluation of the National Development Plan." October, Kampala.

UNCTAD(United Nations Conference on Trade and Development). 2008. "Foreign Direct Investment Reached New Record in 2007." Press Release. http://www.unctad.org/ Templates/Webflyer.asp?docID=9439&intItemID=2068& lang=1.

UNECA(United Nations Economic Commission for Africa). 2007. "Financing Development Section, Trade, Finance, and Economic Commission for Africa, Addis Ababa." http://www.uneca.org/eca_programmes/trade_and_regional_integration/documents /MonterreyConsensusMainReport.pdf.

United Nations Office on Drugs and Crime. 2006. *The United Nations Convention against Transnational Organized Crime and Its Protocols.* http://www.unodc.org/unodc/

en/treaties/CTOC/index.html.

U.S. Department of Labor. 1993. Government Performance and Results Act. Employment & Training Administration, Washington, DC. http://www.doleta.gov/performance/goals/gpra.cfm.

U.S. GAO(Government Accountability Office). 2003. *Executive Guide: Effectively Implementing the Government Performance and Results Act.* http://www.gao.gov/special.pubs/gpra.htm.

World Bank. n.d. "About Private Participation in Infrastructure." http://www.worldbank.org/infrastructure/ppi/.

_____. 1994. *Enhancing Women's Participation in Economic Development.* Washington, DC: World Bank. http://books.google.ca/books?id=CJBmEClPci8C&dq=World+Bank.+1994.+Enhancing+Women%E2%80%99s+Participation+in+Economic+Development.+Washington,+DC:+World+Bank.&printsec=frontcover&source=bn&hl=en&ei=IPy2SdntFYueMoTU_NcK&sa=X&oi=book_result&resnum=4&ct=result# PPA5,M1.

_____. 1996b. *World Bank Participation Sourcebook.* http://www.worldbank.org/wbi/sourcebook/sbhome.htm.

_____. 1999. "Monitoring and Evaluation Capacity Development in Africa." *Precis* Spring (183). http://wbln0018.worldbank.org/oed/oeddoclib.nsf/7f2a291f9f1204c685256808006a0025/34b9bade34aca617852567fc00576017/US$FILE/183precis.pdf.

_____. 2001. *Strategic Directions for FY02-Y04.* Washington, DC. http://lnweb18.worldbank.org/oed/oeddoclib.nsf/24cc3bb1f94ae11c85256808006a0046/762997a38851fa0685256f8200777e15/US$FILE/gppp_main_report_phase_2.pdf#page=21.

_____. 2003. *Global Development Finance 2003.* Washington, DC: World Bank. http://siteresources.worldbank.org/INTRGDF/Resources/GDF0slide0-show103010DC0press0launch.pdf.

_____. 2004a. "Evaluating the World Bank's Approach to Global Programs: Addressing the Challenges of Globalization." Independent Evaluation Group, Washington, DC. http://www.worldbank.org/oed/gppp/.

_____. 2004b. *Global Monitoring Report 2004: Policies and Actions for Achieving the Millennium Development Goals.* Washington, DC: World Bank.

_____. 2005a. *Global Monitoring Report 2005: Education for All.* Washington, DC: World Bank.

_____. 2005b. *World Development Report 2005: A Better Investment Climate for Everyone.* Washington, DC: World Bank.

_____. 2006a. *Global Monitoring Report 2006: Equity and Development.* Washington, DC: World Bank.

_____. 2007a. *Aid Architecture: An Overview of the Main Trends in Official Develop-*

ment Assistance Flows, Executive Summary. http://siteresources.worldbank.org/IDA/Resources/Aidarchitecture-execsummary.pdf.

_____. 2007b. *Conflict Prevention and Reconstruction.* http://lnweb18.worldbank.org/ESSD/sdvext.nsf/67ByDocName/ConflictPreventionandReconstruction.

_____. 2007c. *The Data Revolution: Measuring Governance and Corruption.* http://web.worldbank.org/WBSITE/EXTERNAL/NEWS/0,,contentMDK:20190210~menuPK:34457~pagePK:34370~piPK:34424~theSitePK:4607,00.html.

_____. 2007d. *Doing Business: Economy Profile Reports.* Washington, DC: World Bank. http://rru.worldbank.org/DoingBusiness/.

_____. 2007e. *The Enhanced HIPC Initiative: Overview.* http://web.worldbank.org/WBSITE/EXTERNAL/TOPICS/EXTDEBTDEPT/0,,contentMDK:21254881~menuPK:64166739~pagePK:64166689~piPK:64166646~theSitePK:469043,00.html.

_____. 2007f. *Global Monitoring Report 2007: Development and the Next Generation.* Washington, DC: World Bank.

_____. 2008. *Online Atlas of the Millennium Development Goals: Building a Better World.* http://devdata.worldbank.org/atlas-mdg/.

Woroniuk, B., and J. Schalwyk. 1998. "Donor Practices: Evaluation and Preparation Tipsheet." OECD, Paris.

웹사이트

재원

CGAP(Consultative Group to Assist the Poor). http://www.cgap.org/.

_____. *Assessment and Evaluation.* http://www.cgap.org/publications/assessment_evaluation.html.

The Equator Principles. http://www.equator-principles.com/index.shtml.

Tedeschi, Gwendolyn Alexander. 2008. *Overcoming Selection Bias in Microcredit Impact Assessments: A Case Study in Peru.* http://www.informaworld.com/smpp/content~content=a792696580~db=all~order=page.

World Bank. *Doing Business: Economy Profile Reports.* http://rru.worldbank.org/Doing Business/.

젠더

OECD(Organisation for Economic Co-operation and Development). "Gender Tipsheet, Evaluation." Development Assistance Committee. http://www.oecd.org/dataoecd/2/13/1896352.pdf.

거버넌스

Transparency International. http://www.transparency.org/.

World Bank. 2007a. *Governance Matters.* http://info.worldbank.org/governance/wgi2007/ and http://info.worldbank.org/governance/wgi2007/pdf/booklet_decade_of_measuring_governance.pdf.

_____. 2007b. Untitled Video. http://web.worldbank.org/WBSITE/EXTERNAL/NEWS/ 0,,contentMDK:21400275~menuPK:51416191~pagePK:64257043~piPK:437376~the SitePK:4607,00.html.

MDGs

United Nations. Millennium Development Goals. http://www.un.org/millenniumgoals/.

빈곤

Poverty-Environment Web site. http://www.povertyenvironment.net.

World Bank. AdePT software to make poverty analysis easier and faster. econ.worldbank. org/programs/poverty/adept.

_____. PovertyNet newsletter. http://www.worldbank.org/poverty.

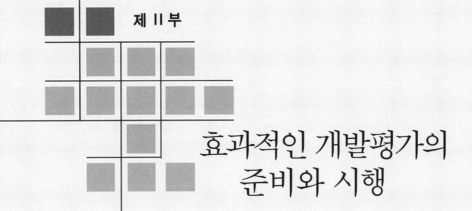

제 II 부

효과적인 개발평가의
준비와 시행

성과 중심 모니터링 및
평가 시스템 구축

세계 각국 정부는 국민의 삶에 대한 개선 요구와 압력에 대응해 공공관리 개선을 위한 새로운 방안을 찾고 있다. 공공관리의 개선은 책임성과 투명성의 향상, 프로젝트 효과성의 제고를 포함한다. 성과 중심적인 모니터링 및 평가(Results-based monitoring and evaluation: M&E)는 개발 프로젝트, 프로그램 및 정책의 진행과정을 추적하고 영향력을 확인할 수 있는 관리 도구이다. *

이번 장은 다음과 같은 4개의 주요 내용으로 구성된다.
● 성과 중심 모니터링 및 평가의 중요성
● 성과 중심 모니터링 및 평가의 정의
● 전통적인 모니터링과 평가 vs 성과 중심 모니터링과 평가
● 성과 중심 모니터링 및 평가 시스템 구축을 위한 10단계

---

* 이 장은 Kusek and Rist(2004)를 참고해 작성되었다.

1. 성과 중심 모니터링 및 평가의 중요성

개발도상국은 공공부문 성과 개선 필요성에 대한 인식을 바탕으로, 성과 관리 시스템을 발전시켜왔다. 새로운 시스템은 예산 수립, 인력, 조직문화 개혁과 관계가 깊으며, 공공부문의 개혁 노력이 효과가 있었는지 평가할 필요성도 대두되고 있다. 따라서 정부와 다른 기관이 이루어낸 성과를 파악하기 위해 모니터링과 평가를 실시한다.

각 정부들은 국가 차원에서 다양한 이니셔티브의 성과를 확인할 수 있는 공공관리 시스템을 채택하고 있는데, MDGs와 HIPC가 그 예이다.

이번 장에서 다루는 전략은 선진국 특히 OECD 국가의 경험을 기반으로 수립되었으나, 많은 개발도상국이 성과관리시스템을 도입할 때 직면하는 기술적인 역량 부족부터 취약한 거버넌스, 불투명한 시스템 등 다양한 과제와 어려움 또한 반영했다. 이 장에서는 주로 건전한 모니터링 및 평가 시스템을 활용한 정부 효율성 및 책임성 개선을 다루며, 그 원칙과 전략은 원조기관, 정책, 프로그램, 프로젝트에 동일하게 적용이 가능하다.

성과 중심 M&E 시스템은 공공부문 및 원조기관 성과에 대한 중요한 정보를 제공한다. 이 시스템을 통해 정책입안자, 정책결정자, 기타 이해관계자들은 약속 이행 및 결과* 달성 여부, 개선점과 미흡사항을 확인할 수 있다(박스 3.1).

정부 및 기타 기관은 다양한 활동의 결과를 보고함으로써 신뢰도 및 업무에 대한 공신력을 향상시킬 수 있으며, 이러한 정보 제공은 원조에 대한 책무성 강화를 지향하는 개발의제에도 부합한다.

우수한 성과 중심 M&E 시스템은 관리 및 동기부여 수단으로 유용하게 활

---

* **결과**(Outcome): 개발 프로젝트, 프로그램 또는 정책으로부터 성취되는 이익(결과물은 행태적이거나 조직적인 변화를 수반하기 마련이고, 구매할 수 있는 성질이 아니다).

결과를 측정하는 것은 다음과 같은 이유로 중요하다.

- 결과를 측정하지 않으면 성공과 실패를 구별할 수 없다.
- 성공을 구별할 수 없다면 성공에 대한 보상을 할 수 없다.
- 성공에 대한 보상을 할 수 없다면 아마도 실패에 대해 보상하고 있을 것이다.
- 성공을 구별할 수 없다면 교훈을 도출할 수 없다.
- 실패를 인식하지 못하면 실패를 바로잡을 수 없다.
- 결과를 보여줄 수 있다면 대중의 지지를 얻을 수 있다.

자료: Osborn and Gaebler(1992)

용될 수 있다. 기관 및 이해관계자가 중요한 성과 달성에 집중할 수 있고, 주요 목표 및 목적을 수립하는 추진력을 제공한다. 또한 해당 시스템을 통해 추진전략이 의도한 변화를 적절히 이끌어낼 수 있는가에 대한 정보를 확인할 수 있다.

M&E 시스템은 성공 가능성 극대화를 위해 업무 간소화 및 절차 개선에 중요한 정보를 제공한다. 성공 가능성이 높은 프로젝트 또는 프로그램을 조기에 파악해 실행하도록 하며, 특정 프로젝트, 프로그램, 정책 효과성에 대한 자료를 확보하여 예산 요구에 필요한 유용한 정보를 제공할 수 있다. 이런 데이터는 제한된 자원을 활용하여 최대의 효과 창출을 가능하게 한다.

일단 성과목표와 지표가 선정되고 대상이 정해지면 기관은 이를 달성하기 위해 노력한다. M&E 시스템을 활용해 대상 프로젝트의 취약점을 신속히 파악하고 수정할 수 있다. 모니터링을 통해 잘 수행되고 있는지 또는 문제점이 있는지를 확인할 수 있으며, 평가를 통해 이러한 문제의 원인을 파악한다.

2. 성과 중심 모니터링 및 평가의 정의

성과 중심 정보는 상호보완적인 모니터링과 평가 시스템(박스 3.2)을 통해 생성되며, 이 두 시스템은 효과적인 성과 측정에 필수적이다.

박스 3. 2 성과 중심 모니터링과 성과 중심 평가의 차이점

성과 중심 모니터링[*]은 지속적으로 주요 지표에 대한 정보를 수집하고 분석하여 프로젝트, 프로그램 또는 정책이 얼마나 잘 이행되고 있는지 측정해서 실제 결과를 예측 결과와 비교하는 과정이다. 또한 **지표**[**]를 활용하여 사전에 수립한 구체적인 **목표치**[***]의 달성 현황을 추적함으로써 단기·중기·장기 성과달성 상황을 지속적으로 측정하는 것이다. 이를 통해 성과 개선을 위해 정책결정자와 관리자들에게 진전사항 또는 문제점에 대한 피드백을 제공한다.

성과 중심 평가[****]는 수행의 적절성·효율성·효과성·**영향력**[*****]·지속가능성을 확인하기 위해 계획되거나 진행 중 또는 종료된 프로젝트나 프로그램을 평가함으로써, 신뢰할 수 있고 유용하며 정책결정 과정에 반영할 수 있는 정보를 제공하는 것을 목적으로 한다. 평가는 대상 프로젝트 또는 프로그램에 대한 보다 넓은 관점으로 성과 달성이 프로젝트 또는 프로그램에 의한 것인지, 발견한 변화가 다른 요인으로 인한 것인지 알아보는 것이다. 이러한 작업은 다음과 같은 질문을 통해 수행된다.

- 목표와 결과가 연관성이 있는가?
- 얼마나 효과적이고 효율적으로 목표와 성과를 달성하고 있는가?
- 프로젝트 또는 프로그램을 통해 기대하지 않았던 효과가 발생했다면 무엇인가?
- 수요를 충족시킬 수 있는 가장 비용 효과적이며 지속가능한 전략을 반영하고 있는가?

---

[*] 성과 중심 모니터링(Result-based monitoring): 목표(Goal) 달성을 위해 진행되는 과정을 측정하기 위해 주요 지표에 대한 정보를 지속적으로 수집하고 분석하는 과정.

[**] 지표(Indicators): 시간 흐름에 따라 목표를 향해 발전되는 과정 또는 목표 달성에 멀어져 가는 과정을 체계적으로 추적해가는 측정대상.

[***] 목표치(Target): 특정한 기간 내에 한 지표에서 달성될 수 있는 정량적인 변화.

[****] 성과 중심 평가(Results-based evaluation): 적절성·효율성·효과성·영향·지속가능성을 판단하기 위한, 계획되거나 진행 중이거나 종료된 프로젝트 또는 프로그램에 대한 평가.

[*****] 영향력(Impact): 여러 개의 결과가 성취되었을 때 나타날 수 있는 장기적인 관점의 이익(성과)(MDGs가 영향의 예이다).

3. 전통적인 모니터링과 평가 vs 성과 중심 모니터링과 평가

정부는 오랜 기간 지출과 수입, 인력과 자원, 프로그램과 프로젝트 활동, 참여자 인구, 생산된 제품과 서비스 등을 파악하는 데 전통적인 모니터링과 평가방식을 사용해왔다. 하지만 전통적인 모니터링과 평가 방식과 성과 중심의 모니터링과 평가 방식 간의 분명한 차이점이 대두되었다.

- **전통적인 모니터링과 평가**[*]는 프로젝트와 프로그램 실행에서 투입물, 활동, 산출물을 모니터링하고 평가하는 데 중점을 둔다.
- **성과 중심 모니터링과 평가**[**]는 전통적인 모니터링 방식에 결과, 영향 또는 보다 일반적인 성과를 평가하는 방식을 결합한 것이다.

성과 중심 M&E를 통해 정부 정책과 프로그램 집행의 진전사항과, 의도한 목표와 성과 달성을 연계함으로써 공공부문 관리에 유용하게 사용할 수 있다. 성과 중심 M&E 체계를 활용하면 의도한 목표와 성과 달성을 위해 해당 프로그램 또는 프로젝트의 변화이론과 집행 과정을 수정, 보완할 수 있다.

1) 변화이론

전통적인 M&E와 성과 중심 M&E를 구별하는 한 가지 방법은 변화이론을 고려하는 것이다. 쿠섹과 리스트(Kusek and Rist, 2004)에 의하면 **변화이론**[***]

---

[*]   **전통적인 모니터링과 평가**(Traditional M&E): 프로젝트 또는 프로그램의 이행에 초점을 맞춘 모니터링과 평가.
[**] **성과 중심 모니터링과 평가**(Results-based M&E): 전통적인 접근방식과 성과 평가를 결합한 모니터링과 평가.

표 3. 1 변화이론의 주요 구성 요소

구성요소	설명
투입물(inputs)	프로젝트, 프로그램 또는 정책에 투입되는 자원(자금, 인력, 기자재, 수업에 사용되는 물자 등)
활동(activities)	수행한 활동으로, "제공하다, 촉진하다, 전달하다" 등의 동사로 표현된다.
산출물(outputs)	활동의 결과로 생산 및 도출한 유형 생산물 또는 서비스로서 주로 명사로 표현된다. 산출물은 보통 수식어구가 없고, 산출물은 유형적인 것이고 셀 수 있다.
결과(outcomes)	활동의 목표. 결과는 프로젝트 산출물로 인해 발생되는 행동 변화(담배 끊기, 물 끓이기, 침대 모기장 사용하기)이며, 증가되거나 감소하거나 향상되거나 개선되거나 유지될 수 있다.
영향력(impacts)	결과가 누적되면서 발생되는 장기적인 변화로서 전략적 목표와 유사할 수 있다.

자료: Kusek and Rist(2004)

은 해당 개발 프로젝트 또는 프로그램이 어떻게 의도한 결과를 도출할 수 있을지 보여준다(변화이론에 대해서는 4장에서 구체적으로 소개한다). 전형적인 변화이론 모델은 투입물, 활동, 산출물, 결과, 영향력이라는 다섯 가지 요소로 구성된다(표 3.1). 이 밖에 대상 그룹, 내·외부 요소 등과 같은 다른 요소를 포함하기도 한다.

　변화이론은 그림 3.1과 같이 도식화할 수 있다. 이 변화이론 모델은 그림 3.2의 경구 수분보충요법(Oral Rehydration Therapy)을 통해 아동사망률을 감소시키는 문제를 성과 중심 접근방식으로 구체화하는 데 사용된다(그림 3.2).

....

*** 변화이론(Theory of change): 이니셔티브가 얼마나 바람직한 성과를 이끌어냈는지에 대한 이론.

그림 3. 1 결과와 영향력을 성취하기 위한 변화이론(논리 모델) 프로그램

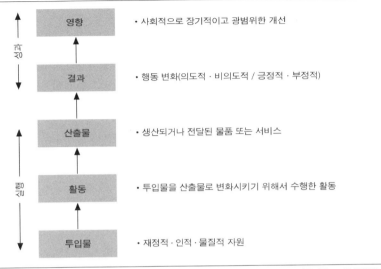

영향	• 사회적으로 장기적이고 광범위한 개선
결과	• 행동 변화(의도적 · 비의도적 / 긍정적 · 부정적)
산출물	• 생산되거나 전달된 물품 또는 서비스
활동	• 투입물을 산출물로 변화시키기 위해서 수행한 활동
투입물	• 재정적 · 인적 · 물질적 자원

자료: Binnedijk(2000).

그림 3. 2 경구수분보충요법을 사용하여 아동사망률을 줄이기 위한 변화이론(논리 모델) 예시 프로그램

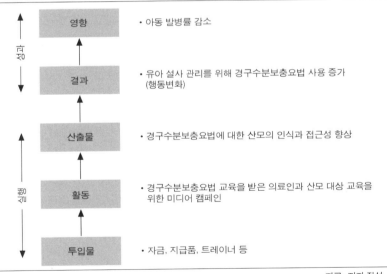

영향	• 아동 발병률 감소
결과	• 유아 설사 관리를 위해 경구수분보충요법 사용 증가 (행동변화)
산출물	• 경구수분보충요법에 대한 산모의 인식과 접근성 향상
활동	• 경구수분보충요법 교육을 받은 의료인과 산모 대상 교육을 위한 미디어 캠페인
투입물	• 자금, 지급품, 트레이너 등

자료: 저자 작성.

2) 성과 지표

모니터링은 결과나 영향(성과)을 성취하기 위한 진전 사항을 측정한다. 결과(outcome)는 직접적으로 측정할 수 없지만 지표를 설정해서 정기적으로 측정함으로써 결과나 영향력이 성취되었는지 여부를 확인해야 한다. 성과 지표(Performance Indicators)는 "개발 프로젝트 또는 프로그램으로 인한 변화를 입증하거나 계획 대비 성과를 보여주는 변수"이다(OECD, 2002: 29).

예를 들어 한 국가에서 향후 5년간 전염병에 의한 아동 사망률 30% 감소를 통한 아동보건 향상을 목표로 설정한 경우, 전염병으로 인한 아동 사망률의 변화를 보다 구체적으로 측정할 수 있는 지표를 수립해야 한다. 아동 사망률의 변화를 평가할 수 있는 지표는 다음과 같다.

- 간염(직접 결정인자)과 같은 전염병 발생과 확산
- 모자보건 수준(간접 결정인자)
- 아동의 깨끗한 식수에 대한 접근 가능성

이는 관리자들이 프로그램 진전 상황을 점검할 수 있는 지표 집합의 누적 증거가 된다. 단지 1개의 지표만으로 결과나 영향을 측정해서는 안 된다.

분리 지표(구성요소로 나누어질 수 있는 지표 세트)를 측정함으로써 프로그램과 정책이 의도한 결과나 영향력 달성을 위해 얼마나 잘 작동하고 있는지 파악할 수 있다. 또한 프로그램 성과가 평균(비대상 지역/인구)보다 더 우수한지 또는 미흡한지 확인할 수 있다. 예를 들어 아동의 깨끗한 식수 접근성이 감소한 것이 확인되면, 정부는 식수 공급 향상을 목표로 하는 프로그램을 개혁하거나 부모를 대상으로 식수의 정수 필요성을 알려주는 프로그램을 강화할 수 있다.

모니터링 시스템을 통해 획득한 정보는 현재 측정하고 있는 성과만 보여준다(과거의 성과와 현재의 계획되거나 전망하는 성과[목표]와 비교할 수는 있다). 모니터링 자료로 성과 달성 수준을 결정하는 원인을 확인하거나, 일정한 시점에서 성과 변화에 대한 인과관계를 설명할 수는 없다. 이러한 정보는 평가 시스템을 통해 확보할 수 있다.

성과 중심 관리 프레임워크 안에서 평가 시스템은 보완적이지만 차별적인 기능을 수행한다. 평가 시스템을 통해 다음과 같은 연구 조사가 가능하다.

- 성과 중심의 결과와 영향에 대한 보다 심도 깊은 연구
- 추적되고 있는 지표 외에 다른 데이터 출처의 활용
- 계속 모니터링하기에 너무 비용이 소요되거나 어려운 요소에 대한 조사
- 모니터링 자료로 추적하고 있는 경향이 왜, 어떻게 변화하는지에 대한 조사

영향력과 인과관계 분석 관련 자료는 전략적인 자원 분배에 중요한 역할을 할 수 있다.

4. 성과 중심 모니터링 및 평가 시스템 구축을 위한 10단계

수준 높은 성과 중심 모니터링과 평가 시스템을 구축하기 위해서는 아래 10단계가 필요하다(그림 3.3)

① 성숙도 평가(readiness assessment)
② 대상 프로젝트 또는 프로그램의 목표(outcome)에 대한 합의 도출
③ 모니터링을 위해 주요 지표를 선정
④ 지표의 기초선 데이터를 수집
⑤ 개선 계획 수립: 현실적인 목표 수립

그림 3. 3 성과 중심 M&E를 설계, 수립하고 승인하는 10단계

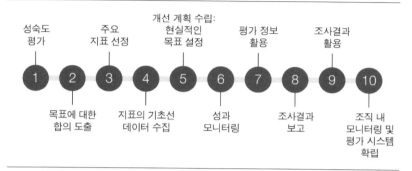

자료: Kusek and Rist(2004).

⑥ 성과 모니터링

⑦ 평가 정보를 활용

⑧ 조사결과 보고

⑨ 조사결과 활용

⑩ 조직 내 모니터링 및 평가 시스템 확립

1) 1단계: 성숙도 평가

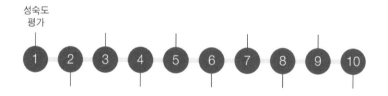

성숙도 평가는 성과 중심의 M&E 시스템을 수립하고자 하는 정부와 개발 파트너의 역량과 의지를 평가하는 단계이다. 이 단계에서는 관련 우수한 역량을 갖춘 기관의 존재 여부, 인센티브, 역할과 책임, 조직 역량, 착수 장애요인 등과 같은 이슈를 다룬다.

■ 유인(Incentives)

성숙도 평가는 첫 번째로 M&E 시스템 구축을 추진하는 데 어떤 유인이 있는지(그리고 추진을 방해하는 요소는 무엇인지)를 파악하는 것이다. 다음과 같은 질문이 고려되어야 한다.

- 어떤 요인으로 인해 M&E 시스템 수립 필요성이 높아지는가?
- 누가 M&E 시스템 구축 및 활용에 우수 역량과 경험을 보유한 선도 기관인가?
- 해당 선도 기관이 M&E 시스템을 구축하도록 하는 동기는 무엇인가?
- 누가 M&E 시스템의 혜택을 누리게 될 것인가?
- 누가 M&E 시스템의 혜택을 누리지 못하게 될 것인가?

■ 역할과 책임(Roles and Responsibilities)

다음으로는 누가 현재 해당 기관 및 기타 유관 기관에서 데이터 생성 책임을 맡고 있는지, 누가 데이터의 주 사용자인지 확인하는 것이 중요하다. 다음과 같은 질문이 고려되어야 한다.

- 성과 평가에서 중앙 정부 및 관계 부처의 역할은 무엇인가?
- 입법부의 역할은 무엇인가?
- 최고 감사기관의 역할은 무엇인가?
- 정부 부처와 기관은 서로 정보를 공유하고 있는가?
- 데이터 생성 배경에 정치적인 어젠다가 있는가?
- 누가 데이터를 생성하는가?
- 다양한 차원의 정부 기관 중에서 데이터가 활용되는 곳은 어디인가?

■ 기관역량(Organizational capacity)

성과 중심 M&E 시스템을 구축하는 데 원동력이 되는 중요한 요소로는 해당 기관이 보유한 경험, 역량, 이용 가능한 자원 등이 있다. 조직 역량과 연관해서 다음과 같은 질문을 고려해야 한다.

- 해당 기관에서 누가 M&E 시스템을 고안하고 실행할 기술적인 역량을 보유하고 있는가?
- 누가 M&E 시스템을 관리할 역량을 보유하고 있는가?
- 해당 기관이 현재 보유한 데이터 시스템은 무엇이고, 그 수준은 어떠한가?
- 필요한 데이터 시스템을 유지하기 위해 이용 가능한 기술은 무엇인가? 데이터베이스 용량, 분석 가능성, 소프트웨어 등을 기준으로 평가해야 한다.
- M&E 시스템을 고안하고 실행하는 데 필요한 재정자원은 무엇인가?
- 성과 보고 시스템 관련 해당 기관이 보유한 경험은 무엇인가?

▌ 장애요인(Barriers)

기관의 조직적인 변화에 장애요인이 되는 것을 파악하는 것이 중요하기 때문에, 다음과 같은 질문을 고려해야 한다.

- M&E 시스템 구축에 필요한 자원, 정치적 의지, 우수 역량을 갖춘 선도 기관, 성과와 연계된 전략 또는 경험이 부족한가?
- 만약 어느 하나가 부족하다면 어떻게 그 요인을 극복할 수 있는가?

우수 사례를 통해 효과적인 M&E 시스템을 성공적으로 수립하기 위해서는 다음과 같은 다양한 요인이 필요하다는 점을 알 수 있다.

- 국가 차원에서의 M&E 활동에 대한 분명한 책임 부여
- 빈곤감소 전략, 법, 규정
- 최고위급의 강한 리더십과 지지

- 정책과 관리 결정과정에서 활용할 수 있는 신뢰할 만한 정보
- 성과 정보를 추적하고 생성하기 위해 정부와 함께 협력하는 시민사회
- 최초 사례나 시범 프로그램으로 역할을 할 수 있는 혁신

성숙도 평가의 마지막 단계에서 정부 고위 공무원들은 성과 중심의 M&E 시스템 수립을 추진할 것인지 여부(즉시/조만간/추후)에 대한 질문에 직면하게 된다.

2) 2단계: 목표에 대한 합의 도출

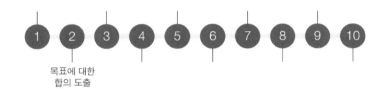

기관 또는 정부가 단지 집행 이슈(투입물, 활동, 산출물)만이 아니라 결과와 영향을 평가하는 데 관심을 갖도록 하는 것이 중요하다. 요컨대, 취학 이전 프로그램의 수혜범위 확대 또는 초등학생의 학업 능력 개선 등과 같은 결과(목표)를 통해 프로그램의 혜택이 실현되었는지 여부를 알 수 있다.

정부와 개발 파트너의 활동에 초점을 맞춰 전략적인 성과와 영향을 수립해야 한다. 국가의 전략적인 우선순위를 고려해 목표를 결정해야 한다. 목표를 수립할 때 고려해야 하는 문제는 다음과 같다.

- 비전 2016과 같은 국가적 또는 관련 분야의 목표가 있는가?
- 특정 분야에서 성과 향상 등을 구체적으로 제시한 정치적 공약이 있는가?
- 시민점수카드(citizen score cards) 등을 통해 구체적인 관심사항을 확인할 수 있는가?

- 공여국은 구체적인 목표를 위해 개발 재원을 지원하고 있는가?
- 관련 법안이 존재하는가?
- 정부가 MDGs 달성에 진지하게 공약을 했는가?

개발 프로젝트 또는 프로그램의 목표에 대한 합의를 이끌어내는 것은 주요 이해관계자의 합의를 확보하는 정치적인 과정이다. 브레인스토밍 회의, 인터뷰, 포커스 그룹, 조사 등을 통해 이해관계자의 관심사를 파악한다.

개발 프로젝트 또는 프로그램의 목표는 (당신이 움직이기 전에 갈 곳을 아는 것처럼) 그 프로젝트 또는 프로그램이 의도하는 결과를 나타내며, 목표 달성을 측정하기 위한 주요 지표를 수립해야 한다. 목표를 명확히 설정하고, 이에 기반을 두어 지표를 수립하는 것은 성과 중심 M&E 시스템을 고안하고 수립하는 데 필수적이다.

3) 3단계: 모니터링을 위한 주요 지표 선정

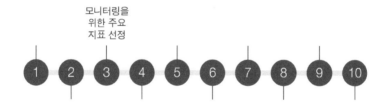

측정할 수 있어야 수행할 수 있다. 무엇을 측정할지를 정확하게 구체화함으로써 목표 달성의 진전사항을 추적하고, 목표를 구체화하면 기관 내 노력을 집중시켜서 일관성을 도모할 수 있다.

성과 지표를 시간의 흐름에 따라 체계적으로 추적하여, 의도한 목표를 향한 진전 여부를 확인할 수 있다. 새로운 M&E 시스템에서 모든 성과 지표는 계량적인 지표로 선정하고, M&E 시스템이 보다 성숙해지면 질적인 지표를 추가로 선정하도록 한다.

지표 개발은 M&E 시스템을 수립하는 데 핵심적인 활동이다. 이를 기반으로 이후의 데이터 수집, 분석, 보고 등이 이루어진다. 신뢰할 만하고 적절한 지표를 개발할 때 정치적이고 방법론적인 문제를 과소평가해서는 안 된다. 시아보캄포(Schiavo-Campo, 1999)는 지표는 'CREAM' 원칙에 부합해야 한다고 하는데, 'CREAM'은 아래와 같이 지표가 갖추어야 하는 특성을 나타낸다.

- Clear: 명확하며 모호하지 않다
- Relevant: 대상과 주제에 적합하다
- Economic: 합리적인 비용으로 이용 가능하다
- Adequate: 성과 평가를 위해 기초자료를 충분히 제공할 수 있다
- Monitorable: 모니터링이 가능하다

기존에 확보되어 있는 지표를 활용해서 비용을 절감할 수 있다(평가자는 기존의 지표를 활용하는 위험을 인식하고 있어야 한다). 그러나 기존 지표를 사용하기 전에 그 지표가 얼마나 적절한지(그리고 적절하다고 받아들여질 수 있는지) 따져보는 것이 중요하다. 평가 대상 프로젝트, 프로그램 또는 정책에 더욱 적절한 지표로 보완하거나 변경해야 할 수도 있다.

목표 달성 여부에 대한 질문에 대답하기 위해 필요한 만큼 성과 지표를 선정해야 하는데, 지표의 수는 2~7개 안에서 정해야 한다. 한번 선정된 지표가 고정불변한 것은 아니다. 모니터링 시스템의 효율성이 향상되면서 새로운 지표를 추가하고 기존 지표를 없앨 수 있다.

성과 지표 선정과 지표에 대한 데이터 수집 전략은 현실을 고려해 수립해야 한다(Kusek and Rist, 2004). 고려해야 하는 요소는 다음과 같다.

- 현재 있는 데이터 시스템은 무엇인가

표 3.2 지표 선정을 위한 매트릭스

지표	데이터 출처	데이터 수집 방법	누가 데이터를 수집할 것인가?	데이터 수집 빈도	데이터 수집 비용	데이터 수집의 어려운 점	누가 데이터를 분석하고 보고할 것인가?	누가 데이터를 사용할 것인가?
1								
2								
3								

자료: Kusek and Rist(2004).

표 3.3 성과 프레임워크 예시: 목표와 지표

목표	지표(Indicators)	기초선(Baselines)	목표치(Targets)
취학 이전 프로그램의 수혜범위 확대	유치원에 등록한 도시 아동 비율		
	유치원에 등록한 농촌 아동 비율		
초등학교 학업 능력 향상	표준 수학 및 과학시험에서 70점 이상의 성적을 기록한 6학년 학생 비율		
	표준 수학과 과학시험에서 기초선 데이터보다 높은 성적을 기록한 6학년 학생 비율		

자료: Kusek and Rist(2004).

- 어떤 데이터가 현재 생산 가능한가
- 데이터 수집과 분석의 폭과 깊이를 확대하기 위한 역량이 무엇인가

표 3.2에 있는 행렬을 완성함으로써, 각 지표의 실제 적용 타당성을 확인할 수 있다. 표 3.3은 해당 사례를 보여준다.

- 평가자는 수행 중인 평가의 필요성에 맞게 자신만의 지표를 개발해야 한다.
- 우수한 지표를 개발하는 데에는 많은 노력과 시간이 필요하다.
- 모든 지표는 중립적으로 표현하고 증가나 감소로 표현하면 안 된다.
- 평가자는 새로운 지표를 계속 시범적으로 사용해야 한다.

4) 4단계: 지표에 대한 기초선 데이터 수집하기

기초선 데이터
수집

목표 달성에 대한 진전사항은 초기 상황과 비교해 측정할 수 있다. 기초선 데이터 수집은 지표에 대한 초기 값으로 현재 시점의 상황을 나타낸다.

기초선 데이터는 대상 프로젝트 또는 프로그램의 시작 단계(또는 시작하기 바로 전 단계)의 지표(질적인 또는 양적인) 정보를 가리킨다. 지표 선정 시 고려해야 할 사항 중 하나는 기초선 데이터의 확보 가능성이다. 기초선 데이터를 확보함으로써 기초선 대비 진전사항을 추적할 수 있다.

기초선 데이터는 1차 자료(해당 측정 시스템을 위해 수집) 또는 2차 자료(다른 목적을 위해 수집)일 수 있다. 2차 자료는 해당 기관 내에서, 또는 정부 또는 국제적 데이터베이스를 통해 획득할 수 있다. 2차 자료가 정말 필요한 정보를 제공하는 한, 2차 자료를 활용함으로써 비용을 절감할 수 있다. 나중에 2차 자료 출처가 적합하지 않는 것으로 판단되는 경우 다시 1차 자료를 통해 기초선 데이터를 획득하기는 굉장히 어렵다.

기초선 데이터로 가능한 자료 출처는 다음과 같다.

• 문서 기록(하드카피 및 전자 문서)
• 프로젝트, 프로그램, 또는 정책 관련 인력
• 일반 대중
• 교육받은 관찰자
• 기계적인 측정과 시험
• 지리 정보 시스템

그림 3.4 데이터 수집 방법의 스펙트럼

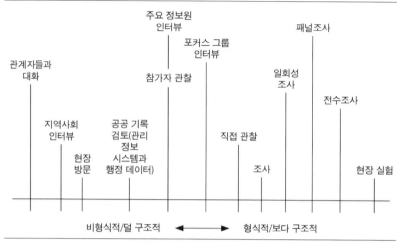

자료: Kusek and Rist(2004).

지표의 기초선 데이터 출처를 선택되면 평가자는 누가, 어떻게 데이터를 수집할 것인지를 결정하게 된다. 평가자는 데이터 수집 도구를 개발하고 선정할 때 다음과 같은 이슈를 고려해야 한다.

- 데이터가 유용하고 현재 이용 가능한가(또는 쉽게 접근 가능한가)?
- 진전사항을 추적하기 위해 정기적으로 적절한 시기에 데이터를 획득할 수 있는가?
- 계획된 1차 자료 수집이 타당하고 비용 효과적인가?

데이터 수집에는 다양한 방법이 있다(데이터 수집 방법은 9장에서 논의한다). 각 데이터 수집 방법은 엄격성과 형식성, 소요되는 비용 등의 측면에서 다양하다(그림 3.4).

표 3.4는 교육 정책에서 목표를 개발하는 3단계를 보여준다.

표 3. 4 성과 프레임워크 예시: 목표, 지표, 기초선 데이터

목표(Targets)	지표(Indicators)	기초선(Baselines)	목표치(Targets)
취학 이전 프로그램의 수혜 범위 확대	유치원에 등록한 도시 아동 비율	1999년 도시지역 75%	
	유치원에 등록한 농촌 아동 비율	2000년 농촌지역 40%	
초등학교 학습 능력 향상	표준 수학 및 과학시험에서 70점 이상의 성적을 기록한 6학년 학생 비율	2002년 47%의 학생들이 수학 70점 이상, 50%의 학생들이 과학 70점 이상의 성적 기록	
	표준 수학과 과학시험에서 기초선 데이터 대비 보다 높은 성적을 기록한 6학년 학생 비율	2002년 6학년 수학 평균 점수는 68점, 과학 평균 점수는 53점	

자료: Kusek and Rist(2004).

5) 5단계: 현실적인 목표치 설정하기

성과 프레임워크를 수립하는 마지막 단계로 목표치를 선정한다. 쿠색과 리스트(Kusek and Rist: 91)에 의하면 "목표치는 본질적으로 국가, 사회, 또는 기관이 주어진 시간 안에 달성하고자 하는 지표의 양적 차원"이다.

국제개발 프로젝트 또는 프로그램의 목표와 영향(상위의 목표)은 복잡하고 장기간에 걸쳐서 달성할 수 있다. 따라서 목표에 어느 정도 도달했는지를 구체화할 수 있는 중간 단계의 목표를 설정하는 것이 필요하다. 목표치에 대비해 성과를 측정하는 데에는 직접 지표와 대리 지표(proxy indicator), 양적 데이터와 질적 데이터를 사용할 수 있다.

변화이론에서의 영향은 프로젝트 또는 프로그램이 궁극적으로 달성하고자 하는 장기적인 목표로 볼 수 있다. 목표(outcome)는 구체적이고 현실적인 일정 내에 달성하고자 하는 지표에 대한 (기초선과 연관성이 있는) 타당성 있

그림 3.5 기대하는 개선 수준을 확인하기 위해서는 성과 목표 선정이 필요하다

기초선 지표 수준	+	기대하는 개선 수준 제한되고 기대되는 투입물, 활동, 산출물 수준을 가정	=	목표치 특정 기간 내에 달성될 수 있을 것으로 기대되는 성과 수준

자료: Kusek and Rist(2004).

는 목표치이다. 다시 말해, 기관이 시간이 흘러 목표치(target)를 달성했다면 그 기관은 프로젝트 또는 프로그램의 목표를 달성하게 될 것이다(좋은 변화이론을 가지고 성공적으로 실행한다면).

지표에 대한 목표치를 설정할 때에는 다음 사항을 분명히 이해해야 한다.

- 기초선 시작점(예를 들면, 과거 3년 평균, 작년, 평균 경향)
- 변화이론과 변화를 기간별 성과로 나누는 방법
- 해당 기간 동안 목표치 달성을 위해 투입 가능한 인력, 물적 자원 수준
- 현재 자원을 보충해줄 것으로 기대되는 외부 자원의 규모
- 적절한 정치적 관심
- 프로젝트와 프로그램을 수행한 기관의(특히 관리 차원) 경험

그림 3.5는 프로젝트 또는 프로그램의 결과를 위한 과정의 각 단계에서 달성해야 하는 목표치를 확인하는 방법을 보여준다.

각 지표마다 하나의 목표치를 설정해야 한다. 이전에 한 번도 사용한 적이 없는 지표라면 신중하게 구체적인 목표치와 범위를 설정해야 한다.

목표치는 (3년이 넘지 않는 범위 내로) 중기적인 단계에서 설정하고, 목표치 달성을 위한 현실적인 일정표를 포함해야 한다. 대부분의 목표치는 연간 단위로 설정하지만 경우에 따라 분기별로 또는 보다 긴 단위로 설정할 수 있다.

표 3. 5 성과 프레임워크 예시: 목표, 지표, 기초선 데이터, 목표치

목표	지표(Indicators)	기초선(Baselines)	목표(Targets)
취학 전 프로그램의 수혜범위 확대	유치원에 등록한 도시 아동 비율	1999년 도시지역은 75%	2006년까지 도시지역은 85%
	유치원에 등록한 농촌 아동 비율	2000년 농촌지역은 40%	2006년까지 농촌지역은 60%
초등학교 학습 결과 향상	표준화된 수학 및 과학시험에서 70점 이상의 성적을 기록한 6학년 학생 비율	2002년 47%의 학생이 수학에서 70점 이상, 과학에서는 50%의 학생이 70점 이상의 성적을 기록	2006년까지 80%의 학생이 수학에서 70점 이상, 67%의 학생이 과학에서 70점 이상의 성적을 기록
	표준화된 수학과 과학 시험에서 기초선 데이터와 비교해 보다 높은 성적을 기록한 6학년 학생 비율	2002년 6학년 수학 평균 점수는 68점, 과학 평균 점수는 53점	2006년까지 수학 평균점수는 78점, 과학 평균점수는 65점

자료: Kusek and Rist(2004).

표 3.5는 교육정책을 위한 목표를 개발하는 마지막 단계를 보여준다. 완성된 매트릭스가 성과 프레임워크로서, 해당 프로그램의 목표를 정의하고, 성공적으로 목표를 달성했는지 여부를 파악할 수 있는 계획을 제시한다. 이를 통해 장기적인 목표 달성으로 가는 과정에서 중간 목표 달성 여부를 확인할 수 있는 성과 중심 M&E 시스템의 설계를 확인할 수 있다.

평가자는 성과 프레임워크를 활용해 평가를 설계할 수 있다. 프로젝트 또는 프로그램 관리자들 역시 성과 프레임워크를 통해 예산을 수립하고 자원과 인력자원을 배분하고 다른 기능을 수행할 수 있다. 프로젝트 또는 프로그램 관리자는 의도한 목표를 향해 가고 있는지 점검하기 위해서 성과 프레임워크를 자주 살펴보아야 한다.

성과의 목표치를 설정하는 것은 정책 목표 달성에 필수적이다. 기초선 지표와 목표치를 수립하는 참여적이고 협동적인 절차가 성과 중심 M&E의 중요한 요소이다.

6) 6단계: 성과 모니터링하기

성과
모니터링

성과 중심 모니터링 시스템은 실행(투입물, 활동, 산출물)과 성과(결과와 영향력)를 모두 추적한다. 그림 3.6은 이러한 모니터링 유형을 보여준다.

프로젝트 또는 프로그램의 목표 달성을 측정하기 위해 많은 수의 성과 지표가 있기 마련이고, 각 지표마다 목표치(target)가 설정되어 있다. 목표 달성을 위해 일련의 활동과 전략을 조정하고 관리해야 한다(그림 3.7).

그림 3. 6 **모니터링의 주요 방식**

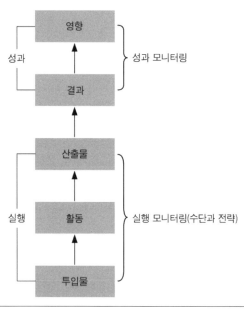

자료: Binnendijk(2000)에서 수정.

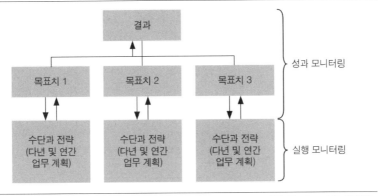

그림 3.7 실행 모니터링과 성과 모니터링의 연계

자료: Kusek and Rist(2004).

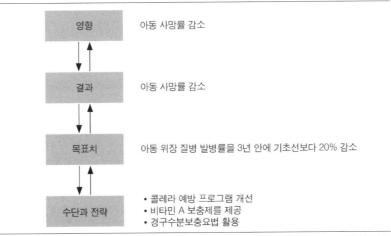

그림 3.8 실행 모니터링과 성과 모니터링의 연계 사례

자료: Kusek and Rist(2004)

실행 모니터링과 성과 모니터링을 연계하는 것이 중요하다. 그림 3.8은 아동 사망률 감소를 위한 프로그램 모니터링의 예이다.

개발협력 분야에서 파트너 국가 및 기관과의 협력은 점점 중요한 규범으로 자리 잡고 있다. 많은 파트너가 투입물, 활동, 산출물 달성에 잠재적으로

그림 3. 9　파트너십을 통한 성과 달성

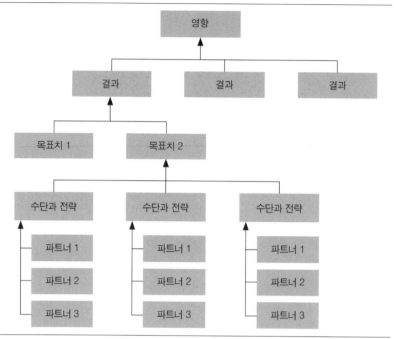

자료: Kusek and Rist(2004).

기여한다(그림 3.9).

　예산, 인력 활용 계획, 활동 계획을 통해 M&E 시스템을 유지 및 운영할 수 있다. 효과적인 M&E 시스템 수립은 다음과 같은 행정적·제도적인 업무와 연관되어 있다.

- 데이터 수집, 분석, 보고 가이드라인 수립
- 각 활동에 대한 담당자 지정
- 품질관리 방안 수립
- 일정과 비용 계획
- 정부, 다른 개발 파트너, 시민사회의 역할과 책임 분담을 통한 협력

- 투명성, 정보 및 분석 결과 공유에 관한 가이드라인 수립

성공적인 M&E 시스템을 위해서는 필요한 사항은 다음과 같다.

- 주인의식
- 관리
- 유지
- 신뢰성

7) 7단계: 평가 정보 활용하기

평가는 목표와 영향을 향한 과정을 모니터링하면서 습득한 정보를 보완하는 중요한 역할을 한다. 모니터링이 지표, 목표치, 목표와 관련하여 진행 상황을 보여주는 반면, 평가는 다음과 같은 것을 보여준다.

- 우리가 올바른 일을 하고 있는지(전략)
- 우리가 일을 잘하고 있는지(운영)
- 일을 하는 데 보다 나은 방법이 있는지(학습)

모니터링 시스템의 범위를 넘어서는 많은 중요한 문제를 평가를 통해 해결할 수 있다. 예를 들어, 프로젝트 또는 프로그램은 해결해야 하는 어떤 문제나 이슈에 대한 가정을 기반으로 설계된다. 이론에 기초한 평가나 논리 모형(4장에서 다룬다)을 활용하여 이러한 가정을 확인하고 점검한다. 평가를 통

해 모니터링 시스템을 통해 나타난 흥미롭거나 이슈가 있는 결과나 경향에 대해 깊게 고민해볼 수 있다. 예를 들면 왜 마을에서 소녀들이 소년들보다 일찍 학교를 그만두는지 이유를 찾아볼 수 있다.

평가는 다음과 같은 사항을 모니터링하는 데에도 사용될 수 있다.

- 추가 조사가 필요한 예상치 못한 결과나 외부 요인이 있을 때
- 프로젝트, 프로그램, 또는 정책에 자원이나 예산을 책정하는 경우
- 시범 프로젝트를 확장할지 결정해야 할 때
- 원인에 대한 분명한 규명 없이 오랜 기간 개선이 일어나지 않는 경우
- 유사 프로그램 또는 정책이 다른 결과를 보고했거나 같은 목표에 대한 지표가 다른 경향을 보이는 경우
- 프로젝트 또는 프로그램의 부작용을 이해하려고 하는 경우
- 기존에 시행된 프로젝트 또는 프로그램의 중요성, 가치, 장점에 대한 교훈을 도출하려는 경우
- 수익/혜택 대비 비용을 살펴보는 경우

M&E 시스템으로 수집된 정보가 정확하고 신뢰할 수 있어야, 정부와 기관이 그 정보를 적극 활용할 수 있다. 부족한 정보, 부정확한 정보, 왜곡된 정보는 소용이 없다.

8) 8단계: 조사결과 보고하기

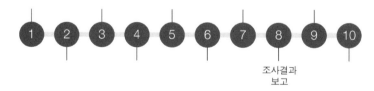

조사결과를 누구에게, 어떤 형식으로, 어떤 주기로 보고할 것인지 결정하

는 것 역시 모니터링과 성과에서 중요한 부분이다. 데이터를 분석하고 보고함으로써 다음과 같은 사항이 가능하다.

- 프로젝트, 프로그램 그리고 정책의 현재 상태에 대한 정보 제공
- 문제 해결의 실마리 제공
- 실행 전략의 개선사항을 고려할 기회 제공
- 시간에 따른 경향 및 방향성에 대한 중요한 정보 제공
- 프로젝트, 프로그램 또는 정책의 변화 이론을 확인 또는 점검(데이터 분석과 보고는 다른 장에서 상세히 다룬다)

평가자는 프로젝트, 프로그램, 정책 차원에서 중요한 결정이 필요한 사항을 확인해서 M&E 조사결과가 유용하게 활용되도록 해야 한다. 데이터와 분석 결과가 너무 늦게 전달된다면 의사결정에 영향을 줄 수 없다.

중요한 결과는 긍정적이든 부정적이든 모두 보고해야 한다(표 3.6). 훌륭한 M&E 시스템은 문제를 감지하는 조기 경보 시스템을 제공하는 동시에 해당 프로젝트 또는 프로그램의 가치를 보여줄 수 있어야 한다. 성과 보고는 미흡하거나 만족스럽지 못한 결과에 대한 설명과 문제를 해결하기 위해 수행된 조치도 성과와 함께 보고해야 한다.

데이터를 분석하고 보고할 때 평가자는 다음과 같은 사항을 수행해야 한다.

- 지표 데이터를 기초선과 목표치와 비교하고, 이를 이해하기 쉬운 그래프로 제시 (13장 참고)
- 현재 데이터를 과거 데이터와 비교하여 패턴이나 경향을 발견
- 불충분한 정보에 기반을 두어 포괄적인 결론을 내리는 것을 주의(데이터를 많이 수집할수록 경향 분석의 정확성이 높아질 수 있음)
- 정보 전달자를 보호. 실망스러운 소식을 전달한 사람에 대한 처벌 방지(이러한 조

표 3.6 결과 보고 표 예시

결과 지표	기초선	현재	목표치	차이(목표치-현재)
간염 발병률 (N=6,000)	30	35	20	-5
전반적으로 건강상태가 개선된 아동 비율(N=9,000)	20	20	24	-4
신체검사 시 5개 중 4개 항목이 양호하게 나타난 아동 비율 (N=3,500)	50	65	65	0
영양상태가 개선된 아동 비율 (N=14,000)	80	85	83	2

자료: Kusek and Rist (2004).

사 결과는 새로운 경향을 보여주거나 또는 프로젝트 관리자에게 조기에 문제를 알림으로써 문제를 해결할 시간을 확보해줌)

9) 9단계: M&E 결과 활용하기

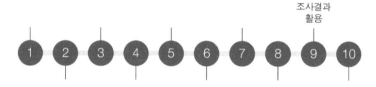

M&E 시스템의 핵심은, 단순히 성과 중심 정보를 생성하는 것이 아니라 적절한 방식으로 적절한 사용자에게 성과 중심 정보를 제공하여 사용자가 프로젝트, 프로그램, 또는 정책을 관리할 때 정보를 고려하도록 하는 것이다. 개발 파트너와 시민사회는 책임성, 투명성, 자원배분 절차를 강화하기 위해 성과 중심 정보를 사용하는 과정에서 중요한 역할을 한다.

정부 차원에서 실행할 수 있는 정보 공유 전략은 다음과 같다.

- **미디어의 권한을 강화시킨다.** 성과 중심 M&E 시스템이 생성한 조사결과를 미디어를 통해 전파한다. 또한 미디어는 부패를 폭로하고 거버넌스 개선을 요구하는 데 기여한다.
- **정보의 자유를 보장하는 법안을 제정한다.** 정보의 자유는 이해관계자들과 정보를

공유하기 위한 강력한 도구이다.

- **전자정부를 구축한다.** 전자정부를 통해 이해관계자가 정보를 획득하기 위해 정부와 직접 상호작용하고 온라인 비즈니스를 도모할 수 있다.
- **내·외부 인터넷 파일에 정보를 추가한다.** 내부(기관 또는 정부)와 외부 웹사이트를 통해 정보를 공유할 수 있다. 많은 기관이 M&E 조사결과에 대한 데이터베이스를 개발하고 있다.
- **연간 예산보고서를 발표한다.** 세금이 어떻게 사용되고 있는지 알리는 가장 좋은 방법은 예산 보고서를 발표하는 것이다. 예산보고서를 통해 정부가 제공하는 서비스의 품질과 수준, 정부가 우선순위를 부여하는 서비스와 프로그램을 국민들이 확인할 수 있다.
- **시민사회와 주민단체의 참여를 독려한다.** 시민사회와 주민단체의 참여를 높임으로써 책임성을 높일 수 있다.
- **입법부의 감독 기능을 강화한다.** 많은 개발도상국과 선진국의 입법부는 감독 기능의 일환으로 성과에 대한 정보를 요구한다. 입법부는 예산이 효과적으로 사용되고 있는지 살펴본다.
- **감사원을 강화한다.** 감사원은 정부가 얼마나 효과적으로 기능을 수행하고 있는지를 판단하는 데 중요한 협력 기관이다. 감사기관이 공공부문이 기능과 업무를 제대로 수행하고 있는지에 대해 더 많은 정보를 요구할수록 프로젝트, 프로그램, 정책이 더욱 효과적으로 수행된다.
- **다양한 개발 파트너와 조사결과를 공유하고 비교한다.** 국가 빈곤감소 전략이나 관련 전략과 정책을 도입함에 따라, 개발 파트너(특히 양자/다자 원조기관)들이 조사결과를 공유하고 비교할 수 있게 되었다.

다양한 사용자들이 성과 정보의 효용을 이해하고 활용하는 것이 M&E 시스템을 수립하는 동력이 된다. 그러나 주민, NGO, 민간분야 같은 다양한 잠재적 사용자들이 정보 흐름에서 배제되는 경우가 있다. M&E 데이터는 내부(정

① 대국민 책임성 확보

② 예산 요구서 수립 및 정당화

③ 운영 자원 배분을 결정

④ (변화이론이나 실행상) 성과에 어떤 문제가 있는지, 어떤 수정이 필요한지에 대한 심층 조
   사를 시행

⑤ 프로그램을 지속적으로 향상시키도록 관리자를 동기부여

⑥ 도급업체와 양수인의 성과를 모니터링

⑦ 특별하고 상세한 프로그램 평가를 위해 데이터를 제공

⑧ 특정 목표를 달성하기 위한 이행상황을 추적

⑨ 전략적이고 장기적인 계획 수립

⑩ 대중의 신뢰를 확보하기 위해 대중과 커뮤니케이션

자료: Hatry(1999).

부)와 외부(사회)에서 모두 활용할 수 있고, 이를 합법화해야 한다(박스 3.3).

10) 10단계: 조직 내에서 M&E 시스템 지속시키기

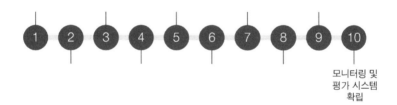

모니터링 및
평가 시스템
확립

성과 중심 M&E 시스템을 장기간 유지하고 활용하는 것은 어려운 과제이
다. 성과 중심 M&E 시스템의 지속가능성을 위해서는 다음 사항이 중요하다.

- 수요(Demand)
- 분명한 역할과 책임
- 신뢰할 수 있는 정보
- 책임성

- 역량
- 유인

시스템의 유용성과 지속성을 높이기 위해서는 각 구성요소에 대한 지속적인 관심이 필요하다.

■ 수요(Demand)

다양한 방식으로 M&E에 대한 수요를 형성하고 유지할 수 있다.

- 정기적으로 결과를 보고하도록 제도를 수립한다(예를 들면 기관의 각 부서별 성과를 매년 보고하도록 한다).
- 미디어를 활용하여 M&E 정보의 이용 가능성을 대중에게 홍보함으로써 정부기관, 시민 단체, 일반대중의 M&E에 대한 수요를 창출한다.
- 전략에 대해 구체적인 목적과 목표치를 수립하여 해당 기관의 전략적 방향에 관심 있는 사람들이 그 목표 달성 과정을 파악할 수 있도록 한다.

■ 분명한 역할과 책임(Clear roles and responsibilities)

M&E 시스템을 제도화하는 데 중요한 구조적 변화는, 성과정보를 보고하고 분석하고 수집하기 위한 명확하고 공식적인 업무 체계를 확립하는 것이다. 이를 위해서는 다음과 같은 사항이 필요하다.

- M&E 시스템 운영의 각 부분을 누가 책임을 맡아 담당하는지 분명한 지침을 제시하고, 각 개인의 성과 검토에 반영한다.
- 예산 배분 주기와 M&E 정보 제공과의 연계성을 강화하기 위해서 분야별 기능과 중앙의 계획 수립과 재정 기능을 연결시키는 시스템, 특히 수행 예산 수립 시스템을 세운다.

- 시스템의 모든 단계의 정보에 대한 수요가 있도록 시스템을 수립한다. 즉, 시스템의 모든 단계에서 정보가 활용되도록 한다.

■ 신뢰할 수 있는 정보(Trustworthy and credible information)

성과 정보 시스템은 좋은 뉴스와 나쁜 뉴스를 모두 제공할 수 있어야 하고, 정보 생산자는 정치적인 비난으로부터 보호받아야 한다. 생산된 정보는 투명하고 독립적인 기관/절차를 통해(예를 들면 감사원이나 독립적인 아카데미 그룹을 통해) 검증해야 한다.

■ 책임성(Accountability)

성과에 관심을 가지고 있는 외부 이해관계자와 투명하게 정보를 공유할 수 있는 방법을 모색해야 한다. 주요 이해관계자 그룹은 시민사회, 미디어, 민간분야, 정부를 포함한다.

■ 역량(Capacity)

M&E 시스템을 수립할 때 가장 우선적인 고려 대상 중 하나가 기관의 역량을 점검하는 것이다. M&E 시스템 수립에 중요한 요소는 데이터 수립과 분석을 위한 전문적인 기술과 전략 목적 수립, 조직 운영 기술, 기존의 데이터 수집과 검색 시스템, 재정 자원, 모니터링과 평가에 대한 제도적인 경험이다.

■ 유인(Incentives)

성과 정보의 활용을 활성화하기 위해 인센티브를 도입해야 한다. 성공에 대해서는 인정하고 보상해야 하고, 문제 발생 시에는 적극적인 해결이 필요하다. 정보 전달자를 처벌해서는 안 되고, 발굴한 교훈은 조직 차원의 학습의 기회로 활용해야 한다. 부패하거나 비효과적인 시스템을 통해서는 우수한 품질의 정보와 분석을 기대할 수 없다.

11) 결론

반드시 10가지 단계에 따라 M&E 시스템을 수립해야 하는 것은 아니다. 보다 많거나 적은 단계를 제시하는 전략을 개발할 수도 있다. M&E 시스템의 주요 기능과 활동을 이해하고 이를 논리적인 방식으로 결합하고, 적절한 순서로 실행하면 된다.

성과 중심 M&E 시스템은 강력한 관리 도구로서 정부와 기관의 운영 방침을 개선하는 데 유용하다. 이는 또한 무엇이 효과적이고 또는 효과적이지 못한지를 결정하는 데 참고하는 지식기반을 구축하는 데 도움이 된다.

성과 중심 M&E를 유지하기 위해서는 지속적인 관심, 자원, 정치적 공약이 필요하다. 또한 성과 지향적인 문화로 변화를 이끌어내기 위해서는 많은 시간이 소요되지만 이러한 시간과 노력, 보상은 그만 한 가치가 있다.

역량강화는 계속해서 필요하다(기관이 스스로 움직이는 유일한 방법은 내리막길로 내려가는 것뿐이다). M&E 시스템을 수립하고 유지하기 위해서는 다음과 같은 사항이 도움이 될 수 있다.

- 역량을 갖춘 선도 기관을 지원
- M&E 시스템은 마치 예산 시스템처럼 지속적으로 자원이 필요하다는 점에 대한 재무부와 국회의 이해를 제고(M&E에 배분된 자원 규모는 예산 시스템에 배분된 자원 규모와 비슷해야 함)
- 성과 정보가 예산이나 자원배분 결정과 연계될 수 있는 모든 기회를 모색
- 성과 중심 M&E 시스템의 효과를 입증하기 위해 시범적인 노력을 시도
- 범정부적인 접근방식보다 독립적으로 혁신을 도모하는 전략(enclave strategy)으로 시작
- 프로그램의 시행과 목표 달성에서의 진전사항을 모두 모니터링
- 공공분야 성과에 대한 이해를 제고하기 위해 평가를 활용하여 성과 모니터링을 보완

평가(7단계) 프레임워크를 구성하면, 변화이론을 구성하고, 접근방식을 선택하고, 평가 질문을 도출하고, 평가를 설계하는 데 활용할 수 있다. 이러한 주제는 4~7장에서 다룬다.

요약

성과 중심 M&E 시스템을 활용함으로써 정책입안자와 결정자는 프로젝트, 프로그램, 정책의 결과와 영향을 확인할 수 있다. 전통적인 평가와 달리 성과 중심의 M&E 시스템은 투입물과 산출물을 강조하는 것을 넘어서 프로젝트 또는 프로그램의 목표 달성에 관심을 기울인다. 이 점이 성과 측정 시스템의 핵심이다.

성과 중심 M&E 시스템을 다음과 같이 활용한다.

- 프로젝트 또는 프로그램 착수에 앞서 기초선 데이터를 사용하여 문제를 설명
- 목표에 대한 지표를 추적
- 투입물, 활동, 산출물, 목표 등에 대한 데이터를 수집
- 변화이론의 논리와 적절성을 평가
- 이해관계자에게 체계적으로 정보를 보고하는 시스템을 포함
- 전략적 파트너들과 함께 정보를 활용
- 계획된 목표를 달성하기 위한 파트너십 전략의 성공 또는 실패에 대한 정보를 취득
- 성과 중심 M&E 시스템은 관리 도구로서 지속적으로 신뢰할 만하고 유용한 정보를 제공

성과 중심 M&E 시스템을 설계하고 수립하기 위해 다음 10단계를 추천한다.

① 기관의 성숙도 평가

② 대상 프로젝트 또는 프로그램의 목표에 대한 합의 구축

③ 성과 모니터링을 위한 주요 지표 선정

④ 성과 지표의 기초선 데이터 수집

⑤ 개선을 위한 계획 수립: 현실적인 목표 수립

⑥ 모니터링 시스템 구축

⑦ 평가정보 활용

⑧ 조사결과 보고

⑨ 조사결과 활용

⑩ 모니터링과 평가 시스템의 지속 가능성 확립

성과 중심 M&E 시스템을 수립하고 지속시키는 것은 쉬운 일이 아니다. 지속적인 공약, 선도적인 기관, 시간, 노력, 자원이 필요하며 조직적·기술적·정치적인 차원의 어려움이 있다. 성과 중심 M&E 시스템은 기관의 수요에 따라 여러 번 개정이 필요할 수 있지만, 그만큼 노력할 만한 가치가 있는 중요한 도구이다.

3장 연습문제

응용연습 3.1 올바른 논리 수립하기

당신의 기관은 성과 중심의 M&E 시스템을 설계하고 이행하기 위해 얼마나 준비가 되어 있는가? 아래 제시하는 여러 측면에서 당신의 기관을 평가해보고 당신이 부여한 점수에 대해 간단한 설명하라. 이행과정에서의 장애물과 해결방안에 대해 동료와 토론하라.

① 유인(적절한 점수에 동그라미를 그리시오)

- 많은 유인   • 약간의 유인   • 여러 저해요인

설명:

개선전략:

② 역할과 책임성(적절한 점수에 동그라미를 그리시오)

- 매우 분명함　　　　　　• 다소 분명함　　　　　　• 꽤 불분명함

　설명:

　개선전략:

③ 조직 역량(적절한 점수에 동그라미를 그리시오)

- 훌륭하다　　　　　　• 괜찮은 편이다　　　　　　• 약하다

　설명:

　개선전략:

④ 장애요인(적절한 점수에 동그라미를 그리시오)

- 심각한 장애요인이 없다　　• 다소 장애요인이 있다　　• 심각한 장애요인이 있다

　설명:

　개선전략:

응용연습 3.2　투입물, 활동, 산출물, 결과, 영향을 확인하기

다음 각 문장이 투입물, 활동, 산출물, 결과, 장기적인 영향으로 구분하라. 그 근거에 대해서 동료들에게 설명하고 토론하라.

① 여성들이 소유한 초소규모 기업들이 해당 지역 빈곤 감소에 기여하고 있다.

② 정부는 초소규모 기업을 위한 대출 자금을 조성했다.

③ 정부는 교육과정 이수자들이 제출한 61개의 신청서를 승인했다.

④ 교육부는 교육과정 교사 인력을 선정했다.

⑤ 72명의 여성이 교육과정을 이수했다.

⑥ 교육 이수자는 교육 이수 1년 뒤 소득이 25% 상승한다.

⑦ 100명의 여성이 소규모 기업 운영 관리 과정을 참여했다.

⑧ 초소규모 기업 대출 프로그램에 대한 정보가 지역사회에 제공 된다.

응용연습 3.3　지표 개발하기

① 당신에게 익숙한 프로그램 또는 정책이 달성하고자 하는 장기적인 영향은 무엇인가? 이를 위해 프로그램 또는 정책의 시행이 제대로 진행되고 있다면 당신이 기대할 수 있는 2개의 결과(outcome)는 무엇인가?

영향: _____

목표 1: _____

목표 2: _____

② 각 목표 달성 과정을 추적하기 위해서 당신이 사용할 수 있는 2~3개 지표를 설정하라.

목표 1: _____

　지표 a: _____

　지표 b: _____

　지표 c: _____

목표 2: _____

　지표 a: _____

　지표 b: _____

　지표 c: _____

영향: _____

　지표 a: _____

　지표 b: _____

　지표 c: _____

 참고문헌

Binnendijk, Annette. 2000. "Results-Based Management in the Development Cooperation Agencies: A Review of Experience." Paper prepared for the OECD/DAC Working Party on Aid Evaluation, Paris, February 10–11 (revised October 2000).

Boyle, R., and D. Lemaire, eds. 1999. *Building Effective Evaluation Capacity.* New Brunswick, NJ: Transaction Books.

IFAD (International Fund for Agriculture Development). 2002. *A Guide for Project M&E: Managing for Impact in Rural Development.* Rome. http://www.ifad.org/evaluation/guide/.

Furubo, Jan-Eric, Ray C. Rist, and Rolf Sandahl, eds. 2002. *International Atlas of Evaluation.* New Brunswick, NJ: Transaction Books.

Hatry, Harry P. 1999. *Performance Measurement: Getting Results.* Washington, DC: Urban Institute Press.

Khan, M. Adil. 2001. *A Guidebook on Results-Based Monitoring and Evaluation: Key Concepts, Issues and Applications.* Government of Sri Lanka, Ministry of Plan

Implementation, Monitoring and Progress Review Division, Colombo.

Kusek, Jody Zall, and Ray C. Rist. 2001. "Building a Performance-Based Monitoring and Evaluation System: The Challenges Facing Developing Countries." *Evaluation Journal of Australasia* 1(2): 14-23.

_____. 2003. "Readiness Assessment: Toward Performance Monitoring and Evaluation in the Kyrgyz Republic." *Japanese Journal of Evaluation Studies* 31(1): 17-31.

_____. 2004. *Ten Steps to Building a Results-Based Monitoring and Evaluation System.* Washington, DC: World Bank.

Malik, Khalid, and Christine Roth, eds. 1999. Evaluation Capacity Development in Asia. United Nations Development Programme Evaluation Office, New York.

Osborn, David, and Ted Gaebler. 1992. *Reinventing Government.* Boston: Addison-Wesley Publishing.

OECD(Organisation for Economic Co-operation and Development). 2002. *Glossary of Key Terms in Evaluation and Results-Based Management.* Development Co-operation Directorate and Development Assistance Committee. Paris.

Schiavo-Campo, Salvatore. 1999. "'Performance' in the Public Sector." *Asian Journal of Political Science* 7 (2): 75-77.

UNPF (United Nations Population Fund). 2002. *Monitoring and Evaluation Toolkit for Program Managers.* Office of Oversight and Evaluation. http://www.unfpa.org/monitoring/toolkit.htm.

Valadez, Joseph, and Michael Bamberger. 1994. *Monitoring and Evaluation Social Programs in Developing Countries: A Handbook for Policymakers, Managers, and Researchers.* Washington, DC: World Bank.

Weiss, Carol. 1972. *Evaluation Research: Methods for Assessing Program Effectiveness.* Englewood Cliffs, NJ: Prentice Hall.

Wholey, Joseph S., Harry Hatry, and Kathryn Newcomer. 2001. "Managing for Results: Roles for Evaluators in a New Management Era." *American Journal of Evaluation* 22 (3): 343-47.

World Bank. 1997. *World Development Report: The State in a Changing World.* Washington, DC.

웹사이트

IDRC (International Development Research Centre). 2004. *Evaluation Planning in Program Initiatives.* Ottawa. http://web.idrc.ca/uploads/user-S/108549984812 guideline-web.pdf.

IFAD (International Fund for Agricultural Development). *Practical Guide on Monitoring and Evaluation of Rural Development Projects.* http://www.ifad.org/evaluation/

oe/process/guide/index.htm.

Kellogg Foundation. 1998. Evaluation Handbook. http://www.wkkf.org/Pubs/Tools/
Evaluation/Pub770.pdf.

Specialist Monitoring and Evaluation Web Sites. http://www.mande.co.uk/specialist.htm.

Uganda Communications Commission. 2005. "Monitoring and Evaluation." In *Funding and
Implementing Universal Access: Innovation and Experience from Uganda.* International Development Research Centre, Ottawa. http://www.idrc.ca/en/ev-88227-
201-1-DO_TOPIC.html.

World Bank. *Core Welfare Indicators Questionnaire.* Washington, DC. http://www4.
worldbank.org/afr/stats/cwiq.cfm.

_____. 2001. Tools: *Capturing Experience Monitoring and Evaluation.* Upgrading Urban
Communities Resource Framework, Washington, DC. http://web.mit.edu/
urbanupgrading/upgrading/issues-tools/tools/monitoring-eval.html#Anchor-Monito
ring-56567.

_____. 2008. *Online Atlas of the Millennium Development Goals: Building a Better
World.* Washington, DC. http://devdata.worldbank.org/atlas-mdg/.

4 장

평가 지표와
변화이론에 대한 이해

이 장은 평가계획을 다루는 첫 번째 장으로서 평가를 어떻게 시작해야 하는지에 대해 소개한다. 체계적인 계획을 수립하고 진행하는 평가는 정해진 시간과 예산 내에서 의뢰기관과 여타 이해관계자의 요구에 부응할 수 있다. 계획단계를 통해 전단분석(front-end analysis)으로써 과거 경험에서 시사점을 찾아내고, 프로젝트의 변화이론을 재검토하고, 프로젝트에 영향을 미치는 여러 요소를 찾아낼 수 있다.

이 장은 다음과 같이 구성된다.
- 전단분석
- 주요 고객 및 이해관계자의 정의
- 배경에 대한 이해
- 기존 관련 지식 바로 알기
- 변화이론 구성, 활용 및 진단

1. 전단분석

목적지에 제대로 도달하기 위해서는 어떤 방향으로 가야 하는지, 그리고 다른 이들이 그 목적지에 도달하기 위해 어떠한 시행착오를 겪었는지를 알아보는 것이 가장 중요하다. 올바른 결정을 위해서는 시간, 비용, 위험요소 및 과정에 대한 정확한 정보가 필요하다.

전단분석(Front-end analysis)이란 특정 사안과 문제에 대해 어떠한 정보가 있는지, 이를 평가하기 위해 어떠한 접근을 해야 하는지 조사하는 것이다. 이를 통해 평가자는 다음 단계에서 취해야 할 행동을 알 수 있다.

전단분석 시, 평가자는 다음과 같은 유형의 질문으로 시작할 수 있다.

- 평가를 의뢰한 기관과 기타 중요한 이해관계자는 누구인가? 어떠한 이슈에 대해 평가하고 싶어 하는가?
- 평가 시점이 평가에 어떠한 영향을 미칠 것인가?
- 평가를 완료하기까지 주어진 시간은 얼마인가?
- 평가에 활용할 수 있는 자원의 특성은 어떠하며 그 범위는 어디까지인가?
- 어떠한 사회과학이론이 해당 평가와 관련되어 있는가?
- 유사한 프로젝트에 대한 평가 결과는 어떠했는가? 어떠한 문제가 제기되었는가?
- 해당 프로젝트, 프로그램 또는 정책의 변화이론은 무엇인가?
- 평가를 위해 사용할 수 있는 데이터는 어떤 것이 있는가?

평가계획을 서둘러 수립하고 데이터 수집에 착수하는 평가자가 많다. 데이터를 수집하면서 평가대상에 대한 조사활동을 동시에 수행하기도 한다. 그러나 평가 대상 프로젝트에 대한 올바른 이해를 갖기 위해서는 전단분석이 필수적이다. 전단분석을 통해 평가에 소요되는 시간 및 비용을 절약하고, 의뢰기관의 요구에 부응할 수 있으며, 여타 이해관계자와의 관계를 구축할 수 있다. 가장 중요한 것은 전단분석을 통해 정확한 평가질문을 도출하고, 해당 질문을 위해 필요한 정보만을 수집할 수 있다는 것이다.

평가를 시작할 때 일반적으로 많은 평가자는 정확하지 않은 가정을 많이 한다. 예를 들면, 실제로는 데이터가 거의 없는데도 풍부한 데이터가 있을 것이라고 가정하거나, 또는 특정 국가에 대한 전문성과 경험을 지닌 컨설턴트의 도움을 받을 수 있을 것이라 생각했지만 실제로 유능한 컨설턴트는 다른 프로젝트에 너무 바빠 제대로 업무를 수행할 수 없음을 발견하기도 한다. 이러한 실수를 범하지 않기 위해서는 탐구기간을 가지고 실제로 이용할 수 있는 데이터 및 다른 자료 등에 대해 점검하는 것이 중요하다.

공동 평가의 적절성과 가능성에 대한 검토 또한 전단분석 과정에서 이루어져야 한다. 공동 평가를 시행하는 것이 적절하다면, 평가 참여자 각각이 어떻게 역할을 분담해 수행할지 결정해야 한다. 평가 시점과 같이 여러 사안에 대해서도 합의를 이루어야 한다.

1) 평가 예상 비용과 이익의 균형

전단분석 시에는 평가의 예상비용과 효용 간의 균형을 고려해야 한다. 평가의 효용은 다음과 같다.

- 해당 프로젝트를 확대하거나 개선할 것인지 또는 종료하거나 축소할 것인지 등에 대한 의사결정을 뒷받침할 수 있는 타당한 증거를 마련
- 어떤 조건에서 해당 프로젝트가 제대로 기능하는지 또는 기능하지 못하는지 등에 대한 지식 구축에 기여
- 현지 역량 강화

평가의 비용 역시 매우 중요하며 다음과 같은 차원에서 고려되어야 한다.

- 프로젝트의 예산규모(2만 5,000달러 규모의 프로젝트 평가를 위해 5만 달러를 소요하는 것은 비합리적)
- 평가로 인해 프로젝트 수혜자 및 관계자 등에게 요구되는 부담
- 매우 정치적이거나 논란이 있는 프로젝트 또는 시간이 불충분하여 평가를 온전히 수행하기 어려운 경우 평가자 및 관련 커뮤니티에 미칠 수 있는 위험비용

2) 평가 기획과정의 위험

전단기획을 수행하면 모든 문제를 사전에 해결함으로써 평가를 원활하게 수행할 수 있다는 생각은 오히려 평가 기획과정의 함정이 될 수 있다. 그 외에도 다음과 같은 위험요인이 있다.

- 기존 계획을 수정하지 않으려는 고집(Leeuw, 2003)
- 패스트푸드 식당의 운영원리가 미국사회뿐 아니라 국제사회를 점령해간다는 '사회의 맥도널드화'(Ritzer, 1993: 1)(체크리스트, 업무 리스트, 프레임워크의 기계적인 활용이 비평적 사고를 대체하는 경우를 일컬음)
- 개발환경에서의 무작위 실험(randomized experiments) 수행은 너무 복잡하고, 비용이 많이 소요되기 때문에 불가능하다는 고정관념
- 집단적 사고(상황에 대해 다른 입장을 갖고 있음에도, 소속되어 있는 특정 집단의 입장을 따라가는 것)
- 권력층의 관점과 의견에 보다 높은 가치를 두게 되는 불균형적 시각

2. 주요 고객 및 이해관계자의 정의

전단분석의 가장 중요한 부분은 평가 의뢰기관의 주요 고객과 이해관계자

를 파악하는 것이다. 주요 이해관계자를 파악하는 과정은 쉽지 않을 수 있다.

1) 의뢰기관

일반적으로 평가를 재정적으로 지원하거나 요청하는 주요 이해관계자 그룹 또는 기관이 평가 결과의 주요 고객이다. 이와 같은 의뢰기관의 요구사항은 평가에 큰 영향을 미친다.

의뢰기관은 다음과 같은 특징을 갖는다.

- 해당 프로젝트를 승인하고 재정을 지원한다.
- 평가를 승인하고 재정을 지원한다.
- 프로젝트 수행에 대한 책임을 보유한다.
- 평가자에게 평가에 대한 책임을 부여한다.

가급적 빠른 시일 내에 의뢰기관과의 논의를 통해 평가의 이슈를 파악해야 한다. 이때 평가자는 평가의 기한 및 목적에 대해 문의해야 한다. 평가를 통해 알고자 하는 사안에 대해 먼저 파악해야 의뢰기관에게 다양한 평가 접근법 또는 가장 적절한 접근법을 제시할 수 있다.

2) 이해관계자

이해관계자(Stakeholders)는 주요 의뢰기관 외에 해당 프로젝트 및 프로그램과 관련된 개인 또는 그룹으로서, 대개 해당 프로젝트로 인해 평생 또는 수년간 영향을 받는다. 일반적으로 평가의 이해관계자가 아닌, 프로젝트 이해관계자를 평가에 참여시키는 것이 매우 중요하다.

이해관계자의 범위는 다음과 같다.

표 4.1 평가 시 이해관계자의 역할

이해관계자	정책형성	실행결정	평가지원	평가 결과 조치	관심
프로젝트 개발자					
프로젝트 재정지원기관					
프로젝트 승인권한을 가진 관료, 이사회 또는 기관					
기타 재원(시설, 기자재, 현물 등) 지원기관					
집행 기관장 또는 고위 관리자					
프로젝트 관리자					
프로젝트 직원					
모니터링 직원					
프로젝트의 직접적 수혜자					
프로젝트의 간접적 수혜자					
프로젝트의 잠재적 고객					
프로젝트 비수혜자					
프로젝트 또는 평가의 부정적 영향 인식 그룹					
프로젝트로 인해 권력 상실 그룹					
프로젝트로 인해 기회상실 그룹					
커뮤니티 구성원 또는 대중					
기타					

자료: 저자 작성.

- 해당 프로젝트의 참여자
- 해당 프로젝트의 직접 수혜자
- 해당 프로젝트의 간접 수혜자
- 해당 프로젝트에 재원을 지원한 기관
- 관련 분야의 정부 관료/직원 및 선출된 관료
- 프로젝트 관리자, 직원, 이사회, 관리자, 봉사단
- 정책결정자
- 지역 커뮤니티 또는 이익집단

다양한 이해관계자는 해당 프로젝트에 대한 관점이 각기 다르다. 공여기관은 자원이 적절히 사용되었고 프로젝트가 효과적이었는지에 관심을 두는 반면, 프로젝트 관리자는 프로젝트의 운영 점검과 교훈 도출에 관심을 갖는다. 프로젝트 참여자는 개선된 서비스를 원하고, 정책결정자들은 해당 프로젝트가 의도했던 영향을 발휘하고 있는지를 알고자 한다. 지역 커뮤니티는 유사 프로젝트를 실시, 확대하거나 또는 해당 프로젝트의 부정적 영향을 제한하고 싶어 할 수 있다. 다양한 이해관계자들이 대상 프로젝트에 대해 다양한 관점을 갖고 있다는 점은 긍정적이며, 이는 평가 초기 논의를 통해 확인할 수 있다.

평가 과정에서 개인 또는 개별 집단의 역할 및 기여할 수 있는 점을 명확하게 파악해야 한다(표 4.1).

3) 주요 이해관계자 파악 및 참여

프로젝트 문서 검토 또는 평가의 의뢰기관, 지원기관, 관리인력, 지역 공무원 및 참여자와의 논의를 통해 주요 이해관계자를 파악할 수 있다. 이해관계자는 사전에 인터뷰를 실시해 그룹으로 분류해 묶을 수 있다. 평가자는 각각의 이해관계자에게 평가의 목적에 대해 분명하게 전달해야 한다(곧 시작할 평가에 대해 알리고 평가에서 다루길 바라는 사안에 대해 문의해야 한다).

평가 결과의 활용도를 높이기 위해서는 주요 이해관계자를 평가의 기획 단계부터 참여시키는 것이 필요하다. 이는 평가보고서가 완성되고 배포되는 시점에서 해야 할 일이 아니다. 주요 이해관계자 면담은 평가 과정에서 지속적으로 시행하고, 자문위원회 또는 운영위원회 등을 구성해 보다 정기적으로 진행할 수 있다.

의뢰기관을 기획 단계부터 참여시킴으로써, 평가자는 해당 프로젝트의 당초 목표와 관련 사안, 문제점에 대해 정확히 파악할 수 있다. 또한 구체적인 정보와 수집이 필요한 시점, 출처 등을 확인할 수 있다. 평가자는 주요 이해관계자와의 협의를 통해 평가의 중요 사안에 대한 이해를 높일 수 있다. 동시에 이해관계자가 요청하는 사안 및 의문점을 주의 깊게 다룰 것이라는 점을 이해시킴으로써 평가에 대한 지지와 관심을 고취시킬 수 있다. 이를 통해 평가의 활용도를 높일 수 있다.

이해관계자의 평가 기획 및 과정에 대해 참여하는 데에는 재원 및 관계 등 여러 요인이 영향을 미칠 수 있다. 예를 들면 이해관계자들의 업무 때문에 충분히 참여할 수 없거나, 평가의 독립성 확보가 요구되는 정치적인 이유가 있을 수 있다.

4) 이해관계자 분석

이해관계자 분석을 위한 가이드는 다양하게 개발되었다. UNICEF는 「보건관리학 품질관리 가이드(A Guide to Managing for Quality, the Management Sciences for Health)」(1998)를 통하여 평가의 성패에 영향을 미칠 수 있는 주요 인물, 그룹 또는 조직을 파악하고 진단하는 일련의 과정을 소개한다. UNICEF는 이해관계자 분석을 실시하는 이유를 다음과 같이 제시한다.

- 평가에 (긍정적 또는 부정적으로) 영향을 미칠 수 있는 인물, 집단 또는 조직 파악
- 해당 그룹이 평가에 미칠 수 있는 긍정적 또는 부정적 영향에 대한 예측
- 평가에 대한 지지를 확보할 수 있는 전략 개발 및 장애가 될 수 있는 문제점 최소화

박스 4.1은 이해관계자 분석을 위한 양식으로 표 4.1과 유사하지만, 평가에 대한 반대를 최소화하고 지지를 극대화하는 점을 강조한다.

이해관계자를 참여시킴으로써 포괄적인 평가계획을 도모하는 것도 중요하지만, 중요성이 낮은 이해관계자까지 참여시키는 것은 부담을 줄 수 있으므로 지양하는 것이 좋다.

① 해당 프로젝트에 영향을 미칠 수 있거나 받을 수 있는 주요 인물, 집단 또는 조직을 파악한다. 아래 표, '이해관계자' 열에 기입한다.

② 해당 평가에 대한 각 이해관계자의 구체적 관심사를 파악한다. 이해관계자에게 잠재적 이득이 될 만한 평가 사안, 평가로 인해 이해관계자가 변경해야 할 사안 및 이해관계자에게 손실을 입히거나 갈등을 일으킬 만한 프로젝트 활동(activities) 등을 고려하여 아래 표의 '프로젝트 이해관계자의 관심사' 열에 기입한다.

③ 성공적 평가수행을 위해 개별 이해관계자의 관심사의 중요도를 파악한다. (a) 성공적 평가를 위한 주요 이해관계자의 역할 및 동 이해관계자가 그 역할을 수행할 가능성과 (b) 평가에 대해 이해관계자가 부정적으로 대응할 가능성 및 그 영향 등에 대해 고려한 후, 각각의 이해관계자에 대한 진단 결과(매우 중요할 경우 A, 중요할 경우 B, 별로 중요하지 않을 경우 C)를 '잠재적 영향 진단' 열에 기입한다.

④ 이해관계자의 지지를 얻거나 반대를 줄일 수 있는 방안을 고려한다. 이해관계자가 평가를 통해 확인하고자 하는 이슈는 무엇인지, 평가기획 과정에서 이해관계자를 참여시키는 것이 얼마나 중요한지, 이해관계자들이 평가를 지지하도록 영향을 미칠 수 있는 여타 집단 또는 개인이 있는지 등을 고려하여, 지지를 얻거나 반대를 줄일 수 있는 전략을 마지막 열에 기입한다.

이해관계자 분석 양식

이해 관계자	프로젝트 이해관계자의 관심사	이해관계자와 평가 간에 서로 미칠 수 있는 잠재적 영향 진단	이해관계자의 지지를 얻거나 반대를 줄일 수 있는 방법

자료: A Guide to Managing for Quality, the Management Sciences for Health(1998).

때로는 이해관계자를 평가의 기획 및 실행에 직접적으로 참여시키기도 한다(참여적 평가는 5장에서 논의). 이 경우 이해관계자는 다음과 같은 단계에 참여할 수 있다.

- 평가 직무기술서(Terms of Reference: TOR) 작성
- 평가팀 선정
- 데이터 분석
- 평가 결과 정리 및 결론/제언 도출(Mikkelsen, 2005)

3. 배경에 대한 이해

전단분석 시에는 프로젝트 단계와 거시적인 평가 목적 간의 관계에 대해 알아보아야 한다. 프로젝트의 주기(각 단계)에 따라 평가질문을 구성한다. 예를 들면, 예산 확정 후 2~3개월 만에 프로젝트 목표 달성 여부를 평가하는 것은 합리적이지 않다. 이 시점에서 적절한 질문은 실행을 위해 필요한 재원이 확보되었는지의 여부이다. 팬서와 웨스더스(Pancer and Westhues, 1989)는 이러한 프로젝트 단계별 평가질문의 유형을 분류했다(표 4.2).

전단분석의 또 다른 과정은 정책적 맥락을 알아보는 것이다. 문헌조사를 통해 유사한 프로젝트에 대한 평가가 이루어졌는지 검토하여, 어떤 사안이 주로 다루어졌는지, 어떤 접근방법과 방법을 활용했는지, 어떤 결과를 도출했는지를 파악해볼 수 있다. 새로운 프로젝트에 대한 평가의 경우 과거 평가를 기반으로 평가를 설계하는 것이 어려울 수 있지만, 이런 경우는 거의 드물다.

4. 기존 관련 지식 바로 알기

전단분석 시에는 프로젝트, 프로그램 및 정책에 관한 기존의 이론적이고 실증적인 지식에 대한 분석을 수행한다. 이는 **지식기반**(Knowledge fund)의 활용

표 4. 2 평가 단계별 질문

프로젝트 개발 단계	단계별 평가질문
1. 사회적 문제 및 수요 진단	커뮤니티의 수요에 어느 정도 부응하는가?
2. 목표 설정	그 수요에 부응하기 위해 무엇을 달성해야 하는가?
3. 프로젝트 대안 설계	변화를 이끌어내기 위해 활용 가능한 서비스는 무엇인가?
4. 대안 선정	어떤 프로젝트 접근법이 가장 우수한가?
5. 프로젝트 실행	어떻게 프로젝트를 실행해야 하는가?
6. 프로젝트 운영	계획대로 프로젝트가 운영되고 있는가?
7. 프로젝트 결과/효과/영향	프로젝트가 목표로 한 효과를 보이고 있는가?
8. 프로젝트 효율성	합리적 비용으로 프로젝트의 효과를 달성하고 있는가?

자료: Pancer and Westhues(1989).

박스 4. 2 범죄 예방에 관한 지식기반 활용하기

범죄예방 관련 데이터 분석을 통해 29개의 프로그램이 우수하게 실행되었고, 25개 프로그램
은 그렇지 못했으며, 28개 프로그램은 우수하게 실행될 가능성이 있음이 파악되었다(여타 68
개 프로그램에 대한 정보는 명확하지 않음). 학교 및 가정 내 범죄 예방, 절도 예방 프로그램,
약물 관련 체포, 치안유지 활동, 이웃 순찰대, 멘토링 프로그램 및 교도소 관리 및 교육 프로그
램(분노조절, 훈련 프로그램, 상습범죄 축소, 갱생원 등에 초점을 두는 인지 프로그램) 등에 대
한 600개 이상의 평가 결과를 종합 분석을 통해 얻을 수 있었다.

자료: Sherman et al.(2002).

이라고도 한다.

평가 및 여타 사회과학 연구를 통해 지식이 매일 축적된다. 각종 학술저널
은 구체적인 주제에 대한 지식(배움과 한 반의 학생 수 또는 산모의 영양 프로그
램과 신생아 출생 몸무게 간의 상관관계 등)을 종합하는 학술 논문을 발간한다.
또한 조직이 어떻게 기능해야 하는가와 같은 주제는 조직 사회학, 인지 심리
학, 공공 선택이론 및 법학, 경제학 등 다양한 분야에서 연구된다(Scott, 2003;
Swedberg, 2003). 캠벨 공동연구(http://www.campbellcollaboration.org/)는 각
주제별 평가 결과를 검토하고, 그들의 기준에 맞는 평가 결과를 종합하여 제

공한다. 일례로 형사 프로그램 및 범죄 예방 분야, 사회복지 및 보건교육 프로그램 등 다양한 분야에서 1만 개 이상의 무작위 실험이 수행된 바 있다(Petrosino et al., 2003). 이와 같이, 평가를 구성하고 기획할 때 관련 분야의 지식기반을 파악하고 조사하는 것이 매우 중요하다(박스 4.2).

5. 변화이론 구성, 활용 및 진단

전단분석의 가장 마지막 단계는 변화이론을 구성하고, 그 활용 방안을 진단하는 것이다. 해당 프로젝트가 근거하는 논리나 변화이론은 사전(ex-ante) 평가와 사후(ex-post) 평가의 중요한 주제이다. 변화이론 활용의 필요성, 구성과 진단방법에 대해 다루고자 한다.

변화이론의 정의는 다양한데(3장 참고), 이는 '사회변화 이니셔티브를 설계하고 평가하는 혁신적인 도구'이자 사회변화 이니셔티브의 장기적 목표를 달성하기 위해 필요한 '구성요소의 청사진'이라 정의할 수 있다(ActKnowledge and Aspen Institute, 2003). 변화이론을 통해 수행기관 또는 이니셔티브가 어떻게 목표를 달성하고자 하며 근거로 하는 여러 가정은 무엇인지를 보여줄 수 있다.

변화이론을 점검할 때에는 다음과 같은 사항이 반드시 이루어져야 한다.

- 프로젝트, 프로그램 또는 정책에 투입될 자원, 해당 투입자원이 지원할 활동 및 산출물, 결과, 영향력 등을 순서대로 이해하고,
- 프로젝트의 결과에 영향을 미칠 수 있는 사건 또는 조건을 파악하며,
- 원인과 결과에 대해 해당 프로젝트가 근거하는 가정을 이해하고,
- 정책 또는 환경적 맥락을 파악하고 문헌조사에 의거해 중요한 가정을 파악한다.

개발 프로젝트가 갖는 상호관계성 및 복합성을 고려할 때, 의도한 결과를 달성하는 데에 영향을 미칠 수 있는 환경과 조건을 파악하는 것이 특히 중요하다. 국제개발기구는 현재 프로젝트 지원보다 개도국에 보다 많은 재량을 부여하는 프로그램 지원방식을 모색한다. 이와 관련하여 파우슨(Pawson, 2006)은 다음과 같이 말한다.

최근 들어 공공정책의 주요한 변화는 복잡하고, 여러 목적을 지니고 다수의 지역을 대상으로 하고, 다수의 기관이 협력하여 복합적인 주제의 프로그램을 추구한다는 것이다. (중략) 그 이유는 명확하다. 사회적 문제는 상호 연결되어 있기 때문이다. 보건의 문제는 교육 불평등, 노동시장 불평등, 환경 불평등, 거주지 문제, 차별적 패턴의 범죄 피해 등 다양한 이유에서 비롯되었을 수 있다. 이에 따라 정책 결정자는 단일 사안에 대한 단일 프로젝트 접근법이 발생문제에 대한 일시적 대처에 지나지 않을 수 있다는 점을 인식하기 시작했다.

따라서 파우슨은 평가자가 반드시 다음과 같은 점을 염두에 두어야 한다고 말한다.

- 프로젝트가 기반을 두고 있는 변화이론을 파악하고
- 종합적 연구를 거쳐 관련 정보 및 증거를 찾아내며
- 프로젝트를 하나의 이해관계자 그룹이 또 다른 이해관계자 그룹에게(물질적·사회적·인지적·감정적) 영향을 미치거나 또는 자원을 제공함으로써 행동의 변화를 이끌어내는 일련의 연쇄적 과정으로 보아야 한다.

평가를 기획할 때, 해당 프로젝트가 기반을 두고 있는 변화이론을 어떻게 구성하고 점검할 것인지에 대해 많은 고민이 필요하다. 시각적 자료를 활용해 주요 요소와 요소들 간의 상관관계와 인과관계를 보여줄 수 있어야 한다.

그림 4.1 투입물 - 결과 이동

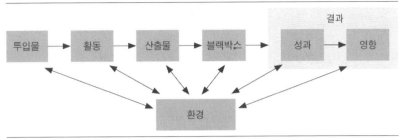

변화이론은 해당 프로젝트가 어떻게 목표를 달성할 수 있는지 그 과정을 시각적으로 보여준다는 점에서 중요하다. 또한 변화이론은 프로젝트의 구성요소와 각 요소 간의 관계를 구체적으로 보여준다. 구체적 목표를 달성하기 위한 활동에 다양한 자원이 투입되며, 이러한 자원과 활동, 산출물 및 의도한 결과, 영향력은 모두 밀접하게 관련되어 있다.

변화이론이 이미 수립되어 있는 경우, 그 이론에 대한 신중한 검토가 필요하다. 대체로 프로젝트 관리자와 함께 기존 변화이론을 수정하거나 재구성해야 하는 경우가 많다. 변화이론이 부재한 경우, 평가자는 새롭게 변화이론을 구성하고, 가능하다면 이를 프로젝트 관리자와 확인하는 단계를 거쳐야 한다.

변화이론과 함께 가정에 대한 검토가 필요하다. (평가 시점의 정치 및 정책적인 환경 및 문헌조사에 기초하여) 평가가 테스트해야 하는 가정 중 가장 중요한 것이 무엇인지도 파악해야 한다. 변화이론은 '블랙박스'를 여는 것과 같이 어떻게 프로젝트 투입물, 활동 및 산출물이 결과로 귀결되는지 보여준다(그림 4.1).

어떠한 환경에서 프로젝트가 실행되고 있는지, 프로젝트의 보다 큰 맥락을 파악하는 것이 중요하다. 정치, 거시경제 및 정책 환경이 내부 요소에 영향을 미친다(그림 4.2).

모든 프로젝트, 프로그램 및 정책에 대해 변화이론을 구성할 수 있으며, 다

그림 4. 2　프로젝트 결과에 대한 잠재적인 환경적 영향

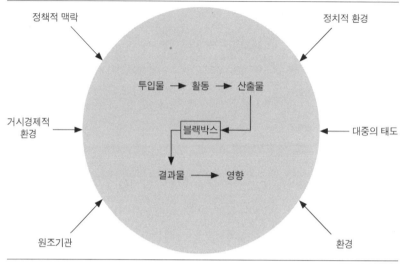

자료: 저자 작성.

양한 양식 또는 모델을 활용하여 다양한 형태로 표현할 수 있다. 이론 모델 (Theory models), 논리 모델(Logic models), 변화 모형(Change frameworks), 논리 프레임워크(Logical frameworks), 결과 체인 모델(Results chain models), 결과 모델(Outcome models) 등으로도 일컬어진다. 이 각각은 변화이론을 묘사하는 주제별로 구분된 형태이다. 변화이론은 인과관계 사슬로, 그 인과관계가 기반을 두고 있는 주요 가정을 파악해야 한다.

1) 왜 변화이론을 활용해야 하는가?

변화이론은 평가자 및 이해관계자 모두에게 장기적 목표에 대한 비전, 다시 말해 '어떻게 해당 목표를 달성할지, 그 성과를 측정하기 위해 무엇이 필요한지' 등을 파악할 수 있는 기회를 제공한다는 데 큰 의의가 있다(ActKnowledge and Aspen Institute, 2003).

변화이론은 평가 결과를 보고하는 데 활용할 수 있다. 켈로그 재단(Kellogg Foundation, 2004)은 프로젝트의 성공과 지속성에 대한 커뮤니케이션의 중요성에 대해 다루면서, 변화이론을 활용하는 전략적 마케팅 방안을 다음과 같이 제시한다.

- 프로젝트를 이해하고 평가하기 쉬운 언어로 명확하고 구체적으로 표현
- 학습과 개선을 위해 우선순위가 높은 프로젝트 운영 및 주요 결과에 재원 집중
- 커뮤니케이션 대상과 마케팅 전략을 개발

프로젝트에 대한 변화이론을 다음과 같은 점에서 유용하다.

- 프로젝트의 성공을 위해 매우 중요한 요소를 찾아낼 수 있음
- 프로젝트에 대한 이해관계자들 간 지식과 이해를 공유할 수 있음
- 평가 기반 형성
- 프로젝트 성과에 크게 영향을 미치는 요인의 변화와 진행 상황을 파악할 수 있음
- 평가질문을 개발하는 데 기반이 되는 가정을 파악할 수 있음

2) 변화이론 구성

프로젝트 관리자는 프로젝트, 프로그램 또는 정책을 기획할 때 변화이론을 수립한다. 이 단계에서 이해관계자를 참여시킬 수 있다. 그러나 변화이론은 항상 명확하거나 프로그램의 시작부터 끝까지 일관적이지 않을 수 있다. 변화이론이 없는 경우에는 평가자가 변화이론을 새로 정립해야 한다. 변화이론에 대한 검토는 모든 평가의 기초가 된다.

변화이론을 검토하거나 구성하기 전에 평가자는 프로젝트의 목적 또는 목

그림 4. 3 변화이론 구성 과정

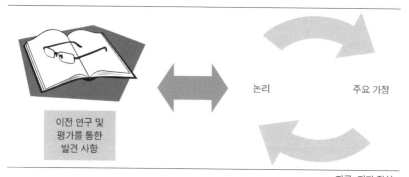

논리   주요 가정

이전 연구 및
평가를 통한
발견 사항

자료: 저자 작성.

표에 대해 명확히 이해해야 한다. 다음과 같은 질문을 통해 이해를 제고할 수 있다.

- 해당 프로젝트는 기존 연구 및 평가 결과를 기초로 하는가?
- 해당 프로젝트의 논리 또는 결과사슬은 무엇인가?
- 어떤 주요 가정을 기반으로 기획 및 운영되었는가?

해당 과정은 관련 프로젝트 및 평가에 대한 연구조사로 시작한다. 이와 같은 지식과 정보를 기반으로, 프로젝트의 논리 및 주요 가정을 파악할 수 있다. 논리가 파악되면 이를 인과사슬로 도식화하고, 주요 가정을 파악한다(그림 4.3).

3) 프로젝트가 기존 연구 및 평가 결과를 기반으로 하는가?

변화이론 정립은 기존 연구 및 평가에 관한 문헌조사로 시작한다. 예를 들어 기존 연구 검토를 통해 부모의 숙제지도와 자녀의 학업 성적 간의 긍정적한 개발기구의 평가자는 남아프리카 학생의 성취도를 개선하기 위한 교육 프로그램의 평가를 요청받았다. 평가자는 초등학교 학생의 성취도가 교사의 가정방문에 큰 영향을 받았다는 정보를 얻고 관련 연구 및 평가에 대한 문헌조사를 실시했다. 평가자는 먼저 유사한 교육 프로그램의 결과를 파악하기 위해 초등학교 교육과 성취도에 대한 조사를 진행했다. 이들은 국제교육연구저널(International Journal of Educational Research), 아메리카교육연구저널(The American Education Research Journal), 유아 연구 및 실천(Early Childhood Research and Practice) 및 교육연구저널(The Journal of Educational Research) 등의 학회 저널을 중심으로 관련 연구를 조사하고, 평가를 위해 개발 게이트웨이(Development Gateway), DAC 평가자원센터(DAC Evaluation Resource Centre and Education Resources Information Center) 등 데이터베이스도 조사했다. 이를 통해 관련 연구, 프로젝트 및 프로그램을 찾아냈고, 다른 국가에서 실시된 관련 프로그램 이슈와 평가 결과를 파악했다.

자료: 저자 작성.

상관관계를 알 수 있다. 또한 개도국 도시지역 교육 프로젝트에 대한 기존 평가를 통해, 교사의 가정방문이 해당 프로젝트의 성공에 크게 기여했음을 확인할 수 있다. 기존 연구 및 평가에 관한 문헌조사를 마치면 유사 프로젝트를 통해 어떠한 결과를 가져올 수 있는지를 예상하는 변화이론을 구성할 수 있다. 참고할 수 있는 관련 연구나 평가 결과 없이 변화이론을 구성해야 하는 경우도 있는데, 이런 경우 논리가 다소 약할 수 있다.

기존 평가에 대한 문헌조사는 다음과 같은 자료를 통해 관련 이슈에 대해 폭넓게 파악하는 것으로 시작한다.

- 해당 기관의 평가보고서
- OECD DAC의 해당 국가 관련 발간물 또는 정보
- 개발기구, 개발은행, NGO 등이 수행한 평가 연구
- 평가 저널에 등재된 연구 논문
- 심리학, 사회학, 교육학 또는 기타 해당 분야 저널에 등재된 응용 연구

주요 요약 및 결론 또는 교훈을 통해 해당 평가보고서와 문헌조사 대상 주제 및 내용과의 관련성을 파악할 수 있다. 연구논문의 경우에는 초록을 통해 신속하게 그 내용을 파악할 수 있다. 시간이 제한되어 있으므로 평가자는 중요한 정보를 먼저 신속히 파악하고, 관련 연구 및 평가 결과를 찾으면 주의 깊게 살펴보아야 한다(박스 4.3).

4) 프로젝트의 논리는 무엇인가?

프로젝트의 논리는 프로젝트의 목적 및 목표와 관련되어 있어야 하고 '사건 X가 발생하면, 사건 Y가 발생한다'는 논리로 구성되어야 한다. 그리고 대상인구, 성공으로 판단할 수 있는 변화의 수준, 변화가 발생하기까지의 예상 소요시간 등 의도한 변화의 내용을 구체적으로 포함한다. 이후 '만약에 ~하다면, ~할 것이다'라는 인과사슬(변화이론)을 정립한다. 작은 메모지나 카드를 사용해 쉽게 위치를 조정하고 삭제하거나 추가함으로써 인과사슬을 만들 수 있다.

평가자는 종종 장기적 목표에서 시작하여, 인과사슬을 거쳐 현재 상황으로 변화이론의 논리적 관계를 파악한다. 변화이론이 이미 구성되어 있는 경우 평가자는 유사한 과정을 거쳐 변화이론을 재구성한다.

개발평가 훈련 프로그램을 실시한다고 가정해보자(그림 4.4). 이를 통해 기대하는 결과는 평가의 품질 개선과 근거를 기반으로 한 의사 결정이다(궁극적인 목표는 개발의 달성이지만, 너무나 다양한 요소가 개발 달성에 영향을 미칠 수 있으므로 평가자는 이 궁극적 결과를 측정하지 않는다) 해당 프로젝트의 인과사슬은 다음과 같다. '평가자가 잘 훈련된다면 보다 우수한 평가를 수행할 수 있고 이는 정책결정자를 위해 보다 유용한 정보가 되며, 근거를 기반으로 한

그림 4.4 평가자 교육을 통한 의사결정 개선에 대한 단순 변화이론

자료: 저자 작성.

의사 결정이 이루어질 수 있다.' 유용한 정보는 우수한 의사 결정으로 이어진다.

지금까지 설명한 것은 선형모델이다. 좋은 변화이론은 단순한 인과관계를 보여주는 선형모델이 아닌, 이론 또는 변화의 과거와 현재 또는 현재와 미래를 잇는 복잡한 관계를 보여준다. 이는 또한 프로젝트에 영향을 미칠 주요 배경 및 환경적 요인을 비롯해 모델이 기반을 두고 있는 주요 가정을 포함한다.

5) 주요 가정이란 무엇인가?

초기 논리사슬은 주로 선형으로 구성된다. 평가자가 해당 프로젝트와 상호작용을 하는 다양한 요인을 고려하면서 변화이론은 복잡해지게 된다. 프로젝트의 논리를 파악하기 위해서는 변화과정이 기반을 두고 있는 가정을 파악해야 한다. 그리고 해당 프로젝트의 성공 여부에 가장 큰 영향을 미치는 가정을 평가의 일부로 검토해볼 수 있다.

가정은 주로 다음과 같이 4개 범주로 나눌 수 있다.

- 장기, 중기 및 단기결과 간의 연결에 대한 주장
- 성공을 위한 중요한 조건이 모두 파악되었다는 주장에 대한 입증

- 프로젝트 활동 및 예측 결과 간의 연결고리에 대한 증명
- 성과 달성을 촉진하거나 저해할 수 있는 배경 또는 요인에 대한 이해

평가자는 논리관계와 그 모델이 근거한 가정을 검토하는데, 다음과 같은 질문을 제기해볼 수 있다.

- 변화이론이 타당한가? 이 인과관계를 통해 장기적 목표를 달성할 수 있는가?
- 변화이론이 실현 가능한가? 전략실행을 위한 역량과 재원은 결과를 얻기에 충분한가?
- 변화이론이 실험 가능한가? 성과 측정방안이 구체적으로 마련되었는가? (Anderson, 2004)
- 프로젝트 추진을 촉진하거나 저해할 수 있는 환경적 요인은 무엇인가?

평가자는 다양한 가정을 세우고 인과사슬에 포함시킨다. 이 역시 작은 메모지를 활용하여 새로운 이론에 맞게 재구성할 수 있다.

모든 가정을 다 파악해야 하는 것은 아니다. 그러나 프로젝트 성패에 가장 큰 위협이 될 수 있는 주요 가정은 반드시 파악해야 한다.

예를 들어 훈련 프로그램의 경우 주요 가정은 다음과 같다.

- 평가자는 그들이 필요로 하는 관련 자료를 쉽게 얻을 수 없다.
- 평가자는 훈련 참여를 위한 재정 지원을 받을 수 있다.
- 훈련은 평가자의 수요에 적합하다.
- 평가자는 훈련의 중요성을 이해하고, 훈련을 통한 학습의 의지가 있다.
- 평가자는 훈련을 통해 학습결과를 실제 평가에 적용시킬 수 있다.
- 평가자는 정부기관과 효과적으로 소통할 수 있는 보고서 작성기술을 습득할 것이다.

그림 4. 5   주요 가정을 나타내는 단순 변화이론 도식화

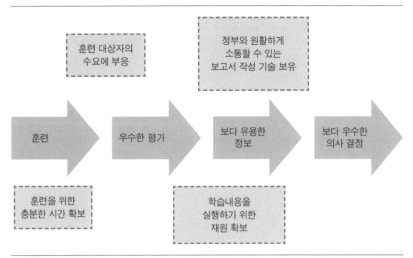

자료: 저자 작성.

- 정부 정책결정권자는 평가 결과를 활용해 근거를 기반으로 한 의사결정을 할 것이다.

인과사슬을 효과적으로 활용하기 위해서는 주요 가정이 적절하게 마련되어야 한다. 주요 가정은 변화이론 도식과 나란히 또는 그 도식 안에 표기하면 된다(그림 4.5).

5) 변화이론 양식

켈로그 재단(Kellogg Foundation, 2004)은 평가자가 변화이론을 보다 쉽게 설명하기 위해 특정 양식을 사용하도록 제안한다(그림 4.6).

변화이론 양식을 사용하기 위해, 켈로그 재단은 우선 이슈에서부터 시작하는 것을 제안했다. 이는 변화이론 양식의 중심이자 변화이론의 핵심이다.

그림 4. 6　변화이론 양식

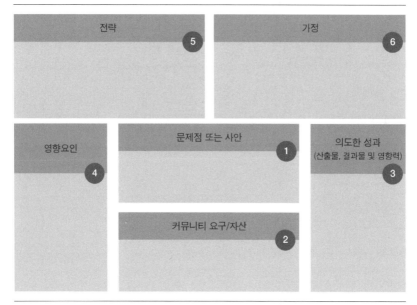

자료: Kellogg Found ation(2004).

이 부분에서 평가자는 해당 프로젝트가 해결하고자 하는 문제 또는 사안에 대해 명확하게 기술해야 한다.

두 번째 단계에서 평가자는 커뮤니티 또는 기관의 수요/자산(Community Needs/Assets)을 구체화해야 한다. 만약 수요 분석이 이루어졌거나 또는 해당 수요가 커뮤니티 또는 기관의 우선순위가 높은 사안이라면, 그 정보를 이 단계에 추가해야 한다.

세 번째 단계에서는 평가자가 해당 프로젝트가 단기 또는 장기적 차원에서 의도하는 목표를 파악해야 한다. 이는 주로 미래에 대한 비전으로 산출물, 결과 및 영향으로 구성된다.

네 번째 '영향을 미치는 요인 확인 단계'에서는 평가자가 의도한 변화에 영향을 미칠 수 있는 잠재적인 장애요인과 촉진요인을 파악하도록 한다. 위험

요소, 기존 정책 환경 또는 기타 요소 등이 될 수 있다(이는 기존 연구 및 평가 등에 대한 문헌조사를 통해 파악할 수 있다).

다섯 번째 '전략단계'에서 평가자는 연구를 통해 파악한 이전의 유사 프로젝트가 의도한 성과를 달성하는 데 기여한 성공적인 전략을 파악해야 한다.

마지막 단계에서 평가자가 '어떻게 또는 왜' 해당 변화전략이 커뮤니티 또는 기관 내에서 기능할 것인지 가정을 기술하는데, 원칙·신념·아이디어가 그 가정이 될 수 있다. 변화이론을 도식화하기 위해 이 양식을 활용할 수 있다.

한 그룹이 변화이론을 구성하는 데 참여하는 경우, 각 구성원(또는 그룹)이 변화이론 양식을 채우고 모두 완성한 후 그룹 구성원이 함께 논의하고 확정한다.

해당 양식은 특정 기관의 필요와 상황에 맞추어 적용해 이용할 수 있다. 예를 들어 성공 전략뿐만 아니라 지양해야 할 실패의 경우도 변화이론에 포함시킬 수 있다.

6) 변화이론 구성의 예

다음 두 가지 예를 통해 평가자가 변화이론을 어떻게 구성하는지 살펴볼 수 있다. 첫 번째 예는 교사가 가정방문을 통해 학생의 학업성취도를 개선하는 프로젝트이고, 두 번째는 정부의 부패 감소를 위해 참여적 워크숍을 활용하는 프로젝트이다.

■ 교사의 가정방문을 통한 학생의 학업성취도 개선하기

다음과 같은 상황을 가정해보자. 평가 시점이 임박했으나 변화이론이 없는 프로젝트가 있다. 평가자는 문헌조사를 통해 변화이론을 구성해야 한다(박스 4.3 참고). 프로젝트의 목표는 학생의 학업 성취도를 높이는 것이다. 프로젝트 내용은 교사의 학생 가정방문이고, 논리는 다음과 같다. '만약 교사가 (투입물) 학생의 가정(투입물)을 방문(활동)해서 학부모와 대화를 하면(활동), 교사가 학생을 보다 많이 이해할 수 있다(결과). 그리고 학부모는 학생이 제시간에 과제를 완성하고 매일 등교해야 한다는(산출물) 학교의 규범을 이해함에 따라, 학생이 이를 모두 지킬 수 있도록 지도한다(결과). 학생은 숙제를 하고 매일 등교하며, 선생님은 학생을 보다 잘 이해할 수 있게 됨에 따라 학생의 학업 성취도가 높아진다(영향).

평가자는 결과(학업 성취도 개선)를 시작으로 변화이론을 구성하고, 가장 아래쪽에 이를 기재한다(그림 4.7). 그다음 평가자는 프로젝트 내용을 파악해, '교사의 학생 가정 방문'을 가장 위에 기재한다. 여기서부터 평가자는 가정방문을 통해 얻을 수 있는 세 가지 결과를 파악해본다.

- 교사는 학생의 가정문화에 대한 이해가 높아진다.
- 부모는 학교가 학생에게 기대하는 사항을 이해한다.
- 교사와 부모는 학생의 학업성취를 저해하는 문제를 해결할 수 있다.

세 가지 각 목표에서 평가자는 목표의 인과사슬을 구성하면서, 상호 영향을 미치는 다른 결과도 파악할 수 있다. 예를 들어, '학생의 가정문화에 대한 교사의 이해 제고' 목표에서 평가자는 다음과 같이 상호 영향을 미치는 인과사슬을 구성해볼 수 있다.

- 교사는 학생 및 학생의 세계관에 대해 공감하게 된다.
- 교사는 학생이 보다 편안하게 느낄 수 있는 방법으로 가르치기 시작한다.
- 학생의 도덕의식이 개선된다.
- 학생의 학업 성취도가 개선된다.

그림 4. 7 교사의 가정방문을 통한 학생의 학업 성취도 개선 프로젝트의 변화이론

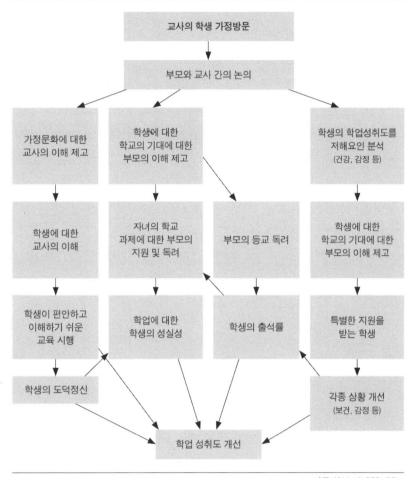

자료: Weiss(1972: 50).

그다음 평가자는 각각의 결과로부터 파생 가능한 결과(모든 결과는 성취도 개선으로 귀결)를 파악한다. 일부 결과사슬은 다른 결과와도 상호 작용을 한다.

이 변화이론은 또한 몇 개의 가정을 필요로 한다. 이 가정을 도식화에 포함시키는 대신 목록으로 정리했다. 평가자가 파악한 가정은 다음과 같다.

- 두 명의 부모가 있는 가정의 자녀들이다.
- 교사의 학생 가정 방문을 통해 부모와 논의할 수 있다.
- 교사는 방문의 의지가 있다.
- 부모는 교사의 가정방문을 환영한다.
- 부모는 자녀 교육관에 관해 논의할 의사가 있다.
- 교사는 학생의 가정문화를 이해하게 됨으로써 학생을 더 잘 살피고 돌볼 수 있다.
- 교사는 가정방문을 통해 알게 된 내용을 활용하여 교수법 및 교육 스타일을 조정한다.
- 부모는 자녀의 학습에 참여하고자 하고, 자녀의 학교생활과 학업 성취도 개선을 희망한다.
- 부모는 아이에게 학습 대신 가사노동에 참여하도록 요구하지 않는다.
- 학생의 성취도 개선에 영향을 미칠 만한 학교 또는 가정의 다른 요인이 없다.

문헌조사 또는 이해관계자 면담을 통해 중요하다고 파악한 이러한 가정을 토대로 평가를 구성한다.

▌ 부패척결을 위한 참여적 워크숍 프로그램

또 다른 예는 정부의 부패를 퇴치하기 위해 참여적 워크숍을 하는 프로젝트이다. 변화이론을 구성하기 위해 평가자는 도식의 가장 아래에 부패 감소라는 장기적 목표를 써 넣고 가장 위에 프로그램 내용을 써 넣는다. 발생 가능한 사건은 목표와 프로그램 내용 사이의 인과사슬에 기록한다(그림 4.8) (Haaruis, 2005).

다양한 가정을 파악했지만 문헌조사 및 이해관계자/고객과의 논의를 바탕으로 평가자는 평가를 통해 확인하고자 하는 주요 가정을 세 가지로 제한한다.

- 참여적 워크숍은 효과적이며 참여자 및 프로젝트의 요구에 부응한다.
- 참여자는 워크숍에 참여하기 위해 필요한 기술, 태도 및 동기를 갖추고 있다.

그림 4. 8   부패척결을 위한 참여적 워크숍 실행 프로젝트의 변화이론

참여적 워크숍을 강조하는 반부패 프로젝트

- 정책대화를 장려
- '모범 사례'의 공유와 학습절차를 수립해(청렴 서약서 서명과 같이) 행동변화를 유도
- 일시적인 시도가 아닌 학습의 절차를 도입 추진
- 참여자의 역량을 강화
- 시민사회 내 여러 이해관계자 간의 파트너십과 네트워크 참여를 독려하고, 파트너 간 사회적 자본을 형성(또는 강화)
- 부패척결에서 신뢰할 수 있는 또는 신뢰할 수 없는 대상에 대한 정보를 공개

- 신속한 성공 가능성에 대한 인식 확대를 통해 부패척결 노력에 참여 독려
- 다양한 활동이 모범사례로 기능

지역 차원의 주인의식 개발

사회의 다른 분야에 낙수영향(trickle down effect)을 발휘

- 부패 반대에 대한 인지 제고
- 부패 반대에 시민사회 인식 제고
- 청렴 원칙의 정립 및 강화를 통해 제도 구축

- 투명한 사회 및 투명하고 책임성 있는 정부
- 세계은행의 출구 전략

국가 청렴 제도 수립(또는 강화)

모범적 거버넌스(Good governance) 수립 지원

부패 감소

자료: Leeuw, Gils and Kreft(1999).

- 참여자는 '주인의식'을 가지게 되며, 다양한 분야에 점차 영향을 미치게 될 것이다.

7) 변화이론 용어 및 도식화

　프로젝트 이론이 평가에 중요한 축이 되면서, 논리 모델, 결과 모델 및 이론 모델 등 용어에 혼란이 발생했다. 패튼(Patton, 2002)은 논리 모델과 변화이론을 구분하며, 논리모델의 유일한 기준은 투입물을 시작으로 활동, 산출물, 결과 그리고 영향으로 이어지는 합리적인 일련의 순서를 보여주는 것이라 주장한다. 반면 변화이론은 가정하고 있거나 시험하고자 하는 인과관계까지 포함해야 한다. 사용하는 특정 용어나 양식과 상관없이 모든 변화이론은 인과관계 사슬과 영향, 주요 가정을 포함해야 한다.

　변화이론 모델은 다양한 방법으로 순서도를 통해 도식화할 수 있다.

그림 4. 9 표준 순서도

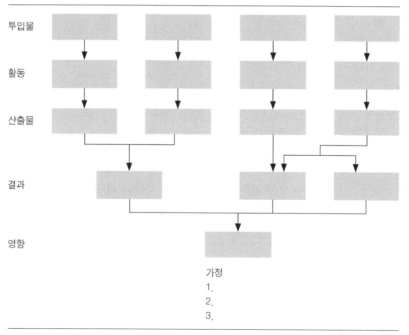

자료: 저자 작성.

▋ 표준 순서도(Standard flow chart)

순서도(Flow chart)는 변화이론을 표현하는 가장 일반적인 양식으로서, 활동 및 산출물로부터 결과로 이어지는 순서를 보여준다. 이는 핵심요소(투입물, 활동, 산출물 및 결과)들을 포함하는 상당히 유연한 논리 모델이다. 단기·중기·장기 등 각 차원의 결과를 포함하여, 순서도를 통해서 프로젝트가 어떻게 최종 성과에 도달하는지를 보여줄 수 있도록 해야 한다. 이러한 양식을 사용하는 경우, 평가자는 프로젝트가 의도한 결과를 달성하는 데에 영향을 미칠 수 있는 외부 환경적 요인을 포함한 가정을 표기해야 한다.

이러한 인과관계는 '만약 ~할 경우 ~한다'는 형식으로 설명할 수 있다. 예를 들어 '그 활동을 실행하면, 이러한 산출물이 나올 것이다. 이러한 산출물이 나온다면 첫 번째 단기 결과를 달성할 것이다'와 같다.

▋ 가정을 강조한 표준 순서도

또 다른 변화이론 양식은 그림 4.10으로 확인해볼 수 있다. 이 모델은 이니셔티브 기획이 기반을 두고 있는 원리를 가정으로 포함한다.

그림 4.10 **가정을 강조한 순서도**

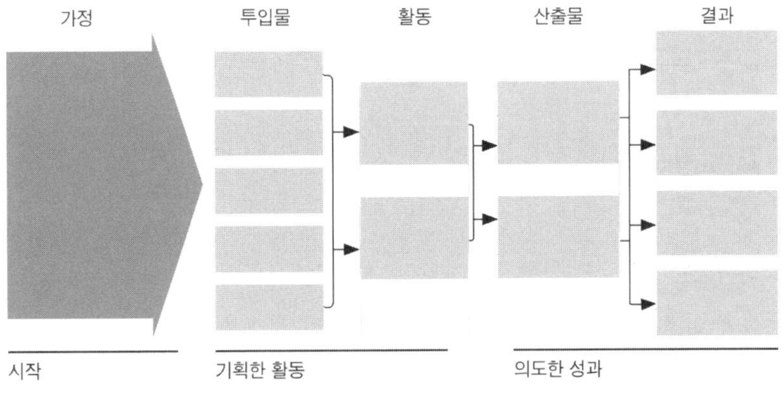

자료: Kellogg Foundation(2004).

■ 표준 결과사슬

결과사슬(Result chain)은 성과사슬(Performance chain)로도 일컬어진다. 이는 순서도와 유사하나, 반드시 구체적 활동과 산출물, 성과를 연결시키지는 않으며 순서도처럼 활동, 산출물, 결과 등의 인과관계를 구체적으로 포함하지 않는다. 결과사슬은 다른 도식에서와 같이 외부 요인의 영향을 명시적으로 표기하도록 한다. 투입물, 활동 및 산출물은 효율성을 측정하기 위해 결과사슬을 사용하고, 성과는 프로젝트의 효과를 보기 위해 사용한다(그림 4.11).

위스콘신(Wisconsin) 대학교의 'Extension' 웹사이트에서 이 모델의 많은 사례를 확인해볼 수 있다. 이 장의 마지막에 해당 웹사이트 주소를 소개했으니 참고하기 바란다.

그림 4.11 **표준 결과사슬**

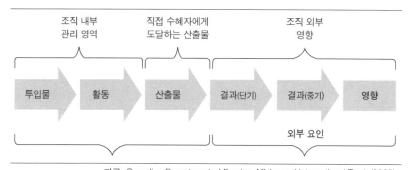

자료: Canadian Department of Foreign Affairs and International Trade(2005).

8) 논리모형

변화이론 모델을 변형한 형태가 바로 **논리모형**(Logical framework, Logframe), 즉 logical framework 또는 logframe이다. 논리모형은 프로젝트의 활동, 성과, 목적을 위계적으로 도식화한다. 평가자는 이를 통해 프로젝트의 각 구성요소에 대한 성과 지표와 정보 출처 및 가정을 파악한다. 논리모형은 프로젝트의 목적을 명확히 하고, 투입물, 과정, 산출물, 결과 및 영향 간의 인과관계를 보여준다. 많은 개발기구가 이 논리모형을 사용하고 직원을 대상으로 그 활용방법에 대한 훈련을 실시한다.

논리모형은 기본적으로 해당 프로젝트의 주요 요소를 4행 4열 형태로 구성하는 틀이다. 이를 활용함으로써 인과관계를 고려한 체계적인 방식으로 주요 질문을 다루게 된다.

논리모형은 다음과 같이 다양한 목적으로 활용할 수 있다.

- 목표의 구체화, 성과 지표 사용 및 위험요소 진단을 통해 프로젝트 기획을 개선한다.
- 복잡한 활동 설계를 요약한다.
- 구체적인 집행계획 준비를 지원한다.
- 모니터링 및 평가를 위한 객관적 토대를 마련한다(World Bank, 2004).

논리모형에 대한 비판적 의견도 있는데, 중요한 의견은 다음과 같다.

- 논리모형을 세울 때, 평가자는 세부 내용에 초점을 맞추느라 큰 그림을 보지 못할 수 있다.
- 기초선 데이터가 강조되지 않는다.
- 간단한 프로젝트 설계라도 논리모형은 종종 너무 단순하다. 개스퍼(Gasper, 1997)가 언급한 바와 같이 "한두 장 분량의 4~5개 도식을 통해 모든 중요한 사안을 나타내기 어렵다".
- 많은 사용자는 논리모형이 포함하지 않고 있는 요소를 인식하지 못한다. 논리모형은 평가수행을 위한 도구이지 평가를 대체할 수는 없다.
- 논리모형은 의도하지 않은 결과를 고려하지 않고 명시된 목적에만 제한되어 있다.
- 논리모형을 수립 후에는 계속적으로 수정 및 업데이트를 해야 하지만 그렇지 않은 경우가 많다(Gasper, 1997).

표 4.3 아동사망률 감소를 위한 프로그램의 논리모형(Logframe)

구성요소	성과 지표	확인	가정
목적: 여성 및 그 가정의 경제사회적 복지 개선	참여 가정의 소득 증가율 보건 및 영양상태, 교육 참여 개선	모든 가족구성원의 경제사회적 상황 및 건강에 대한 가구조사	
목표: 보육센터에 아이들이 있는 동안 여성들에게 교육 및 근로에 참여할 수 기회를 제공	여성의 근무 또는 교육시간 중 적정 수준의 경제적이고 접근 가능한 보육서비스를 제공하는 센터 운영	조사를 통해 여성 고용 및 교육의 변화와 보육 서비스 품질 평가	다른 가족 구성원은 그들의 고용상태 및 소득을 유지하거나 개선함 경제적 상황 또한 안정적이거나 개선됨 보육사가 업무를 지속할 수 있도록 가정환경이 뒷받침함
산출물: - 훈련된 보육사, 관리자 및 관리책임자 - 보육센터의 개선 및 운영 - 자료 개발 - 행정 시스템 - 관리정보시스템(MIS)	- 훈련된 보육사 - 개선되어 운영 중인 보육센터 - 제작 및 배포된 자료 - MIS 작동	MIS를 통해 수집한 훈련생, 가정에 대한 데이터 교육 이전 및 기간 중 훈련생에 대한 평가	
활동: - 보육사 및 관리자 선정 및 훈련 - 기관 개선 - 자료 개발 - 행정시스템 개발 - 보육 서비스 제공 - 계속적인 훈련 및 감독 실시 - MIS 개발	**재원**: - 예산 - 기술 - 인적자원	실행계획, 예산 및 회계 기록 해당 모델 및 교과과정의 성공사례 연구 활동을 제대로 수행했는가에 대한 평가	

소아 클리닉에 대한 논리모형의 경우, 특정 지역 6세 미만 아동의 50% 이상의 면역력 확보를 목표로 예방접종 활동을 포함할 수 있다(표 4.3). 해당 목표를 달성하면 예방할 수 있는 아동 질병의 발생이 감소하고, 6세 미만 아동의 사망률 감소라는 최종 목표에 기여할 것이다.

표 4.3의 두 번째 열은 각 목표의 달성 정도를 보여주는 지표를 포함한다. 세 번째, 네 번째 열은 진전사항을 측정할 수 있는 자료의 출처와 이러한 자료의 특성과 접근성에 대한 가정을 보여준다.

9) 변화이론 진단하기

변화이론을 구성한 후, 평가자는 한 걸음 물러나서 해당 이론을 다양한 관점에서 진단해보아야 한다. 평가자는 다음과 같은 사항을 진단한다.

- 사회적 요구를 반영했는가에 대한 진단
- 논리 및 타당성에 대한 진단
- 기존 연구 및 사례와의 비교를 통한 진단
- 기타 관련 사회과학이론과의 프로젝트 변화이론 비교를 통한 진단
- 사전관찰을 통한 진단(Rossi, Freeman, and Lipsey, 1999)

변화이론은 다음과 같은 질문에 답할 수 있어야 한다.

- 논리모델은 해당 프로젝트를 정확히 예상하고 있는가?
- 각 요소를 잘 정의했는가?
- 사건의 인과관계 논리에 괴리는 없는가?
- 모델의 각 요소가 필요하고 충분한가?
- 요소들 간의 관계가 설명 가능하고 일관적인가?
- 프로젝트가 명시한 목적을 달성할 수 있다고 가정하는 것이 현실적인가?

켈로그 재단(Kellogg Foundation, 2004)은 논리모형의 품질을 평가하기 위한 체크리스트를 만들었는데, 다음과 같은 기준을 담고 있다.

- 프로젝트를 실행할 때 꼭 필요한 활동이 기재되어 있는가?
- 각 활동은 구체화된 이론과 명확하게 연결되어 있는가?
- 프로젝트의 수행을 위해 필요한 주요 재원이 명시되어 있는가?
- 해당 재원이 프로젝트의 유형과 일치하는가?
- 모든 활동에 대한 충분하고 적절한 재원을 확보했는가?

요약

평가자는 계획 없이 서둘러서 평가업무에 착수해서는 안 된다. 전단분석은 평가자가 해당 프로젝트 또는 프로그램에 대한 큰 그림을 볼 수 있게 하는 평가기획의 중요한 단계이다. 전단분석을 통해 시점, 투입 가능한 시간 및 인력, 재원, 설계, 프로젝트 이론 및 논리, 기존 지식 등 중요한 질문에 대한 답을 얻을 수 있다.

전단분석의 한 단계는 프로젝트에 참여한 관계자 또는 관계자 그룹을 파악하는 것이다. 이해관계자 분석의 중요한 부분은 주요 평가 이해관계자를 파악하고, 그들이 어떤 정보를 가지고 있는지, 그들이 평가에 어떤 기여를 할 수 있으며 어떤 점을 기대하는지 파악하는 과정이다.

전단분석의 또 다른 단계는 해당 프로젝트의 상황을 파악하는 것이다. 평가자는 유사 프로젝트에 대한 기존 연구 및 평가 결과에 대한 조사를 통하여 해당 프로젝트의 배경을 파악할 수 있다. 프로젝트의 각 단계에 따라 다른 평가질문이 필요하므로 시행 단계를 파악하는 것이 중요하다.

변화이론을 구성함으로써 평가자와 이해관계자가 해당 프로젝트를 시각적으로 이해하고, 프로젝트가 기반으로 하는 가정을 파악할 수 있다. 변화이론을 도식화하는 방법은 다양한데, 관련 연구 및 평가 결과를 바탕으로 논리

의 흐름과 사건의 인과사슬을 보여줄 수 있어야 한다. 일반적으로 변화이론
은 투입물, 활동, 산출물, 결과와 그 관계, 환경 등을 보여준다.

응용연습 4.1 변화이론 적용하기

소액금융 프로그램을 통해 여성(특히 저소득 농촌지역 여성)의 노동시장 진출 및 창업 역량
개발을 지원함으로써, 소득 증대와 복지 개선을 도모한다고 가정해보자. 장기 목표는 민간분
야 개발을 지원하고 경제성장을 촉진하는 것이다. 대출 규모는 평균 225달러이고 최대 500
달러까지 가능하다. 소규모 프로그램의 영업자본 또는 투자금으로 일시불로 지급된다. 대출
상환기간은 1년에서 최대 10년으로 평균 2~3년이고, 유예기간은 1년이다. 역량강화를 위
해 기초 회계장부 작성 및 재정관리에 대한 교육훈련을 지원한다. 그림 A는 소액금융 프로그
램의 논리모델을 단순하게 도식화한 것이고, 그림 B는 프로그램의 변화이론을 자세히 그려
낸 것이다. 그림 B의 원형 항목은 프로그램의 목표 달성에 영향을 미칠 수 있는 환경의 주요
요소이다.

이 프로그램에 내포된 가정에 대해 생각해보고 5개 주요 가정을 나열하라.

① _____
② _____
③ _____
④ _____
⑤ _____

그림 A. 소액금융 프로그램의 단순 변화이론

그림 B. 보다 복잡한 소액금융 프로그램의 변화이론

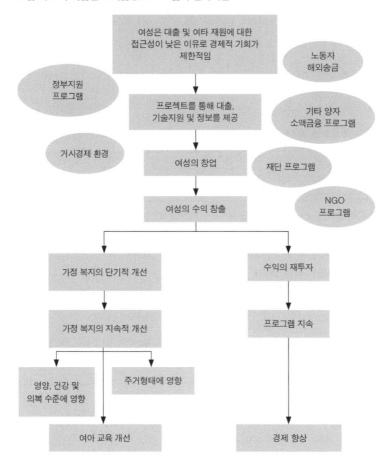

응용연습 4.2   나의 프로그램 분석

현재 당신이 잘 알고 있지만 직접적으로 참여하고 있지 않은 프로그램이 있다고 생각해보자. 이 프로그램의 변화이론을 도식화하라. 이 프로그램이 기반을 두는 가정, 특히 외부 환경적 요소와 관련된 가정을 파악해 변화이론에 포함시켜야 한다.

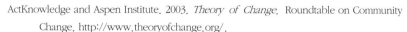

참고문헌

ActKnowledge and Aspen Institute. 2003. *Theory of Change*. Roundtable on Community Change. http://www.theoryofchange.org/.

Anderson, Andrea, A. 2004. "The Community Builder's Approach to Theory of Change: A Practical Guide to Theory Development." Presentation at the Aspen Institute Roundtable on Community Change, New York. http://www.aspeninstitute.org/atf/cf/percent7BDEB6F227-659B-4EC8-8F84-8DF23CA704F5percent7D/rcccomm buildersapproach.pdf.

Bell, P. 1997. "Using Argument Representations to Make Thinking Visible for Individuals and Groups." In *Proceedings of CSCL '97: The Second International Conference on Computer Support for Collaborative Learning,* eds. R. Hall, N. Miyake, and N. Enyedy, 10-19. Toronto: University of Toronto Press.

Bruning, R. H., G. J. Schraw, M. M. Norby, and R. R. Ronning. 2004. *Cognitive Psychology and Instruction.* 4th ed. Upper Saddle River, NJ: Pearson Merrill Prentice-Hall.

Canadian Department of Foreign Aff airs and International Trade. 2005. *Six Easy Steps to Managing for Results: A Guide for Managers.* April. Evaluation Division, Ottawa.

CIDA(Canadian International Development Agency). 2005. *Case Study #1: Jamaica Environmental Action Program ENACT.* Caribbean Division, Americas Branch. http://www.acdi-cida.gc.ca/CIDAWEB/acdicida.nsf/En/EMA-218131811-PHY#1.

Eggen, P., and D. Kauchak. 1999. *Educational Psychology: Windows on Classrooms.* 4th ed. Upper Saddle River, NJ: Merrill: Prentice-Hall.

Fitzpatrick, Jody L., James R. Sanders, and Blaine R. Worthen. 2004. *Program Evaluation: Alternative Approaches and Practical Guidelines.* New York: Person Education.

Funnell, S. 1997. "Program Logic: An Adaptable Tool for Designing and Evaluating Programs." *Evaluation News and Comment* 6(1): 5-7.

Gagne, R. M., and W. D. Rohwer Jr. 1969. "Instructional Psychology." *Annual Review of Psychology* 20: 381-418.

Gasper, D. 1997. "Logical Frameworks: A Critical Assessment Managerial Theory." Pluralistic Practice Working Paper 264, Institute of Social Studies, The Hague.

_____. 2000. "Evaluating the 'Logical Framework Approach' towards Learning-Oriented Development Evaluation." *Public Administration Development* 20(1): 17-28.

Haarhuis, Carolien Klein. 2005. "Promoting Anticorruption Reforms: Evaluating the Implementation of a World Bank Anticorruption Program in Seven African Countries." http://igitur-archive.library.uu.nl/dissertations/2005-0714-200002/full.pdf.

Healy, A. F, and D. S. McNamara. 1996. "Verbal Learning Memory: Does the Modal Model Still Work?" *Annual Review of Psychology* 47: 143–72.

Heubner, T. A. 2000. "Theory-Based Evaluation: Gaining a Shared Understanding Between School Staff and Evaluators." In *Program Theory in Evaluation: Challenges and Opportunities,* eds. Patricia J. Rogers, T. A. Hacsi, A. Petrosino, and T. A. Huebner, 79–90. New Directions for Evaluation No. 87. San Francisco, CA: Jossey-Bass.

Kassinove, H., and M. Summers. 1968. "The Developmental Attention Test: A Preliminary Report on an Objective Test of Attention." *Journal of Clinical Psychology* 24(1): 76–78.

Kellogg Foundation. 2004. *Logic Model Development Guide.* Battle Creek, MI. http://www.wkkf.org/Pubs/Tools/Evaluation/Pub3669.pdf.

Leeuw, Frans, Ger Gils, and Cora Kreft. 1999. "Evaluating Anti-Corruption Initiatives: Underlying Logic and Mid-Term Impact of a World Bank Program." *Evaluation* 5(2): 194–219.

Leeuw, Frans L. 1991. "Policy Theories, Knowledge Utilization, and Evaluation." *Knowledge and Policy* 4: 73–92.

_____. 2003. "Reconstructing Program Theories: Models Available and Problems to Be Solved." *American Journal of Evaluation* 24(1): 5–20.

Mikkelsen, B. 2005. *Methods for Development Work and Research: A New Guide for Practitioners.* Thousand Oaks, CA: Sage Publications.

MSH(Management Sciences for Health), and UNICEF(United Nations Children's Fund). 1998. "Quality Guide: Stakeholder Analysis." In *Guide to Managing for Quality.* http://ERC.MSH.org/quality.

Newman, David Kent. 2007. "Theory: Write-up for Conceptual Framework." http://deekayen.net/theory-write-conceptual-framework.

Ormrod, J. E. 2006. *Essentials of Educational Psychology.* Upper Saddle River, NJ: Pearson Merrill Prentice-Hall.

Owen, J. M., and P. J. Rogers. 1999. *Program Evaluation: Forms and Approaches.* Thousand Oaks, CA: Sage Publications.

Pancer, S. Mark, and Anne Westhues. 1989. "A Developmental Stage Approach to Program Planning and Evaluation." *Evaluation Review* 13(1): 56–77.

Patton, M. Q. 2002. *Qualitative Research and Evaluation Methods.* 3rd ed. Thousand Oaks, CA.: Sage Publications.

Pawson, Ray. 2006. *Evidence-Based Policy: A Realistic Perspective.* New Brunswick, NJ: Sage Publications.

Petrosino, Anthony, Robert A. Boruch, Cath Rounding, Steve McDonald, and Iain Chalmers. 2003. "The Campbell Collaboration Social, Psychological, Educational,

and Criminological Trials Register C20SPECTR." http://www.campbellcollaboration.
org/papers/unpublished/petrosino.pdf.

Porteous, Nancy L., B. J. Sheldrick, and P. J. Stewart. 1997. *Program Evaluation Tool Kit:
A Blueprint for Public Health Management.* Ottawa-Carleton Health Department,
Ottawa. http://www.phac-aspc.gc.ca/php-psp/tookit.html.

_____. 2002. "Introducing Program Teams to Logic Models: Facilitating the Learning
Process." *Canadian Journal of Program Evaluation* 17(3): 113–41.

Prensky, Marc. 2001. "Digital Natives, Digital Immigrants." *On the Horizon* 9(5). http://
www.marcprensky.com/writing/Prenskypercent20-percent20Digitalpercent20
Natives,percent20Digital percent20Immigrants percent20-percent20Part1.pdf.

Ritzer, George. 1993. *The McDonaldization of Society.* Rev. ed. Thousand Oaks, CA:
Pine Forge Press.

Rogers, Patricia J., T. A. Hacsi, A. Petrosino, and T. A. Huebner, eds. 2000. *Program
Theory in Evaluation: Challenges and Opportunities.* New Directions in Evaluation
No. 87. San Francisco: Jossey-Bass Publishers.

Rossi, P., H. Freeman, and M. Lipsey. 1999. *Evaluation: A Systematic Approach.*
Thousand Oaks, CA: Sage Publications.

Scott, M. 2003. "The Benefits and Consequences of Police Crackdowns." *Problem-Oriented
Guides for Police, Response Guide 1.* U.S. Department of Justice, Office of
Community-Oriented Policing Services, Washington, DC.

Scriven, Michael. 2007. *Key Evaluation Checklist.* http://www.wmich.edu/evalctr/
checklists/kec_feb07.pdf.

Shadish, W. R. Jr., T. D. Cook, and L. C. Leviton. 1991. *Foundations of Program
Evaluation.* Thousand Oaks, CA: Sage Publications.

Sherman, L. W., D. Farrington, B. C. Welsh, and D. L. MacKenzie, eds. 2002. *Evidence-
Based Crime Prevention.* London: Routledge.

Stufflebeam, Daniel L. 2001. *Evaluation Models.* New Directions for Evaluation No.89. San
Francisco, CA: Jossey-Bass.

Stufflebeam, D. L., G. F Madaus, and T. Kellaghan, eds. 2000. *Evaluation Models.* 2nd ed.
Boston: Kluwer Academic Publishers.

Suthers, D. D., and A. Weiner. 1995. *Belvedere.* http://lilt.ics.hawaii.edu/belvedere/
index.html.

Suthers, D. D., E. E. Toth, and A. Weiner 1997. "An Integrated Approach to Implementing
Collaborative Inquiry in the Classroom." In *Proceedings of CSCL '97: The Second
International Conference on Computer Support for Collaborative Learning,* eds.
R. Hall, N. Miyake, and N. Enyedy, 272–79. Toronto: University of Toronto Press.

Swedberg, Richard. 2003. *Principles of Economic Sociology.* Princeton, NJ: Princeton

University Press.

Taylor-Powell, Ellen. 2005. *Logic Models: A Framework for Program Planning and Evaluation*. University of Wisconsin Extension, Program Development and Evaluation. http://www.uwex.edu/ces/pdande/evaluation/pdf/nutritionconf05.pdf.

U.S. GAO(General Accounting Office). 1991. *Designing Evaluations*. Washington, DC. http://www.gao.gov/special.pubs/10_1_4.pdf.

Weiss, Carol H. 1997. *Evaluation: Methods for Studying Programs and Policies*. Upper Saddle River, NJ: Prentice-Hall.

World Bank. 1996. *World Bank Participation Sourcebook*. Washington, DC: World Bank. http://www.worldbank.org/wbi/sourcebook/sbhome.htm.

_____. 2004. *Monitoring and Evaluation: Some Tools, Methods and Approaches*. Operations Evaluation Department/Evaluation Capacity Development, Washington, DC. http://lnweb18.worldbank.org/oed/oeddoclib.nsf/b57456d58aba40e585256ad 400736404/a5efbb5d776b67d285256b1e0079c9a3/$FILE/MandE_tools_methods_ approaches.pdf.

Worthen, Blaine. R., James R. Sanders, and Jody L. Fitzpatrick. 1997. *Program Evaluation*. New York: Longman.

웹사이트

Campbell Collaboration. http://www.campbellcollaboration.org/.

Community Toolbox. *A Framework for Program Evaluation: A Gateway to Tools*. http://ctb.lsi.ukans.edu/tools/EN/sub_section_main_1338.htm.

Evaluation Center, Western Michigan University. *The Checklist Project*. http://www. wmich.edu/evalctr/checklists/checklistmenu.htm#mgt.

IDRC(International Development Research Centre). 2004. *Evaluation Planning in Program Initiatives* Ottawa, Ontario, Canada. http://web.idrc.ca/uploads/user-S/108549984812 guideline-web.pdf.

Suthers, D., and A. Weiner. 1995. *Groupware for Developing Critical Discussion Skills*. http://www-cscl95.indiana.edu/cscl95/suthers.html.

University of Wisconsin-Extension. *Logic Model*. http://www.uwex.edu/ces/pdande/ evaluation/evallogicmodel.html.

_____. *Examples of Logic Models*. http://www.uwex.edu/ces/pdande/evaluation/ evallogicmodelexamples.html.

변화이론

Audience Dialogue. 2007a. "Enhancing Program Performance with Logic Models." http:// www.uwex.edu/ces/lmcourse/, http://www.wkkf.org/pubs/tools/evaluation/pub

3669.pdf.

_____. 2007b. "Program Logic: An Introduction." http://www.audiencedialogue.org/proglog.htm.

AusAid. 2005. "Section 3.3: The Logical Framework Approach and Section 2.2: Using the Results Framework Approach." http://www.ausaid.gov.au/ausguide/default.cfm.

BOND. 2001. *Guidance Notes Series 1: Beginner's Guide to Logical Framework Analysis.* http://www.ngosupport.net/graphics/NGO/documents/english/273_BOND_Series_1.doc.

Davies, Rick. 2003. "Network Perspective in the Evaluation of Development Interventions: More than a Metaphor." Paper presented at the EDAIS Conference "New Directions in Impact Assessment for Development: Methods and Practice," November 24-25. http://www.enterprise-impact.org.uk/conference/Abstracts/Davies.shtml and http://www.mande.co.uk/docs/nape.doc.

Department for International Development. 2002. *Tools for Development: A Handbook for Those Engaged in Development Activity Performance and Effectiveness.* http://www.dfid.gov.uk/pubs/fi les/toolsfordevelopment.pdf.

den Heyer, Molly. 2001a. *A Bibliography for Program Logic Models/Logframe Analysis.* Evaluation Unit, International Development Research Centre. http://www.idrc.ca/uploads/user-S/10553606170logframebib2.pdf and http://www.mande.co.uk/docs/Phillips.ppt.

_____. 2001b. "The Temporal Logic ModelTM: A Concept Paper." http://www.idrc.ca/uploads/user-S/10553603900tlmconceptpaper.pdf.

Inter-American Development Bank. http://www.iadb.org/sds/soc/eccd/bexample.html#ex1.

International Fund for Agricultural Development. 2003. *Annotated Example of a Project Logframe Matrix.* http://www.ifad.org/evaluation/guide/3/3.htm and http://www.ifad.org/evaluation/guide/annexb/index.htm.

JISC infoNet. 2001. *Engendering the Logical Framework.* http://www.jiscinfonet.ac.uk/InfoKits/project-management/InfoKits/infokit-related-files/logicalframework-information.

_____. 2004. *Logical Framework(LogFRAME) Methodology.* http://www.jiscinfonet.ac.uk/InfoKits/project-management/InfoKits/infokit-related-files/logicalframework-information.

Kellogg Foundation. 2004. *Evaluation Logic Model Development Guide: Using Logic Models to Bring Together Planning, Evaluation, and Action.* http://www.wkkf.org./Pubs/Tools/Evaluation/Pub3669.pdf.

Knowledge and Research Programme on Disability and Healthcare Technology. 2004. *Constructing a Logical Framework.* http://www.kar-dht.org/logframe.html.

McCawley, Paul F. 1997. *The Logic Model for Program Planning and Evaluation.* University of Idaho Extension. http://www.uidaho.edu/extension/LogicModel.pdf.

NORAD(Norwegian Agency for Development Cooperation). 1999. *The Logical Framework Approach: Handbook for Objectives-Oriented Planning.* 4th ed. http://www.norad.no/default.asp?V_ITEM_ID=1069.

PPM&E Resource. 2005. *Logical Framework Approach.* portals.wdi.wur.nl/ppme/index.php?Logical_Framework_Approach.

Rugh, Jim. "The Rosetta Stone of Logical Frameworks." http://www.mande.co.uk/docs/Rosettastone.doc.

SIDA(Swedish International Development Agency). 2004. *The Logical Framework Approach: A Summary of the Theory behind the LFA Method.* http://www.sida.se/shared/jsp/download.jsp?f=SIDA1489en_web.pdf&a=2379.

Usable Knowledge, USA. 2006. Online Logic Model Training: An Audiovisual Presentation. http://www.usablellc.net/Logicpercent20Modelpercent20percent28Online percent29/Presentation_Files/index.html.

Weiss, Carol. 1972. *Evaluation Research: Methods for Assessing Program Effectiveness.* Englewood Cliffs, New Jersey: Prentice Hall.

Wikipedia. 2006. "Logical Framework Approach." http://en.wikipedia.org/wiki/Logical_framework_approach.

논리모형의 비판

Bakewell, Oliver, and Anne Garbutt. 2006. *The Use and Abuse of the Logical Framework Approach A Review of International Development NGOs' Experiences.*

Swedish International Development Agency. http://www.sida.se/shared/jsp/download.jsp?f=LFA-review.pdf&a=21025.

MISEREOR. 2005. *Methodological Critique and Indicator Systems.* http://www.misereor.org/index.php?id=4495.

논리모형의 대안

Broughton, Bernard. 2005. *A Modifi ed Logframe for Use in Humanitarian Emergencies.* http://www.mande.co.uk/docs/EmergencyLogframeBroughton.doc.

Shaikh, Partha Hefaz. 2005. *Intertwining Participation, Rights-Based Approach and Log Frame: A Way Forward in Monitoring and Evaluation for Rights-Based Work.* http://www.mande.co.uk/docs/PIFA_Article_PDF.pdf.

SIDA Civil Society Centre. 2006. *Logical Framework Approach, with an Appreciative Approach.* http://www.sida.se/shared/jsp/download.jsp?f=SIDA28355en_LFA_web.pdf&a=23355.

5 장

평가 접근 방식

개발의 지속가능성이 강조됨에 따라, 프로젝트에서 프로그램과 정책 중심으로 그 주요 접근법이 변화하고 있다. 따라서 보다 광범위하고 복잡한 주제를 평가하기 위해, 평가 설계 및 시행 시 다양한 접근방식이 사용되고 있다. 이 장에서는 이러한 몇 가지 접근 방식에 대해 살펴볼 것이다.

이 장은 다음과 같이 구성된다.
- 평가에 대한 일반적인 접근
- 각각의 접근법의 장점과 해결과제

1. 평가에 대한 일반적인 접근

1990년대 이후, 국제사회의 개발협력 방식은 프로젝트에서 프로그램, 파트너십 접근 방식으로 서서히 변화하고 있다(표 1.3 참조). 파트너십 접근 방식은 범분야(sector-wide) 지원 접근방식과 같이 복잡하고 많은 수의 이해관계자를 포함한다. 광범위하고 규모가 큰 프로그램을 평가하기 위해 보다 참여적인 방식으로, (아직 규범화되지는 않았지만) 공동 평가 형태로 평가가 시행되고 있다. 2008년 아크라 회의에서 확인한 바와 같이 개발협력 비구속화의 중요성이 강조되고 있는데, 이는 향후 평가 방식에 전환이 필요하다는 점을 의미한다.

변화하는 개발평가의 특성에 발맞추어 다양한 접근방식이 개발되어왔다. 상황에 따라 적절한 접근방식을 선택해야 한다. 다양한 접근방식이 반드시 서로 상충하지 않으며, 두 가지 이상의 접근방식을 결합해 활용할 수 있다. 다음과 같이 다양한 접근 방식이 있다.

- 전향 평가(prospective evaluation)
- 평가성 사정(evaluability assessment)
- 목표 중심 평가(goal-based evaluation)
- 탈목표 평가(goal-free evaluation)
- 다중지역 평가(multisite evaluation)
- 클러스터 평가(cluster evaluation)
- 사회 분석(social assessment)
- 환경 및 사회 분석(environmental and social assessment)
- 참여적 평가(participatory evaluation)
- 결과 지도 작성(outcome mapping)
- 간이 평가(rapid assessment)

- 총합평가 및 메타평가(evaluation synthesis and meta-evaluation)
- 기타

어떠한 접근방식을 선택하더라도 동일한 기획단계를 거치게 되며, 기획단계에서는 평가질문과 측정방법, 데이터 수집 및 분석, 평가 결과 도출 및 보고 방법 선정 등을 설정한다.

1) 전향 평가

전향 평가(Prospective evaluation)는 제안된 프로젝트, 프로그램 또는 정책을 시작하기 전에 그 성공 가능성, 예상 비용, 대안 등을 분석하는 활동이다. 전향 평가는 입법 기관이 시행한다. 예를 들어 미국 회계감사원은 미국 의회에 관련 평가 결과를 보고한다. 제안된 정책에 대한 분석 정보를 제공함으로써 미국 정부 정책 결정자의 결정을 돕는다(GAO, 1990).

미국 회계감사원은 새롭게 제안한 정책의 성공 확률에 대한 분석을 위해, 가능한 대안을 모색하고, 진행 중이거나 완료된 유사 정책의 결과를 검토한다. 표 5.1은 미국 회계감사원이 전향 평가 시 검토하는 네 가지 질문 양식을 소개한다.

대부분의 전향 평가는 다음과 같은 내용을 포함한다.

- 제안된 프로젝트의 환경 분석
- 유사 프로젝트에 대한 평가 결과 검토
- 성공 가능성 예측 및 (정책 결정자들이 프로젝트 추진을 원할 경우) 프로젝트 개선방안 제안(GAO, 1990)
(평가 사례 자료는 5장 마지막 참고 웹사이트 주소 목록에서 확인할 수 있다.)

표 5.1 전향평가질문과 응답 유형

질문 목적	다른 분석을 통한 비판	자기 분석
미래 예측	정부는 미래의 수요, 비용 및 결과를 어떻게 잘 예상했는가?	미래의 수요, 비용, 결과는 무엇인가?
미래 행동 개선	정부 혹은 의회 제안의 성공가능성은 어느 정도인가?	어떠한 대안이 성공 가능성을 가장 높일 수 있는가?

자료: 미국 회계감사원(1999).

2) 평가성 사정

평가성 사정(Evaluability assessment)은 평가의 유용성과 타당성을 판단하기 위해 시행하는 간단한 사전평가이다. 이는 프로젝트의 목표와 목적을 명확히 하고, 활용 가능한 자료와 보완이 필요한 자료를 파악하고 주요 이해관계자의 수요를 식별하는 데 도움이 된다. 이 과정에서 평가의 목적 및 평가방법 등을 점검할 수 있다. 수행 중인 프로젝트에 대한 평가 시기와 평가 설계 등을 사전에 검토함으로써, 시간을 절약하고 향후 실수를 방지할 수 있다.

홀리(J. S. Wholey)와 동료들은 많은 평가들이 "미사여구와 현실(Nay and Kay, 1982: 225)" 간의 불일치 때문에 실패했다고 보고, 이를 해결하기 위해 1970년대 초 '평가성 사정'을 개발했다. 평가성 사정을 평가자와 이해관계자 간의 원활한 의사소통을 위한 수단으로 보고, 해당 프로젝트의 평가성을 검토하고 평가에 집중하기 위해 활용할 것을 제안했다(Fitzpartrick, Sanders and Worthen, 2004). 평가성 사정은 당초 총괄평가(Summative evaluation)의 사전 단계로 개발되었으나, 이후 프로젝트 형성조사의 목적을 검토하거나 프로젝트 기획 도구(Smith, 1989)로 활용하는 등 그 역할이 확대되었다.

평가성 사정에서 평가자는 평가가 시행될 수 있는지 여부를 결정하기 위해 예비조사를 수행한다. 예를 들어, 목표 중심 평가가 제안되었는데 프로젝트의 목표가 불명확하고 이해관계자 간의 합의가 이루어지지 않는다면 문제가 될 수 있다. 따라서 목표와 그에 대한 이해관계자 합의가 명확히 이루어지기 전에 평가를 착수하는 것은 옳지 않다. 때로는 그 측정이 불가능할 수 있는데, 이런 경우는 평가 시작 전에 보완되어야 한다.

평가성 사정에서는 평가 시행의 타당성에 초점을 맞추게 된다. 평가를 설계하기에 활용할 수 있는 자료가 충분하지 않거나 프로젝트에 대한 일관성 있는 변화이론이 없다면 추가적인 예비 조사가 필요하다. 평가성 사정을 통해 프로젝트와 해당 프로젝트가 의도하는 성과를 명확하게 파악할 수 있다. 해당 프로젝트의 목적과 목표, 산출물, 수혜대상과 의도한 수행성과에 대해 검토함으로써 목표 성과에 대한 합의를 도출할 수 있다.

평가성 사정은 평가자뿐 아니라 프로젝트 시행자, 관리자 등의 이해관계자 그룹이 함께 시행하며, 다음과 같은 활동으로 이루어진다.

- 프로젝트 자료 검토
- 프로젝트 수정/변경사항 파악
- 프로젝트 목적 및 목표 인식에 대한 관리자 대상 인터뷰
- 변화이론의 검토 및 개발
- 데이터 출처 파악
- 제안사항을 실행할 수 있는 인력 및 기관 파악

평가성 사정의 장점 중 하나는 보다 현실적이고 적절한 평가를 가능하게 할 수 있다는 점이다. 스미스(Smith, 1989)와 홀리(Wholey, 1987) 역시 평가성 사정을 통해 다음과 같은 점을 개선할 수 있다고 지적한다.

- 프로젝트의 실패와 평가의 실패 구별
- 보다 장기적인 성과 예상 가능성
- 이해관계자의 프로젝트에 대한 투자
- 프로젝트 성과

- 관리자들의 프로젝트 개발 및 평가 기술
- 프로젝트의 가시성 및 책임성
- 프로젝트에 대한 이해
- 정책 개발
- 프로젝트에 대한 계속적인 지원

3) 목표 중심 평가

목표 중심 평가(Goal-based evaluation)는 대상 프로젝트가 분명하고 구체적인 목표를 얼마나 성취하는가를 평가한다(Patton, 1990). 평가의 초점은 해당 프로젝트가 명시한 성과(목적 혹은 목표)에 맞추어진다. 많은 사람들에게 친숙한 전통적인 평가방법으로서, 대부분의 개발기구 프로젝트 평가 시스템의 기초가 된다.

목표 중심 평가는 사회적이고 인간적인 측면 대신 경제적이고 기술적인 측면에 집중한다는 비판을 받는다(Hirschheim and Smithson, 1988). 또한 명시된 목적에만 너무 초점을 맞춘다는 반대 의견도 있다. 관련 회의에서 논의되었지만 직접적으로 명시되지 않은 중요한 목표는 평가되지 않고, 의도하지 않은(긍정적 혹은 부정적) 효과를 파악하지 않는다는 점이다.

이는 심각한 문제일 수 있다. 예를 들면 새로운 식수처리 시설에 대한 평가의 경우, 특정 가구 혹은 커뮤니티의 수요에 대응하기 위해 매일 특정 양의 깨끗한 식수를 공급하기 위한 시설을 시공, 운영 및 관리한다는 프로젝트의 목표에 초점을 두게 된다. 이때 해당 식수처리 시설의 건립을 위해 이주하게 된 지역 주민에게 미친 영향이 간과될 수 있다. 이주민들의 생계수단의 지속 가능성 개선을 당초 목표로 설정하지 않았다면 이는 심각한 문제가 된다. 그리고 프로젝트의 공식적인 목표가 아니기 때문에 평가에서 이 사항이 제외된다면 문제의 심각성이 더해지게 된다.

평가를 통해 프로젝트의 예상치 못한 긍정적 또는 부정적 영향을 파악해야한다. 비록 구체적인 목표로 기술되지 않았더라도, 평가 시 수혜 대상 주민들의 수인성 질병 확률 감소 현상을 포함하는 것이 유용할 것이다. 목표 중심평가는 예상치 못한 긍정적 또는 부정적 결과에 대해 파악할 수 있어야 한다.

4) 탈목표 평가

탈목표 평가(Goal-free evaluation)는 목표 중심 평가에 대한 대응으로 개발되었다. 스크리븐(Scriven, 1972b)이 최초로 탈목표 평가방법을 제안했다.

탈목표 평가에서 평가자는 프로젝트 목적과 관련한 모든 미사여구를 피하기 위해 신중하게 접근한다. 평가자는 프로젝트 설명 자료나 제안서를 읽지않고, 관리자와 프로젝트의 목적에 대해 토론하지 않는다. 평가자는 단지 프로젝트의 관찰 가능한 성과와 문서화할 수 있는 효과만 평가한다(Patton, 2002). 스크리븐(Scriven, 1972: 2)은 다음과 같이 말한다.

목표를 고려해 평가하는 것은 불필요할 뿐 아니라 평가 결과를 변질시킬 수 있는 단계이다. 외부 평가자가 프로젝트의 목표에 대해 덜 듣게 될수록, 시야가 좁혀질 가능성이 낮고 실질적인 결과를 찾는 데 더 주목할 수 있다.

탈목표 평가는 목적이나 목표에 대한 초점에 국한하지 않고, 프로젝트의결과와 효과에 대한 데이터를 취합하고, 참여자들의 실질적인 경험을 파악하고자 한다. 이를 통해 지향한 목표 달성에 대한 판단을 보류하고, 실제 성과와 효과에 주목한다. 그래서 탈목표 평가는 정량 및 정성적 분석 방법을 모두활용하지만, 특히 정성적 조사와 잘 맞는다.

스크리븐(Scriven, 1997)은 각 평가 접근방식의 단점을 최소화하고, 장점을극대화시키기 위해서 목표 중심 평가와 탈목표 평가를 분리해서 별도로 시행하는 것을 제안한다.

홀리 등(Wholey, Hatry and Newcomer, 1994)은 다음과 같이 탈목표 평가의
특성을 설명한다.

- 평가자는 프로젝트의 목적을 인지하지 않도록 함
- 사전에 결정된 프로젝트 목적으로 인하여 평가의 시야가 좁아지지 않도록 함
- 평가자는 프로젝트 관리자와 직원과의 소통을 최소화함
- 프로젝트의 의도한 성과보다 실질적인 성과에 초점을 맞춤

일반적으로 개발 프로젝트의 목적과 목표를 모르는 채로 평가하는 것은
쉽지 않다. 평가자가 담당자와의 소통을 최소화하는 것이 타당하지 않거나
바람직하지 않을지도 모른다. 하지만 성과 중심 접근법을 택함으로써, 평가
자는 여러 탈목표 평가 요인을 활용할 수 있다.

5) 다중지역 평가

다중지역 평가(Multisite evaluation)는 여러 대상지에서 진행하는 대규모 프
로그램 또는 프로젝트를 살펴볼 때 시행하는 평가 접근방법이다. 모든 지역
에서 동일한 방법으로 프로젝트가 시행되기도 하고, 지역별로 방법이 다소
다를 수도 있다. 다중지역 평가는 전반적인 프로젝트의 경험뿐 아니라 지역
별 차이에 대한 심도 있는 분석을 실시하며, 다음과 같이 질문할 수 있다.

- 모든 지역에서 공통적인 프로젝트의 특징은 무엇인가?
- 어떠한 특징들이 다르게 나타나며, 그 이유는 무엇인가?
- 그 차이에 기초하여 성과의 차이가 나타나는가?

깊이 있는 정보 획득이 다중지역 평가의 핵심이며, 이를 위해 평가자는 사례조사(case study) 방법을 종종 사용한다. 사례조사를 위해 일반적으로 프로젝트 시행 및 결과에서 구조적 차이를 야기할 수 있는 특징(예를 들어, 규모, 인종, 사회경제적 지위 등)을 지닌 지역을 선정한다. 물론 프로젝트 간의 차이점이 실제로 성과에서도 나타났는지 파악하는 것은 어려울 수 있다. 몇 가지 사례에서 보면, 프로젝트는 강한 리더십, 적극적인 시민의식 등 고유의 환경적 특성으로 인해 성과와 영향이 다르게 나타난다. 지역적 차이 등 구조적 차이로 프로젝트의 성과에서의 차이점을 설명할 수 있는 경우도 있다. 이를 바탕으로 유사 프로젝트를 기획 및 실시할 때 시사점을 제시할 수 있다.

다중지역 평가에서는 프로젝트의 수행과 성과에 차이를 유발할 수 있는 다양한 지역 간의 문화·지리·경제적 차이와 규모 등 구조적인 차이점을 포착해야 한다. 따라서 평가자가 해당 지역 상황을 더 잘 이해할 수 있도록 도와줄 수 있는 이해관계자의 참여가 중요하다.

다중지역 평가는 보다 많은 인구를 대상으로 다양한 프로젝트 환경에 대한 분석을 바탕으로 하기 때문에, 개별 프로젝트 평가보다 결과의 타당성이 높다. 또한 지역 분석, 지역 간의 비교분석 모두 가능하다. 전반적인 평가 결과와 다양한 지역의 프로젝트에서 발견되는 일관된 평가 결과는 한 지역에서 확인된 효과보다 더 확실한 증거로 제시될 수 있다.

여러 지역 전반에 걸쳐 프로그램 성과를 비교분석함으로써, 다양한 상황에서 활용할 수 있는 교훈과 전략을 도출하고 우수사례를 발굴할 수 있다. 그러나 주요 특성을 대표하는 지역을 선정했더라도 평가자의 판단에 기초해 선정된 대상 지역이 통계적으로 모집단을 대표하지 않기 때문에, 모든 우수사례를 파악할 수는 없다.

다중지역 평가 시 평가자는 가능한 한 표준화된 방식으로 자료를 수집해야 한다. 다른 지역 간의 비교를 위해서는, 같은 자료를 같은 방식으로 수집해야 한다. 또한 충분히 훈련받은 직원이 필요하고, 모든 지역에서 동일한 자료가 수집 가능해야 하며, 수집 방법 설계를 위해 시간이 충분해야 한다.

일부 지표는 각 지역별로 수집해 비교 가능하지만, 각 지역별로 초점이 상이할 수 있다. 정치적·사회적·경제적·역사적 맥락이 프로젝트의 시행과 평가에 영향을 줄 수 있다(Johnston and Stout, 1999).

6) 클러스터 평가

클러스터 평가(Cluster evaluation)는 다중지역 평가와 유사하지만, 일반적으로 한 세트의 프로젝트를 대표하는 유사 프로젝트 그룹을 살펴본다는 점에서 그 의도가 다르다. 하나 혹은 다수의 지역에서의 프로그램 클러스터를 평가하는 것으로, 다중지역 평가와 같이 공통된 목표와 전략, 수혜대상으로 하는 프로그램에 초점을 맞춘다. 하지만 다중지역 평가와는 달리 클러스터 평가는 프로젝트의 성과 점검 또는 책임성 확보를 목표로 하지 않는다. 또한 각 프로젝트의 성공과 실패 여부 파악, 종료 여부를 결정하기 위해 실시하는 것이 아니다. 클러스터 평가는 해당 클러스터 전반을 살펴봄으로써 교훈을 도출하는 것을 목표로 한다. 관련 정보는 개별 프로젝트 차원이 아닌 클러스터 차원의 총합으로 보고되며, 다중지역 평가와 같이 이해관계자의 참여가 핵심적이다.

클러스터 평가는 결과의 일반화 가능성 및 유사 프로젝트의 수행 가능성을 고려하지 않는다는 점에서 다중지역 평가와 다르다. 각각의 프로젝트는 해당 상황에 맞추어 수행되므로, 프로젝트 간의 차이점은 긍정적으로 본다. 클러스터 평가는 프로젝트의 품질이나 가치에 대한 전반적인 결론보다 교훈을 도출하는 데에 주목한다.

클러스터 평가를 위한 특정 방법론은 없으나, 주로 정량적 데이터를 보완하기 위해 정성적 접근을 사용한다. 클러스터 평가는 다수의 사례 연구로 볼 수 있으며, 네트워크 컨퍼런스를 통해 각 프로젝트 간의 정보를 교환하는 것이 중요한 특성이다.

클러스터 평가의 단점은 각 개별 지역에서의 프로젝트 결과를 보여주지 못하고, 계획된 혹은 계획되지 않은 차이점을 고려하지 못한다는 점이다. 정보는 집계된 데이터의 형태로 제시된다.

7) 사회 분석

사회 분석(Social assessment)은 많은 평가에서 중요한 부분이 되었다. 사회 분석은 특정 그룹 혹은 커뮤니티에서의 사회구조, 절차 및 변화, 해당 그룹에 영향을 미칠 수 있는 경향을 대상으로 한다. 사회 분석은 개발 프로그램의 사회적 영향력을 고려하기 위해 사용되는 주요 분석방법이다. 주요 사회적 이슈와 위기 요소를 이해하고, 다양한 이해관계자에 대한 사회적 영향을 확인하기 위해 주로 사용된다. 특히 사회 분석은 해당 프로젝트가 사회적으로 부정적인 영향(발전소 건설을 위해 일부 주민 강제 이주 등)을 발생시킬 수 있는지 확인하기 위해 활용된다. 부정적 영향을 사전에 파악하면, 이를 경감하기 위한 전략을 시행하고, 모니터링 및 평가를 할 수 있다.

「세계은행 참여자료집(World Bank Participation Sourcebook)」(1996)은 사회 분석의 목적을 다음과 같이 제시한다.

- 주요 이해관계자를 파악하고, 프로젝트의 선정, 기획 및 실행에 참여시킬 수 있는 프레임워크를 수립
- 수혜자들이 합의할 수 있는 목표와 동기가 수립되어야 하며, 기획 시 성(性) 차이 및 기타 사회적 차이를 반영
- 프로젝트의 사회적 영향을 평가하여, 부정적 영향을 극복하거나 최소화할 수 있는 방안을 모색
- 다양한 이해관계자가 참여하고, 갈등을 해결하며, 서비스를 전달하고, 부정적 영

향을 최소화할 수 있도록 역량을 개발

『세계은행 참여자료집』은 사회 분석 시 활용하는 공통 질문을 다음과 같이 소개한다.

- 이해관계자는 누구인가? 프로젝트의 목표가 그들의 수요, 이해관계, 역량과 일치하는가?
- 어떤 사회문화적 요소가 이해관계자들이 프로젝트에 참여하거나 수혜하는 데 영향을 미치는가?
- 다양한 이해관계자, 특히 여성 및 취약계층에 미친 프로젝트의 영향은 무엇인가? 그 성공에 영향을 준 사회적 위험요소(노력 혹은 역량의 부족, 현재 상황과의 부적절 등)는 무엇인가?
- 프로젝트 참여와 수행을 위해 어떤 제도가 필요한가? 해당 제도의 역량강화를 위한 지원 계획이 있는가?

사회 분석의 도구와 접근법은 다음과 같다.

- 이해관계자 분석
- 젠더 분석
- 참여적 지역평가(participatory rural appraisal)
- 관찰, 인터뷰, 그룹토의(focus group)
- 지도 작성, 업무 분석, 자산 순위
- 목표 중심 프로젝트 기획을 위한 워크숍

사회 영향력 모니터링을 위한 핵심 지표의 예는 다음과 같다.

아제르바이잔 농장 지역의 생산성 회복을 목표로 주민들에게 대출을 제공하는 농장 민영화 프로젝트가 시행되었다. 이 프로젝트는 부동산 등록, 토지 시장 개발, 지역 주민 특히 저소득 주민을 대상으로 대출 및 정보 제공에 중점을 두었다.

해당 프로젝트가 이해관계자들의 주인의식(헌신과 노력)을 기반으로 하고, 프로젝트로 인해 예상되는 혜택이 사회적으로 수용 가능한 수준인지 확인하기 위해 사회 분석을 실시했다. 평가 결과는 프로젝트 관리자들이 참여적 모니터링과 평가 절차를 기획하는 데 도움이 되었다.

사회 분석의 첫 번째 단계는 다음 내용을 포함한다.

- 2차 자료(기존 분석 및 평가 결과 포함) 검토
- 6개 지역 중 3개 지역 가구 및 여성 대상 설문조사와 정성적 평가
- 농부, 농장 관리자, 비고용 노동자, 커뮤니티 리더, 여성그룹, 지역협회, 기술자, 정부 공무원 등을 대상으로 한 개인별 반구조적 면담(semi-structured interviews)
- 직원 현장 실사
- 5개 관련 분야별 이해관계자 집단 면접
- 정책 결정자, 행정가, 현지/국제 NGO등과의 자문
- 국영 농장의 전임 관리자 및 커뮤니티 리더들과의 토의
- 이해관계자 세미나

평가는 4개의 축으로 구성된다.

- **사회적 개발**: 빈곤, 성 주류화, 사회적 배제 등의 주요 문제에 초점을 맞춤
- **제도**: 지방의 세력기반이 변하고 있어 핵심 이해관계자들을 정의하기가 어려웠으며, 사회적 조직과 지방 이주로 인한 영향 등에 대한 제한적 분석이 수행됨
- **참여**: 토지 개혁 절차에 대한 혼란과 불확실성 등이 보고되었음. 토지 분배가 빈곤을 감소시키고 전임 농장 관리인들의 영향력을 축소시키며, 주민들의 역량강화에 기여함. 신용거래는 증가했으나, 이자율은 여전히 높은 수준(15~18%)
- **모니터링/평가**: 프로그램을 모니터링 하기 위해 성과 지표를 활용함. 지표는 프로젝트 투입과 활동을 예상 산출물 및 영향과 연결

자료: Kudat and Ozbilgin(1999).

- 사회적 그룹의 자발적 테스트 참여율
- 사회적 그룹의 상담 활동 참여율

- 콘돔 사용 증가 보고
- HIV/AIDS 보균자와 그 가족 케어 활동 참여율

박스 5.1은 사회 분석 결과를 프로젝트에 반영한 예를 보여준다.

8) 환경 및 사회 분석

개발기구는 환경 및 사회 이슈에 대처하기 위한 개발 프로그램 및 정책의 성과에 대한 평가 필요성을 인식하고 있다. 대부분의 개발기구는 주요 환경 및 사회적 표준을 준수하고, 프로그램의 승인 과정에서 환경 및 사회 영향 분석(Environmental and social assessment)을 실시한다. 승인을 취득하면, 그 영향을 모니터링하고 평가한다.

오늘날 개발기구는 환경과 천연자원에 영향을 미칠 수 있는 개발 프로젝트를 기획, 수행 및 모니터링하는 데 지역 주민이 중요한 역할을 담당해야 한다는 점을 인식하고 있다. 현지 주민과 이해관계자는 천연자원 보호와 관리에 중요한 파트너이다.

환경 및 사회 분석은 그 자체로 유일한 평가의 목적이 될 수도 있고, 평가의 한 일부로 포함될 수 있다.

환경 및 사회 분석은 명백하게 환경에 영향을 미치는 프로젝트(펄프, 제지, 석유 파이프라인)만이 아니라, 학교 건립, 신용 대출과 같은 활동에 대해서도 시행해야 한다. 만약 기관이 환경 및 사회적 지침을 충분히 수립하지 않았다면, 평가자는 적도 원칙, ISO 14031, 「지속가능한 개발 전략: 자료집」 등을 차용할 수 있다(Dalal- Clayton and Ba, 2002).

■ 적도 원칙

적도 원칙(Equator principles)은 금융기관이 총 1,000만 달러 이상 규모의

프로젝트 금융을 운용할 때, 해당 프로젝트의 환경·사회적 위험요소의 평가 및 관리 활동에 대한 원칙이다(당초 5,000만 달러에서 2006년도에 개정). 개발 프로젝트의 환경 및 사회적 절차와 표준 시행을 위한 공동의 기초선과 프레임워크로 기능한다.

■ ISO 14031

국제 표준화 기구(International Organization for Standardization: ISO)는 ISO 14031*로 잘 알려진 환경 관리를 위한 국제적 표준을 개발했다. ISO 14031은 신뢰할 수 있고 입증 가능한 정보를 바탕으로 환경을 관리하기 위한 절차이자 도구로 1999년에 처음 도입되었다. 이를 통해 해당 기관의 환경영향이 자체 관리 기준에 부합하는지를 확인할 수 있다. 환경영향평가 및 환경 감사를 통해, 환경영향 현황을 점검하고, 개선이 필요한 분야를 파악할 수 있다 (ISO, 1999).

환경영향평가는 다음과 같은 절차를 거친다.

- 지표 선택
- 데이터 수집 및 분석
- 환경영향 기준(목표) 대비 정보 평가
- 보고 및 논의
- 주기적인 검토 및 프로세스 개선

■ 「지속가능한 개발 전략: 자료집」

「지속가능한 개발 전략: 자료집(Sustainable Development Strategies: A Resource Book)」은 OECD와 UNDP가 발간한 가이드북으로, 지속가능한 개

---

* ISO 14031: ISO가 개발한 환경영향평가 표준.

발 전략 가이드라인의 원칙에 따라 국가 차원의 지속가능한 개발의 수행 및 평가를 위한 지침을 제시한다(Dalal-Clayton and Ba, 2002). 이 책은 전략 수준의 중요 활동에 대한 사례 분석을 포함하고 있으며, 국가 또는 지역 차원의 지속가능한 개발 관련 업무를 담당하는 국가, 기관, 개인이 참고할 수 있는 가이드라인을 제시한다.

9) 참여적 평가

참여적 평가(Participatory evaluation)는 이해관계자를 평가질문 수립과 자료수집 및 분석, 보고서 작성 및 검토 작업에 적극적으로 참여시킴으로써 평가의 기획과 수행 책임을 공유하는 방법이다.

폴머(Paulmer, 2005: 19)는 참여적 평가를 다음과 같이 설명한다.

이해관계자와 수혜자와의 공동 평가로서, 행동 지향적이고 이를 통해 이해관계자의 역량을 강화하고, 협력을 활성화하며 평가 결과 활용을 위한 의사결정을 공유하는 방식이다. 수혜자에 따라 참여 수준은 달라질 수 있다.

참여적 접근의 두 가지 주요 목표는 다음과 같다.

- 참여 자체가 목표이자 성과 지표 중 하나이다.
- 명시된 목표를 성취하기 위한 절차이다.

패튼(Patton, 1997)에 따르면, 참여적 평가의 기본 원칙은 다음과 같다.

- 목표 설정, 우선순위 결정, 질문 선택, 데이터 분석 및 정책 결정 절차에 프로젝트 참가자를 참여시킨다.

- 참가자들이 의사결정에 참여하고 결론을 도출하기에, 평가에 대한 주인의식을 공유한다

- 참가자들이 중요하다고 생각하는 방법과 결과에 초점을 맞춘 평가가 진행되도록 한다.

- 사람들은 협력하여 그룹 내 조화를 증진한다.

- 평가의 모든 측면이 참가자들에게 이해할 수 있고 유의미하다.

- 자기 책무성(self accountability)이 중요하다.

- 조력자(facilitators)는 필요시 도움을 주는 역할을 하며, 참가자들이 결정자 혹은 평가자로서 활동한다.

참여적 평가는 기존 평가와 달리 전문 평가자가 정보수집 인력에 데이터의 신뢰성 및 유효성을 높이기 위한 업무지시를 내리는 형식으로 진행되지 않는다. 대신 논의와 합의를 통해 공동으로 데이터 수집 가이드라인을 수립한다(Narayan, 1996).

참여적 평가는 개발 분야에서 주목을 받고 있는데, 특히 커뮤니티를 기반으로 한 개발 프로젝트에서 자주 사용되고 있다. 참여적 평가는 기존의 독립적인 평가모델 혹은 전문 평가자를 통한 평가와 구별된다.

참여적 접근은 이해관계가 있는 개인, 기관, 단체를 파악하고 평가절차에 포함시킨다. 커뮤니티 내의 어린이, 여성, 남성, 특히 소외그룹을 포함하며, 또한 기관 직원, 정책 결정자와 참여적 절차를 통해 결정되는 사항으로 영향을 받을 수 있는 모두를 포함할 수 있다(Narayan, 1996).

참여적 평가 과정에서는 참여자에게 일기를 쓰거나 해당 프로젝트와 관련한 경험을 기록하도록 할 수 있는데, 이러한 기록이 커뮤니티의 다른 구성원을 인터뷰할 때 도움이 될 수 있다. 참여자는 데이터 분석, 시사점 및 제안 사항 도출 시에도 역시 참여할 수 있다.

질문 및 측정 방법, 데이터 수집 전략 수립 등 기획단계에서의 결정도 참여

표 5. 2 참여적 평가방법 vs 기존 평가방법 특징 비교

참여적 평가	기존 평가
참여자 중심, 주인의식	공여국/기관 중심, 주인의식
학습에 초점	책임성과 판단에 초점
유연한 설계	설계는 사전에 확정
보다 비공식적 방법 사용	공식적 방법 사용
외부인이 조력자(facilitator) 수행	외부인이 평가자 역할 수행

자료: 저자 작성.

자와 함께 이루어진다. 이는 기존의 하향식(top-down) 절차가 아닌 공동의 수행 절차이다(표 5.2).

참여적 접근은 프로젝트 관리자의 입장에서 평가 결과의 신뢰도를 높일 뿐 아니라 그 결과의 향후 사용 가능성을 높인다. 참여적 평가 지지자들은 해당 방법이 참여자의 역량을 강화시키고 현지 역량을 제고할 수 있다고 주장한다.

참여적 평가에는 해결해야 할 과제가 많다. 기존의 평가보다 행정비용이 더 많이 필요하다. 회의 자리를 마련하고, 모두가 논의 내용을 정확히 이해하고 있는지 확인하는 데 상당한 시간과 기술을 필요로 한다. 참여자 그룹은 먼저 업무 목표를 달성하기 전에 인식의 차이를 좁히고 그룹의 규칙을 수립하는 절차를 거치게 된다. 이러한 절차는 '형성, 갈등, 규범화 및 수행(Forming, storming, norming and performing)'이라 부른다. 그룹의 형성(Forming) 이후 자연스럽게 갈등의 시기(Storming)를 거치고, 그 후에는 어떻게 함께 일을 할 것인지에 대해 구체적으로 합의(Norming)를 이루게 된다. 이러한 합의가 이루어지면 참여자는 목표를 달성하기 위한 업무를 수행한다(Performing).

커뮤니티에서 서로 다른 사회적 지위와 배경의 구성원들로 평등한 팀을 조직하는 데에는 많은 어려움이 따른다. 참여적 평가를 수행하고자 하는 평가자는 논의를 활발히 이끌고, 협력과 갈등을 해결하는 기술을 반드시 필요로 한다(또는 해당 기술을 겸비한 인력이 팀을 이끌어야 한다). 참여적 평가와 관련된 기초적 기술과 방법에 대한 교육훈련을 적시에 제공할 수 있는 역량 역

시 보유해야 한다.

기존의 평가방법을 훈련받은 평가자는 참여적 평가가 객관적이지 않을 수 있다는 점을 우려할 수 있다. 프로젝트와 가장 가까이 있는 참여자들은 예상하지 못한 부분에 대해서는 실제로 일어나고 있는 현상이라 하더라도 인식하지 못할 위험이 있다. 이런 경우 평가는 객관성을 잃게 된다. 참여자는 부정적인 의견을 내는 것에 대해 두려워할 수 있다. 그룹 내 다른 참여자들이 반대나 외면을 하거나, 해당 프로젝트가 중단되거나, 커뮤니티 지원이 중단되고, 개발 단체 및 기구와의 협력 기회를 잃을 수도 있기 때문이다. 학습의 관점에서 접근한다면 참여적 평가에 대한 이러한 우려를 줄일 수 있다. 평가자는 참여적 평가방법을 선택할 때는 평가의 신뢰성을 어느 정도까지 확보할 수 있을지 고려해야 한다.

가리버(Gariba, 1998)는 '평가'라는 단어에 대해 공여국/기관과 프로젝트 시행자들이 어떤 다른 태도를 보이는지를 설명한다. 공여국/기관은 평가로 인해 프로젝트가 연장 또는 종료될 수 있으므로 평가가 프로젝트에 어떻게 영향을 미칠지에 대해 걱정한다. 반면 프로젝트 시행자들은 그들의 프로젝트 관리 방식이 비난받을 수 있다는 점을 염려할 수 있다.

가리버는 참여적 평가를 통해 경험으로부터 체계적으로 학습하는 방안을 제시한다. 참여적 평가를 통해 파트너들은 시행한 프로그램으로부터 교훈을 얻고, 향후 활동의 효율성과 효과성을 개선하기 위해 변화를 도모한다.

가리버는 중요한 참여적 평가의 원칙 세 가지를 다음과 같이 제시한다.

- **학습 도구로서의 평가**: 가장 중요한 패러다임으로서, 참여적 평가는 프로젝트에 대한 조사가 아닌, 공여국/기관을 포함한 모든 이해관계자들이 각자의 역할과 경험을 통해 학습하는 기회를 마련하는 과정이다.
- **개발 절차의 한 부분으로서의 평가**: 평가 활동은 개발과정과 분리되는 별개의 단계가 아니다. 평가 결과와 도구는 보고서 작성이 아닌 변화를 위한 도구가 된다.

모로코에서는 그룹 진행자(facilitator)가 원형으로 모여서 손을 잡게 함으로써, 여성 참여자들 간의 신뢰를 구축했다. 진행자는 참여 여성들이 손을 놓지 않고 잡고 있도록 요청했다. 이후 한 외부인(outsider)이 손을 풀고 나올 수 있도록 지도했고, 이 동작이 완료되는 데 6분이 걸렸다. 이 그룹은 이 동작을 되풀이했고, 두 번째에는 풀고 나오는 동작에 10초가 소요되었다. 진행자는 그룹이 '외부인'의 역할에 대해 결론을 내리는 것을 도왔다(외부인이 일반적으로 리더보다 진행자로서의 역할을 보다 잘 수행한다). 현지 사람들은 스스로 그들의 문제를 해결하는 방법을 더 잘 알고 있다.

자료: World Bank(1996).

- **파트너십과 책임의 공유로서의 평가**: 참여적 영향 평가방법론에서 모든 주체 (actors)들은 동등한 중요성을 가진다(평가자는 전문가, 프로젝트 시행자와 수혜자는 평가의 대상자로 구분하는 분위기와는 대조된다). 평가자는 연구자/조사자가 아닌 평가의 참여자와 기획자로서의 역할을 담당한다.

캐나다 국제개발청(CIDA) 가이드라인(CIDA, 2004)에 따르면, 모든 이해관계자들이 성과관리와 평가에 참여하는 경우 프로그램 수행에 기여할 가능성이 높다. 캐나다 국제개발청은 참여적 평가의 특성을 다음과 같이 제시한다.

- 커뮤니티의 책임성 강화
- 평가에 대한 보다 현실적인 방향성 제시 가능
- 협력 증대
- 평가 과정에 참여시킴으로써 현지 참여자들의 역량 강화

박스 5.2는 참여적 평가에 사용되는 방법의 예를 소개한다.

10) 결과 지도 작성

캐나다 국제개발연구센터(IDRC)는 결과 지도 작성이라는 혁신적인 평가 방법을 개발했다. 이는 행동변화에 초점을 두는 접근법으로서, 기존의 평가 방식을(대체하지 않고) 보완하기 위해 고안되었다.

결과 지도 작성*은 특정 유형의 결과, 즉 행동변화에 집중한다. 결과 지도 작성은 많은 시간이 흐른 후에 확인할 수 있고 많은 노력과 프로젝트를 통해 달성할 수 있는 영향(impact)보다 결과에 초점을 둔다. 캐나다 국제개발연구센터는 한 기관 또는 기구의 프로젝트를 통한 영향을 정확히 평가하는 것은 무의미하다고 보고, 대신 결과 지도 작성을 통해 다양한 노력으로 인한 행동의 변화를 파악함으로써 그 성과를 개선하고자 한다.

결과 지도 작성에서는 해당 프로젝트와 상호 작용하는 개인, 그룹, 기관 등의 주변 개발 파트너(Boundary partners)를 파악한다. 이 접근법은 주변 개발 파트너가 변화를 좌우할 수 있고, 외부 행위자(External agent)로서 일정 기간 동안 새로운 자원, 아이디어, 기회를 제공하는 역할을 한다고 가정한다. 결과 지도 작성 지지자들은 권력과 책임을 해당 프로젝트 내부 행위자들에게 이양하는 프로젝트를 가장 성공적인 경우라 평가한다.

결과 지도 작성은 사람들에게 초점을 맞춘다. 프로젝트의 영향에서 개인 혹은 그룹, 기관 내 사람들의 행동 방법의 변화로 평가의 초점이 전환된다. 결과 지도 작성은 프로젝트가 의도하는 바를 논리모형으로 제시하도록 권하는데, 다양한 주변 개발 파트너들이 서로 다른 논리와 책임 체계에서 활동한다는 것을 인식하고 있다는 점에서 기존의 논리 모형과 차별화된다.

결과 지도 작성은 주변 개발 파트너들과 기관이 어떻게 변화하는지 모니터하는 방법을 제시하고, 해당 기관이 자체적으로 정기적인 성과 평가를 할

---

* 결과 지도 작성(Outcome mapping): 행동변화 지도 작성.

수 있도록 독려한다. 프로젝트 전반을 조사하는 것이 평가의 목적이라면, 결과 지도 작성은 종료평가 수단으로 활용할 수 있다.

특히 역량 강화에 초점을 맞춘 프로젝트의 경우, 행동에 초점을 두면 프로젝트 기획과 평가가 보다 우수하게 이루어질 수 있다. 예를 들어 정수 필터를 설치해서 커뮤니티의 깨끗한 물에 대한 접근성을 확보하는 것이 어느 프로젝트의 목표라고 하자. 전통적인 평가방법을 따른다면, 설치된 정수필터 개수를 확인하고 필터 설치 전후의 물 오염도 변화를 측정할 것이다. 하지만 결과 지도 작성 접근법은 행동에 주목한다. 사람들이 오랜 시간 필터를 유지하지 않는다면 물이 깨끗하게 유지될 수 없다는 전제로부터 시작한다. 따라서 프로젝트의 성과는 정수 관리자의 행동, 즉 그들이 적절한 방법·기술·지식을 정수에 사용하는지 등의 행동 변화에 집중해 평가한다. 결과 지도 작성은 어떻게 사람들이 물의 오염도를 측정하고, 필터를 교체하고, 필요할 때 전문가를 데려오는지를 평가할 것이다.

캐나다 국제개발연구센터의 전임 평가국장인 테리 스머타일로(Terry Smutylo)가 만든 노래를 통해, 결과 지도 작성이 해결하고자 하는 문제를 확인할 수 있다(노래 파일 링크는 5장의 마지막 웹사이트 목록에서 확인할 수 있다).

■ 산출물 결과 영향 블루스

산출물, 결과, 영향: 누구를 위한, 누구에 의한, 누가 말하는가?

프로그램의 영향을 찾지 마세요(×4)
지나치게 많이 사용되는 용어가 있어요.
개발 프로그램에서 그 용어를 쉽게 남용하지요.
그 모호한 '영향'이라는 용어에 프로그램의 생존이 걸려 있기 때문이에요.

후렴 I

언제 어디서든 영향을 얘기하죠.

영향을 가까이에서 찾을 수도 있고, 또는 저 한참 뒤에 있을 수도 있지요.

하지만 당신이 선택하지 않은 방법으로 영향이 발생한다면,

산출물, 결과, 영향 블루스를 마주하는 거예요.

공여국/기관들이 영향을 찾을 때, 그들이 진짜 보고 싶어 하는 것은

그들의 환상의 단면이에요.

우수한 평가자라면 절대 깊게 생각해보지 않은 채로 '영향'이란 용어를 쓰지 않을

거예요.

하지만 오늘날 공여국/기관들은 이것이 사실이라 말하지요.

너희의 영향을 보여줘,

사람들의 삶을 바꾸고 우리가 신뢰를 얻을 수 있도록 해야 해.

다음번에 재원 지원을 원한다면

그렇지 않으면 다시 기회는 없을지 몰라요.

후렴 |

언제 어디서든 영향을 얘기하죠.

영향을 가까이에서 찾을 수도 있고, 또는 한참 뒤에 있을 수도 있지요.

하지만 당신이 선택하지 않은 방법으로 영향이 발생한다면,

산출물, 결과, 영향 블루스를 마주하는 거예요.

영향을 측정할 수 있는 지표를 찾도록 우리 평가자를 해외로 보내면

수원국/기관들은 언제나 기쁜 소식을 들려주고 싶어 하죠.

공여국/기관들을 깜짝 놀라게 할 소식들을요.

그들이 찾은 영향은 다양한 요인들로 인해 나타나죠.

무엇으로 인한 것인지 우리는 알 수 없어요.

영향이란 많은 사람들이 관여한 결과니까요.

후렴 II

언제 어디서든 영향을 얘기하죠.

영향을 가까이에서 찾을 수도 있고, 또는 저 한참 뒤에 있을 수도 있지요.

무엇으로 인한 영향인지 찾고 있다면,

산출물, 결과, 영향 블루스를 피할 수 없어요.

공여국/기관들은 불가능한 꿈에서 깨어나요.

저 멀리 강의 상류에 재원을 넣는 거예요.

그리고 그 재원은 물속에서 흐르고, 섞이는데

어떻게 그 결과를 구분할 수 있겠어요.

후렴 II

언제 어디서든 영향을 얘기하죠.

영향을 가까이에서 찾을 수도 있고, 또는 저 한참 뒤에 있을 수도 있지요.

무엇으로 인한 영향인지 찾고 있다면,

산출물, 결과, 영향 블루스를 피할 수 없어요.

11) 간이평가

간이평가는 신속하고 비용이 적게 드는 평가이다. 개발도상국 평가 시, 특히 기초선 데이터가 부족하고 문맹률이 높아 설문조사 관리가 필요한 경우, 평가 예산이 부족한 경우 등 시간과 자원의 제약으로 심층 평가 진행이 어려울 때 유용하다.

간이평가(Rapid assessment)에 대한 확실한 정의는 없지만, 일반적으로 공식적·비공식적 데이터 수집의 중간 단계로 신속하고 간단한 접근법이라고 일컬어진다. 현장에서 관리되는 체계적이고 반구조적인(Semi-structured) 접근법으로 묘사되기도 하며, 주로 팀으로 구성된 평가자에 의해 시행된다. 다양한 관점들을 반영하기 위해 평가팀을 다양한 이력으로 구성하는 것이 이상적이다.

간이평가는 결과나 영향보다는 과정을 살펴볼 때 이용된다. 일반적으로 간이평가는 양적·질적 접근법을 통해 반드시 알아야 하는 핵심 정보만을 확보하고자 한다. 또 열린 대화, 정직한 대화를 통한 평가를 지향한다.

직접 관찰을 통해 프로젝트가 어떻게 잘 진행되고 있는지 파악할 수 있기 때문에 현장 방문을 수행한다. 가장 중요한 작업은 다양한 경험과 시각을 보유한 인터뷰 대상자, 특히 평가 시행 시 간과되기 쉬운 대상자를 선정하는 일이다. 소규모이지만 다양하게 구성된 정보원은 평가를 위한 종합적인 시각을 확보하는 데 매우 효과적이고, 이때 평가자의 청취 능력은 필수적이다.

간이평가는 다른 평가방법과 동일한 방법으로 데이터를 수집하고 분석하는데, 대개 범위(Scope)에 차이가 있을 수 있다. 보통 간이평가는 좁은 평가 범위에 집중하여, 적은 수의 대상지에서 소수의 사람들과 접촉한다. 그리고 결과의 신뢰성을 높이고, 편견을 줄여 전체적인 관점을 확보하기 위해, 다양한 출처의 정보를 수집해야 한다. 핵심 정보 제공자(Key informants)를 대상으로 한 인터뷰 자료는 기존의 보고서, 조사 및 기록 문서, 현장 관찰, 포커스 그룹(Focus group) 면접, 그룹 인터뷰, 설문결과와 함께 보완하여 사용해야 한다. 이러한 다양한 방법과 출처를 통해 확보된 정보에 일관성이 높을수록, 결과에 대한 신뢰성이 높아진다.

정성적 방법을 활용하기 때문에, 정성적 자료를 충실히 기록하는 기술이 중요하다. 평가자의 관찰, 인상, 해석, 현장 방문 동안 발생한 사건을 기록해

두는 것이 도움이 된다. 이를 다른 평가팀원들과 공유하여, 공통의 주제를 찾는데 활용하도록 한다.

간이평가를 시행함에서 평가자는 다음 내용을 숙지해야 한다.

- 현장 방문 전, 2차 자료를 검토하는 것이 필요하다.
- 현장 방문 시, 현장을 관찰/조사하고, 청취하고, 질의한 내용을 기록한다.
- 평가 전 과정에 걸쳐 자료를 기록해야 한다(기록자료는 보고서 작성뿐 아니라, 다른 팀원들이 수집한 정보를 이해하는 데 유용하다).

간이평가를 수행하기 전에는 다음과 같은 사항이 고려되어야 한다.

- 여성과 남성, 또한 다양하고 여러 학문 분야에 걸친 평가팀 구성이 필요하다.
- 가능한 프로젝트 대상 지역 및 프로젝트와 친숙한 내부인과 새로운 시각에서 볼 수 있는 외부인을 모두 섭외한다.
- 상호 교류를 최대화하기 위해 대규모보다는 소규모로 팀을 구성한다.
- 데이터 수집과 수집한 데이터 분석에 필요한 시간을 분리한다.
- 접근하기 편리한 곳만이 아닌 시장, 주요 도로에서 벗어난 지역, 프로그램 현장 등 필요한 곳은 모두 방문한다.
- 새로운 정보의 확보로 평가계획이 변경될 수 있으므로(FAO, 1997) 유연하게 대응하도록 한다.

12) 총합평가

총합평가(Evaluation synthesis)는 유사한 프로젝트 및 프로그램, 정책에 대한 평가가 이미 다수 시행되었을 때 유용한 접근법이다. 이를 통해 유사한 이슈/주제의 프로젝트를 전체적으로 살펴보고 공통적인 부분을 파악한다. 이는 해당 주제 및 이슈 관련 프로젝트의 전반적인 효과성을 파악하는 데 유용한 방법이다.

첼림스키와 모라(Chelimsky and Morra, 1984)는 기존 정량적·정성적 방법이 주를 이루던 프로그램 평가에 총합평가 기술을 적용하여 광범위한 정책 맥락의 평가 접근법을 소개했다. 이전까지 총합평가는 젊은 여성 대상의 영양소 보충 프로그램이 신생아 체중 및 사망률에 미치는 영향, 또는 학급 규모가 학업성적에 미치는 영향과 같이 정량적 분석을 주로 활용하는 평가에서 활용되었다.

개별 평가의 경우 특정 프로젝트 및 프로그램에 대한 유용한 정보를 제공할 수 있으나, 각 평가가 정성적인 경우가 많고, 특정 환경에 국한되어 있어 그 영향에 대해 일반화할 수 없다. 그러나 다수의 연구조사를 종합하면 그 영향에 대한 일반화가 가능하다.

총합평가의 장점은 기존 연구조사를 활용하기 때문에 다른 평가방법보다 비용이 적게 소요된다는 점이다. 또한 프로젝트 및 프로그램의 영향평가에 대한 광범위한 기반을 구축해서 그 일반화의 타당성을 향상시킬 수 있다. 단, 총합평가가 어려운 점은 모든 관련 연구조사 결과를 확보하고, 각 결과물의 품질을 검토하며, 가능한 경우 2차 분석을 위해 데이터를 확보해야 한다는 점이다.

총합평가는 다음 사항을 포함해야 한다.

- 평가 절차와 그 범위에 대한 명확한 정의
- 총합평가에 포함하거나 또는 제외할 평가를 결정하기 위한 양질의 투명한 기준
- 기준 적용 절차(주로 개인이 아닌 패널을 통해 수행)
- 검토한 모든 평가 자료에 대한 출처 표기(citations)
- 개별 평가에 대한 요약기술과 해당 주제 및 이슈에 대한 평가 결과
- 총합평가의 한계 및 격차

2000년에 영국 국제개발부(DfID)는 환경 분야 프로그램에 대한 총합평가보고서를 발간했다. 영국 국제개발부는 1990년대에 상당한 규모의 환경 프로그램을 성공적으로 관리했지만, 그 성과는 면밀히 검토되기보다는 추정한 정도였다(p.1). 영국 국제개발부는 환경개선 및 보호를 위한 양자협력 프로젝트의 영향을 평가하기 위해, 5개 국가에서 실시한 49개 환경 프로젝트에 대해 총합평가를 의뢰했다. 환경이 주된 프로젝트는 아니지만 에너지 효율, 산업, 산림, 생물 종 다양성, 농업 및 도시 개선 등 광범위한 환경 분야 프로젝트를 평가에 포함했다.

49개 프로젝트에 대한 검토 후, 평가자는 영국 국제개발부 환경 분야의 정책적 우선순위와 실제 긍정적인 영향을 미친 프로젝트 간에는 격차가 있다는 결론을 도출했다.

자료: U.K. Department for International Development(2000, 1).

때로는 총합평가의 일부 요소만 활용되기도 한다. 다음(박스 5.3) 사례에서 보듯이, 일부 품질이 부족한 개별 평가보고서를 배제하지 않는 경우, 종합결과에 대한 의문이 제기된다.

총합평가와 메타평가는 혼용되기도 하는데, 이 책에서는 그 두 개념을 분리하고자 한다. 총합평가가 최소한의 기준에 부합하는 평가 결과에 대한 분석요약이라면, **메타평가**(Meta-evaluation)는 전문 품질 기준에 따라 하나 혹은 그 이상의 평가에 대한 전문가의 검토를 의미한다.

13) 기타 평가방법

그 외에도 다른 평가방법, 이론, 모델이 개발평가를 위해 활용되는데, 대부분 참여적 평가에서 다소 변형된 형태이다. 구체화 작업, 변화이론 테스트, 핵심 이해관계자를 파악하고 포함함으로써 평가 절차 전반에 걸쳐 결과의 활용 유용성에 초점을 맞추는 등, 각 일부 요소를 이 책에서 소개된 성과기반 평가모델에서 찾을 수 있다.

이 절에서는 다음의 접근법을 소개하도록 한다.

- 활용 중심 평가(Utilization-focused Evaluation)
- 권한 부여 평가(Empowerment Evaluation)
- 실존주의 성과 평가(Realist Evaluation)
- 포괄적 평가(Inclusive Evaluation)
- 수혜자 평가(Beneficiary Evaluation)
- 수평적 평가(Horizontal Evaluation)

■ 활용 중심 평가

활용 중심 평가(Utilization-focused evaluation)는 평가 결과가 실제로 얼마나 사용되는지 활용성이 기준이 된다. 패튼(Patton, 2002: 173)의 저서(2008년 기준 4판 인쇄)에 따르면, 활용 중심 평가는 향후 평가 결과를 사용하게 될, 구체적인 관련 정책 결정자 및 (모호하지 않고 수동적이지 않은) 정보 사용자를 파악하고 구성하는 것부터 시작된다. 이 평가방법은 평가 결과의 사용자를 위한 평가이며, 사용자란 향후 평가 결과를 적용하고 그 제언사항을 이행하는 책임을 지닌 사람들을 의미한다. 활용 중심 평가는 평가 결과의 주요 사용자들이 각 상황에 맞는 평가모델, 내용, 방법 등을 선택할 수 있도록 한다.

■ 권한 부여 평가

권한 부여 평가(Empowerment evaluation)는 자기 결정권 및 권한 강화 개선을 위해 평가의 개념, 기술, 결과를 활용한다(Fetterman, Kaftarian and Wandersman, 1996). 권한 부여 평가는 자신의 경험을 토대로 한 지식의 창출과 문제 해결 역량에 대한 존중을 바탕으로 한다. 사람들이 개개인 혹은 커뮤니티의 일원으로서 자신의 목표를 달성하고 삶을 개선하도록 지원함으로써, 권한 부여는 성장을 가능케 한다(Fetterman and Wandersman, 2004).

페터먼과 원더스먼(Fetterman and Wandersman, 2004)은 권한 부여 평가자(Empowerment evaluator)의 역할을 '비평적 조언을 해줄 수 있는 친구(Critical friend)'로 묘사한다. 평가는 커뮤니티 구성원들이 담당하며, 평가자는 조력자(Facilitator)로서 평가를 조정하기보다는 영향을 끼치는 수준으로 그 역할을 수행해야 한다. 이 평가는 모든 단계에서 그 결과가 건설적이고 유용할 수 있도록 설계한다는 점에서 활용 중심 평가와 공통점이 있다(Fetterman and Wandersman, 2004). 패튼(Patton, 1997)은 권한 부여 평가가 주인의식, 역량강화를 강조한다는 점에서 참여적 평가와 유사하지만, 자기 결정권을 향상하는 부분에 주목하고 있다고 주장한다. 권한 부여 평가에서 조력자로서의 평가자는 권한 강화가 필요한 취약인구의 지지자로서의 역할을 수행하며, 정치적 변화를 도모한다는 점에서 참여적 평가를 넘어선다. 알킨과 크리스티(Alkin and Christie, 2004: 56)는 권한 부여 평가와 참여적 평가의 차이점을 다음과 같이 설명한다.

참여적 평가는 효용 프레임워크(utilization framework)를 기반으로 해 개발되었기 때문에, 평가의 기획, 시행, 분석, 해석 등의 일련의 과정을 통한 효용증가에 그 목적을 둔다. 이는 취약계층의 권한을 강화하고자 하는 정치적이거나 해방적인 활동과는 대조된다.

■ 실존주의 성과 평가

파우슨과 틸리(Pawson and Tilley, 2004: 1)는 **실존주의 성과 평가***를 '이론에 근거한 평가의 한 종류'로서 변화이론, 프로그램 이론(Program theory)과 연결하여 설명한다. 이 이론을 구축하기 위해서는 해당 프로그램의 전반적

-----

* 실존주의 성과 평가(Realist evaluation): 이론을 기반으로 한 평가방법으로, 평가가 프로그램에 관여하는 통일적이고 일관된 프레임워크를 제공한다. 또한 이해관계자를 실수하기 쉬운 전문가로 규정하며 다른 접근법을 차용한다.

인 상황과 특정 맥락에서 프로그램이 어떻게 작동하는지 이해해야 한다.

파우슨과 틸리에 따르면, 이 접근법은 평가를 프로그램과 연계하는 데 통일적이고 일관된 프레임워크를 제시한다(Pawson and Tilley, 2004: 22). 이 방법은 프로그램 개발과 시행에서 이해관계자의 역할의 중요성을 인정하여, 배제시키지 않는다. 하지만 절대적으로 확실한 정보원으로 과신하지도 않는다. 즉 이해관계자는 전문가이지만 실수를 할 수 있으니, 이해와 지식에 대한 검증이 필요하다고 본다(Pawson and Tilley, 2004).

실존주의 성과 평가는 다양한 연구 및 평가 접근법에서 파생되었다. 실존주의 성과 평가는 정성적 또는 정량적인 방법으로 수행할 수 있으며, 두 가지 연구조사 방법을 혼합해 사용하기도 한다. 그러나 실험을 통해 프로그램과 성과 간의 인과관계를 규명하지는 않는다. 인과관계는 프로그램이 어떻게 기획되고 작동하는지, 그 근간이 되는 이론을 자세히 기술함으로써 규명할 수 있다. 그 후 '어떠한 환경'에서' 무엇'이 '누구'를 위해 '어떻게' 작동하는지에 대한 가설을 세우고 검증하는 순서를 따른다. 파우슨과 틸리(Pawson and Tilley, 2004)는 분석결과를 제시할 수 있는 간단한 공식(Formula)이 없기 때문에 이론적 평가가 어렵다는 점을 지적한다.

■ 포괄적 평가

포괄적 평가*는 프로젝트, 프로그램 혹은 정책의 가치 또는 이점에 대한 체계적 조사과정의 일부로, 가장 혜택을 받지 못한 인구를 참여시키는 데에 초점을 둔다. 포괄적 평가는 전통적으로 평가 대상에서 소외되어 가장 혜택을 받지 못한 이해관계자로부터 확보한 자료를 근거로 한다. 포괄적 평가에서는 기존의 평가에서 포함시켰던 이해관계자를 포함하지 않는다(Mertens,

---

* **포괄적 평가**(Inclusive evaluation): 평가 시, 개체군 중 최소한의 혜택을 받은 구성원들만 포함시키는 평가방법.

1999). 권한 부여 평가와 같이 포괄적 평가는 변혁적인 패러다임이다.

포괄적 평가는 다음과 같은 질문을 제기한다.

- 대상 인구 중에서 찾을 수 있는 중요한 차이점은 무엇인가?
- 대상 인구 중 다양한 세부 그룹(Subgroups)에게 어떻게 서비스가 전달되는가?
- 서비스 지원에서의 가치(Values)는 무엇인가?

■ 수혜자 평가

수혜자 평가*는 "계획되거나 진행 중인 프로그램에 대한 대상 수혜자의 의견을 취합해 프로젝트의 효과와 영향을 개선하고자 하는 질적 연구수단"이다(Salmen, 1999: 1). 포괄적 평가와 같이, 이 접근법은 흔히 평가에서 간과되는 대상그룹을 포함시키고자 한다. 동 프로젝트 중심 접근법은 1980년대 말 기존의 기술, 재정 중심적인 평가방법을 보완하기 위해 세계은행이 개발했고, 일반적으로 서비스 전달(Service delivery)이 구성 요소로 포함된 프로젝트에 적용되었다.

수혜자 평가는 프로젝트 수혜자를 궁극적인 평가의 의뢰자/고객(Ultimate client)으로 본다. 수혜자들이 프로젝트의 기획을 돕고 모니터링 피드백을 제시함으로써 참여를 높이면, 보다 주인의식을 갖고, 개발과정에서 그들이 원했던 변화를 이루어내는 데 핵심적인 주체로서 역할을 할 수 있다.

수혜자 평가의 목표는 프로젝트 수혜자들이 인식하는 프로젝트 활동의 가치를 평가하고 평가 결과를 프로젝트 활동에 다시 통합하는 것이다. 수혜자 평가는 문화와 의사결정 간의 연계를 지원함으로써 사회 분석의 중요한 부분을 차지한다(Salmen, 1999).

....

* 수혜자 평가(Beneficiary assessment): 계획이 완료된 혹은 진행 중인 프로그램과 관련하여, 당초에 예상된 수혜자들의 의견을 받아, 개발 활동의 영향력을 개선하려고 하는 질적 연구 방법.

■ 수평적 평가

수평적 평가(Horizontal assessment)는 새로운 접근법으로서 내부 평가와 외부 동료 검토를 혼합한 방법이다. 기존 외부평가에 만연해 있는 불평등한 권력관계를 중립적으로 조정하고 학습과 프로그램 개선을 도모하기 위해 두 가지 방법을 결합해 고안되었다(Thiele and others, 2006: 1).

수평적 평가는 흔히 연구 및 개발 방법론을 학습하고 개선할 때 사용되었으며, 우간다의 참여적 시장 사슬(market chain) 접근법을 평가하기 위해 사용되었다(Thiele and others, 2006: 1).

수평적 평가의 핵심은 이해관계자를 두 그룹으로 분리하는 것이다. 첫 번째 그룹은 현지 참여자들로서, 조사 중인 절차에 대한 비평과 개선점을 제안한다. 두 번째는 유사 주제 프로그램을 운영하는 기타 기관 동료와 같은 외부 방문자들로서, 절차를 평가하고 강점과 약점, 개선점을 제안한다(Thiele and others, 2006). 두 그룹이 함께 참여하는 공동 워크숍이 수평적 평가의 구성요소이다.

요약

평가 접근법은 일반적으로 평가를 개념화하고 살펴보는 방식으로서, 각 접근법은 고유의 철학과 가치를 기반으로 한다. 일부 접근법은 몇 년간 사용되어왔고, 일부는 최근에 개발되어 개발평가 분야에 적용되고 있다. 다양한 평가 접근법의 핵심적인 특징은 표 5.3에 요약되어 있다.

이 장에서 소개한 접근법은 대부분 하나의 프로젝트, 프로그램 및 정책을 평가하는 데 활용되어왔다. 11장은 점차 복잡해지고 있는 오늘날의 개발 프로그램을 평가하기 위한 평가방법을 소개한다.

표 5.3 평가 접근별별 목적, 특징, 강점과 해결 과제

평가 접근법	목적/철학	특징/활동	강점	해결 과제
전향 평가	• 프로그램 시작 전 검토 • 성공 가능성에 대한 미래 예측 질문에 대해 응답	• 해당 프로그램 및 정책 맥락에 대한 분석 제공 • 교훈과 이슈 도출을 위해 유사 프로그램의 평가 결과 검토 • 성공 혹은 실패를 예상하고, 프로그램 지속 시 개선방안을 제시	• 2차 분석으로 평가비용 감소 • 프로그램 착수 전, 발생 가능한 문제 해결 및 개선 가능	• 관련 프로그램 평가 보고서에 의존
평가성 사정	• 평가의 유용성과 타당성을 결정 • 평가자와 이해관계자 간 커뮤니케이션 활성화 • 형성조사의 목적을 명확히 하거나 계획 단계의 수단으로 활용	• 이용 가능한 자료 검토 • 프로그램 목적과 목표에 대한 이해가 공유되어 있는지 확인 • 프로그램 관리자, 이해관계자 및 제안을 실행할 수 있는 사람들과 기관을 대상으로 인터뷰 시행 • 변화모델 이론 개발	• 현실적이고 적절한 평가 및 프로그램 설계를 가능하게 함 • 프로그램 목적과 목표에 대한 이해관계자들의 이해 개선 및 지원 확보 • 자료 부족으로 인해 실효성이 부족한 평가기를 사전에 방지	• 평가 수행 전, 모든 프로그램에 적용한다면 불필요한 평가 지연 발생
목표 중심 평가	• 목표과 목표가 달성되었는지 측정 • 대부분 공여국 및 기구의 프로그램 평가체계의 기초	• 목표와 목표 정의 • 프로그램이 목표를 달성할 수 있을지에 대한 평가(normative evaluation)	• 실제 프로그램과 기준을 비교해 명확한 방법론으로 평가를 단순화	• 목표와 목표에 명시되어 있지 않은 중요한 영향을 간과할 가능성 존재
탈목표 평가	• 명시된 목적과 목표에 국한되지 않고, 프로그램의 영향과 효과에 대한 자료 수집	• 평가자가 프로그램 관리자와 지원과의 커뮤니케이션을 제한하여, 프로그램 목적과 목표에 국한되지 않도록 방지	• 예상치 못한 부정적 효과를 발견할 수 있는 가능성을 증대	• 프로그램 관리자와의 커뮤니케이션이 제한되며, 평가자는 프로그램 목적과 목표에 대한 인식을 피하기가 어려울 수 있음.
다중 지역	• 우수 프로그램 파악을 위해 대상 지역에서의 프로그램을 조사	• 이해관계자의 참여 도모 • 다른 접근법들보다 심층적 정보를 수집	• 모범사례 파악과 도출 가능 • 단일 대상지에서의 단일 프로그램	• 표준화된 데이터 수집 필요 • 데이터 수집 방법 설계에 앞서

유형			
평가	• 프로그램이 시행되는 문화, 지리, 경제적 환경 또는 프로그램을 다하는 특성을 대표하는 지역을 선정 • 다양한 상황에 대처하기 위한 전략과 교훈을 제시하기 위해 프로그램을 비교 분석	• 프로그램 시행과 성과에서 구조적 차이를 야기하는 특성 또는 프로그램이 구조적 양성에 영향을 미치는 구조적 요인 파악이 필요	훈련된 인력과 모든 대상지에 대한 접근성, 충분한 정보가 필요
클러스터 평가	• 한 세트의 프로그램을 대표할 수 있는 유사 또는 관련 프로그램을 그룹으로 조사 • 하나 또는 복수의 지역에서 '프로그램 클러스터'를 검토	• 이해관계자 참여에 시스템 구축 • 일반화 및 유사 프로그램 응용을 크게 중요시하지 않는 접근 • 프로그램 간의 다양성을 긍정적으로 인식 • 다수의 사례조사를 활용, 정보 공유	• 그램 평가보다 결과의 타당성 확보 가능 • 대상지 간, 대상지 내 프로그램 분석 가능 • 다수의 대상지 각각의 결과가 아닌, 통합된 평가결과를 도출
사회 분석	• 다양한 사회 구조, 절차와 커뮤니티 또는 그룹의 변화를 조사 • 개발 프로그램의 사회적 영향을 고려하기 위한 주요 수단으로 기능	• 프로그램의 목표와 이해관계자의 수요, 이해관계 및 역량간의 부합성을 조사 • 이해관계자의 프로그램 참여 또는 수혜 가능성 및 역량에 영향을 미치는 사회 문화적 요인을 분석 • 이해관계자 각 사회적 그룹별로 다양하게 나타날 수 있는 프로그램의 영향 조사	• 향후 나타날 수 있는 부정적인 사회적 영향을 파악하여, 완화전략을 수립 환경적 이슈와의 연계성에 대한 초점을 놓칠 수 있음.
환경 및 사회 분석	• 환경 및 사회적 목표 성취도 평가	• 환경 혹은 사회적 불평등 프로그램만이 아닌, 모든 프로그램의 환경 및 사회적 측면을 분석 • 환경 및 사회적 분석이 유용한 목적일 때 유용	• 프로그램이 사회 및 환경적 차원의 중요성을 강조 기술 전문성이 필요
참여적 평가	• 이해관계자와 함께 평가기획, 수행 및 보고 책임을 공유 • 평가참여 활동이 목표이자 성과	• 평가목적 및 우선순위 선정, 질문 선정, 데이터 분석 및 데이터 관련 의사결정에 참여자들이 참여 • 그룹활동, 단결 및 책임성 강화	• 프로그램 관리자 관점에서 평가의 신뢰성을 높이고 향후 평가결과가 사용될 활용도 증가 • 참여자 권한 부여 및 현지 역 평가자는 조력자로서 협력 및 갈등 중재 기술, 참여자들에게 평가기술을 훈련시킬 수 있는 역할 필요

구분				
결과 지도 작성	• 참여를 프로그램의 계획된 목표를 달성하는 절차로서 고려 • 관련 행동변화에 초점을 맞춤으로써 기존의 평가를 보완; 개발영향의 달성보다 사람들의 성과에 초점	• 참여자들이 평가를 주도하고 결정하며, 평가자는 조력자이자 가이드로서 역할 변화 • 새로운 기술, 프로그램 및 정책 등을 제공함으로써 프로젝트, 프로그램 및 정책의 다양한 성과 개선 노력 • 주변(boundary) 참여자들을 파악하여, 그룹이 변화에 미친 영향을 평가 • 그룹이나 단체 내에서 혹은 개인 차원의 행동 변화를 기술	항 강화 • '산출물 결과 영향 블루스(Downstream Outcome Blues)'로부터 탈출	• 독립적이지 않다고 평가될 수 있음 • 독립성과 책임성을 확보한 영향 평가에 대한 수요 존재
간이 평가	• 자비용의 신속한 평가 필요 시 적합함; 일반적으로 성과지표 제시를 위해 가장 핵심적인 정보만 수집	• 체계적이고 반구조적 접근 활용 • 문헌자료 분석, 인터뷰 및 단기간 현장 방문으로 구성 • 다양한 정보출처서 사용 필요 • 청취 및 기록 기술 필요	• 공사 및 비공사 자료 간이 가교 역할을 수행; 절차 및 이슈를 실과를별 때 가장 유용	• 협소한 범위의 평가 제한적이고 대부분 서술적 정보를 제공
종합 평가	• 관련 평가결과의 품질을 평가하거나 결과를 요약; 유사 프로그램에 대한 평가기가 이미 다수 수행되었을 때 유용	• 모든 관련 연구조사를 파악 • 기존 연구에 대한 평가기준 수립 • 우수 연구조사 결과만을 포함 • 평가결과를 종합하거나 주요 방안에 대한 조사 결과를 종합 • 질적 및 양적 조사방법 모두 사용 가능	• 이용 가능한 기존 평가 및 연구조사 결과를 활용해 비용을 절감 • 영향력 평가를 위한 관범위하고 강력한 토대 마련 기능	• 관련 모든 연구조사 및 데이터 획득에 어려움 발생 가능 • 우수 평가결과 선정 시 편견 개입 가능(패널을 활용하여 위험 요인 감소 가능)
활용 중심 평가	• 평가결과의 유용성과 실제 활용성을 기준으로 프로그램 평가	• 해당 프로그램의 구체적인 관련 의사결정자와 정보 사용자를 파악하고 조직하는 것에서 출발	• 시작부터 계획한 사용자에 의해 의도대로 사용되었는지에 초점을 맞춤	• 주 고객을 강조해, 다른 이해관계자를 포괄하지 않을 가능성 존재
권한	• 자기 결정권과 개선을 위해 평가	• 참여적 평가를 넘어서, 참여자들의 경험적 지식	• 수익그룹의 권한부여를 옹호	• 평가자는 지지자로서의 역할을

부어평가	개념, 기술 및 결과를 사용	창출과 문제 해결점 개발 역량을 존중	수행(평가가 정치적 혹은 중립적이지 않다고 여겨질 가능성 존재)
실존주의 성과 평가	• 맥락에 대한 기술을 통해 프로그램 평가를 위한 통일적이고 일관된 프레임워크를 제공; 프로그램 작동원리와 당초 계획된 성과와의 인과관계 조사	• 다양한 연구 및 평가 접근법으로부터 파생: 부분적으로 혹은 모든 접근법을 차용 • 질적 연구, 양적 연구조사 혹은 모두 사용 가능	• 각 프로그램 모델을 개별적으로 결정 필요 • 어떤 환경 혹은 대상에 따라 프로그램이 작동할 수 있는지 근거하고 있는 이론을 자세히 기술
포괄적 평가	• 프로젝트, 프로그램, 정책의 장점 혹은 가치를 체계적으로 조사하는 과정에서 가장 혜택을 받지 못한 이해관계자를 포함	• 가장 소외된 이해관계자들로부터 자료를 취합 및 생성하며, 기존의 평가 접근법에서 포함되는 이해관계자들은 미포함	• 평가자는 지지하고 대변하는 역할(평가가 정치적이거나 중립적이지 않다고 보일 수 있는 가능성 존재)
수혜자 평가	• 계획 중이거나 진행 중인 프로젝트에 대한 수혜자들이 시각을 조사함으로써 프로그램 영향을 개선	• 프로젝트 수혜자를 참여시키고, 주인의식을 고취	• 가장 소외된 이해관계자들과 대상 그룹별 서비스 전달에서의 차이에 초점 • 협력적 접근법으로 수혜자들의 주인의식과 역량을 강화하고, 수혜자들의 시각을 반영하여 평가가치를 증대
수행적 평가	• 내부평가 절차와 외부 동료검토를 결합하여, 기존 외부평가 접근에서의 불평등한 권력관계를 중립화	• 평가와 개발 방법론을 허슴하고 개선하는 데에 활용	• 환경이슈와 그 사회적 결과에 대한 윤리가 분리 • 동료검토가 상호 긍정적일 수 있음 • 자기평가(self-evaluation)와 외부 동료평가의 장점이 결합

응용연습 5.1 가장 적절한 평가 접근법을 선택하라.

아래 각 과제에 가장 적절한 평가 접근법을 선택하라. 해당 평가 접근법의 특성과 장점, 과제를 기술하고, 해당 접근법을 선택한 근거를 설명하라.

① 다른 개발 단체가 완료한 5개 국가 사례조사 결과를 기초로 하여, 기술훈련(Technical assistance) 프로젝트의 중점전략을 평가하라.

② 교육체계 개선을 위해, 해당 지역에서 귀 기관에서 시행한 성공적인 교육 프로젝트 및 프로그램을 선정하라.

③ 한 국가의 천연자원 및 환경 분야를 고려하여, 가장 중요한 이슈를 평가하라.

④ 문화적·사회적·경제적 상황에서 쌀의 중요성, 쌀 생산 시스템, 생산 농부들이 직면하는 제약, 기존 관련 연구 및 기술, 향후 쌀 생산 개발을 위해 중요사항을 포함하여 한 국가의 쌀 분야 개발을 평가하라.

⑤ 지난 30년 동안 국제 농업연구로 수백만 달러 규모 자금을 지원받은 개발 단체가 수행한 평가를 평가하라.

참고문헌

Alkin, Marvin, and Christina Christie. 2004. "An Evaluation Theory Tree." In *Evaluation Roots: Tracing Theorist Views and Influences*, ed. M. Alkin. 12–65, Thousand Oaks, CA: Sage Publications.

Chambers, R. 1991. "Shortcut and Participatory Methods for Gaining Social Information for Projects." In *Putting People First: Sociological Variables in Rural Development*, 2nd ed., ed. M. M. Cernea, 515–37. Washington, DC: World Bank.

Chelimsky, E., and L. G. Morra. 1984. "Evaluation Synthesis for the Legislative User." In *Issues in Data Synthesis*, ed. W. H. Yeaton and P. M. Wortman, 75–89. New Directions for Program Evaluation No. 24. San Francisco: Jossey-Bass.

Christie, Christina, and Marvin Alkin. 2004. "Objectives-Based Evaluation." In *Encyclopedia of Evaluation*, ed. Sandra Mathison. 281–85. Thousand Oaks, CA: Sage Publications.

CIDA(Canadian International Development Agency). 2004. *CIDA Evaluation Guide 2004*. Ottawa.

Cousins, J. B., and L. M. Earl, eds. 1995. *Participatory Evaluation in Education*. Bristol, PA: Falmer Press.

Dalal-Clayton, Barry, and Stephen Ba. 2002. *Sustainable Development Strategies: A Resource Book*. Sterling, VA: Earthscan Publications. http://www.nssd.net/res_book.html#contents.

DfID(Department for International Development). 2000. *Environment: Mainstreamed or Sidelined?* Environmental Evaluation Synthesis Study EV626, January, London. http://www.dfid.gov.uk/aboutdfid/performance/fi les/ev626s.pdf.

Duignan, Paul. 2007. *Introduction to Strategic Evaluation: Section on Evaluation Approaches, Purposes, Methods, and Designs*. http://www.strategicevaluation.info/se/documents/104f.html.

Earl, Sarah, Fred Carden, and Terry Smutylo. 2001. *Outcome Mapping: Building Learning and Refl ection into Development Programs*. International Development Research Centre, Ottawa. http://www.dgroups.org/groups/pelican/docs/Mapping_M&E_capacity_080606.pdf.

ECDPM(European Centre for Development Policy Management). 2006. *Study on Capacity, Change and Performance: Mapping of Approaches Towards M&E of Capacity and Capacity Development*. Maastricht.

Eerikainen, Jouni, and Roland Michelevitsh. 2005. "Environmental and Social Sustainability. Methodology and Toolkit: Various Approaches." International Program for Development Evaluation Training(IPDET) presentation, Ottawa, July.

FAO(Food and Agriculture Organization of the United Nations). 1997. "Rapid Rural Appraisal." In *Marketing Research and Information Systems Marketing and Agribusiness*. Rome. http://www.fao.org/docrep/W3241E/w3241e09.htm.

Fetterman, David M. 2001. *Foundations of Empowerment Evaluation*. Thousand Oaks, CA: Sage Publications.

Fetterman, David M., S. Kaftarian, and A. Wandersman, eds. 1996. *Empowerment Evaluation: Knowledge and Tools for Self-Assessment and Accountability*. Thousand Oaks, CA: Sage Publications.

Fetterman, David M., and Abraham Wandersman. 2004. *Empowerment Evaluation Principles in Practice*. New York: Guilford Publications.

_____. 2007. "Empowerment Evaluation: Yesterday, Today, and Tomorrow." *American Journal of Evaluation* 28(2): 179–98. http://homepage.mac.com/profdavidf/documents/EEyesterday.pdf.

Fitzpatrick, Jody L., James R. Sanders, and Blaine R. Worthen. 2004. *Program Evaluation: Alternative Approaches and Practical Guidelines*. New York: Pearson.

Gariba, Sulley. 1998. "Participatory Impact Assessment: Lessons From Poverty Alleviation Projects in Africa." in *Knowledge Shared: Participatory Evaluation in Development Cooperation*, ed. Edward T. Jackson and Yussuf Kassam, 64–81. Bloomfi eld,

CT: Kumarian Press.

Gill, M., and A. Spriggs. 2002. *The Development of Realistic Evaluation Theory through the Evaluation of National Crime Prevention Programmes.* http://www. evaluationcanada/distribution/20021010_gill_martin_spriggs_angela. pdf.

Glass, Gene V., and Mary Lee Smith. 1979. "Meta-Analysis of Research on Class Size and Achievement." *Educational Evaluation and Policy Analysis* 1(1): 2–16.

Hirschheim, R., and S. Smithson. 1988. "A Critical Analysis of Information Systems Evaluation." In *IS Assessment: Issues and Changes*, eds. N. Bjorn-Andersen and G. B. Davis. Amsterdam: North-Holland.

ISO(International Organization for Standardization). 1999. *Environmental Management: Performance Evaluation Guidelines.* ISO 14301, Geneva.

Johnston, Timothy, and Susan Stout. 1999. *Investing in Health: Development in Health, Nutrition, and Population Sector.* World Bank, Operations Evaluation Department, Washington, DC. http://wbln0018.worldbank.org/oed/oeddoclib.nsf/ 6e14e487e87320f785256808006a001a/daf8d4188308862f852568420062f332/ US$FILE/HNP.pdf.

Khon Kaen University. 1987. *Proceedings of the 1985 International Conference on Rapid Rural Appraisal.* Rural Systems Research and Farming Systems Research Projects, Khon Kaen, Thailand.

Kretzmann, John P., John L. McKnight, and Deborah Puntenney. 1996. A Guide to Massing Local Business Assets and Modulizing Local Business Capabilities. Skokie, IL: ACTA Publications.

Kudat, Ayse, and Bykebt Ozbilgin. 1999. *Azerbaijan Agricultural Development and Credit Program.* http://lnweb18.worldbank.org/ESSD/sdvext.nsf/61ByDocName/Azerbaijan AgriculturalDevelopmentandCreditProject/US$FILE/AzerbaijanAgricultural DevelopmentandCreditProject424KbPDF.pdf.

Kumar, Krishna, ed. 1993. *Rapid Appraisal Methods.* Washington, DC: World Bank.

Light, R. J., and D. B. Pillemer. 1984. *Summing Up: The Science of Reviewing Research.* Cambridge, MA: Harvard University Press.

Mertens, D. 1999. "Inclusive Evaluation: Implications of Transformative Theory for Evaluation." *American Journal of Evaluation* 20(1): 1–14.

Narayan, Deepa. 1996. *Toward Participatory Research.* World Bank Technical Paper 307, World Bank, Washington, DC. http:// www-wds.worldbank.org/external/default/ WDSContentServer/WDSP/IB/1996/04/01/000009265_3980625172923/Rendered/ PDF/multi0page.pdf.

Nay, J., and P. Kay. 1982. *Government Oversight and Evaluability Assessment.* Lexington, MA: Heath.

OECD(Organisation for Economic Co-operation and Development). 1997. *Searching for Impact and Methods: NGO Evaluation Synthesis Study.* Development Assistance Committee, Paris. http://www.eldis.org/static/DOC5421.htm.

Patton, Michael Q. 1990. *Qualitative Evaluation and Research Methods.* 2nd ed. Thousand Oaks, CA: Sage Publications.

_____. 1997. *Utilization-Focused Evaluation: The New Century Text.* Thousand Oaks: CA: Sage Publications.

_____. 1997. "Toward Distinguishing Empowerment Evaluation and Placing It in a Larger Context." *Evaluation Practice* 18(2):147-63.

_____. 2002. *Qualitative Evaluation and Research Methods*, 3rd ed. Thousand Oaks, CA: Sage Publications.

_____. 2008. *Utilization-Focused Evaluation.* 4th ed. Thousand Oaks, CA: Sage Publications.

Paulmer, Hubert E. 2005. "Evaluation Guidelines of International Development Aid Agencies: A Comparative Study." International Rural Planning and Development, School of Environmental Design and Rural Development, University of Guelph, Ontario.

Pawson, Ray, and Nick Tilley. 2004. "Realistic Evaluation." In *Encyclopaedia of Evaluation*, ed. Sandra Matthieson, 359-67. Thousand Oaks, CA: Sage Publications.

Picciotto, Robert. 2007. "The New Environment for Development Evaluation." *American Journal of Evaluation* 28: 509-21.

Preskill, Hallie, and Darlene Russ-Eft. 2005. *Building Evaluation Capacity: 72 Activities for Teaching and Training.* Thousand Oaks, CA: Sage Publications.

Salmen, Lawrence F. 1999. *Beneficiary Assessment Manual for Social Funds.* World Bank, Social Protection Team Human Development Network, Washington, DC. http://lnweb18.worldbank.org/ESSD/sdvext.nsf/07ByDocName/Beneficiary AssessmentManualforSocialFunds/US$FILE/percent5BEnglishpercent5D+Benefi ciary+Assessment+Manual.pdf.

Sanders, J. R. 1997. "Cluster Evaluation." In *Evaluation for the 21st Century: A Handbook*, eds. E. Chelimsky and W. R. Shadish Jr., 396-401. Thousand Oaks, CA: Sage Publications.

Scrimshaw, N., and G. R. Gleason. 1992. *Rapid Assessment Procedures: Qualitative Methodologies for Planning and Evaluation of Health Related Programs.* Boston: International Nutrition Foundation for Developing Countries.

Scriven, Michael. 1972a. "Objectivity and Subjectivity in Educational Research." In *Philosophical Redirection Educational Research: The Seventy-First Yearbook of the National Society for the Study of Education*, ed. L. G. Thomas. Chicago:

University of Chicago Press.

_____. 1972b. "Pros and Cons about Goal-Free Evaluation." *Evaluation Comment* 3: 1–7.

_____. 1991. *Evaluation Thesaurus.* 4th. ed. Thousand Oaks, CA: Sage Publications.

Smith, M. F. 1989. *Evaluability Assessment: A Practical Approach.* Boston: Kluwer Academic Press.

Smith, Mary Lee, and Gene V. Glass. 1980. "Meta-Analysis of Research on Class Size and Its Relationship to Attitudes and Instruction." *American Educational Research Journal,* 17: 419–33.

Smith, Nick L., and Paul R. Brandon, eds. 2007. *Fundamental Issues in Evaluation.* New York: Guilford Press.

Smutylo, Terry. "The Output Outcome Downstream Impact Blues." http://www.idrc.ca/en/ev-65284-201-1-DO_TOPIC.html.

Thiele, G., A. Devaux, C. Velasco, and D. Horton. 2007. "Horizontal Evaluation: Fostering Knowledge Sharing and Program Improvement within a Network." *American Journal of Evaluation* 28(4): 493–508.

Thiele, G., A. Devaux, C. Velasco, and K. Manrique. 2006. "Horizontal Evaluation: Stimulating Social Learning among Peers." International Potato Center, Papa Andina Program, Lima, Peru. Draft of May 18. http://www.dgroups.org/groups/pelican/docs/Hor_Evaln_18_05.doc?ois=no.

Tilley, Nick. 2000. *Realistic Evaluation: An Overview.* Paper presented at the Founding Conference of the Danish Evaluation Society, Nottingham Trent University, September. http://www.danskevalueringsselskab.dk/pdf/Nick percent20Tilley.pdf.

Turpin, R. S., and J. M. Sinacore, eds. 1991. *Multisite Evaluations.* New Directions for Program Evaluation No. 50. San Francisco, CA: Jossey-Bass.

U.S. GAO(General Accounting Office) 1990. *Prospective Evaluation Methods: The Prospective Evaluation Synthesis.* Washington, DC. http://www.gao.gov/special.pubs/10_1_10.PDF.

_____. 1992. *The Evaluation Synthesis.* Washington, DC. http://www.gao.gov/special.pubs/pemd1012.pdf.

Wandersman, A., J. Snell-Johns, B. E. Lentz, D. M. Fetterman, D. C. Keener, M. Livet, P. S. Imm, and P. Flaspoler. 2005. "The Principles of Empowerment Evaluation." In *Empowerment Evaluation Principles in Practice,* eds. D. M. Fetterman and A. Wandersman, 27–41. New York: Guilford.

Wholey, J. S. 1987. "Evaluability Assessment: Developing Program Theory." In *Using Program Theory in Evaluation,* ed. L. Bickman, 77–92. New Directions for Program Evaluation No. 33. San Francisco: Jossey-Bass.

Wholey, J. S., H. P. Hatry, and K. E. Newcomer, eds. 1994. *Handbook of Practical*

Program Evaluation. San Francisco: Jossey-Bass.

World Bank. 1996. *World Bank Participation Sourcebook*. Washington, DC. http://www.worldbank.org/wbi/sourcebook/sba108.htm#D.

_____. 2004. "Social Assessment." In *Turning Bureaucrats into Warriors*. 135–38. Washington, DC. http://www.worldbank.org/afr/aids/gom/manual/GOM-Chapter percent2024.pdf.

웹사이트

Equator Principles. http://www.equator-principles.com/, http://www.ifc.org/ifcext/equatorprinciples.nsf/Content/ThePrinciples.

Frechtling, Joy, and Laure Sharp Westat, eds. 1997. *User-Friendly Handbook for Mixed-Method Evaluations*. Washington, DC: National Science Foundation. http://www.nsf.gov/pubs/1997/nsf97153/start.htm.

IFC(International Finance Corporation). *Environmental and Social Policies and Guidelines*. http://www.ifc.org/ifcext/enviro.nsf/Content/PoliciesandGuidelines.

ISO(International Organization for Standardization). *ISO 14031*. http://www.iso.org/iso/catalogue_detail?csnumber=23149, http://www.iso-14001.org.uk/iso-14031.htm, and http://www.altech-group.com/ftp/EPEarticle.pdf.

IUCN(World Conservation Union). *Sustainability Assessment*. http://www.iucn.org/themes/eval/search/iucn/sustassess.htm.

World Bank. 2009. *Social Analysis*. http://web.worldbank.org/WBSITE/EXTERNAL/TOPICS/EXTSOCIALDEVELOPMENT/EXTSOCIALANALYSIS/0,,menuPK:281319~pagePK:149018~piPK:149093~theSitePK:281314,00.html.

전향 평가

Glewwe, Paul, Michael Kremer, and Sylvie Moulin. 1998. *Textbooks and Test Scores: Evidence from a Prospective Evaluation in Kenya*. http://www.econ.yale.edu/~egcenter/infoconf/kremer_paper.pdf.

평가성 사정

Lewin Group. 1997. *An Evaluability Assessment of Responsible Fatherhood Programs*. http://fatherhood.hhs.gov/evaluaby/intro.htm.

목표 중심 평가

IFAD(International Fund for Agricultural Development). *Country Program Evaluation of the People's Republic of Bangladesh*. http://www.ifad.org/evaluation/public_html/eksyst/doc/country/pi/bangladesh/bangladesh.htm.

탈목표 평가

Evaluation Center, Western Michigan University. http://www.wmich.edu/evalctr/project-pub.html.

다중지역 평가

Australian HIV Test Evaluation Group. 1995. *Multisite Evaluation of Four Anti-HIV-1/HIV-2 Enzyme Immunoassays.* http://www.ncbi.nlm.nih.gov/entrez/query.fcgi?cmd=Retrieve&db=PubMed&list_uids=7882108&dopt=Abstract/.

SRI International. 2001. *A Multisite Evaluation of the Parents as Teachers(PAT) Project.* http://policyweb.sri.com/cehs/projects/displayProject.jsp?Nick=pat .

클러스터 평가

AusAid. 2004. *Governance in PNG: A Cluster Evaluation of Three Public Sector Reform Activities.* Evaluation and Review Series 35, Sydney. http://www.ausaid.gov.au/publications/pdf/governance_in_png_qc35.pdf.

사회 분석

World Bank. 1996. "Morocco: Fez Medina Rehabilitation Project." In *World Bank Participation Sourcebook.* Washington, DC: World Bank. http://www.worldbank.org/wbi/sourcebook/sba108.htm#D .

환경 및 사회 분석

Lanco Amarkantak Thermal Power. *Environmental & Social Review.* Report prepared for the IFC Board of Directors. http://www.ifc.org/ifcext/spiwebsite1.nsf/1ca07340e47a35cd85256efb 00700ceeC126975A64D3306E852572A0004807BD .

참여적 평가

Contra Costa Health Services. 2009. *Preventing Chronic Disease: A Participatory Evaluation Approach.* http://www.cchealth.org/groups/chronic_disease/guide/evaluation.php.

Community Integrated Pest Management. 2001. *Picturing Impact: Participatory Evaluation of Community IPM in Three West Java Villages.* http://www.communityipm.org/docs/Picturingpercent20Impact/Picturingpercent20Impactpercent20toppercent20page.html.

결과 지도 작성

African Health Research Fellowship Program. *Strengthening Leadership Capacity to Improve the Production and Use of Health Knowledge in Africa.* http://www.

idrc.ca/fr/ev-34425-201-1-DO_TOPIC.html .

간이평가

UNICRI(United Nations Interregional Crime and Justice Research Institute), and ACI
(Australian Institute of Criminology). *Global Programme against Trafficking in
Human Beings, Rapid Assessment: Human Smuggling and Trafficking from the
Philippines.* http://www.unodc.org/pdf/crime/trafficking/RA_UNICRI.pdf .

총합평가

Kruse, S. E., T. Kyllonen, S. Ojanpera, R. C. Riddell, and J. Vielaj. *Searching for Impact
and Methods: NGO Evaluation Synthesis Study.* Institute of Development Studies,
University of Helsinki. http://www.eldis.org/static/DOC5421.htm .

메타평가

Campbell Collaboration Online Library. http://www.campbellcollaboration.org/frontend.
aspx .

활용 중심 평가

Evaluation Center, Western Michigan University. *Utilization-Focused Evaluation Checklist.*
http://www.wmich.edu/evalctr/checklists/ufechecklist.htm .

권한 부여 평가

Empowerment Evaluation Blog. http://www.eevaluation.blogspot.com/ .

제 III 부

설계와 실행

"항상 한 사건은 다른 사건을 초래하기에, 상황은 끝
도 없이 복잡해질 수 있다."

— E. B. 화이트(E. B. White)

6 장

평가질문 개발과
설계 매트릭스 수립

이 장은 개발평가에 대한 구체적인 단계를 논하는 첫 번째 장으로, 평가 질문의 종류와 적용 방법을 논한다. 또한 좋은 질문을 작성하고 설계하는 방법을 소개한다.

이 장은 다음과 같이 5개 부분으로 구성되어 있다.
- 질문의 출처
- 질문의 유형
- 질문 선정
- 좋은 평가질문의 개발
- 평가설계

1. 질문의 출처

평가질문의 선정이 중요한 이유는 평가질문이 평가와 평가설계의 방향을 결정하기 때문이다(6장을 통해 이 영향을 구체적으로 다룰 예정이다). 평가질문은 주요 개인과 그룹의 의사를 결정하고 대중에게 정보를 공개하는 데 도움이 되는 중요한 요소이다. 평가를 통해 답을 모색할 평가질문을 개발하고 선정하기 위해서는 신중한 고민과 조사가 이루어져야 한다(Fitzpatrick, Sanders and Worthen, 2004).

평가자는 평가 대상인 프로젝트, 프로그램 혹은 정책에 대해 알기 위해 질문을 수립한다. 질문을 설계할 때 자주 발생하는 문제는 평가 참여자 모두가 대상 프로젝트 또는 프로그램의 목적에 대해 동일하게 이해하고 있다고 가정하는 것이다. 예를 들어 "해당 프로젝트가 참여자들을 지원했는가?"라는 질문에 대해서 이해관계자마다 **참여자**와 **지원**의 정의를 다르게 이해할 수 있다. 전 장에서 논의된 변화이론에 대한 합의를 통해 이 문제를 해결할 수 있다.

피츠패트릭 등(Fitzpatrick, Sanders, Worthern, 2004)은 다양한 관점을 포함하기 위해 평가자가 활용해야 하는 출처를 다음과 같이 제시한다.

- 이해관계자의 질문, 우려, 가치
- 평가모델
- 경험론적(Heuristic) 접근법을 포함한 프레임워크와 접근방법
- 기존 연구 및 평가 결과, 이를 통해 제기된 주요 이슈
- 기존 연구 및 평가를 통해 개발되었거나 사용되는 전문적 기준, 체크리스트, 가이드라인, 도구, 기준
- 전문 컨설턴트의 관점 또는 지식
- 평가자의 전문적인 의견

그림 6.1 논리모델을 통한 평가질문 형성

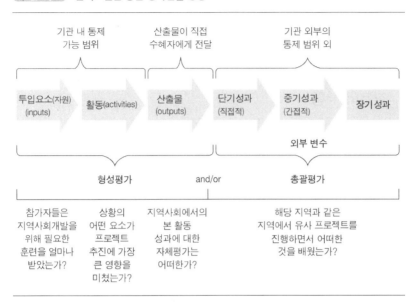

기관 내 통제
가능 범위

산출물이 직접
수혜자에게 전달

기관 외부의
통제 범위 외

| 투입요소(자원)(inputs) | 활동(activities) | 산출물(outputs) | 단기성과(직접적) | 중기성과(간접적) | 장기성과 |

외부 변수

형성평가   and/or   총괄평가

| 참가자들은 지역사회개발을 위해 필요한 훈련을 얼마나 받았는가? | 상황의 어떤 요소가 프로젝트 추진에 가장 큰 영향을 미쳤는가? | 지역사회에서의 본 활동 성과에 대한 자체평가는 어떠한가? | 해당 지역과 같은 지역에서 유사 프로젝트를 진행하면서 어떠한 것을 배웠는가? |

4장에서는 이해관계자를 파악하고, 프로젝트 평가에서 이해관계자가 중요하게 여기는 이슈에 대한 의견을 구하는 과정을 다루었다. 또한 평가질문을 수립하고 선정하기 위해서는 기존의 평가 및 연구 결과를 검토하는 것이 중요하다는 점을 확인했다. 변화이론 모델을 개발하고 활용함으로써 평가 중점분야를 선정하는 점을 강조했는데, 평가질문은 변화이론 모델의 주요 가설로부터 도출된다.

그림 6.1은 인과관계 사슬의 다양한 지점에서 적용해야 하는 평가질문의 유형을 보여준다. 활동과 산출물로부터는 형성적(Formative) 질문이, 중장기적 성과로부터는 총괄적인 질문이 도출된다. 단기 성과에서 도출되는 질문은 형성적 질문 또는 총괄적인 질문 형태로 기술될 수 있다. 평가질문은 해당 프로젝트의 작동 원리, 기대되는 성과와 혜택 등 논리모형이 기반을 두고 있는 주요 가설에서부터 시작된다. 또한 4장에서 논의된 대로 기존 유사 프로

젝트에 대한 평가 결과 혹은 해당 프로젝트에 대한 이해관계자의 다양한 견해에서 평가질문을 도출한다.

2. 질문의 유형

평가를 기획할 때 많은 질문이 고려될 수 있다. 모든 질문은 측정 가능한 방식으로 명확하게 정의되어야 한다.

평가질문은 서술적(Descriptive) 질문, 규범적(Normative) 질문, 인과관계(Cause-effect) 질문 등 세 가지 유형으로 분류할 수 있다. 평가에 투입 가능한 데이터, 시간, 재원과 더불어 평가질문의 유형이 평가설계에 영향을 미친다.

1) 서술적 질문

서술적 질문(Descriptive questions)은 현상 및 상황을 기술하고자 하며, 절차, 상황, 다양한 관점, 제도적 관계 또는 네트워크 등이 해당된다. 패튼 (Patton, 2002)은 서술적 질문을 평가의 기초로 정의한다.

서술적 질문의 특성은 다음과 같다.

- 해당 프로젝트 또는 그 절차를 이해하기 위해 필요
- 현 상황에 대해 기술
- 누가, 무엇을, 어디서, 언제, 어떻게, 얼마나 많이 등의 정보를 단순 명확하게 기술
- 투입, 활동과 산출물을 기술하는 데 활용
- 의뢰기관으로부터 의견을 수렴하기 위해 활용

서술적 질문의 예시는 다음과 같다.

표 6.1 정책단계별 제시할 수 있는 정성적 질문

단계	예시
정책 형성	이 문제 또는 상황에 대해 기존에 일어났던 일은 무엇이 있는가? 현재 의사결정자가 대응방안을 선정하는 데 도움이 될 만한 기존의 노력은 무엇이 있는가?
정책 도입	해당 문제 또는 상황에 대한 어떤 정보로 프로젝트 대응 방안이 마련되었는가? 해당 기관은 프로젝트를 위해 어떤 노력을 하고 있는가? 본 프로젝트의 실행 책임자의 자격 요건은 무엇인가? 관리진과 실무진의 관심도는 어느 정도인가? 자원의 배분과 관련해 어떻게 관리가 이루어지고 있는가? 해당 기관의 조직은 본 프로젝트와 관련해 기관에 요구되는 사항을 충분히 반영하는가? 해당 기관은 여러 경쟁적 수요 중에서 적합한 선택을 하기 위해 어떤 기재를 마련했는가? 관리자를 지원하기 위한 피드백 시스템은 어떤 것이 있는가?
정책 책무성	해당 프로젝트 또는 정책은 현재 상황과 어떤 연관성이 있는가? 책무성에 대한 초점이 어느 정도로 맞추어져 있는가?

자료: Rist(1994).

- 다양한 이해관계자의 관점에서 프로젝트의 목적은 무엇인가?

- 프로젝트의 주요 활동은 무엇인가?

- 대상자들이 어떻게 프로젝트에 참여하는가?

- 프로젝트는 어디에서 시행되었는가?

- 프로젝트가 남성과 여성에게 각각 어떤 서비스를 제공하는가?

- 프로젝트가 참여자에게 어떤 영향을 미쳤는가?

- 이전의 유사 프로젝트를 통한 교훈을 프로젝트 설계에 얼마나 적용했는가?

- 대상지에 따라 프로젝트 시행에 얼마나 차이가 있는가?

- 서비스 제공업체 및 기관의 자격요건은 무엇인가?

- 프로젝트는 언제 실행되었는가?

- 프로젝트에 참여한 여성의 수는 얼마인가?

- 유사 프로젝트 비교했을 때 투입된 비용은 어떠한가?

- 조직 내 비공식적 의사소통 경로가 있는가?

- 참여자들은 프로젝트의 유용성에 대해 어떻게 평가하는가?

정책개발에 대한 평가질문은 대부분 서술적 질문이다. 리스트(Rist, 1994)는 정책주기(Policy cycle) 각 세 단계마다 제기되어야 하는 질문의 예를 제시한다(표 6.1).

2) 규범적 질문

규범적 질문(Normative question)은 현재의 상황(what is)과 추구하는 바(what should be), 현재와 구체적인 목표, 지향점, 기준점을 비교한다. 업무감사(Performance audit)에서 자주 사용되는 질문과 유사하다. 해당 질문은 다음과 같다.

- 우리는 해야 할 일을 하고 있는가?
- 우리는 목표에 도달하고 있는가?
- 우리가 설정한 목표에 도달했는가?

성과 지표, 목표 및 집행계획을 포함하는 성과기반 모니터링 체계가 마련되어 있다면 투입, 활동과 산출물에 대해 규범적 질문을 활용할 수 있다. 간혹 프로젝트의 목적은 설정되어 있으나 달성 정도를 측정할 수 있는 명확한 기준, 지표와 목표 등이 부재한 경우가 있다. 이러한 경우 몇 가지 대안이 있다(박스 6.1).

프로젝트 목표달성 평가를 위한 기준 설정은 일반적으로 법안 혹은 이사회의 승인문 등 승인 문서에서부터 시작된다. 성과기반 관리 체계에서는 그 평가 기준을 구체적인 목표와 성과 지표로 구체화할 수 있다. 또는 승인 시스템(Accreditation system), 패널, 전문 기구 및 기타 위원회를 통해 기준을 수립할 수 있다.

규범적 질문의 예는 다음과 같다.

다음과 같은 목적을 가진 다분야 프로젝트가 있다고 가정해보자.

- 수혜지역 학생들의 독해 성적 향상
- 수혜지역 내 HIV/AIDS 및 예방법에 대한 인지 제고
- 마을 내 소자본 창업 수 및 수익률 증가

평가자는 위 목적의 정확한 의미(학생 중 몇 퍼센트가 독해 성적을 향상해야 하는지, HIV/AIDS 인지도 제고 대상이 누구이며, 어떤 방법으로 측정하는지, 소자본 창업이 몇 개 그리고 규모 면에서 얼마나 성장해야 하는지)를 파악하고자 하나, 프로젝트의 목적이 구체적으로 명시되지 않았다. 이러한 상황에서 평가자는 어떻게 할 수 있을까?

첫 번째 방법은 프로젝트의 운영 또는 도입을 담당하는 관리자와 협업하는 것이다. 프로젝트 관리자는 이 프로젝트가 도모하고자 하는 적절한 수준의 목표를 제시할 수 있을 것이다.

이 접근법에서 우려되는 점은 한 그룹이 설정한 기준에 대해 다른 그룹이 받아들이지 않을 가능성이 있다는 점이다. 프로젝트 감독 및 감사 업무를 담당하는 관리자 그룹은 프로젝트 실행을 담당하는 관리자 그룹이 제시하는 기준이 너무 낮게 책정되었다고 보고 그 기준에 동의하지 않을 수 있다.

또 다른 방법은 전문가에 의뢰해 적용 가능한 기준을 도출하는 것이다. 이 방법의 잠재적 문제는 전문가의 개인적인 편견이 기준 선정에 반영 될 수 있다는 점이다. 이 경우에는 정치적으로 중립적이며, 사전에 이 프로젝트와 아무 관계가 없는 전문가를 선정하는 것이 중요하다.

세 번째 방법은 평가자가 기준을 선정하는 것이다. 하지만 이 방법은 가장 취약하고 위험성이 높아 평가자에게 문제가 될 수 있기 때문에 지양해야 한다. 프로젝트 관계자들이 기준이 지나치게 높거나 낮으면 활동의 성과를 평가하기에 부적합하다고 반발할 수 있다.

자료: 저자 작성.

- 계획한 만큼 예산을 지출했는가?
- 연간 5,000명의 학생 입학 목표를 달성했는가?
- 계획한 바와 같이 전체 80% 아동에게 예방접종을 실시했는가?
- 목표한 10만 헥타르 규모의 토지 배수를 달성했는가?
- 참여자를 선정하는 절차가 공정하고 공평했는가?

3) 인과관계 질문

인과관계 질문(Cause-and-Effect Questions)은 프로젝트의 수행을 통해 나타난 변화를 정의한다. 일반적으로 결과, 영향 또는 귀속적 질문으로도 일컬으며 프로젝트, 프로그램 혹은 정책의 효과를 찾고자 한다. 인과관계 질문은 프로젝트의 결과로 목표로 했던 바가 달성되었는가를 확인한다.

프로젝트 변화이론 모델은 계획한 결과와 영향력을 제시한다. 그러나 프로젝트의 결과가 인과관계 질문 형태로 기술되지 않을 수도 있다. 예를 들어 개량된 종자를 농부들에게 소개하는 프로젝트의 경우, 결과에 대한 질문은 '수확량이 증가했는가'일 수 있다. 이는 서술적 질문으로서 단순히 수확량이 얼마나 증가했는가를 묻고 있다. 반면, 수확량 증대가 기후가 아니라 프로젝트로 인해 발생했는지를 묻는다면 이는 인과관계 질문이다. 인과관계 질문은 단순히 프로젝트의 전과 후 비교뿐만이 아니라, 프로젝트 수행 여부에 따른 변화의 차이를 지표를 통해 비교한다.

인과관계 질문의 예시는 다음과 같다.

- 3개국 파트너십 전략이 해당 지역의 생태 다양성과 생계를 보존하는 데 효과적이었는가?
- 직업훈련 프로젝트 참가자들이 (참여하지 않았을 경우와 비교하여) 보다 고소득의 직업을 구했는가?
- 소규모 창업 프로젝트가 해당 지역의 빈곤율을 낮추었는가?
- 휘발유에 대한 과세 증가가 대기 오염도를 낮추었는가?
- 아동노동 법규 위반 기업에 대한 정부 범칙금 인상이 섬유산업의 미성년 아동 노동률을 낮추었는가?
- 이 프로젝트가 해당 사회에 미치는 기타 영향(긍정적·부정적)은 무엇인가?

예방 보건 증진

정책: 모든 아동 대상 예방 보건진료 지원

목표: 영유아 및 미취학 아동 사망률 감소

평가질문:

1. 해당 프로그램 도입 이후 예방보건 진료를 받은 아동의 비율은 얼마인가?(서술적 질문)
2. 프로그램이 목표로 한 저소득 가정의 아동이 예방보건 진료를 받았는가?(규범적 질문)
3. 프로그램의 결과로 아동 사망률이 감소했는가?(인과관계 질문)

고등학생 대상 직업훈련

정책: 고등학교의 지역 시장 취업에 필요한 지식 및 기술 교육 지원

목표: 졸업생의 고임금 숙련직 취직

평가질문:

1. 고등학교에서 취업을 앞둔 학생을 어떻게 준비시키고 있는가?(서술적 질문)
2. 1년 후, 졸업생은 중도에 그만둔 학생보다 높은 임금을 받고 있는가?(서술적 질문)
3. 고등학교에서는 지역 노동시장을 고려한 훈련과목을 선정하는가?(규범적 질문)
4. 해당 프로그램이 없을 경우와 비교할 때, 학생의 소득 증가는 어느 정도인가?(인과관계 질문)

홍역 예방주사 무상 접종

프로그램: 연간 3개 지역 보건소에서 5세 미만 아동에게 무료 홍역 예방접종

평가질문:

1. 보건소는 부모에게 무상 예방접종에 대해 어떻게 홍보했는가?(서술적 질문)
2. 연간 3개 지역 5세 이하 아동 모두를 대상으로 홍역 예방접종 실시에 성공했는가?(규범적 질문)
3. 해당 프로그램은 고위험군에 있는 아동을 대상으로 예방접종을 위한 혁신적인 접근법을 사용했는가?(서술적 질문)
4. 프로그램을 통해 홍역에 걸린 아동의 수가 감소했는가?(인과관계 질문)
5. 홍역 관련 합병증으로 인한 아동 사망률이 감소했는가?(인과관계 질문)

시장 기반 교과과정 도입

개입: 3개 도시 고등학교에서 시장 기반 교과과정을 도입

평가질문:

1. 프로그램에 참여하지 않는 학교와 비교해 교과과정에 얼마나 차이가 있는가?(서술적 질문)
2. 해당 교과과정은 의도한 바와 같이 시장에 기반을 두고 있는가?(규범적 질문)
3. 해당 학교의 졸업생은 얼마나 고소득 직업을 취득했는가?(서술적 질문)
4. 프로그램 비수행지역과 비교하여, 프로그램의 결과로 시장 기반 교과과정을 도입한 학교의 졸업생은 보다 높은 임금의 직장을 갖게 되었는가?(인과관계 질문)

자료: 저자 작성.

평가자는 원인과 결과에 대해 위와 같은 질문을 제시해야 한다. 대부분의 개발활동이 동시에 이루어지기 때문에 결과물이 한 프로젝트로 인해 이루어진 것임을 증명하기는 매우 어렵다. 인과관계 질문을 다루는 평가를 설계할 때, 평가자는 측정하는 변화에 대한 다른 가능성을 차단하기 위해 많은 주의를 기울여야 한다.

7장에서는 인과관계 질문에 대한 평가설계와 인과관계를 규명하기 위한 분석 유형을 다루게 된다. 서술적 질문, 규범적 질문보다 인과관계 질문에 대한 답을 구하는 것이 어렵기 때문에 해당 평가질문이 계획되어 있는지, 필요한지 확인하는 것이 중요하다.

개발 프로젝트 혹은 프로그램의 집행을 위한 형성평가를 실시하는 경우, 많은 평가자는 기술적 혹은 규범적 질문만을 활용한다. 영향에 중점을 두는 평가 수행 시 인과관계 질문을 다루는데, 서술적 및 규범적 질문 역시 포함된다. 박스 6.2는 한 평가에 다양한 유형의 질문이 어떻게 활용될 수 있는지 보여준다.

4) 질문 유형과 변화이론의 관계

앞 장에서 논의한 변화 이론과 세 가지 유형의 질문은 어떤 관계인가? 프로젝트의 투입물 대비 산출물에 대한 질문은 대부분 규범적 질문이다(예: 투입된 자금으로 기한 내에 목표로 한 기자재와 서비스를 제공했는가?) 결과 달성에 대한 질문 역시 규범적 질문이다(예: 특정 기간 동안 읽기 점수가 얼마나 향상되었는가는 서술적 질문이지만, 프로젝트 관리자가 설정한 목표만큼 읽기 점수가 향상되었는가는 규범적 질문이다). 인과관계 질문은 변화이론 모델에서 가정하는 관계, 프로젝트로 인한 변화를 다룬다. 그 외의 중간결과 또는 영향으로 이어지는 변화에 대한 질문 역시 인과관계 질문이다.

결과물의 변화에 대한 질문은 종종 서술적 질문 혹은 표현이 정확하지 않은 인과관계 질문이다. 인과관계 유형의 질문을 제시하고자 한다면, 단순히 발생한 변화에 대해서가 아니라 그 변화가 해당 프로젝트로 인한 것인지를 질문해야 한다. 변화이론에서 가정한 것처럼 그 외의 결과와 영향 또한 프로젝트의 결과로 구분될 수 있다.

3. 질문 선정

평가자는 다양한 질문 가운데 어떻게 평가질문을 결정할 것인가? 크론바흐(Cronbach, 1982)는 질문 선정을 위해 확산단계와 수렴단계를 활용할 것을 제안한다.

1) 확산단계

확산단계(Divergent phase)에서 평가자는 잠재적으로 중요한 질문과 고려 사항을 포함하는 목록을 작성한다. 가급적 질문을 없애지 않고, 다양한 출처를 통해 질문을 만든다. 크론바흐(Cronbach, 1982)는 평가설계의 확산 단계를 다음과 같이 요약한다.

첫 단계는 조사를 위한 질문들을 머릿속으로 간략하게나마 구성해보는 것이다. 이 단계 자체가 평가활동으로서 자료 조사, 논리적 분석과 판단을 요구한다. 이 단계의 정보와 분석은 거의 대부분 정성적이다. 자료는 비공식적 대화, 일상적 분석과 문헌 조사를 통해 확보할 수 있다. 참가자와 이해관계자의 의견에 주의를 기울임으로써, 평가자는 아직 정책 이슈로 드러나지 않은 희망과 불만을 파악할 수 있고 정성적인 방법이 이 단계에 적합하다.

평가자는 프로젝트가 도입되었을 때 실제로 운영을 맡게 될 전문가와 수혜자를 포함해, 의사 결정을 담당하는 다양한 구성원의 관점에서 관찰해야 한다.

새로운 질문이 더는 도출되지 않으면 평가자는 질문목록을 검토한다.

2) 수렴단계

수렴단계(Convergent phase)에서는 가장 핵심적인 질문을 선정하기 위해 확산단계에서 만들어진 질문 목록을 줄여나간다. 평가자는 가장 핵심적인 질문을 어떻게 결정할 것인가? 피츠패트릭 등(Fitzpatrick, Sanders, Worthern, 2004)은 제안된 질문 중 핵심적인 질문을 결정하기 위해 다음과 같은 기준을 제시한다.

- 정보 사용자는 누구인가? 이 정보를 원하는 사람은 누구인가? 이 질문이 누락되었을 때 실망할 사람은 누구인가?
- 이 질문에 대한 대답이 불확실성을 제거하거나 또는 지금 바로 활용할 수 없는 정보를 제공할 것인가?
- 이 질문에 대한 대답이 중요한 정보를 생산할 것인가? 대답이 다음 단계에 영향을 미칠 것인가?
- 이 질문이 특정인의 일시적인 질문인가 또는 지속적으로 관심이 높은 분야에 대한 핵심적 질문인가?
- 이 질문이 누락될 경우 평가의 범위 혹은 완전성이 크게 훼손되는가?
- 주어진 예산, 인력, 시간, 방법 및 기술로 이 질문에 대한 답을 찾는 것이 가능한가?

이 기준은 매트릭스 형태로 표시 가능하며, 평가자와 의뢰인이 질문 목록을 적정 수준으로 줄여나가기 위해 활용된다(표 6.2).

표 6.2 평가질문 선정 및 우선순위 책정을 위한 매트릭스

평가질문	1	2	3	4	5	6	7	8	9	10
해당 평가질문은 주요 이해관계자의 관심사항인가?										
해당 평가질문은 현재의 불확실성을 감소시킬 수 있는가?										
해당 평가질문은 중요한 정보를 도출할 수 있는가?										
해당 평가질문은 지속적인 관심 사항인가?										
해당 평가질문은 평가의 범위 및 완전성에 결정적인가?										
해당 평가질문은 향후 평가단계에 영향을 미치는가?										
해당 평가질문은 주어진 자금 및 인적 자원, 시간, 방법 및 기술로 응답가능한가?										

자료: Fitzpatrick, Sanders and Worthen(2004).

평가자는 의뢰자와 주요 이해관계자가 제시한 질문에 특별한 주의를 기울여야 한다. 질문에 대한 의견 충돌이 있을 경우 초기 단계에서 해결해야 한다. 이 절차를 통해 평가자와 의뢰자를 포함한 모든 이해관계자가 향후 평가단계에서 매우 중요한 공동의 주인의식 혹은 파트너십을 형성할 수 있다.

4. 좋은 평가질문의 개발

좋은 평가질문을 개발하기 위해 평가자는 해당 프로젝트가 다루는 주요 이슈를 찾는 것에서 시작한다. 앞에서 언급된 바와 같이, 주요 이슈는 대부분 유사 프로젝트에 대한 평가 결과, 변화이론, 관련 문서와 이해관계자 및 의뢰인과의 논의를 통해 발굴된다.

영아 사망률 감소를 목표로 한 프로젝트 평가 시 포함되어야 할 주요 이슈는 다음과 같다.

- 영아 사망의 다양한 원인

- 현재 진행 중인 다른 프로젝트
- 저소득층 어머니를 위한 지원 수단의 효과성
- 영양 보충제의 의도치 않은 목적으로의 활용범위와 특성

이후 평가자는 이러한 이슈들이 해당 프로젝트의 실행으로 영향을 받았는지 결정하기 위한 질문을 도출할 수 있다. 위 주제에 대한 질문 예시는 다음과 같다.

- 이 프로젝트에서는 어떤 지원 수단을 사용했는가?
- 그중 가장 효과적인 지원 방법은 무엇인가?
- 프로젝트 수행 기간 동안 생명에 위협적인 영유아 질병 발병률은 얼마인가?
- 유아 사망률은 어느 정도 감소했는가?
- 모자 보건을 위해 진행되고 있는 다른 노력은 어떤 것이 있는가?

'건강검진과 영양보충제를 받은 여성의 수'와 같이 한 가지 이상의 이슈를 다루는 질문은 지양해야 한다. 이 질문은 두 가지 질문으로 나뉘어야 한다('건강검진을 받은 여성의 수는 몇인가?', '영양 보충제를 받은 여성의 수는 몇인가?').
표현을 달리함으로써 한 이슈에 대하여 세 가지 질문 유형을 모두 다룰 수 있다. 예를 들어, 지뢰로 인한 부상 및 사망 피해를 줄이기 위한 프로젝트에 대한 평가는 다음과 같은 질문을 포함할 수 있다.

- 지뢰 관련 피해가 가장 많이 발생하는 지역은 어디인가?(서술적)
- 해당 프로젝트는 정해진 기간 동안 목표한 1,000개의 지뢰를 제거하는 목표를 달성했는가?(규범적)
- 프로젝트의 수행을 통해 지뢰로 인한 사상자 수가 감소했는가?(인과관계)

평가질문을 개발하는 데 다음과 같은 제안이 도움이 될 수 있다.

- 각 평가질문과 평가의 목적 사이에 명확한 상관관계를 확립
- 평가질문은 최대 관심 주제를 대상으로 개발
- 응답 가능한 평가질문을 개발
- 현실적인 수의 질문을 유지
- 부수적인 질문이 아닌, 필수적으로 논의되어야 할 주요 질문에 집중
- 시간 및 한정된 자원 내에서 응답 가능한 질문으로 개발
- 프로젝트 주기에 따라 평가시기 고려. 예를 들어 프로젝트의 영향력에 대한 평가
  는 프로젝트의 수행이 몇 년간 전면적으로 시행된 후에 진행

5. 평가설계

평가자는 건축가가 건물을 설계하듯 평가를 설계한다. 평가설계는 평가구
성에 대한 계획으로, 평가에 대한 집행 계획을 의미하는 것은 아니다.
평가설계는 다음과 같은 요소를 포함한다.

- 핵심 평가 이슈 혹은 질문
- 일반적인 평가 접근방식
- 구체적인 평가질문 및 하위질문
- 정보수집을 위한 조작화(측정 및 지표), 정보 출처 및 방법론적 전략
- 분석 계획
- 보고 계획

패튼(Patton, 1997)은 평가설계의 두 가지 이슈를 개념적(Conceptual) 이슈

와 기술적(Technical) 이슈로 구분해 제시한다. 개념적 이슈는 관계자들이 평가에 대해 어떻게 생각하는지를 중점적으로 다룬다. 이는 평가의 목적 설정, 주요 이해관계자, 관련 정치적 이슈를 포함한다.

기술적 이슈는 정보를 수집하고 분석하는 계획과 관련된 내용을 다룬다. 기술적 이슈는 모든 평가에 필요한 설계 매트릭스의 중심이다. 설계 매트릭스는 각 평가질문 혹은 하위 질문에 대해 다음과 같은 사항을 포함해야 한다.

- 평가질문 및 하위 질문의 유형(서술적·규범적·인과관계)
- 평가질문 혹은 하위 질문에 응답하는 방안(지표 혹은 변수)(예: 지역 주택 증가율 혹은 예방접종한 아동의 수)
- 각 유형의 질문에 대한 정보를 제공하기 위해 적합한 방법론적 설계
- 각 질문 혹은 하위 질문에 대한 정보의 출처
- 표본추출 틀(sampling framework)의 필요 여부 및 필요시 활용될 표본추출 틀의 종류
- 각 질문 및 하위질문별 정보 수집 수단
- 정보의 분석 및 보고 방식

때로 명시된 목표와 달성시한이 정해진 성과 지표를 통해 평가질문에 대한 답을 모색할 수 있지만, 이는 이상적인 경우이다. 해당 프로젝트를 위한 모니터링 및 평가 프레임워크가 개발되었거나, 해당 프로젝트가 관련 부문 또는 정부 부처와 같이 보다 큰 모니터링 체계의 일부분인 경우가 대다수이다. 구체적인 목표 설정의 유무를 떠나 기초선 데이터의 유무는 반드시 명시해야 한다.

완성된 평가 매트릭스는 곧 평가설계를 대표한다. 그러나 평가설계는 평가에 따르는 과업 및 과업을 누가, 언제 수행하는지는 포함하지 않으므로 완성된 작업계획으로 볼 수는 없다. 완성된 작업계획은 12장에서 다룬다.

1) 평가설계 단계

이상적으로, 평가절차는 프로젝트 설계에서부터 시작한다. 이후 몇 가지 중요한 단계를 통해 진행된다.

■ 단계 1: 평가계획 혹은 범위 설정

초기 평가계획 및 범위 설정 단계는 평가의 성격 및 범위를 결정한다. 이 단계에서 평가의 주요 목적, 논의를 진행해야 하는 이해관계자, 평가자 및 결과 도출을 위한 일정 등을 결정한다. 이 단계는 탐색 기간으로서, 주요 의뢰인 및 기타 이해관계자의 관점, 관련 문헌 검토 및 해당 프로젝트에 영향을 끼칠 수 있는 관련 프로젝트, 프로그램 및 정책 등을 고려해 주요 이슈를 파악한다. 또한 변화이론 및 변화이론에 기반을 둔 가정을 개발하거나 수정한다.

■ 단계 2: 평가설계

초기 평가계획 및 범위설정 단계의 마지막에는 평가 접근방법을 결정하기 위해 평가 내용에 대한 충분한 이해가 이루어져야 한다. 평가계획의 핵심은 평가 매트릭스로 끝나는 설계 단계다. 전체적인 평가설계에 문제가 있는 경우, 프로젝트의 성과에 대한 결론을 도출하는 데 문제가 발생한다.

일반적으로 전체적인 평가설계를 확정하기 전에 평가 후원자(의뢰인) 및 기타 주요 이해관계자에게 평가설계를 소개하고 논의하는 것이 바람직하다. 이를 통해 뜻밖의 일을 예방하고 평가활동에 대한 관계자들의 이해와 지원을 확보한다. 자문 수렴과 동료검토 또한 평가설계의 품질을 제고하기 위해 유용한 절차이다. 높은 관심을 받고 있는 평가의 경우, 평가설계 초안을 인터넷을 통해 공개하고 검토의견을 구하는 것도 가능하다.

평가설계 매트릭스는 평가 직무기술서(Terms of Reference: TOR)를 개발하는 데 기초로 활용될 수 있다. TOR는 평가활동에 대한 직무기술서로, 국제적인 평가의 경우 평가팀을 위한 가이드라인으로 활용된다. 평가를 위한 범위 설정과 기초 조사가 외부 컨설턴트에 의해 이루어질 경우, 평가설계 매트릭스를 산출물로 설정하는 것이 바람직하다. 그 후에, 평가설계 도입을 위한 별도의 TOR를 작성할 수 있다.

■ 단계 3: 평가실시

'평가실시' 단계는 정보의 수집 및 분석 활동을 포함한다. 일반적으로 다양한 종류의 정보를 수집해야 할 경우(혹은 유사한 정보를 다양한 출처에서 수집하는 경우), 다양한 도구를 개발해 검증해야 한다. 종종 정보 수집과 동시에 정보 분석이 이루어진다.

정보수집의 단계의 2/3 지점 정도에서 평가팀은 **스토리 컨퍼런스***를 개최하여 조사 결과를 검토하고 새로 나타난 이슈와 주요 메시지를 확인해야 한다. 스토리 컨퍼런스는 초기 단계에 3~5개의 주요 메시지에 대한 합의를 이루는 유용한 방법이다. 스토리 컨퍼런스의 목적은 주요 주제에 대한 합의를 이루고, 평가의 주요 이슈와 질문들이 다루어지고 있는지 점검하는 데 있다(평가보고서의 목차는 평가질문으로 구성될 수 있다. 그러나 모든 평가질문이 동등한 관심의 대상이 아닐 수 있으니, 최종 보고서 구성과 주요 의사 결정자에게 보고 시 주요 메시지 혹은 주제별로 구성하는 것이 보다 효과적일 수 있다).

■ 단계 4: 평가 결과 보고

보고 단계에서는 평가 결과의 초안을 프로젝트 시행기관과 논의하여, 보고서 초안 작성과 제언사항이 개발되기 전에 사실관계 오류를 정정하고 새로운 정보를 고려할 수 있다. 자료분석을 완료한 후 결과를 작성하고, 초안을

---

* **스토리 컨퍼런스**(story conference): 평가팀이 주제에 대해 논의하고 확인하고, 평가의 주요 이슈들이 다루어지고 있는지를 확인하는 미팅.

검토하며, 이에 대한 적합한 검토의견을 반영한 최종 보고서를 의뢰인 및 주요 이해관계자에게 보고한다.

일반적으로 보고서는 평가의 배경 및 정황, 목적, 범위 및 방법론을 설명하고 조사 결과(의도한 결과와 의도하지 않은 결과 모두)를 보고한다. 또한 교훈 및 제안 사항을 포함한다. 프로젝트에서 효과적으로 기능하지 않은 사항과 그 원인을 이해하는 것이 효과적으로 기능한 사항과 그 원인을 이해하는 것만큼 중요하므로 분명하게 작성되어야 한다. 또한 보고서는 청중을 고려하여 전문용어 없이 이해하기 쉽게 작성되어야 한다(13장에서 보고서 작성에 대해 더 자세히 다룬다).

■ 단계 5: 평가 결과 배포 및 후속 조치

평가계획은 평가 의뢰인 및 이해관계자뿐만이 아닌 평가팀 내부 커뮤니케이션 계획을 포함해야 하며, 평가 결과의 배포가 완료되어야 평가가 종료된다. 따라서 평가 결과 배포계획의 수립은 평가계획 수립의 중요한 단계이다. 또한 평가 결과를 항상 서면으로 보고해야 하는 것은 아니다. 평가가 진행 중일 경우, 특히 조사 결과가 예상 밖이거나 혹은 매우 중요한 경우, 조사 결과를 전달하는 브리핑이 매우 유용하다.

평가 이후 다음과 같은 활동이 이어진다.

- 프로젝트 및 프로그램의 변경
- 평가를 통해 발견된 장애 제거
- 향후 정책 및 프로젝트 개발 시 시사점 제시(변화이론의 수정)
- 교훈을 바탕으로 향후 방법 제시
- 문제의 성격에 대한 이해 재조명

많은 기관이 평가 결과에 따른 제안을 조치하기 위한 공식적인 체계를 마런하고 있다. 주제·분야·지역·시기에 따라 해당 데이터베이스를 검색할 수 있는 있는 경우, 평가 결과를 활용하는 데 유용하다. 하지만 이와 같은 시스템의 유무와 상관없이 평가자는 읽기 전용 전자문서 형태로 평가 결과 보고서를 관련 평가 지식 데이터베이스로 송부하는 것을 고려해야 한다. 또한 평가 결과를 관련 학회에서 발표하거나 학회저널 발간을 위해 보고서를 제출하는 것을 고려해볼 수 있다.

■ 단계 간의 관계

평가의 다양한 단계는 박스 6.3에 요약되어 있다. 다양한 요소 간의 관계는 그림 6.2에 설명되어 있다.

박스 6.3 평가의 5단계

단계 1: 평가계획 혹은 범위의 수립

프로젝트에 대한 충분한 이해

- 평가의 주요 의뢰인과의 면담
- 기타 주요 이해관계자 확인 및 면담
- 프로젝트 배경 조사 및 바탕 자료 수집
- 관련 프로젝트 평가 결과 조사
- 기존 평가 검토를 통해 이슈, 설계, 자료수집 전략 파악
- 프로젝트 관리직원 면담
- 프로젝트의 변화이론 검토 및 보완

단계 2: 평가설계

평가질문과 이슈 결정

의뢰인 면담을 통해 평가의 주요 목적, 중요 이슈, 시기적 필요성 확인

기타 주요 이해관계자 면담을 통해 평가에 포함할 수 있는 이슈 및 관심사항 확인

컨설턴트 고용 및 출장 경비, 팀 구성원, 기술 등 평가를 위해 투입가능한 자원 파악

시기를 비롯한 이해관계자의 수요 파악

평가 직무기술서(TOR) 및 매트릭스 준비

- 평가 유형 확인
- 평가질문 및 하위 질문 확인

- 각 평가질문 및 하위 질문에 대한 측정 방법 선정
- 각 평가질문 및 하위 질문에 대한 자료 출처 확인
- 각 평가질문 및 하위 질문에 적합한 평가설계 확인
- 각 평가질문 및 하위 질문에 대한 표본추출 방법을 포함한 자료수집 전략 수립
- 자료분석 전략 수립
- 필요 자원 및 시간 확인

단계 3: 평가실시
- 평가설계에 대해 의뢰인 및 주요 이해관계자에게 보고
- 평가방법 검토, 자료 수집인력 교육, 행동규칙 개발 등을 포함한 업무계획 수립
- 자료 수집
- 데이터베이스 설계(평가설계 단계의 일부로 시행되지 않은 경우) 및 정제를 통해 정보 분석 준비
- 데이터 분석
- 도표 생성
- 평가 결과를 체계적으로 구성

단계 4: 평가 결과 보고
- 스토리 컨퍼런스 개최
- 주요 평가 결과 및 주제 확인: 성공 및 실패요소, 개선 필요 사항 등
- 보고서 작성
- 주요 평가 결과에 대해 의뢰인에 보고
- 주요 평가 결과에 대해 프로젝트 관리자 및 주요 이해관계자에 보고 후 필요사항 수정
- 보고서 초안에 대한 프로젝트 관리자 검토의견 수렴
- 명확하고, 구체적이며 이행대상이 명시된 제언사항 도출
- 평가 결과와 제언사항 간의 연계성 점검

단계 5: 평가 결과 공유 및 후속 조치
- 평가 결과의 공유 형태(예: 보고, 2~4페이지의 요약 보고서, 보고서 전문, 심층 워크숍) 검토 및 실시
- 교훈 확인 및 공유 방안 검토
- 공식적인 제안사항의 후속조치 이행 방안 확인
- 평가보고서 DB에 읽기 전용 전자파일 업로드
- 전문 기관 및 관련 학술 저널을 통한 추가적인 공유 방법 고려

자료: 저자 작성.

그림 6.2 개발평가 접근법

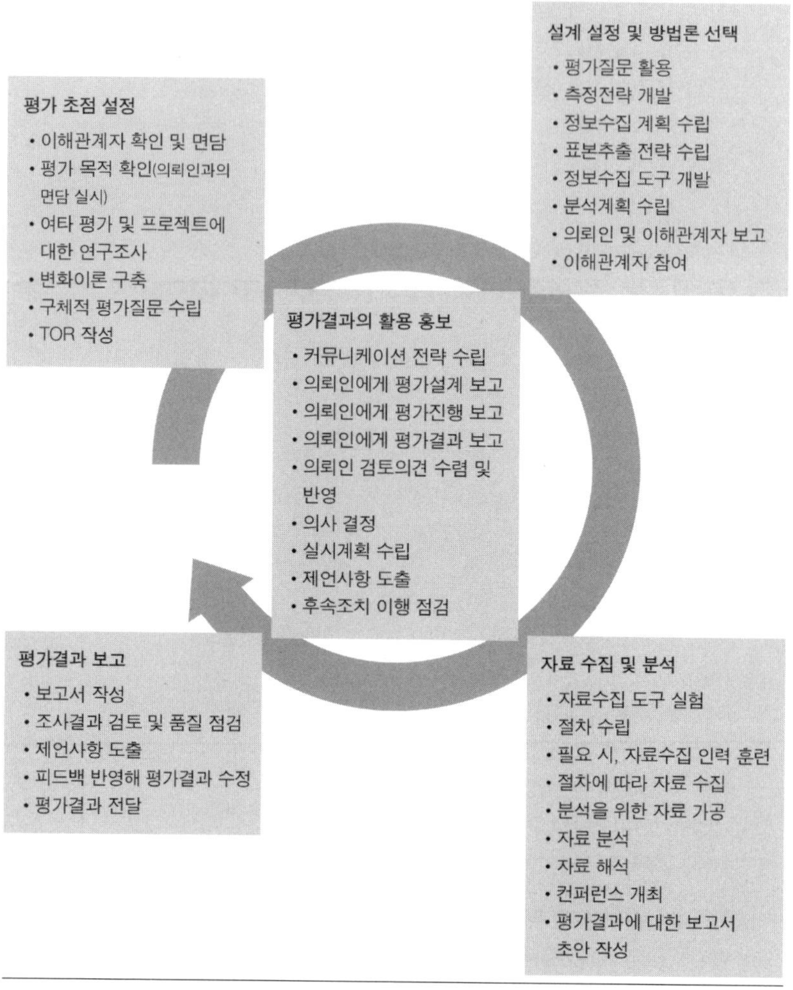

설계 설정 및 방법론 선택

- 평가질문 활용
- 측정전략 개발
- 정보수집 계획 수립
- 표본추출 전략 수립
- 정보수집 도구 개발
- 분석계획 수립
- 의뢰인 및 이해관계자 보고
- 이해관계자 참여

평가 초점 설정

- 이해관계자 확인 및 면담
- 평가 목적 확인(의뢰인과의 면담 실시)
- 여타 평가 및 프로젝트에 대한 연구조사
- 변화이론 구축
- 구체적 평가질문 수립
- TOR 작성

평가결과의 활용 홍보

- 커뮤니케이션 전략 수립
- 의뢰인에게 평가설계 보고
- 의뢰인에게 평가진행 보고
- 의뢰인에게 평가결과 보고
- 의뢰인 검토의견 수렴 및 반영
- 의사 결정
- 실시계획 수립
- 제언사항 도출
- 후속조치 이행 점검

평가결과 보고

- 보고서 작성
- 조사결과 검토 및 품질 점검
- 제언사항 도출
- 피드백 반영해 평가결과 수정
- 평가결과 전달

자료 수집 및 분석

- 자료수집 도구 실험
- 절차 수립
- 필요 시, 자료수집 인력 훈련
- 절차에 따라 자료 수집
- 분석을 위한 자료 가공
- 자료 분석
- 자료 해석
- 컨퍼런스 개최
- 평가결과에 대한 보고서 초안 작성

그림 6.2는 평가 결과의 활용이 전체 평가절차의 구심점에 있음을 보여준다. 즉, 평가 결과의 활용은 평가의 중심적인 요소로서 평가의 마지막 단계에 고려하는 것이 아니라 평가 결과의 활용 방안에 따라 평가단계 및 절차를 진행하는 것이다.

2) 평가설계 매트릭스

평가설계 매트릭스는 평가계획을 체계화하는 유용한 도구로 크게 주목받고 있다. 평가설계 매트릭스는 평가질문과 정보 수집계획을 조직한다. 매트릭스는 서술적·규범적·인과관계 질문을 평가설계와 방법론과 연계한다. 평가설계 매트릭스는 계획 도구로서 유용할 뿐 아니라 평가 결과의 활용과 평가자와 프로젝트 관리자들 간의 협력을 증진시킨다.

평가자는 평가의 필요 요소를 파악하고 각 단계에서 그 요소들을 명확하게 연결할 수 있는 도구가 필요하다. 프로젝트를 분석하기 위한 도구(평가의 맥락, 측정 가능한 목적, 정보 수집 및 분석 결과)와 전략은 각 평가자별로 다양할 것이다. 일부 평가자는 직접 평가 도구를 설계하기도 한다.

평가설계 매트릭스의 목적은 평가 목적과 질문을 조직하고 적합한 평가정보 수집 기술과 연계하는 것이다. 설계 매트릭스는 일반적으로 다음과 같은 요소를 포함한다.

- 주요 평가 이슈
- 일반적인 접근방식
- 평가질문 및 하위 질문
- 평가질문 및 하위 질문의 유형
- 측정방식 및 지표
- 목표 혹은 기준(규범적 질문의 경우)
- 기초선 데이터의 유무
- 설계전략
- 정보 출처
- 표본 혹은 인구조사
- 정보수집 도구

- 정보분석 및 도표
- 의견

    정보수집 절차와 업무분장, 일정, 업무수행계획서, 커뮤니케이션 계획 또한 추가되거나 관련된 도구로 활용될 수 있다. 각 평가질문마다 한 가지 또는 다수의 정보 수집방법이 활용되기도 한다. 평가설계 매트릭스는 계획된 정보 출처를 포함하는데, 평가계획 단계에서 실행 단계로 넘어감에 따라 정보 출처가 다양해지고 명확해질 수 있다.

    평가 매트릭스는 다른 계획 도구와 마찬가지로 평가가 진행됨에 따라 수정이 필요할 수 있다. 평가를 진행하면서, 평가자는 매트릭스를 검토하고 보완하여 평가수행을 위한 가이드로 활용한다. 최초의 계획이 문제의 발생을 최소화해야 하나, 최선의 계획도 예상치 못한 사건이 일어나는 것을 막을 수 없다. 그림 6.3은 설계 매트릭스를 위한 양식이다.

    설계 매트릭스에서는 필요에 따라 평가질문을 하위질문으로 세분화한다. 각 하위 질문마다 △하위 질문의 유형(서술적·규범적·인과관계) △측정(변수, 지표) 방법, △규범적 질문일 경우, 비교분석할 수 있는 목표 혹은 기준, △기초선 데이터 유무, △정보 출처, △실제 설계 전략, △ 표본추출 필요 여부 및 종류, △자료수집 도구, △분석방법, △기타 유의 사항 등이 명시되어야 한다. 기타 유의 사항으로는 자료 품질 검토, 평가설계의 한계, 정보 도식화 등에 대한 노트가 포함된다.

    매트릭스는 보통 규격 용지 한 장 또는 두 장에 이어 작성한다. 일부 평가자는 각 하위 질문별로 매트릭스를 세로로 작성하는 것을 선호한다. 사용하는 양식에 상관없이 평가자는 각 하위질문의 모든 정보를 채워야 한다.

    완성된 매트릭스를 통해 의사결정자는 평가수행을 위해 필요한 사항과 각 평가질문이 어떻게 다루어질지 이해할 수 있다. 매트릭스의 각 열을 작성하는 내용은 다음 장에서 보다 자세히 다룰 것이다.

그림 6.3 평가설계 매트릭스(Design Matrix) 양식

평가대상 프로그램: _____
주요 평가 이슈: _____
전반적 평가 접근방식: _____

질문	하위 질문	하위 질문 유형	척도 혹은 지수	목표 혹은 기준	기초선 자료	정보 출처	설계	표본 또는 전수조사	정보수집 방법	정보 분석	비고

매트릭스를 활용해 평가를 계획하는 독자는 질문과 하위질문, 하위질문의 유형을 파악할 수 있다. 또한 기초선 조사 결과의 유무, 측정 혹은 지표, 목표 (규범적 하위 질문일 경우) 등을 작성할 수 있다.

서술적 질문의 하위질문은 서술적 질문이다. 규범적 질문의 하위질문은 서술적 질문일 수 있으나, 최소 1개 이상은 규범적 질문이어야 한다. 인과관계 질문 역시 하위질문 중 최소 하나는 인과관계 질문이어야 하나, 서술적·규범적 질문 또한 포함될 수 있다.

요약

평가자는 주요 의뢰인과 이해관계자와의 협력을 통해 평가질문을 발굴해야 한다. 배경조사, 주요 의뢰인 및 이해관계자 면담, 변화이론 개발, 주요 가설 발굴을 마친 후, 질문 목록을 작성하고 주요 평가질문을 선정한다. 또한 주요 평가 이슈를 모두 다루었는지 평가질문을 검토해야 한다.

평가자는 서술적·규범적·인과관계 질문을 활용한다. 각 질문의 표현은 평가질문의 답을 구하는 방법을 결정하기 때문에 매우 중요하다.

평가설계를 위해서는 평가설계 매트릭스를 활용하는 것을 추천한다. 평가설계 매트릭스를 통해 평가질문과 설계, 정보 수집 및 분석 전략을 조직하고 체계화할 수 있다. 다음 장에서는 평가설계 매트릭스 작성을 위한 단계별 가이드라인을 제공한다.

응용연습 6.1 질문의 유형

농촌 여성의 보건의료 예방 계획(Initiative)에 대한 아래 각 질문의 유형을 구분하라. 필요한 경우, 해당 유형의 평가질문에 맞도록 보다 명확하게 수정하라.

① 해당 계획이 계획한 대로 첫 달에 30명의 농촌 여성을 대상으로 서비스를 제공했는가?

② 가장 많은 수의 수혜 여성이 참여할 수 있는 장소와 시간에 해당 서비스가 제공되었는가?

③ 외지에 있는 여성을 해당 계획의 수혜자로 참여시킬 수 있는 최선의 방안은 무엇인가?

④ 프로젝트에 참여한 여성의 건강 문제가 참여하지 않은 여성보다 빨리 발견되었는가?

⑤ 프로젝트 도입 이후 몇 명의 여성을 대상으로 어떤 서비스가 제공되었는가?

⑥ 다른 농촌 지역 여성 대상 보건의료 프로젝트와 비교해, 해당 프로젝트는 얼마나 효과적이었는가?

⑦ 해당 프로젝트가 참여자 여성, 그 가족 그리고 보다 광범위한 지역 공동체에 미친 영향은 무엇인가?

⑧ 해당 프로젝트를 통해 제공된 조언, 정보, 지원 및 기타 서비스에 대한 참여자 만족도는 어떠한가?

⑨ 해당 농촌 지역 여성 보건의료 프로젝트는 관련 정부의 효율성 기준에 부합하는가?

⑩ 참여자들이 느끼는 해당 프로젝트의 영향은 무엇인가?

⑪ 수혜 여성들은 얼마나 참여기준에 부합하는가?

⑫ 해당 프로젝트는 참여 여성의 보건의료 예방 지식 향상이라는 목적을 달성했는가?

응용연습 6.2 질문 유형 변경

다음 각 프로젝트마다 서술적·규범적·인과관계 질문을 하나씩 작성하라.

① 청년 직업훈련 프로젝트

② 중앙 시장과 세 공동체를 연결하는 도로 건설 프로젝트

참고문헌

Cronbach, L. J. 1982. *Designing Evaluations of Educational and Social Programs*. San Francisco: Jossey-Bass.

Feuerstein, M. T. 1986. *Partners in Evaluation: Evaluating Development and Community*

Programs with Participants. London: MacMillan, in association with Teaching Aids at Low Cost.

Fitzpatrick, Jody L., James R. Sanders, and Blaine R. Worthen. 2004. *Program Evaluation: Alternative Approaches and Practical Guidelines*. New York: Pearson Education Inc.

Human Rights Resource Center. 2000. "Questions about Evaluation." In *The Human Rights Education Handbook: Effective Practices for Learning, Action, and Change*. University of Minnesota, Minneapolis. http://www1.umn.edu/humanrts/edumat/hreduseries/hrhandbook/part6B.html.

Lawrence, J. 1989. "Engaging Recipients in Development Evaluation: The 'Stakeholder' Approach." *Evaluation Review* 13(3): 243-56.

OECD(Organisation for Economic Co-operation and Development). 2007. *Criteria for Evaluating Development Assistance*. Development Assistance Committee. http://www.oecd.org/document/22/0,2340,en_2649_201185_2086550_1_1_1_1,00.html.

Patton, Michael Quinn. 1997. *Utilization-Focused Evaluation*. 3rd ed. Thousand Oaks, CA: Sage Publications.

_____. 2002. *Qualitative Research and Evaluation Methods*. 3rd ed. Thousand Oaks, CA: Sage Publications.

Rist, R. C. 1994. "Influencing the Policy Process with Qualitative Research." In *Handbook of Qualitative Research*, ed. N. K. Denzin and Y. S. Lincoln, 545-57. Thousand Oaks, CA: Sage Publications.

Shadish, William 1998. "Some Evaluation Questions." *Practical Assessment, Research & Evaluation* 63. http://PAREonline.net/getvn.asp?v=6&n=3. Also available from ERIC/AE Digest at http://www.ericdigests.org/1999-2/some.htm.

웹사이트

Kellogg Foundation. 2004. *Evaluation Logic Model Development Guide*. http://www.wkkf.org/pubs/tools/evaluation/pub3669.pdf.

World Bank. 1996. *Participation Sourcebook*. http://www.worldbank.org/wbi/sourcebook/sbhome.htm.

7장

평가질문에 따른
평가설계의 선택

평가질문을 선택한 후, 평가자는 각 질문에 가장 적합한 평가설계 접근법을 선택한다. 이번 장에서는 평가설계에 대한 지침을 제공하고, 다양한 설계의 장단점을 짚어볼 것이다. 평가 시 각 상황에 맞는 평가설계를 선택해야 한다.

이번 장은 5개 주요 부분으로 구성된다.
- 평가질문과 설계의 연계
- 인과관계 질문의 설계
- 서술적 질문의 설계
- 규범적 질문을 위한 설계
- 보다 엄격한 평가설계의 필요성

1. 평가질문과 설계의 연계

평가를 수행하면서, 우리는 평가질문에 대한 답을 찾고자 한다. 6장에서 서술적·규범적·인과관계 질문 등 세 가지 유형의 질문을 소개했다. 평가질문을 수립한 후에는 그 질문에 적합한 평가설계를 수립해야 한다. 예컨대 인과관계 질문이 제시된다면, 해당 질문에 답할 수 있는 평가설계를 채택해야 한다.

개발의제에 대한 답을 찾는 것은 마치 마을 사람들이 모여 그 마을 문제를 어떻게 해결할지 논의하는 것과 같다(박스 7.1). 질문에 대한 답을 모색하는 과정에서, 평가자도 마을 사람도 항상 옳은 단계를 밟는 것은 아니다.

첫 번째로 발생할 수 있는 실수는 자료수집 전략을 선택할 때 시작된다. 코끼리가 떠난 이유를 묻는 소녀의 질문에 대답하기 위해, 마을의 연장자는 이렇게 말할 수 있다. "무엇 때문에 코끼리가 떠나게 되었는지 마을 사람들이 이야기하는 바를 조사해보자." 그러나 자료수집부터 시작한다면 필요한 정보를 얻지 못할 가능성이 높다.

두 번째 나타날 수 있는 실수는 각 평가에는 하나의 설계만 수립해야 한다고 생각하는 것이다. 하나의 평가는 여러 질문을 다루며, 각 질문에 따른 적절한 설계가 필요하다. 인과관계 질문에 대한 평가라고 해도 서술적·규범적 질문을 고려해야 한다.

박스 7.1 무엇 때문에 코끼리가 떠났나?

매년 두 차례씩 코끼리들이 어느 아프리카 마을을 침입해 마을을 휘젓고 다녔다. 모든 마을 사람들은 코끼리를 내쫓기로 했다. 몇몇은 주전자나 프라이팬을 두드리고, 다른 이들은 휘파람을 불고 고함을 쳤다. 다른 사람들은 땅을 지키기 위해 먼지를 일으키며 돌아다녔다.

코끼리가 마을을 떠난 후, 한 어린 소녀가 물었다. "왜 코끼리가 마을을 떠났죠?" 마을 사람들이 대답했다. "우리가 몰아냈기 때문이야." 소녀는 다시 물었다. "하지만 무엇이 코끼리를 몰아낸 건가요? 주전자 두드리는 소리나, 휘파람, 시끄러운 소리, 먼지 중 무엇인가요?"

코끼리의 예에서 보듯, 심층적인 사례조사를 통해 코끼리가 떠나게 된 요인은 프라이팬 두드리기나 먼지가 아니라는 것을 확인할 수 있다. 마을은 단지 코끼리의 이동 경로에 위치해 있던 것일 수도 있다.

1) 설계의 주요 종류

평가자가 선택할 수 있는 설계 방법에는 실험적 설계, 준(準)실험적 설계, 비실험적 설계 등 크게 세 가지 종류가 있다.

■ 실험적 설계[*]

많은 평가자는 실험적 설계(무작위 실험 또는 진실험)가 평가에 가장 강력하고 확실한 설계라고 생각한다. 그러나 이에 동의하지 않는 사람들도 있다. 6장에서 논의했듯이, 평가자는 가능한 한 엄격해야 하지만, 올바른 평가설계란 그 평가질문에 대한 답을 찾는 데 적합한 설계이다. 실험적 설계에서는 만일 해당 개발 프로그램을 수행하지 않았다면, 원하는 결과가 달성되지 않았을 것이라는 것을 보여주어야 한다. 마을의 코끼리의 예에서 평가자는, 만약 마을 사람들이 주전자를 두드리지 않거나, 휘파람 및 다른 큰 소음을 내지 않았다면 코끼리가 마을을 떠나지 않았을 것이라는 점을 증명해야 한다.

개발 프로젝트가 해당 지역의 변화(결과)의 원인이라는 점을 증명하기 위해서, 실험설계는 프로젝트를 수행한 집단과 그렇지 않은 집단의 결과를 비교한다. 실험설계를 다른 설계와 구분하는 주요 기준은 집단의 무작위 선정이다. 무작위 선정을 통해 각 집단에 배치된 사람들은 그 배경, 성별, 상황, 시기 등에서 유사해야 한다.

....

[*] **실험적 설계**(Experimental design): 모집단을 무작위로 적어도 2개의 집단에 배치하는 사전 평가설계의 한 유형. 모집단의 모든 사람은 수행(실험군) 혹은 비수행(대조군)에 배치되도록 동등한 기회가 주어진다.

어느 정부가 30개 마을에서 코끼리가 집과 식량을 파괴하는 문제를 보고 받았다고 가정해보자. 정부는 코끼리와 마을 사람들이 조화를 이루어 살 수 있는 방식으로 이 문제를 해결하기 위해 동물 행동 전문가를 고용했다. 하지만 이 전문가는 20개의 마을에서만 활동할 수 있다. 전문가의 도움을 받게 되는 20개의 마을을 무작위로 선정하고, 그 외의 10개의 마을은 대조군의 역할을 하기로 했다. 실험군과 대조군에서의 코끼리에 대한 태도와 식량 손실 및 다른 피해에 대한 기초 자료를 파악하기 위해, 30개 마을의 성인을 대상으로 설문조사를 실시한다. 실험군을 선정하기 위해 30개 마을의 이름을 적은 종이를 그릇에 담는다. 마을의 연장자들이 함께 모여서 가장 나이 많은 10명이 그릇에 담긴 접힌 종이를 하나씩 선택하도록 한다. 각 종이에 적힌 이름을 읽으면, 그 마을 이름을 칠판에 적는다. 10개 마을을 모두 확인하면 대조군이 정해진다. 동물 행동 전문가의 업무 목표는 문제를 줄이고 피해를 감소시키는 것이다. 만약 행동학자의 활동이 효과가 있고 그 외의 다른 사항은 모두 그대로라면 실험군 마을과 대조군 마을 간에는 차이점이 있을 것이다. 이 예시에서의 동물 행동 전문가의 활동이 바로 개발 프로젝트이다.

■ 준실험적 설계[*]

준실험적 설계는 실험적 설계와 유사하지만 대상을 집단으로 무작위 배치하지 않는다는 점에서 구별된다. 준실험적 설계는 무작위 선정이 필요하지 않고 비교 집단을 설정하면 되기 때문에 실험적 설계보다 실현 가능성이 높다.

준실험적 설계는 유사한 집단을 비교하는데, 그런 집단은 서로 다르지만 비슷한 마을 안에 있거나, 한 집단을 다른 시점을 기준으로(이전과 이후) 나눌

[*] 준실험적 설계(Quasi-experimental design): 수행과 비수행 혹은 무작위 배치를 하지 않고 사전 사후 비교를 통해 집단을 형성하거나 혹은 반복측정을 시간을 두고 행하는 평가설계의 한 유형.

수도 있다. 예를 들면 마을의 코끼리 이야기에서 평가자는 같은 지역, 같은 기후, 코끼리 수가 같고, 마을 인구수도 같은 두 마을을 선정할 수 있다. 한 마을에서는 특정 방법을 실험하고(주전자 두드리기), 다른 마을에서는 하지 않는다.

혹은 코끼리가 도착했을 때 마을 사람들의 대응행동을 변경함으로써 두 집단을 선정할 수도 있다. 처음에 코끼리가 왔을 때, 마을 사람들은 주전자를 두드린다. 코끼리가 두 번째 왔을 때는 주전자를 두드리지 않는다. 그러면 한 집단 안에서 코끼리의 반응을 비교할 수 있는 두 가지의 경우가 생기는 것이다.

두 가지 예에서, 두 집단은 비슷하지만 똑같지는 않다. 첫 번째 예에서는 두 집단 간의 차이와 환경이 결과에 영향을 미쳤을지 모른다. 두 번째 예에서 두 가지 상황의 차이점은 마을 사람들의 행위이다. 준실험적 설계를 통해서는 개발 프로젝트와 그 결과 간의 인과관계를 정확히 증명하지는 못한다. 그러나 평가자는 많은 정보를 습득할 수 있고 원인과 영향에 대한 합리적인 가정을 내릴 수 있다.

■ 비실험적 혹은 서술적 설계

비실험적 혹은 서술적 설계*는 한 집단을 다른 집단과 비교하지 않고, 개발 프로젝트와 그 결과 간의 관계에 대해 기술한다. 예를 들면, 비실험적 설계에서 평가자는 언제, 어디서, 누구를 표본으로 추출할지 선택한다. 2개 혹은 그 이상의 일치하거나 유사한 표본은 만들지 않는다.

비실험적 평가는 평가질문과 관련된 적합한 자료를 수집하기 위해 기존의 자료나 정보, 설문조사, 혹은 포커스 그룹 분석을 이용한다. 비실험적 설계는 대개 특징, 빈도수, 연계성을 살펴본다(Project STAR, 2006).

---

* 비실험적 혹은 서술적 설계(Nonexperimental design or descriptive design): 실험군과 대조군을 만들지 않고 서술에 중점을 둔 설계.

표 7.1 실험적 · 준실험적 · 비실험적 설계의 주요 특징들

평가설계의 종류	무작위 배치 대조군	작위적 비교군	반복 측정
실험적	예	아니오	예
준실험적	아니오	가능함	가능함
비실험적	아니오	아니오	아니오

자료: 저자 작성.

표 7.1에 세 가지 설계의 주요 특징이 요약되어 있다.

■ 설계 표기법

평가설계는 가끔 X나 O를 사용하여 표현하기도 한다. X는 프로젝트의 수행이나 실험을 나타내고, O는 관찰을 나타낸다. 각각의 실험과 관찰을 구별하기 위해 아래 첨자로 표시하기도 한다. 예를 들어, 한 번의 실험과 이어지는 관찰로 구성된 평가설계의 표기법은 다음과 같다.

$$X \quad O_1$$

한 번의 관찰과 실험, 그리고 이후 두 번의 관찰로 구성된 평가설계는 다음과 같이 표기할 것이다.

$$O_1 \quad X \quad O_2 \quad O_3$$

설계 안에서 각 집단은 서로 다른 줄에 제시된다. 다음의 표기법은 2개의 집단, 즉 실험을 한 집단과 하지 않은 집단의 평가설계의 표기법을 보여준다.

$$O_1 \quad X \quad O_2 \quad O_3$$
$$O_1 \quad O_2 \quad O_3$$

2. 인과관계 질문의 설계

　인과관계 질문은 굉장히 면밀한 설계를 필요로 한다. 관찰된 결과 중 해당 개발 프로젝트가 아닌 다른 원인에 의한 결과를 제외함으로써, 영향을 준 원인이 개발 프로젝트에 있다는 결론을 도출한다. 다시 말하면, 인과관계 질문의 평가설계가 어려운 이유는 관찰된 변화(영향)가 해당 프로젝트로 인한 것인지 아니면 다른 원인으로 인한 것인지를 입증해야 하기 때문이다.

　인과관계 질문에 대한 평가설계는 '만약 해당 프로젝트를 시행하지 않았더라면, 상황이 어떻게 되었을까?'라는 질문으로 표현할 수 있다. 시행하지 않은 경우에 대해 정확히 측정을 하는 것은 불가능하지만, 만약 프로젝트가 없었으면 일어났을지 모르는 상황에 대해 추측해볼 수 있다.

1) 실험적 설계

　실험적 모델은 그 뿌리를 의학 연구에 두고 있는데, 치료제와 치료법을 검증하기 위해 사용된다. 보건 관련 평가질문에 적용하면, 어떤 지역의 말라리아의 발생을 줄이고자 하는 개발기구는 '그 지역의 말라리아 발병을 줄이는 가장 좋은 방법은 무엇일까?'라는 질문을 던질 것이다. 그 하위 질문은 '침대 모기장이 말라리아 발생을 줄일까?'가 될 수 있다.

　실험적 설계는 평가질문을 제시하고, 그 질문을 명제로 전환한다. 말라리아 예의 경우에서 명제는 '만약 침대 모기장이 지역 사람들에게 제공된다면, 그 지역의 말라리아 발병이 감소할 것이다'가 된다.

　4장에서 제시된 것처럼, 이 명제에 대해 변화이론을 구축해야 한다. 무작위 설정은 실험적 설계에서 가장 중요한 요소이다. 무작위 선정을 위해 같은 단계, 같은 유형의 질병, 같은 성별의 지원자 중에서 환자 집단을 선정한다. 그다음 개개인을 무작위로 분류해 다양한 약물 요법을 지정한다. 한 집단은 최신 약을 받게 되고, 다른 집단은 다른 약을 처방받게 된다. 이 실험에서 연구 참가자나 의료진은 어떤 환자가 어떤 약을 처방받는지 알지 못한다.

개발평가에서 실험적 설계를 활용하는 사례는 많지 않지만 증가하는 추세다. 어떠한 환경과 조건에서 개발 프로젝트가 효과가 있는가에 대한 수많은 평가가 있었음에도 충분한 정보가 부족하다는 자각에서 비롯된 변화이다.

전통적인 실험은 다음과 같이 여섯 가지 단계로 구성된다.

① 가설 수립
② 기초선 데이터 수집(종속 변수 측정).
③ 실험군과 비실험군(대조군)으로 무작위 배치
④ 독립 변수 도입
⑤ 종속 변수 재측정(사후조사)
⑥ 집단 간 차이 계산 및 통계적으로 유의한지 확인

말라리아 사례에서, 평가질문은 침대 모기장의 도입이 그 지역의 말라리아의 발생률을 낮추었는지 여부이다. 여섯 단계는 다음과 같다.

① **가설을 설정한다**: 모기 퇴치제가 처리된 침대 모기장을 사용하는 가구의 말라리아 발생률이 감소한다.
② **기초선 데이터를 수집한다**: 두 달 동안 그 지역의 말라리아 신규 발생 사례는 172회였다.
③ **실험군과 비실험군(대조군)으로 무작위로 배치한다.**
④ **실험을 진행한다**: 한 집단(실험군)에는 침대 모기장을 지급하고, 다른 집단(대조군)에는 지급하지 않는다.
⑤ **종속 변수를 다시 측정한다**: 2개월 후 실험군의 말라리아 발병 건수는 65회였고 대조군에서는 118회였다.

⑥ **집단 간의 차이를 계산한다**: 실험군은 대조군보다 말라리아 발생 건수가 53회 적다.

하나의 실험군과 대조군의 전통적인 실험 설계 표기법은 다음과 같다.

$$O_1 \quad X \quad O_2$$
$$O_1 \quad O_2$$

어떤 경우, 평가자는 각 집단의 줄 앞에 R를 사용하기도 하는데 이는 그 집단이 무작위로 할당된 것을 뜻한다. 위에서 기술한 사례(일부 참가자에게 무작위로 침대모기장을 지급한 것)와 같은 실험적 설계의 표기법은 다음과 같다.

$$R \quad O_1 \quad X \quad O_2$$
$$R \quad O_1 \quad O_2$$

인체는 복잡하고 사회 상황은 분석하기 어렵다. 실험적 설계는 인간의 신체에 미치는 약의 효능을 측정할 때 아주 효과적이다. 복잡한 인간의 행위를 조사할 때, 허위긍정과 허위부정을 주의해야 한다. 허위긍정은 그 연구가 사실은 해당 실험 또는 프로젝트가 원인이 아닌데도 영향의 원인이라고 가리킬 때, 허위부정은 해당 실험 또는 프로젝트와 실제로는 연관이 있는데, 그것이 연관이 없다고 할 때 나타난다.

각 가구의 자체보고 결과를 자료로 하기 때문에 허위긍정이 나타나는지도 모른다. 지역 주민들이 아마 실험과 실험 가정에 대해 알고, 조사하는 공무원을 만족시키기 위해 말라리아 발생 건수를 적게 보고했을지 모른다.

허위부정은 더 흔하게 나타난다. 실험 후 사후조사가 말라리아 발생률이 낮은 건기에 진행되었기 때문에, 집단 간 차이가 없을 수도 있다. 실험군 가구가 매일 밤에 침대 모기장을 사용하지 못했기 때문에 또는 비실험군 가구에서 스스로 모기장을 구매했기 때문에 허위부정이 나타날 수 있다.

만약 이 연구가 추가적인 질문을 하지 않으면, 단순한 무작위 실험수행에서 결과를 분석하기 어려울 것이다. 결과를 설명하고자 할 때, 만약 평가자가 다음과 같은 질문을 한다면 도움이 될 것이다.

- 각 가구는 침대 모기장 사용에 대해 어떤 정보를 받았는가?
- 어떤 가구들로 구성했고, 가구 구성원 중 누가 실제로 침대 모기장에서 잤는가?
- 실험군과 비실험군에서 제기한 문제는 무엇이었는가?
- 해당 기간 동안 그 지역의 말라리아 발생률은 어떻게 비교되는가?
- 실험 기간 동안 그 지역에서 말라리아 예방을 위한 다른 프로젝트가 진행되었는가?

이 모든 질문은 서술적 질문이며 이에 대답하기 위해서는 더 단순한 설계가 필요하다.

■ 대조군

실험적 설계는 실험 결과에 영향을 줄 수 있는 다른 요인을 제외하거나 통제한다. 실험적 설계를 사용할 때, 평가자는 동등한 집단을 비교한다. 대조군(Control group)은 일반적인 조건에 노출된 집단이다. 즉, 이 집단의 구성원은 해당 실험 또는 프로젝트의 효과에 노출되지 않는다. 실험 또는 프로젝트에 노출되는 집단은 **실험군**(Treatment group)이라 불린다. 대조군을 사용함으로써 실험 또는 프로젝트에 노출된 집단과 노출되지 않은 집단을 비교할 수 있다.

대조군은 때로는 해당 실험 또는 프로젝트를 필요로 하는 사람을 실험/수혜 대상에서 보류하기도 한다. 모든 사람들에게 제공할 수 있을 정도로 자원이 충분치 않기 때문에 실험을 보류할 수도 있다. 실험군과 함께 모집단 중 일부에만 프로젝트를 실시하거나, 혹은 시간을 두고 단계적으로 시행할 수 있다. 실험 또는 프로젝트의 성과가 입증되지 않은 경우라면, 가치 있는 실험이 보류되고 있는 것인지 확실하지 않다. 하지만 만약 그 실험 또는 프로젝트가 효과적이라는 점이 드러난다면, 일부 사람들은 자신들이 왜 그 대상으로 선정되지 못했는지 문제를 제기할 수 있다(Patton, 2008).

■ 무작위 배치

실험적 설계는 프로젝트나 실험 결과에 영향을 미칠 수 있는 기타 요인에서 두 집단이 동일하도록(집단 배치에 편견이 개입하지 않도록), 잠재적인 프로젝트 참여자를 실험군과 비실험군으로 무작위로 배치한다. 참여자의 나이, 성별, 교육, 태도 등이 기타 요인으로 포함된다.

실험 대상과 비대상을 무작위로 선정하는 것이 이상적인 방법이다. 평가 시 문제가 되는 점은 실험 대상이 아닌, 신뢰할 만한 대조군을 찾는 것이다. 한 가지 방법은 프로젝트의 자원을 무작위 방식으로 할당하는 것이다. 그러면 그 프로젝트의 수혜자는 전체적으로 모집단의 무작위 표본이 되는 것이다. 그다음 이 표본을 비수혜자 표본에서 무작위로 추출한 사람들(대조군)과 비교할 수 있다(White, 2007).

무작위 배치를 통해 설계를 엄정하게 하고 프로젝트의 영향을 측정할 수 있다. 무작위로 실험군과 비실험군(대조군)을 선정함으로써 편견 또는 편향의 개입을 배제할 수 있다.

개발 프로젝트의 시행에 무작위 할당을 적용할 수 있음에도, 활용되지 않는 경우가 많다. 의학 실험에서 대조군을 만들기 위해 실험을 보류하는 것은 비윤리적이다. 그러나 참가를 희망하는 모든 사람을 지원할 수 있을 만큼 자원이 충분하지 않은 경우, 일부에 대해서는 실험을 보류하게 된다. 프로젝트 관리자는 실험 참가로 혜택을 얻을 가능성이 가장 높은(예상 효과가 높은) 사람들을 할당하고자 할지 모른다. 이는 제한된 예산을 최대한 활용하는 방법일지는 모르지만, 그 평가 결과는 편향적일 가능성이 있다. 해당 표본이 무작위적인 방식으로 구성되지 않았기 때문이다.

무작위 선정이 불가능할 때, 두 집단 간의 차이가 있는 요인과 결과에 영향을 줄 수 있는 요인에 대한 자료를 수집한다. 이는 **통제 변수**[*]로서 무작위 배치가 불가능할 때 프로젝트 수행과 그 결과 간의 관계에 대한 대안적인 설명을 제외하기 위해 사용된다.

실험군과 대조군을 선정할 때, 평가자는 **선택 편향**[**] 문제를 고려해야 한다. 참가자와 비참가자 사이의 차이는 실험 또는 프로젝트의 영향 보다 두 집단 간의 관찰 불가능한 차이점에 기인할 수도 있다.

무작위 선정 과정은 실험 전에 실험군과 대조군이 평균적으로 모든 특징에서 통계상으로 동등하다는 점을 보장한다. 프로젝트에 참여할 수 있었지만, 무작위 선정으로 참여하지 않은 사람들로 구성된 대조군을 생성함으로써, 무작위 실험은 선택 편향의 문제를 해결한다. 실험 후 두 집단의 평균 결과의 차이점은 실험의 결과로 볼 수 있다(World Bank, 2008).

선택 편향은 두 가지 방식으로 나타날 수 있다. 첫째는, 참가자들이 프로젝트의 참여를 스스로 선택하는 것이다. 둘째는, 프로젝트 관리자가 가장 성공할 것 같은 참가자를 선택하는 것이다. 침대 모기장 프로젝트를 예로 생각해보자. 만약 그 프로젝트가 침대 모기장을 매우 낮은 가격으로 시장에 내놓으려 했다면, 선택 편향이 있을 것이다. 침대 모기장을 구매할 여유가 있거나 구매한 사람들만이 실험군에 들어가게 되고, 그 모기장을 구매할 여유가 없는 사람들 혹은 침대 모기장에 대해 모르는 사람들은 실험군에 속하지 않게 되기 때문이다. 더군다나 누가 침대 모기장을 이용했는지 안 했는지에 대한 기록

---

[*]   **통제 변수**(Control variable): 변함없이 일정하게 유지되면서 프로그램 수행 결과에 영향을 줄 수 있는 요소를 최소화하는 외부적인 요인.

[**] **선택 편향**(Selection bias): 모집단에서 실험 또는 프로그램의 대상과 비대상 그룹의 특징에서 발견되는 규칙적인 차이점 때문에 발생하는 프로그램의 결과에 대한 증거와 자료의 왜곡.

이 없기 때문에 실험군과 대조군을 비교하는 것은 매우 어려워진다.

실제로는 사실이 아닌데 사실(허위 긍정)로 오도될 가능성을 줄이기 위해서, 평가자는 사회과학적 방법을 차용해야 한다. 실험적 평가설계를 사용하면서 평가자는 프로젝트의 집행과 그 환경을 통제하기 위해 할 수 있는 모든 것을 해야 한다. 평가에서 해당 프로젝트 이외의 사항을 상당 부분 통제할 수 있을 때, 평가자는 관찰된 차이점이 그 프로젝트의 결과라는 것을 확신할 수 있다.

곡물의 수확량을 증가시키기 위해 비료를 보급하는 프로젝트의 평가를 생각해보자. 그 프로젝트는 마을 사람들이 온도, 물, 토양 조건을 조절할 수 있는 온실에서 실행된다. 온실 안을 2개의 재배 구역으로 분리한다. 무작위로 선정해 한 구역에는 비료를 뿌리고(실험군), 다른 구역에는 비료를 뿌리지 않는다(대조군). 두 구역 모두 같은 온도, 일광, 물을 공급하고, 같은 배합토에 곡식을 재배한다. 수확 시 두 구역의 생산량을 측정한다. 만약 그 실험군이 대조군보다 생산량이 많다면, 평가자는 그 비료가 차이를 가져온 것이라고 결론지을 수 있다.

이제 프로젝트를 온실과 같이 통제된 환경이 아니라 들판에서 시행할 경우를 생각해보자. 만약 실험군과 대조군의 두 구역이 서로 가까워서 대조군 구역으로 비료가 떨어졌다면 어떤 일이 일어날까? 그 비실험 구역을 다른 구역으로 옮길 수도 있지만 토양, 빛, 온도, 강수량이 다를지도 모른다. 두 구역은 서로 다른 환경에 놓였을지도 모른다. 결과는 측정할 수 있지만, 오직 비료만이 높은 생산량을 가져왔다고 결론짓기는 어렵다.

개발 프로젝트를 수행하는 복잡한 환경에서는 다양한 요인 중에서 결과의 원인을 입증하는 것이 어려워지고 있다. 날씨가 좋고 곡물 수요가 높은 기간에 관개 프로젝트를 수행한다고 가정해보자. 해당 프로젝트를 수행하는 지역의 수입이 지난 몇 년 동안 증가되었다. 그러나 높은 수입이 이 프로젝트로 인한 결과인가? 아니면 강수량의 증가, 경제적 호기, 혹은 정치적 안정과 같은 다른 요인에서 비롯된 것인가? 지정된 지역 안에서 관개 프로젝트에 적합한 지역을 선택하고, 무작위로 실험지역과 비실험지역을 선정하는 것이 이상적이다. 그러나 무작위 배치가 불가능할 때, 그래서 실험적 설계를 선택할 수 없을 때는 어떤 선택을 해야 하는가?

이런 많은 경우에 준실험적 설계가 사용된다. 준실험적 설계에서는 무작위 할당을 하지 않고 집단 간의 차이를 비교한다. 차테르지(Chatterji, 2007), 패튼(Patton, 2007), 뱀버거와 화이트(Bamberger and White, 2007)는 실생활에서 실험적 설계의 한계에 대한 우수한 논문을 발표했다.

■ 내적 타당도

내적 타당도(Internal validity)는 관찰된 결과의 원인을 설명할 때, 그 외의 다른 요인을 제외할 수 있는 설계 역량을 말한다. 강한 내적 타당도를 지닌 평가설계는 실험 또는 프로젝트가 관찰된 결과에 영향을 주었는지 여부에 대한 결론의 확실성을 높인다. 내적 타당도가 약한 설계는 해당 실험 또는 프로젝트가 관찰된 결과의 원인이라고 설득하기 어렵다. 무작위 선정 단계가 없을 때, 평가 결과의 타당도는 다양한 방법으로 절충될 수 있다.

평가 결과의 내적 타당도를 위협하는 것은 관찰 결과에 영향을 미쳤을지 모르는 다른 요인에 대한 설명인데, 이는 실제로 존재하지 않을지 모른다. 그래서 내적 타당도는 상황에 따라 다르다. 준실험적 설계는 내적 타당도 위험을 해결해야 한다.

영국평가협회(The United Kingdom Evaluation Society, 2003)는 내적 타당도를 다음과 같이 정의한다.

해당 프로젝트가 실제적으로 달성한 것이 무엇인지에 대한 결론을 내릴 수 있는 자신감. 내적 타당도는 평가설계가 프로젝트와 관찰된 결과 간에 인과적 관계가 있다는 확신이다. 이는 다음과 같은 특성의 질문으로 생각해볼 수 있다. 해당 프로젝트를 시행하지 않았을 경우의 상황과 시행한 이후의 상황의 차이를 프로젝트를 제외한 다른 요인으로 설명할 수 있는가?

쿡과 캠벨(Cook and Campbell, 1979)은 몇 가지 내적 타당도 위협요인을 다음과 같이 제시한다.

- 역사(History)
- 성숙(Maturation)
- 반복된 검사(Repeated testing)
- 선택 편향(Selection bias)
- 소멸(Mortality)
- 평균으로의 회귀(Regression to the mean)
- 계측화(Instrumentation)

▶ 역사 효과 | 역사 효과(History effect)는 프로젝트 시행 과정에서 혹은 반복된 측정 사이 나타나는 사건들이 결과에 영향을 미칠 수 있는 가능성을 가리킨다. 역사는 항상 종적 연구(Longitudinal research)의 위협요인이 된다. 프로젝트 시행 기간 동안 결과에 영향을 미쳤을지도 모르는 사건을 조사해야 하는데, 이는 아마 발견하기 어려울 것이다. 내적 타당도를 위협하는 역사적 요인은 그룹의 특성에 변화를 주기 때문에 그룹 대부분에 또는 적어도 일부에 동시에 영향을 준 사건을 구별해야 한다. 브로사트 등(Brossart, Clay, and Willson, 2002)은 다음과 같이 말한다.

만약 모든 개개인이 어떤 집단의 구성원이라면, 인터뷰나 관찰을 통해서 역사 효과를 찾을 수 있을지 모른다. 만약 참여자들이 독립적이라면, 모든 사람들이 병원과 같이 공통적인 환경에 모여 있는 상황에서 사건이 일어나지 않는 이상, 동시에 특성을 변화시키는 사건의 가능성은 적을 것이다.

예를 들어 범죄를 저지를 가능성이 높은 청소년을 대상으로 프로그램을 진행하는 동안 청소년이 가담한 악랄한 범죄가 발생했다고 가정하자. 이 상황은 비행 청소년에 대한 대중의 격렬한 반감을 불러일으킨다. 이로 인해 그 프로그램 진행과정과 결과에도 영향을 미치게 될 수 있다. 여론은 최근 사건과 미디어의 보도에 상당한 영향을 받기 쉽기 때문에, 태도 조사는 특히 이런 사건에 영향을 받는다(Office of Juvenile Justice and Delinquency Prevention, 1989).

새로운 종자의 도입이나 농부들을 위해 새로운 경작 방식을 교육하는 프로젝트를 생각해보자. 종속 변수 혹은 측정해야 하는 결과는 이전 연도 대비 식량 소득의 증대일 것이다. 그러나 농부들은 소득이 평균적으로 증대되었음에도, 예전 경작 방식을 유지할 수도 있고 새로운 종자를 사용할 수도 있다. 심층 조사를 통해 생산 증가의 원인은 해당 프로젝트가 아니라 온화한 기후라는 점을 발견할 수도 있다. 즉, 외적인 사건이 결과에 영향을 미친 것이다. 역사 효과는 종종 사전 - 사후 설계에 부정적인 영향을 미친다.

▶ **성숙 효과** | 성숙 효과(Maturation effect)는 결과가 노화와 발달에 의해 야기될 때 나타난다. 사람들이 성장함에 따라 상황에 대해 다르게 느끼거나 반응할 수 있다. 시간의 흐름으로 자연스럽게 나타나는 변화에는 나이가 들고, 영리해지고, 경험을 쌓는 것이 있다. 이런 효과는 개개인이나 집단 차원에서 일어난다. 예를 들어, 추가적인 훈련이 없어도 2년이라는 시간이 흐르면, 아이들의 읽기 능력이 향상될 수 있다. 조직 역시 발전하고 변화한다. 이런 변화는 성장과 발전의 자연스러운 순환의 한 부분으로, 특정 프로젝트의 시행 여부와는 관련이 없을 수 있다. 성숙 효과로 인해 사전 - 사후 설계의 결과의 타당성이 약화된다.

성숙은 두 가지 형태(단기적 혹은 장기적)로 나타난다. 단기적 성숙은 피로나 학습을 다루는 반면, 장기적 성숙은 심리학적인 구인에 영향을 줄 수 있는 정신물리학적 발전, 문화와 환경의 변화를 다룬다. 측정이 몇 개월 간격으로 이루어질 때, 장기적 성숙이 잠재적으로 중요하다.

예를 들면, 초등학교 학생들의 읽기 점수에 대한 2년 교육 프로젝트의 효과에 대한 평가가 있다. 2년 뒤 학생들의 인지 능력은 프로젝트가 없더라도 증가될 것이다. 평가자가 읽기 점수가 오른 것이 학생의 성장이 아니라 프로젝트의 영향이라는 것을 어떻게 확신할 수 있을까?

▶ 반복된 검사 효과 | 반복된 검사 효과(Repeated testing effect)(단기적)는 참여자가 프로젝트의 전후 혹은 여러 번에 걸쳐 같은 검사를 받을 때 발생한다. 참여자는 질문에 반응하는 법을 터득하게 될 수 있고, 이는 결과의 타당성을 해친다.

예를 들면, 시골 학교 교사들의 능력을 증진시키고자 하는 프로젝트에 대해 생각해보자. 매달 말 교사들을 대상으로 성과 평가를 시행한다. 교사들은 체크리스트를 사용하는 평가위원회 위원들에게 평가를 받고, 매달 그들의 성과에 대한 피드백을 받는다. 그 교사들은 반복된 평가를 통해, 평가 체크리스트가 점검하는 역량이 무엇인지 파악하고 대응함으로써 그 점검 결과가 개선되는 효과가 나타날 것이다.

▶ 선택 편향 | 선택 편향*은 프로젝트에 대한 참여를 스스로 선택한 사람들의 집단과 그렇지 않은 집단을 비교할 때 발생한다. 스스로 프로젝트의 참여를 선택한 사람들은 선택하지 않은 사람들보다 프로젝트가 없더라도 그

---

* **선택 편향**(Selection bias): 수행을 받는 모집단의 일부분과 같은 모집단에서 수행을 받지 않는 사람들에게서 발견되는 규칙적인 차이점 때문에 발생하는 프로젝트의 결과에 대한 증거와 자료의 왜곡.

능력을 높이거나 태도를 바꿀 가능성이 높기 때문에, 두 집단은 동등하지 않다. 선택 편향은 설문조사를 끝내기로 선택한 사람과 설문조사에 응하지 않은 사람 간에도 존재할 수 있다. 자가 선택 편향(Self-selection bias)은 사람이나 회사가 스스로 참여를 등록하는 어떤 프로젝트에서도 발생할 수 있다. 이는 준실험적 설계의 위험요소이다.

▶ 소멸 효과 | 소멸 효과[*]는 프로젝트에서 중도 하차하는 것을 가리키는데, 참여자의 감소가 프로젝트의 결과로 보이는 잘못된 실험 효과를 만들어낸다. 선택이 편향의 원인이 되는 것과 같이, 다양한 참여자들의 차등적인 도중하차도 역시 편향의 원인이 된다. 오직 프로젝트를 성공적으로 마친 사람들의 결과만 보고하고 싶을 수 있지만, 이는 편향된 집단을 만들어낼 것이다. 그 프로젝트를 마친 사람들보다 중도 하차한 사람들의 성과가 더 낮을 가능성이 있기 때문이다.

예를 들어, 400명이 참가하는 교사 교육 프로젝트를 생각해보자. 이 프로젝트는 그 성과를 졸업률로 평가하는데, 3년간의 프로젝트를 마친 후 25명의 참가자가 에이즈로 죽게 되었다. 이 참가자 수 감소로 인해 프로젝트의 졸업률이 낮아짐에 따라, 실제보다 그 프로젝트의 성과가 낮게 평가될 수 있다.

또 다른 예로, 같은 교사 교육 프로젝트를 생각해보자. 교사들의 대학진학 후원 프로젝트에는 임신한 여성은 수업에 참석할 수 없거나 대리 시험을 칠 수도 없다는 규정이 있었다. 그렇다면 임신한 여성은 졸업률 산정 시 포함되지 않았을 것이다.

▶ 평균으로의 회귀 효과 | 회귀 현상은 점수가 매우 높거나 매우 낮은 개인이 재시험 시 중간 점수에 가까워지는 경향이다. 이 효과는 평균으로의 회

---

[*] 소멸 효과(Mortality effect): 중도 하차가 수행 결과 측정에 미치는 영향.

귀라고 알려져 있다. 만약 신뢰할 만한 측정이 아니라면, 반복된 측정으로 인해 어떤 변이가 발생할 것이다. 측정 결과가 양 극단이 아닌 중간으로 향하게 될 것이다. 따라서 최대 점수에 따라 개인이나 집단을 선택하는 프로젝트에서, 프로젝트로 인한 영향과는 상관없이 양 극단의 집단이 평균점수로 회귀하는 것과 같은 성과 변화를 예상할 수 있다.

예를 들어 소액대출 프로젝트 중 경리 기술 증진 프로젝트는 산술능력 시험점수를 바탕으로 가장 높은 점수를 받은 사람들을 참가자로 선정한다. 만약 이 참가자들이 프로젝트 시행 후에 같은 산술시험을 보게 된다면, 점수는 낮아질 것이다. 왜냐하면 그들은 평균 점수 쪽으로 가까워질 것이기 때문이다.

▶ 계측화 | 계측화*는 실험도구의 신뢰도가 변할 때 생긴다. 측정 도구가 변경되는 경우도 포함한다. 예를 들면, 영양 정보를 제공함으로써 성인 체중을 증가시키려는 프로젝트 평가에서 몸무게를 측정하는 저울 눈금이 조정되지 않았거나 어떻게 또는 언제 조정하느냐에 따라 체중 측정이 달라진다면 유의미한 영향을 측정하기 어려울 것이다.

2) 준실험적 설계

준실험적 설계(Quasi-experimental design) 방법은 무작위로 실험군과 대조군을 선정할 수 없는 평가에서 사용된다. 준실험적 설계는 비슷한 특징을 가진 비교군을 사용하는 설계와 비교군은 없지만 다양한 측정 방안을 사용하는 설계를 포함한다. 평가자는 중요한 특징(성별, 소득, 사회경제적 배경)이 유사한 집단을 구성한다. 그리고 비교군이라 불리는 이런 동등한 집단의 변화를

---

* 계측화(Instrumentation effect): 결과를 측정하는 데 사용되는 도구의 신뢰도 부족이 평가의 결과에 미치는 영향.

엘살바도르의 지역사회 운영 학교 프로그램(EDUCO)은 내전 직후 농촌 지역의 교육기회를 빠르게 확대하는 것을 목표로 했다. 지역사회와 학교가 교육의 책임을 함께 갖는 것이 학생의 학업 성과에 미치는 영향을 측정하고자 했다.

문제는 농촌 지역의 교육기회를 빠르게 확대하는 데 치중하느라 학습에 부정적인 영향을 미쳤는지 여부였다. 평가는 통계적인 기법을 사용해 학생들의 특징이나 선택 편향 등을 통제하면서 지역사회 운영 학교 프로그램과 일반 학교의 3학년 학생들의 성적(수학과 언어의 표준화된 시험을 바탕으로 한 결과)을 비교했다. 시험 점수는 단기적으로는 변화가 없을지 모르기 때문에, 평가자는 교사 결근으로 인해 빠진 수업일수도 살펴보았다.

교육 성과의 차이는 다양한 요인에 의해 영향을 받았다. 평가자는 시험점수 차이가 학교 유형의 차이 혹은 가정의 특징(교육 정도, 가족 규모, 수입), 학생의 특징(성별, 나이, 가족 수), 학교의 특징(입학, 교사의 질, 학교 시설과 재정), 교사의 특징(교육적 배경, 경력) 등으로 인한 것인지 확인해야 했다.

평가자는 다른 요인을 통제하면서, 학교 유형에 따른 프로그램의 영향을 측정할 수 있는 모델을 만들기 위해, 교육부에서 실시한 설문조사 결과 자료를 사용했다. 위의 요인을 통제하기 위한 복잡한 통계 모델을 통해, 평가자는 지역사회 운영 학교 프로그램과 일반 학교의 학생들의 성취도 점수가 거의 같다는 결론을 내렸다. 농촌지역의 빠른 교육기회 확대는 학업 성과에 부정적인 영향을 미치지 않았다. 다시 말하면, 지역사회 운영 학교는 일반 학교만큼 효과적이었다.

비교한다(박스 7.2). 간혹 평가자는 주요 특징을 짝지어서 매치함으로써 비교군을 만들기도 한다. 때로는 해당 프로젝트 대상 집단과 정확하게 일치하지 않지만 비교가 가능할 정도로 유사한 비교군을 찾기도 한다.

필수적이지는 않지만 사전 준실험 설계를 선정하는 것이 좋다. 즉, 같은 집단을 시간을 두고 여러 번 측정하는 것에만 의존하는 것보다 비교군을 둘 수 있다면 더 견고한 설계가 가능하다. 프로젝트 대상 집단의 기초선 데이터를 입수할 때, 프로젝트 수행을 시행하기 전의 비교군의 기초선 데이터도 입수하는 것이 이상적이다. 사후적 준실험 설계에서는, 프로젝트의 시작 후 혹은 끝난 후에라도 비교 집단을 찾는데, 이는 평가자에게 훨씬 더 어려운 상황이다.

준실험적 설계의 표기법은 실험적 설계와 같다. 차이가 있다면 준실험적 설계에는 참가자가 집단에 비동질적으로 배치된다는 것이다. 어떤 경우에는, 줄 맨 앞에 비동질적 집단이 N으로 표시된다. 실험군과 대조군이 있는 기본적인 준실험적 설계는 다음과 같이 표기될 것이다.

$$N \quad O_1 \quad X \quad O_2$$
$$N \quad O_1 \quad X \quad O_2$$

해당 프로젝트가 차이를 만드는지 여부를 확인하기 위해, 평가는 주요 측정과 지표의 변화가 프로젝트 시행의 결과로 발생했다는 것을 보여주어야 한다. 다양한 설계 가운데 보다 견고한 준실험적 설계 여덟 가지를 다음과 같이 소개한다.

- 비교집단 없는 사전 - 사후 설계
- 사전 - 사후 비동질 비교 설계
- 사후 전용 비동질 비교 설계
- 단절 시계열 설계
- 종단 연구 설계
- 패널 설계
- 통계적 통제를 이용한 상관관계 설계
- 성향점수 매칭

■ 비교집단 없는 사전 - 사후 설계(Before-and-after without comparison group)

사전 - 사후 설계는 프로젝트가 시작되기 이전과 이후를 측정해 비교함으로써 변화를 측정하는 것이다. 사전검사와 사후검사가 사전 - 사후 설계에서 일반적이다.

단순한 사전 - 사후 설계는 단 한 번의 사전 - 사후 측정으로 해당 프로젝트가 변화의 원인이라는 점을 충분히 증명하지 못하기 때문에 취약한 준실험적 설계이다. 사람들은 자신이 관찰되고 있다는 점을 인지하기 때문에 행동을 바꿨을 수 있고 또는 프로젝트가 관찰할 수 있는 변화를 일으키면서 동시에 어떤 다른 일들이 발생했기 때문에 행동이 변화된 것일 수 있다.

측정된 성과에 거의 변화가 없는 경우, 평가자는 해당 프로젝트가 실패했다는 결론을 섣불리 내려서는 안 된다. 예를 들어 빈곤감소 프로젝트에 대해 생각해보자. 목표 지역이 너무 가난해서 참가 요건을 충족하는 비교집단이 없었다. 10년 후 빈곤 비율은 변하지 않았지만, 평가자는 해당 프로젝트가 실패했다는 결론을 내릴 수 없다. 왜냐하면 프로젝트가 없었더라면 더 많은 사람들이 빈곤 상황에 빠졌을 수도 있기 때문이다.

보통 사전 - 사후 측정은 결과에 영향을 주는 다른 요인들을 통제하지 않기 때문에 평가질문에 신뢰할 만한 답을 주지 못하는 것으로 본다. 이 설계 방안은 다른 설계 요소와 함께 이용될 수 있다.

사전 - 사후 설계 표기법은 다음과 같다.

$$O_1 \quad X \quad O_2$$

■ 사전-사후 비동질 비교 설계(Pre- and Post-nonequivalent comparison design)

준실험 설계에서 참가자를 무작위 할당하지는 않더라도, 비교군을 활용할 수 있다. 이런 비교군을 비동질적 집단이라 부른다. 이 집단을 프로젝트 대상 집단과 비교할 수 있지만, 평가자는 위에서 논의한 내적 타당도를 위협하지 않는지 주의해야 한다.

두 집단을 보다 동질하게 만들기 위해서 평가자는 인구학적 특징, 기술 수준, 성과 평가, 판단 점수 등을 이용해 가능한 비슷하게 짝을 지어야 한다. 평가자는 모든 참가자를 대상으로 사전검사를 시행하고, 그 시험점수에 따라

집단을 선정할 수도 있다. 예를 들어 젠더 이슈에 대한 인식 증진 프로젝트에서 젠더 인식의 개념과 원리에 대한 사전검사를 시행하고, 점수를 최상위에서 최하위로 등급을 나누었다. 최고 점수를 받은 참가자 중에서, 한 참가자는 첫 번째 집단에 배치하고 다른 참가자는 두 번째 집단에 배치한다. 이 방법을 통해 모든 학생을 두 집단으로 분류하고, 둘 중 한 집단에는 추가적인 훈련을 실시한다. 어느 시점에서 추가 훈련을 받은 집단이 그렇지 않은 집단과 다른 점수를 받았는지 알아보기 위해 두 집단을 다시 측정한다.

비동질적 비교설계의 표기법은 다음과 같다.

$$N \ O_1 \quad X \quad O_1$$
$$N \ O_2 \quad \quad O_2$$

■ 사후 전용 비동질 비교 설계(Post-only nonequivalent comparison design)

사후전용 비동질 비교 설계는 사전 - 사후 비동질 비교 설계보다 더 취약하다. 사전 - 사후 비동질 비교 설계와 같이 비교군은 존재해서 프로젝트 사후 결과자료가 있다. 비교군이 없는 것보다 낫긴 하지만, 큰 문제는 실험군 혹은 비교군이 어느 지점에서 시작했는지 알 수 없기 때문에 같은 지점에서 시작하지 않을 수 있다는 것이다. 따라서 실험군과 비교군의 차이는 프로젝트의 효과라기보다는 두 집단의 시작점의 차이를 반영할 수 있다. 그럼에도 이는 사후 설계에서는 가장 좋은 방안이다.

$$N \ O_1 \quad X \quad O_2$$
$$N \quad \quad \quad O_2$$

■ 단절 시계열 설계(Interrupted time series comparison design)

단절 시계열 설계는 프로젝트 수행 이전에 한 집단의 성과를 여러 차례 측정하고, 프로젝트 시행 이후에 같은 집단의 성과를 여러 차례 측정한다. 한 집단 내에서의 단절 시계열 설계 표기법은 다음과 같다.

$$O_1 \quad O_2 \quad O_3 \quad X \quad O_4 \quad O_5 \quad O_6$$

1개 혹은 그 이상의 지표를 시간이 지나면서 연속적으로 측정하지만, 측정이 프로젝트 시작으로 인해 방해를 받게 된다는 점 때문에 단절이라는 용어를 사용한다. 프로젝트 시행 이전과 이후에 여러 번 측정하는 것은 고전적인 사전 사후 설계와는 구별되는 점이다. 이는 또한 1개 혹은 그 이상의 비교 집단과 함께 사용할 수 있다.

■ 종단 연구 설계

종단 연구 설계[*]에서 참가자들은 긴 기간에 걸쳐 여러 측면에서 평가를 받는다. 이 설계의 목적은 시간의 흐름에 따라 변화의 추이를 살펴보는 것이다. 예를 들면, 건강관리 분야에서는 바이러스 백신을 접종한 HIV/AIDS 감염 산모의 아이들의 건강 문제에 관심이 많을 것이다. 종단 연구는 그 아이들을 긴 시간 동안 추적조사해 건강 문제에 어떤 유사한 점이 있는지를 조사할 것이다.

종단 연구는 다른 설계에서는 발견할 수 없는 풍부한 정보를 제공한다. 그러나 종단 연구는 비용이 많이 소요되고 수행하기 어렵고 참가자 손실의 문제(참가자 사망 또는 연락 단절 등)를 안고 있다.

종단 연구 설계는 다음과 같이 표기한다.

$$X \quad O_1 \quad O_2 \quad O_3$$

■ 패널 설계

패널 설계(Panel design)는 종단 연구 설계의 한 유형으로, 개인이 아닌 다

----

[*] 종단 연구 설계(Longitudinal design): 긴 시간에 걸쳐 여러 지점에서 개개인을 추적하는 설계.

수의 참가자 표본을 긴 시간에 걸쳐 추적한다. 예를 들면, 어떤 프로젝트는 특정 학교 학생들의 젠더에 대한 태도와 행동 양식의 변화를 시간의 흐름에 따라 조사한다. 이에 따라 패널 설계는 한 반의 학생들의 젠더에 대한 태도와 관련된 정보를 1학년에서 6학년까지 수집할 것이다.

패널 설계는 다음과 같이 표기한다.

$$X \quad O_1 \quad O_2 \quad O_3 \quad O_4 \quad O_5 \quad O_6$$

■ 통계적 통제를 이용한 상관관계 설계

윤리적인 문제 또는 현실적인 문제로 실험적 설계를 사용하지 못하는 경우가 많다. 상관관계 설계(Correlational design)는 비실험적 설계로 2개 혹은 그 이상의 변수들 간의 관계를 살펴본다. 오늘날, 다중 회귀 형태를 사용하는 세련된 분석 기법이 폭넓게 사용된다. 상관관계 기법은 종종 비교군을 통계적으로 만들어서 비교할 수 있도록 한다. 존슨(Johnson, 2002)은 비교군을 활용해 관계, 연관성, 혹은 원인과 결과에 대한 질문에 답을 모색할 수 있다고 말한다. 종단 연구 설계와 부분 상관관계 방법을 조율해 함께 활용함으로써 인과관계 추론을 효과적으로 분리해볼 수 있다.

예를 들어 행정기관 여성 근로 비율과 정부 청렴도와의 상관관계를 살펴보는 평가를 생각해보자. 전국 각 지역의 행정기관에서 일하는 여성의 비율과 부패 보고에 대한 자료를 수집한다. 상관관계가 있다는 증거로 인과관계를 증명할 수는 없다. 만약 행정기관에 근무하는 여성 비율과 정부의 부패 지수 사이에 상관관계가 있다 하더라도, 그 관계를 설명할 수 있는 타당한 대안적인 설명을 별도로 제시할 필요가 있다.

상관관계 설계는 여러 방식으로 수립할 수 있기 때문에, 표기법은 여러 가지 행태를 띠게 된다. 아래의 첫 번째 표기법(a)는 3개의 집단과 한 번의 관찰로 된 설계라는 것을 보여준다. 두 번째(b)는 2개의 집단 중 한 집단이 실험을 받은 것을 나타내고, 세 번째는 3개의 각기 다른 실험(X, Y, Z)을 받은 후 각각 관찰한 것을 보여준다.

(a) O_1

        O_2

        O_3

(b) O_1

     $X\ O_2$

(c) $X\ O_1$

      $Y\ O_2$

      $Z\ O_3$

■ 성향점수 매칭

성향점수 매칭[*]은 프로젝트에 참여하지 않은 사람 중 비슷한 성향을 가진 이들과 비교하여 참여자에 대한 프로젝트의 영향을 측정하는 데 사용된다 (White and Masset, 2005). 이 기법을 사용하기 위해 평가자는 기초선 데이터를 먼저 수집해야 한다. 이후 평가자는 평가질문(예를 들어, 학교 근처에 사는 여학생들이 학교까지 5km를 걸어오는 여학생보다 졸업률이 높은가?)과 관련된 관찰할 수 있는 특징을 찾아야 한다. 성별, 나이, 결혼 여부, 집에서 학교까지의 거리, 중등학교 졸업한 형제자매의 수, 가정에서의 출생 순위 등이 그 예가 된다. 변수를 선정하면, 실험군의 각 개인/가구와 가장 비슷한 비교군의 개인/가구를 짝지어서 실험군과 비교군을 구성한다. 그 결과 실험변수 (Treatment variable)/독립변수를 제외하고 가능한 한 서로 비슷한 개인 혹은 가구의 쌍이 만들어진다(White, 2007).

소프트웨어를 사용해 성향점수 매칭을 시행할 수 있으며, STATA가 가장 일반적으로 사용되는 프로그램이다(Aliendo and Kopeing, 2005).

....

[*] **성향점수 매칭**(Propensity score matching): 회귀모형에서 **확보한** 예측변수를 기반으로 실험군과 대조군으로의 할당 가능성을 예측함으로써 참가자를 비참가자와 비교해 프로젝트의 영향을 측정하기 위한 설계.

3) 비실험적 설계

■ 단순 횡단연구 설계

단순 횡단연구 설계*는 어느 한 시점의 단면을 보여주는데, 이런 종류의 설계는 종종 설문조사와 함께 사용된다. 평가자는 전체 표본 중 일부 하위집 단의 응답에 관심을 갖는다. 하위 집단은 나이, 성별, 수입, 교육, 인종, 프로젝 트 수혜 등과 같은 특징으로 나누어질 수 있다. 이 설계의 핵심은 표본 내의 하위집단을 체계적으로 분리해서 구체적으로 분석할 수 있도록 하는 것이다.

횡단연구 설문조사는 시민 표본, 프로젝트 참여자, 또는 이전 프로젝트의 참여자를 선정한 후, 참가자로부터 자료를 모으고 그들이 말한 의견을 보고 한다(박스 7.3). 질문을 통해서 몇 년 전에 프로젝트에 참여했던 사람의 현재 상황을 확인할 수 있다.

박스 7.3 서술적인 질문에 대답하기 위한 횡단연구 설계 사용하기

여성의 소규모 창업 지원 프로그램을 평가하면서, 평가자는 예전에 그 프로그램에 참여했던 여성이 프로그램에 대해 어떻게 생각하는지 알아보고 싶었다. 그 프로그램에서 배운 것이 창 립에 도움이 되었는지, 어떤 분야에서 창업했는지, 이를 통해 배운 것이 창업에 유용했는지 살 펴볼 수 있다. 평가자는 최근 프로그램 수료자(단일 설계)를 대상으로 짧은 설문조사를 수행하 기로 했다. 설문조사에 참가자의 인구통계적 특징에 대한 질문을 포함해 교육 수준, 연령, 인 종에 따라 응답결과를 비교할 수 있었다.

단순 횡단연구 설계는 다음과 같은 질문에 답을 줄 수 있다.

- 교육 수준이 서로 다른 참가자들은 훈련의 가치에 대해 의견이 서로 다른가?
- 여성과 남성이 받은 훈련 서비스가 다른가?

---

* 단순 횡단연구 설계(Simple cross-sectional design): 모집단의 부분집합에서 개개인의 고정 된 한 시점이나 단독 지점에서의 특징을 보여주는 한 그림 혹은 단면을 제공하는 설계.

예를 들면, 평가질문은 시민의 일부 하위집단 혹은 프로젝트 수혜자들이 서비스에 만족하는지 여부나 왜 그들이 서비스를 이용하지 않는지 여부에 초점을 둔다. 평가자는 어느 한 시점에서 하위집단에 따른 프로젝트 서비스, 서비스의 이용, 서비스에 대한 의견의 차이를 비교해서 살펴볼 수 있다.

단순 횡단연구 설계는 다음과 같이 표기할 수 있다.

$$X \quad O_1$$
$$O_2$$
$$O_3$$
$$=$$

■ 일회성 설계

일회성 설계(One-shot design)는 프로젝트 시행 후 어느 한 시점에 프로젝트에 참여한 집단을 살펴보는 것이다. 이는 마치 날짜가 인쇄된 사진과 같이 생각할 수 있는데, "몇 명의 여성이 훈련을 받았는가?" 또는 "몇 명의 참가자들이 지정된 기간 동안 직업 상담을 받았는가?"와 같은 질문에 답할 때 사용된다.

평가자는 ① 프로젝트 참석자들에게 얼마나 만족했는지 물어볼 때, ② 그들이 제공받은 서비스가 어땠는지 알아볼 때, 일회성 설계를 이용한다. 이 설계는 다음과 같이 표기할 수 있다.

$$X \quad O_1$$

■ 인과관계 추론 전략

관찰된 변화가 프로젝트에 의한 것인지 여부를 결정하기 위해서는 구조적이고 양적인 자료 수집 전략이 필요하다. 평가를 짧은 기한 내에 수행하거나 혹은 규모가 작거나 새로운 프로젝트를 평가하고자 하는 평가자에게 이런 전략은 실용적이지 않다. 가능한 견고한 평가설계를 선택하는 것이 가장 좋지만, 인과관계 추론 전략이 유일한 대안이 될 수도 있다.

표본 크기가 작거나 자료 수집 전략이 주로 개방형일 때 또는 정교한 통계 분석이 가능하지 않을 때에는 어떤 선택이 가능할까? 여덟 가지 논리적인 주장을 활용하여 경쟁적인 가설을 제외해볼 수 있다. 이 논리적 주장은 인과관계와 관련된 논리를 제시하는 것으로, 인과관계 **추론 전략**[*]이라 부른다.

① **인과 추론**(Causal list inference) ㅣ 우리는 특정 결과가 거의 대부분 A, B, C, 혹은 D에 의한 것이라고 알고 있다. 그런데 어떤 경우에는, B, C, D가 발생하지 않았다면 그 원인이 A라고 거의 확신할 수 있다. 무작위 할당을 적용할 수 없어도, 기존 연구를 기반으로 이러한 결론을 도출할 수 있다.

박스 7.1의 예에서, 마을 사람들은 휘파람을 불 때(A), 주전자나 프라이팬을 쳤을 때(B), 고함쳤을 때(C), 먼지를 일으키면서 뛰어다닐 때(D) 코끼리가 도망간 것을 안다. 만약 마을 사람들이 오직 A만 하고 코끼리를 쫓아내는 데에 성공했다면, 휘파람 부는 것 때문에 코끼리가 떠나게 되었다고 확신할 수 있다.

② **작동 방식 추론**(Modus operandi inference) ㅣ 이 기법은 한 가지 이상의 원인이 발생했을 때 유용하다. 결과가 거의 항상 A, B, C, 또는 D에 의한 것이라고 알고 있고, 이번에는 C나 D가 발생하지 않아서 A나 B로 가능성을 좁혔다고 가정하자. 또한 오직 A의 경우에만 특징적인 인과관계/방식/사건의 패턴이 있다. 만약 A의 방식이 B의 방식보다 매우 다르다면 이 추론은 더 확고해진다.

코끼리를 쫓아가서 먼지를 일으켜도 도망가지 않았다는 것을 마을 사람들

---

[*]　인과관계 **추론 전략**(Causal tracing strategies): 대안적이고 건줄 만한 설명을 논리적으로 배제하고 변화 모델을 바탕으로 한 인과관계 논의로 구성된 비실험적 설계 유형.

이 다른 마을로부터 알게 된다면, 코끼리를 쫓아낸 원인이 휘파람이라고 거의 확신할 수 있다. 휘파람은 먼지를 일으키는 것과 매우 다르다는 점 때문에 이 결과는 확고해진다.

③ 시간의 선행성(Temporal precedence) ǀ 관찰된 결과는 프로젝트 이전이 아니라 시작된 후에만 일어났다.

만약 코끼리가 도착하고 나서 마을 사람들이 휘파람을 불기 시작했고, 그 다음에 코끼리가 마을을 떠났다면, 마을 사람들은 아마도 휘파람과 코끼리가 도망간 것 사이에 어떤 관련이 있다고 믿을 것이다. 만약 마을 사람들이 코끼리가 오기 전에도 휘파람을 불고 있었고 코끼리가 여전히 마을에 온다면, 휘파람은 코끼리가 떠난 원인이 아닐 것이다.

④ 불변적 결합(Constant conjunction) ǀ 프로젝트가 실행되는 어느 곳에서나 그 결과가 관찰되었다.

마을 사람들이 지역 모든 사람들과 만나서 휘파람을 불면 코끼리를 쫓아낼 수 있다는 가설을 공유했다고 가정하자. 다른 마을은 이 기법을 시도해보고 코끼리가 떠난 것을 알게 된다. 그러면 휘파람 부는 것 때문에 코끼리가 마을을 떠난 것이라고 거의 확신할 수 있다.

⑤ 상관관계 강도(Strength of association) ǀ 변화는 다른 가능성 있는 원인이 존재한 곳에서보다 프로젝트가 실행되는 곳에서 더 컸다.

만약 그 지역의 마을들이 많은 다른 방법을 사용하여 코끼리를 몰아내려고 하는데, 휘파람 부는 방법을 이용한 마을들만 대부분 코끼리를 쫓아내는 데에 성공했다면, 사람들은 휘파람이 원인이라고 결론을 내릴 수 있다.

⑥ 생물학적 양반응성(Biological gradient) ǀ 더 많은 프로젝트에 참여할수

록 변화가 더 크다.

마을 사람들이 마을에서 코끼리를 쫓아내기 위해 한 가지 이상의 기법을 사용했다고 가정하자. 다양한 종류의 휘파람을 아주 크게 불었을 때 코끼리가 떠났다. 휘파람을 한 번만 불었을 때 코끼리는 떠나지 않았다. 그러면 코끼리가 마을을 떠나는 것과 휘파람을 연관 지을 수 있을 것이다.

⑦ 일관성(Coherence) | 프로젝트와 관찰된 변화 사이의 관계는 기존에 우리가 알고 있는 다른 프로젝트와 결과 간의 관계와 논리적으로 일치한다.

마을 사람들이 휘파람을 불었을 때 하마, 악어, 하이에나와 같은 위험한 동물들이 떠난다. 휘파람이 위험한 동물을 마을에서 쫓아냈고 그 전략을 코끼리에도 적용할 수 있다고 결론지을 수 있다.

⑧ 유비성(Analogy) | 프로젝트와 관찰된 변화 사이의 패턴이 관련된 프로젝트와 그 영향 간의 정형화된 패턴과 유사하다.

마을 사람들은 남미 지역의 어느 마을이 그 지역에 퓨마 소리가 들릴 때마다 아주 크고 높은 휘파람 소리를 낸다는 이야기를 들었다. 남미 마을 사람들은 그 소음이 퓨마를 쫓아낸다고 믿는다. 아프리카 마을 사람들은 자신들의 문제와 유사하다고 보고, 크고 날카로운 소음이 코끼리를 몰아낼 수 있다고 결론지을 수 있다.

각각의 경우마다 원리는 같다. 연구자는 관찰된 변화가 프로젝트를 통해 비롯되거나(주로 혹은 적어도 상당히) 그렇지 않다는 확신이 들 때까지 대안적인 설명을 하나씩 체계적으로 제외한다.

자료 수집 전략을 설계할 때, 평가자는 어떤 것을 수집할 수 있는지, 필요한지 결정하고, 자료수집 계획을 세워야 한다. 인과관계 추론을 위해 모든 논리가 필요한 것은 아니다. 평가자는 가장 이치에 맞고 결과에 대한 충분한 확신을 줄 수 있는 전략을 활용하는데, 한 가지 이상의 추론 전략을 활용하는 것이 인과관계 추론의 기반을 강화하는 데 도움이 된다.

▌ 사례 연구 설계

사례 연구 설계*는 비실험적 설계로서, 무작위 할당 혹은 대조군과 비교군을 사용하지 않는다. 사례 연구 설계는 평가자가 과정, 사건 혹은 상황을 면밀하게 이해하고 왜 그런 결과가 생겼는지 설명하고자 할 때 자주 사용된다. 어떤 것이 어떻게 효과가 있는지 또는 어떤 일이 왜 발생했는지의 평가질문에 대한 답을 모색할 때 유용하다. 그리고 프로젝트가 획기적이거나 실험적이거나 혹은 잘 알려져 있지 않을 때 특히 유용하다. 사례 연구는 상황에 대한 단순한 서술 이상을 강조하며, 상황에 대해 가장 잘 아는 사람들의 해석을 포함한다. 개발 프로젝트를 평가할 때 현장에서 프로젝트를 시행하는 것이 어땠는지 그리고 왜 상황이 그런 방식으로 일어났는지 기술하는 데에 특히 유용하다.

사례 연구는 자료를 수집하기 위해 질적 방법, 양적 방법, 혹은 두 방법 모두 사용할 수 있다. 사례 연구는 단일 사례 혹은 다수의 사례를 대상으로 할 수 있고, 조직·공동체·도시·국가에 미친 영향을 심도 있게 파악하기 위해 시행한다.

예를 들어 대중교통을 평가하기 위해서 핵심 지표에 대한 기초선 데이터와 목표치를 추적할 수 있다. 그 지표들이 대중교통으로 연결된 거리(범위), 이용 시민 수, 수익일 경우 국가 차원의 연구를 수행할 수 있다. 그러나 구체적인 데이터 수집을 필요로 하는 질문과 관련이 있다면, 사례 연구를 선택할 것이다.

---

* **사례 연구 설계**(Case study design): 프로그램 내용 전반과 수행 배경을 면밀하게 이해하기 위한 비실험적 설계.

인도 소액금융 프로그램에 대한 연구에서 여성들이 판매 계획을 고안하고 착수하는 방법을 탐구하고자 했다. 사례 연구 방법으로 5명의 여성을 선정하고 향후 3년 동안 그 성과를 추적했다.

예를 들어 만약 평가자가 농촌지역 대중교통 개발 프로젝트 평가를 한다면, 평가자는 사람들이 어떤 대중교통을 사용하는지 조사할 수 있다. 농촌지역 사람들로부터 직접적으로 자료를 모을 수도 있다. 국가 차원의 자료를 수집하기 위해서는 많은 시간과 재원이 필요할 것이다. 협소한 특정 지역(단일 사례) 안에서 자료를 모으는 것이 관리하기 쉽다.

또는, 평가자는 많은 농촌 지역을 대상으로 한 다중 사례 연구를 선택할 수 있다. 특정 기준(격리된 농촌 지역과 대도시 근처 농촌 지역, 가장 좋은 사례, 전형적인 사례, 가장 나쁜 사례)에 바탕을 두고 무작위로 또는 의도적으로 사례를 선정한다. 단일 사례 연구와 같은 자료 수집 전략을 다중 사례 연구에서도 사용할 수 있다.

사례 연구는 정책이나 프로그램을 기획하거나 조정하기 위해 상황을 이해할 수 있게 한다는 점에서 유용하다. 사례 연구는 대규모 국가적 연구보다 실용적일 뿐만 아니라, 의사 결정자들에게 도움이 되는 상세한 정보를 제공하기도 한다(박스 7.4). 예를 들면 무료 예방주사 클리닉 이용에 대한 비교 사례 연구는 한 접근법이 다른 방법보다 더 성공적인 이유를 설명할 수 있다.

사례 연구 설계의 표기법은 다음과 같이 쓸 수 있다.

$$O_1$$
$$O_2$$
$$O_3$$

3. 서술적 질문의 설계

서술적인 질문은 '몇이나' 혹은 '얼마만큼'과 같은 질문으로 이해와 의견을 도출해낸다. 서술적인 질문은 일반적으로 서술적인 혹은 비실험적인 설계를 사용한다. 서술적인 질문을 사용할 때 프로젝트에 참여하지 않은 비교군을 선정하거나 포함하지 않고, 단지 프로젝트에 참여한 사람들에만 초점을 둔다. 서술적인 질문을 위해 사용된 설계 중 일부는 인과관계 질문에 사용되기도 한다.

서술적인 질문에 답하기 위해, 가장 일반적인 설계는 다음과 같다.

- 단순 횡단연구 설계
- 일회성 설계
- 사전 - 사후 설계
- 단절 시계열 설계
- 종단 연구 설계
- 사례 연구 설계

1) 사전 – 사후 설계

사전 - 사후 설계는 앞서 인과관계 질문을 위한 설계를 논의할 때 소개되었는데, 서술적인 질문에 대한 답을 모색하는 데에도 사용될 수 있다. 사전 - 사후 설계에서 평가자는 프로젝트 수행 이전과 이후에 집단의 특징에 대해 조사하는데, 이때 비교군은 사용하지 않는다(박스 7.5). 예를 들면 프로젝트 참가자의 양육 지식이 증가했는지 시작과 종료 시에 테스트해본다. 사전 - 사후 설계는 다음과 같이 표기한다.

사전 - 사후 설계를 통해서 직업훈련 프로그램 참여자들의 평균 임금이 어느 정도 올랐는지 알아보기 위해, 프로그램 이전과 종료 2년 후 참여자 표본의 임금을 살펴본다. 이 설계는 다양한 직업으로 구성된 하위집단을 대상으로 임금 정보를 수집함으로써, 직업 유형에 따른 임금 변화를 살펴보는 횡단적 사전 - 사후 설계로 쉽게 변형할 수 있다.

$$O_1 \quad X \quad O_2$$

2) 단절 시계열 설계

단절 시계열 설계 역시 앞서 인과관계 질문을 위한 설계에서 소개되었는데, 서술적인 질문에 답하기 위해 사용될 수 있다(박스 7.6). 단절 시계열 설계는 일반적으로 추세를 파악하기 위해 긴 시간에 걸쳐 변화를 살펴본다. 서술적인 질문에 사용될 때, 설계의 목적은 프로젝트 시행 전후의 시간에 따른 변화를 탐구하고 서술하는 것이다. 따라서 단절 시계열 설계는 동향을 알아보는 데 사용된다. 단절 시계열 설계의 표기법은 다음과 같다.

$$O_1 \quad O_2 \quad O_3 \quad X \quad O_4 \quad O_5 \quad O_6 \quad \cdots$$

산모 영양보충 프로그램 수행 이전과 이후 유아 사망률을 측정한다. 또는 소액금융 대출 프로그램의 실행 이전과 이후에 시간 경과에 따른 여성 기업가에 대한 참가자의 태도 변화를 검사한다.

3) 종단 연구 설계

종단 연구 설계는 같은 참가자를 대상으로 같은 변수를 반복 측정하는 단절 시계열 설계의 한 종류이다. 예를 들어 심화학습 프로그램에 참석한 아이들이 시간이 지나면서 학습효과를 유지하는지 여부를 확인하는 데 종단 연구 설계가 쓰일 수 있다.

패널 설계 역시 서술적인 질문에 대한 답을 모색하는 데 사용될 수 있다. 패널 설계는 종단 연구 설계의 한 종류로서, 보다 작은 규모의 동일한 집단을 여러 시점에 걸쳐 추적해서 결과를 매우 상세히 기록한다. 패널 설계에는 양적 기법과 질적 기법(개방형 설문조사 질문, 심층 인터뷰, 관찰)을 함께 사용한다. 패널 설계를 통해 프로젝트의 결과에 대해서 심도 있게 이해할 수 있다. 종단 연구 설계는 다음과 같이 표기한다.

$$X \ O_1 \ O_2 \ O_3 \ \cdots$$

4. 규범적 질문을 위한 설계

규범적 평가질문은 규범이나 기준에 의해 평가되는 것만 제외하면 서술적인 질문의 논리와 유사하다. 연구결과는 지표와 목표를 포함한 기준과 비교

표 7.2 성과 감사의 네 가지 유형

유형	분석 단위	초점
효율성 감사	조직 혹은 관할권; 과정 혹은 프로그램 요소	프로그램 산출물 확보에 소요되는 비용을 줄이기 위한 기회 파악
효과성 감사	정책, 프로그램, 혹은 주요 프로그램 요소	공공정책 영향평가, 정책이나 프로그램의 효과성 평가
성과 관리 역량 감사	조직 혹은 관할권 공공관리 이슈	의도한 목표를 달성하기 위해 관할권, 조직, 혹은 프로그램의 체계와 절차, 역량을 평가
성과 정보 감사	조직	조직이 제공하는 성과 정보의 품질을 검사

자료: Adapted from Barzelay(1997).

많은 개발도상국이 공기업을 축소할 때 노동자 재교육 문제에 직면한다. 노동자 재교육 프로그램을 평가하는 것은 어려운 일이다. 프로그램이 여러 가지 다양한 요소를 안고 있기 때문이다. 교육 프로그램은 여러 지역을 대상으로 하고, 다양한 방법(고용, 자영업, 월급, 시급)으로 결과를 측정할 수 있다. 직업 교육 프로그램을 평가하기 위해 평가자는 다음 질문을 제기했다.

- 프로그램 참가자들이 노동 시장 재진입에서 비참가자들보다 더 성공적이었는가?
- 각 훈련 프로그램은 얼마나 비용 효율적이었는가?

훈련을 받은 참가자를 유사한 비참가자 집단과 비교해보았다. 훈련 프로그램의 영향을 측정하기 위해 행정 자료, 설문조사 자료, 통계적인 기법을 사용했다. 프로그램 참여자는 비참여자와 다르기 때문에, 이로 인해 다른 결과가 도출될 수 있다. 예를 들면, 프로그램 참여자는 비교군의 사람들보다 더 의욕적이거나 업무 경력이 더 많기 때문에 구직활동이 훨씬 수월했다. 이 설계를 강화하려면, 프로그램에 참가할 수 있는 적합하고 동질한 사람들을 무작위로 배치해 두 그룹 간의 차이를 없애는 것이 필요하다.

자료: 저자 작성.

된다. 일반적으로, 서술적 질문에서와 같은 설계 방법이 규범적 질문에서도 사용된다.

성과 감사는 조직의 성과 중 일부분만을 다루는데(Mayne, 2005; 2006), 이는 규범적 평가질문과 아주 유사하다. OECD 국가 대상 설문조사를 바탕으로 바즐리(Barzelay, 2007)는 일곱 가지 유형으로 성과 감사를 구분했다. 표 7.2는 이 중 가장 관련 있는 네 가지 유형을 소개한다.

박스 7.7은 앞서 언급한 것과 같이, 무작위로 실험, 대조군을 구성할 수 없을 때, 비교군을 활용하는 준실험적 설계를 활용하는 사례이다.

1) 인과관계 질문을 위한 설계

실험적 설계는 일반적으로 인과관계 질문을 다룰 때 사용된다.

5. 보다 엄격한 평가설계의 필요성

어떤 설계가 인과관계 질문에 효과적인가?

국제개발평가 분야의 지도자들은 보다 엄격한 개발평가의 필요성에 대해 논의해왔다(Davidson, 2006; Scriven, 2006; Bamberger and White, 2007). 원조기관이 시행하는 대부분의 평가는 프로젝트를 어떻게 잘 운영하는가에 초점을 둔 과정 평가(Process evaluation)라고 말한다. 참여적 평가의 확대로 점차 많은 수혜자의 의견이 반영되었지만, 여전히 "양적 영향을 입증할 수 있는 데이터를 생산하지는 못했다"(Bamberger and White, 2007).

성과 기반 접근법과 MDGs가 강조됨에 따라, 개발 프로젝트의 영향력을 입증해야 하는 필요성이 높아졌다. 프로젝트, 프로그램, 정책의 영향에 대한 평가 필요성의 증대는 다음과 같은 배경에서 비롯되었다.

- 원조 기관의 성과 기반 관리 강화를 요구한 2002년 개발재원에 대한 몬테레이 회의
- 영향평가(Impact evaluation)의 분야에서 다수 기관 간의 원조 협력을 독려한 2005년 파리 선언.
- 무작위 설계의 이용 증진과 개발도상국을 위한 무작위 설계 훈련 프로그램을 제공하는 빈곤조치연구소(Poverty Action Lab).
- 엄격한 평가설계를 강하게 지지하며 『언제 우리는 학습할 것인가?(When Will We Ever Learn?)』(CGD, 2006)라는 유명 도서를 발행한 국제개발센터(Center for Global Development: CGD). 이 센터는 개발평가의 독립성과 엄격함을 보장하기 위해 독립적인 평가 기관의 설립을 요구했다(Bamberger and White, 2007).

최근 국제개발과 개발평가의 지평이 확장됨에 따라 영향평가(Impact evaluation)에 대한 관심이 높아지고 있다. 스페인 정부의 노력은 이 새로운 생각과 엄격한 평가설계를 향한 진보를 보여준다(박스 7.8). 종종 '엄격한'이

란 단어는 실험/대조군의 무작위 할당을 포함하는 실험으로 정의된다. 세계은행 연구부 책임자 라발리온(Ravallion, 2009)은 무작위 할당이 모범답안인 것 같지만 특히 개발 맥락에서는 항상 정답이 아니라는 것에 주목했다. 예를 들어, 사회기반 시설과 관련 프로젝트 대상지는 어떻게 무작위로 선정할 것인가? 라발리온은 무작위 실험이 특정한 조건하에서의 프로젝트에 시행되기 때문에, 이를 일반화할 때 어떻게 문제가 발생하는지 논한다. 그리고 그는 '누출효과(Spill-over effect)'를 제시한다. 무작위 설계에서 비참가자는 프로젝트에 의해 영향을 받지 않는다고 추정되지만, 누출효과는 개발 상황에 만연해 있다. 누출효과는 사람들이 실험군 지역을 출입하면서 발생한다. 프로젝트가 효과가 있고 이에 해당 국가의 지방정부가 개입해 대조군에게 같은 서비스를 실시한다면, 대조군 역시 실험군을 모방하게 된다.

평가설계는 각 상황과 평가질문의 유형에 적합해야 한다. 패튼(Patton, 2007)은 개발 프로젝트 유형에 따라 적절한 평가설계를 적용하는 방안을 논의했는데, "상황과 평가 목적에 맞는 평가방법이 필요하다는 점"에 주목했다. 평가자는 상황을 명확히 이해하는 것부터 시작해야 하고, 그 상황에 맞는 평가설계를 선정해야 한다. 패튼이 주목한 것처럼, "다양한 개발 상황이 있고, 따라서 영향 평가에도 다양한 접근법이 있다".

뱀버거와 패튼(Bamberger and Patton, 2007)은 평가설계를 강화하고 시간과 비용 측면의 제약을 다루기 위해 다음을 제안한다.

표 7.3 일반적인 실험 설계의 장점과 단점

설계 유형		장점	단점
실험적	비교	• 타당도를 위협하는 내부적 요인 통제 • 집단 간 차이를 보는 데에 유용함, 비교 집단이 매우 유사할 때 역사와 성숙 요인 통제	• 공공부문에서 수행하기 어려움 • 선정과 원인 규명이 위협요인이 됨
준실험적	사전-사후	• 변화를 측정하는 배경 설명에 유용함	• 검사, 도구, 평균으로의 회귀, 소모, 역사와 성숙 효과 등이 위협요인이 됨
비실험적	일회성	• 서술적·규범적 평가질문을 다루는 데 유용함 • 다수의 일회성 설계 통해 사례 구축 가능	• 인과관계 질문에는 취약함

자료: 저자 작성.

① 견고한 프로그램 이론 모델을 기반으로 평가설계를 고안하라. 인과관계 사슬을 설명하고 가정을 파악하는 데 도움을 줄 수 있다. 또한 성과에 영향을 미치는 지역의 경제·정치·조직·환경·사회문화적 요인을 파악할 수 있다.

② 다양한 방법의 설계를 사용하고 양적 접근과 질적 접근을 혼합해 활용하라.

  • 양적 데이터를 뒷받침하고, 해석하기 위해 질적 데이터를 활용하라.

  • 프로젝트 모니터링 데이터를 포함한 2차 자료를 적극적으로 활용하라.

  • 시간과 예산이 허락하는 한 추가적으로 자료를 수집하라.

③ 자료 수집 도구를 단순화하라.

④ 기초선 데이터를 위한 설문조사 혹은 대조군, 비교군의 데이터를 사용하면서 2차 자료를 창의적으로 사용하라.

⑤ 만약 표본에 대한 비판의 여지가 있다면, 표본의 크기를 축소하는 것을 고려하라.

⑥ 인터뷰 진행자 고용에 많은 비용을 들이지 말고, 가구 조사보다는 직접 관찰을 하고, 이미 계획된 설문조사를 사용하면서 다른 평가와 통합하거나 포함함으로써 자료 수집 비용을 절감하라.

평가자는 가장 확실한 결과를 도출하기 위해, 각 평가설계 방안을 검토해 가장 적절한 설계를 선택해야 한다(표 7.3). "설계 방법에 따라 다른 조사 결과를 가져올 수 있다. 이때 중요한 점은 어떤 설계와 방법이 주어진 상황에서 가장 적합하고, 생산적이고, 유용한지를 파악하는 것이다"(Patton, 2002: 255).

평가는 예술이자 과학이다. 설계를 구성하면서 평가자가 명심할 것은 완벽한 설계는 없다는 것이다. 모든 평가는 시간, 비용, 실용성에서의 균형이 중요하며, 이 균형은 결과와 결론에 미칠 영향에 대한 평가를 통해 확인할 수 있다.

라발리온(Ravallion, 2009)이 시사하듯이, 평가질문이 평가 접근법을 이끌도록 해야 한다. 가장 중요한 질문은 다음과 같다. 프로젝트를 통해 혜택을 받거나 잃는 사람은 누구인가? 프로젝트는 현장에서 의도한 대로 작동하는가? 어떤 변인들이 설정되어야 하는가? 누구에게, 어떤 조건에서 프로젝트가 효과가 있는가?

요약하면, 각 평가질문은 실험적·준실험적, 혹은 비실험적인 설계가 필요하다. 실험적 설계는 일어날지 모르는 것을 결정하거나 예측하기 위해 '실험'에서 모든 요인을 통제하고자 한다. 실험적 설계는 두 집단, 실험군과 대조군에 참가자를 무작위로 배치하는 방법이다.

준실험적 설계는 2개 혹은 그 이상의 집단을 사용한다는 점에서 실험적 설계와 유사하지만, 각 집단에 참가자를 무작위로 배치하지 않는다. 프로젝트에 참가한 인구와 유사하지만 프로젝트에 참여하지 않은 비교군을 구성해 비교한다. 비실험적 설계는 보다 서술적이고, 무작위 선정이나 비교군 모두 사용하지 않는다.

대부분의 개발환경은 복잡하기 때문에 인과관계 질문에 답하는 평가설계를 고안하는 것이 어렵다. 관찰된 결과의 원인이 바로 이 프로젝트라는 것을 증명하기 어렵다.

평가설계에 따라 프로젝트의 영향을 파악하기 위해, 평가자는 그 외의 관찰된 결과에 대한 다른 가능한 설명을 제외하고 다른 요인을 통제한다.

인과관계 질문을 위해, 평가자는 평가설계의 여러 가지 유형 중 한 가지 혹은 그 이상을 고려해야 한다.

- 비동등 비교 설계
- 단절 시계열 설계
- 상관관계 설계
- 종단 연구 설계
- 패널 설계
- 사전 - 사후 설계
- 횡단연구 설계
- 성향점수 매칭
- 인과관계 추론 전략

서술적인 질문은 일반적으로 서술적인 또는 비실험적 설계를 활용해 평가된다. 서술적인 질문을 위한 평가설계는 관찰된 변화가 프로그램의 시행으로 인한 것인지 여부를 증명하거나, 특정 기준에 맞추어 성과를 평가하는 데 초점을 두지 않는다. 서술적인 질문에 사용되는 몇 가지 설계는 인과관계 질문에도 활용된다.

서술적인 질문에 대답하기 위해서 평가자는 평가설계의 여러 종류를 한 가지 혹은 그 이상을 고려해야 한다.

- 일회성 설계
- 횡단연구 설계
- 사전 - 사후 설계
- 단절 시계열 설계
- 종단 연구 설계
- 사례 연구

규범적 평가질문은 규범과 기준에 비교하여 평가되는 것만 제외하면, 서술적인 질문의 논리와 유사하다.

국제개발평가의 리더들은 평가설계에 더 많은 엄격함을 요구한다. 성과기반 관리가 강조됨에 따라, 개발 프로젝트, 프로그램, 정책의 영향을 평가하는 설계가 증가될 것이다.

응용연습 7.1 평가설계의 선택

당신은 부모를 대상으로 일반 가족 질병의 치료와 문제발견 방법을 교육하기 위한 지역사회 병원 건립의 영향 평가를 요청받았다. 이 프로젝트의 목표는 질병 예방을 위한 기본적인 건강관리, 응급처치, 조기치료에 대한 부모의 이해를 높이고, 심각한 질병을 앓는 유아와 노인의 수를 감소시키는 것이다.

① 프로젝트가 의도한 중기적 성과는 무엇인가?
② 이 평가를 위해 인과관계 질문, 규범적 질문, 서술적 질문을 적어보라.
③ 이런 평가질문을 위해 당신은 어떤 평가설계를 사용할 것인가? 이 설계의 강점과 한계는 무엇인가? 왜 당신이 선택한 설계가 다른 가능한 설계보다 나은가?

응용연습 7.2 평가설계와 조사수집전략 선택

당신은 예방을 위한 건강 정보 캠페인의 효과성을 평가하기 위해 6개월간의 연구를 설계하도록 요청받았다. 캠페인은 전국적으로 지역사회 건강 전문가가 참여하는 2일간의 세미나로 구성된다. 평가를 통해 정보 캠페인이 건강 실천 개선을 달성했는지 살펴보고자 한다. 예산은 보통 규모이고, 6명의 연구 보조원이 있어서 당신의 평가설계와 수행을 지원할 것이다.

① 당신의 주요 평가질문은 서술적·규범적·인과관계 질문 중 무엇인가?
② 당신의 자료 수집 전략은 구조적이어야 하는가, 개방적이어야 하는가, 혹은 둘의 조합인가? 왜 그런가?
③ 당신은 측정하려는 가장 중요한 결과를 어떻게 확인하는가? 그것을 어떻게 측정하는가?
④ 어떤 평가설계를 사용할 것인가?
⑤ 당신이 선정한 평가설계의 강점과 약점은 무엇인가?

부록 7.1 설계 유형의 주요 용어 및 특징 요약

설계 유형		표기	주요 장점	주요 단점
실험적	실험적 설계의 가장 큰 특성은 무작위를 통한 대조군과 실험군 선정.			
	무작위 선정 실험/대조군	$O_1\ X\ O_2$ $O_1\quad O_2$	강한 내적 타당도, 프로젝트 대상 및 비대 상 지역 모두에서 시간의 흐름에 따른 변화 를 파악함	비용이 많이 소요, 윤리적 고려, 일 반화 어려움
	사전 조사 없이 오직 사후 무작위 선 정한 비교군	$X\ O_3$ $\quad O_4$	좋은 내적 타당도, 결과 비교 시 보다 실용 적이고 유용함	긴 시간에 걸친 변화를 찾기 어려움
준실험적	모든 준실험적 설계는 실험적 설계보다 내적 타당도가 다소 낮음. 준실험적 설계는 무작위 배치 없이 비교하는 것을 포함.			
비교집단 없는 사전-사후 설계	집단 내 사전-사후 설계	$O_1\ X\ O_2$	실용적, 상황이 고려되어야 함	시험, 시험도구, 회귀 위험
사전-사후 비동 질 비교설계	사전-사후(비동질) 집단 간 비교	$N\ O_1\ X\ O_1$ $N\ O_2\quad O_4$	상황이 고려되어야 함, 집단 비교보다 더 큰 신뢰성	역사효과 배제, 집단을 비동질하게 만드는 모든 변수를 통제하기 어려움
사후 전용 비동 질 비교설계	프로젝트 수행 후의 데이터 비교	$N\ O_1\ X\ O_2$ $N\quad\quad O_2$	사후 상황에 가장 적합한 설계	실험군 또는 대조군이 어느 지점에 서 시작되었는지 알 수 없음
	프로젝트 사후 비동질 비교군	O_1 $X\ O_2$	실용적, 상황이 고려되어야 함, 시험, 시험 도구, 회귀와 역사의 효과를 통제	윤리적 고려, 집단 선정이 타당도에 위험
	다양한 프로젝트를 사후에 비교	$X\ O_1$ $Y\ O_2$ $Z\ O_3$	프로젝트를 비교할 수 있음. 상황을 고려해 야 함	많은 위험요인인 신체
단절 시계열 설계	시계열(집단 내)	$O_1\ O_2\ O_3\ X\ O_4\ O_5\ O_6$	역사효과, 성숙효과 위험 부분적 통제	시험 편향 위험

설계	(서술적인) 질문에 좋음	표기	설명	단점
중단 연구 설계	집단 간 시계열(비동질 집단) / 기준선 자료 필요 없음	$X\ O_1\ O_2\ O_3 \cdots$	역사효과, 평균으로의 회귀효과 위험 제거	비용과 시간이 많이 소요, 긴 시간 동안 사람들 추적이 어려움
패널 설계	같은 집단을 시간의 흐름에 따라 추적	$X\ O_1\ O_2\ O_3\ O_4\ O_5 \cdots$	개개인을 긴 시간 동안 추적함 / 상세한 정보	비용 많이 소요, 긴 시간동안 사람들 추적이 어려움
통계적 통제를 이용한 상관관계 설계		O_1 / O_2 / O_3	통계기법을 활용해 다양한 요인 간의 상관관계를 파악함 / 중요 요인 간의 관계를 확인함	비용이 많이 소요 / 큰 표본이 필요, 인과관계를 증명할 수 없음, 추측에 근거함
성향점수 매칭	프로젝트 참가자들과 유사한 비참가자들을 비교		지원봉사 프로젝트 평가에 사용 - 프로젝트가 참가자에게 미치는 영향을 평가하는 데 신뢰할 만함	대용량 데이터와 컴퓨터 사용능력 요구됨
비실험적		서술에 이상적임, 모든 비실험설계는 실험설계보다 취약함.		
단순 횡단 연구 설계	집단 간, 집단 내	$X\ O_1$ / O_2 / O_3 $\cdots$	어느 한 시점의 정확한 그림	긴 시간에 걸쳐 일어나는 것에 대한 명확한 설명이 불가함
일회성 설계		$X\ O_1$	쉽고 실용적임	타당도 위협요인 많음, 취약한 설계
인과관계 추적 전략	변화 모델 이론과 논리에 기반을 둔 인과관계를 주장			
사례 연구 설계		O_1 / O_2 / O_3	상황에 대한 상세한 설명	시간 많이 소요됨, 내적 타당도 거의 없음

Aliendo, Marco, and Sabine Kopeinig. 2005. *Some Practical Guidance on the Implementation of Propensity Score Matching.* Discussion Paper 1588, IZA, Institute for the Study of Labor, Bonn. http://ftp.iza.org/dp1588.pdf.

Bamberger, Michael, and Howard White. 2007. "Using Strong Evaluation Designs in Developing Countries: Experience and Challenges." *Journal of Multidisciplinary Evaluation* 4(8): 58–73.

Barzelay, M. 1997. "Central Audit Institutions and Performance Auditing: A Comparative Analysis of Organizational Strategies in the OECD." *Governance: An International Journal of Policy and Administration* 103: 235–60.

Boruch, Robert.2004. "Ethics and Randomized Trials." International Program for Development Evaluation Training(IPDET) presentation, Ottawa.

Brossart, Daniel F., Daniel L. Clay, and Victor L. Willson. 2002. "Methodological and Statistical Considerations for Threats to Internal Validity in Pediatric Outcome Data: Response Shift in Self-Report Outcomes." *Journal of Pediatric Psychology* 27(1): 97–107.

Brown, Randall S., and Ellen Eliason Kisker. 1997. "Nonexperimental Designs and Program Evaluation." *Children and Youth Services Review* 19(7): 541–66. http://www.aei.org/ publications/pubID.17770/pub_detail.asp.

Campbell, D. T., and J. C. Stanley. 1963. "Experimental and Quasi-Experimental Designs for Research." In *Handbook of Research on Teaching,* ed. N. L. Cage. Chicago: Rand-McNally.

CGD(Center for Global Development). 2006. *When Will We Ever Learn? Improving Lives through Impact Evaluation.* Washington, DC.

Chatterji, M. 2007. "Grades of Evidence: Variability in Quality of Findings in Effectiveness Studies of Complex Field Interventions." *American Journal of Evaluation,* 283: 239–55.

Cohen, M. 2001. "Evaluating Microfinance's Impact: Going Down Market." In *Evaluation and Poverty Reduction,* eds. O. N. Feinstein and R. Picciotto, 193–203. New Brunswick, NJ: Transaction Publishers.

Cook, T. D., and D. T. Campbell. 1979. *Quasi-Experimentation: Design and Analysis for Field Settings.* Boston: Houghton Mifflin.

Davidson, E. J. 2000. "Ascertaining Causality in Theory-Based Evaluation." *New Directions for Evaluation* 87: 17–26.

———. 2006. "The RCT's Only Doctrine: Brakes on the Acquisition of Knowledge?" *Journal of Multidisciplinary Evaluation* 6: ii–v.

Garbin, Cal. 2009. *Statistical Control.* Lincoln, NE: University of Nebraska. http://psych. unl.edu/psycrs/942/q2/control.ppt.

Grembowski, D. 2001. *The Practice of Health Program Evaluation.* Thousand Oaks, CA: Sage Publications.

Homer-Dixon, Thomas. 1995. *Strategies for Studying Causation in Complex Ecological Political Systems.* Occasional Paper; Project on Environment, Population, and Security. American Association for the Advancement of Science, Washington DC, and the University of Toronto. http://www.library.utoronto.ca/pcs/eps/method/methods1.htm.

Mayne, John. 2005. "Ensuring Quality for Evaluation: Lessons from Auditors." *Canadian Journal of Program Evaluation* 20(1): 37–64.

_____. 2006. "Audit and Evaluation in Public Management: Challenges, Reforms, and Different Roles." *Canadian Journal of Program Evaluation* 21(1): 11–45.

Miles, M. B., and A. M. Huberman. 1994. *Qualitative Data Analysis: An Expanded Sourcebook.* 2nd ed. Thousand Oaks, CA: Sage Publications.

NIOSH(National Institute for Occupational Safety and Health). 1999. *A Model for Research on Training Effectiveness TIER.* Centers for Disease Control, Atlanta. http://www. cdc.gov/niosh/99-142.html.

Office of Juvenile Justice and Delinquency Prevention. 1989. *Evaluating Juvenile Justice Programs: A Design Monograph for State Planners.* Report prepared for the U.S. Department of Justice, Office of Juvenile Justice and Delinquency Prevention by Community Research Associates, Inc.

Patton, Michael Q. 2002. *Qualitative Research and Evaluation Methods.* 3rd ed. Thousand Oaks, CA: Sage Publications.

_____. 2005. "The Debate about Randomized Controls in Evaluation: the Gold Standard Question." International Program for Development Evaluation Training (IPDET) presentation, Ottawa, July.

_____. 2007. *Design Options and Matching the Type of Impact Evaluation and Attribution Issue to the Nature of the Intervention: Background Discussion on Impact Evaluation for International Development Efforts.* November.

_____. 2008. "The Logic of Experimental Designs and 10 Common Criticisms: The Gold Standard Debate." In *Utilization-Focused Evaluation.* 4th ed. Thousand Oaks, CA: Sage Publications.

Powell, Keith D. 2004. "Research Methods on Psychological Science: Psychology 242." Powerpoint presentation, November 8. Department of Psychology, University of Chicago, Chicago, IL.

Prennushi, Giovanna, Gloria Rubio, and Kalanidhi Subbarao. 2002. *PRSP Sourcebook Core Techniques.* Washington, DC: World Bank. http://go.worldbank.org/3I8LYLXO80.

Project STAR. 2006. *Study Designs for Program Evaluation.* Aguirre Division, JBS International, Inc. Bethesda, MD. http://www.nationalserviceresources.org/filemanager/download/performanceMeasurement/Study_Designs_for_Evaluation.pdf.

Ravallion, Martin. 2009. "Should the Randomistas Rule?" *The Economists Voice,* 6(2): 1–5.

Schweigert, F. J. 2006. "The Meaning of Effectiveness in Assessing Community Initiatives." *American Journal of Evaluation* 27: 416. http://aje.sagepub.com/cgi/content/abstract/27/4/416.

Scriven, Michael. 2006. "Converting Perspective to Practice." *Journal of Multidisciplinary Evaluation* 6: 8–9.

_____. 2007. *Key Evaluation Checklist.* February. http://www.wmich.edu/evalctr/checklists/kec_feb07.pdf.

Stake, R. E. 1995. *The Art of Case Study Research.* Thousand Oaks, CA: Sage Publications.

Stufflebeam, Daniel L. 2004. *Evaluation Design Checklist.* Western Michigan University, Evaluation Center, Kalamazoo, MI. http://www.wmich.edu/evalctr/checklists/evaldesign.pdf.

Stufflebeam, D. L., G. F. Mdaus, and T. Kellaghan, eds. 2000. *Evaluation Models: Viewpoints on Educational and Human Services Evaluation.* Boston: Kluwer.

Trochim, W. M. "The Research Methods Knowledge Base. http://www.socialsresearchmethods.net/kb.

Trochim, W., and D. Land. 1982. "Designing Designs for Research." *Researcher* 1(1): 1–16. http://www.socialresearchmethods.net/kb/desdes.htm.

United Kingdom Evaluation Society. 2003. *Glossary of Evaluation Terms.* http://www.evaluation.org.uk/Pub_library/Glossary.htm.

Wadsworth, Y. 1997. *Everyday Evaluation on the Run.* St. Leonards, New South Wales, Australia: Allen and Unwin.

White, Howard. 2007. "Challenges in Evaluating Development Effectiveness." Working Paper, World Bank, Washington DC.

White, Howard, and Edoardo Masset. 2005. "Quasi-Experimental Evaluation." PowerPoint presentation, February 16.

World Bank. 1998. *Do Community-Managed Schools Work? An Evaluation of El Salvador's EDUCO Program.* Impact Evaluation of Education Reforms Paper 8, Development Research Group, Washington, DC.

_____. 2004. *PovertyNet: Evaluation Designs.* Washington, DC: World Bank. http://

web.worldbank.org/WBSITE/EXTERNAL/TOPICS/EXTPOVERTY/EXTISPMA/0,,
contentMDK:20188242~menuPK:412148~pagePK:148956~piPK:216618~theSitePK:
384329,00.html.

_____. 2006a. *Conducting Quality Impact Evaluations under Budget, Time, and Data Constraints.* Independent Evaluation Group, Washington, DC.

_____. 2006b. *Impact Evaluation: The Experience of the Independent Evaluation Group of the World Bank.* Independent Evaluation Group, Washington, DC.

_____. 2007. PowerNet. Spanish Impact Evaluation Fund. http://web.worldbank.org/ WBSITE/EXTERNAL/TOPICS/EXTPOVERTY/EXTISPMA/0,,contentMDK:21419502~ menuPK:384336~pagePK:148956~piPK:216618~theSitePK:384329,00.html.

_____. 2008. *PovertyNet: Impact Evaluation, Methods and Techniques, Evaluation Designs.* Washington, DC: World Bank. http://web.worldbank.org/WBSITE/ EXTERNAL/TOPICS/EXTPOVERTY/EXTISPMA/0,,contentMDK:20188242~menuPK: 415130~pagePK:148956~piPK:216618~theSitePK:384329,00.html.

Yin, R. K. 1984. *Case Study Research.* Thousand Oaks, CA: Sage Publications.

웹사이트

Campbell Collaboration. http://www.campbellcollaboration.org/.

Schweigert, F. J. 2006. "The Meaning of Effectiveness in Assessing Community Initiatives." *American Journal of Evaluation* 27: 416. http://aje.sagepub.com/cgi/content/ abstract/27/4/416.

Scriven, Michael 2007. *Key Evaluation Checklist.* http://www.wmich.edu/evalctr/check lists/kec_feb07.pdf.

Stufflebeam, Daniel L. 2004. *Evaluation Design checklist.* Western Michigan University, Evaluation Center, Kalamazoo, MI. http://www.wmich.edu/evalctr/checklists/ evaldesign.pdf.

University of Northern Iowa, Department of Psychology. http://www.psych.uni.edu/psycrs/ 457/e2/control.ppt.

World Bank. *Doing Impact Evaluation Series.* http://web.worldbank.org/WBSITE/ EXTERNAL/TOPICS/EXTPOVERTY/EXTISPMA/0,,menuPK:384336~pagePK:149018 ~piPK:149093~theSitePK:384329,00.html#doingIE.

데이터 수집 도구의
선택과 구성

7장에서는 평가질문과 질문에 따른 평가설계에 대해 논의했다. 이번 장에서는 이러한 평가질문에 대한 답을 모색하기 위해 데이터를 수집하는 방법을 알아보고자 한다.

8장은 다음과 같이 구성된다.
- 데이터 수집 전략
- 바람직한 수집 도구의 특징
- 양적 데이터와 질적 데이터
- 데이터 수집 도구

1. 데이터 수집 전략

데이터는 현존하는 기록, 전기·기계를 이용한 측정, 관찰, 조사, 포커스 그룹(Focus group), 전문가의 판단과 같은 다양한 출처로부터 수집할 수 있으며, 한 가지 방법보다는 여러 기법으로 수집된 정보가 유용하다. 표 8.1에서 볼 수 있듯이, 데이터 수집에 어떤 방법을 활용할지는 다음 사항을 고려하여 결정한다.

- 필요한 정보
- 데이터의 출처
- 이용 가능한 자원과 시간
- 수집될 데이터의 복잡성
- 데이터 수집 빈도
- 데이터 분석 유형

데이터 수집 방법은 평가질문, 해당 프로젝트에 대한 이해, 이용 가능한 자원 및 시간을 고려해 결정한다. 사례 연구(집약적 데이터 수집)를 통한 심층 이

표 8.1 데이터 수집방식의 결정

알고자 하는 정보	고려해야 할 사항
프로젝트에 참여한 문해력이 낮은 마을주민이 참여하지 않은 마을주민보다 글을 잘 쓰는지 여부	• 프로젝트 사전과 사후의 글쓰기 샘플 수집 • 프로젝트 사전과 사후의 시험 결과 활용
프로젝트 참여자들이 아동 교육에 보다 적극적으로 개입하는지 여부	• 프로젝트 사전과 사후의 부모 - 아동 상호관계 관찰 • 프로젝트 사전과 사후의 부모 참여에 대해 아동, 부모, 교사 대상 질문
프로젝트 참여자들이 문해 워크숍과 사후 관리 품질에 만족하는지 여부	• 참여자 대상 구조화된 인터뷰 • 문해율에 대한 설문조사 실시

자료: 저자 작성.

평가자는 데이터 수집에 다음과 같은 규칙을 적용해야 한다.

- 다양한 데이터 수집 전략을 활용한다.
- 바로 사용할 수 있는 데이터를 활용한다(새로운 데이터를 생성하는 것보다 빠르고 비용이 절약되며 훨씬 수월하다).
- 이미 구축한 데이터를 활용할 경우, 이전 평가자가 어떻게 데이터를 수집하고, 변수에 대한 정의를 수립하고 데이터의 정확도를 확보했는지 파악해야 한다. 손실자료의 규모도 확인해야 한다.
- 미가공 데이터가 반드시 필요할 경우, ① 절차를 확립하고 준수한다(프로토콜). ② 의미를 정확히 기록하고 코딩(cording)한다. ③ 검증하고, 검증하고 또 검증한다. ④ 입력된 데이터와 코딩의 정확도를 확인한다.

자료: 저자 작성.

해와 설문조사(포괄적 데이터 수집)를 통한 결과의 타당성 간에 절충안을 찾아야 한다. 집약적 데이터 수집은 대개 유연하고 개방된 응답을 허용하는 반구조적 접근방식을 활용하는 반면, 포괄적 데이터 수집은 다수의 효율성을 높일 수 있는 구조적 접근법을 활용한다.

수집할 데이터의 종류를 결정하기 위해서는 평가 의뢰기관에서 평가의 중요한 요소가 무엇인지 파악해야 한다. 예를 들어 수원국 학교 현황에 대한 수치 정보가 필요한 것인지, 빈곤지역 현황에 대한 심도 깊은 이해가 필요한 것인지 알아야 한다. 두 가지 정보 모두 중요하지만 자료의 입수 가능성 측면에서 활용도가 보다 높은 정보가 있을 것이다. 어떤 종류의 데이터를 활용하더라도 평가자는 데이터 수집에 일정한 규칙을 적용해야 한다(박스 8.1).

1) 구조적 접근방식(Structured approach)

구조적 데이터 수집 방식(Structured data collection approach)은 같은 방법

농업 프로젝트의 평가를 예로 들어보자. 첫 번째 질문을 다루기 위해, 평가자는 농지배수의 성공 정도를 측정하기 위해 토양 수분 함유량을 사용하기로 한다. 그리고(같은 기상조건하에) 같은 기간 동안 해당지역의 여러 농지의 농지배수 전후 토양 수분함량을 수집한다.

두 번째 질문을 다루기 위해 평가자는 구조적 인터뷰 가이드를 활용하여 수혜자인 농부들에게 프로젝트 효과에 대해 질의할 수 있다. 인터뷰를 통해 다양한 견해를 피력한 응답자 비율을 보고한다. 구조적 인터뷰의 질문은 제한적인 내용을 다루고 명확한 표현을 사용해야 하며, 객관식 응답지를 제공해야 한다. 모든 응답자에게 정확하게 같은 방식으로 같은 질문을 하고, 똑같은 객관식 응답지를 제시해야 한다.

평가자는 세 번째 질문을 조사하기 위해 배수된 지역과 다른 조건은 유사하지만 배수가 되지 않은 지역에서 해당 프로젝트 전후의 농작물 생산성과 가격에 대한 기록을 사용할 수 있다. 네 번째 질문 조사를 위해 2,600명의 참가자 중 100명에게 프로젝트와 효과에 대한 의견을 조사하는 표본조사를 실시한다. 이러한 인터뷰의 경우 평가자는 부분 구조적 질문을 사용할 수 있다.

자료: 저자 작성.

으로 모든 데이터를 정확하게 수집하는 것을 의미하며, 특히 다중 지역 및 클러스터 평가에 매우 중요하다. 이런 평가에서 평가자는 여러 다른 지역에서 조사된 결과를 비교해 프로젝트 효과에 대한 결론을 도출한다(박스 8.2). 구조적 데이터 수집방법은 해당 프로젝트를 다른 대안과 비교해 내용 면에서 보다 비용 효과적인 프로젝트 방식을 찾아낼 때도 유용하다.

다음과 같은 경우에 정량적 데이터를 수집하기 위해 구조적 데이터 수집 방식을 사용한다.

- 수준/정도(extent)를 묻는 질문을 다루어야 할 때
- 대규모 샘플이나 인구 데이터를 다룰 때
- 측정될 대상을 알고 있을 때
- 수치적 결과를 도출해야 할 때
- 서로 다른 지역이나 개입방식에 대한 비교조사가 필요할 때

2) 반구조적 접근방식(Semistructured approach)

반구조적 데이터 수집 방식(Semistructured data collection approach)은 체계적이고 일반적인 절차로 구성되어 있지만, 매번 같은 방식으로 데이터를 수집하지 않는다. 반구조적 인터뷰는 미리 정해진 광범위한 질문을 토대로 하지만, 질문의 순서를 상황에 따라 바꿀 수 있고 인터뷰 도중 질문을 추가하기도 한다. 이 방법은 구조적 접근방식보다 개방적이며 유동적이며, 반구조적 방식에서 응답자는 자유로운 방식으로 원하는 바를 평가자에게 전달할 수 있다.

반구조적 데이터 수집 방법은 일반적으로 정량적 방법이며 다음의 경우 사용한다.

- 신규 개발 분야에서 예비조사를 실시할 때
- 주제나 이슈에 대해 이해하고자 할 때
- 참여자의 이야기나 심층 정보를 찾고자 할 때
- 구조적 데이터 수집 방법에서 예상치 못한 결과를 해석하고자 하거나 또는 구조적 데이터 수집에 의한 결과물을 보완할 풍부한 예시가 필요할 때

예를 들어, 마을 주도적인 개발 프로젝트 평가 시 평가자는 데이터 수집 방법으로 반구조적 접근방식을 선택할 수 있다. 마을 주도적인 개발 프로젝트는 수혜자들이 자체적으로 계획을 수립하도록 참여의 폭을 넓히기 때문에, 결정과정 방식과 과정, 프로젝트 산출물에 대한 마을주민의 의견을 알아내기에는 반구조적 접근법이 적합하다.

2. 바람직한 수집 도구의 특징

평가자는 신념, 태도, 견해, 지식, 기술, 성과 및 습관을 측정한다. 변수 측정 및 데이터수집 방법을 결정하는 데 다음 네 가지 사안을 고려해야 한다.

- 적절한 방법인가? 단지 측정하기 쉬운 것이 아니라 정말 중요한 것을 측정하고 있는가?
- 신뢰할 수 있는 방법인가? 실제 상황에 대한 정보를 제공하는가?
- 타당한 방법인가? 평가자의 의도를 정확히 반영하고 있는가?
- 안정적인 방법인가? 매번 같은 의사결정 규칙을 적용하여 같은 출처로부터 같은 방법으로 데이터를 수집할 경우, 같은 결과를 도출할 수 있는가?

적절성(Relevant)은 측정되는 사항의 중요한 정도를 의미한다. 측정하기 쉬운 것이 아니라 평가자가 필요한 것을 측정해야 하며, 과다하게 측정할 필요도 없다. 설계 매트릭스(Design matrix)는 수집된 데이터의 적절성 여부를 확인할 수 있는 도구이다.

신뢰성(Credible)은 수집된 데이터가 평가 의뢰기관에게 신뢰를 줄 수 있는지, 믿을 만한 정보인지를 의미한다. 예를 들어, 학교 중퇴율이 높은 이유를 알아내는 데 교사의 견해는 가장 믿을 만한 방법이 아니다. 오히려 중퇴자 또는 친구들의 견해가 더 믿을 만한 정보를 제시할 수 있다.

타당도(Validity)는 선택된 방법이 측정하고자 하는 바를 실제로 측정하고 있는지를 의미한다. 예를 들어, 대기자 명단은 유아교육 프로그램 수요 측정에서 타당도가 낮다. 대기자 명단은 유효기간이 자주 지나고 부모들은 여러 프로그램에 아이를 대기자로 등록하기 때문이다. 이런 경우 한 프로그램에 아이가 정식 등록되더라도 다른 프로그램의 대기자 명단에서 자동으로 삭제되지 않는다.

타당도는 안면 타당도와 내용 타당도로 구분된다.

- **안면 타당도**[*]는 측정 도구가 측정하고자 하는 것을 제대로 측정하고 있는지 판단할 수 있는 정도를 의미한다. 예를 들어, 체력상태를 평가하기 위해 100미터 완주 속도를 측정하는 것은 타당한 방법으로 볼 수 있다.
- **내용 타당도**[**]는 측정 도구가 측정하려는 내용을 얼마나 잘 반영하는지를 나타낸다. 예를 들어, 평가자가 건강상태를 측정하고자 할 때 선택한 측정 방법이 내용 타당도가 높은지 확인하기 위해 의료계 종사자의 자문을 받을 수 있다. 개인의 체지방률을 측정하기에는 식습관에 대한 자기 기록보다 체력상태를 평가하는 것이 더 타당한 방법이다. 건강한 식습관에 대한 지식 테스트가 자기 기록보다 더 타당할 수 있다. 그러나 응답자가 건강한 식습관에 대한 지식을 자신의 실제 식습관에 적용하지 않을 수도 있기 때문에 식습관 테스트가 반드시 타당성이 높은 방법은 아니다. 테스트 결과가 실제 상태보다 더 긍정적일 수 있다.

안정성(Reliability)은 측정방법의 안정성으로, 이는 같은 방법으로 몇 차례에 걸쳐 측정하더라도 동일한 결과를 도출하는 정도를 의미한다. 예를 들어, 운동 경기의 측정 도구는 높은 안정성을 요구한다. 점프 거리를 측정하는 줄자는 측정 시마다 같은 방법으로 거리를 측정해야 한다. 그렇지 않을 경우 측정방법에 오류가 있는 것으로 판명되고 경기 결과는 의심을 받게 된다.

신생아 체중은 체중계가 제대로 작동한다는 가정하에 안정성이 높은 측정방법이다. 학교 출석률은 측정 시기에 따라 변동 가능성이 높기 때문에 안정성이 낮은 측정방법의 대표적인 예이다.

---

[*]   안면 타당도(Face validity): 시험하는 내용 또는 절차가 측정하고자 의도한 것을 측정하는 것으로 보이는 정도.

[**] 내용 타당도(Content validity): 시험하는 내용 또는 절차가 측정하고자 의도한 것을 충분히 측정하는 정도.

3. 양적 데이터와 질적 데이터

데이터는 크게 양적 데이터와 질적 데이터로 구분한다. 양적 데이터(Quantitative data)는 수치 데이터를 의미하고, 질적 데이터(Qualitative data)는 비수치적 데이터를 나타낸다.

양적 데이터는 정확하게 측정할 수 있는 데이터이다. 예를 들어 나이, 가격, 길이, 높이, 면적, 용량, 무게, 속도, 시간, 온도 등이 양적 데이터이다.

질적 데이터는 서술 형태로 나타난다. 질적 데이터는 관찰되거나 자기 보고된 데이터로 반드시 정확한 측정이 필요한 것은 아니다. 일례로, 관계나 행동에 대한 데이터가 질적 데이터에 속한다.

소액대출 프로그램에 대한 평가에서 참여자의 수, 성별·나이·자녀수에 따른 구분, 소득, 재고 현황, 제품 가격, 판매 현황 등이 양적 데이터이며, 제품설명, 가족관계, 참여자의 태도, 공동체와의 관계, 통제받고 있다는 느낌 등이 질적 데이터이다.

패튼(Patton, 2012)은 질적 데이터를 구하는 세 가지 데이터 수집 방법을 소개한다.

- 심층, 주관식 인터뷰
- 직접 관찰(서사적 기술법 사용)
- 문헌 분석

패튼은 위 세 가지 방법으로 확보할 수 있는 정보의 종류를 다음과 같이 기술했다.

- 주관식 인터뷰를 통해 경험, 견해, 감정 및 지식에 대한 직접 인용문 확보
- 직접 관찰은 활동, 태도, 행동 및 폭넓은 대인상호작용과 조직과정에 대한 상세한

정보를 제공

● 문헌 분석은 발췌, 인용, 기록 전체, 각서 및 서한, 공공 출판물 및 보고서, 일지, 질문지나 설문조사에 대한 응답결과를 제공

대부분의 질적 데이터는 조사 현장에서 수집한다. 평가자는 활동과 상호 작용을 관찰하고, 때때로 참여 관찰자로서 활동에 직접 참여하기도 한다. 데이터 수집을 통해 취합한 기록은 모두 기초 데이터이다. 이런 기초 데이터는 중심 주제, 범주, 구체적인 사례 등으로 읽기 쉽게 기술해서 정리한다(Patton, 2012).

수집된 질적 데이터의 질적 우수성은 평가자에 의해 결정된다.

패튼에 따르면,

체계적이고 철저한 관찰은 단순히 그 자리에 있으면서 둘러보는 것 이상이며, 능숙한 인터뷰는 단순히 질문하는 것 이상을 의미한다. 내용 분석은 단순히 내용 파악을 위해 읽는 것 이상을 필요로 한다. 관찰, 인터뷰, 내용 분석을 통해 유용하고 신뢰할 수 있는 질적 조사결과를 도출하기 위해서는 지식, 훈련, 연습, 창의성과 각고의 노력이 필요하다.

패튼(Patton, 1987)은 질적 데이터 수집방법이 적절한 평가 전략인지 여부를 판단하는 20개의 체크리스트를 고안했다(박스 8.3). 20개 중 하나라도 '예'라는 응답이 나온다면 부분적으로 질적 데이터가 필요하다.

데이터 수집 시 보통 질적 및 양적 데이터를 모두 포함하지만, 두 가지 중하나가 더 우세할 수 있다. 질적 데이터 및 양적 데이터는 다음과 같은 특성을 지닌다.

양적 접근은

- 보다 구조적이다.
- 신뢰도를 강조한다.
- 발전시키기 더 어렵다.
- 분석이 용이하다.

질적 접근은

- 덜 구조적이다.
- 발전시키기 더 용이하다.
- '풍부한 데이터'를 제공할 수 있다(독특한 데이터 포함).
- 데이터를 수집하고 분석하는 데 보다 많은 노력을 요한다.
- 타당성을 강조한다.

평가의 목적에 따라 다른 접근법을 활용해야 한다(표 8.2).

양적 데이터와 질적 데이터는 서로 관계가 있다. 트로킴(Trochim, 2006)에 따르면, "모든 양적 데이터는 질적 데이터 분석에 근거하고, 모든 질적 데이터는 숫자로 표현하고 조작할 수 있다." 실제로 문서의 정보화 분석(내용 분석)은 단어의 사용 빈도, 어휘의 종류 및 구조에 집중하는데, 이를 통해 질적 데이터를 양적 데이터로 변환한다.

데이터는 간섭적 또는 비간섭적 방법으로 수집될 수 있다. **간섭적 방법**(Obtrusive method)은 참여자가 인지한 상태에서 관찰하는 방법이다. 이런 관찰 기법은 인터뷰, 설문조사, 포커스 그룹 등을 통해 인식, 견해, 태도를 평가하는 데 사용한다. 관찰 대상자가 인지한 상태에서 이루어지는 관찰 역시 간섭적 방법이다.

데이터 수집을 위해 설문조사 기법을 사용한다면 평가 대상자는 자신이 조사 대상자라는 점을 인지하게 되고, 이로 인해 인위적인 결과가 도출될 수

1. 평가대상 프로젝트는 개별 성과를 강조하는가? 즉, 모든 참여자들이 질적으로 다른 방법으로 평가받기를 기대하는가? 개별 성과를 기술하고 평가해야 하는가?

2. 의사결정자가 프로젝트의 내부 동력(프로젝트의 강점 및 약점, 전체 프로젝트 과정)을 이해하는 데에 관심이 있는가?

3. 프로젝트 방침, 재정 또는 정치적 사유로 특정 사례 또는 프로젝트 현장(예를 들어 특정 성공 사례나 실패 사례 또는 중요한 사례) 관련 심층 정보를 필요로 하는가?

4. (표준화되고 획일적인 평가방법으로 모든 수혜자나 프로젝트를 비교하는 방식과 상반되는) 개별 수혜자 및 프로젝트의 다양성, 개성, 특징에 주목하고 있는가?

5. 구체적인 프로젝트 내용에 대한 정보를 필요로 하는가? 프로젝트 수혜자는 어떤 경험을 하는가? 수혜자에게 어떤 서비스가 제공되는가? 프로젝트는 어떤 내용으로 구성되어 있는가? 프로젝트 관리자의 역할은 무엇인가? 의사결정자는 프로젝트의 내용과 진행상황에 대해 알아야 할 필요가 있는가?

6. 해당 프로젝트 관리자와 이해관계자는 프로젝트 개선을 위해 구체적이고 서술적 정보 수집에 관심이 있는가?(즉, 형성평가에 관심이 있는가?)

7. 해당 프로젝트의 질적 차이에 대한 정보가 필요한가? 즉, 프로젝트 활동과 성과에 대한 정도나 질적 관점에서의 서술적인 정보가 필요한가?

8. 해당 프로젝트에 맞는 품질 관리 체계가 필요한가?

9. 입안자 또는 정책결정자, 재정 지원기관은 평가자를 프로젝트 현장에 파견하여 자신의 눈과 귀가 되어 정책결정에 활용할 수 있는 정보를 제공하기를 원하는가? 각 사례별로 모니터링이 필요한가?

10. 간섭적 방식의 평가가 문제가 되는가? 주관식 인터뷰와 자연관찰을 통한 데이터 수집과 대조적으로 표준화된 평가 수단(설문과 테스트)은 지나치게 간섭하는 방식인가? 질적 데이터 수집이 양적 데이터 수집보다 참여자의 반응도가 더 낮은가? 비참여적 관찰을 요구하는가?

11. 개인적이고, 면대면 접촉을 강조하는 연구방법을 사용하여 평가과정을 개인화할 필요가 있는가? 이러한 방법은 참여자를 식별가능하게 분류하거나 수량화하지 않기 때문에 인간적이고 사적이라고 일컬어지며, 참여자들은 자연스럽고, 비공식적이며 수용하는 자세로 임하는 경향이 있다.

12. 서술적 자료와 각 이해관계자와 접촉하여 다양한 정보를 수집하고 보고하는 평가 접근법이 적절한가?

13. 프로젝트의 목표가 구체적이지 않은 경우, 해당 프로젝트가 목표를 달성했는지 실제 영향에 대한 정보를 수집하는 탈목적 평가 접근법의 강점을 활용할 수 있는가?

14. 프로젝트가 대상이나 참여자에게 예상치 못한 결과를 낳을 수 있는가? 프로젝트 관계자가 공식적으로 밝히지 않은, 숨겨진 결과를 발견하기 위한 질문을 해야 하는 경우이다(탈목표

평가가 필요한 경우와 마찬가지이다).

15. 주요 프로젝트의 결과를 측정할 마땅한 정량지표가 없는가? 특정 프로젝트 성과를 정량적으로 측정하기 위한 신뢰할 만한 도구가 없거나 개발 가능성이 없는 상태인가?

16. 시험적인 평가인가? 해당 프로젝트가 구체적인 계획을 수립 중이어서 평가를 하기에 이른 상태인가?

17. 총괄평가를 계획하기 위해 평가성 사정이 필요한가?

18. 설문결과나 통계결과를 구체화하고 의미를 더할 필요가 있는가?

19. 정량평가 결과가 새롭지 않아서 아무도 관심을 가지지 않는가? 새로운 의미를 찾기 위해 새로운 방법론이 요구되는 경우이다.

20. 프로젝트 과정과 영향, 프로젝트와 결과 사이의 관계를 관찰해서 새로운 이론을 만들 필요가 있는가?

자료: Patton(1987).

표 8_2 **양적 또는 질적 데이터 수집을 해야 하는 경우**

통계 분석을 실시해야 할 경우 정밀한 측정을 원할 경우 무엇을 측정해야 할 지 알고 있을 경우 비교적 큰 그룹을 평가해야 할 경우	양적 데이터 수집법
서술적, 심층 정보를 원할 경우 측정가능 대상이 명확하지 않을 경우 결과를 수치화할 필요가 없을 경우	질적 데이터 수집법

자료: 저자 작성.

있다. 패튼(Patton, 1987: 33)에 따르면, "평가 수단은 그 자체로서 프로젝트 운영과 수혜자 활동에 개입하고 방해하기 때문에 실제로 정확한 반응을 이끌어내기 어려울 수도 있다".

조사 대상자는 자신의 행동이나 응답을 바꿀지도 모른다. 예를 들어, 학교 관리자에 의해 강의에 대한 관찰평가를 받는 교사는 평소와 다른 교수법을 보여줄 수도 있다.

비간섭적 방법(Unobtrusive method)은 참여자가 모르게 이루어지는 관찰 방법이다. 비참여적 방법의 예는 문서나 기록 데이터를 활용하거나 참여자

모르게 참여자를 관찰하는 것이다(박스 8.4)

4. 데이터 수집 도구

상황에 따라 데이터 수집 기법을 선택해야 한다. 어떠한 방법을 선택하더라도 사람이 수집하는 정보는 잠재적으로 **편향적***일 가능성이 높다. 이는 응답자가 자기 자신이나 다른 사람에 대한 질문을 받았을 때 의도적으로 또는 무의식적으로 진실을 말하지 않을 수도 있음을 의미한다. 응답자는 정확하게 기억하지 못거나 또는 정직한 대답으로 인한 결과에 대한 두려움 때문에 진실을 왜곡할 수 있다. 사회적으로 용인될 수 없다는 사실을 인정하는 데 불편함을 느낄 수도 있다. 모든 자기보고 형식으로 수집된 데이터는 이런 문제에 취약하다.

예를 들어, 응답자는 피임 여부나 마지막 병원 방문일을 묻는 질문에 정직하게 대답하기 불편해 평가자가 원할 것 같은 대답으로 응답할 수 있다.

또한 선택 편향(자발적으로 프로젝트에 참여한 사람은 비자발적 참여자와 다를 수도 있다는 사실)이 존재할 수 있다(이 문제는 이미 5장에서 다루었다). 이는 설

---

* 편향(Bias): 데이터 수집, 분석 또는 보고에서 의식적 또는 무의식적 데이터 왜곡.

문조사, 인터뷰, 및 포커스 그룹에서 주로 문제가 된다.

한 가지 이상의 데이터 수집 기법을 활용하는 것은 여러 평가질문에 대답하거나 또는 한 질문에 대한 응답으로 다양한 출처의 데이터를 확보해야 할 때 필요하다. 예를 들어, 평가를 위해 농작물 수확량 기록에서 유용한 데이터를 수집하고, 농작물 구매자를 인터뷰하고 농부들을 대상으로 설문조사를 실시할 수 있다. 또한 평가자는 설문지의 주제를 발전시키거나 설문결과를 제대로 이해하기 위해 포커스 그룹을 활용하거나 사례조사를 수행한다.

데이터의 정확도를 향상시키고자 다양한 방법으로 정보를 수집하는 것을 **삼각측량법**(Triangulation of Methods)이라고 한다. 평가자는 조사결과를 강화하기 위해 삼각측량 기법을 활용하는데, 다양한 방법을 통해 조사결과를 입증하는 정보를 수집할수록 증거가 보다 확고해진다.

조사방법에만 삼각측량법이 있는 것은 아니다. 덴진(Denzin, 1978)은 삼각측량을 몇 가지 종류로 구분했는데, 그중 하나가 **자료의 삼각측량법**(Triangulation of sources)이다. 하나의 조사에 여러 명의 평가자가 참여하는 평가자 삼각측량법(Evaluator triangulation)도 삼각측량의 한 유형이다.

조사 대상자만 평가 결과에 영향을 줄 수 있는 것은 아니다. 평가자 및 평가 환경 역시 결과에 영향을 줄 수 있다. 예를 들어 여성 응답자는 남성 질문자에게는 여성 질문자에게 했던 것과 다른 응답을 할 수도 있으며, 혼자일 경우와 배우자와 함께 있을 경우 각각 다른 응답이 나올 수도 있다.

이어서 다음과 같이 아홉 가지 데이터 수집 도구를 설명하고자 한다.

- 첫 번째 방법: 참여적 자료수집
- 두 번째 방법: 기록과 2차 자료 분석
- 세 번째 방법: 관찰
- 네 번째 방법: 설문과 면담
- 다섯 번째 방법: 포커스 그룹

- 여섯 번째 방법: 다이어리와 자기 점검(Self-checklist)
- 일곱 번째 방법: 전문가 판단
- 여덟 번째 방법: 델파이
- 아홉 번째 방법: 기타 측정방법

1) 첫 번째 방법: 참여적 자료수집

참여적 자료수집은 자료 수집과정에 주민들을 참여시키는 방법이다.

■ 주민회의

가장 흔한 참여적 자료수집 방법은 주민회의이다. 주민회의에서 주민들은 마을의 중요한 일에 대해 토의하고, 질문하며 의견을 개진할 수 있다.

유용한 정보를 생산해내기 위해서는 주민회의를 잘 조직해야 한다. 평가자와 이해관계자는 주민회의의 목적에 대해 명확하게 합의하고, 반드시 모두 회의에 참석해야 한다. 회의 전에 평가자는 기본 규칙을 세우고 사람들에게 알려주도록 한다. 여기에서 고려해야 할 점은 누가 발표자가 될 것인지, 발표자들에게 얼마나 발언시간을 줄 것인지, 질의응답의 형식은 어떻게 할 것인지 등이다. 만일 참가자들이 글을 읽을 수 있다면 이런 규칙을 인쇄해서 늦게 오는 사람들에게도 배포한다.

주민회의는 전단지, 신문광고, 라디오 광고 등을 통해 널리 알리는 것이 좋다. 마을 주민들도 물론 적극적으로 홍보해야 한다. 참여할 주민 선정을 지역 공무원에게만 맡겨서는 안 되는데, 이는 참여자 선정에 편향을 보일 수 있기 때문이다. 회의 장소는 친숙함, 접근성, 안전 등을 고려하여 주민들의 참여를 많이 이끌어낼 수 있는 곳으로 정하도록 한다(Minnesota Department of Health, 2007).

주민회의는 다음과 같은 장점을 가진다.

표 8.3 주민회의의 장점과 단점

장점	• 마을 사람들이 모여서 대상 프로젝트에 대해 배우고 이야기할 수 있다.
	• 책임감을 일깨울 수 있다.
	• 개최비용이 저렴하다.
	• 평가자의 인식전환이 일어날 수 있다.
단점	• 참여자의 성별, 계급 차이 때문에 마을 주민에 대한 대표성이 없을 수 있다.

자료: 저자 작성.

- 참여와 공개를 통한 평가 과정의 신뢰도 개선
- 비용이 적게 들고 개최하기 용이
- 참여도 높음
- 분위기를 편안하게 만들수록 참여도 증가
- 주민회의를 통해 평가에 대한 인지도를 높이고 주민들의 지원 개선
- 프로젝트의 중요성에 대한 평가자 인식 제고
- 주민회의를 통해 더 조사가 필요한 새로운 이슈를 발견

주민회의는 단점도 있다(표 8.3). 참여한 주민이 마을을 대표하는 사람이 아닐 수도 있다. 프로젝트에 대해 명확하게 이해하고 있는 사람이 주민회의에 참석하지 못할 수도 있다. 주민회의에 참여하는 사람들은 부정적이든 긍정적이든 프로젝트에 관심이 높은 사람들이다. 발언하는 사람은 마을에서 권력자일 가능성이 높고 회의 개최시각에 따라 참여자 성별이 불균형하게 구성될 수도 있다. 특히 여성의 참여는 문화에 따라 그 수준이 달라진다. 이 때문에 주민회의는 평가의 주요 방법론이 될 수 없다.

■ 지도 작성

자료수집에서 **지도 작성**(Mapping, 혹은 현존 지도 이용) 방법은 지역개발의 우선순위에 대한 합의를 도출하는 데 사용될 수 있다. 또한 지도 작성은 2차

자료의 출처를 파악하기 위해, 또는 시간에 따른 변화를 알아내기 위해 사용할 수 있다(프로젝트의 사전 - 사후 비교). 프로젝트의 계획이나 집행에 지도 작성이 많이 사용되는데, 평가에도 이 방법을 사용할 수 있다.

지도 작성은 그룹 또는 개인을 대상으로 사용할 수 있다. 그룹 차원에서는 이해관계자를 포함한 참여적 평가에 유용한데, 함께 일할 수 있는 기회를 마련하기 때문이다. 또한 지도 작성을 통해 다양한 사람들의 프로젝트에 대한 이해도를 높일 수 있는데, 이는 사람들이 자기의 위치나 경험 때문에 커뮤니티에 대해 서로 다른 생각을 가지고 있을 때 특히 중요하다. 또한 지도 작성은 사람들이 글을 읽지 못할 때 사용하면 좋다.

지도에는 다음과 같은 유형이 있다.

- 자원 지도
- 자산 지도
- 역사 지도
- 토지 활용 지도
- 사회 지도
- 인구 지도
- 보건 지도

자원지도는 마을에서 자원의 분배, 접근성, 활용에 대한 정보를 모으고 표시할 때 사용한다. 이 방법은 프로젝트 전과 후에 어떤 변화가 있는지 파악하는 데 좋다.

지도는 여러 가지 형태로 개발할 수 있다. 식수 및 위생 프로젝트를 위해, 평가자는 식수원, 화장실, 주요 생태학적 특징, 정주 패턴을 종이에 간단히 그린다. 이후 마을 사람들에게 가서 실, 빨대, 리본, 끈 같은 것을 제공해, 그 가정이 이용하는 우물이나 화장실을 표시하게 한다. 가난한 여성, 부자, 이장 같은 특별한 집단의 분포를 표시하기 위해서 색연필, 색깔 펜 등을 사용한다 (Narayan, 1996).

참여적 방법으로 지도 작성을 사용한 예는 다음과 같다.

- 초등학생들에게 자기 집이나 이웃집을 그리게 해서 사는 마을 알아내기
- 마을에서 구할 수 있는 흙, 풀, 진흙 등을 이용해 수자원을 비롯한 기타 모든 자원을 표시하고 마을 상징을 정하도록 하기
- 주민회의 중에 지도를 그리기 위해 사람들을 참여시키고 토론을 시작하기(Narayan, 1996)

사회적 지도(Social Mapping)는 마을을 이루는 구성요소를 추상적으로 그리는 일이다. 여기에는 자원이나 자산, 아니면 서로 소통하는 방식과 같은 것도 포함될 수 있다. 사회적 지도 작성은 마을의 전체적인 모습, 인프라, 인구 분포, 소수 민족, 마을시설, 보건 관련 정보, 돈의 흐름, 마을의 기타 중요 정

박스 8. 5 지도 작성을 위한 구글 어스 활용

인터넷에서 무료로 다운로드받을 수 있는 구글 어스는 위성사진, GIS 등을 이용해 3D 이미지를 조합하여 지도로 만든 프로그램이다. 해상도는 찍는 장소별로 조금씩 다른데, 대도시의 경우 건물, 집, 차도 다 볼 수 있을 만큼 해상도가 높다.

구글 어스는 기초선 데이터나 동향 정보를 수집하는 데 유용하다. 평가자는 구글 어스로 영역을 정하고 이미지를 저장해서 인쇄할 수 있다. 프로젝트 전후의 구글 어스 사진을 비교해 마을의 전력공급선이나 도로의 변화를 보여주면 효과적이다.

방글라데시 다카의 구글 어스 이미지

보를 보여주는 데 사용된다. 이 방법으로 마을 사람들이 마을을 더 잘 이해하고, 그 환경에서 해당 프로젝트가 적합한지 확인할 수 있다. 평가질문에 따라 다른 방법도 함께 사용할 수 있다. 지도 작성은 프로젝트 시행의 전과 후를 비교할 때 사용하면 좋다.

구글 어스(Google earth) 등 위성사진도 지도 작성 방법이라 할 수 있다. 부동산 조사, 전문적인 제도사가 그린 지도, 핵심인물에게 도움을 얻기 위해 마을을 뛰어다닌 실무자가 그린 지도 역시 포함된다. 이렇게 얻은 정보는 여러 마을을 대상으로 하는 프로젝트 시행을 위해 사용할 수 있다(Narayan, 1996).

■ 횡단하기

위성사진으로 보는 것과 프로젝트 현장을 직접 가보는 것은 큰 차이가 있다. 그 지역에 대한 이해를 높이기 위해 지역을 걸어보면서 직접 관찰할 수 있다. 마을 사람들이 지나다니는 질척한 길을 걸어보면, 왜 마을 여성들이 하루에 한 번만 물을 길으러 갈 수 밖에 없는지, 왜 비가 오면 다른 길로 갈 수 밖에 없는지 알게 될 것이다. 또한 걷다 보면 계급이나 권력으로 인해 마을 안에 존재하는 사회적 장벽과 격차를 이해할 수 있다. 또한 공간 구성, 건축 양식, 공간 활용, 위생 환경, 시설의 이용, 수자원이나 위생시설을 둘러싼 사건을 파악할 수 있다(Narayan, 1996).

횡단하기(Transect walk)는 마을 사람, 마을 환경, 자원을 관찰하여 정보를 얻기 위해 평가자가 마을을 이리저리 걸어보는 것이다. 걷기는 공간적인 자료수집 방법의 일종이라 할 수 있다. 최소 한 시간 정도, 길면 하루 종일 마을을 걸었다면 이 방법을 제대로 실천한 것이다.

어느 정도 걸어 다닐 것인지 마을 지도에 경로를 그려서 계획을 세운다. 이 경로는 마을환경의 대표성을 확보하기 위해 마을의 모든 지역을 그려야 한다.

마을 사람 몇 명과 함께 해당 경로의 일부를 걸을 수 있다. 평가자는 상태,

사람, 문제 및 기회를 잘 관찰하면서 마을 사람들과 이야기를 나눌 수 있다 (Academy for Educational Development, 2002).

다음은 걷는 동안 관찰할 수 있는 마을의 몇 가지 측면에 대한 예이다.

- 주거 상태
- 떠도는 아이들의 모습
- 아동노동의 현실
- 불법노점상과 매춘
- 대중교통 상태
- NGOs와 교회에서 나온 사람들
- 상점의 모습
- 노점에서 팔고 있는 먹을거리의 모습
- 위생 상태
- 남성과 여성의 관계
- 의료시설 상태
- 마을 시설(Academy for Educational Development, 2002)

이를 통해 평가자가 마을에 대해 큰 그림을 그려보고, 추가적으로 조사가 필요한 사항을 파악할 수 있다.

2) 두 번째 방법: 기록물과 2차 자료의 분석

때로는 이미 수집되어 있는 자료로 평가질문에 대한 답을 찾을 수 있다. 다른 사람이 모아놓은 자료를 이용하고자 할 때에는 변수가 어떻게 정의되었 는지, 자료가 어떻게 수집되었는지, 누락된 자료와 미응답, 낮은 응답률 처리 를 포함한 코딩 방법과 기타 분석방법 등을 파악해야 한다. 2차 자료는 선행

조사로 얻은 자료뿐 아니라 신문기사, 텔레비전 프로그램, 웹페이지 문서, 인터넷 토론 자료 등도 포함한다.

▋ 기록물 이용하기

정부기관, 병원, 학교, 협회, 개발기관 등이 기관의 기록물은 평가에 큰 도움이 된다.

일반적으로 평가를 실시하는데 이러한 기관의 기록물을 활용한다. 이 기관은 대부분 고객, 의뢰기관이나 프로젝트 대상지에서 자료를 취합하고 분석한다. 그리고 내부 보고, 회계 결산, 국민이나 후원기관 대상 보고 혹은 평가나 모니터링을 위해 정보를 요약하고 발간한다. 매캐스턴(McCaston, 2005)은 빈곤분석 관련 2차 자료의 예를 다음과 같이 제시했다.

- 인구지리학적 정보(인구, 인구증가율, 지방/대도시, 젠더, 소수민족, 이민 상황)
- 차별(젠더, 민족, 연령별)
- 성 평등(연령, 민족별)
- 정책 환경
- 경제 환경(성장률, 채무율, 교역조건)
- 빈곤 수준(상대/절대)
- 고용과 임금(정규/비정규직, 접근성)
- 생활환경(지방/대도시, 경작지/비경작지, 비공식)
- 농업 관련 변수와 사례(강수량, 작물, 토양의 종류와 활용, 개간)
- 보건(영양실조, 영아 사망, 예방접종율, 임신율, 피임률)
- 보건 서비스(수, 수준, 인구 대비 시설 수, 성별/민족별 접근성)
- 교육(성인 문해율, 입학률, 중퇴율, 남성 대비 여성의 비율, 민족별 구성)
- 학교(수와 수준, 인구 대비 학교 수, 성별/민족별 접근성)
- 인프라(도로, 전기, 통신, 수자원, 위생)

- 환경수준과 문제
- 위해 문화

위 정보는 다음과 같은 경로로 찾을 수 있다.

- 파일과 기록
- 컴퓨터 데이터베이스
- 산업동향 보고서
- 정부 보고서
- 기타 보고서(이전의 평가보고서 포함)
- 인구조사, 가구조사 보고서
- 이메일 리스트, 인터넷 토론 게시판
- 문서(예산, 정책 및 정책과정, 조직도, 지도)
- 신문, 텔레비전 기사

문서화된 정보를 구하려면 평가자는 파일이나 기록으로부터 어떤 데이터를 수집하고 어떻게 코딩할 것인지 데이터 수집 방법을 명확히 정리해야 한다. 이는 단순하고 명확한 방법을 개발하기 위해 필요하다. 방법을 개발하면 파일럿 테스트를 꼭 거쳐야 한다. 예를 들어, 정부가 후원한 중환자 간호사 교육이 더 효과적인지 여부를 평가한다고 하자. 박스 8.6에서와 같이, 관련 자료를 체계적으로 수집할 수 있어야 한다. 평가자는 정부 지원으로 교육받은 간호사들이 일하는 중환자 병동(혹은 병원) 표본을 선택하고 모든 간호사들의 기록을 검토한다. 이 기록에는 간호사들의 학력, 간호경력, 성적이 나타나 있다.

현재 활동을 기술한 문서를 다룰 때에는, 해당 문서가 활동을 정확히 기록하고 있는지 확인해야 한다. 관찰(프로젝트가 현재 진행 중이라면)과 면담을 통

_____ 날짜 _____   주민등록번호 _____

1. 최종학력: _____

2. 등록간호사인지 여부: 예 _____   아니오 _____

3. 정부교육을 수료했는지 여부: 예 _____   아니오 _____

4. 수료했다면, 수료 연도: _____

5. 현 병원에서 근속 연수: _____

6. 간호경력 연수: _____

7. 지난 5년간 성적: _____

   연도 _____   성적 _____

   연도 _____   성적 _____

   연도 _____   성적 _____

   연도 _____   성적 _____

   연도 _____   성적 _____

8. 지난 5년간 수상 실적: 있음 _____   없음 _____

   있다면 수상 횟수: _____

9. 성별: 남성 _____   여성 _____

10. 기타의견: _____

자료: 저자 작성.

해 확인할 수 있다. 예를 들어 교육훈련 프로그램 관련 문서를 다룰 때, 평가자는 정말 수업이 일주일에 다섯 번 진행되고 있는지, 교구가 사용 가능한지, 학생들이 문서에 나온 대로 다양한지 확인해야 한다. 그 훈련 프로그램의 연혁, 집행과정에 대해 알 만한 사람들과 면담을 통해 이를 확인할 수 있다. 이슈에 따라 문서화되지 않은 정보를 제공하거나 새로운 면을 알려줄 수 있는 회계직원이나 고객 등을 찾아서 면담을 해보는 것도 중요하다. 관찰도 면담도 별 소용이 없다면, 평가자는 비슷한 정보에 대한 다른 문서를 통해 사실관계를 파악할 수 있다.

이 외에도 공식문서를 반드시 읽고 분석해야 한다. 민원전화를 받는 공무원 응대방안 개선 프로젝트를 예로 들면, 평가자는 공식문서를 통해 다음과 같은 점을 확인해볼 수 있다.

- 언제 이 프로젝트가 결재되었나?
- 결재문서에 프로젝트의 목표는 어떻게 기재되어 있나?
- 공무원 몇 명이 투입되었나?
- 어떤 부처(기관)가 관계되어 있나?
- 프로젝트 기간은 어떻게 되나?
- 성과 측정 도구나 성과 지표는 어떻게 정의되어 있나?
- 프로젝트 예산은 어떻게 되나?
- 어떤 세부 프로젝트가 진행되었나?

■ 기존 자료를 활용하기

이미 정리된 전자자료를 입수해 새로이 분석해야 할 때가 있는데, 이를 2차 데이터 분석(Secondary data analysis)이라고 한다. 평가자는 가구조사 자료, 대부업체가 중소기업에 빌려준 자금과 같은 대규모 전자자료를 활용한다. 2차 데이터를 분석할 때는 평가의 목적과 계획을 늘 염두에 두어야 한다. 2차 데이터 분석 여부를 결정하는 데에는 다음과 같은 점을 고려한다.

- 유용한 자료를 입수할 수 있는가?
- 자료가 신뢰할 만한가?
- 자료가 정확한가?
- 응답률과 자료 손실률은 얼마나 되는가?

매캐스턴(McCaston, 2005)은 다음과 같은 점을 함께 확인할 것을 권한다.

- 데이터베이스 보유 기관의 인증
- 자료정리 방법과 규정
- 데이터베이스에 있는 정보의 연대(오래된 정보인지 아니면 최근의 정보인지)
- 자료가 타당한지, 다른 출처에서 취합한 데이터와 일관적인지

대규모 정부 학자금 대출 프로그램에 대한 전산관리 정보를 사용하는 경우를 생각해보자. 학생이 학자금 대출을 받으려면 소득이 일정 수준 이하여야 한다. 이 자료를 이용하려는 평가자는 자격요건이 안 되는 학생이 대출을 받지는 않았는지 먼저 확인해야 한다. 만일 자격요건이 되지 않는 학생이 대출을 받았다면, 평가자는 이 문제가 정확하지 않은 정보 때문인지(정확성), 규정대로 대출업무가 집행되지 않았기 때문인지 알아보아야 한다. 그리고 평가자는 자격요건이 되는 학생이 대출을 받지 못한 경우는 없는지, 학생들이 대출을 여러 곳에서 동시에 받을 수 없는 것인지도 알아보아야 한다. 평가자는 문제의 원인, 범위를 확인하기 위해 자료 분석을 실시하게 된다. 자료를 분류하기 위하여 대출을 받고 학교에 등록한 학생에게 전화해볼 수 있다. 또한 평가자는 학교에 문의해 학생들이 등록을 했는지, 학생들이 정부의 학자금 대출을 받았는지 여부를 확인할 수 있다.

2차 자료를 이용하기 위해 다음과 같은 과정을 따른다.

- 자료를 어떻게 확보할 수 있는지 확인한다. 해당 데이터베이스를 보유한 기관이 직접 분석을 실시하는 경우가 있다(되도록 자료 자체를 확보하는 것이 좋다).
- 전자자료를 옮기기 전에 정품 백신 프로그램으로 바이러스를 검사하자.
- 데이터베이스 구조, 용어, 코딩 방식을 확인한다.
- 유효성 검사로 자료의 정확성을 체크한다.
- 새로운 에러가 생기지 않는 방법으로 자료를 옮겨온다(수정 금지). 자료가 제대로 옮겨졌는지 검사해본다.

표 8.4 **2차 자료 활용의 장점과 단점**

장점	• 새로 자료를 수집하는 것보다 비용을 절감하고 신속하게 확보할 수 있다.
단점	• 필요로 하는 데이터와 완전하게 일치하지 않는 경우가 많다. • 자료에 장기적으로 접근 불가능한 경우가 많다. • 유용성과 신뢰성을 파악하고 코딩 오류를 수정해야 한다.

자료: 저자 작성.

• 모든 2차 자료에 참고정보를 기록해둔다(생성 일자, 인용).

표 8.4는 2차 데이터 사용의 이점과 문제점을 제시한다.

3) 세 번째 방법: 관찰

관찰법은 굉장히 강력한 자료수집 방법이 될 수 있다. 다른 도구와 기술 없이도 관찰을 통해 교통흐름의 경향, 국토 이용 경향, 도시와 농촌 환경의 구조, 주거의 질, 도로 상황, 시골 보건소 방문자 등의 정보를 파악할 수 있다.

관찰법은 평가의 목적이 모범사례 수집과 같은 서술적인 자료의 수집이거나 프로젝트 활동, 과정, 산출물을 문서로 보고할 경우 적절한 방법론이다. 관찰법은 이와 같이 매우 다양한 상황에 쓰일 수 있다(표 8.5 참조).

관찰법은 구조적이거나 또는 반구조적인 방법일 수 있다.

• 구조적인 관찰은 관찰을 시작하기 전에 무엇을, 얼마나 빈번하게 관찰할 것인지 명확히 결정하고 시작하는 방법이다. 관찰자는 체크리스트를 사용하며, 시간과 관련된 활동을 관찰할 경우 스톱워치를 사용한다.

• 비구조적인 관찰은 무엇을, 얼마나 오래 관찰할 것인지 미리 계획을 세우지 않고 상황에 따라 구체적인 진행 방향을 결정한다. 관찰자는 상황이 되어가는 대로 보고 기록한다.

표 8.5	관찰법 사용이유와 예
사용 이유	**예 시**
1차 자료 확보	• 사람들에게 질문하는 것뿐만 아니라 학교, 가정, 농장 등을 무작위로 방문 • 보고서만이 아니라 사무실, 학교, 병원에 방문하여 관찰 • 특정 활동 관련 민족, 젠더, 연령 등의 수를 있는 그대로 기록
행태, 진행 중인 과정, 상황, 사건을 이해	• 프로젝트 각 단계에서 무슨 일이 일어나고 있는지 관찰하고 기록 • 다른 아이들과 놀고 있는 아이들, 아이를 데리고 있는 부모, 학생을 관리하는 교사, 환자를 진료하는 의료인, 근로자를 관리하는 고용인을 관찰 • 관리자 교육 시행 후 회의를 주재하는 관리자를 관찰
증거, 성과, 산출물을 조사	• 시장에서 파는 식료품 등 물품을 관찰 • 정화 프로그램 대상지 호수의 연안선을 정기적으로 관찰 • 초지의 풀과 콩을 전문가가 조사 • 정원, 뉴스레터, 프로그램 매뉴얼 등을 조사
문서나 기타 자료를 믿을 수 없을 때 대안자료 확보	• 일부 참여자를 선정하여 프로젝트에 관해 관찰하고 보고하게 함 • 새 이민자에 대한 회의 중 나온 우려나 기타 의견을 관찰 • 교사들이 서로의 수업을 관찰하고 특이사항, 질문을 기록

• 반구조적인 관찰은 평가자가 무엇을 관찰할지에 대한 일반적인 생각만 있고 구체적인 계획이 없을 때 사용한다. 평가자는 흥미롭거나, 전형적이거나, 특이한 것, 중요한 것을 일단 기록해둔다. 평가자는 사건이 일어나는 대로, 또는 특별한 것에 집중해서 일단 계속해서 정리를 하면서 진행하게 된다.

▐ 구조적 관찰

관찰법에 구조적인 접근을 사용하여 스테이크(Stake, 1995)는 이슈 중심의 관찰 양식을 개발했다(박스 8.7). 구조적 관찰 양식은 자료 수집을 진행하며 기록할 공간을 확보하기 위해서 약자를 많이 사용한다. 서식은 평가의 목적에 따라 수정할 수도 있다.

박스 8.8은 구조적 관찰법을 위한 서식의 또 다른 예이다. 이는 어린이들의 의사소통 기술에 대한 관찰 자료를 수집하기 위해 개발되었다.

관찰자:	학교:	날짜:	관찰시간: ____부터 ____까지
교사: 남성 여성	연령 25 35 50 65	학년:	작성시각:
교습 경력: __월	낮음(L) — 높음(H) 중에 선택하시오	학번:	과목

강의 내용		과학 교육에 대한 의견
		  1 예산삭감에 대한 반응
		  2 총괄 기관
		  3 교사의 강의준비
		  4 배포자료	

강의실 종류	강의형태	교습방식	참고자료
일반 강의실 L— H	교재 L— H	전달식 L— H	과학 0 — M
과학실 L— H	시험 L— H	발견 중심 L— H	기술 0— M
운동장 L— H	문제해결 L— H	감정 중심 L— H	윤리, 종교 0— M

조기교육지표(ECI)

Early Childhood
Research Institute
**on Measuring
Growth and
Development**

학생 성명 또는 번호: _____
테스트 일자(일/월/년): _____
테스트 소요시간: 분   초
형식: 집 또는 강당
조건변화(아래 참조):
  1차 작성자: _____
  평가자: _____
실시장소(해당하는 예에 표시):
  집 센터 기타(직접 기재)
사용언어: _____
확인 작성자의 성명: _____
비고:

	제스처	음성화	한 단어	여러 단어
시작 0:00 초	G	V	W	M
1:00 초	G	V	W	M
2:00	G	V	W	M

조건 목록
  통역사
  음성변환도구
  의료장비(튜브 등)
  심리상담사

초					임시교습
3:00	G	V	W	M	해당 없음
					영양사
초					기타
4:00	G	V	W	M	물리치료사
					의료인
초					간호사
5:00	G	V	W	M	상호작용
					사회복지사
초					언어치료사
6분 끝	G	V	W	M	
총계					

	제스처	음성화	한 단어	여러 단어	계	
1차 작성자						
확인자						전체 퍼센트
동의						
이의						A/A D
비중						

확인 방법

1. 1차 작성자의 결과를 첫 번째 줄에 작성
2. 확인 작성자의 결과를 두 번째 줄에 작성
3. 두 사람이 합의한 결과를 세 번째 줄에 작성
4. 두 사람이 분의한 결과를 네 번째 줄에 작성
5. 각각의 범주별로 합의한 비율을 계산
6. 총점에 전체 합의율을 계산하여 작성
7. 범주 전체의 합의율을 계산(범주에 걸쳐 동의 및 이의율을 작성 [세 번째와 네 번째 줄])

자료: Early Childhood Research Institute on Measuring Growth and Development(2008).

■ 반구조적 관찰

반구조적 관찰은 특별한 계획은 없지만, 어떤 종류의 것을 관찰할지에 대
해 파악해놓고 시작한다(표 8.6).

표 8.6 반구조적 관찰의 활용

관찰	예시
참여자의 특징 (개별적 혹은 집단적)	성별, 연령, 직업, 옷차림, 겉모습, 민족 주제에 대한 태도, 다른 사람에 대한 태도, 스스로에 대한 태도 기술, 습관, 지식
상호작용	참여도, 흥미도 권력관계, 의사결정 학습환경, 문제해결 후원 수준, 갈등과 협력의 정도
비언어적 행태	표정 제스처 자세
PM, 발표자	커뮤니케이션의 명확도 집단 리더십기술, 참여 장려 집단환경에 대한 인식도 유연성, 적응도 주제에 대한 지식, 도움자원의 활용, 기타 강습 기술
물리적 환경	방(공간, 안락함의 정도, 적합성) 시설(음료 등) 좌석 배치
프로젝트 결과물	모델, 시설, 계획, 팸플릿, 매뉴얼, 뉴스레터

자료: Cloutier and others(1987).

■ 기록관찰

관찰결과는 다음 세 가지 방법으로 기록할 수 있다.

- **관찰 매뉴얼**: 관찰결과를 적어 넣을 수 있는 빈 칸이 있는 서식[예로는 Stake
  (1995), University of Wisconsin Cooperative Extension(1996), Yin(2003) 참고]
- **기록장/체크리스트**: 예/아니오 또는 등급으로 관찰결과를 기록할 수 있는 서식

기록장은 특정 관찰 가능한 대상, 사람, 특성이 있는 경우
- **현장기록**: 관찰결과를 기록하는 가장 구조화되지 않은 방법. 관찰자가 보고 들은 것을 중요하다고 생각할 때 대화식으로, 서술 양식으로 기록

현장기록(Field note)은 관찰, 경험, 사람들에게 들은 것, 관찰자의 관찰대상에 대한 감정이나 반응, 기타 현장에서 얻은 여러 가지 아이디어 등을 묘사한 것이다(Patton, 2002: 305). 로플런드(Lofland, 1971: 102)에 따르면, 현장기록은 질적 분석에서 가장 중요한 성과이다. 현장기록을 작성하지 않는다면 관찰자가 존재할 필요가 없을 정도로 현장기록은 관찰에 매우 중요하다.

패튼(Patton, 2002)은 관찰 중 현장기록을 활용하는 법을 설명한다. 관찰자가 기록할 가치가 있다고 생각하거나, 다시는 기억하지 않아도 상관없는 것도 중요하다고 강조한다. 관찰자는 배경이나 환경, 진행상황에 대해 이해할 수 있는 것이라면 무엇이든지 가급적 빨리 기록해두어야 한다. 현장기록은 관찰자가 나중에 자료 분석을 할 때 언제라도 다시 그 관찰의 장소와 시간 속 관찰자로 전환시킬 수 있을 만큼 상세하게 기술해야 한다. 패튼은 관찰했던 장소, 누가 거기에 있었는지, 주변 환경이 어땠는지, 사람들하고 어떤 상호관계를 맺었는지, 어떤 일들이 일어났는지 같은 기본적인 정보를 반드시 기록할 것을 권고한다.

그리고 일반적인 정보보다는 구체적인 정보가 중요하다. 가난하다, 화가 났다, 불편하다와 같은 것은 좋은 표현이 아니다. 이와 같은 기록은 사실을 드러내는 것이 아니라 오히려 그 사실을 감추게 된다는 점을 유의해야 한다.

■ 관찰자 교육과 준비

패튼(Patton, 2002: 260)은 관찰의 기술을 잘 익혔다고 해서 훌륭한 관찰자가 되는 것이 아니라고 말한다. 패튼은 관찰자에 대한 교육과 준비의 중요성을 강조하는데, 다음과 같은 여섯 가지 요소를 주의해야 한다.

표 8.7 관찰에 의한 자료 수집의 장점과 단점

장점	• 대상자가 작성한 보고서나 설문으로 대상을 파악하는 것이 아니라 직접 관찰을 통해 자료를 수집한다. • 회고가 아니라, 지금 진행되고 있는 상황에 대한 생생한 정보를 수집한다.
단점	• 기록하고 의미를 해석하는 것뿐만 아니라 표본을 선정하는 것도 어렵다. • 데이터 수집에 많은 노동력이 필요하다.

자료: 저자 작성.

- 주의를 집중하여 보고 듣는 법을 익혀야 한다.

- 상세히 묘사하여 기술하는 법을 배워야 한다.

- 현장기록을 작성하는 법을 익혀야 한다.

- 중요치 않은 것과 자세한 것을 구별할 수 있어야 한다. 그렇지 않으면 중요치 않은 것들 때문에 자세히 기록할 기회를 놓칠 수 있다.

- 관찰결과를 활용하여 삼각측량하는 방법을 엄격히 적용해야 한다.

- 자신의 관점이 갖고 있는 강점과 한계를 보고해야 한다.

가능하다면 여러 명의 관찰자가 함께 활동하는 것이 적절하다. 각 관찰자가 합의된 절차에 따라 관찰할 수 있도록 교육해야 한다.

관찰에 의한 자료수집은 평가에 사용되기 전에 파일럿 테스트를 통해 시험해보아야 한다. 파일럿 테스트를 위해 둘 이상의 관찰자가 같은 장소로 가서 서식과 점수표를 작성하도록 한다. 만일 그 결과 간에 너무 큰 차이가 있을 경우, 재교육이 필요하다. 만일 별 차이가 없다면 그대로 관찰을 진행해도 좋다.

표 8.7은 관찰법의 장점과 단점을 요약했으니 참고하도록 하자.

4) 네 번째 방법: 설문과 면담

설문은 사람들의 인식, 의견, 아이디어에 관한 자료를 수집하는 데 아주 좋은 방법이다. 하지만 사람들이 말하는 대로 행동하지 않기 때문에 그들의 행태에 관한 자료를 수집할 때에는 적절하지 않다.

설문은 구조적일 수도 있고 반구조적일 수도 있으며, 대면으로 이루어질 수도 전화로 이루어질 수도 있고 이메일이나 웹 형식으로 참가자가 스스로 응답을 기록하게 할 수도 있다. 설문은 표본 집단을 대상으로 실시할 수도 있으며 모집단을 대상으로 전수조사를 실시할 수도 있다(표본에 관한 논의는 9장 참조).

■ 구조적 설문과 반구조적 설문

구조적 설문(Structured survey)은 선택지 중에서 하나 또는 그 이상의 문항을 응답자가 선택하도록 한다. 모든 응답자는 동일한 질문을 동일한 방법으로 받게 되며, 질문지 역시 동일하다.

얼마나 많은 선택지를 넣어야 할까? 국가가 속한 지역, 직업, 연령대 등과 같은 명목적 척도에 대해서는 가능한 답변의 수만큼 선택지를 구성해야 한다. 답변을 기록하는데 척도를 사용할 경우, 응답자가 중립적인 답변을 선택할 수 있도록 선택지는 홀수 개수로(3, 5, 7과 같이) 구성한다('만족'과 '부분 불만족' 사이에서 응답자가 선택하도록 하고 싶은 경우, 선택지의 개수가 짝수가 되는 경우도 있다). 반구조적인 설문은 구조적 설문과 거의 동일하지만, 거의 모든 문항에서 주관식 선택을 할 수 있도록 한다(박스 8.9 참조).

반구조적 설문(Semistructured survey)은 대부분 주관식 문항을 사용한다. 반구조적 설문은 평가자가 사람들의 답변에 대해 이유를 알고 싶거나 경험에 대해 보다 구체적인 답변을 듣고 싶을 때 사용한다. 반구조적 설문은 분명한 목적을 기반으로 준비해야 한다. 하지만 어떤 팀이나 단체 구성원의 역할이나 책임, 어떻게 프로젝트가 진행되는지에 대해 알고 싶을 때에는, 설문보다 면담을 활용하는 것이 다양한 응답을 확보하는 데 효과적일 수 있다. 응답 대상자들이 평가자에 대해 좋은 인상을 가지고 있고 질문에 대해 흥미를 느낀다면, 한 시간이나 그 이상 면담에 응할 의사가 있을 것이다. 하지만 한 시간 이상 설문 조사를 작성할 사람은 그리 많지 않다. 각자의 면담결과를 비교할

구조적 설문의 예

1. 이 회의가 프로젝트 평가를 배우는 데 도움이 되었습니까?
   - 거의 또는 전혀 그렇지 않음
   - 그렇지 않은 편임
   - 보통임
   - 그런 편임
   - 상당히 그러함
   - 의견 없음
   - 해당사항 없음

2. 마을 사람 모두가 집에서 반경 500미터 내에 깨끗한 우물을 가지고 있습니까?
   - 네
   - 아니요

반구조적 설문의 예

1. 프로젝트 평가회의에서 배운 점이 무엇인지 쓰세요.
2. 마을 사람들이 깨끗한 물을 긷는 곳이 어디인지 쓰세요.

수 있도록 두 평가자가 면담을 진행하는 것이 이상적이다. 두 평가자가 면담을 진행함으로써 대화 내용에 대한 해석에 합의할 수 있다는 점에서 장점이 있다.

표 8.8에 구조적 설문과 반구조적 설문의 장점을 요약해놓았으니 참고한다.

■ 설문 실행 방법

설문조사의 가장 흔한 방법으로는 다음과 같은 것이 있다.

- 전화 설문
- 우편, 이메일, 웹 형식으로 하는 자기 기입식 설문(Self-administered questionnaires)

표 8.8 구조적/반구조적 설문의 장점

구조적 설문	반구조적 설문
• 문항을 작성하기 어렵다. • 설문이 가능한 모든 정보를 담고 있어야 한다.	• 문항을 작성하기 쉽다. • 구조적 설문에 비해 주관식 문항이 많아서 누락되는 질문 없이 설문을 만들 수 있다.
• 답변을 작성하기 쉽다. • 응답자가 직접 기록하지 않고 체크만 하기 때문에 쉽다.	• 답변을 작성하기 어렵다. • 응답자가 직접 일일이 기록해야 하는 것이 부담스럽다.
• 분석하기 쉽다.	• 분석하기 어렵다. • 보다 상세한 정보를 줄 수 있다. • 분석과정에서 왜곡이 발생할 수 있다.
• 많은 사람들과 함께 일할 때 편하다.	

자료: 저자 작성.

• 설문(개발협력 분야에서 흔하게 쓰인다)

전화 설문은 어떤 경험, 의견, 개인적인 묘사를 이해하는 데 유용한 방식이다. 일대일 방식과 전화 설문은 동일한 방법이며 전달 방법만 차이가 있다.

자기 기입식 설문은 응답자에게 개별적으로 전달할 수도 있고 우편, 이메일을 통해 또는 웹상에서 전달할 수 있다. 응답자는 준비된 형식에 따라 응답을 하고 결과를 송부한다. 자기 기입식 설문은 짧을수록 좋고, 응답하는 데 20분 이상이 소요되지 않아야 한다. 연구결과에 의하면, 민감한 주제에서는 무기명 자기 기입식 설문에서 가장 솔직한 답을 확인할 수 있다.

우편, 이메일, 웹을 이용하는 것이 직접설문보다 비용이 저렴하다. 응답 대상자와 접촉할 수 있는 어떤 곳으로든 설문지를 발송할 수 있다. 하지만 응답 대상자가 우편시스템이 제대로 갖추어져 있지 못하거나 인터넷 환경이 좋지 못한 곳에 살고 있다면 결과에 편향이 발생하게 될 것이다. 또한 특히 개발협력 분야에서는 높은 문맹률 때문에 이 방법이 효과적이지 못한 경우가 다수 있다는 점도 참고해야 한다.

특히 개발협력 분야에서 많이 쓰이는 설문의 방법은 구조적일 수도 있고

표 8. 9	설문의 장점과 단점
장점	• 응답자가 자기가 생각하고 믿는 것을 선택하기만 하면 된다.
단점	• 사람들이 정확히 자신의 행동을 기억하지 못할 수 있고, 자기가 한 일에 떳떳하지 못하다면 밝히기를 꺼려할 수 있다. • 사람들이 자기가 실제로 행동한 것과 말하는 것이 항상 일치하지는 않는다.

자료: 저자 작성.

반구조적일 수도 있으며, 이 둘을 혼합해 활용할 수도 있다. 이 방법에서는 문서로 된 질문을 조사자가 읽어주고 응답을 녹음한다. 보통 이런 경우 대부분의 질문을 객관식으로 구성하는 것이 바람직하기는 하지만, 마지막 몇 개의 질문은 주관식으로 구성할 수 있다. 주관식 질문에 대해 응답자들이 편안하게 답변할 수 있도록 하며, 설문이 간과한 점을 응답자들에게 자유롭게 이야기할 수 있게 한다. 하지만 주관식 질문이 1~2개 이상이면 부담이 될 수 있다. 주관식 질문은 분석하는 데 시간이 걸리기는 하지만 평가 주제에 대해 유용한 의견을 얻을 수도 있다는 장점을 가진다.

컴퓨터 활용 전화 면담조사(Computer-assisted telephone interviewing: CATI)는 컴퓨터 인터랙션 시스템을 이용해 전화로 면담조사를 시행하는 방식이다. 응답자가 면담을 시작하면 컴퓨터 프로그램이 다음 질문으로 연결하거나, 건너뛰도록 한다. 답변에 따라 다음 질문이 주어지며, 문서에 의한 설문조사보다 개별적이고 민감한 질문을 할 수 있다. 면담을 진행하면서 응답자는 단순한 코드에 따라 컴퓨터에 직접 자료를 입력한다. 대부분의 질문이 단순한 객관식으로 되어 있으며 응답자는 답변을 클릭하기만 하면 된다. 컴퓨터 시스템은 데이터를 코드로 변환하고 데이터베이스에 저장한다(UNESCAP, 1999).

표 8.9는 설문의 장점과 단점을 정리한 것이니 참고하자.

■ 설문 문항의 개발

설문 문항은 다음과 같이 개발한다.

- 문항 선택
- 문항과 응답지 만들기
- 문항 배열
- 설문 구조 선정
- 문항 점검·번역 및 시범 실시

▶ **문항 선택** ∣ 평가자는 개방형이나 폐쇄형 문항을 사용할 수 있다. 개방형 문항은 단답형으로 답변할 수 없기 때문에, 응답자 상당수가 이런 개방형 문항을 귀찮아하고 응답하기를 꺼린다.

폐쇄형 문항은 간단한 정보만으로도 답변이 가능하다. "출생일자가 어떻게 되십니까?"와 같은 질문이 폐쇄형 문항의 예가 될 수 있다. 출생날짜라는 단순한 정보만으로 답변이 가능하며 추가적인 응답이 필요 없기 때문이다. 두 번째 폐쇄형 문항의 유형은 양자택일형 문항이다. 이러한 양자택일형 문항으로는 예/아니오 라든지 맞음/틀림 중에서 답변을 선택하도록 하는 것이 있다. 세 번째 폐쇄형 문항 형식으로는 다지선다형이 있다. 전문가들은 다지선다형으로 문항을 구성하되, 1~2개의 개방형 문항을 삽입하거나, 적어도 설문 마지막에 기타의견을 제시할 수 있는 공간을 마련하는 것이 바람직하다고 한다(Burgess, 2001).

너무 많은 형식의 문항을 사용하는 것은 응답자에게 혼란을 줄 수 있으므로 주의해야 한다. 잭슨과 어그러월(Jackson and Agrawal, 2007)은 설문에서 세 가지 이상 형식의 문항은 사용하지 말라고 한다. 생활기준 측정설문조사(Living Standards Measurement Survey Study: LSMS)(World Bank, 1996)에 따르면, 각 차원 별로 설문 문항을 개발하는 것이 도움이 된다(표 8.10 참조). 이러

표 8.10 **설문내용 선정 개선**

수준	설명
전체 목표를 설정	목표를 정의(빈곤연구, 각 가구에 대한 정부정책의 영향 조사)
부문별 균형을 수립	어떤 주제가 가장 중요한지 정의(식비 보조, 정부의 보건 및 교육 서비스 접근성 및 비용 변화의 영향, 중앙계획경제에서 자유시장주의 방식으로의 변화와 같은 구조개혁으로 인한 경제 환경 변화의 영향)
부문 내 균형 결정	교육 부문 내에서 다음 중 어떤 것이 지금 이 나라에서 가장 중요한 문제인지 정의 1. 입학, 낮은 출석률, 학습, 성차의 요소 2. 교육 기간과 농업 및 기타 부문에서 소득 간의 상관관계 3. 어떤 학생이 교재와 식비를 지원받았는지 4. 보호자가 학비를 얼마나 부담해야 하는지
특정 이슈나 프로 그램 조사를 위한 질문 작성	교재를 평가하기 위해서 평가자는 얼마나 많은 과목 교재를 연구해야 하는지 결정 각 학생에게 교재가 배분되어야 하는지, 아니면 공유해도 되는지? 교재를 집에 가져가도 되는지, 아니면 교실에서만 보아야 하는지? 교재가 1년용인지, 아니면 여러 해 사용 가능한지? 교재를 구입해야 하는 것인지, 아니면 무료로 나누어주는지? 언제 교재를 구할 수 있는지? 서점에서 교재를 구입하는 것이 학교에서 받는 것보다 나은지?

자료: World Bank(1996).

한 방식으로 균형 잡힌 설문이 가능하다.

문항의 유형을 구분함으로써 평가자가 무엇을 묻고자 하는지 명확히 하고 응답자가 제대로 응답할 수 있도록 한다. 패튼(Patton, 2002)은 다음과 같이 문항을 여섯 가지로 분류했다.

- 경험과 행동에 관한 문항: 어떤 행태, 경험, 행동, 활동을 이끌어내기 위해 무엇을 하고 무엇을 하려고 하는가?
- 의견과 가치판단 문항: 행동이나 행태보다는 인지 과정을 이해하기 위한 문항
- 감정 문항: 경험이나 생각에 관한 응답자의 감정을 이끌어내기 위한 문항. 걱정스럽다, 행복하다, 두렵다, 위축되었다, 자신 있다 등의 형용사가 답변으로 나오는 문항. 응답자에게 문항이 단순히 느낌이 아니라 의견, 신념, 판단을 묻고 있는 것이라고 보여야 한다.

다음 사항을 참고하면 평가자가 설문 문항을 개발할 때 응답자들이 혼란스럽지 않을 것이다.

- 모든 응답자에게 동일한 의미를 가지고 있는 단순한 단어를 사용하라.
- 질문과 응답의 분류를 구체적으로 분류하라.
- 모호한 선택지를 만들면 안 된다('그리고'나 '또는'이 들어가 있는 문항은 피하자).
- 응답자가 알고 있을 것이라는 가정을 기반으로 하는 질문은 하지 말라. 필요한 경우, 설문 첫 머리에 관련 정보를 제공하자.
- 이중부정 형식의 문장을 피하라(예/아니오 질문에 "~가 아닌"을 사용하지 말자).
- 상호배타적인 선택지를 만들라.
- 선택지 간 균형을 유지하라.
- 부당하거나, 기분을 상하게 하거나, 생색내는 질문을 하지 말자.

자료: TC Evaluation Center(2007). 그 외에도
Foddy(1993), Fowler(2002), Sue and Ritter(2007) 참조.

- 지식 문항: 응답자가 무엇을 알고 있는지, 그 사람의 지식을 묻는 문항이다.
- 감각 문항: 무엇이 보이는지, 들리는지, 만져지는지, 어떤 맛과 냄새가 느껴지는지 묻는 문항
- 배경/인구통계학적 문항: 연령, 교육수준, 직업 등 응답자의 특징을 나타내는 것을 묻는 문항

▶ 문항과 응답지 만들기 ㅣ 패튼의 여섯 가지 유형의 문항을 현재, 과거, 미래형으로 질문할 수 있다. 예를 들면 평가자는 다음과 같이 설문할 수 있을 것이다.

- (과거형) 5년 전 HIV/AIDS 치료에 대해 무엇을 알고 있었습니까?
- (현재형) 오늘 HIV/AIDS 발표로부터 무엇을 배울 수 있었습니까?
- (미래형) HIV/AIDS 에 대하여 무엇을 배우고 싶습니까?(Patton, 2002)

평가 문항은 명확해야 한다(박스 8.10). 그렇지 않으면 응답자는 설문에 관심을 잃고 혼란스러워하고, 나아가 반감을 품게 된다. 평가자는 응답자가 해당 프로그램이나 정책에 대해 어떤 용어를 쓰는지 조사해야 하고, 설문을 만들 때 이러한 용어를 사용해야 한다.

평가자는 응답자가 기대되는 답변을 하도록 유도해서는 안 된다. 다음과 같은 문항이 있다고 하자.

"훈련을 받고 난 후, 이윤이 늘었다면 얼마나 늘었습니까?"

"만일 이윤이 조금, 적당히, 꽤, 아주 많이 늘었다고 한다면 이것이 훈련 때문이라고 생각하십니까?"

이와 같은 질문 방식은 응답자를 평가자가 생각하는 방향으로 이끌게 된다. 이윤에 대해 묻고자 한다면, 보다 긴 시간에 걸친 추이를 묻는 편이 적절하고, "만일 이윤이 증가했다면 그 원인은 무엇이라고 생각하느냐"와 같이 설문을 하는 것이 좋다.

문항의 단어선택을 조금만 바꾸어도 응답자의 답변에 큰 영향을 미치게 된다.

형용사와 부사의 활용이 미치는 영향에 대하여 조사한 연구가 있다. '보통', '종종', '가끔', '때때로', '아주 가끔', '드물게'와 같은 단어는 질문지에 흔히 쓰이기는 하지만, 모든 사람들에게 같은 의미를 지니지 않는다. 어떤 형용사는 매우 큰 차이가 있다. 다음 단어는 매우 큰 차이가 있기 때문에 설문에서 사용하지 말아야 한다.

- 명확한 의무, 가장, 수많은, 대다수, 소수, 대부분의, 다량의, 많은, 꽤 많은, 몇몇.
- 다음 단어는 차이가 크지 않고 어느 정도 합의가 형성된 것들이다: 다수, 거의 모두, 사실상 모두, 합의된, 극소수, 그렇게 많지 않은, 거의 없는, 2개의, 몇몇 (StatPac, 2007).

프레어리(Frary, 1996)는 효과적인 설문개발 방법을 다음과 같이 제안한다.

- 왼쪽부터 오른쪽으로, 낮은 수준에서 높은 수준으로 응답을 나열한다. ① 전혀 그렇지 않다 ② 거의 그렇지 않다 ③ 때때로 그렇다 ④ 자주 그렇다
- 만일 응답자가 '전혀 그렇지 않다'에 체크하지 않을 것 같거나 '거의 그렇지 않다'가 같은 의미로 받아들여질 것 같을 때에는 ① 전혀 혹은 거의 그렇지 않다 ② 때때로 그렇다 ③ 자주 그렇다로 이 둘을 합하는 것도 좋다
- 응답자가 긍정 혹은 부정적 응답의 정도를 선택하도록 하는 것도 좋다. 이러한 방법을 통해 단순한 동의/비동의 일색의 응답이 아닌, 각 응답에 대한 평가가 가능해진다.
- 가능한 응답수를 최대한 줄이자. 예를 들어 응답자의 의견이 명확할 것 같은 때에는 ① 동의함 ② 동의하지 않음과 같이 단순한 선택지를 만들자. 의견이 명확하지 않을 것 같거나 내용을 잘 모를 것 같을 때는 보다 많은 선택지를 제시한다. ① 동의함 ② 대체로 동의함 ③ 대체로 동의하지 않음 ④ 동의하지 않음

질문을 작성한 다음 평가자는 각각의 질문을 읽어보고 문장이나 논리구조를 점검한다. 문법이 정확한지, 이어지는 질문의 논리가 맞는지 등을 점검한다.

모두가 이해할 수 있도록 해야 하기 때문에 설문지를 작성하는 것은 어렵다. 이해하기 어렵거나 모호하게 질문이 주어진다면, 답변 또한 정확하지 않고 불필요한 정보를 수집하게 될 수 있다. 예를 들어 기관장이 그 기관에 컴퓨터를 다룰 줄 아는 사람이 얼마나 되는지 알아보고 싶다고 하자. 다음과 같은 질문이 가능하다.

- 지난 3개월 동안 컴퓨터 교육을 받았습니까?
- 지난 6개월 동안 컴퓨터 교육을 받은 적이 있습니까?
- 작년에 컴퓨터 교육을 받은 적이 있습니까?

이 설문의 문제점은, 지난 3개월 동안 교육을 받은 적이 있는 사람은 세 질문에 모두 '그렇다'고 답해야 한다는 것이다. 그럼 다음과 같이 질문을 해보도록 하자.

다음 각 기간 중 몇 번의 컴퓨터 교육을 받았습니까?
1) 1~3개월 내: _____
2) 4~6개월 내: _____
3) 6~9개월 내: _____
4) 10~12개월 내: _____
5) 12~24개월 내: _____

명확하지 않은 문장으로 구성된 설문은 응답자를 혼란스럽게 하고, 설문을 포기하게 할 수 있다. 잘못된 질문지는 분석과정에서 수정이 불가하므로, 작성 단계에서부터 완벽해야 한다. 그러므로 평가자는 설문을 작성하고 미리 테스트하는 데 많은 시간을 할애해야 한다.

기밀과 익명성은 당연히 보장해야 한다. 접근이 허락된 소수의 사람만 설문의 내용을 확인하도록 함으로써 정보의 유출을 방지한다. 익명성은 해당 응답자에 대해 식별가능한 정보가 유출되지 않아야 한다는 의미이다. 일반적으로 설문에는 '동 설문에 대한 응답과 익명성은 철저히 보장합니다'와 같은 문구를 삽입한다(Burgess, 2001).

▶ **문항 배열** ┃ 다음 순서에 따라 질문을 배열하면 설문의 응답률이 높아진다.

- 응답자가 관심을 갖고 있는 질문부터 시작한다.
- 질문이 논리적으로 흘러가도록 하고 복잡하게 다른 방향으로 나가지 않는다.

- 비슷한 질문을 묶어서 논리를 유지하도록 한다(Burgess, 2001).
- 쉽고 흥미로운 질문에서 어렵고 불편한 주제로, 일반적인 질문에서 구체적인 주제 순서로 질문을 이어나간다(Jackson and Agrawal, 2007).
- 시간의 흐름에 따라 질문을 배열한다(Jackson and Agrawal, 2007).
- 중요한 질문은 전반부 3/4까지 배치한다. 응답자들이 설문을 다 완성하지 못할 수도 있기 때문이다(Jackson and Agrawal, 2007).
- 사적이고 기밀 보장이 필요한 질문은 마지막에 배치한다. 처음부터 이런 질문이 나오면 응답자의 참여 의지를 저해할 수 있다(Frary, 1996).
- 각 질문에 우선순위를 매기고, 중요도가 낮은 질문은 삭제한다(Jackson and Agrawal, 2007).

잭슨과 어그러월은 자기 기입식 설문을 한 페이지가 넘도록 구성해서는 안 된다고 말한다. 대학교육 이상을 수료한 사람을 대상으로 하는 경우 두 페이지도 가능하다.

▸ **설문의 구조 선정** ∣ 인쇄된 설문지에 대해 다음과 같은 점을 고려한다.

- 설문지에 제목과 날짜 표기
- 명확한 정리, 불필요한 목차 생략
- 연락처 및 회수처 정보 기재
- (표지 분실을 대비해서) 설문이 어떤 내용이고 어떤 용도로 설문결과를 활용할지 간략한 설명 제시
- 질문과 선택지는 일관성 있어야 하고, 각 질문에 번호를 기입
- 어떻게 질문에 대답해야 하는지에 대한 설명 제시. 질문에 하나만 대답해도 되는지 아니면 복수로 선택할 수 있는지, 체크를 해야 하는지 동그라미를 쳐야 하는지 아니면 단답식인지 설명(Burgess, 2001).

잭슨과 어그러월은 혼란이 없도록 선택지 사이에 충분히 간격을 두도록 제안한다. 설문지가 전문적으로 보이도록 편집 오류가 없이 완성도를 높이는 것도 중요하다.

설문지에는 표지가 있게 마련이다. 표지에는 후원자와 설문의 목적이 명시되어 있다. 잭슨과 어그러월은 표지에 다음의 내용을 포함하도록 한다.

- 설문의 목적(설문 참여 이유)
- 응답자 선정 기준
- 결과 활용 방안
- 익명성 보장 여부
- 응답 소요 시간
- 인센티브
- 연락처

설문을 우편으로 송부하는 경우, 반신용 봉투를 함께 보내거나 응답자가 설문을 회신하기 위한 방안을 마련해야 한다.

▶ **문항 점검·번역 및 시범 실시** | 설문 개발은 반복적인 작업이다. 초안이 완성되면 이해관계자들이 설문지를 자세히 검토하면서 초안에 대한 의견과 수정 방안을 논의하고, 파일럿 테스트를 실시할 때까지 몇 차례 이 과정을 반복한다.

설문이 2개 이상의 언어로 실시될 때는 번역이 필수적이다. 설문 책임자는 번역이 제대로 되었는지 확실히 검토해야 한다. 번역은 두 언어에 능통하고 해당 주제를 잘 알고 있는 사람이 먼저 한다(Behling and Law, 2000). 초벌 번역이 완성되면 또 다른 사람이 번역본을 원래 언어로 다시 번역함으로써, 번역과정에서 오역하거나 놓친 부분을 검토한다. 이것이 정확한 번역을 위한 유일한 방법이다. 설문에 대해서 의견이 합치되지 않은 부분이 있다면 파일럿 테스트를 하기 전에 반드시 합의를 보아야 한다.

설문은 대부분 해당 국가의 공식 언어로만 번역되는 경우가 많다. 그 국가의 여러 토착 언어를 아는 사람들이 면담을 진행하는 경우, 핵심질문을 토착 언어로 번역해서 설문 매뉴얼에 포함해야 한다. 또 다른 언어를 사용하는 사람들이 있는 경우, 현지 통역 인력을 고용하는 경우도 있다.

설문은 일상언어로 이해하기 쉽게 작성해야 한다. 학술적이거나 지나치게 공식적인 언어로 작성해서는 안 된다. 현지어는 구어와 문어가 다른 경우가 많고 단순성과 정확성 사이의 균형을 잡는 일이 매우 어려운데, 글로는 잘 쓰이지 않는 언어일 경우 이런 어려움이 크다.

설문이 완성되면 소수의 응답자를 대상으로 파일럿 테스트를 시행한다. 이 결과에 따라 추가적인 수정이 필요할 수 있다. 특히 여러 가지 언어로 번역이 되는 과정에서 수정사항이 많이 발생한 경우, 설문 전체나 부분에 대해 파일럿 테스트를 다시 실시해야 한다.

설문조사와 인터뷰 등의 데이터 수집 방법은 조기에 파일럿 테스트를 실시하는 것이 필요하다. 대표성이 있는 소수의 집단을 대상으로 테스트함으로써, 어떤 부분을 보다 명확하게 해야 하는지 점검할 수 있다. 한 가지 좋은 방법은 응답자들과 함께 설문을 작성하고, 이 과정에서 응답자들이 기입한 이유를 말해보도록 하는 것이다. 이를 통해 응답자들이 설문을 어떻게 이해하는지 파악할 수 있다. 명확하다고 생각했던 부분에서 모호하다는 반응이 나올 수도 있다. 응답자들이 질문을 오해한다면 평가자는 설문을 수정해서 설문을 실시하기 전에 다시 테스트해야 한다.

파일럿 테스트는 설문이 계획한 대로 정보를 수집할 수 있는지 확인하기 위해 실시한다. 파일럿 테스트를 통해 다음 사항을 점검해야 한다.

- 전체적으로: 설문의 모든 부분이 일관적인가? 똑같은 사항을 반복해서 묻고 있지

않은가?

- 각 부분: 설문이 여러 부분으로 나뉘어 있는 경우, 각 부분은 의도했던 정보를 수집하고 있는가? 중요한 부분이 다 들어가 있는가? 관련 없는 질문이 포함되어 있지 않은가?
- 개별 질문: 문장이 명확한지, 혹시 애매모호한 응답을 유도하고 있지는 않은가? 다른 해석이 가능하지는 않은가?

파일럿 테스트를 할 때에는 여러 지역 출신의, 다양한 언어를 사용하는 다양한 사회경제적 그룹을 대상으로 실시해야 한다. 도시지역과 농촌지역 거주자, 정규직과 비정규직 고용자를 포함하고, 해당 지역이 다양한 언어를 사용한다면 해당 주요 언어별로 응답자를 구성한다.

하나의 언어로만 파일럿 테스트를 한다면 일주일 정도면 완료할 수 있다. 하지만 설문이 여러 개의 언어로 되어 있다면, 각 언어별 설문을 모두 테스트해야 하므로 시간이 더 소요된다.

파일럿 테스트가 끝나도, 그 결과를 검토하기 위해 1~2주 정도 시간을 마련해두어야 한다. 평가팀은 변경이 필요한 사항에 대해 협의해야 한다. 대규모 설문의 경우, 일반적으로 파일럿 테스트를 세 차례 시행한다.

박스 8.11과 8.12는 설문을 진행하는 방법을 소개하고 있다. 첫 번째 사례는 행정사항에 대한 내용이고, 두 번째는 설문지를 어떻게 작성할지 소개한다.

박스 8. 11   설문실행 매뉴얼

다음은 설문실행을 위한 일반적인 사항이다.

- 단순하게, 명확하게, 짧게 작성한다.
- 하고자 하는 설문과 유사한 기존 사례를 찾아서 분석한다.
- 응답자들이 설문조사의 실시 이유를 확실히 이해할 수 있도록 설명한다(응답을 왜곡할 수 있는 방법을 피해서).

- 응답하기 쉬운 질문을 한다. 응답자들이 명확하게 답변하도록 한다.
- 응답자들이 별도로 정보를 찾아서 응답해야 하는 질문은 하지 않는다. 만일 이런 질문을 꼭 해야 한다면, 먼저 관련 자료를 수집해서 응답자들에게 제시하고 읽어보게 한다.
- 응답자의 개인정보를 존중한다. 설문의 비밀을 유지하고 비밀이 보장되는 공간에서 시행하고, 기밀을 유지할 수 없을 가능성이 있다면 기밀 보장을 약속해서는 안 된다.
- 응답자의 스케줄과 지적 능력을 존중한다.
- 응답자들이 어떻게 선정되었고, 참여가 왜 중요한지 설명해야 한다.
- 참여로 인해 응답자들이 불이익을 겪어서는 안 된다. 응답 결과는 기밀을 유지하고, 보고서에는 설문의 통계 결과만 활용한다. 분석자료에는 응답자의 등록 번호만 남기고 성명은 모두 삭제한다.
- 설문결과를 활용한 최종 보고서를 응답자들이 받을 수 있는지 알려준다.

자료: 저자 작성.

박스 8. 12 설문 작성 시 유의사항

다음 사항을 참고하면 설문을 작성하는데 도움이 될 것이다.

① 가능하다면 기존의 설문지를 가이드라인으로 활용해 상황에 맞게 수정하면 된다. 새로운 것을 만들어내는 것보다는 기존의 설문지를 수정하는 것이 용이하다.

② 다음 기본 사항을 따르자.

- 응답자에게 적절하고 단순하고 명확한 단어를 사용한다.
- 한 번에 한 가지 정보를 묻는다. "만일 그렇다면, 교재가 얼마나 명확합니까?"가 "만일 그렇다면, 교재가 얼마나 명확하고 유용합니까?"보다 낫다(후자의 경우에는 명확하기만 하고 유용하지 않다면 응답자가 응답할 방법이 없다).
- 응답자가 자신의 응답이 받아들여질 수 있다고 느낄 수 있도록 질문을 작성한다. 범위를 제시하면서 질문을 하면 된다. '만일 그렇다면 어느 정도'라든지 '어느 정도 중요 혹은 중요하지 않은지'와 같이 시작하면 좋다.
- 선택지는 상호 배타적으로 구성되어야 한다. 연령의 경우 20~30, 30~40, 40~50과 같이 구성해서는 안 되며 20~30, 31~40, 41~50과 같이 해야 한다.
- 가능하다면 부정적인 것에서 긍정적인 순서로 선택지를 나열한다.
  '만일 그렇다면, 어느 정도 … 매우 무용 ← … → 매우 유용'
- 양자 선택의 질문이 아니라면, 예/아니오 질문은 피한다. 그 대신 범위를 제시하고 응답자가 그중에서 선택하도록 하는 방법이 좋다. '전혀 무용하다'에서 '아주 유용하다'까지 5점 척도로 선택지를 구성하는 방법이 있다.
- 척도 양 극단에 절대치를 넣지 않는다(어떤 일에 '절대 그렇지 않다'라고 자신 있게 말할

수 있는 사람은 소수이다). '항상 혹은 거의 항상'과 '절대 혹은 거의 절대'와 같이 양 극단을 구성한다.
- 현재의 상황에 대해 질문을 한다. 기억은 상당히 불확실하다.
- 출구를 마련해야 한다('판단할 수 없음'이라든지 '의견 없음' 같은 선택지도 필요할 때가 있다). 만일 그런 여지가 없다면 응답자들은 무의미한 응답을 제시할 수 있다.
- 이중부정 형식의 문장을 사용하지 않는다.

③ 설문은 작성하기 쉬워야 한다. 체크할 박스를 그려주자. 응답자들이 혼란스럽지 않도록 '반드시 하나만 선택하세요', '여러 가지를 선택할 수 있습니다'와 같이 명확한 설명이 제시되어야 한다.

④ 일반적인 질문을 먼저 하고 구체적인 질문은 나중에 제시한다. "기타 의견이 있다면 기재하도록 하는 주관식 문항도 마지막에 1~2개 제시하는 것이 좋다.

⑤ 사용하고자 하는 신상정보만 물어보라. 신상정보 작성란은 설문 마지막에 배치한다.

⑥ 전문들에게 설문의 검토를 미리 부탁한다.

⑦ 설문을 번역해야 한다면, 번역을 한 후, 원래의 언어로 다시 번역해서 검토해야 한다.

⑧ 사전조사(pretest)는 여러 차례 해보는 것이 좋다. 그냥 읽어보게 하는 것보다는 특정 응답자들이 직접 설문에 답해보도록 해야 한다. 그 의견을 바탕으로 설문을 철저히 검토해본다. 질문이 명확한가? 이 질문을 응답자들이 이해할까? 이상한 단어나 불명확한 문장이 있지는 않은가? 더 나은 질문방식은 없는가?

자료: 저자 작성.

▌ 시민평가카드

시민점수카드(Citizen score card)라고도 하는 **시민평가카드**(Citizen report card)는 공공 서비스 성과를 측정하는 설문조사 방법 중 하나이다. 개발협력 분야에서도 이 방법이 점점 많이 쓰이고 있으니 주목할 필요가 있다. 인도의 뱅갈로에서 공공 서비스 관련 문제 해결을 위해 시민단체가 이 방법을 사용한 적이 있다(Paul and Thampi, 2008). 공공기관을 평가하기 위해 미국에서는 오래전부터 시민평가카드를 쓰고 있다.

- 실제 공공 서비스 이용자로부터 피드백을 수집하고자 할 때
- 개별 서비스 제공자의 실적을 평가하거나 여러 서비스 제공자 실적을 비교할 때

표 8.11 인프라 만족도 관련 시민평가카드

기관	응답자 중 고객(1,000명)	만족한 고객(%)	불만족한 고객(%)
전　력	1,024	43	15
수 자 원	775	41	19
통　신	203	87	12
경　찰	98	45	36

자료: 저자 작성.

- 정보공개를 위해 서비스에 대한 피드백 데이터베이스를 구축하고자 할 때(ADB and ADBI, 2004)

표 8.11은 전체적인 서비스 만족도에 대한 시민평가카드의 예이다. 시민평가카드는 다음과 같은 요인에 대한 피드백을 접수한다.

- 서비스의 유용성
- 서비스 접근성
- 서비스의 신뢰도
- 서비스의 전반적인 품질
- 서비스 만족도
- 서비스 제공자의 응답성
- 숨겨진 비용
- 부정부패 및 지원체계
- 지불 의사(World Bank, 2006)

시민평가카드는 표 8.12와 같이 많은 방법으로 쓰일 수 있고, 여러 수준의 정부기관에서도 다양하게 활용 가능하다.

표 8.13은 데이터 수집에서 시민평가카드의 장점과 단점을 소개하고 있으니 참고하자.

표 8.12 시민평가카드의 활용

연구나 프로그램의 유형	예
도시서비스 만족도 조사	7개 인도 도시; 우간다 캄팔라
중앙 및 지방정부의 서비스 만족도 조사	인도, 필리핀, 우간다
분야 연구	인도 뱅갈로 공립병원
프로그램 평가	타밀 나두 농촌 식품안전 인도 마하라슈트라 농촌 식수 위생
거버넌스 개혁 프로젝트	방글라데시, 페루, 필리핀, 스리랑카, 우크라이나, 베트남

자료: World Bank(2006).

표 8.13 시민평가카드의 장점과 단점

장점	• 성과에 대한 피드백 제시 • 구조화되어 결과를 공유하기 용이 • 자료 수집과정에서의 왜곡 방지
단점	• 평가에 대한 이해능력 필요 • 서비스 비교에만 사용 가능 • 적은 수의 인구만 이용하는 서비스의 경우, 전체 인구를 대표할 수 있도록 큰 표본이 필요 • 정부 공무원들이 어떻게 반응할지에 대한 예측 가능성 낮음

자료: 저자 작성.

■ 면담

면담(Interview)은 평가자와 피면담자 사이의 대화를 통해 피면담자로부터 정보를 끌어내고자 한다(박스 8.13). 면담자의 자질과 기술이 피면담자로부터 끌어낼 수 있는 정보의 품질을 좌우한다(Lofland and Lofland, 1995). 면담을 성공적으로 이끄는 비결은 평가자가 우수한 청취자이거나 면담자가 되는 것이다.

각각의 문화는 고유의 가치와 관습을 가지고 있다. 잘 알려진 바와 같이 어떤 질문이나 제스처가 어떤 문화권에서는 잘 받아들여지는 반면, 다른 문화권에서는 모욕이 될 수도 있다. 따라서 평가자는 해당 문화에 대해 충분히 이해하고, 면담을 진행하는 중에도 응답자를 불편하게 하는 일이 없도록 주의를 기울여야 한다(박스 8.14).

다음 사항을 참고하면 면담을 진행하는 데 도움이 된다.

① 피면담자가 다음 사항을 숙지할 수 있도록 한다.
- 연구의 목적과 시기
- 면담의 목적
- 면담대상으로 선정된 사유
- 면담자료 활용 계획
- 면담내용이 기밀로 보장되는지 여부
- 면담시간
- 면담 내용(질문내용을 미리 공유하면 좋다)
- 재면담 가능성 여부
- 최종 보고서 접수 가능 여부
- 면담 결과 접수 가능 여부

② 조용하고 주변이 정돈된 곳을 찾아 시간을 정한다.

③ 면담내용을 기록하는 사람이 별도로 있는 것이 좋다.

④ 면담내용을 녹음하는 것도 좋은 방법이다. 녹음할 경우에는 면담 대상자에게 미리 말해서 양해를 얻도록 한다.

⑤ 대본대로 진행한다. 선택지가 있는 질문을 할 경우에는 정확히 쓰인 대로 읽어야 한다. 주관식 질문을 할 경우에 분위기에 따라 맞추도록 한다.

⑥ 눈을 맞추고 대화해야 한다거나, 직접적인 질문을 삼가야 한다든지, 젠더 문제와 같은 문화적인 규범에 유의하도록 한다.

⑦ 균형을 유지한다. 만일 프로젝트에 대해서 어떤 요인이 프로젝트를 촉진시키는지 물어본다면, 뒤이어 어떤 요인이 프로젝트를 저해하는지 질문해야 한다.

⑧ 이유를 묻는 것이 공격적으로 보이거나 비판적으로 들릴 것 같다면 피하도록 한다.

⑨ 응답자가 어떤 답변을 하든지 판단하지 말고 받아들여야 한다.

⑩ 대화를 하면서 집중해서 성실하게 기록하도록 한다.
- 기록할 때에도 응답자와 눈을 맞추도록 한다.
- 키워드나 핵심문장을 기록하며, 축약해서 적지 않도록 한다.
- 만일 피면담자가 중요하다고 생각되는 점을 말한다면 다시 반복하도록 요청하거나 다음 질문으로 넘어가기 전에 기록해놓도록 한다.
- 피면담자의 응답 중에 인용하고 싶은 말이 있다면, 괜찮은지 동의를 구한다.

⑪ 면담내용을 모두 기록한다.
- 모든 말과 생각이 가치가 있다는 점을 잊지 말자.

- 정성을 다해 면담내용을 기록하고, 가능한 깊이 있게 기록한다.
- 면담이 끝난 다음 짧게라도 노트 내용을 검토한다(다음 면담을 진행하기 전에 충분한 시간을 두는 것이 좋다).
- 면담을 시행한 당일 모든 내용을 정리한다.

⑫ 민감한 주제에 대해서는 피면담자와 함께 기록을 검토하고 응답하고자 한 내용과 맞는지 합의를 한다.

자료: 저자 작성.

박스 8.14 다문화 간 면담에서의 유의사항

면담을 할 때 다음 사항을 참고한다.

면담을 하기 전에 면담을 할 대상의 문화에 대해 숙지하도록 한다.

면담 기술에 대해 해당 문화에 익숙한 사람과 논의하고, 같은 문화권에서 온 면담자를 피면담자 삼아 연습한다.

다음과 같은 문화적 특징에 대해 최대한 찾아보도록 한다.

- 피면담자와 신체적인 거리를 얼마나 두어야 하는지
- 대화 중 어느 정도 눈을 맞추는 것이 적절한지
- 대화 중 목소리, 머리 끄덕임, 몸짓이 얼마나 중요한지
- 적절한 복장
- 인사방법
- 성별 역할

젠더 문제는 특히 중요하다. 어떤 문화권에서는 여성 피면담자와 남성 면담자가 단 둘이 방에 있는 것이 부적절할 수 있다. 또한 여성 면담자가 질문을 하게 되면 남성 피면담자가 응답을 거부할 수도 있다. 이런 상황에서는 동성의 면담자를 배정하거나, 이성의 증인이 함께 있는 것도 방법이 된다.

다양한 문화권의 피면담자를 응대하기 위해 평가자는 다음 사항에 유의해야 한다.

- 모든 사람은 존중받기를 원한다.
- 자기희생과 집단의식이 강한 문화권의 사람들이라 하더라도 자기 개인의 가치가

표 8.14 **면담법의 장점과 단점**

장점	• 구조적·반구조적·비구조적 형태로 구성할 수 있고, 또는 혼합형으로 구성할 수도 있다. 반구조적인 경우가 대부분이다. • 복잡한 문제에 대해 심층적인 탐색이 가능하다. • 실수가 허용된다. 모호한 질문이 있었다면 면담 도중에 수정할 수 있고 후속 질문을 할 수도 있다. • 평가자가 상황에 대해서 직관적인 사고를 할 수 있다.
단점	• 비용과 노동력, 시간이 많이 소요된다. • 각 사람들이 왜 서로 다른 의견을 갖게 되었는지 설명할 수 없는 경우가 많다. • 면담자는 선택적으로 내용을 들어서, 기존의 가치관에 어긋나는 내용은 놓칠 수 있다. • 문화적 규범, 특히 젠더 문제에 주의해야 한다.

있고 개인으로서 존중받고자 한다.

• 모든 사람들은 자신의 의견이 중요하다고 느껴지기를 바란다.

표 8.14는 면담의 장점과 단점을 요약하고 있으니 참고하도록 한다.

■ 응답률

응답률(Response Rates)은 총설문대상자 중 실제 응답자가 차지하는 비중이다. 응답자 수, 응답률, 응답률을 높이기 위해 평가자는 다양한 노력(전화를 통한 응답요청, 편지 등)을 해야 한다.

낮은 응답률은 표본에 자기선택 편향이 있음을 의미한다. 이는 설문에 응답하도록 선택된 사람들이 그렇지 않은 사람들과 이질적이기 때문에 생기는 문제이다. 예를 들어, 어떤 기관이 직원을 대상으로 만족도 조사를 실시했지만 30%만이 응답했다고 하자. 보통 설문에 응답하는 사람은 불만을 가지고 있는 경우가 많으므로, 이러한 설문 결과는 전체 직원의 의견을 대표한다고 말하기 어려울 것이다. 만일 누가 응답을 했고 누가 하지 않았는지에 대한 분석을 하지 않고, 그 결과에 근거해 결정을 한다면 잘못된 결과를 가져올 수밖에 없다. 70% 미만의 응답률을 보인 설문은 평가자가 응답 편향을 분석해 결과의 타당성을 증명하지 못한다면 가치가 없다(Jackson and Agrawal, 2007).

평가자는 연령이나 성별과 같은 인구통계학적 특성을 통하여 설문 결과가 대상 집단을 잘 대변하고 있는지 살펴볼 수 있다. 만일 그렇다면 설문을 계속 진행하지만, 이 점이 설문의 품질을 보장하지는 않는다. 경우에 따라서는 응답하지 않은 사람을 직접적으로 추적해 어떤 경향을 보이는지 알아볼 수도 있다. 만일 응답자와 비응답자 간의 인구통계학적 특성이 상이하다면, 설문 결과의 품질 제고를 위한 적절한 조치를 취해야 한다. 평가자는 이러한 비응답자에 관한 분석을 실시하고 비응답이 설문결과에 미치는 영향을 고려해야 한다.

응답률이 낮은 설문은 그 결과가 조사대상 모집단의 특성을 반영한다고 할 수 없으므로 반드시 응답자 수를 명시해야 한다. '87%의 응답자는' 또는 '75%(N = 60)의 응답자가 말하길…'과 같이 서술해야 한다. 만일 응답자 수가 50을 넘지 못한다면, 비중으로 표기해서는 안 된다. 45명의 응답자 중 75%와 3,000명의 응답자 중 75%는 크게 다르다.

5) 다섯 번째 방법: 포커스 그룹

포커스 그룹(Focus group)은 중재자의 지도 아래 소수의 그룹이 모여서 특정 주제에 대해 토론을 하는 질적 방법론이다. 포커스 그룹은 자유롭게 구성된 것 같아 보이지만, 사실 포커스 그룹 방법도 개방형 질문을 포함한 대본을 사용한다. 훈련받은 중재자는 토론을 이끌고, 상황에 따라 추가적인 질문을 하기도 한다.

포커스 그룹은 사람들이 저마다의 관점을 가지고 서로 다양한 대화를 진행하므로 개인을 대상으로 하는 경우보다 많은 정보를 이끌어낸다. 하지만 포커스 그룹은 단순히 그룹 면담방식이 아니다. 중재자는 대화를 촉진시키고 구성원의 논리와 감정을 살펴본다. 참가자들이 언제든 새로운 정보와 다양한 관점을 드러내기 때문에, 논의 과정이 선형적으로 진행되는 것은 아니다.

이 방법은 다음에 관한 자료를 수집하기 위해 실시된다.

- 그룹 상호작용
- 자원의 복잡성
- '어떻게', '왜'에 관한 것
- 예/아니오 답변이 아닌 서술적인 답변
- 즉각적인 피드백
- 행동과 동기의 복잡성
- 의견의 집약성
- 민감한 주제에 대한 의견(Billson and London, 2004)

포커스 그룹은 다양한 방법을 활용하여 삼각측정하기 위해 사용될 수 있으며, 응답자들이 지필형식의 설문에 부담을 느낄 때에도 유용하다.

하지만 이 방법은 통계 데이터를 수집하기 위해 사용하지 않는다. 또한 다음의 경우에도 포커스 그룹은 적절하지 않다.

- 언어장벽을 넘을 수 없을 때
- 평가자가 그룹을 규제하기 어려울 때
- 신뢰가 형성되지 않았을 때
- 자유로운 표현이 보장되지 않을 때
- 비밀유지가 중요할 때(Billson, 2004)

포커스 그룹은 보통 6~12명으로 이루어지며, 목적에 따라 그룹을 구성한다. 대부분 그룹은 비슷한 위치의 사람들로 구성되므로, 동질적이다(교사그룹, 학생그룹, 고용인 그룹 등). 문화와 상황에 따라 누가 같은 그룹에 속해야 한다거나, 속하지 않도록 해야 하는지 달라진다. 참여자를 선정하는 데 편향이 있어서는 안 된다. 잠재적 참여자들의 응답이 논의결과를 확장시키거나 대체할 수도 있으므로, 간과해서는 안 된다. 관련 있는 다른 그룹이 구성될 수 있다면, 추가적으로 포커스 그룹을 진행하도록 한다.

포커스 그룹에게는 다음 사항을 제공해야 한다.

- 편안하고 안전한 환경(필수)
- 다과(필수)
- 금전적 보상(옵션)
- 교통편 또는 유아돌봄 서비스(옵션)
- 능숙한 중재자(필수)
- 기록 담당(옵션)

포커스 그룹 과정은 녹음해서 각 논의별로 기록을 관리하는 것이 바람직하다. 포커스 그룹은 다음의 사항에 대한 명확한 설명과 함께 시작된다.

- 포커스 그룹의 목적
- 참여자의 관점의 중요성
- 참여자 선정 방식
- 포커스 그룹의 정의
- 진행 규칙과 포커스 그룹에서 논의된 내용에 대한 비밀 보장

중재자는 그룹이 논의의 초점을 잃지 않도록 이끌고, 소수만이 토론을 독점하지 않고 모든 참가자들이 의견을 개진할 수 있도록 돕는다. 중재자는 각 논의에 맞추어 미리 제작한 매뉴얼에 따라 몇 가지 질문을 제시한다. 모든 질문은 개방형으로 구성하고, 대화는 쉽고 일상적인 내용부터 보다 진지한 내

용으로 옮겨갈 수 있도록 한다. 총정리와 마지막 질문으로 포커스 그룹을 마치며, 추가적인 의견과 질문도 모두 기록하도록 한다.

평가자는 다음의 사항을 중심으로 포커스 그룹의 모든 사항에 대해 책임이 있다.

- 누가 참석해야 하는가
- 몇 차례 포커스 그룹 논의를 진행해야 하는가
- 어디에서 논의를 진행해야 하는가
- 언제 논의를 진행해야 하는가
- 참여자들에게 무엇을 질문할 것인가
- 자료를 어떻게 분석하고 제시할 것인가

통상 포커스 그룹을 시행하는 데 6~8주가 소요된다. 이 기간은 프로젝트의 긴급성이나 복잡성, 의사결정자에 대한 접근성, 참여자 모집의 용이성 등에 따라 좌우된다.

다음 사항을 따른다면 포커스 그룹 논의를 성공적으로 이끌 수 있다 (Billson, 2004).

- 1단계: 핵심 평가질문을 명확히 한다. 의뢰인과 평가자가 이에 대해 명확하지 않으면 포커스 그룹 논의와 전체 과정이 혼란스러워진다.
- 2단계: 평가 접근법을 계획한다. 평가 목적과 핵심질문을 활용해서 접근방법과 핵심질문으로 향하는 주제의 흐름을 설계한다.
- 3단계: 중재자 매뉴얼을 만들고, 필요한 모든 규칙(행동수칙 등)을 포함한다. 이는 포커스 그룹 과정의 편향을 방지하고, 핵심 주제로 이끌어가기 위해 필요하다.
- 4단계: 참여자를 모집한다.
- 5단계: 중재기술을 구체화한다. 어떤 논의 기술이 좋은 것인지 정의한다.

- 6단계: 관찰자, 평가자, 평가 의뢰기관에 보고하고 추가 정보를 기록한다. 각 포커스 그룹 토론이 끝난 직후 의뢰인과 다른 이해관계자와 함께 논의결과를 공유한다. 다음번에 사용할 수 있도록 비공개로 나온 추가 정보(교훈, 결론 등)를 기록해둔다.
- 7단계: 데이터를 분석한다. 포커스 그룹이 잘 진행되었다면 수많은 이야기와 아이디어가 나왔을 것이다. 이러한 질적 데이터는 내용 분석(10장 참조)과 같은 특별한 분석기술을 통해 가공한다.
- 8단계: 결론을 설명한다. 의뢰인에게 의미 있고 유용하도록 결과를 보고한다. 구술, 서술, 비디오 또는 이를 혼합한 형식을 사용한다.

포커스 그룹 토론은 보통 1~2시간 정도 소요된다. 참여자나 중재자가 지치거나 지루해지지 않도록 주요 주제에 대해 100분 정도 소요한다(Billson, 2004). 포커스 그룹 토론은 무리한 일정으로 진행하지 않도록 하고, 중재자는 하루에 최대한 2~3회 포커스 그룹 논의를 진행하는 것이 일반적이다.

포커스 그룹 토론은 가능한 한 중립적인 환경에서 이루어지도록 한다. 장소 역시 접근성이 높은 곳으로 선정해야 한다. 참여를 촉진하기 위하여 통상 참여자들은 원형으로 된 테이블이나 원형으로 배치된 의자에 앉도록 한다. 몇 명의 관찰자가 토론을 참관하는 것도 가능하다. 토론 시작 시 관찰자를 소개하고, 왜 관찰자들이 함께하는지에 대한 설명도 해야 한다.

음성이나 화상 녹음은 정확한 기록을 위해 매우 유용하다. 참여자들은 대부분 토론이 녹음 또는 녹화되고 있다는 사실을 금세 잊게 된다. 만일 녹음이 불가능하다면 서기 2인이 함께하는 것이 좋고, 컴퓨터로 기록하는 것이 자료 분석이나 보고서 작성을 신속히 하기 위해 좋다. 단, 중재자는 기록을 하면 안 된다.

포커스 그룹 토론을 몇 차례 시행해야 하는지 정해진 규칙은 없다. 같은 주제가 반복되거나 새로운 정보가 더는 없을 때 포커스 그룹을 종료하면 된

다음 조언을 참고해 포커스 그룹 토론에서 많은 정보를 도출하도록 한다.

- 포커스 그룹에서 도출한 정보를 어떻게 사용할 것인지 먼저 생각한다. 모든 질문이 직접적이든 간접적이든 사용가능한 정보가 되게 한다.

포괄적인 개념
핵심 평가질문
일반적인 질문
구체적인 질문
세밀한 조사

- 모호하고 혼란스러운 단어 사용은 피한다.
- 한 번에 하나의 질문을 한다.
- 주관식 질문을 한다.
- 오해를 일으킬 만한 가정은 하지 않는다.
- 응답에 왜곡을 가져올 수 있는 질문은 하지 않는다.
- 대안을 제시하지 않는다.
- 참여자들의 흥미를 유지할 수 있도록 진행한다.
- 깔때기와 같이 포괄적이고 개념적인 질문으로부터 시작해서 구체적인 조사로 끝내도록 한다.

자료: Billson(2004: 29).

다. 통상 3~6개의 토론을 진행하면 종료된다. 매 토론마다 핵심 질문 세트를 제시하고, 주제에 일관성이 있다면 다른 질문이나 조사를 추가하는 것도 좋다. 한 토론 세션이 끝나면 평가자는 서로 브리핑을 해서 다음 토론의 운영 규칙을 적절히 수정할 수 있어야 한다.

참여자들의 일상도 고려해야 한다. 한 토론 세션에 참여하는 것도 하루나 반나절을 소요할 수 있기 때문에, 평가자는 참여자들이 토론장에 왕래하는 시간을 포함해 스케줄에도 유의해야 한다. 오후 늦게 시작하는 포커스 그룹 논의는 저녁식사 준비를 방해할 수도 있기 때문에 참여하고자 하는 사람이 적을 수 있다.

포커스 그룹 방법을 활용하는 데에는 많은 준비와 계획이 필요하다. 박스 8.15에서는 포커스 그룹 토론 시 참고해야 할 유의사항을 소개한다.

포커스 그룹 토론은 네 단계로 나누어진다. 표 8.15에서는 이 네 단계 및 각 단계의 세부 진행과정을 제시하니 참고하기 바란다.

표 8.15 포커스 그룹과 중재자 역할의 4단계

단계	역할
① 개시	• 분위기를 부드럽게 하는 질문으로 참여자들이 긴장을 풀 수 있도록 한다. • 중재자가 포커스 그룹의 목적을 설명한다. • 중재자가 기초적인 규칙을 설명한다. • 방안에 있는 모든 사람들이 자기소개를 한다.
② 소개 및 워밍업	• 참여자들은 본인의 경험과 역할을 주제와 연결시킨다. • 중재자가 그룹별로 소통하도록 하고 주제에 대해 생각해보게끔 한다. • 중재자가 가장 평이하고 단순한 질문으로부터 시작한다.
③ 토론	• 중재자가 보다 복잡하고 민감한 질문을 꺼낸다. • 중재자가 보다 깊이 있는 응답을 이끌어낸다. • 정보가 서로 연계되면서, 통합적인 분석이 가능하게 된다. • 그룹이 폭넓게 토론에 참여한다.
④ 폐회	• 중재자가 마무리 멘트를 한다. • 중재자가 논의결과를 요약하고 핵심 주제를 정리한다. • 중재자가 느낌 등을 말하고, 필요한 경우 참여자 그룹과 수정하고 확정한다. • 중재자는 각 참여자들이 마지막으로 의견, 평가팀에 전달하고자 하는 기타 사항이 있으면 발표하도록 한다.

자료: 저자 작성.

박스 8.16   포커스 그룹 질문의 샘플

다음 대본은 포커스 그룹 토론 질문을 계획하는 데 유용한 예이다.

• **소개**: 일단 자기소개를 하고 시작하도록 하죠. 자기소개를 하실 때는 직급이 어떻게 되는지, 어디에서 일하시는지, 이 건강 클리닉 프로젝트 경험담과 왜 이 프로젝트에 참여하게 되었는지 같이 말씀해주셨으면 좋겠어요.

• **인식에 대하여**: 무료 건강클리닉 프로젝트를 비판하는 사람들은 이 프로젝트가 낮은 품질의 서비스를 제공한다고 하더군요. 무료 클리닉에서 서비스를 받으신 경험은 어떠셨나요?

• **거버넌스에 대하여**: 최근 연구에 따르면, 지방정부 예산이 현재 지방 클리닉 보건소로 할당이 안 된다고 합니다. 여러분들이 보건소에서 치료받았던 경험으로 볼 때 이 문제에 대해서 어떻게 생각하시나요?

자료: Billson(2004) 수정.

박스 8.16은 평가자가 포커스 그룹 방법을 사용할 때 활용 가능한 질문 유형을 정리한 것이다.

표 8.16 포커스 그룹의 장점과 단점

장점	• 상대적으로 신속하고 쉽게 진행될 수 있다. • 심층 면담이나 일대일 면담보다 적은 노동력으로 진행할 수 있다. • 진행과정과 질문에 유연성이 많다. • 참여자들이 흥미로워할 여지가 많다.
단점	• 분석에 시간이 많이 걸린다. • 참여자들이 모집단을 대표하지 못할 가능성이 있어, 결과도 왜곡할 수 있다. • 그룹이 중재자나 대화의 주도권을 가진 사람들에게 휘둘릴 가능성이 있다.

자료: 저자 작성.

6) 여섯 번째 방법: 다이어리와 셀프 체크리스트

자료를 수집하는 또 다른 방법으로 다이어리와 셀프 체크리스트가 있다.

▮ 다이어리(일기)

다이어리(Diary)(일기)는 참여자가 직접, 매일 기록한 리포트이다. 다이어리는 사람들의 일상에서의 특정 사건에 대해 상세한 정보를 얻고 싶을 때 사용한다. SNS, 건강, 병과 그에 관련된 행동, 식사와 영양, 농장일, 학습 습관, 피임, 육아 등과 같은 현상을 연구할 때 다이어리를 활용한다. 다이어리를 통해 특정 시기의 행동을 포착하고, 또한 행동의 특성을 파악할 수 있다. 이를테면 금연 교실에 다니는 사람에게 어디에 있을 때, 무엇을 하고 있을 때 담배를 피우고 싶은 충동을 느꼈는지 기록해달라고 한다. 관찰대상의 패턴을 파악하면 참여자들이 이에 맞추어 행동할 수 있을 것이다. 만일 식사 후에 담배를 피우는 습관을 갖고 있다면, 금연 교실 참여자는 식사를 마친 후 재빨리 탁자에서 일어남으로써 그 패턴을 깰 수 있다.

다이어리는 국가 수준에서부터 작은 규모의 데이터 확보까지 널리 쓰이고 있다(Stafford, 2006). 다이어리는 다른 데이터에 대한 보완적인 자료로 유용하다(표 8.17). 다이어리 방식을 활용하기 위해서는 참여자가 문해 능력이 있

표 8.17 **다이어리의 매뉴얼**

할일	설명
대면으로 사람들을 모집한다	• 면담자를 통해 참여자들에게 참여 동기를 부여한다. • 이타주의와 도움을 주고자 하는 착한 마음에 호소한다. • 비밀을 보장한다. • 성실한 기록을 위한 인센티브를 제공한다.
참여자들에게 책자를 나누어준다	• 다이어리를 어떻게 작성하는지 상세히 설명한다. • 기록이 완성된 다이어리 샘플을 제공한다. • 기억을 되살려 줄 수 있는 방법을 사용한다. • 사건 또는 세션 등 관련 모든 용어를 설명한다. • 마지막 페이지에는 해당 기간이 일반적인 또는 이례적인 시기였는지 물어보고, 다른 의견이 있으면 기록하도록 한다. • 언제부터 시작하면 되는지 표시해주는 달력을 첨부한다.
자료수집에 걸리는 시간을 고려한다	• 기간이 너무 길면 참여자들이 부담스러워 하게 된다. • 기간이 너무 짧으면 필요한 사건이나 행태에 대한 정보를 놓칠 수 있다.

자료: 저자 작성.

고 다이어리를 쓰기 위한 시간을 투자할 의사가 있어야 한다. 필요한 경우, 다이어리를 체크리스트 형식으로 만들어 참여자가 갖추어야 할 필요한 문해 능력 수준을 낮출 수도 있다. 탄자니아와 잠비아에서 가계소비와 지출을 조사하기 위하여 그림일기를 활용한 것이 그 예이다(Wiseman, Conteh and Matov, 2005).

충분한 행동샘플을 확보하기 위해 1주 이상은 필요하며, 1개월이 넘는다면 너무 길다. 1개월이 지나면 다이어리를 쓰는 것을 지겨워하게 되어 기록의 양이 감소한다.

참여자에게는 명확한 설명서와 함께 다이어리 샘플을 제공하고, 특이하거나 새로운 용어에 대해서 모두 설명해야 한다. 설명서의 마지막 장에는 다이어리가 기록된 기간이 일반적인 시기였는지 또는 다소 이례적인 시기였는지에 대한 질문이 있다. 설명서에는 또한 참가자들이 기타 의견을 제시할 수 있는 부분이 포함되어 있다.

표 8.18 **다이어리와 셀프 체크리스트의 장점과 단점**

장점	• 놓치기 쉬운 깊이 있고 구체적인 자료(풍부한 데이터)를 얻을 수 있다. • 사람들이 시간을 어떻게 활용하는지에 대한 자료를 얻을 수 있다. • 민감한 정보를 얻을 수 있다. • 면담 내용을 보완하고, 더 풍부한 자료를 제공할 수 있다.
단점	• 어느 정도 글을 읽고 쓸 수 있어야 한다. • 사람들이 자기의 행동이 관찰당하고 있다는 점을 알기 때문에, 행동변화가 발생할 수 있다. • 많은 책임감과 성실성이 요구된다. 참여자가 정보를 정확하고 정직하게 작성해야 하고, 참여자가 행동을 정확하게 기억하지 못할 수도 있다. • 기록된 자료가 불완전할 수도 있고 참여자가 기록을 미루다 잊어버려서 제대로 기록하지 못할 수도 있다. • 손글씨를 알아보는 데 어려움이 있을 수 있다. • 문장이 불완전해서 이해가 안 될 수도 있다.

자료: 저자 작성.

■ 셀프 체크리스트

셀프 체크리스트*는 설문과 다이어리를 혼합한 형식이다. 참가자들은 용이하게 답변할 수 있도록 특정 사건과 활동을 목록으로 제시하고, 참가자들이 스스로 체크하도록 한다. 체크리스트는 일별, 주간으로 작성할 수 있고, 특정 사건이나 행동이 일어날 때마다 기록하도록 구성할 수도 있다. 말라리아 약을 먹는 시각, 수로에 가는 횟수와 시간을 적는 것 등을 예로 들 수 있다.

셀프 체크리스트는 인도네시아의 조산사 조사에 쓰인 사례가 있다(Abdallah, 2002). 이 프로젝트는 행동변화를 위해서는 교육 후 재교육이 필요하다는 이론에 근거해, 조산사의 가족계획 컨설팅 선진화를 목표로 기획되었다. 프로젝트에 참여한 조산사는 특정 커뮤니케이션 기술에 대해 매주 스스로 평가하도록 해서, 자신의 커뮤니케이션 패턴을 분석하고 개선 계획을 수립했다.

셀프 체크리스트는 다이어리보다 작성하고 분석하는 데 노력이 상대적으

---

* **셀프 체크리스트**(Self-Reported Checklist): 응답자들이 용이하게 답변할 수 있도록 만든 특정 사건과 활동 목록.

로 적게 필요하다. 하지만 셀프 체크리스트를 만들기 위해서는 상황에 대한 평가자의 정확한 이해가 필수적이다.

표 8.18에 다이어리와 셀프 체크리스트의 장점과 문제점을 정리해놓았으니 참고하기 바란다.

7) 일곱 번째 방법: 전문가 판단

전문가로부터 정보나 의견을 구하는 것도 정보 수집의 방법이다. 도서나 영화 비평가의 역할을 생각해보면, 사람들이 사안에 대한 선택이 필요할 때 전문가의 판단을 어떻게 활용하는지 알 수 있다.

전문가 판단(Expert judgement)은 개별 전문가나 전문가 패널로부터 확보할 수 있다. 전문가 패널이 병원을 검토하는 경우, 운영 프로그램, 시설, 인력 등을 점검하기 위해 병원을 방문할 것이다.

전문가 판단은 이미 수립되어 있는 전문적인 기준과 절차에 따라 이루어질 수도 있고, 임의로 이루어질 수도 있다. 전문적인 기준은 일반적으로 전문가가 지속적으로 평가를 수행하고 질문을 제시할 수 있도록 문서화된 기준이나 방법론이다. 공여기관이 의도한 목표, 목적, 성과 대비 훈련 프로그램의 품질을 평가하고 싶어 한다고 가정해보자. 이 수업계획과 목표, 목적, 성과를 잘 이해하는 전문가는 훈련 프로그램을 조사하고 문서에 근거하여 평가를 시행할 것이다.

임의적인 평가(Ad hoc review)는 상황과 불규칙적인 스케줄에 따라 이루어지며, 대개 특정한 목적을 위해 시행된다. 이러한 평가는 전문가가 활용할 수 있는 기준이 없는 경우가 대부분이어서, 전문가는 판단에 필요한 기준을 스스로 결정한다. 이러한 예로는 전문가가 프로젝트의 진행 상황에 대한 아이디어를 얻기 위하여 수자원 관리 프로젝트 현장을 방문하는 것이 있다.

신뢰할 수 있는 전문가를 선정하기 위해서 적절한 검정 절차가 필요하다.

표 8.19	전문가 판단의 장점과 단점
장점	• 빠르고 상대적으로 적은 비용이 소요된다.
단점	• 영향평가에는 부적절하다 • 주관적인 생각에 많이 의존한다. • 수집한 자료의 신뢰도는 해당 전문가의 신뢰도에 따라 달라진다.

자료: 저자 작성.

전문가는 다양한 경험과 관점을 반영할 수 있어야 한다.

전문가를 선정할 때는 명성에만 의존하면 안 되며, 다음 상황을 고려해야 한다.

- 전문 분야
- 다양한 정치적 관점
- 다양한 관점
- 다양한 기술적 전문성

전문가 선정의 근거는 평가보고서에 반드시 기재되어야 한다.

안보와 개발 위원회(Council on Security and Development, 2006)는 국제마약 통제위원회(International Narcotics Control Board)의 효과성을 평가하기 위해 전문가 패널을 활용한 바 있다. 이 경우, 전문가를 선정할 때, 단순히 명성만이 아니라 지역적인 안배가 잘 이루어졌는지, 다양한 지역에서의 마약 문제에 대한 전문성이 있는지 고려했다.

전문가 패널은 엄격한 평가방법론은 아니지만, 시간과 자원의 제약을 고려할 때 때로는 최선의 선택이 될 수 있다. 전문가 패널은 영향력 평가보다 프로젝트 계획, 중간평가 등에 적절하다고 볼 수 있으며 신속하게 평가가 필요할 경우 유용하다. 표 8.19는 전문가 판단의 장점과 단점을 간단히 제시한다.

8) 여덟 번째 방법: 델파이

델파이[*]는 다양한 지역에 있는 전문가들이 대화를 통해 일정한 합의에 도달할 수 있도록 하는 방법이다. 전문가들에게 특정 질문을 제시하고, 분석자는 답변을 취합해 정리한 후 전문가들에게 피드백을 주게 된다. 전문가들은 이 피드백에 대해 의견을 줄 수도 있고, 추가적 정보에 대해 새로운 관점을 제시할 수 있다. 누가 무슨 말을 했는지는 비밀에 부쳐지기 때문에, 논란의 위험을 피할 수 있다.

델파이는 사람들을 불러 모으지 않고도 문제해결, 기획, 의사결정을 촉진하기 위해 참가자들에게서 정보와 판단을 이끌어낸다(Dunham, 1996). 전문가들은 편지나 팩스, 이메일 등을 통하여 정보를 교환하며, 어떤 주제나 전략, 우선순위에 대해 합의를 도출할 수 있다. 이 방법은 남아프리카 관광산업의 전망 예측(Kaynak, Bloom and Leibold, 1994), 개발도상국에서의 의약품 정책의 우선순위에 대한 합의 도출(Rainhorn, Brudon-Jakobowicz and Reic, 1994), 케냐에서의 주흡혈충 퇴치에서의 우선순위 설정(Kirigia, 1997) 등에 사용된 바 있다.

델파이를 시행하는 데에는 코디네이터가 필요하다. 코디네이터는 전문가 중 참여자를 선정하고 정보를 얻기 위한 질문을 구성하고, 받은 정보를 정리한 뒤 참여자들과 의사소통을 하는 역할을 한다. 이 작업에는 꽤 많은 시간이 소요된다. 이메일을 통하여 20명의 참여자를 대상으로 질문지를 세 번 주고받는 데에 30~40시간이 필요하다.

델파이는 다음 단계를 밟게 된다.

---

[*] 델파이(Delphi Technique): 사람들을 불러 모으지 않고도 문제해결, 기획, 의사결정을 촉진하기 위하여 참가자들에게서 정보와 판단을 이끌어내는 기법.

① 전문가를 선별해 참여를 요청한다. 보통 전문 분야에 따라 전문가를 분류한다. 전문가들에게 공식적으로 참여를 요청한다.

② 주제를 정하고 아이디어를 이끌어낸다. "내원 시 환자에게 보다 빠른 서비스를 제공하기 위해서는 무엇이 필요한가?"와 같이 물어보는 것이다. 첫 번째 질문지를 준비하고 전문가들이 아이디어를 제시할 있도록 질문지를 송부한다. 최대한 많은 아이디어를 얻을 수 있도록 한다.

③ 참여자들이 첫 번째 질문지를 완성하도록 한다. 아이디어가 완벽하게 구성될 필요는 없다. 각 아이디어를 하나의 문장이나 문단으로 만드는 것이 바람직하다. 참여자들은 답변을 코디네이터에게 보낸다.

④ 두 번째 질문지를 만들어 송부한다. 코디네이터는 두 번째 질문지에는 첫 번째 질문에 대한 답변을 모두 포함하도록 한다(누가 어떤 답변을 했는지는 코디네이터만이 알고 있다). 참여자들이 생각을 보다 다듬고, 서로의 아이디어에 대한 약점과 강점을 제시하고, 새로운 아이디어를 낼 수 있도록 한다.

⑤ 두 번째 질문지에 대한 답변을 수집한다. 참여자들은 무기명으로 질문에 대한 답변을 작성하고 코디네이터에게 회신한다.

⑥ 세 번째 질문지를 만들어 송부한다. 코디네이터는 앞서의 내용을 정리하여 세 번째 질문지에 포함시키고, 참여자들로부터 보다 명확히 해야 할 사항, 약점 및 강점에 대한 의견, 새로운 아이디어를 받는다.

⑦ 델파이를 진행한다. 보다 명확히 하거나, 약점 및 강점을 더 파악해야 하거나, 새로운 아이디어가 더 필요하다면 이제까지의 과정을 반복한다.

⑧ 결론을 내린다. 결론은 다음의 두 가지 방법 중 하나를 통해 이루어진다.
- 다수의 의견으로부터 합의가 도출되면 델파이는 종료된다. 결과물은 약점과 강점이 덧붙여진 아이디어 목록이다.
- 만일 합의된 의견이 없다면 코디네이터는 전문가들이 아이디어의 장점에 대해 공식적으로 평가하도록 한다. 한 가지 방법은 코디네이터가 참여자들에게 모든 아이디어에 대해 점수를 매기도록 설문지를 돌리는 것이다. 7점 척도로 0

표 8.20 델파이의 장점과 단점

장점	• 참여자들의 익명성이 보장된다. • 비용이 적게 소요된다. • 사회적인 압력, 개인적인 영향력에서 자유롭다. • 독립적인 사고와 점진적 사고 형성에 도움이 된다. • 참여자 간의 정보교환과 논리적인 의견개진 기회를 제공한다.
단점	• 대표성이 없을 가능성이 크다. • 극단적 의견을 제거하고 중도 노선의 의견으로 결론이 내려질 가능성이 크다. • 문서로 하는 의사소통에 익숙해야 한다. • 많은 시간이 소요되고 참여자들이 성실히 임해야 한다.

자료: Michigan State University Extension(1994).

점(주제를 해결하는 데 무용함)부터 7점(아주 유용함)까지 줄 수 있다. 참여자들은 결과와 순위를 정리한 문서를 코디네이터에게 송부하게 된다. 두 번째 방법은 코디네이터가 직접 참여자들에게 상위 5개 아이디어를 고르게 하고, 가장 좋은 아이디어에 5점, 그다음의 아이디어에 4점 등으로 점수를 매기는 것이다. 결과는 코디네이터가 수집하고 순위를 확정하여 보고서를 작성한다. 보고서에는 각 아이디어에 대한 총점을 참여자들의 의견에 근거하여 기록한다(Dunham, 1996).

표 8.20은 델파이의 장점과 단점에 대하여 정리해놓은 표이니 참고하도록 한다.

9) 아홉 번째 방법: 기타 측정 방법

평가자는 전자, 화학, 기계 도구를 사용해야 할 수도 있고, 자료 수집을 위해 지필시험이나 실기시험을 사용해야 할 때도 있다. 다음은 기타 자료 수집 방법의 예이다.

많은 프로젝트(특히 보건 분야의 경우)의 경우, 그 효과를 밝히기 위하여 생리학적인 결과를 파악해야 한다. 체중을 측정하기 위해 저울을 사용하고, 키와 신체 각 부위의 길이, 둘레 등을 재기 위해서는 줄자, 막대자 등을 사용하고, 특정 과제를 완수하는 데 소요되는 시간을 측정하기 위해 스톱워치가 필요할 수 있다. 콜레스테롤 수치, 혈압, 혈당량, 체성분, 폐용적량, 폐활량, 근력, 관절의 유연성 등의 변수를 측정할 때에는 전문 도구가 필요하다.

수질이나 토양 상태를 측정할 때는 우물의 물과 토양에 대한 화학실험 결과를 활용할 것이다. 특정 성분의 물리·화학적 성질을 확인하기 위해서 녹는점, 끓는점 등을 측정할 수 있다. 이와 같은 실험은 환경 및 보건상의 위험요소를 파악하는 데 도움을 준다(U.S EPA, 2007). 측정 도구를 사용할 때, 측정단위를 확인하고, 필요한 경우 보정하는 것이 중요하다. 영양 관련 프로젝트의 경우, 식품의 화학·영양학적 성분 분석결과를 활용할 수 있다.

지식과 사실을 평가하기 위해서는 적성검사나 성취도 평가를 실시한다. 이러한 방법은 훈련이나 교육 분야에서 많이 사용되지만, 다른 분야에도 충분히 적용이 가능하다.

과거에는 많은 검사가 지필방식이었지만, 오늘날에는 인터넷과 같은 전자적 방식으로 충분히 진행할 수 있다.

검사의 종류를 선택하기 전에, 평가자가 알고 싶은 것을 가장 잘 측정할 수 있는 평가가 무엇인지를 파악하는 것이 중요하다. 성취도 평가에는 다음 네 가지 접근방법이 있다(Fitzpatrick, Sanders and Worthen, 2004).

- 규준참조 평가(Norm referenced)
- 준거참조 평가(Criterion referenced)
- 목표참조 평가(Objectives referenced)
- 영역참조 평가(Domain referenced)

규준참조 평가는 평가대상 학생을 같은 시험을 본 다른 학생과 비교하기 위해 주로 치러진다. 규준참조 평가는 향상도를 파악하고자 할 때 많이 사용된다. 많은 지방교육청이 일반적 지식과 기술에 대한 평가를 실시할 때 이 방법을 사용한다. 규준참조 평가의 단점은 '일반적으로 받아들여지는 지식과 기술'이 무엇인지 알기 어렵다는 점이다. 다양한 문화, 사회, 환경마다 교육목표가 서로 다르기 때문이다(Fizpatrick, Sanders and Worthen, 2004).

준거참조 평가는 절대적인 기준에 대한 성과를 측정할 때 사용된다. 어떤 기준을 수립하고 학교나 지방교육청의 성과를 비교 평가할 수 있다. 주로 커리큘럼이나 프로그램을 평가하는 데 기준을 사용한다(Fizpatrick, Sanders and Worthen, 2004).

목표참조 평가는 교육이나 훈련 프로그램에서 파악한 목표나 성과에 근거를 둔다. 목표참조 평가는 형성평가를 통해 피드백을 제공하기 위한 용도로, 목표 및 성과가 달성된 분야, 또는 개선이 필요한 부분에 대해 교사들이 파악할 수 있도록 돕는다(Fizpatrick, Sanders and Worthen, 2004).

영역참조 평가는 역사나 수학지식과 같은 교과영역 평가에 사용된다. 이러한 평가는 비용이 많이 들기는 하지만 '학생들이 세계지리에 대해 얼마나 알고 있는지?' 혹은 '연수생들이 젠더에 대해 얼마나 알고 있는지?' 등의 질문에 대한 정보를 제공한다(Fizpatrick, Sanders and Worthen, 2004).

규준참조 평가와 준거참조 평가는 성과를 판단할 수 있는 기준을 제공하는 반면, 목표참조 평가와 영역참조 평가는 이러한 기준을 주지 않는다. 목표참조 평가와 영역참조 평가는 학생이나 학교를 평가한다기보다는, 이들의 성과를 서술하는 방법이기 때문이다(Fizpatrick, Sanders and Worthen, 2004).

표준화된 다양한 평가 방법은 인터넷을 통해 찾아볼 수 있다(이 장 끝에 그 주소가 정리되어 있다). 개성, 직업 흥미, 적성, 성취도, 개발, 지능, 독해와 학습기술을 평가하는 데 도움이 될 것이다.

어떤 관계자들은 표준화된 평가의 점수보다는 실기능력에 대해서 더 많이 알고 싶어 할 수도 있다. 실기능력은 모의평가, 포트폴리오 개발, 구술발표,

토의 등을 통해 평가할 수 있다. 중요한 점은 필요한 기술을 가장 잘 나타내 줄 수 있는 방법을 택하는 것이다.

실기시험은 새로운 기술(어머니들을 위한 위생활동, 농업인을 위한 농업기술, 공무원을 위한 기록물관리 등)을 소개하는 프로젝트를 평가할 때 특히 적합하다. 개발평가에서 단순히 새로운 기술이 쓰였는지 여부만을 살펴보고 실제로 그들이 그 기술을 습득했는지를 확인하는 일은 소홀히 하는 경향이 있는데, 이는 문제가 있다. 성과 평가 전문가는 기술 역시 검사하고 평가할 수 있다. 실기결과를 기록하기 위하여 사진과 동영상을 활용할 수도 있다.

요약

자료를 수집하는 유일한 최선의 방법이란 없다. 이 장에서 설명된 많은 방법을 각 평가활동 및 평가질문에 맞추어 활용해야 한다.

평가를 위해서는 자료수집 기술 그 이상이 필요하다. 어떤 자료 수집방법을 사용해야 할지는 다음 사항을 고려하여 결정한다.

- 평가자가 알고 싶은 것
- 자료가 있는 곳
- 사용 가능한 자원과 시간
- 수집될 자료의 복잡성
- 자료수집의 주기

응용연습 8.1 파일로부터 정보 수집

원예학 교육 수련회에 등록한 학생의 자격요건과 경험을 알아보기 위해 학생정보 파일을 사용한다고 해보자. 이 파일로부터 자료를 수집할 때 사용할 다섯 가지 질문을 짧게 작성해보자.

응용연습 8.2 면담을 통해 정보 수집

최근에 참석했던 컨퍼런스에 비추어, 워크숍의 품질에 대한 참여자의 반응을 짧은 면담을 통해서 알아내려고 하는 상황이다. 워크숍의 수준, 내용, 과정에 대해 알아낼 수 있는 5개의 주관식 질문을 만들어보자. 가능하면 그 워크숍이나 컨퍼런스에 같이 갔던 사람을 찾아보자. 그 사람을 면담하고 위의 질문을 활용해서 그 사람이 당신을 인터뷰하게 해본다. 그 후 면담 내용에 대해 상세하게 정리해보자. 정확성, 가독성, 내용에 대해 위의 사람에게 비판해보게 한다.

응용연습 8.3 포커스 그룹으로부터 자료 수집

여성을 대상으로 소규모 창업을 지원하는 재정지원과 워크숍의 영향에 대해 평가할 기회가 생겼다. 6개월 전에 이 프로그램의 수혜자였던 여성을 대상으로 포커스 그룹 토론을 하기 위해 5개의 질문을 만들어보자. 프로그램이 의도한 효과가 무엇인지, 어떤 영향을 가져왔고 참여자, 참여자의 친구와 가족에게 어떤 영향을 끼쳤는지는 알아내야 한다.

참고문헌

Abdallah, H. 2002. *Cost-Effectiveness of Self-Assessment and Peer Review in Improving Family Planning Provider-Client Communication in Indonesia.* Quality Assurance Project Case Study. Study conducted for the U.S. Agency for International Development by the Quality Assurance Project, Bethesda, MD.

Academy for Educational Development, Population Communication Services. 2002. "Session 10 Transect Walks and Observation." *Empowering Communities: Participatory Techniques for Community-Based Programme Development,* vol. 2, *Participant Handbook.* Washington, DC: Academy for Educational Development. http:// pcs.aed.org/manuals/cafs/handbook/sessions10-12.pdf.

ADB(Asian Development Bank), and ADBI(Asian Development Bank Institute). 2004.

Improving Local Governance and Service Delivery: Citizen Report Card Learning Tool Kit. http://www.citizenreportcard.com/index.html#.

BBC(British Broadcasting Corporation). 2008. "Data Validation and Verification." *GCSE Bitesize*. http://www.bbc.co.uk/schools/gcsebitesize/ict/databases/3datavalidationrev1.shtml.

Behling, Orlando, and Kenneth S. Law. 2000. *Translating Questionnaires and Other Research Instruments: Problems and Solutions*. Quantitative Applications in the Social Sciences, Series 07-133. Thousand Oaks, CA: Sage Publications.

Billson, Janet Mancini. 2002. *The Power of Focus Groups for Social and Policy Research*. Barrington, RI: Skywood Press.

_____. 2004. *The Power of Focus Groups: A Training Manual for Social, Policy, and Market Research: Focus on International Development*. Barrington, RI: Skywood Press.

Billson, Janet, and N. T. London. 2004. "The Power of Focus Groups." International Program for Development Evaluation Training(IPDET) presentation, Ontario, July.

Burgess, Thomas F. 2001. *Guide to the Design of Questionnaires*, ed. 1.1. University of Leeds, United Kingdom. http://www.leeds.ac.uk/iss/documentation/top/top2/top2-5.html.

Cloutier, Dorothea, Bill Lilley, Devon Phillips, Bill Weber, and David Sanderson. 1987. *A Guide to Program Evaluation and Reporting*. University of Maine Cooperative Extension Service, Orono.

CNCSTE(Chinese National Centre for Science and Technology Evaluation), and IOB (Policy and Operations Evaluation Department). 2006. *Country-Led Joint Evaluation of the ORET/MILIEV Programme in China*. Amsterdam: Aksant Academic Publishers.

Cnossen, Christine. 1997. *Secondary Research*. Learning Paper 7, School of Public Administration and Law, Robert Gordon University, Aberdeen, United Kingdom.

Dawson, Susan, and Lenor Manderson. 1993. *Methods for Social Research in Disease: A Manual for the Use of Focus Groups*. International Nutrition Foundation for Developing Countries, Boston. http://www.unu.edu/Unupress/food2/UIN03E/uin03e00.htm.

Denzin, K. 1978. *The Research Act*. New York: McGraw-Hill.

Dunham, Randall B. 1996. *The Delphi Technique*. http://www.medsch.wisc.edu/adminmed/2002/orgbehav/delphi.pdf.

Early Childhood Research Institute on Measuring Growth and Development. 2008. *Early Communication Indicator(ECI)*. http://cehd.umn.edu/ceed/projects/ecri/.

EuropeAid Co-operation Office. 2005. *Evaluation Methods*. http://ec.europa.eu/

europeaid/evaluation/methodology/egeval/index_en.htm.

Fitzpatrick, Jody L., James R. Sanders, and Blaine R. Worthen. 2004. *Program Evaluation: Alternative Approaches and Practical Guidelines.* New York: Pearson.

Foddy, William. 1993. *Constructing Questions for Interviews and Questionnaires.* New York: Cambridge University Press.

Fowler, Floyd J. Jr. 2002. *Applied Social Research Methods Series,* vol. 1 *Survey Research Methods.* 3rd. ed. Thousand Oaks, CA: Sage Publications.

Frary, Robert B. 1996. "Hints for Designing Effective Questionnaires." *Practical Assessment, Research & Evaluation* 5(3). http://PAREonline.net/getvn.asp?v=5&n=3.

Hofstede, G. 2001. *Culture's Consequences.* 2nd ed. Thousand Oaks, CA: Sage Publications.

Jackson, Gregg, and Rashmi Agrawal. 2007. "Guidelines for Developing Survey Instruments as a Part of the Designing and Conducting Surveys Workshop." International Program for Development Evaluation Training(IPDET) presentation, Ottawa, Ontario.

Kaynak, Erdener, Jonathan Bloom, and Marius Leibold. 1994. "Using the Delphi Technique to Predict Future Tourism Potential." *Marketing Intelligence and Planning* 12(7): 18-29. http://www.emeraldinsight.com/Insight/viewContentItem.do;jsessionid=372EF38765D6F8133CDF8DABFB2071B4?contentType=Article&hdAction=lnkpdf&contentId=854271.

Kirigia, J. M. 1997. *Economic Evaluation in Schistosomiasis Using the Delphi Technique to Assess Effectiveness.* http://www.ncbi.nlm.nih.gov/entrez/query.fcgi?cmd=Retrieve&db=PubMed&list_uids=9107365&dopt=Abstract.

Krueger, R. A., and M. A. Casey. 2000. *Focus Groups.* 3rd ed. Thousand Oaks, CA: Sage Publications.

Kellogg Foundation. 2008. "Tips on Using Tests and Assessments." *Evaluation Toolkit.* http://www.wkkf.org/Default.aspx?tabid=90&CID=281&ItemID=2810034&NID=2820034&LanguageID=0.

Lofland, John. 1971. *Analyzing Social Settings.* Belmont, CA: Wadsworth.

Lofland, John, and L. H. Lofland. 1995. *Analyzing Social Settings: A Guide to Qualitative Observation and Analysis.* 3rd ed. Belmont, CA: Wadsworth Publication.

McCaston, M. Katherine. 2005. *Tips for Collecting, Reviewing, and Analyzing Secondary Data.* Partnership and Household Livelihood Security Unit. http://pqdl.care.org/pv_obj_cache/pv_obj_id_8F453F01C87B8BB24774628B95B42BBCBD020200.

McNamara, Carter. 2007. *General Guidelines for Conducting Interviews.* http://www.managementhelp.org/evaluatn/intrview.htm#anchor615874.

Michigan State University Extension. 1994. *Delphi Technique.* http://web1.msue.msu.

edu/msue/imp/modii/iii00006.html.

Miles, Matthew B., and A. Michael Huberman. 1994. *Qualitative Data Analysis an Expanded Sourcebook.* Thousand Oaks, CA: Sage Publications.

Minnesota Department of Health. 2007. *Community Engagement: Community Forums and Public Hearings.* http://www.health.state.mn.us/communityeng/needs/needs.html.

Narayan, Deepa. 1996. *Toward Participatory Research.* World Bank Technical Paper 307, Washington, DC. http://www-wds.worldbank.org/external/default/WDSContentServer/WDSP/IB/1996/04/01/000009265_3980625172923/Rendered/PDF/multi0page.pdf.

O'Brien, G. 2001. *Data Flow, Application of Data Quality Flags, and Data Validation Processes for CCAQS.* Preliminary draft. http://www.arb.ca.gov/airways/Documents/referencepercent20tables/Marchpercent2006,percent202001/DataFlow_PrelimDraft. pdf.

Patton, Michael Q. 1987. *How to Use Qualitative Methods in Evaluation.* Thousand Oaks, CA: Sage Publications.

_____. 2002. *Qualitative Evaluation and Research Methods.* 3rd ed. Thousand Oaks, CA. Sage Publications.

Paul, Samuel, and Gopakumar K. Thampi. 2008. "Monitoring Public Service Delivery: Citizen Report Cards Score in India." *Capacity.org.* 35(December). United Nations Development Programme, New York. http://www.capacity.org/en/journal/tools_and_methods/citizen_report_cards_score_in_india.

Phuyal, Kamal. 2006. "Sharing Some Practical Experiences on Participatory Appreciative Planning Approach(PAPA): An Appreciative Approach to Working in Partnership with Community People." Paper presented at the international workshop on "Action Learning: Lessons from the Field," organized by the Faculty of Policy Studies, Chuo University, Tokyo, October. http://www.scn.org/cmp/modules/emp-papa.htm.

Porteous, Nancy L., B. J. Sheldrick, and P. J. Stewart. 1997. *Program Evaluation Tool Kit: A Blueprint for Public Health Management.* Ottawa: Ottawa-Carleton Health Department.

Rainhorn, J.-D. P. Brudon-Jakobowicz, and M. R. Reich. 1994. "Priorities for Pharmaceutical Policies in Developing Countries: Results of a Delphi Survey." Bulletin of the World Health Organization 72(2): 257-4. 72(2): 257-4. http://74. 125.47.132/search?q=cache:D1zbVUz7oG0J:whqlibdoc.who.int/bulletin/1994/Vol72-No2/bulletin_1994_72(2)_257-264.pdf+Use+of+the+delphi+technique+in+developing+countries&cd=3&hl=en&ct=clnk&gl=us&client=fi refox-a.

Sanders, J. R. 2000. *Evaluating School Programs.* 2nd ed. Thousand Oaks, CA: Sage Publications.

Stafford, Frank P. 2006. *Timeline Data Collection and Analysis: Time Diary and Event*

History Calendar Methods. Department of Economics, University of Michigan, Ann Arbor. http://www.atususers.umd.edu/wip2/papers_i2007/Staff ord_Diaries.pdf.

Stake, Robert E. 1995. *The Art of Case Study Research.* Thousand Oaks, CA: Sage Publications.

StatPac. 2007. *Survey Software, Question Wording.* http://www.statpac.com/surveys/index.htm#toc.

Sue, Valerie M., and Lois A. Ritter. 2007. *Conducting Online Surveys.* Thousand Oaks, CA: Sage Publications.

TC Evaluation Center. 2007. *Wording Questions: Some General Guidelines.* University of California, Davis. http://ucce.ucdavis.edu/fi les/fi lelibrary/5715/27621.pdf.

Trochim, William M. K. 2006. *Types of Data, Research Methods Knowledge Base.* http:// www.socialresearchmethods.net/kb/datatype.php.

UNESCAP (United Nations Economic and Social Commission for Asia and the Pacific). 1999. *Guidelines on the Application of New Technology to Population Data Collection and Capture.* http://www.unescap.org/stat/pop-it/pop-guide/capture_ch04.pdf.

University of Wisconsin, Cooperative Extension. 1996. *Program Development and Evaluation, Collecting Evaluation Data: Direct Observation.* http://learningstore.uwex.edu/pdf/G3658-5.pdf.

U.S. EPA (U.S. Environmental Protection Agency). 2007. *CTSA-Chapter 2: Data Collection.* http://www.epa.gov/dfe/pubs/lithography/ctsa/ch02/ch02.html.

Wadsworth, Y. 1997a. *Do It Yourself Social Research.* 2nd ed. St. Leonards, New South Wales, Australia: Allen and Unwin.

_____. 1997b. *Everyday Evaluation on the Run.* St. Leonards, New South Wales, Australia: Allen and Unwin.

Wengraf, Tom. 2001. *Qualitative Research Interviewing: Biographic Narrative and Semi-Structured Methods.* Thousand Oaks, CA: Sage Publications.

Wiseman, V., L. Conteh, and F. Matovu. 2005. "Using Diaries to Collect Data in Resource-Poor Settings: Questions on Design and Implementation." Health Policy and Planning 20(6): 394–404. http://heapol.oxfordjournals.org/cgi/reprint/20/6/394.

World Bank. 1996. "A Manual for Planning and Implementing the Living Standards Measurement Study Survey." Working Paper 126, Washington, DC.

_____. 2006. "Citizen Report Cards: A Presentation on Methodology." Participation and Civic Engagement Group, Social Development Department, Washington, DC. http://info.worldbank.org/etools/docs/library/94360/Tanz_0603/Ta_0603/CitizenReportCardPresentation.pdf.

_____. 2007. "Community-Driven Development." Washington, DC. http://web.worldbank.org/WBSITE/EXTERNAL/TOPICS/EXTSOCIALDEVELOPMENT/EXTCDD/

0,,menuPK:430167~pagePK:149018~piPK: 149093~theSitePK:430161,00.html.

Yin, Robert K. 2003. *Case Study Research: Design and Methods*. 3rd ed. Thousand Oaks, CA: Sage Publications.

웹사이트

Alphabetical List of Aptitude or Achievement Tests. http://www.yorku.ca/psycentr/tests/alpha.html.

Evaluation Portal. http://www.evaluation.lars-balzer.name/.

International Council on Security and Development. 2006. "Think tank announces expert panel to review effectiveness of International Narcotics Control Board." http://www.icosgroup.net/modules/press_releases/narcotics_control_board.

Measurement Group. *Evaluation/Research Tools*. http://www.themeasurementgroup.com/evalbttn.htm.

Nielsen, J. 1997. *The Use and Misuse of Focus Groups*. http://www.useit.com/papers/focusgroups.html.

Standardized Monitoring and Assessment of Relief and Transitions. *Instruments and Tools*. http://www.smartindicators.org/IT.php?page=80.

표본추출 전략의 선택

이 장에서는 데이터를 얼마나 수집해야 할지 그 규모를 결정하는 방법에 대해서 논의한다. 또한 데이터가 모집단을 잘 대표하고, 평가질문에 답하는 데 도움이 되도록 데이터 출처를 선정하는 방법을 다룰 것이다.

이 장은 다음과 같이 세 가지 주요 부분으로 구성된다.

- 표본추출 소개
- 표본의 종류: 무작위 및 작위
- 표본 크기 결정하기

1. 표본추출 소개

특정 **모집단**[*](사람, 보건소, 학교 등)에서 데이터를 수집한다면, 대상의 전체에서 수집할지 또는 대상의 일부에서 수집할지 결정해야 한다. 모든 개체(Unit)에서 데이터를 수집하는 것을 **전수조사**(Census)라 하고, 그중 일부 그룹에서 데이터를 수집하는 것은 **표본**(Sample)이라 한다. 모집단의 크기가 작고 데이터 수집에 비용이 많이 들지 않는다면, 전수조사를 활용한다. 모집단의 크기가 크거나 데이터 수집에 비용이 많이 소요된다면 표본조사를 실시한다. 표본추출은 응답자의 부담을 최소화하기 위해서도 종종 사용된다.

사람들은 항상 표본을 사용한다. 예를 들어 건강 검진을 위해 혈액검사를 할 때, 피검사자의 혈액 일부를 채혈한다. 표본을 사용하여 검사를 하면서, 채취된 혈액에서 발견된 것이 피검사자의 혈액 전체를 정확하게 반영한다고 가정한다.

표본추출은 대규모 정량적인 연구에만 적용되는 것은 아니다. 예를 들어 넓은 지역에 분산되어 시행되는 프로젝트 평가를 위해 일주일 동안 현장을 방문해 질적인 연구를 수행한다면, 평가자는 대상 지역의 어느 구역을 조사할 것인지 신중하게 생각할 필요가 있다. 프로젝트의 우수한 점을 보여주고 싶어 하는 프로젝트 담당자가 조사 지역과 참가자를 선정한다면 편향이 작용할 수 있는데, 무작위 표본추출을 함으로써 이러한 편향의 발생을 방지할 수 있다. 표본추출에 대한 기본적인 개념을 이해함으로써, 프로젝트에서 정말로 무엇이 일어나고 있는지 보다 정확히 평가에 반영할 수 있다.

---

* 모집단(Population): 평가자가 추론하고자 하는 개체의 전체 집합.

2. 표본의 종류: 무작위 및 작위

모든 국가, 개인, 농장에서 데이터를 수집할 수 없다면 표본을 추출해야 한다. 표본은 무작위로 추출할 수도 있고, 작위로 추출할 수도 있다.

1) 무작위 표본추출

무작위 표본(Random sample)은 모집단에서 각각의 개체가 추출될 확률이 동일한 표본이다. 모든 숫자가 당첨번호로 뽑힐 확률이 동일한 복권이 무작위 표본의 예이다.

무작위 표본추출은 선택 편향(Selection bias)이나 데이터 수집 방식에서 비롯되는 데이터 왜곡을 없앤다는 장점이 있다. 선택 편향 문제를 고려하지 않으면 잘못된 데이터에서 결과를 도출하게 될 수 있다. 모든 데이터가 추출될 확률이 동일하다면 선택 편향은 나타나지 않는다. 선택 편향에는 여러 유형이 있는데, 그중에서 가장 일반적인 것은 자기 선택 편향(Self-selection bias)이다. 자기 선택 편향은 사람들이 자원해서 참여하는 프로그램에서나 조사에 자발적으로 응답하는 사람들에게서 나타난다. 지원자나 응답자는 비지원자나 비응답자에게서 발견되지 않는 특징을 가진 경우가 많기 때문이다.

무작위 표본은 전체 모집단을 대표할 수 있어야 한다. 즉 무작위로 추출된 표본은 모집단에 대해 일반화될 수 있어야 한다.

무작위 표본을 추출하기 위해서는 모집단 전체에 대한 목록인 **표본추출 틀**(Sampling frame)이 있어야 한다. 모집단 각각의 개체에 고유 식별 번호를 부여하고, 난수표와 같은 무작위 방법을 이용하여 전체 모집단에서 각 개체를 추출한다. 난수표는 무작위 순서로 배열된 일련의 숫자(즉 0, 1, 2, 3…)로 구성된 표이다. 이 장의 참고문헌에 온라인상에서 구할 수 있는 난수표 자료를 명시해놓았다. 많은 사람들이 웹 기반의 난수 프로그램을 사용한다. 스태

트렉(Stattrek)과 같은 프로그램은 난수가 얼마나 필요한지 최솟값과 최댓값을 확인한 후 난수를 생성한다.

무작위 표본의 여섯 가지 유형은 다음과 같다.

- 단순 무작위 표본(simple random samples)
- 무작위 간격 표본(random interval samples)
- 무작위 시작 및 작위 간격 표본(random-start and fixed-interval samples)
- 층화 무작위 표본(stratified random samples)
- 무작위 군집(집락) 표본(random cluster samples)
- 다단계 무작위 표본(multistage random samples)

■ 단순 무작위 표본

단순 무작위 표본(Simple random samples)은 무작위 표본 중 가장 일반적이면서 가장 간단한 유형이다. 단순 무작위 표본은 특정 하위 집단(Sub-population)보다 전체 모집단에 대한 추론을 하는 것이 주요한 목적일 때 사용된다.

단순 무작위 표본은 동질한 모집단에서 50~500개의 표본을 추출하는 경우나 여러 다양한 그룹으로 이루어진 모집단에서 보다 많은 수의 표본을 추출하는 경우에 적합하다(Jackson, 2008). 단순 무작위 표본은 다양한 방식으로 추출할 수 있다. 예를 들어, 학생들이 실습 활동에 얼마나 시간을 많이 할애하는지 측정하기 위해 교실 활동을 관찰하는 평가자는 관찰 대상 학급, 시간대, 요일 등을 무작위로 선택할 수 있다. 마을이나 시내 도로의 교통량을 관찰하고자 하는 평가자는 관찰 시간대, 요일, 연중 시기, 관찰 지점을 무작위로 선택할 수 있다.

단순 무작위 표본추출 절차는 다음과 같다(Jackson, 2008).

① 모집단의 속성이 무엇인지, 모집단을 신중하게 정의한다.

② 모집단 내의 모든 개체를 나열하는 표본추출 틀을 찾거나 구성하고, 각 개체에 고유번호를 부여한다. 꼭 연속적인 숫자일 필요는 없지만, 숫자 간의 간격이 크지 않도록 고유번호를 부여하면 표본추출에 걸리는 시간이 감소한다.

③ 표본 크기를 결정한다.

④ 부여한 숫자 중 가장 큰 숫자에서 자릿수를 결정한다.

⑤ 난수표를 마련한다.

⑥ 숫자를 읽는 패턴을 결정한다(예를 들어 위에서 아래로 또는 오른쪽에서 왼쪽으로).

⑦ 표에서 시작점을 무작위로 선택한다.

⑧ 선택한 패턴에 따라 숫자를 읽는데, 위의 ④단계에서 결정한 자릿수를 읽는다.

⑨ 표본추출 틀의 개체의 숫자에 부합하는 숫자를 읽을 때, 선택한 개체에 표시하라.

⑩ 필요로 하는 개수를 모두 선택할 때까지 계속하라.

⑪ 똑같은 개체를 두 번 선택할 수 없으므로 이미 사용한 난수를 선택하게 되면 다음 숫자로 넘어가라.

예를 들어 500개로 구성된 모집단 가운데 100개의 파일을 선택한다고 하자. 모든 파일은 001부터 500까지 연속된 번호로 정리되어 있다. 100개의 숫자를 추출하기 위해 최솟값은 001이고 최댓값은 500이라고 입력된 난수 프로그램을 사용할 수 있다.

■ 무작위 간격 및 무작위 시작, 작위 간격 표본

무작위 간격 표본*은 나열되지 않았거나 나열이 어려울 때 또는 나열에

---

* 무작위 간격 표본(Random interval sample): 숫자와 숫자 사이에 무작위로 결정된 간격을 두어 추출하는 표본.

시간이 많이 소요되는 연속적인 모집단이 있을 때 사용한다. 단순 무작위 표본과 마찬가지로 무작위 간격 표본도 난수표를 사용하지만, 표본을 추출하기 위해서가 아니라 개체 간의 간격을 선택하기 위해 사용한다.

무작위 간격 표본을 추출하기 위해 다음 절차를 사용할 수 있다(Jackson, 2008)

① 모집단에 있는 개체수를 추정한다.

② 적정 표본 크기를 결정한다.

③ 추정된 전체 개체수를 적정 표본 크기로 나눈다. 전체 모집단에서 표본을 추출할 때, 적정 표본 크기 산출에 필요한 평균 간격을 얻기 위해서, 소수점 둘째 자리까지 반올림한다.

④ 위 ③단계의 결과에 1/5를 곱하고, '승수'를 얻기 위해 소수점 둘째 자리까지 반올림한다.

⑤ 모집단에서 무작위로 시작점을 지정한다.

⑥ 난수표를 사용해서 한자리 수의 난수를 선택해 승수를 곱한 후, 가장 근접한 정수로 반올림한다. 시작점부터 세고, 표본 개체를 추출하고, 추출한 자리에 위치를 표시한다.

⑦ 한 자리 수로 된 다음 난수를 취하여 승수로 곱한 후, 가장 근접한 정수로 반올림한다.

⑧ 시작한 지점에 돌아올 때까지 전체 모집단에 같은 방법으로 계속한다.

⑨ 주의 — 해당 개체를 원래 자리로 되돌려놓는 것이 중요하다면, 파일을 되돌려놓을 수 있도록 각각의 지점을 표시한다.

무작위 간격 표본은 컴퓨터 프로그램을 이용해 만들 수 있다.

진정한 무작위 추출은 종종 불가능한데, 이 경우 무작위로 추출된 지점부터 시작해 매 n 번째 사례를 선택하는 체계적인 표본추출 기법을 사용할 수 있다.

무작위 시작 및 작위 간격 표본(Random-start and fixed-interval samples)[*]은 시작점은 무작위로 결정하지만, 표본 간의 간격은 무작위로 결정되지 않기 때문에 때때로 준(準)무작위 표본으로 간주되기도 한다. 이 표본추출 기법은 무작위 간격 표본추출보다 간단하지만, 특정 조건에서 이 기법에는 치명적인 약점이 있다. 예를 들어, 주 7일간 여는 시장에서 매일의 기록을 표본조사하는 평가를 생각해보자. 모집단에는 700개의 기록이 있을 것으로 추정되고, 당신은 100개의 표본을 필요로 한다. 이 경우 작위 간격은 매 일곱 번째 기록인데, 모든 기록이 일주일 중 같은 요일에 추출된다는 가정을 포함한다. 이렇게 선택된 하나의 요일이 모든 요일을 대표한다고 보기는 어렵다. 이러한 상황을 방지하기 위해, 작위 간격 때문에 편향된 표본이 산출될 가능성이 있다면 무작위 간격 표본추출 절차를 사용하라.

무작위 시작 및 작위 간격 표본은 다음과 같은 방법으로 추출된다.

① 모집단에서 개체수를 추정한다.
② 적정 표본 크기를 결정한다.
③ 간격을 정하기 위해서 모집단 개체수를 적정 표본 크기로 나눈다.
④ 모집단에서 무작위로 시작점을 지정한다.
⑤ 특정 간격으로 수를 세어 표본에서 개체를 선택한다.
⑥ 출발한 곳에 되돌아갈 때까지 같은 간격을 세고 개체를 선택하는 것을 반복한다.

■ 층화 무작위 표본
단순 무작위 표본을 사용할 경우, 어느 특정 하위그룹에서는 단 하나의 개

---

[*] 무작위 시작 및 작위 간격 표본(Random-start and Fixed-interval samples): 무작위로 시작점을 결정한 후, 매 n 번째 케이스를 선택하는 체계적인 표본추출 기법.

체도 표본으로 선택되지 않는 경우가 발생할 수 있다. 각 하위그룹의 개체가 표본으로 추출되도록 하기 위해 평가자는 성별, 나이, 민족 등의 의미 있는 특징에 따라 모집단을 나눈 후 표본을 추출할 수 있다. 이러한 표본을 **층화 무작위 표본**(Stratified random sample)이라 한다.

평가자가 도시 및 농촌 주민을 대상으로 실시한 프로젝트의 효과를 비교한다고 하자. 농촌 인구가 전체 인구 중 일부만 차지한다면, 단순 무작위 표본으로는 의미 있는 분석을 할 수 있을 만큼 농촌인구가 표본에 충분히 포함될 수 없을 것이다.

층화 무작위 표본은 모집단을 중복되지 않는 여러 계층으로 나누고(모집단은 n_1, n_2, n_3, … n_i로 구성되고, $n_1 + n_2 + n_3 + \cdots + n_i = n$), 각 계층 내에서 단순 무작위 표본추출을 통해 표본을 얻는다. 각 계층으로부터 추출한 개수는 전체 모집단에서 그 계층의 비율과 같도록 한다.

▌ 무작위 군집(집락) 표본

무작위 군집(집락) 표본(Random cluster samples)은 자연적으로 발생하는 분석 단위 군집(집락)에서 추출하는 표본이다. 가구는 사람들의 집합이고 마을은 가구의 집합이다. 군집(집락)은 상호 배타적이면서, 그 총합이 완전히 전체를 구성해야 한다. 군집(집락) 표본은 다음과 같은 상황에서 종종 사용된다.

- 모집단에 있는 모든 사람에 대한 리스트는 없지만, 전체 군집(집락)에 대한 리스트는 있는 경우
- 조사대상 모집단에 있는 모든 사람에 대한 리스트는 있지만, 리스트에 있는 사람들이 넓게 분산되어 있어서 정보 수집자가 단순 무작위 표본조사를 하기에 시간과 비용이 많이 소요됨

무작위 군집(집락) 표본조사에서는 무작위로 군집(집락)을 표본추출하여

어떤 지역의 에이즈 감염자 200명을 인터뷰하려고 한다. 해당 지역의 에이즈 감염자 명단은 없다. 이 명단을 만들려면 비용이 대단히 소요될 뿐만 아니라, 절차상 윤리적인 문제나 기밀 유지의 문제를 야기할 수 있다. 그러나 평가자는 이 지역에 25개의 보건소가 있고 각 보건소에서 대부분 50명의 에이즈 환자를 진료하고 있다는 것을 알고 있다. 따라서 평가자는 보건소를 무작위로 표본추출을 하고, 이렇게 무작위 추출된 보건소의 에이즈 환자 모두를 연구하기로 결정했다. 25개의 보건소는 넓게 분산되어 있고 도로 상태는 좋지 않다. 평가자는 대부분의 보건소에서 50명씩 에이즈 환자를 진료한다는 것을 알기에, 25개 보건소 중 4개의 보건소를 무작위로 추출한 후, 이 4개의 보건소에서 진료를 받는 에이즈 감염자를 조사 대상으로 함으로써 200명의 표본을 얻게 된다.

군집(집락) 내 모든 개체에서 정보를 수집하는데, 이러한 기법은 그 대상 개체들이 서로 멀리 떨어져 있을 때 특히 유용하다(박스 9.1).

무작위 군집(집락) 표본조사는 같은 규모의 표본을 추출한 단순 무작위 표본조사나 층화 무작위 표본보다 모집단의 특성을 정확하게 대표하지 않을 수 있다는 큰 결점이 있다. 박스 9.1에서 표본추출한 보건소에서 진료받는 환자들과 이 표본에 포함되지 않는 환자들은 경제적 또는 종교적인 측면에서 다를 수 있다. 이 경우 표본 결과로 인해 지역 보건소에서 진료받는 전체 에이즈 환자 모집단에 대한 추정이 편향되게 나타날 것이다.

■ 다단계 무작위 표본

다단계 무작위 표본추출(Multistage random sampling)은 두 가지 혹은 그 이상의 무작위 표본조사 방법을 결합하여 사용한다. 절차는 보통 무작위 군집(집락) 표본추출을 먼저 하고, 단순 무작위 표본조사나 층화 무작위 표본을 적용한다. 박스 9.1의 예와 같이, 다단계 무작위 표본은 먼저 군집(집락) 표본추출로 8개의 보건소를 추출한 후, 각 보건소로부터 단순 무작위 표본을 통해 25명의 환자를 추출한다. 이러한 기법을 통해 위 예시처럼 200명의 환자 표본을 얻지만 예시보다 많은 보건소에서 표본을 구한다.

다단계 무작위 표본조사에서 작위 표본조사와 무작위 표본조사를 함께 사용하는 것도 가능하다. 예를 들어, 박스 9.1의 보건소를 작위 추출하고 각각의 보건소로부터 에이즈 환자를 무작위로 표본을 추출하는 것이다.

다단계 및 군집(집락) 표본추출은 단순 무작위 표본추출의 경우보다 모집단에 대한 추정이 정확하지 않다는 결점이 있다. 예를 들어 에이즈 보건소의 사례에서 전체 25개의 보건소 중 8개에서만 무작위로 표본추출이 되는데, 이 8개의 보건소가 전체 25개의 보건소를 완전히 대표하지는 않는다.

2) 작위 표본추출

무작위 표본추출이 불가능할 때 다른 방법을 사용해야 한다. 작위 표본추출은 보통 의도적 표본추출, 눈덩이 표본추출, 편의 표본추출 세 가지 유형이 있다.

작위 표본추출 기법은 평가자가 발견한 사항을 전체 모집단에 적용하는 데 제한적이다. 그럼에도 해당 표본이 평가 결과를 강화할 수도 있다.

■ 의도적 표본

의도적 표본(Purposeful sample)은 판단 표본(Judgement sample)이라고 불리기도 하는데, 연구의 특정 목적을 충족시키기 위해 표본을 추출한다. 평가자의 판단하에 사전에 결정된 기준에 따라 표본을 추출한다.

의도적 표본추출에서 가장 널리 사용되는 형태는 다음과 같다(Jackson, 2008)

• 전형적 사례(중앙값) 표본(Typical-case(Median) sample): 모집단 중에서 전형적이거나, 가장 일반적인 특징(종형 곡선에서 중앙 부분) 중에서 의도적으로 개체를 추출한다. 이례적이지 않고 전형적인 항목을 면밀히 살피는 데 연구의 목적이

있다.

- 최대 변이(이종) 표본(Maximum variation(Heterogeneity) sample): 관심 대상의 전체 범위를 대표하는 표본을 추출한다. 종형 곡선의 모든 부분에서 개체가 추출된다.
- 할당 표본(Quota sample): 각 스펙트럼에서 동일한 숫자나 동일한 비율로 표본을 추출한다. 예를 들어 평가자는 상위 1/3에서 5개, 중간 1/3에서 5개, 하위 1/3에서 각 5개의 표본을 추출한다.
- 극단사례 표본(Extreme-case sample): 분포의 극단적 사례, 즉 종형 곡선의 양측 끝에서 개체를 추출한다. 극단사례 표본은 가장 드문 개체를 살펴보는 데 목적이 있다.
- 확증적/비확증적 사례 표본(Confirming and disconfirming cases sample): 통념, 원리, 이론이 사실임을 보여주거나 이를 반박하기 위해 개체를 추출한다(예를 들어 잘 준비되어서 성공한 프로젝트 및 잘 계획 되었으나 실패한 프로젝트).

▌ 눈덩이 표본

눈덩이 표본(Snowball samples)은 '연결 소개 표본(Chain referral samples)'이라고도 알려져 있는데, 평가자가 표본에 누구를 포함시켜야 할지 알지 못할 때 사용한다. 이는 모집단의 경계를 모르고 표본추출 틀이 없을 때 사용된다.

눈덩이 표본은 인터뷰에서 종종 사용하는데, 평가자는 기준을 충족하는 사람들에게 다른 적합한 인터뷰 대상자를 문의한다.

눈덩이 표본은 소개에 의존하기 때문에 잠재적으로 심각한 편향을 갖게 되므로, 신중히 사용해야 한다. 이러한 사례는 남비아르(Nambiar, 2008)에서 소개하고 있다.

▌ 편의 표본

편의 표본(Convenience samples)에서는 평가자의 편의에 따라 표본을 선택한다. 편의 표본의 가장 일반적인 예는 다음과 같다.

- 공항에서 가장 가까운 프로젝트 대상 지역을 방문
- 평가자가 방문한 날에 시간이 되는 프로젝트 관리자를 인터뷰
- 프로젝트 담당자가 보여주기로 선택한 곳을 관찰
- 우연히 마주치게 된 NGO 대표나 마을 지도자의 대화(Jackson, 2008)

편의 표본은 이렇게 추출된 표본이 모집단 전체와 얼마나 다른지 알 수 있는 방법이 없기 때문에 패턴을 추론하는 데 매우 취약하다.

■ 작위 표본추출의 단점

작위 표본은 개발평가에서 사용되지만, 여러 단점을 가지고 있다.

- 정책결정자가 그 신뢰도를 낮다고 볼 수 있다.
- 작위 표본은 추론 통계의 가정을 충족시키지 못하므로, 작위 표본에 통계적인 유의성 테스트와 신뢰구간의 계산을 적용할 수 없다.
- 작위 표본에는 모든 종류의 편향이 나타날 수 있다.

무작위 표본추출이 아니고는 모집단에 일반화할 수 없다. 그러나 제약사항을 고려할 때 작위 표본추출을 통한 데이터도 유용하며, 이용 가능한 것 중 최선이라 할 수 있다.

3) 혼합 표본추출

무작위 및 작위 표본추출 방법을 결합해 활용할 수 있다. 예를 들어, 학교에 대한 데이터를 수집하는 평가팀은 가장 빈곤한 지역사회에서 2개 학교를

선택하고, 가장 부유한 지역사회에서 학교를 2개 선택할 수 있다. 이렇게 선택된 4개의 학교에서 평가팀은 학생을 무작위로 추출한다.

3. 표본 크기 결정하기

무작위 표본을 사용할 때도 오류의 가능성은 있다. 즉, 표본이 모집단과 다를 수 있다는 것이다. 통계학은 표본 결과가 모집단의 대표라는 확률을 추정하기 위해서 사용된다. 통계학자는 적절한 표본 크기를 결정하기 위한 이론과 공식을 개발해왔다. 통계적 분석의 기본적인 개념을 이해하고, 평가를 설계하기 위해 이러한 개념을 어떻게 적용할지 살펴보도록 한다.

표본 크기(Sample size)를 선택할 때, 평가자는 표본의 결과가 전체 모집단을 정확히 반영한다는 것을 얼마나 신뢰할 수 있는지 결정해야 한다. 신뢰 수준으로는 일반적으로 95%를 사용한다. 95% 신뢰 수준은 표본의 결과가 모집단을 100번 중에서 95번 정확히 반영함을 의미한다. 90% 확신하기를 원한다면 보다 적은 표본을 사용할 수 있고, 99% 신뢰하기를 원한다면 보다 많은 표본이 필요하다.

표본 크기를 결정하고 난 후, 평가자는 얼마나 정확한 추정치가 필요한지 결정해야 한다. 표본추출상의 오류는 계산할 수 있는데, 이는 전체 모집단을 조사했을 경우 얻은 값과 표본 추정치 간의 차이의 평균이다.

이는 **표본추출 오류 또는 오차범위**[*]라고 한다. 표본추출상의 오류가 ±3%인 여론조사 결과 48%가 세금 인상을 찬성하고, 52%는 세금 인상을 반대하는 것으로 나타났다면, 이는 모집단 전체를 조사했을 때 실제로는 45~51%

---

[*] 표본추출 오류 또는 오차범위(Sampling error or Margin of error): 모집단이 아닌 표본을 관찰함에 따라 야기되는 오류의 추정치.

95% 신뢰 수준과 5% 오차 범위에 필요한 최소한의 표본 크기

모집단 크기	표본 크기	모집단 크기	표본 크기
10	10	550	226
20	19	600	234
40	36	700	248
50	44	800	260
75	63	900	269
100	80	1,000	278
150	108	1,200	291
200	132	1,300	297
250	152	1,500	306
300	169	3,000	341
350	184	6,000	361
400	196	9,000	368
450	207	50,000	381
500	217	100,000+	385

자료: Krejcie and Morgan(1970).

(48±3)이 찬성하고, 49~55%(52±3)는 세금 인상을 반대한다는 것을 의미한다. 이 ±3%를 신뢰 구간*이라 한다(신뢰 수준과 혼동하지 말 것). 두 구간이 부분적으로 겹치는 것에 주목하라. 이는 95% 신뢰 수준의 모집단 중에서 세금 인상을 반대하는 사람이 찬성하는 사람보다 많다는 것을 확신하기 어렵다는 뜻이다. 표본으로부터 얻은 결과가 근소한 차이여서 판정하기 어렵다.

표본 크기는 모집단의 크기, 적정 신뢰 수준, 적정 정확도를 통해 결정한다. 적절한 표본 크기는 두 가지 방법으로 결정할 수 있다. 첫째는 공식을 사용하는 것이고 둘째는 각 신뢰도에 필요한 표본 크기를 보여주는 표를 사용하는 것이다(표 9.1).

모집단이 작을수록 모집단 대비 필요한 표본 비중이 더 높아진다. 예를 들

---

* 신뢰 구간(Confidence interval): 특정한 확률로 모집단의 값이 존재할 것으로 기대되는 범위.

표 9.2 **100만 명 이상으로 된 모집단에 대한 표본 크기**

오차 범위(%)	신뢰 수준		
	99%	95%	90%
±1	16,576	9,604	6,765
±2	4,144	2,401	1,691
±3	1,848	1,067	752
±5	666	384	271

자료: Jackson(2007).

어 모집단이 300이라면, 신뢰 수준 95%를 얻기 위해 전체 모집단의 절반 이상인 169개의 표본이 필요하다. 모집단이 900이라면, 모집단의 1/3에 약간 못 미치는 269개의 표본이 있어야 한다. 모집단이 1만을 넘는다면, 전체 모집단의 0.385%에 지나지 않는 385개의 표본이 있으면 된다.

가장 최신의 표본추출 틀을 사용하더라도 지역, 학교, 교사, 부모, 시민 등과 같은 표본 개체가 평가에 자발적으로 참여할 때, 추출된 모든 개체의 특성이 모집단에서 발견되리라는 보장은 없다. 이러한 현상 때문에 결국 평가자는 필요로 하는 표본 크기를 얻기 위해 실제로 필요한 것보다 표본을 더 많이 추출한다. 실제 응답률*이 계획한 것과 10% 이상 차이가 난다면, 응답 편향이 높을 가능성이 있으므로 분석이 필요하다.

표 9.2는 100만 명 이상의 매우 큰 모집단에 대한 표본 크기를 보여준다. 많은 국가 차원의 조사에서 95% 신뢰 수준과 ±3%의 오차 범위를 사용할 때, 대략 1,100명을 표본 크기로 한다.

각 신뢰 수준과 오차 범위에 따라 필요한 모집단과 표본 크기에 대한 자료는 인터넷에서 확보할 수 있다. 이 장의 마지막 부분에 이러한 자료의 링크를 제시했다.

요약하자면,

---

* 응답률(Response rate): 데이터가 실제로 수집된, 의도된 표본의 비율.

- 표본 크기를 확대함으로써 정확도를 높일 수 있다. 정확도를 늘리고 오차 범위를 줄이기 위해 표본 크기를 늘려야 한다.
- 목표로 하는 기준은 95% 신뢰 수준(±5%의 오차 범위)이다.
- 오차 범위가 클수록 결과의 정확성은 떨어진다.
- 모집단의 크기가 작을수록 모집단 대비 표본 크기의 비율은 더 커진다.

복잡한 다단계 표본추출 전략이 필요하다면 평가자는 지원 요청을 고려해야 한다. 미국통계협회(American Statistical Association)에는 통계 컨설턴트에 대한 디렉토리가 있다. 통계컨설턴트연합회(Alliance of Statistics Consultants)는 통계 교육과 교습뿐 아니라 데이터 관리, 데이터 분석, 논문 자문에 대한 지원을 제공한다. 하이퍼스탯 온라인(HyperStat Online)은 통계 지원을 제공하는 많은 다른 자료에 대한 링크를 제공한다. 웹 페이지에 대한 링크는 이 장의 마지막 부분에 제시되어 있다.

요약

모든 출처에서 데이터를 수집하는 것은 불가능하거나 비현실적이기 때문에 평가자들은 표본을 추출한다.

표본추출에는 두 가지 종류가 있는데, 무작위 표본추출과 작위 표본추출이다. 무작위 표본추출은 모집단에서 각각의 개체가 선택될 확률이 동일한 표본이다. 무작위 표본추출은 모집단의 일부를 조사하고 그 결과를 모집단에 일반화한다.

무작위 표본에는 여섯 가지 유형이 있다.

- 단순 무작위 표본

- 무작위 간격 표본

- 무작위 시작 및 작위 간격 표본

- 층화 무작위 표본

- 무작위 군집(집락) 표본

- 다단계 무작위 표본

작위 표본에는 세 가지 유형이 있다.

- 의도적 표본

- 눈덩이 표본

- 편의 표본

표본추출방법 중 하나만 사용해야 하는 것은 아니며, 여러 표본추출 기법을 결합하여 사용할 수 있다.

표본 크기는 모집단의 크기, 적정 신뢰 수준, 정확도에 따라 결정한다. 무작위 표본을 사용할 때조차도 오류가 발생할 가능성이 있다. 평가자는 신뢰 수준과 신뢰 구간을 결정하기 위해 다양한 통계적 접근방법을 사용한다.

9장 연습문제

응용연습 9.1 표본추출

당신이 조사하려는 마을에는 300명의 주민이 살고 있으며, 주민 모두에 대한 기록이 있고, 각 사람에게 고유 식별 번호가 부여되어 있다. 당신은 이 마을에 사는 사람 중 최대 50명을 표본조사할 수 있는 시간과 재원이 있고, 표본을 통해 얻은 결과를 300명의 전체 모집단에 일반화하고자 한다. 이것은 가능한가? 당신은 어떤 종류의 표본을 선택할 것이고 왜 그렇게 선택한 것인지 설명해보자.

응용연습 9.2 난수표 사용하기

당신은 90가구가 있는 작은 마을을 대상으로 연구하고 있고, 이러한 각 가구에 대한 번호가 부여된 목록을 가지고 있다. 당신은 이 중에서 10가구를 단순 무작위 표본추출을 하려고 한다. 표본을 추출하기 위해 다음 난수표를 어떻게 사용할 것인가?

```
44  14  12  12  03  12  73  72  62  33  35  62  80  34  77
69  59  54  90  01  50  04  93  76  69  43  95  47  60  80
23  95  24  95  24  55  69  89  41  18  12  94  43  21  43
40  76  50  38  18  05  44  23  72  61  58  67  99  05  75
54  05  51  52  04  34  25  64  90  95  02  86  51  14  37
36  82  03  65  38  93  49  64  06  93  01  30  62  05  68
96  19  97  24  16  26  94  14  17  45  22  51  98  82  16
75  85  18  50  50  60  80  52  42  11  05  70  89  53  38
57  78  12  98  55  51  48  77  54  07  66  15  33  44  64
58  20  10  51  62  06  25  56  63  67  73  73  79  05  65
55  84  17  67  52  38  16  29  05  24  12  05  35  87  31
92  44  84  04  17  47  18  78  54  40  02  59  74  06  73
86  96  79  86  75  67  31  41  40  20  87  17  85  98  70
78  84  03  69  43  38  43  98  90  75  56  49  88  52  78
25  05  76  72  06  59  37  56  24  36  95  05  30  62  02
26  67  04  13  77  37  21  57  77  41  82  30  32  80  09
```

응용연습 9.3 표본추출 전략

소그룹활동으로 아래의 평가질문에 적절한 기준이나 통계기법을 확인하라. 그리고 각각에 대해 어떠한 표본추출 전략을 사용할 것인지 결정하고, 왜 이를 선택했는지 설명하라.

① 캄보디아 북서부 마을의 우기 직후 도로 상태는 어떠한가?

② 타밀나두(Tamil Nadu) 지역 아동 중 10세 이전에 한 번 이상 말라리아에 걸린 아동의 비율은 몇인가?

③ 스리랑카 시골에 있는 보건소 방문자의 인구통계학상의 특징은 어떠한가?

Easton, V. J., and J. H. McColl. 2007. *Statistics Glossary: Sampling.* http://www.stats. gla.ac.uk/steps/glossary/sampling.html.

Guba, E., and Y. S. Lincoln. 1989. *Fourth Generation Evaluation.* Thousand Oaks, CA: Sage Publications.

Henry, G. T. 1990. *Practical Sampling.* Thousand Oaks, CA: Sage Publications.

Jackson, Gregg B. 2007. *Sampling for IEG Managers.* Presentation at George Washington University, Washington, DC, December 18.

———. 2008. *Sampling in Development Evaluations.* International Program for Development Evaluation Training(IPDET) presentation, Ottawa, June 30 and July 1.

Kish, L. 1995. *Survey Sampling.* New York: John Wiley & Sons.

Krejcie, R. V., and D. W. Morgan. 1970. "Determining Sample Size for Research Activities." *Educational and Psychological Measurement* 30: 607–10.

Kumar, R. 1999. *Research Methodology: A Step-by-Step Guide for Beginners.* Thousand Oaks, CA: Sage Publications.

Laws, S., with C. Harper and R. Marcus 2003. *Research for Development: A Practical Guide.* Thousand Oaks, CA: Sage Publications.

Levy, P., and S. Lemeshaw. 1999. *Sampling of Populations.* 3rd ed. New York: John Wiley & Sons.

Lipsey, M. W. 1990. *Design Sensitivity: Statistical Power for Experimental Research.* Thousand Oaks, CA: Sage Publications.

Lohr, S. 1998. *Sampling: Design and Analysis.* Pacific Grove, CA: Duxbury Press.

Nambiar, Devaki. 2008. "The Delhi Snowball: Sampling Escapades in Urban India." Paper presented at the Annual Meeting of the International Communication Association, Montreal, May 22–26.

Neuman, W. Lawrence. 2006. *Social Research Methods: Qualitative and Quantitative Approaches.* 6th ed. Boston: Allyn and Bacon.

Patton, M. Q. 2002. *Qualitative Research and Evaluation Methods.* Thousand Oaks, CA: Sage Publications.

Scheyvens, R., and D. Storey, eds. 2003. *Development Fieldwork: A Practical Guide.* Thousand Oaks, CA: Sage Publications.

Stattrek. http://stattrek.com/tables/randon.asph.

Tryfos, P. 1996. *Sampling Methods for Applied Research.* New York: John Wiley & Sons.

웹사이트

Alliance of Statistics Consultants. http://www.statisticstutors.com/#statisticalanalysis.

American Statistical Association Directory. http://www.amstat.org/consultantdirectory/index.cfm.

Dr. Drott's Random Sampler. http://drott.cis.drexel.edu/sample/content.html.

HyperStat Online. "Chapter 11: Power." http://davidmlane.com/hyperstat/power.html.

HyperStat Online: Help with Statistics: Statistical Consultants and Tutors. http://davidmlane.com/hyperstat/consultants.html.

Probability Sampling. http://www.socialresearchmethods.net/kb/sampprob.htm.

Power Analysis. http://www.statsoft.com/textbook/stpowan.html.

Research Randomizer. http://www.randomizer.org.

StatPages.net. Web Pages that Perform Statistical Calculations, http://www.StatPages.net.

Survey Research Methods Section. http://www.fas.harvard.edu/~stats/survey-soft/survey-soft.html.

The Survey System: Sample Size Calculator. http://www.surveysystem.com/sscalc.htm.

UCLA Statistics Calculator: http://calculators.stat.ucla.edu.

데이터 분석 계획 및
시행하기

평가자는 데이터를 수집한 후 그 의미를 찾기 위해 데이터를 검토해야 한다. 검토 절차는 데이터 분석 전략의 수립에서부터 시작한다. 양적 데이터 분석과 질적 데이터 분석에 필요한 전략과 기술은 서로 다르다.

이 장은 다음과 같이 구성된다.
- 데이터 분석 전략
- 질적 데이터 분석
- 양적 데이터 분석
- 질적 데이터와 양적 데이터 연결

1. 데이터 분석 전략

데이터 분석 전략을 수립하는 것은 평가계획 단계의 중요 절차이다. 평가자는 데이터 분석 시 선택할 수 있는 방안(각 사항별 강점 및 약점을 포함해서)에 대해 잘 알고 있어야 한다. 평가자가 흔히 저지르는 실수 중 하나는 방대한 양의 유용하지 않은 데이터를 수집하는 것이다.

평가설계에서 질적 데이터와 양적 데이터 중 어느 쪽을 더 중요하게 여기든, 데이터 수집 및 분석을 할 때 겹치는 기간이 있다. 데이터 수집 시작 단계에서는 데이터를 분석하는 데 시간을 많이 투자하지 않는다. 특히 파일럿 테스트를 먼저 수행할 때 더욱 그렇다. 그러나 평가가 계속 진행되면서 데이터 분석에 더 많은 시간을 투자하고, 데이터 수집에 투입하는 시간은 줄어든다.

질적 분석은 예를 들어 반구조적 인터뷰를 통해 프로그램 수행과정을 깊이 이해하고자 할 때 적절하다. 다음과 같은 질문에 대한 응답을 분석할 때 질적 분석을 사용할 수 있다.

- 프로그램 관리자들이 겪은 어려움은 무엇인가?
- 참가자들이 초기에 해당 프로젝트에서 탈퇴한 이유를 무엇이라고 설명하는가?
- 참가자들의 경험은 어떠했는가?

양적 분석은 설문조사와 같이 구조적 데이터 수집을 위한 질문에 사용할 수 있다. 다음과 같은 질문에 답할 때 양적 분석이 적절하다.

- 참가자 그룹별 평균 점수는 얼마인가?
- 참가자들은 프로그램 수행의 적절성 항목에 1점에서 5점 중 몇 점을 줄 것인가?
- 그 항목에 대한 응답의 분산은 얼마인가?
- 두 그룹 사이에 통계적으로 유의미한 차이가 있는가?

2. 질적 데이터 분석

질적 데이터 분석*은 수치가 아닌 형태의 데이터를 이해하기 위해 사용된다. 반구조적 관찰(Semi-structured observations), 개방형 인터뷰(Open-ended interviews), 문서, 포커스 그룹(Focus group)의 인터뷰 기록 등은 모두 질적 분석을 필요로 한다.

질적 데이터 분석은 현지 상황에 대한 이해에서부터 시작한다. 데이터를 수집하는 도중 데이터 분석을 통해 이해한 내용을 기록하고 이를 계속 추적하는 것은 현지 조사의 일부이다. 평가자들이 평가 초기에 이루어진 해석만을 고집하여 평가 결과가 다양하게 분석될 수 있는 가능성을 배제하지 않는다면 데이터 수집과 분석은 동시에 이루어질 수 있다(표 10.1). 패튼(Patton, 2002: 436)은 다음과 같이 이야기했다.

실험설계를 이용하여 설문조사, 표준화된 시험(Standardized tests), 데이터를 수집할 경우에는 데이터 수집과 분석의 경계가 명확하다. 그러나 자연주의적 조사(Naturalistic inquiry)는 데이터 수집과 분석의 구분이 모호해진다. 현지 조사를 하면서 분석 방향과 관련된 아이디어가 떠오르고, 활용 가능한 주제를 떠올릴 수 있다. 그리고 이어지는 현지 조사에 영향을 미칠 수 있는 가설을 수립한다. 현지 조사 초기 단계는 창의적이지만, 후반에는 데이터를 계속 추적하면서 경향이 있는지 여부를 확인하고, 데이터에 대한 이해를 높인다.

분석을 하는 동안 허점이나 애매모호한 부분을 발견할 수도 있다. 평가자

---

* **질적 데이터 분석**(Qualitative data analysis): 행동이나 상황을 이해하고 해석하기 위해, 반구조적 인터뷰나 관찰 시 기록되거나 녹음된 응답 또는 기타 서류나 미디어 등 수치가 아닌 형태로 수집된 정보를 분석하는 절차. 그 절차는 주제의 확인(Identification of themes)과 관련이 있다.

표 10.1 질적 데이터 수집 및 분석을 위한 조언

업무	조언
데이터 수집	• 기록을 잘 남긴다. • 포커스그룹을 통해 데이터를 수집한 뒤 바로 인터뷰 내용, 표현, 메모 등을 기록한다. • 평가를 진행하면서 지속적으로 비교한다. • 메모 비교, 주제 확인 및 수정을 위해 평가팀과 정기적으로 회의를 한다.
데이터 요약	• 주요 인터뷰 혹은 포커스그룹 후 즉시 1페이지 분량의 요약본을 만든다. • 주요 이슈를 모두 포함시킨다. • 논의되었거나 확보된 정보 중에서 가장 흥미롭고 분명하며 중요한 이슈를 확인한다. • 새롭게 탐구되어야 하는 질문을 확인한다.
기록	• 조사 중 파일을 분리해 저장한다. • 당신의 아이디어를 떠오르는 대로 기록한다. • 보고서의 설명이 생동감을 가질 수 있도록 데이터 수집 과정에서 얻은 인용문을 수집해둔다.
데이터 저장	• 수집된 모든 정보를 안전하게 저장한다. • 모든 정보는 복사본을 만들어두고, 원본은 중심 파일에 저장한다. • 편집작업이 필요할 때는 사본을 사용한다.

자료: 저자 작성.

들은 추가자료를 수집하기 위해 일정, 예산, 다른 자원을 고려하여 2차 현지조사를 실시할 수 있다. 데이터를 수집할 때 평가자들은 새로운 주제에 대해 토의하고 규정을 적용하기 위해 매일 혹은 매주 상의한다.

1) 유용한 메모 하기

질적 데이터를 수집할 때는 관찰된 모든 사항을 정확하게 기록하는 것이 중요하다. 이때 메모를 제대로 하는 것이 핵심인데, 사람들이 말하는 내용 및 말하는 방식에 세심하게 주의를 기울여야 한다. 메모를 하는 동안, 평가자는 사람들이 말한 내용을 해석하려 하지 말고, 대신 관찰한 몸짓 언어나 혹은 관련된 모든 것(예를 들면 인터뷰 도중 말을 가로막는 것 등)을 그대로 적어야 한다. 평가자들은 즉각적인 생각, 반응, 해석 등을 잡아내고, 이를 서로 분리하여 메모해야 한다.

평가자는 인터뷰, 관찰, 지도 그리기(Mapping exercise), 혹은 포커스그룹 등을 시행한 이후 즉시 메모를 검토하고, 추가하고, 보강할 수 있는 시간을 가져야 한다. 이는 나중에 그 내용을 확실하게 이해하기 위해서 필요하며, 명확히 기록하지 않은 부분은 단 하루만 지나도 이해하기가 매우 어렵다.

녹음 혹은 녹화를 했어도 기억이 아직 남아 있을 때 잠깐이라도 시간을 투자하여 메모를 보강해야 한다. 그렇게 함으로써 후에 테이프를 반복해서 듣거나 보거나 혹은 대화내용을 상기하는 데 필요한 시간을 절약할 수 있다.

삼각측량법(Triangulation)은 결과를 교차점검(Cross-checking)하여 평가 내용을 확인하고 입증하기 위해 세 가지 이상의 이론, 출처, 서로 다른 유형의 정보, 혹은 서로 다른 분석 방법을 사용하는 것으로 질적 데이터를 분석할 때 유용한 기법이다. 다음과 같이 여러 가지 출처에서 얻은 자료를 생각해보자.

- 인터뷰, 포커스그룹, 설문
- 설문, 기존 데이터, 전문가 패널
- 관찰, 프로그램 기록, 지도 그리기
- 인터뷰, 일지, 기존 데이터

세 가지 출처로부터 수집한 결과를 조합함으로써 패턴을 확인할 수 있다.

2) 분석을 위해 질적 데이터 구조화하기

질적 데이터를 수집한 이후 평가자는 관찰, 인터뷰 등으로부터 획득한 많은 양의 메모나 기록물을 갖게 될 것이다. 이러한 정보를 정리하고 이해하는 일은 어려운 일이다.

데이터를 구조화하는 방법에 대한 가이드라인이 이미 수립되어 있다. 데이터 정리 절차를 기록하는 것은 결과의 타당성을 증명하기 위해서 매우 중요하다(IDRC, 2008).

정리 시작 단계에서 평가자는 다음과 같은 절차를 수행해야 한다.

- 모든 데이터가 완료된 것인지 점검한다.
- 모든 데이터의 사본을 여러 개 만든다.
- 데이터를 서로 다른 파일로 분류하여 정리한다(IDRC, 2008).

평가자는 여러 가지 방법으로 파일을 정리할 수 있다. 인쇄본 또는 전자파일을 사용할 수 있으며, 전자파일 중 일부분은 스캔본일 수도 있다. 어떤 평가자는 4개의 파일을 만드는데, 첫 번째 파일은 시간순으로 저장, 두 번째 파일은 분석파일 혹은 기사를 포함, 세 번째 파일은 연구 방법론과 관련된 기록, 네 번째 파일은 모든 기록에 대한 사본이다(IDRC, 2008).

패튼(Patton, 2002)은 질적 데이터를 정리하고 보고하는 방법을 제시한다. 그는 데이터 분석은 평가질문에서 시작되어야 한다고 강조한다. 평가질문에 대한 답을 제시하기 위해 적절한 데이터 정리 방법을 선택해야 한다.

- 스토리텔링 기법은 데이터를 연대기적으로(스토리의 시작부터 끝까지 이야기) 제시하거나 혹은 플래쉬백(스토리의 끝에서 시작해서 어떻게 그렇게 끝이 나게 되었는지 되돌아가며 이야기) 형식으로 제시하는 것이다.
- 사례 연구 기법은 사람이나 그룹에 대한 정보를 제시하는 것으로, 보통 주요 사건을 발생 순서대로 제시한다.
- 분석 틀은 절차, (종종 주요 평가질문과 동등한 수준인) 주요 이슈에 대한 설명, 질문, 리더십 대(對) 팔로워십(Followership) 등 주요 개념에 대한 논의 등을 포함한다.

3) 질적 데이터를 읽고 코딩하기

정보를 정리하기 위해 범주를 확인하고 사용하는 것이 시작 단계에서 할일이다. 다음 단계는 데이터를 확인하는 것이다. 데이터 몇 가지를 확인하고 나면, 주요 주제가 될 만한 것들을 떠올릴 수 있다. 패튼(Patton, 2002)은 가장 중심이 되는 주제를 떠올리는 것은 책의 색인이나 파일의 라벨을 붙이는 것과 같다고 한다. 데이터가 주제별로 정리되고 나면 코딩을 한다(박스 10.1). 코드는 "효율적으로 데이터에 라벨을 붙이고, 데이터를 검색하는 도

박스 10.1 코딩의 예시

다음은 교육 프로그램 평가를 위해 작성한 코드의 예시이다. P는 참가자(Participants)를, S는 관리자(Staff)를 뜻한다.

- Code: Ps Re Prog(Participants' Reactions to the Program, 프로그램에 대한 참가자의 반응)
- Code: Ps Re Ps(Participants' Reactions to Other Participants, 다른 참가자에 대한 참가자의 반응)
- Code: Ob PP(Observations of Participants' Interactions, 참가자의 상호작용에 대한 관찰)
- Code: Ob SS(Observations of Staff Interactions, 관리자의 상호작용에 대한 관찰)
- Code: Ob SP(Observations of Interactions between Staff and Participants, 관리자와 참가자의 상호작용에 대한 관찰)
- Code: Phil(Statements about Program Philosophy, 프로그램 철학에 대한 진술)
- Code: PRC(Examples of Program Processes, 프로그램 절차의 예시)
- Code: P/outs(Effects of Program on Participants, Outcomes, 프로그램의 참가자 및 성과에 대한 효과)
- Code: S-G(Subgroup Formations, 하부그룹 구성)
- Code: GPrc(Group Process, 그룹 절차)
- Code: C!(Conflicts, 분쟁)
- Code: C-PP(Conflicts among Participants, 참가자들 사이의 분쟁)
- Code: C-SP(Conflicts between Staff and Participants, 참가자와 관리자 사이의 분쟁)
- Code: C-SS(Conflicts among Staff, 관리자들 사이의 분쟁)

코딩을 수작업으로 수행할 경우, 약어는 관련 데이터나 인용문구 바로 옆 여백에 써야 한다.

자료: Patton(2002).

구이다. 이를 통해 분석을 더욱 효과적이고 빠르게 진행할 수 있다"(Miles and Huberman, 1994: 65).

코딩은 반복 과정이다. 현지 조사가 시작되기 전 코드 목록을 작성해놓는 것이 도움이 되겠지만, 평가를 진행하면서 현지 조사 시 기록 등에 따라 코드를 검토하고, 수정하고, 재정의하고, 추가하고 때로는 삭제하기도 한다.

4) 내용 분석 시행하기

질적 데이터 분석은 내용 분석(Content analysis)이라고 하는데, 글이나 연설 혹은 다른 매체 안에 어떤 특정한 단어, 문구, 혹은 개념이 나타나는지 확인하고 코딩하는 것이다. 이는 데이터 안에 숨겨진 메시지를 확인하고 요약하기 위한 체계적 접근법이다.

내용 분석은 책, 브로슈어, 인터뷰 기록, 새로운 보고서, 문서, 연설, 시각적 미디어 등에 대한 분석을 말한다. 일기나 기사와 같은 글에만 적용되는 것이 아니라 설문조사, 인터뷰, 포커스그룹 등의 주관식 질문에 대한 응답에도 적용할 수 있다. 예를 들어 내용 분석은 아동의 교과서가 특정 주제의 학습에 필요한 내용을 포함하는지, 그 내용을 적절한 읽기 수준에 맞추어 전달하는지, 그리고 아동이 생활하고 공부하는 상황을 고려하는지를 점검한다. 심층 분석을 통해 그 교과서가 특정 정치적 주제 또는 역사에 대한 편향적 해석을 전달하는 것은 아닌지도 점검할 수 있다.

내용 분석은 일반적으로 데이터 코딩으로 시작된다. 이 절차는 가장 자주 언급된 단어나 문구가 가장 중요하다고 가정한다. 그러므로 단어의 빈도, 차지하는 공간(신문의 경우 세로단의 높이), 시간(라디오나 텔레비전의 방송 시간), 키워드 빈도 측정 등의 절차를 통해 내용 분석을 시작하게 된다.

내용 분석을 이용하여 단순히 단어의 빈도를 측정하는 작업 외에도 다양한 작업을 할 수 있다. 내용을 분석할 수 있고, 단어를 코딩하여 적절한 범주 마을 사람들이 수동 펌프에 대해 어떻게 인식하고 있는지 연구하기 위해 평가자는 100명의 마을 사람을 인터뷰하고 다음과 같은 절차를 통해 결과를 분석했다.

① 모든 대답을 읽고 기록한다.

② 가장 자주 나온 응답을 선택하여 간단히 기술한다. 주요 응답을 각 범주로 분류한다. 예를 들어 '수동 펌프는 사용하기 매우 쉽다'와 '물이 항상 깨끗하고 펌프가 고장 나지 않는다'는 대답의 경우 사용 쉬움, 깨끗한 물 제공, 신뢰성 범주로 분류한다.

③ 모든 범주가 상호 배타적이며, 코딩 담당자들이 어떤 응답이 어떤 범주로 분류되어 있는지 를 설명할 수 있는지 확인한다.

④ 코딩 절차를 끝낸다.

⑤ 각 대답의 빈도수를 표로 작성한다.

자료: Narayan(1996).

로 분류할 수도 있다. 새롭게 코딩된 범주는 응답의 빈도와 관계를 점검하기 위한 것이다(박스 10.2).

내용 분석은 개념적 분석과 관계적 분석 등 2개 유형으로 분류된다. 개념적 내용 분석(Conceptual concept analysis)은 하나의 글 안에 선택된 용어가 등장하는 빈도수를 살펴보고, 관계적 내용 분석(Relational concept analysis)은 지정된 개념들 사이의 관계를 살펴보기 위해 빈도 확인 이상의 작업을 수행한다(Busch and others, 2005).

예를 들어 개념 분석은 다음 목록을 활용하여 범주를 지정할 수 있다.

- 주제에 대해 공유된 언어(다른 참가자에게 당연하게 받아들여지는 것과 설명이 필요한 것)
- 주제에 대해 공유되거나, 당연시되거나, 의문시되는 믿음
- 참가자들이 그들의 관점이 의문시 될 때 언급하는 주장
- 참가자들이 그들의 관점이나 경험을 정당화하기 위해 언급하는 정보의 출처와 그에 대한 다른 사람들의 반응

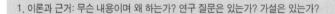

그림 10.1 내용 분석을 위한 순서도

1. 이론과 근거: 무슨 내용이며 왜 하는가? 연구 질문은 있는가? 가설은 있는가?

2. 개념화: 이 연구에서 어떤 변수들이 사용될 것인가? 개념을 어떻게 정의할 것인가?

3. 조작적 측정(operational measures): 지표는 개념과 일치해야 한다(내적 타당성). 데이터 수집 단위 (unit)는 무엇으로 할 것인가? 하나 이상의 단위를 고려할 수도 있다. 변수는 중복과 누락이 없는 범주와 고도화된 방법으로 측정되는가? 모든 지표를 설명할 수 있는 코딩 계획(scheme)을 사전 에 작성해야 한다. 액면 타당도(face validity)와 내용 타당도(content validity) 모두 이 시점에서 평 가해야 한다.

(수작업 코딩 manual coding)　　　　　　(컴퓨터 코딩 computer coding)

4a. 코딩 계획: 다음을 작성한다.
  (1) 코드북(모든 측정방법을 명확히 설명)
  (2) 코딩양식

4b. 코딩 계획: 컴퓨터 텍스트 내용 분석에서도 코드북은 여 전히 필요하다. 주요 단어를 정의하기 위해 용어집을 사용 할 수도 있다. 새로운 용어집을 작성할 때에는 샘플용 텍스 트를 이용하여 빈도 리스트(frequencies list)를 작성하고 주 요 단어와 문구에 대해 그 리스트를 실험적으로 적용해보아 야 한다.

5. 샘플 추출: 내용에 대한 전수조사가 가능한가?(그렇다면 6번으로 이동) 내용의 하위 집합에서 어떻 게 무작위로 샘플을 추출할 것인가(기간, 이슈, 페이지, 채널, 혹은 다른 수단)?

6. 훈련과 초기 신뢰성: 훈련기간 동안 코딩 담당자(coder)들이 변수의 코드에 동의하는지 확인해야 한다. 그 후, 독립적인 코딩 테스트를 통해 각 변수 에 대한 신뢰성을 확인한다. 필요시, 각 단계마다 코드북/코딩양식은 수정 될 수 있다.

7a. (수작업) 코딩 실시: 신뢰도 확보를 위해서 적어도 두 명의 코딩 담당자가 있어야 한 다. 코딩은 독립적으로 수행되어야 한다.

7b. (컴퓨터) 코딩 실시: 각 용어집에 대해 단위 별 빈도수 파악을 위해 용어집을 샘플 테 스트 해본다. 확인을 위해 임의 추출조사 (spot check)를 실시한다.

8. 최종 신뢰성: 각 변수에 대해 신뢰성 수치를 계산한다.

9. 표 작성 및 보고: 여러 가지 방법으로 할 수 있다. 수치와 통계는 한 번에 하나씩 보고할 수도 있 고, 혹은 한 번에 표로 작성할 수도 있다. 추적조사를 사용할 수도 있다.

자료: Neuendorf(2006).

표 10.2　내용 분석의 잠재적 강점과 약점

잠재적 강점	잠재적 약점
• 텍스트 혹은 대화록을 통해 의사소통 내용을 직접적으로 살펴봄으로써 사회적 상호교류의 중요한 측면을 이해할 수 있다.	• 시간이 매우 많이 소요될 수 있다.
• 양적 조작과 질적 조사 수행 시 모두 가능하다.	• 에러가 자주 발생할 수 있다. 특히 고차원적인 해석을 위한 관계 분석을 할 때 그런 경향이 있다.
• 텍스트 분석을 통해 오랜 시간에 걸친 역사적/문화적 이해가 가능하다.	• 연구의 이론적 기반이 전혀 없을 수 있다. 또는 연구에 내재된 관계와 영향에 대해 의미 있는 추론을 얻고자 한다.
• 전문가 시스템 개발과 같은 목적으로 텍스트 해석에 활용할 수 있다(지식과 규칙은 개념 간 관계에 대한 명시적 진술로 코드화가 가능하다).	• 특히 복잡한 텍스트를 다룰 때 본질적으로 환원적이다.
• 상호교류를 분석할 수 있는 비간섭적(unobtrusive) 수단이다.	• 단순히 단어의 사용 횟수로 분석이 이루어지는 경향이 있다.
• 인간의 복잡한 사고 및 언어 활용 모델을 이해하는 데 도움이 된다.	• 텍스트가 생산되고 난 이후의 상태뿐만 아니라 종종 그 텍스트가 생산된 상황마저도 간과한다.
	• 컴퓨터로 작업하기가 어렵다.

자료: Busch and others(2005).

- 의견을 변경하게 하거나 혹은 경험을 재해석하게 하는 정보의 논거, 출처와 유형
- 참가자들이 그 주제에 대해서 서로 이야기할 때 나타나는 목소리 어조, 몸짓 언어, 감정적 반응의 정도(Catterall and Maclaran, 1997)

크리펜도르프(Kripendorff, 2004)에 따르면 내용 분석은 다음 여섯 가지 문제를 다룬다.

- 어떤 데이터가 분석되는가?
- 그 데이터는 어떻게 정의되는가?
- 그 데이터가 추출된 모집단은 무엇인가?
- 분석되고 있는 데이터와 관련 있는 상황은 무엇인가?
- 분석의 범위는 어디까지인가?
- 추론의 목표는 무엇인가?

이 문제를 다루고 나면, 데이터 중 관련이 있는 것과 없는 것을 구분할 수 있다.

뉘엔도르프(Neuendorf, 2006)는 내용 분석의 절차를 순서도로 제시했다(그림 10.1). 내용 분석은 분석을 위한 이론과 근거에 대한 점검에서 시작한다.

내용 분석은 어려운 작업이다. 평가자는 이를 적용할 때 문제가 될 수 있는 이슈에 대해서 잘 알고 있어야 한다(표 10.2).

■ 컴퓨터를 활용한 내용 분석

만약 컴퓨터를 이용하여 내용 분석을 한다면 모든 정보는 컴퓨터 프로그램이 읽을 수 있는 파일로 저장되어야 한다. 평가자는 데이터를 타이핑하거나, 스캔하거나, 데이터파일로 만들어야 한다.

관찰, 인터뷰, 혹은 포커스그룹을 통해서 얻은 데이터 정리를 도와주는 소프트웨어 프로그램은 다양하다. 텍스트 중심의 데이터베이스 관리 프로그램, 워드프로세서, 자동색인 소프트웨어 등이 이에 포함된다. 이 프로그램들은 특히 텍스트 응용 프로그램과 같이 사용할 수 있도록 개발되었다. 다른 유형의 미디어와 함께 사용할 수 있는 프로그램도 있다.

컴퓨터 이용 질적 데이터 분석 소프트웨어(Computer Assisted Qualitative Data Analysis Software: CAQDAS)는 질적 데이터 분석 소프트웨어(QDAS 혹은 QDA 소프트웨어)라고도 불리는데, 이를 통해 글로 된 데이터 혹은 시각적인 데이터를 검색하고, 정리하고, 분류하고 주석을 달 수 있다(박스 10.3). 이를 활용해 평가자가 관계 및 이론적 구조를 시각화하고 이론을 정립할 수 있다. 이트노그라프(Ethnoqraph), 퀄프로(Qualpro), 하이퍼퀄(Hyperqual), 아틀라스티(Atlas-ti), QSR's N6(이전에는 NUD*IST), 엔비보 8(NVivo 8), AnSWR, 하이퍼리서치(HyperRESEARCH), 퀄러스(Qualrus) 등이 그 예이다.

미국평가협회(AEA) 홈페이지에는 공개자료 게시판이 있다. 그중 '질적 데이터 분석 소프트웨어' 섹션에서는 이용 가능한 소프트웨어에 대해 간단히 다음은 CAQDAS를 이용하는 데 유용한 팁이다.

- 메모는 데이터에 주석을 기재하는 가장 기본적인 방법이다. 팝업창을 이용하여 데이터에 메모를 추가할 수 있다.
- 자유 코딩(Free coding)을 통해 데이터에 코드를 표시하거나 추가할 수 있다.
- 자동 코딩 절차는 다양한 방식으로 이루어진다. 가장 흔한 방법은 컴퓨터 프로그램이 검색 기록을 자동으로 코딩하도록 하는 것이다. 이전에 했던 특정한 질의에 따라 자동으로 데이터를 재코딩하게 할 수도 있다.
- 퀄러스(Qualrus)는 이전에 생성된 코드를 기반으로 자체적으로 코드를 생성하여 제안하는 알고리즘이 포함되어 있는 소프트웨어이다.
- N6, 하이퍼리서치(HyperRESEARCH), 퀄러스는 멀티미디어 코딩을 제공한다. 이러한 프로그램을 이용하면 오디오 파일, 비디오 파일, 그림 등으로 이루어진 파일도 코딩을 할 수 있다. 또 외부 멀티미디어 파일을 연결해주는 CAQDAS 프로그램도 있다.

자료: Loughborough University Department of Social Sciences(2007).

소개되어 있다. 가격, 이용 가능한 미디어의 범위 혹은 유형, 소프트웨어 제공 사이트에 대한 링크도 포함되어 있고, 무료 다운로드 혹은 무료 시험판 다운로드가 제공되고 있는지도 소개하고 있다.

■ 질적 데이터에 대한 수작업 분석

포터스 등(Porteous, Sheldrick, Stewart, 1997)은 질적 데이터를 수작업으로 분석하는 방법에 대해 제언하고 있다. 물론 수집된 데이터의 양이 매우 많다면 컴퓨터를 이용한 소프트웨어가 더 적합하다. 다음 도구를 먼저 준비하도록 한다.

- 여러 색의 형광펜(개별 평가질문에 따라 다른 색 사용)
- 개별 평가질문을 위한 워크시트(그림 10.2)
- 인터뷰나 포커스그룹을 통해 수집한 메모, 대화록, 녹음테이프가 포함된 데이터

그림 10.2 질적 데이터 분석을 위한 워크시트

주제/언급횟수	인용구	결과

자료: Porteous, Sheldrick, and Stewart(1997).

- 자가 설문지(Self-completed questionnaires), 등록양식, 관찰기록, 검토차트 등 수집도구

평가질문마다 워크시트를 적어도 하나 이상 사용해야 한다. 워크시트의 제일 위쪽에 평가질문을 적는다. 질문마다 데이터를 확인하기 위한 코드를 선택한다. 이는 펜, 연필, 형광펜이나 기호로 표시할 수 있다. 표시하고자 하는 색 혹은 기호를 워크시트의 상단 옆쪽 빈 공간에 기록해둔다.

워크시트를 작성하기 위해 수집된 기록과 자료를 다시 한 번 살펴보고 다음의 절차에 따라 정보를 코딩한다.

- 모든 기록이나 대화록을 한 번 훑어본다.
- 다양한 평가질문에 대한 내용은 다른 색의 형광펜을 사용하여 표시한다.
- 되돌아가서 첫 번째 질문에 대한 데이터를 주의 깊게 읽어본다.
- 워크시트의 '주제' 부분에 평가질문의 예상 답변과 관련된 의견, 아이디어, 느낌 등을 기록한다.
- 각 포인트가 얼마나 자주 언급되는가를 관찰하기 위해 각 주제 사이에 여백을 둔다.

그림 10.3 **작성이 완료된 질적 데이터 분석 워크시트**

주제/언급횟수	인용구	결과
부모 //// //// //// //// //// //// //// ////	발언: 나는 결정이 이루어지는 절차가 중요하다고 생각한다.	주제 선택 시 부모가 더 많이 관여해야 한다고 생각한다.
세션마다 몇 개의 주제를 다룸 //// //// //// ///	때때로 어떤 주제에 대해 시작하자마자 바로 다른 주제로 넘어가야 한다.	많은 부모(인터뷰 대상자 52명 중 38명)는 논의를 위한 시간이 더 필요하다고 생각한다.
각 주제에 할당된 시간 부족 //// //// //// ///	우리는 논의하기 위한 시간이 더 필요하다.	

자료: Porteous, Sheldrick, and Stewart(1997).

- 의견, 아이디어, 느낌이 언급되는 빈도를 계속해서 기록한다.

워크시트의 나머지 부분은 다음과 같은 방식으로 작성한다(그림 10.3).

- 각 주제를 가장 잘 나타낼 수 있는 인용구를 노트에서 찾아 기록한다.
- 특정 포인트에 대해 잠정 결론을 작성하고 그것을 "결과" 란에 기록한다.
- 그 결과를 유형 및 범주에 따라 정리한다.
- 정확도와 중요도를 보여주기 위해서 응답수(N = x)를 이용한다.

질적 데이터를 분석할 때 일상적인 단어, 문구, 주제, 혹은 패턴을 이용하여 관찰하거나 들은 내용을 요약하기 위해 기록카드를 사용한다. 새로운 주제가 후반에 제시되는 경우 초반에는 그 중요성이 명확하지 않아서 주제가 언급이 되었음에도 이를 간과하지는 않았는지 초기 자료를 다시 살펴볼 필요가 있다.

인용구 혹은 맥락을 확인할 필요가 있을 때 단어, 이슈, 주제, 혹은 패턴 등을 쉽게 찾기 위해서 그 위치를 표시해두어야 한다. 처음 표시할 때에는 지루한 작업이지만, 경험이 쌓이면 중요한 정보가 있을 가능성이 높은 곳을 쉽고 더 빠르게 표시할 수 있을 것이다.

종종 소수의 의견이 중요해 이를 보고해야 할 때가 있다. 평가자의 판단에 따라야 하지만, 그 의견을 표명한 응답자는 한 명이거나 극소수라는 것을 명확히 해야 한다. 웨스트잉글랜드 대학교(University of the West of England) 웹사이트에는 데이터 분석에 대해 다음과 같이 기술한다.

인생이란 깔끔하게 맞아 떨어지는 경우는 거의 없다. 흐지부지하거나 서로 모순되는 주제와 막다른 골목이 항상 존재한다. 질적 조사를 할 때는 한창 뜨고 있는 이론에 딱 들어맞지 않는 특이한 현상을 무시하고 싶은 유혹을 받게 된다. 이 현상은 마치 서랍 속에서 발견한 양말 한 짝과 같아서 '양말 한 짝 현상(the sock bag phenomenon)'이라 한다. 모든 질적 연구를 할 때는 설명이 불가능한 특이 현상이 나타난다. 그림을 덧칠하여 수정하기보다는 차라리 전체 중의 일부로 인정하는 것이 필요하다.

5) 질적 데이터 해석하기

평가자는 데이터를 설명하고 해석한다. 질적 데이터는 설명이 가능한 방식으로 명확히 제시된 후에 분석해야 한다. 데이터를 해석하는 것은 데이터 안에 인과관계가 있는지 찾고, 추론을 하고, 의미를 덧붙이고, 그러한 분석과는 모순되는 사례를 다루는 것이다.

많은 이들이 통계를 사용하는 것에 부담을 느끼고, 질적 방법을 사용하는 것이 더 쉽다고 생각하는 경향이 있다. 그러나 사실 질적 데이터 분석을 하기 위해서는 단순한 관찰 이상의 것이 필요하다. 질적 데이터 분석은 시간과 노력을 요하는 작업이고, 이를 통해 양적 데이터로는 불가능한 행동 혹은 절차에 대한 이해가 가능해진다. 평가자는 질적 데이터 분석을 잘하기 위해 충분한 시간을 쓸 수 있도록 계획을 세워야 한다.

질적 방법은 인과관계를 검토하는 데 강력한 도구가 될 수 있다[마일스와 휴버먼(Miles and Huberman, 1994)은 체계적인 질적 데이터 분석을 시행하기 위한 단계별 가이드라인과 자료를 제공한다]. 패튼(Patton, 2002)은 귀납법과 연역법 두 가지 종류의 질적 분석에 대해 설명한다. **귀납적 분석**[*]은 자료에서 패턴, 주제, 범주 등을 발견하는 것과 관련되어 있다. **연역적 분석**[**]은 기존의 틀을 이용하여 데이터를 분석하는 것이다. 일반적으로 초반에는(범주, 패턴, 주제를 이해하기 위해) 귀납적으로 질적 데이터를 분석한다. 그 후 범주, 패턴, 주제가 정해지고 나면 연역적 분석을 시행한다. 연역적 분석 단계에서는 앞서 귀납적 분석의 정확성과 적절성을 시험하고 확인한다.

질적 데이터를 이용하여 분석할 때(만약 내용 분석을 위한 소프트웨어를 사용하지 않는다면) 오류와 편향이 있을 수 있다. 사람들은 종종 그들이 보고 싶어 하는 것만을 보고 그들의 예상에 일치하지 않는 것은 놓치는 경향이 있다.(완벽한 대책이 될 수는 없지만) 다른 사람에게 같은 데이터를 분석해보도록 하는 것이 도움이 될 수 있다. 두 가지 분석 내용을 비교함으로써, 평가자들은 새로운 주제 혹은 그 데이터를 이해하는 다른 방법을 찾을 수도 있다.

질적 데이터를 보고할 때 빈도나 비율을 제시하는 것이 항상 가능하거나 의미가 있지는 않다. 모든 참가자가 같은 질문을 받은 것이 아니기 때문에 그 질문에 대해 모든 이들이 어떻게 느끼는지에 대해 알기가 어렵다. 편향(Bias)을 막는 다른 방법은 두 명의 코딩 담당자에게 같은 문서를 검토하게 하여 주제에 따라 코딩하게 하는 것이다. 평가자들이 제대로 훈련을 받았고 조작적 정의와 코딩 체계가 명확하며 사전에 협의가 되어 있다면 각각이 제시한 자료가 거의 동일하게 분류될 것이다. 평가자 사이의 일치도가 높다는 점은 신뢰도를 높일 수 있다. 반면 평가자들 사이의 일치도가 낮다면 이는 조작적 정의, 분류체계를 수정할 필요가 있다는 것을 의미한다.

....

[*] **귀납적 분석**(Inductive analysis): 패턴, 주제, 범주 등의 발견을 포함하는 데이터 분석.
[**] **연역적 분석**(Deductive analysis): 기존의 틀을 이용하는 데이터 분석.

표 10.3 질적 데이터 정리 및 해석하기

임무	제언
범주를 작성한다	• 반복되는 주제, 아이디어, 단어, 문구를 사용한다. • 다양한 관점을 수용하면서도 의미가 없을 정도로 지나치게 광범위하지 않은 적정 범위의 범주를 사용한다. • 서로 구별되는 범주를 작성한다.
범주를 코딩한다	• 코딩 계획을 세운다. • 철저하고 분명한 코딩을 할 수 있도록 의사결정 기준을 세운다. • 코딩 계획을 사용할 수 있도록 코딩 담당자를 훈련시킨다.
한 명 이상의 관찰자가 참여할 때 신뢰도를 체크한다	• 질적 데이터의 일부에 사전 테스트(Pretest)를 시행한다. • 평가자 간 신뢰도를 점검한다(같은 것을 같은 방식으로 측정할 때 같은 결과를 제시하는가?) • 문제가 있다면 수정하고, 다시 사전 테스트를 시행한다.
데이터를 분석한다	• 데이터의 순서를 정렬한다. • 데이터를 카드에 기록하는 방법을 고려한다. • 데이터를 스프레드시트에 기록하는 방법을 고려한다. • 데이터 분석에 컴퓨터를 이용하는 것을 고려한다. • 패턴과 주제를 드러낼 수 있도록 데이터를 분류한다.
데이터를 해석한다	• 되도록 두 명 이상으로 이루어진 팀이 데이터를 검토하고 분류하여 그 결과를 비교하고, 만약 서로 다른 경우 다시 점검하여 수정하도록 한다. • 데이터의 의미와 중요성을 찾는다. • 주제와 범주를 프로그램의 절차 및 결과, 혹은 2개 모두와 연결시킨다. 응답자들이 절차 이슈에 대해 논의할 때 어떤 주제가 더 많이 언급되었는지? 응답자들이 결과 이슈에 대해 논의할 때 어떤 주제가 더 적절했는지? 대안이 될 수 있는 설명과 데이터를 이해하는 다른 방법을 찾아본다.
정보를 공유하고 점검한다	• 초기부터, 자주 주요 정보 제공자와 정보를 공유한다. • 정보, 질문, 다른 데이터 해석방법, 다른 데이터 출처 등을 획득하기 위해 다른 이들에게 초안을 검토하도록 한다.
보고서를 작성한다	• 주요 주제를 설명하거나(주제별 접근) 혹은 시간 순서에 따라 자료를 제시한다. • 비록 한 두 명만의 의견이라 해도 흥미로운 시각은 강조한다. • 많은 양의 데이터를 다루다 보면 방향을 놓치기 쉬우므로 집중한다. • 중요한 정보만을 포함시킨다. 평가질문에 답하는 정보인지, 이해관계자에게 유용한 정보인지 스스로에게 질문해본다.

자료: Adapted from Porteous(2005).

표 10.3은 질적 데이터를 정리하고 해석하는 데 유용한 제언을 제시한다.

6) 질적 데이터 보고하기

많은 평가에서는 질적 데이터와 양적 데이터를 모두 사용한다. 혼합 데이터 수집 방식(질적과 양적)을 사용한다면, 평가자는 양적 데이터를 더 명확히 해줄 수 있는 설명을 원할 것이다. 예를 들어 응답자 중 55%가 프로그램의 접근성에 만족하지 못하고 있다면 불만족의 원인을 함께 설명하는 것이 유용하다.

평가자는 인용할 만한 문구를 원한다. 참가자의 발언이 주제 혹은 강조할 만한 중요 포인트를 명확히 보여줄 수 있기 때문에 참가자 발언 중에서 문구를 선택해야 한다. 보고서의 독자는 대부분 한 페이지 분량의 설명은 기억을 못 하지만 인용구 1개는 기억할 수 있다. 편향(Bias)을 피하기 위해서 평가자는 같은 주제에 대해 일정한 범위의 이슈와 관점을 보여줄 수 있는 인용구를 포함시켜야 한다.

3. 양적 데이터 분석

양적 데이터 분석은 평가의 일환으로 수집된 수치 정보를 요약하는 것이다. 평가자는 데이터를 정리하거나 소프트웨어를 사용해 분석하기 위해 데이터를 컴퓨터에 입력한다.

1) 데이터 코딩하기

양적 데이터를 분석하기 위해서는 코딩을 해야 하는데, 양적 데이터 코딩은 질적 데이터의 내용 분석보다 간단하다. 양적 데이터 코딩은 데이터를 수치로 표시된 응답으로 변경해야 할 때 실시한다. 코딩을 함으로써 데이터의 의미를 찾을 수 있다. 신장, 체중, 연령, 결석 일수 등의 데이터는 이미 수치로 표시되어 있기 때문에 코딩이 필요하지 않다. 반면, 예를 들어 응답자 중 은행계좌를 가지고 있는 응답자와 그렇지 않은 응답자를 나타내는 데이터는 분석을 위해 코딩이 필요하다. 평가자는 계좌를 가지고 있는 경우에는 1, 가지고 있지 않은 경우에는 2로 표시하는 방식으로 코딩을 할 수 있다.

범위 혹은 의견의 형태로 데이터를 수집할 수 있다. 예를 들어 '당신의 연령대를 표시해주십시오'라는 질문이 있을 때, 각 연령대에 코드를 부여할 수 있다(18세 이하 = 1, 18~25세 = 2, 26~35세 = 3 등). 양적 데이터를 이용하기 위한 몇 가지 조언이 도움이 될 것이다(박스 10.4).

각 사람 혹은 각 기록을 '케이스'라고 한다. 데이터 파일은 변수와 각 변수의 값(value)으로 구성되고, 변수는 분석이 될 항목이다.

평가자가 각 변수의 코딩 방법과 그 변수를 어느 범주에 포함시킬지 정하는 것이 매우 중요하다. 코드는 코드북(혹은 데이터 용어집)에 기록해야 하고, 코딩 담당자는 코드북을 보고 그 사용 방법에 대해 훈련받아야 한다.

2) 데이터 클리닝

데이터 클리닝[Cleaning the data, 혹은 데이터 클렌징(Data cleansing), 데이터 스크러빙(Data scrubbing)]은 데이터의 품질을 향상시키기 위해 데이터의 오류와 모순(Inconsistency)을 제거하는 작업이다(Rahm and Do, 2000). 오류 혹은 모순이 포함되어 있는 데이터는 '오염 데이터(Dirty data)'라고 부른다. 데이터 분석학자들은 분석에 투자하는 시간의 절반 정도를 데이터 클리닝에 사용해야 한다고 말한다. 일반적으로, 이보다 많은 시간이 투입되어야 한다. 데이터 클리닝이 끝나면 분석은 간단해진다(P.A.N.D.A., 2000).

데이터베이스에서 공통적으로 나타나는 오류는 다음과 같다.

- 데이터 누락
- '해당 없음' 혹은 빈 칸
- 데이터 입력 시 오타
- 잘못된 양식의 데이터
- 열 이동(column shift, 어떤 변수에 대한 데이터를 그 옆 칸에 입력하는 것)
- 조작된 데이터
- 코딩 오류
- 측정 혹은 인터뷰 오류
- 시기가 지난 데이터(P.A.N.D.A., 2000).

어떤 경우 응답자는 질문에 대한 답을 모르거나 혹은 대답하기를 거부하기도 한다. 또는 무심코 질문을 건너뛰기도 한다. 많은 평가자가 이러한 응답을 다음과 같이 처리한다.

- 잘 모르겠음=8

• 응답 거부 혹은 데이터 누락＝9

　예를 들어 다수의 사람이 데이터를 입력할 때, 어떤 담당자는 모든 데이터를 대문자를 사용해서 입력할 수도 있고, 다른 담당자는 성씨의 첫 글자만 대문자로 입력하고 나머지 글자는 소문자로 입력할 수도 있다. 어떤 담당자는 하나의 주소를 하나의 항목으로 입력할 수도 있고, 다른 담당자는 국가, 시, 동을 각각 하나의 항목으로 입력할 수도 있다. 게다가 데이터를 10년 전에 시행된 평가의 데이터와 통합할 수도 있다. 새로 조사를 할 때 예전보다 더 많은 질문을 했다면, 이전 평가의 데이터에 많은 무응답이 발생한다.

　데이터의 또 다른 문제는 많은 응답자들이 주어진 질문에 혼란을 느낄 수 있어서, 응답을 기록하는 사람들이 서로 다른 코딩 규칙을 적용하게 된다는 점이다. 예를 들어 1~5까지의 범위 중 하나를 선택해달라고 요청을 받은 응답자가 소수를 사용하여 답변을 했을 때(예를 들면 2.5), 어떤 담당자는 가장 가까운 수로 반내림할 수도 있고, 다른 이는 반올림을 할 수도 있다.

　이러한 문제는 각 항목에 응답하거나 혹은 입력하는 사람의 실수로 인해 발생하는 오류로서, 각 항목마다 데이터를 코딩하는 규칙이 정확히 정해지고 엄격히 지켜진다면 최소화될 수 있다. 그러나 데이터 입력 시에는 항상 오류가 발생하기 때문에 데이터 항목을 점검할 필요가 있다. 평가자는 응답을 코딩하는 규칙을 정하고(오류가 확인되었을 때 참조하기 위해서) 본래의 질문지를 남겨두어야 한다. 평가자는 데이터를 검토하고 오염 데이터가 있는지 확인해야 한다.

　데이터를 입력하고 나면 분석에 앞서 데이터를 검토하고 정제해야 한다. 예를 들어 학교 기록에서 추출한 데이터가 있다고 하자. 성별을 묻는 질문에 두 가지 대답이 가능하다. 1은 남성, 2는 여성이다. 만약 다른 응답이 발견되면, 그것은 오류일 것이다. 신체검사를 했는지에 대한 질문에는 맞다면 1, 아니라면 2, 잘 모른다면 8, 데이터 누락이나 응답 거부의 경우에는 9와 같은 방식으로 기록할 수 있다. 그 외의 답변은 코딩 오류이다. 학생의 신장과 관련된 데이터에서 오류를 찾아내기 위해 평가자는 학생의 연령에 비해 훨씬 크거나 작은 값을 찾아야 할 것이다(O'Rourke, 2000b). 만약 데이터의 정확도에 대해 우려가 있다면 평가자는 데이터 원본을 다시 보고 확인해야 한다[채프먼(Chapman, 2005)은 데이터 클리닝의 원칙과 방법에 대해 유용한 지침을 제공한다. 그는 온라인 자료와 활용 가능한 소프트웨어를 소개하는데, 특히 생물학적 다양성 관련 정보는 일반적으로 사용되는 것이다. 데이터 클리닝 기술을 보여주기 위해서 코디(Cody, n.d.)는 연습문제를 제공한다. 이 연습문제로 연결되는 링크는 이 챕터의 마지막에 제시되어 있다].

데이터를 정제하는 데 컴퓨터 소프트웨어 프로그램을 이용하는 것이 유용하다. 이러한 프로그램을 이용하면, 범위 밖의 데이터까지 점검할 수 있다. 한 가지 예가 윈퓨어(WinPure)이다. 데이터 클리닝과 관련된 의사결정을 기록해놓는 것은 매우 중요하다.

3) 통계 사용하기

양적 데이터는 통계를 사용하여 분석할 수 있다. 여기서는 개발평가를 수행하거나 평가보고서를 이해하는 데 필요한 가장 중요한 통계 개념 중 몇 가지를 소개할 것이다.

- 서술 통계(Descriptive statistics)는(협소한 의미로) 양적 데이터를 설명하고 요약한다.
- 추론 통계(Inferential statistics)는 임의로 추출한 샘플에서 얻은 변수에 대한 정보를 기반으로 양적 또는 질적 변수에 대한 모집단 값의 범위를 예측함으로써 임의추출 샘플 데이터를 분석하는 데 사용된다. 모집단의 참값이 특정 범위 안에 있을 확률에 대해 이야기하는 신뢰도 진술도 예측에 포함된다.

■ 서술 통계

일반적으로, 데이터는 두 가지 종류의 기술 통계를 사용하여 요약한다.

- **중심 경향치 측정(Measures of central tendency):** 중심치를 가리키기 위해 데이터 그룹을 설명하는 방식
- **산포도 측정(Measures of dispersion):** 얼마나 데이터가 분산되어 있는지 가리키기 위해 데이터 그룹을 설명하는 방식

▶ **중심 경향치 측정** | 중심치를 측정하는 세 가지 방법은 때때로 3Ms로 표시하기도 한다. 일반적으로 데이터는 그룹 내 각 변수의 빈도를 나타내는 빈도 분포라고 불리는 그래픽 형태로 배열된다. 이후 중심값은 평균값, 중앙값, 최빈값 중 하나 혹은 그 이상을 이용하여 결정된다.

- **최빈값(Mode):** 가장 빈번한 응답
- **중앙값(Median):** 분포의 중간위치 혹은 중간 값; 분포상에서 절반의 값보다는 크고 나머지 절반의 값보다는 작다. 짝수 개의 데이터에서 중앙값은 2개의 중심 케이스의 평균으로 정의된다.
- **평균값(Mean):** 수집된 값의 총합을 수집된 값의 개수(샘플 사이즈)로 나눈다.

이 중 평균값과 중앙값이 통계학에서 가장 흔하게 사용된다.

표 10.4는 16개국의 도시 거주 인구 비율에 관한 데이터를 나타낸 것이다. 이 정보를 요약하고 각 국가의 평균 도시화 비율을 보고한다고 하자. 평균값은 도시화 비율의 합계를 국가 수로 나누어 구할 수 있다(90+64+84 … +93)/16 = 1141/16 = 71.3. 사례 중 50%가 그보다 적고, 50%가 그보다 많은 2개 사례는 71, 73이므로 중앙값은 72(73+71 = 144/2 = 72)이다. 최빈값은 47.6이다. 이 사례에서는 평균값과 중앙값은 서로 근사하지만 최빈값은 많이 다르

표 10.4 중남미 국가들의 도시화 비율

국가	2007년 도시 거주 인구비율	국가	2007년 도시 거주 인구비율
아르헨티나	90	온 두 라 스	47
볼 리 비 아	64	멕 시 코	76
브 라 질	84	니 카 라 과	59
칠 레	88	파나마 제도	71
콜 롬 비 아	73	파 라 과 이	59
코스타리카	62	페 루	73
에 콰 도 르	63	우 루 과 이	92
과 테 말 라	47	베네수엘라	93

자료: World Bank, World Development Indicators(2008: 162~164).

표 10.5 데이터 유형에 따라 선호되는 중심치 측정법

데이터 유형	최선의 중심치 측정법
명목 데이터	최빈값
순서 데이터	최빈값 혹은 중앙값
구간/비율 데이터	최빈값, 중앙값, 혹은 평균값

자료: 저자 작성.

다는 것을 확인할 수 있다.

중심치 측정은 다음과 같이 데이터 유형에 따라 달라진다(표 10.5).

- **명목 데이터**(Nominal data)는 '범주형 데이터(categorical data)'라고 한다. 서로 중복되지 않는 여러 개의 범주 중 하나에 포함되는 데이터이다. 예를 들면 성별, 종교, 국적 등이 있다.

- **순서 데이터**(Ordinal data)는 눈금 위에 순서대로 배열될 수 있는 데이터를 말한다. 그러나 연속된 답변 사이의 '간격'이 항상 같을 필요는 없다. '가장 중요'에서 '가장 중요하지 않음' 혹은 '매우 찬성'에서 '매우 반대' 등이 순서 데이터이다. 순서 데이터에는 0이 없다.

- **구간/비율 데이터**(Interval/ratio data)는 실제 숫자이다. 이 데이터들은 눈금자처

럼 0이 있고, 정해진 구간이 있다. 구간을 나눌 수 있으며 다른 구간과 비교가 가능하다.

구간/비율 데이터에서 중심치 선택은 분포에 따라 다르다. 분포가 종 모양일 경우라면 평균값, 중앙값, 최빈값은 거의 비슷하다. 이러한 경우 평균값이 중심치를 가장 잘 측정하는 방법이다. 이와 대조적으로, 일부 매우 높은 지수 혹은 매우 낮은 지수를 포함하는 경우 평균값은 중심치와는 거리가 있다. 이러한 상황에서는 중앙값이 중심치를 더 잘 나타낸다.

▶산포도 측정 | 양적 변수의 산포도를 측정하기 위해 범위와 표준편차 등 두 가지 측정이 흔히 사용된다. 범위*는 변수의 최고치와 최저치 사이의 차이를 말한다. 표 10.4의 데이터를 예로 들어보면, 도시거주 인구 비율의 범위는 93 - 47 = 46이다.

범위는 오로지 2개의 관찰값에 의해서만 결정되기 때문에 이를 이용해 설명할 수 있는 것은 많지 않다. 다른 사례들은 모두 무시된다. 양쪽 끝에 있는 2개의 값이 극단적일 경우, 범위는 다른 관찰값들이 어디쯤에 위치해 있는지 보여주지 못한다.

구간 혹은 비율데이터의 분산치를 측정할 때 가장 흔히 사용되는 방법은 표준편차이다. 표준편차는 평균값의 양쪽에서 관찰값이 얼마나 분산되어 있는지를 측정한 값이다. 그 관찰값이 평균값과 다르면 다를수록 표준편차도 커진다.

표준편차를 더 잘 이해하기 위해서는 **정규분포****(그림 10.4)를 이해하는 것이 중요하다. 정규분포는 그래프가 종 모양을 하고 있어서 벨 커브(Bell

---

* 　범위(Range): 변수의 최고치와 최저치 사이의 차이.

** 　정규분포(Normal distribution): 평균값 주변에 집중되어 있는 데이터를 설명해주는 확률 분포.

그림 10.4 정규분포

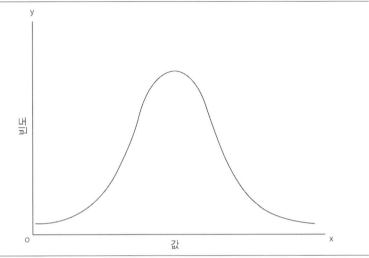

자료: 저자 작성.

그림 10.5 비정규분포(Nonnormal Distribution)

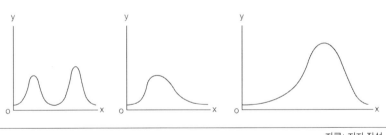

자료: 저자 작성.

curve)라고도 한다. 정규분포에서 데이터의 대부분은 분포의 중간에 위치하고 있다. 분포의 양쪽 끝에는 적은 수의 데이터가 위치한다.

　데이터가 항상 정규분포 형태를 갖는 것은 아니다. 어떤 분포는 커브가 더 완만하기도 하고, 더 가파르기도 하며, 때로는 한쪽 끝이 올라가는 형태의 커브도 있다(그림 10.5).

그림 10.6 정규분포에서의 표준편차

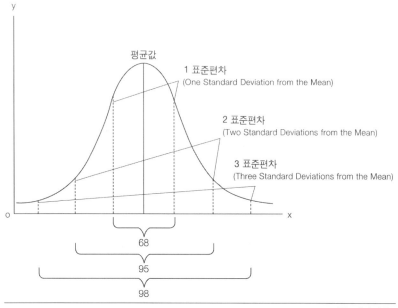

표준편차는 데이터가 평균 주위에 얼마나 가까이 모여 있는지를 측정한
다. 그것은 평균값으로부터의 거리를 측정하는 것이다. 정규분포에서 수평
축상에서 평균값으로부터의 1 표준편차는 데이터의 68%를 차지한다(그림
10.6). 평균값에서 2 표준편차는 데이터의 약 95%를, 3 표준편차는 데이터의
약 98%를 차지한다.

만약 데이터의 커브가 완만하다면 표준편차는 더 커질 것이다. 표준편차
의 값은 데이터가 평균값으로부터 얼마나 분산되어 있는지를 보여준다(박스
10.5).

만약 어떤 테스트에서 모든 사람들이 75점을 받았다면 평균값은 75이며,
표준편차는 0이다. 만약 모든 이들이 70점에서 80점 사이의 점수를 받았고
이때의 평균값이 75점이라면, 모든 이들이 40점에서 90점을 받은 경우(평균

분포의 표준편차는 다음과 같이 계산한다.

① 데이터의 평균값을 계산한다.

② 편차를 구하기 위해서 각 데이터 값에서 평균값을 뺀다.

③ 각 편차 값을 제곱한다.

④ 모든 편차의 제곱값을 더한다.

⑤ 데이터의 개수에서 1을 뺀다.

⑥ 편차의 제곱의 합을 ⑤의 결과(데이터 개수 -1)로 나눈다.

⑦ ⑥의 결과에 대한 제곱근을 구한다.

표준편차 계산식은 다음과 같다.

$$\sigma = \sqrt{\frac{\Sigma(x-\bar{x})}{N-1}}$$

σ = 표준편차, Σ = 합계 , x = 평균값

샘플 수가 적은 경우에도 표준편차를 계산하는 것은 시간이 많이 걸린다. 엑셀과 SPSS를 포함하여 대부분의 통계 프로그램은 표준편차 계산이 가능하다.

값은 75점)보다 표준편차는 적을 것이다. 간단히 말하면 다음과 같다.

적은 표준편차 = 크지 않은 분산

큰 표준편차 = 큰 분산

표준편차는 범위보다 설명력이 뛰어나다. 모든 사례가 표준편차 값에 영향을 줄 수 있기 때문이다.

▶ 자주 사용되는 서술적 측정 ㅣ 때때로 특정 빈도나 개수에 대해 질문하는 경우가 있다('당신이 소유한 양은 몇 마리입니까? 은행을 얼마나 자주 이용하십니까?'). 이런 질문에 대한 답은 백분율로 표시한다.

때때로 응답자에게 등급에 따라 의견을 제시해달라는 요청을 할 때도 있다. 예를 들어 평가자들은 응답자들이 학습한 내용을 실제로 적용할 수 있었다음 가이드라인은 평가자들이 설문조사의 양적 데이터를 분석하는 데 도움을 줄 것이다.

① 데이터를 분석하는 기본 방식을 선택해서 계속 적용한다.

② 중간 범주를 양쪽 끝의 범주와 합치지 않는다.

③ '찬성' 혹은 '반대' 범주를 '매우 찬성' 혹은 '매우 반대'(만약 있다면)에 대한 언급 없이 보고하지 않는다.

④ 응답의 비율과 수를 모두 분석하여 보고한다.

⑤ 참조할 수 있도록 응답자의 수도 함께 보고한다.

⑥ 결과에 차이가 거의 없다면, 기준을 상향 조정한다: 대부분의 응답자가 '매우 만족' 혹은 '매우 반대'에 응답한 질문에 초점을 맞춘다면 결과는 어떻게 되는가?

⑦ 데이터 분석은 기술이라는 것을 명심하라; 훈련과 연습을 통해서 쉬워질 수 있다.

자료: 저자 작성.

는지 질문할 때 '전혀 이용하지 않음'에서 '매우 많이 이용함'까지 5단계 선택지를 주기도 한다. 이러한 유형의 데이터를 분석할 때는 규칙을 정해놓아야 한다. 양 극단에 응답한 사람들의 비율, 중간 범주의 양측에 응답한 사람들, 혹은 평균 응답에 집중해야 한다. 비록 여기에 확고한 규칙은 없지만 도움이 될 만한 가이드라인은 있다(박스 10.6).

의료센터 고객에 대한 설문조사를 예로 들어보자(표 10.6). 이 데이터를 분석하는 한 가지 방법은 응답자의 반이 그들이 적절한 치료를 받았다는 것에 동의 혹은 매우 동의했으며, 응답자 중 55%가 센터 직원이 고객들의 질문에 잘 응대를 했다는 것에 동의 혹은 매우 동의했다고 보고하는 것이다. 그러나 60%의 응답자는 그들이 진료를 받기 전에 오래 기다렸다는 것에 동의 혹은 매우 동의했다. 이 분석에서 평가자는 동의와 매우 동의에 대한 응답 비율을 합쳐서 보고하기로 했다.

만약 데이터가 다르다면, 평가자는 다른 전략을 사용해야 할 것이다. 예를 들어 표 10.7에 제시된 결과를 생각해보자.

이 사례에 대한 분석은 80%의 응답자가 그들이 적절한 치료를 받았다는

표 10.6 지역 의료센터에서 제공하는 의료 서비스에 대한 고객 의견(응답자 비율) 1

1. 지역 의료센터에서의 경험을 고려해볼 때 다음 항목에 대해 얼마나 동의하십니까?

항목	매우 반대	반대	보통(동의도 반대도 아님)	동의	매우 동의
진료를 받기 전 오랫동안 기다렸다	10	20	10	35	25
의료진은 내 질문에 잘 응답해주었다	5	10	30	30	25
의료센터에서 적절하게 치료를 받았다	15	25	10	25	25

자료: 저자 작성.
응답자 수 = 36명(Note: N = 36)

표 10.7 지역 의료센터에서 제공하는 의료 서비스에 대한 고객 의견(응답자 비율) 2

1. 지역 의료센터에서의 경험을 고려해볼 때 다음 항목에 대해 얼마나 동의하십니까?

항목	매우 반대	반대	보통(동의도 반대도 아님)	동의	매우 동의
진료를 받기 전 오랫동안 기다렸다	50	20	10	15	5
의료진은 내 질문에 잘 응답해주었다	0	5	0	30	65
의료센터에서 적절하게 치료를 받았다	0	20	0	55	25

자료: 저자 작성.
응답자 수 = 36명(Note: N = 36)

것에 동의 혹은 매우 동의하고 있으며, 70%의 응답자가 진료를 받기 전에 오랫동안 기다려야 했다는 것에 동의 혹은 매우 동의하고 있다는 것이다. 센터 직원들이 고객의 질문에 잘 응답을 해주었다는 것이 가장 장점이라는 점에 응답자 중 95%가 매우 동의 혹은 동의한다.

▶ 동시에 두 가지 변수 설명하기 │ 때때로 평가자는 두 가지 변수를 동시에 설명해야 한다. 예를 들어 소형 강의와 대형 강의의 남녀구성에 대해 설명해야 한다고 생각해보자. 평가자는 각 강의마다 남학생의 수강비율과 여학생의 수강비율에 대해 궁금해할 수 있다. 데이터 분석결과에 따르면 소형 강의의 경우, 남학생이 55%, 여학생이 45%를 차지했으며, 전통적인 대형 강의는 여학생이 55%, 남학생이 45%를 차지했다.

교차분석(Cross-tabulation 혹은 'cross-tab')은 2개 혹은 그 이상의 변수를 함께 분포시키는 것으로, 보통 매트릭스 형태로 제시된다. 도수분포(Frequency distribution)가 1개 변수의 분포를 보여주는 데 반해, 분할표(Contingency table)는 2개 혹은 그 이상의 변수의 분포를 동시에 설명해준다. 각 셀은 특정 조합의 응답을 한 응답자의 비율과 수를 보여준다.

강의 등록 데이터는 다음과 같이 해석될 수 있다. 이 샘플에서 남학생(55%)은 여학생(45%)보다 소형 강의를 조금 더 많이 듣는다. 이 결과는 성별과 강의 등록 사이의 관계를 보여준다. 그러나 그 둘은 얼마나 관련이 있는가? 연관관계를 알고자 할 때, 독립변수와 종속변수라는 개념을 이해하는 것이 중요하다.

독립변수(Independent variable)란 다른(종속) 변수의 변화를 설명하는 변수를 말한다. 예를 들어 연수과정 평가에서 독립변수는 강의자의 경험, 참가자의 배경, 사용된 커리큘럼, 연수 기간, 사용된 형태 등이 될 수 있다.

종속변수(Dependent variable)란 설명이 되는 변수를 말한다. 연수 과정에서 종속변수는 시험점수, 평가 매트릭스 설계 시 받은 등급, 혹은 향상된 평가설계 등이 될 수 있다.

평가자는 종종 한 쌍의 샘플 사이에 양적 변수 평균값이 차이가 있는지 관심을 갖는다. 예를 들면 다음과 같은 질문에 관심을 가질 것이다.

- 관개시설 프로젝트 후 이전보다 평균 농산물 수확량이 증가했는가?
- 오래된 병원의 환자를 대상으로 한 만족도 조사와 개발 프로젝트를 통해 건립된 병원의 환자를 대상으로 한 만족도 조사 결과에 차이가 있는가?

평가자는 겉으로 보이는 차이가 모집단 평균값이 실제로 다르기 때문인지 아니면 추출한 샘플의 임의변동(Random variation)인지를 결정해야 한다. 통계학적인 테스트에서는 보통 2개의 모집단의 평균값(혹은 비율) 사이에 차이는 없는 것으로 가정한다. 이 이슈는 추론 통계에 대한 부분에서 다루어질 것이다.

상관관계 측정(Measures of association or relationship)은 변수들이 얼마나 관련되어 있는지를 보여준다. 단순한 상관관계는 인과관계를 증명하지 않는다. 두 변수 사이의 상관관계가 강하다면 일반적으로 인과관계가 있을 가능성이 있다.

상관관계 측정은 보통 -1에서 +1까지의 범위로 나타낸다. +(Positive) 사인은 변수가 같은 방향으로 변화한다는 것으로 **정비례관계**(Direct relationship)라고 한다. 완전정비례관계(Perfect positive relationship)는 +1이다.

-(Negative) 사인은 변수가 **반비례관계**(Inverse relationship)임을 나타낸다. 이는 그들이 서로 반대 방향으로 움직인다는 것이다(예를 들어, 나이를 먹으면 건강상태는 악화된다). 완전반비례관계(Perfect negative relationship)는 -1이다. 그 수치가 0에 근접할수록 상관관계가 약하다(전혀 상관관계가 없으면 0으로 표시된다). 그 수치가 +1 혹은 -1에 근접할수록 상관관계가 강한 것이다.

■ 추론 통계(Inferential statistics)

추론 통계를 통해 평가자는 모집단에서 무작위로 추출한 샘플을 근거로 모집단에 대한 추론을 한다. 무작위 추출 샘플을 사용할 때 그 결과가 샘플의 특이한 점을 반영하여, 모집단의 정확한 특성을 보여주지 않을 수 있다는 점을 우려할 수 있다. 만약 평가자가 다른 샘플을 선택한다면 그 결과는 상당히 유사할 것인가, 아니면 매우 다를 것인가?

통계학적 중요도 테스트를 통해 모집단에서 실제로 차이가 없다면 같은 결과가 나올 가능성을 측정한다. 평가자는 이를 귀무가설(Null hypothesis)이라고 부르며, 이는 항상 모집단에 차이가 전혀 없다고 본다.

예를 들어 파키스탄 사람들 중 무작위로 추출한 샘플을 대상으로 실시한 설문조사 결과 남성과 여성의 연간 소득 격차가 5,000루피라고 한다. 테스트 결과는 이러한 방식으로 표현될 수 있다. 만약 모집단에서 무작위로 추출한 샘플에서 5,000루피의 차이가 발생할 가능성은 얼마인가? 만약 유의확률 (P-value)이 5%(0.05) 미만이라면, 샘플의 결과가 모집단에 대해 거의 정확하게 추정했으며, 약 5,000루피의 차이는 통계학적으로 유의미하다고 이야기 할 수 있다. 유의확률이 5%라는 것은 평가자가 샘플을 이용하여 밝혀낸 결과가 우연에 의한 것이 아니라는 것을 95%까지 확신할 수 있다는 것이다. 이는 그 결과가 0.05 수준에서 통계학적으로 유의미하다는 의미이다.

통계학적 유의미성에 대한 검정은 부분적으로는 샘플의 크기에 근거한다. 만약 샘플이 매우 크다면 작은 차이라도 통계학적으로 의미가 있을 가능성이 있다. 평가자는 조사의 특성을 고려하여 그 차이가 중요한지를 판단해야 한다. 자주 사용되는 세 가지 통계검정으로는 카이제곱 검정(Chi-square test), t-검정(t-test), 분산분석(Analysis of variance test)이 있다.

▶ 카이제곱 검정(Chi-square test) | 카이제곱 검정은 가장 강력한 상관관계 측정법은 아니지만, 계산 및 해석 방법이 쉽기 때문에 가장 많이 쓰이는 방법 중 하나이다. 카이제곱 검정은 관찰된 빈도가 기대빈도 간에 유의한 차이가 있는지 결정할 때 사용된다. 이 검정은 2개의 명목가치(예를 들면 혼인여부, 종교 등)를 비교하기 위해 사용된다. 또한 2개의 서열변수[척도반응(scaled responses)] 혹은 명목 및 서열변수의 조합을 비교할 때 사용될 수 있다.

카이제곱 검정의 통계량은 데이터 표의 각 셀 값의 총합이다. 표의 모든 셀은 전체 카이제곱 통계량에 영향을 미친다. 만약 한 셀의 값이 기대빈도와 매우 다르면, 그 셀이 전체 카이제곱 통계량에 영향을 미칠 가능성이 매우 크다. 만약 한 셀의 값이 기대빈도와 비슷하다면, 그 셀이 전체 카이제곱 통계량에 영향을 미칠 가능성은 낮다. 카이제곱 통계량이 크다는 것은 ㅡ 테이블 내 어딘가에서 ㅡ 관찰빈도와 기대빈도가 매우 다르다는 것을 의미한다. 이는 어떤 셀이 카이제곱 통계량이 커지게 한 원인인지를 알려주지는 못하며, 다만 그러한 결과가 나왔다는 것만 보여준다. 카이제곱 검정은 관찰된 데이터에 근거하여 2개의 변수가 서로 관련성이 없는지를 측정한다.

카이제곱 검정은 교차분석의 유의미성을 측정한다. 카이제곱 값은 비율로 계산하지 않는다. 교차분석은 검정을 실시하기 전 절대값(수)으로 변환해야 한다. 카이제곱 검정은 또한 데이터표 내에 빈도가 5 이하인 셀이 존재할 경우 문제가 될 수 있다[이 이슈에 대해 심도 있는 논의는 파인버그(Fienberg, 1980)에서 다루고 있다].

▶ t-검정(t-test) | 2개 그룹의 점수 차이를 보고자 할 때, 평가자는 그 점수의 범위 혹은 변동성과 관련하여 평균값의 차이를 판단해야 한다. t-검정은 바로 이때 사용하는 방법이다. 이 검정은 한 그룹의 수치가 다른 그룹의 수치보다 통계적으로 높거나 낮은지를 결정하는 데 사용된다. 이 분석은 두 그룹의 평균값을 비교할 때는 언제든지 적절하다. 프로젝트 대상 그룹의 평균점수와 통제/대조군의 평균점수를 비교하는 데 사용한다.

▶ 분산분석(Analysis of Variance: ANOVA) | t-검정은 3개 이상의 그룹을 비교해야 할 때는 사용하기 어렵고 복잡하다. 서로 다른 여러 그룹의 평균값을 한 번에 비교해야 할 때는 분산분석*을 사용하는 것이 좋다.

ANOVA는 데이터 그룹 간의 차이를 구분하기 위한 통계 기술이다. 관찰된 변화값이 우연변동(Chance variation) 때문인지 혹은 시험 대상인 요인이나 요인의 조합 때문인지를 결정하기 위해서 엑셀을 사용하여 2개 이상의 평균값을 동시에 비교할 때 사용된다. ANOVA는 명목 독립변수가 종속변수에 어떻게 영향을 미치는지를 가늠한다. 모든 비교대상 그룹의 모집단이 동일

---

* 분산분석(Analysis of variance: ANOVA): 데이터 그룹들 간의 차이를 구분하기 위한 통계 기술.

한 표준편차를 보이며, 샘플은 모집단에서 임의로 추출한 것이라는 가정을 기반으로 한다. ANOVA를 시행하기 전 이 가정이 유지되고 있는지를 점검하는 것은 매우 중요하다. ANOVA에서 행해지는 테스트는 F-비(F-ratio) — 실험적 조작 혹은 효과에 의한 변량을 실험적 오류에 의한 변량으로 나눈 것 — 에 기반을 두고 있다. 귀무가설은 이 F-비가 1.0(즉, 조작의 효과가 실험적 오류와 같다)이라고 본다. 만약 F-비가 충분히 커서 그 값이 1.0이 될 가능성이 미리 약속된 수준, 가령 0.05(20 중의 1)보다 적다면, 이 가설은 기각된다.

4. 질적 데이터와 양적 데이터 연결

마일스와 휴버먼(Miles and Huberman, 1994)은 질적 데이터와 양적 데이터를 어떻게 연결시킬 것인가에 대해서 논의했다. 매우 저명한 양적 조사 전문가인 프레드 컬린저(Fred Kerlinger)의 "질적 데이터라는 것은 없다. 모든 것은 1 아니면 0일 뿐이다"라는 말을 인용하며 논의를 시작하고, 이에 대한 반대 의견을 제시한다. 모든 데이터는 기본적으로 질적이다.

미국에서 양적 데이터 대 질적 데이터를 둘러싼 논쟁은 오랫동안 계속되어 왔지만, 개발협력 커뮤니티에서는 크게 일반적인 이슈가 아니었다. 개발협력 평가에서는 양적 데이터와 질적 데이터 모두를 사용한다. "양은 질과 같고, 측정된 질은 그 측정 단위로 표현된 규모를 갖게 된다"(Miles and Huberman, 1994). 질적 방법은 더 많은 상황과 맥락을 보여줄 수 있고, 양적 접근을 통해 찾아낸 결과를 다른 상황에도 적용할 수 있도록 일반화가 가능하다.

마일스와 휴버먼은 평가자가 연구 계획을 세울 때 양적 데이터와 질적 데이터를 연계함으로써 다음과 같은 점이 가능해진다고 이야기한다.

• 삼각측량법을 통해 각 데이터를 확인하거나 확증한다.

- 분석을 명확히 하거나 발전시킴으로써, 상세자료를 더 풍부하게 제공한다.
- 놀라운 사실 혹은 모순에 주목함으로써 생각을 전환하고 새로운 이해의 방향을 제시한다.

그린 등(Greene, Caracelli and Graham, 1997)은 여러 가지 방법을 함께 사용하는 평가의 인식론적이고 정치적인 가치를 다음과 같이 설명했다.

- **인식론적으로**: 어떤 것을 알기 위해 여러 가지 방법을 함께 사용한다면 이해를 더욱 증진한다.
- **정치적으로**: 지식을 얻는 모든 방법은 부분적이며, 그렇기 때문에 여러 가지를 함께 사용하는 것이 중요하다.

그들은 또한 "평가를 할 때 혼합 접근법을 잘 사용하면 다양한 사고방식과 가치체계를 이용하여 더 깊게 이해할 수 있으며" "다양한 현상을 이해하기 위해 다양한 방법을 사용하는 것이 적합하다"고 이야기한다.

호킨스(Hawkins, 2005)는 혼합 접근법을 사용하는 평가의 장점을 다음과 같이 설명했다.

- 주요 변수에 대해 2개 이상의 독립된 측정법을 활용하는 삼각측량 절차를 통해 일관성 점검이 가능하다.
- 다른 관점 확보. 예를 들어 평가자가 가정 복지의 주요 지표로서 수입이나 지출을 고려하고 있을 때, 사례 연구를 통해 여성이 취약하고 권력이 없으며 가정폭력에 더 많이 노출되어 있다는 사실을 밝혀낼 수 있다.
- 다른 수준의 분석이 가능하다. 설문조사는 개인, 가정, 마을 단위의 복지에 대해서는 적절한 추정이 가능토록 하지만, 사회적 절차(예를 들면 사회적 갈등) 분석이나 제도 분석(예를 들면 공공 서비스가 얼마나 효과적으로 작동하는가 혹은 지

역 수준에서 어떻게 인식되는가 등)을 할 때는 효과가 좋지 않다. 많은 질적 연구는 사회적 절차, 제도적 행위, 사회 구조, 갈등 등을 분석하기 위해 설계된다.

● 평가자가 결과를 해석하는 데 도움이 되는 피드백을 제공한다. 설문조사 결과에는 종종 데이터 분석만으로는 설명할 수 없는 명백한 결과의 불일치 혹은 그룹 간의 흥미로운 차이 등이 발견된다. 대부분의 양적 평가에서는 데이터 수집 단계가 끝나고 나면 데이터를 추가로 수집하기 위해 현지로 되돌아가는 것이 불가능하다.

● 설문조사 평가자들은 이상현상(Outlier)을 점검하기 위해 질적 방법을 종종 참고한다. 표준보다 매우 높거나 낮은 응답을 한 이들을 제외할 것인지에 대해서 분석자들이 자의적으로 결정을 해야 하는 경우가 많다.

● 통합적 접근법의 장점에 대한 인식은 평가자의 학문적 배경에 따라 다름. 양적 평가자의 관점에서 질적 요소는 평가에서 다룰 주요 이슈를 명확하게 하는 데 도움이 된다. 응답자들의 관점에 적합하도록 질문을 개선할 수 있고, 평가가 이루어지는 사회적·경제적·정치적 맥락에 대해 정보를 제공할 수 있음. 또한 흥미로운 결과를 추적할 수 있도록 현장으로 재방문하도록 한다.

● 질적 연구자는 양적 방법을 사용함으로써 이익을 얻을 수 있다. 표본추출 방법을 통해 조사 결과가 더 광범위한 모집단에까지 일반화할 수 있다. 표본추출은 현재 진행 중이거나 혹은 이전에 수행된 설문조사와 함께 이용이 가능한데, 예를 들면 질적 연구의 결과를 설문조사 결과와 비교할 수 있다. 통계 분석은 서로 다른 연구 지역에서 가정의 특성과 사회경제적 조건을 통제하는 데 사용될 수 있다. 이를 통해 관찰된 변화값에 대해 다르게 설명할 수 있는 대안 가설의 가능성을 제거한다.

호킨스(Hawkins, 2005)는 혼합 접근법을 사용해야 하는 경우와 반대의 경우에 대해서 논의한다. 혼합 접근법은 다음과 같은 상황에서 사용해야 한다.

● 프로젝트 수행 및 그 상황에 대한 깊이 있는 이해가 요구될 때

- 시간과 예산에 상당한 제약이 있고, 여러 가지 방법 및 적은 표본을 이용하여 삼각측량을 하는 것이 여러 출처를 통해 수집된 정보를 확인하는 데 도움이 될 때

다음과 같은 상황에서는 혼합 접근법을 사용하면 안 된다.

- 단일 접근법을 사용하여 질문에 대답이 가능할 때
- 결과의 일반화가 요구되며, 지표/측정 방법이 간단할 때
- 선택된 접근법을 활용하는 데에서 전문성을 지닌 평가자가 통합적인 연구를 하는 것이 불가능할 때(전문성을 지닌 접근법만 사용하는 것이 좋음)
- 주요 이해관계자가 특정 패러다임에 몰두하여 다른 패러다임을 배제하려 하여 혼합 접근법 사용이 아무리 효과적일지라도 확신이 없을 때
- 분석 및 해석 단계에서 이용할 수 있는 시간이 매우 제한적일 때

요약

질적 데이터 분석은 수치로 표현되지 않은 데이터를 분석할 때 사용된다. 질적 데이터는 비구조적 관찰, 개방형 인터뷰, 문헌 분석, 포커스그룹 분석 등을 통해서 수집할 수 있다. 질적 데이터를 수집하는 도중 기록한 메모는 매우 중요하며, 상세히 기록해야 한다.

내용 분석은 질적 데이터를 분석하는 절차이다. 질적 데이터 분석은 시간과 노력이 많이 필요한 작업이지만 이를 통해 가치 있는 정보를 밝혀낼 수 있다.

질적 데이터를 수집한 후, 평가자는 이를 정리해야 한다. 데이터는 패턴과 공통점에 따라 분류될 수 있다. (수작업으로 하든 혹은 컴퓨터를 이용하든) 데이터 분류가 끝나면 코딩과 해석을 한다.

양적 데이터는 기술 통계와 추론 통계를 이용해 분석할 수 있다. 기술 통계

는 데이터를 요약하고 3M 평균값(Mean), 중앙값(Median), 최빈값(Mode)을 통해 중심치를 설명한다. 산포도를 측정하는 일반적인 방법에는 범위와 표준편차가 있다. 흔히 쓰이는 기술 통계로는 도수분포(Frequency distributions), 백분율(Percentages), 등급(Rates), 비율(Ratios), 변화율(Rates of change) 등이 있다.

추론 통계는 평가자들이 임의로 추출된 샘플을 기반으로 하여 모집단에 대한 추정을 가능하게 한다. 흔히 사용하는 통계 도구에는 카이제곱 검정, t-검정, 분산분석 등이 있다.

평가자는 보통 질적 방법과 양적 방법을 모두 사용한다. 복수의 방법을 사용하는 것이 많은 경우 여러 가지 장점이 있다. 질문의 수가 많지 않은 경우에는 단일 접근법이 추천된다.

10장 연습문제

응용연습 10.1 질적 데이터 코딩 및 분석하기

개발 이슈 관련 장문의 신문 기사를 여러 개 수집한다. 이 기사를 활용하여 '기사' 그리고 '인용' 등의 항목을 포함하여 표를 작성한다. 그 후 기사에서 중요하다고 생각한 인용문을 입력한다. 기사의 주제를 찾아냈다면, 위쪽에 줄을 추가하여 입력한다. 그리고 인용문이 각 주제를 포함하는 부분에 표시를 한다. 기사에서 찾아낸 주요 결과를 요약하여 기술한다.

응용연습 10.2 양적 데이터를 해석할 때 흔히 하는 실수를 방지하기

① 설문조사 응답자 중 80%가 프로그램이 도움이 되었다고 응답했다. 이 결과를 '프로그램이 도움이 되었다'고 보고하는 것과 '참가자들은 프로그램이 도움이 되었다고 생각한다'고 보고하는 것 중에 어느 쪽이 더 좋은 방법인가? 설문조사의 응답자들은 프로그램의 장애물이 되는 것과 도움이 되는 것을 찾아달라는 요청을 받았다. 찬반양론의 관점으로 보았을 때 결과를 보고하는 것의 문제는 무엇인가?

② 학생들에게 어떤 코스의 다양한 구성요소에 대해 등급을 정해달라는 설문을 시행했다. 대부분의 학생은 각각의 구성요소를 긍정적으로 평가했다. 대부분의 학생들이(70%) 코스가 성공적이라고 생각했다고 보고하는 경우, 문제는 무엇인가?

③ 여성 중 40%와 남성 중 30%가 학습 과정이 변경되는 것에 찬성한다. 여성 중 대다수가 학습과정 변경에 찬성한다고 보고하는 것이 정확한가?

④ 응답자 중 51%가 학습과정 변경에 찬성한다. 응답자 중 절반 이상이 학습과정 변경에

찬성한다고 보고하는 것이 정확한가?

⑤ 강의자 20명 중 5명이 설문에 응답했다. 응답자들 5명 모두 코스를 위해 준비를 열심히 했다고 한다. 모든 강의자들이 준비를 열심히 했다고 보고하는 것이 정확한가? 강의자 중 25%가 준비를 열심히 했다고 보고하는 것이 정확한가?

⑥ 국회의원 50명 중 여성 국회의원의 수가 2명에서 4명으로 증가했다. 100% 증가라고 보고하는 것이 정확한가?

⑦ 연수 프로그램 참가자가 참가하지 않은 사람보다 수입이 20% 증가했다. 연수 프로그램으로 인해 급여가 20% 증가했다고 보고하는 것이 정확한가?

응용연습 10.3 설문 조사 결과 분석하기

다음 설문조사를 수행한다. 적어도 두 명의 동료가 응답을 완료하도록 하고, 설문조사 결과를 수집하여 집계한다. 단독으로 해도 좋고, 다른 이들과 함께 해도 좋다. 설문 결과를 기술 형식으로 정리하고 찾아낸 결과를 종합하여 결론을 낸다.

① 다음 사항에 대해 당신의 분석 능력은 현재 어느 정도라고 할 수 있습니까?

기술	거의 없음	약간	보통	뛰어남	매우 뛰어남
a. 평가설계					
b. 데이터 분석					
c. 설문지 개발					
d. 포커스그룹 수행					
e. 이해관계자 회의 진행					
f. 평가보고서 작성					
g. 구술 발표 준비					

② 이 프로그램의 현 시점에서, 당신은 아래에 동의합니까?

항목	매우 반대	반대	반대도 찬성도 아님	찬성	매우 찬성
a. 이 책은 새롭다					
b. 이 책은 흥미롭다					
c. 강의 시간이 충분하다					
d. 강의 중 논의시간이 충분하다					
e. 연습문제는 도움이 된다					
f. 난 내가 일하면서 사용할 수 있는 것을 배우고 있다					

③ 이번 프로그램에 대한 당신의 의견을 알려주십시오.

Babbie, E., F. Halley, and J. Zaino. 2000. *Adventures in Social Research.* Thousand Oaks, CA: Pine Forge Press.

Busch, Carol, Paul S. De Maret, Teresa Flynn, Rachel Kellum, Sheri Le, Brad Meyers, Matt Saunders, Robert White, and Mike Palmquist. 2005. *Content Analysis.* Writing@CSU, Colorado State University, Department of English, Fort Collins, CO. http://writing.colostate.edu/guides/research/content/.

Child and Adolescent Health Measurement Initiative(CAHMI). 2006. "Promoting Healthy Development Survey: Implementation Guidelines." Portland, OR: Oregon Health and Science University, Department of Pediatrics.

———. 2009. "Step 4: Monitor Survey Administration and Prepare for Analysis." http://www.cahmi.org.

Catterall, M., and P. Maclaran. 1997. "Focus Group Data and Qualitative Analysis Programs: Coding the Moving Picture as Well as the Snapshots." *Sociological Research Online* 2(1). http://www.socresonline.org.uk/socresonline/2/1/6.html.

Chapman, Arthur D. 2005. *Principles and Methods of Data Cleaning: Primary Species-Occurrence Data.* Report for the Global Biodiversity Information Facility, Version 1.0, Copenhagen. http://www2.gbif.org/DataCleaning.pdf.

Cody, Ronald. n.d. "Data Cleaning 101." Robert Wood Johnson Medical School, Piscatawy, NJ. http://www.ats.ucla.edu/stat/sas/library/nesug99/ss123.pdf.

Constable, Rolly, Marla Cowell, Sarita Zornek Crawford, David Golden, Jake Hartvigsen, Kathryn Morgan, Anne Mudgett, Kris Parrish, Laura Thomas, Erika Yolanda Thompson, Rosie Turner, and Mike Palmquist. 2005. *Ethnography, Observational Research, and Narrative Inquiry.* Writing@CSU, Colorado State University, Department of English, Fort Collins, CO. http://writing.colostate.edu/guides/research/observe/.

Dehejia, Rajeev H., and Sadek Wahba. 2002. "Propensity Score-Matching Methods for Nonexperimenal Causal Studies." *Review of Economics and Statistics* 84(1): 151–61. http://www.nber.org/~rdehejia/papers/matching.pdf.

Denzin, N., and Y. Lincoln, eds. 2000. *Handbook of Qualitative Research.* 2nd ed. Thousand Oaks, CA: Sage Publications.

Fienberg, S. E. 1980. The *Analysis of Cross-Classifi ed Categorical Data.* 2nd ed. Cambridge, MA: MIT Press.

Firestone, W. 1987. "Meaning in Method: The Rhetoric of Quantitative and Qualitative Research." *Educational Researcher* 16(7): 16–21. http://edr.sagepub.com/cgi/

content/abstract/16/7/16.

Gao, Jie, Michael Langberg, and Lenard J. Schulman. 2006. *Analysis of Incomplete Data and an Intrinsic-Dimension Helly Theorem.* http://www.cs.sunysb.edu/~jgao/paper/clustering_lines.pdf.

Glass, G., and K. Hopkins. 1996. *Statistical Methods in Education and Psychology.* 3rd ed. Boston: Allyn and Bacon.

Greene, J. C., and V. J Caracelli. 1997. *Advances in Mixed Method Evaluation: The Challenges and Benefi ts of Integrating Diverse Paradigms.* New Directions for Evaluation No. 74. San Francisco: Jossey-Bass.

Greene, J. C., V. J. Caracelli, and W. F. Graham. 1989. "Toward a Conceptual Framework for Mixed-Method Evaluation Designs." *Educational Evaluation and Policy Analysis* 11(3) 255–74.

Hawkins, Penny. 2005. "Thinking about Mixed Method Evaluation." International Program for Development Evaluation Training(IPDET) presentation, Ottawa, July.

IDRC(International Development Research Centre). 2008. *Qualitative Research for Tobacco Control, Module 6: Qualitative Data Analysis.* Ottawa, Canada. http://www.idrc.ca/en/ev-106563-201-1-DO_TOPIC.html.

Jaeger, R. M. 1990. *Statistics: A Spectator Sport.* 2nd ed. Thousand Oaks, CA: Sage Publications.

Krippendorf, Klaus. 2004. *Content Analysis: An Introduction to Its Methodology.* 2nd ed. Thousand Oaks, CA: Sage Publications.

Loughborough University Department of Social Sciences. 2007. *New Methods for the Analysis of Media Content. CAQDAS: A Primer.* Leicestershire, United Kingdom. http://www.lboro.ac.uk/research/mmethods/research/software/caqdas_primer.html#what.

Miles, Mathew. B., and A. Michael Huberman. 1994. *Qualitative Data Analysis an Expanded Sourcebook.* 2nd ed. Thousand Oaks, CA: Sage Publications.

Morse, Janice M., and Lyn Richards. 2002. "The Integrity of Qualitative Research." In *Read Me First for a User's Guide to Qualitative Methods,* ed. J. M. Morse and L. Richards, 25–46. Thousand Oaks, CA: Sage Publications.

Narayan, Deepa. 1996. "Toward Participatory Research." World Bank Technical Paper 307, Washington, DC. http://www-wds.worldbank.org/external/default/WDSContentServer/WDSP/IB/1996/04/01/000009265_3980625172923/Rendered/PDF/multi0page.pdf.

NCSTE(Chinese National Centre for Science and Technology Evaluation), and IOB(Policy and Operations Evaluation Department. 2006. *Country-Led Joint Evaluation of the ORET/MILIEV Programme in China.* Amsterdam: Aksant Academic Publishers.

Neuendorf, Kimberly A. 2006. *The Content Analysis Guidebook Online.* http://academic.

csuohio.edu/kneuendorf/content/index.htm.

O'Rourke, Thomas W. 2000a. "Data Analysis: The Art and Science of Coding and Entering Data." *American Journal of Health Studies* 16(3): 164-66. http://Findarticles.com /p/articles/mi_m0CTG/is_3_16/ai_72731731.

_____. 2000b. "Techniques for Screening and Cleaning Data for Analysis." *American Journal of Health Studies* 16: 217-19. http://Findarticles.com/p/articles/mi_m0 CTG/ is_4_ 16/ai_83076574.

P.A.N.D.A.(Practical Analysis of Nutritional Data). 2000. "Chapter 2: Data Cleaning." http://www.tulane.edu/~panda2/Analysis2/datclean/dataclean.htm.

Patton, Michael. Q. 2002. *Qualitative Research and Evaluation Methods.* 3rd ed. Thousand Oaks, CA: Sage Publications.

Porteous, Nancy. 2005. "A Blueprint for Public Health Management: The ToolKit's Approach to Program Evaluation." Presentation at the International Program for Development Evaluation Training, June-July 2005. Ottawa, Ontario.

Porteous, Nancy L., B. J. Sheldrick, and P. J. Stewart. 1997. *Program Evaluation Tool Kit: A Blueprint for Public Health Management.* Ottawa-Carleton Health Department, Ottawa. http://www.phac-aspc.gc.ca/php-psp/tookit.html.

Rahm, Erhard, and Hong Hai Do. 2000. "Data Cleaning: Problems and Current Approaches." University of Leipzig, Germany. http://homepages.inf.ed.ac.uk/ wenfei/tdd/reading/cleaning.pdf.

Rossman, G. B., and B. L. Wilson. 1994. "Numbers and Words Revisited: Being 'Shame-lessly Methodologically Eclectic.'" *Quality and Quantity* 28: 315-27.

Sieber, S. D. 1973. "The Integration of Fieldwork and Survey Methods." *American Journal of Sociology* 78(6):1335-59.

Smith, J. A. 1991. *The Idea Brokers: Think Tanks and the Rise of the New Policy Elite.* New York: Free Press.

StatSoft. 2008. *Electronic Textbook.* http://www.statsoft.com/textbook/glosp.html.

Stemler, Steve 2001. "An Overview of Content Analysis." *Practical Assessment, Research & Evaluation* 7(17). http://PAREonline.net/getvn.asp?v=7&n=17.

Swimmer, Gene. 2006. "Qualitative Data Analysis, Part I." *IPDET Handbook 2005.* International Program for Development Evaluation Training(IPDET) presentation, Ottawa, July.

University of the West of England. 2006. *Analysis of Textual Data.* Bristol. http://hsc. uwe.ac.uk/dataanalysis/qualTextData.asp.

U.S. GAO(General Accounting Office). 1996. *Content Analysis: A Methodology for Structuring and Analyzing Written Material.* GAO/PEMD-10.3.1. Washington, DC. (Available free of charge).

Washington State University. 2000. *A Field Guide to Experimental Designs: What Is an ANOVA?* Tree Fruit Research and Extension Center. Wenatchee, WA. http://www.tfrec.wsu.edu/ANOVA/basic.html.

Weber, Robert Philip 1990. *Basic Content Analysis.* 2nd ed. Thousand Oaks, CA: Sage Publications.

Weiss, Christopher, and Kristen Sosulski. 2003. *Quantitative Methods in Social Science: QMSS E-lessons.* Columbia Center for New Media Teaching and Learning, Columbia University, New York. http://www.columbia.edu/ccnmtl/projects/qmss/anova_about.html.

Wolcott, H. F. 1990. "On Seeking—and Rejecting—Validity in Qualitative Research." In *Qualitative Inquiry in Education: The Continuing Debate,* eds. E. W. Eisner and A. Peshkin, 121-52. New York: Teachers College Press.

웹사이트

온라인 교과서 및 자습서

CAQDAS(Computer-Assisted Qualitative Data Analysis Software). 2008. http://caqdas.soc.surrey.ac.uk/.

Lane, D. M. *Hyperstat Online Textbook.* http://davidmlane.com/hyperstat/index.html.

Statistics at Square One. http://bmj.bmjjournals.com/collections/statsbk/index.shtml.

Stat Primer. http://www2.sjsu.edu/faculty/gerstman/Stat Primer.

질적 데이터를 위한 컴퓨터 소프트웨어

AEA(American Evaluation Association). http://www.eval.org/Resources/QDA.htm.

AnSWR. http://www.cdc.gov/hiv/topics/surveillance/resources/software/answr/index.htm (developer site), http://www.cdc.gov/hiv/software/answr/ver3d.htm (free download site).

Atlas-ti. http://www.atlasti.com/.

CDC EZ-Text. http://www.cdc.gov/hiv/topics/surveillance/resources/software/ez-text/index.htm (developer site), http://www.cdc.gov/hiv/software/ez-text.htm (free trial download site).

Ethnograph. http://www.qualisresearch.com/default.htm.

Friese, Susanne. 2004. *Overview/Summary of Qualitative Software Programs.* http://www.quarc.de/software_overview_table.pdf.

Hyperqual. http://home.satx.rr.com/hyperqual/.

QSR Software. NVivo 8. http://www.qsrinternational.com/.

Qualpro. http://www.qualproinc.com/.

컴퓨터 소프트웨어

SPSS. http://www.spss.com.

OpenStat. Version 4. http://www.statpages.org/miller/openstat/.

Tutorial for SPSS v. 11.5. http://www.datastep.com/SPSSTraining.html/.

Getting Started with SPSS for Windows. http://www.indiana.edu/~statmath/stat/spss/win/.

WinPure. Data Cleaning Software. http://www.winpure.com.

데이터 분석의 예시

Carleton University. *Canadian Foreign Policy Journal.* http://www.carleton.ca/npsia/cfpj.

IISD(International Institute for Sustainable Development). http://www.iisd.org/measure/default.htm.

IMF(International Monetary Fund). http://www.imf.org/external/pubs/res/index.htm.

_____. http://www.imf.org/external/np/sta/index.htm.

North-South Institute. http://www.nsi-ins.ca/ensi/research/index.html.

OECD(Organisation for Economic Co-operation and Development). http://www.oecd.org/dac/.

UNDP(United Nations Development Programme). *Human Development Report 2002.* http://www.undp.org/hdr2002.

UNEP(United Nations Environmental Programme). http://www.grid.unep.ch.

UNESCO(United Nations Educational, Scientific, and Cultural Organization). http://www.uis.unesco.org/en/stats/stats0.htm.

UNHCR(United Nations High Commission for Refugees). http://www.unhcr.ch/cgi-bin/texis/vtx/home.

UNSD(United Nations Statistics Division). http://unstats.un.org/unsd/databases.htm.

USAID(U.S. Agency for International Development.) http://www.usaid.gov/educ_training/ged.html.

_____. http://www.dec.org/partners/eval.cfm.

U.S. Census Bureau. http://www.census.gov/ipc/www/idbnew.html.

WHO(World Health Organization). http://www.who.int/health-systemsperformance.

_____. Statistical Information System(WHOSIS). http://www.who.int/topics/statistics/en/.

World Bank. http://www.worldbank.org/data.

_____. *World Development Indicators 2005.* http://worldbank.org/data/wdi2005.

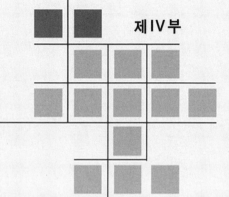

제Ⅳ부

새로운 과제에
대한 대응

"우리가 최선을 다할 때, 우리의 삶 또는 다른 이의 삶
에 어떤 기적이 일어날 수 있을지 절대 알지 못한다."
— 헬렌 켈러

11장 : 중재적 평가

중재적 평가

개발 프로그램이 점차 복잡해짐에 따라, 새로운 개발과 빈곤의 문제, 기대, 빈곤해결 패러다임에 대한 평가를 필요로 하는 개발기관과 주체가 점차 확대되고 있다. 이 장에서는 공동, 국가, 주제, 분야 및 국제 수준에서의 평가를 다룬다.

이 장은 다음과 같이 구성된다.
- 개발평가에 대한 거시적 관점
- 공동 평가
- 국별 프로그램 평가
- 분야별 프로그램 평가
- 주제별 평가
- 국제 및 지역 파트너십 프로그램 평가

1. 개발평가에 대한 거시적 관점

때때로 거시적 관점으로 평가를 시행해야 한다. 이를 통해 단일 프로젝트, 프로그램 또는 정책을 넘어서 관련 프로젝트, 프로그램 및 정책을 평가할 수 있다.

거시적 관점을 통해 보건, 교육, 교통과 같은 하나의 분야에서 이루어진 프로젝트의 전반적인 경험과 영향력을 모두 다룰 수 있다. 예를 들어, 어느 부처는 아동 또는 여성 복지 향상에 초점을 맞춘 프로그램의 영향력을 측정하고자 할 것이다. 공여기관은 그 부처의 교육 전략의 효과성을 점검하고자 할 것이다.

파리 선언과 아크라 행동계획에 따라, 개발차관은 분야 통합적 접근 (Sector-Wide Approach: SWAp)을 기반으로 하는 경우가 점차 확대되고 있다. 경제·정치·사회 등 복합적인 요소가 개발활동 및 평가에 영향을 미친다. 개발과 개발평가는 민간부문, 비영리 단체, 시민 사회와 같은 비정부 단체의 개입을 포함하여 더욱 다원적으로 이루어지고 있다.

개발 프로젝트 또는 프로그램은 평면적으로 진행되는 것이 아니다. '만약-그렇다면'이라는 추론을 바탕으로 기획하고 시행하지만, 경제·정치·기후·사회적 요소를 포함한 많은 요소가 상호 작용하여 결과에 영향을 미친다. 평가자는 이러한 요소를 밝혀내고 그 영향을 파악할 수 있도록 평가를 설계해야 한다.

평가가 복잡해질수록 다양한 요소의 상호 작용 역시 복잡해진다. 국제사회는 한 분야 혹은 국가 내에서 변화를 야기하는 누적 효과 또는 기후 변화와 같은 범분야적 이슈의 영향에 대해 파악하기 위해 노력하고 있다.

평가자는 이러한 복잡성을 감안하여 평가를 관리할 필요가 있다. 대상이 광범위해진다고 해서 평가가 더 복잡해지는 것은 아니다. 신흥 국가 또는 취약 국가의 평가 역량이 부족하다는 인식이 확산됨에 따라, 파리 선언과 아크라 행동계획은 다수 파트너가 함께하는 평가의 필요성을 강조했다.

개발은 정책 개혁, 역량 구축, 국제적 관심사에 대해 논의하며, 보다 포괄적인 주제를 아우르는 방향으로 진화되어왔다. 이에 따라 평가는 다음과 같이 확장되어왔다.

- 평가의 초점을 프로그램, 프로젝트 수준에서 국가, 분야, 주제, 지역, 국제 수준으로 재설정하고,
- 국제적 수준 또는 프로그램 전반의 성과를 판단하기 위해 국가 수준에서 결과를 취합할 수 있는 가장 좋은 방법을 결정하고,
- 프로그램 설계, 파트너십 접근, 거버넌스가 성과에 미칠 수 있는 영향력을 판단하는 방법을 발굴하고,
- 보다 상위 수준에서의 반복성과 적용 가능성을 도모했다(Heath, Grasso and Johnson, 2005).

국별 평가는 한 국가 안에서의 개발 프로젝트, 프로그램과 정책을 전반적으로 이해하고 전반적인 효과에 대해 파악할 수 있는 방법이다. 그러나 국별 평가를 어떻게 수행해야 하는지 항상 분명한 것은 아니다. 분야별 또는 주제별 평가 ―단일 국가 또는 여러 국가에 대한― 또한 큰 그림을 보여줄 수 있다. 인터뷰, 현지 조사, 설문조사, 포커스그룹 등을 포함하는 다양한 방법을 사용한다.

이 장에서는 다음과 같이 다섯 가지 종류의 거시적 관점 평가에 대해 살펴본다.

- 공동 평가
- 국별 프로그램 평가
- 분야별 프로그램 평가

- 주제별 평가
- 국제 및 지역 파트너십 프로그램 평가

2. 공동 평가

공동 평가(Joint evaluation)는 하나 이상의 기관이 참여하는 평가이다.

각 파트너가 평가과정에 협력하거나 평가재원을 분담하거나 평가보고서 작성에 참여하는 정도에 따라, 공동 평가의 형태는 다양하다. 공동 평가는 전략과 프로그램의 효과성, 다양한 파트너의 노력의 보완성, 원조 일치의 품질 등을 평가할 때 발생하는 귀인(attribution) 문제(관찰된 변화가 기타 내부 또는 외부의 영향이 아닌, 해당 프로젝트로 인한 것이라고 입증할 수 있는지의 문제)를 극복하는 데 일조할 수 있다(OECD, 2002: 26).

공동 평가는 1990년대 초기부터 수행되었으며, 2005년 파리 선언과 2008년 아크라 행동계획 이후 양적·질적으로 확대되어왔다. 그렇지만 그 개념이 여전히 취약하다. 파리 선언 이행현황 평가는 공동 평가가 증가하고 있으며, 또한 점차 질적으로 우수해지고 유용해지고 있다. 그럼에도 적절한 국가 차원의 데이터 시스템을 사용할 수 없는 경우가 많다. 공동 평가는 다음과 같은 구성으로 수행될 수 있다.

- 공여국＋공여국
- 공여국＋협력대상국
- 여러 공여국＋여러 협력대상국
- 협력대상국＋협력대상국(Chen and Slot, 2007)

브라이어(Breier, 2005)는 작업 형태를 기반으로 공동 평가를 2개 유형으로 분류한다. 전통적 공동 평가는 모든 관심 있는 파트너가 참여할 수 있으며, 동등한 조건에서 적극적으로 참여하고 기여한다. 가중(Qualified) 공동 평가는 EU와 같은 특정 그룹에 소속되어 있거나 평가 대상 이슈에 대해 강력한 이해관계를 갖고 있는 등 일정한 조건을 갖춘 파트너만이 참여할 수 있다.

공동 평가 계획이 평가의 성공 여부를 좌우한다. 브라이어에 따르면,

최근 수행된 공동 평가에서 도출할 수 있는 공통적인 교훈 중 하나는 평가의 목적, 목표, 초점과 범위에 대해 공통적인 이해의 틀을 구축하고 이에 대해 동의할 수 있도록 평가의 초기 단계에서 충분한 시간이 필요하다는 것이다. 충분한 시간과 인내심이 허락되지 않는다면, 기존의 많은 평가와 마찬가지로, 평가의 진행 과정에서 어려움을 겪을 가능성이 매우 높다(Breier, 2005: 40).

비교적 소수의 기관만이 공동 평가에 관여한다면, 관리 구조는 단순하다.

- 평가자는 정기적으로 회의를 하고 모든 의사 결정사항을 공유하도록 할 수 있다.
- 평가자는 모든 기관이 동등하게 평가를 관리하지만, 하나 혹은 그 이상의 기관이 리더 역할을 하도록 정할 수 있다.
- 평가자는 하나의 기관에 관리 책임을 위임하고, 다른 기관이 주요 산출물을 점검하도록 할 수 있다(OECD, 2006).

큰 규모의 공동 평가에서 가장 일반적인 관리 구조는

① 많은 회원국으로 구성된 운영위원회와 ② 실질적인 평가 업무를 진행하는 소수의 회원이 포함된 관리 그룹으로 구성된 이중 체계이다. 이러한 구조 내에서 어떤 기관이 소극적 참여자의 역할을 할 것인지, 운영위원회가 의사결정과정에 어느 정

도 관여해야 하는지, 얼마나 많은 파트너가 관리구조에 속하며 어떤 책임을 맡는지 등은 상황에 따라 결정할 수 있다(OECD, 2006 : 20).

혹은 유동적이거나 분산화된 접근을 할 수도 있다. 일종의 퍼즐과 같은 방식으로 각 기관은 전체 평가의 개별 요소를 관리할 수도 있다. 또한 평가 중 일부는 공동으로 수행하고 다른 부분은 특정 파트너가 수행하는 방식의 혼합적인 접근법을 취하는 것도 가능하다(OECD, 2006).

분산화된 구조와 중앙집중적 구조 모두 장단점이 있다. 이슈에 따라 평가를 분산하여 관리하는 것은 책임을 쉽게 위임하거나 나눌 수 있기 때문에 보다 효율적으로 평가를 관리할 수 있다. 그렇지만 분산화된 구조로 인해 같은 노력을 여러 번 하게 되거나 중요 이슈를 놓칠 수도 있다. 중앙집중적 관리구조에서는 개별 파트너가 평가 단계마다 의견을 내고 영향력을 발휘할 수 있지만, 분산화된 구조에서 볼 수 있는 주인의식과 열정이 부족할 수 있다. 이러한 각 구조의 장단점을 고려하여 어떤 구조가 평가와 가장 잘 부합하는지 결정할 필요가 있다.

DAC은 평가 파트너들이 다음의 사항에 대해 반드시 합의해야 한다고 권고한다.

- 평가 관리를 위한 기본 규칙
- 평가 직무기술서(terms of reference: TOR)
- 데이터 수집 및 분석 기술
- 평가팀 선정 방식(입찰과 계약)
- 예산, 비용 산출, 재원
- 보고서 배포 등을 포함한 평가 결과 보고(OECD, 2006)

브라이어(Brier, 2005)는 공동 평가와 관련된 법적 이슈에 대한 대응 방안을

표 11.1 **외부 평가팀 선정, 구성, 관리 및 결과 보고**

이슈	규칙
외부 평가팀 선정	• 대규모의 복잡한 개발협력 평가에 전문성을 가지고 있는지 확인한다. • 조직을 단순하게 구성하고, 가능하다면 이전에 함께 일했던 팀과 같이 일한다. • 국가별 자문위원을 국제 경쟁 입찰 과정, 평가방법 채택 및 설계에도 참여하도록 한다. • 다양한 국가를 연구할 때는 지리적 또는 제도적으로 특화된 개별 조직보다 컨소시엄 형태로 다양한 기관의 자원을 결합해 구성하도록 한다.
외부 평가팀 관리	• 외부 평가기관의 이사회 등 상위 수준에서 평가활동에 책임감과 리더십을 발휘할 수 있도록 한다. • 측정 및 보고에 대한 공통의 접근법을 개발하기 위해 평가팀 워크숍을 개최한다. • 가능한 경우, 전체 평가 운영위원회에 보고하는 관리그룹을 조직한다. • 운영위원회의 회의에 충분한 시간을 할애해 구체적인 논의를 하고 공동 입장에 대한 이해를 높인다. • 공개적이고 투명하게 평가를 수행하고, 수집한 증거를 결과와 결론 및 제언에 직접적으로 연결한다. • 추가 자원에 대한 협상이 필요한 경우, 평가팀과 관리그룹은 본래 계약으로 인한 업무분장과 새로운 이슈 또는 예측 불가능한 상황으로 발생한 업무에 대해 먼저 합의해야 한다. 이를 통해 평가팀이 새로운 과업에 대한 비용과 시간을 고려한 구체적인 계획을 수립하도록 할 수 있다.
외부 관리팀 구성	• 평가 컨소시엄을 주도하는 기관이 평가 활동에 대한 책임감과 관련 참여 실적을 가지고 있어야 한다. • 평가 기간 동안 다양한 이해관계자가 강력하고 긍정적인 지향점을 유지하도록 한다. • 운영위원회의 구성원을 대하는 외부 평가팀이 기관에 대한 편견을 갖지 않도록 한다. • 예산의 상당 부분을 평가 결과 배포 및 후속 조치에 투자한다.
외부 관리팀의 결과 보고	• 보고서 초안 발표 전 미리 결과를 제시한다. • 평가자는 평가를 통해 발견한 사항과 결론에 대해 객관적인 책임감을 가져야 하고, 평가자와 운영위원회는 개선할 수 있는 사항에 대해 유연하고 개방적인 태도로 초안에 대해 논의해야 한다.

소개한다. 다음과 같은 내용이 포함된다.

- 다양한 파트너의 계약상 필요조건
- 그룹을 대신하여 주도권을 행사하는 기관의 법적 시스템, 요구조건, 관행 등을 반영하는 합의된 절차
- 총액확정계약(Lump-sum agreements) vs. (성과가 저조한 경우) 계약해지 조항

이 포함된 협상에 의한 계약

- 자금관리현황을 보고하는 진행보고서 제출 규정

공식적인 관리 구조 및 기본 규칙이 정립되면, 공동 평가의 대표부는 운영 및 관리 문제에 주의를 돌린다. 프리먼(Freeman, 2007)은 외부 평가팀을 구성·관리하기 위한 16가지 규칙에 대해 기술했다(표 11.1).

DAC의 공동 평가 업무관리 가이드라인(Guidance for managing joint evaluations) 역시 유용한 참고자료이다(이 가이드라인의 웹사이트 링크는 이 장 마지막 부분에 있다).

3. 국별 프로그램 평가

거시적 관점은 종종 국가 원조 전체에 초점을 맞추기도 한다. **국별 프로그램 평가**(Country program evaluation, 때때로 국별 원조 평가 또는 국별 프로그램 평가라고 부른다)는 한 국가에 대한 원조 프로그램 전반을 평가한다.

국별 프로그램 평가는 대개 실행된 것과 계획된 것을 비교하는 규범적 연구로서, 다음과 같은 목적으로 이루어진다.

- 해당 국가의 수요와 비교해 국별 원조 프로그램의 전략적 적절성 평가
- 의도한 성과를 달성했는지 여부를 결정하기 위해 기관 차원의 성과 달성을 확인
- 다양한 분야 또는 해당 국가에서 사용된 다양한 접근법의 성공과 실패 확인 및 성과에 기여한 요소 파악
- 대상 국가에 대한 공여국 원조의 효과성 확인(OECD, 1999)

국별 원조 평가는 대개 DAC의 평가 기준인 적절성, 효율성, 영향력 및 지

속가능성에 초점을 맞춘다. 이를 통해 공여국과 수원국 수행성과 또는 두 가지 모두를 확인할 수 있다(박스 11.1).

국별 프로그램 평가는 다음과 같은 어려움에 직면할 수도 있다.

- 전반적인 국가 원조에서 일관된 목표와 조율된 결과는 없고, 대신 기회주의적 접근법을 반영하고 있을 가능성이 있다.
- 유사 개발 프로그램은 여러 기관에서 자금을 지원받을 수 있기 때문에, 각 기관의 지원 성과를 판단하기 어렵다.
- 국가 원조에 대한 지도가 제작되는 경우는 거의 없어서, 해당 지역 내에서 다른 기관이 무슨 프로그램을 하는지 파악하기 어렵다.
- 어느 평가에서나 평판의 문제와 그 결과에 대한 두려움이 있어 프로그램과 파트너 직원의 사기와 책임감을 위협할 수 있음. 다른 평가와 마찬가지로 국별 프로그램 평가는 세심하게 추진해야 한다(OECD, 1999: 18).

DAC 평가 네트워크(Evalnet)는 다음과 같이 제언한다.

- 평가의 점차 상당 부분을 수원국/협력대상국과 다른 파트너가 전면적이고 적극적으로 참여하는 가운데 공동으로 수행한다.
- 개도국이 평가의 계획, 조정, 일정 관리를 주도한다.
- 수원국이 공동 평가를 시작하고 주도하기 위한 제도적인 역량을 구축할 수 있도록 지원이 필요하다.
- 수원국 내 다양한 파트너 사이에 협조와 지식의 공유 활성화가 필요하다. 국가 차원에서의 모니터링과 평가 네트워크 및 전문가 협회가 구축되고 확장되어야 한다.
- 일부 수원국이 참여하는 대규모 공동 평가에서 수원국은 그들의 견해와 투입을 조율하기 위해서 적극적으로 논의한다.

1995년 이래 세계은행 독립평가그룹(Independent Evaluation Group)은 70개 이상의 국별
프로그램 평가를 수행해오며 방법론을 발전시켰다(World Bank, 2008). 세계은행 독립평가그
룹의 평가방법론은 상향식 및 하향식 접근법이다. 국별 원조 평가(Country Assistance
Evaluation)에서는 각 주요 목표에 대해 다음의 내용을 평가한다.

- 목표 달성을 위한 세계은행 전략의 적절성
- 전략 집행의 효율성
- 달성된 성과

평가는 두 가지 단계로 수행된다. 첫째는 세계은행의 프로그램이 목표 또는 계획된 성과를 달
성했는지 여부와 대상 국가의 개발에 실질적으로 영향을 주었는지 여부에 대한 하향식 검토이
다. 두 번째는 그 목표를 달성하기 위해 사용된 세계은행의 생산물과 서비스(차관, 분석, 자문,
원조 조화)에 대한 상향식 검토이다. 이 두 가지 단계를 통해 생산물과 서비스의 일관성과 개
발에 미치는 파급효과를 평가한다. 그리고 세계은행, 다른 공여국, 정부, 외생적 요인의 상대
적 기여도에 대한 평가가 이루어진다.

독립평가그룹이 원조 프로그램의 영향력을 평가할 때, 주요 전략적 목표의 적절성과 달성 정
도를 측정한다. 프로그램의 목표로는 대개 MDGs 및 빈곤감소와 같은 상위의 목표를 제시한
다. 국가지원전략(Country Assistance Strategy: CAS) 또한 사회복지 향상 또는 통합적 농촌
개발 촉진과 같은 중기 목표를 설정하고, 상위의 목표를 달성하기 위해 해당 프로그램이 어떻
게 기여할 것인지 명시한다.

평가를 통해 중기 목표가 만족할 만한 편익을 가져왔는지, CAS 내 명시된 결과사슬이 타당한
지 여부를 검토한다. 인과관계가 구체화되지 않은 경우, 평가자는 반드시 증거를 기반으로 하
여 인과사슬을 재구성해야 한다. 평가자는 또한 적절성, 효율성, 중기목표와 상위목표의 결과
를 평가해야 한다.

평가자는 또한 해당 국가가 국제개발의 우선순위를 어느 정도로 반영했는지 평가한다. 중요
우선순위로는 MDGs, 인권보장, 민주화, 젠더 및 환경 등이 포함된다. 이상적으로는 이러한
이슈를 CAS에서 충분히 다루고, 평가는 적용된 접근법이 적절한지 여부에 집중하는 것이
좋다. CAS는 특정 갈등을 감추거나 혹은 개발의 주요 제약요소를 다루는 것을 피했을 수도 있
으며, 이는 프로그램의 적절성이나 수원국의 주인의식을 약화시킬 수 있다. 이러한 모든 요소
를 파악해 프로그램의 결과를 판단해야 한다. 중요한 점은 세계은행의 프로그램이 잘 수행되
었다 하더라도 해당 국가가 역할을 잘 수행하지 않았다면, 해당 프로그램이 우수하지 않다고
판단될 수 있다는 것이다.

다자개발은행의 평가협력그룹(Evaluation Cooperation Group)은 최근 국별 평가에 대한 실행 표준(practice standards)을 발간했다. 실행 표준은 평가 기준, 과정 및 절차가 조화를 이루고 평가 결과를 비교 가능한 형태로 제시한다. 이 표준의 2003년 버전의 웹사이트 링크는 이 장 마지막 부분에서 확인할 수 있다(Evaluation Cooperation Group, 2008).

국별 프로그램 평가는 반드시 대상국가와 개발 기관에 의해 공동으로 작성된 평가 직무기술서(TOR)로 시작해야 한다. 평가 직무기술서에 대상 시기를 포함하여 다음과 같은 내용을 명시해야 한다.

- 평가 목적, 평가 기준 및 발견사항이 사용될 방안을 명확하게 언급
- 국가 프로그램에 대한 기관의 우선순위(예를 들어 빈곤 감소, 농작물 생산량 증가 등)를 명시
- 보고, 배포 및 후속 절차를 명시. 발견사항을 완전히 공개하는 것이 이상적임

해당 프로그램을 시행하지 않았을 경우의 결과(Counterfactual)를 파악하는 것이 어렵기 때문에, 국가 프로그램 평가에서는 벤치마킹이 중요하다. 대개 같은 지역 비슷한 국가 간에 비교를 하는데, 국별 프로그램 평가가 공개되면 공개될수록 더욱더 많은 기관 간 비교가 가능해진다. GPS에서 지적한 것과 같이 국별 평가가 점차 복잡해지고 있다. 파리 선언과 아크라 행동계획에 따라 다수의 파트너가 참여하고, 또한 모든 종류의 해외 원조를 아우르는 국별 원조 평가의 중요성이 높아지며, 이로 인해 평가의 어려움이 상당히 커지고 있다.

4. 분야별 프로그램 평가

분야별 프로그램 평가(Sector program evaluation)는 교육, 보건, 주택, 교통과 같은 주요 분야별 프로그램에 대한 평가이다. 국제이주기구(International Organization for Migration: IOM) 평가 가이드라인은 분야별 평가를 "한 국가 내에서 또는 국가 간에서의 동일한 분야의 다양한 원조 행위에 대한 평가"라고 정의하며, "분야는 보건, 산업, 교육, 교통 또는 농업과 같은 특정 활동 영역을 포괄한다"(IOM, 2006: 30).

분야별 프로그램 평가는 다양한 목표를 갖고 다양한 공여국이 연관되어 있는 많은 프로젝트를 관찰하는 것이기 때문에, 프로젝트 평가보다 더욱 복잡하다. 국별 프로그램 평가만큼(여러 국가에 걸쳐 수행되었다면 그 이상으로) 복잡할 수 있다. 국별 프로그램 평가와 더불어 분야별 평가는 일반적으로 규범적이다.

세계은행 독립평가그룹에서 수행한 국별 프로그램 평가와 분야별 프로그램 평가를 비교하는 것이 유용하다. 국별 평가에서 독립평가그룹은 보통 일정 기간 동안 그 국가를 대상으로 수행된 세계은행 프로젝트 전체를 검토하고, 분야별 평가에서는 선별된 국가를 대상으로 일정 기간 동안 수행된 모든 해당 분야 프로젝트에 대해 검토한다.

분야별 검토의 경우, 독립평가그룹은 종종 프로그램을 정의하는 데 어려움을 겪는다. 예를 들어 만약 어떤 프로젝트가 여러 분야와 모두 연관되어 있다면, 해당 분야가 주요 분야로 분류되는 프로젝트만 포함시킬 것인가? 아니면 해당 분야가 제2의, 제3의 분야로 분류되는 프로젝트도 포함시킬 것인가? 만약 독립평가그룹이 보다 광범위하게 평가 대상을 정한다면 해당 분야에 투입된 자원의 비율로 성과를 측정할 것인가? 이와 같이 국별 평가와 분야별 평가 두 가지 모두 프로젝트 전체에 대한 검토를 포함하고 있으나 분야별 평가에서의 문제가 더 복잡하다.

평가계획 및 방법에 대해서도 비슷한 문제가 제기될 수 있다. 세계은행과

1990년 탄자니아 보건 분야는 정체기였다. 지역 보건 서비스는 기반시설 악화, 방만 경영, 관리감독 부실 및 의료진 의욕 저하뿐 아니라 필수 약품, 장비 및 의료품의 심각한 부족 등의 문제를 겪고 있었다. 병원 진료의 품질 역시 악화되었다. 공공분야, 종교 단체, 민간 서비스 제공기관 간의 보건 분야 내 협력은 미진했다. 공공보건 분야 예산이 1인당 3.46달러에 지나지 않을 정도로 보건 서비스는 심각한 부족 상태였다. 공여기관 간의 원조조율 노력 또한 부족했다. 탄자니아 정부와 공여기관(벨기에, 캐나다, 덴마크, 독일, 네덜란드, 스위스)은 탄자니아 정부가 주도하는 5개년 공동 계획 프로그램으로 이 난관을 극복하고자 했다. 이에 따라 1999년까지 첫 번째 보건 분야 전략을 수립하고 보건 분야에 대한 지원을 분야통합적 접근(SWAp) 프레임워크 안에서 시행한다는 합의를 도출했다. 이후 2차 보건 분야 전략(Health Sector Strategic Plan 2: HSSP2)은 MDGs와 성장 및 빈곤감소 국가전략 달성을 목표로 보건 분야 개혁 절차를 제시했다.

1차, 2차 보건 분야 전략은 다음과 같이 중점과제를 선정했다.

- 지방 보건 서비스 강화 및 지역·국가 위탁 병원 개혁과 강화
- 중앙부처인 보건사회복지부의 역할을 정책기구로 변환
- 중앙 지원 시스템 개선(기반시설, 보건 관리 정보 시스템, 의약품 공급, 운송 및 통신정보 기술 포함)
- 2차 전략의 한 부분으로 HIV/AIDS 퇴치를 위한 국가 전략 채택 및 시행
- 정부 및 개발 파트너 관계 개선으로 더욱 효과적인 파트너십을 통한 탄자니아 내·외부 자원의 조화 및 일치

평가는 다음 4개 영역에 초점을 두고 진행되었다.

- MDGs 및 국가개발전략의 보건 분야 목표 달성을 위한 전략 및 실행 계획의 적절성 및 외부 지원의 적절성 및 적합성
- 보건 분야 개혁 과정 9개 중점과제의 진행 상황 및 성과 달성 정도
- 접근성, 서비스 수준 및 보건 분야 성과 개선
- 원조조화와 일치를 위한 노력 및 다양한 유형의 원조를 활용한 파트너십의 변화

2006년 12월부터 2007년 9월까지 3인의 우간다와 말라위 인력을 포함한, 8인의 국제보건평가 평가팀에 의해 평가가 실시되었다. 다음과 같은 방법을 활용했다.

- 광범위한 문헌연구
- 주요 정보원 인터뷰
- 보건사회복지부 직원에 의해 수행된 탄자니아 16개 지역 대상 자체 평가
- 6개 지역(마을 주민과의 논의 포함) 심층 사례 연구
- 국가, 지역, 위원회 수준의 보건 분야 자금 및 자원 흐름에 대한 분석

다른 개발은행, 공여국의 국별 평가방법은 점차 표준화되고 있는데, 분야별 평가는 특정한 평가질문 및 연구 자료에 따라 그 계획 및 방법이 결정되기 때문에 더욱 독자성을 갖추게 된다. 분야별 평가는 대부분 국가 사례 연구를 포함하지만 이는 필수 구성요소는 아니다. 사례 연구를 사용할 때는 사례 선정 및 방법이 매우 중요하다.

주인의식과 상호 책임성은 분야별 프로그램 평가에서 주요한 문제이다 (Danish Ministry of Foreign Affairs, 1999). 개발 기관과 파트너 기관 양측은 해당 분야에서의 원조 이행, 책임성 및 지속가능성을 향상시키는 데 관심이 있다. 탄자니아 보건 분야 공동 평가사례가 이러한 관심사를 잘 보여주고 있다 (박스 11.2).

5. 주제별 평가

주제별 평가(Thematic evaluation)는 '다수의 개발활동 중 특정 측면 또는 주제'를 다룬다(Danish Ministry of Foreign Affairs, 1999: 30). 예를 들어 모든 프로젝트 또는 프로그램이 젠더, 환경적·사회적 지속가능성 또는 빈곤 완화와 같은 특정 이슈의 해결을 목표로 할 수 있으며, 프로젝트나 프로그램의 모든 단계에서 반드시 각 이슈를 다루어야 한다.

국별 평가, 분야별 평가와 더불어, 주제별 평가 역시 상향식 접근법과 하향식 접근법이 있다. 개별 프로젝트를 대상으로 실시한 주제별 평가는 많은 정

국제노동기구(International Labour Organization: ILO)는 도시빈민 생활조건 향상 및 도시 환경 개선을 위해 활동하는 기관인 WASTE에 폐기물 수거 아동에 대한 주제별 평가를 위임했다. 이 평가의 목적은 폐기물 수거 아동의 노동 착취 문제에 대한 해결책을 제시하는 것이었다. 이 평가를 통해 폐기물 수거 관련 아동 노동 문제를 해결하기 위한 다양한 접근방법을 비판적으로 평가했다. 국제아동노동근절 프로그램(International Programme on the Elimination of Child Labour) 및 다른 기관, 기구, 정부가 수행한 여러 프로젝트를 통해 많은 정보를 찾아냈다. 평가 결과, ILO가 활용할 수 있는 제언이 도출되었다("폐기물 수거 아동의 노동착취 해결: 아동 노동에 대한 주제별 어젠다(Addressing the Exploitation of Children in Scavenging (Waste Picking): A Thematic Action Agenda on Child Labour)" 평가는 ILO 웹사이트에서 다운받을 수 있다.)

이집트, 인도, 루마니아, 탄자니아 및 태국에 주재 중인 WASTE 현지 연구원은 추가 평가보고서를 작성했다. 예를 들어 탄자니아에서 작성한 보고서에는 관련 문서, 프로젝트 관리자와의 인터뷰, 다른 이해관계자 인터뷰, 다르에살람 쓰레기 집하장 두 곳과 주요 쓰레기 처리장에 대한 방문 조사, 폐기물 수거 노동자 및 폐기물 수거 노동자 협회 대표와의 인터뷰 등이 포함되었다.

자료: Duursma(2004), WASTE(2005).

보를 제공한다. 또한 주제별 평가는 프로젝트보다 상위 수준에서 실시되기도 한다. 이러한 경우 심층 연구(사례 연구)를 위해 대상 국가를 선정하게 된다. 주제별 평가는 다양한 종류의 정보를 살펴보고 종합적인 정보를 추출한다(박스 11.3).

쓰레기 더미를 뒤지는 아동에 대한 주제별 평가의 주요 발견사항 중 하나는 젠더의 역할이었다. 해당 아동 중 대부분은 여자 아이였고, 성인 중 거의 대다수가 여성이었다. 이 연구는 세심하게 젠더 관련 이슈를 다룬 것으로 유명하다.

성 인지 접근법(Gender-responsive approach)의 특징은 다음과 같다.

• 개발의 젠더 관련 특성 및 경제·사회 개발에서 성 평등의 영향을 인지하는 개념

적 프레임워크

- 국가, 분야 또는 지역 수준에서 성별 분리 데이터를 종합하고 프로젝트 설계 및 주제별 평가에서 제시되는 주요 젠더 이슈를 확인하기 위한 젠더 데이터베이스 구축

종종 성별 분리 데이터(Gender-disaggregated data)가 부족하다는 이유로 성 인지 접근법을 적극적으로 활용하지 않는 경우가 많다. 성별 분리 데이터를 분석하지 않았다면, 향후 젠더 관점에서의 분석을 위해 적절한 데이터베이스를 개발하기 위한 전략을 수립하는 것이 중요하다. 해당 전략은 아래의 내용을 포함한다.

- 데이터 수집 시 여성과 남성 모두에 대해 정보를 수집하고(노동의 성별 분화, 시간 사용 분석, 자원 관리, 가정 및 공동체 수준에서의 의사결정과 같은) 주요 젠더 이슈를 조사 설계 단계부터 고려한다.
- 다양한 가구 구성원으로부터 정보를 수집해야 하며, 대개 남성인 '가장'에게만 의존해 정보를 수집하지 않도록 한다.
- 가능한 경우, 젠더 통합적 방법을 사용해 전통적 데이터 수집 방법을 보완한다.
- 연구팀 구성원은 남녀 간 균형을 맞출 수 있도록 한다.
- 평가의 설계, 분석 및 결과 배포 기간 동안 이해관계자들과 협의해야 하며, 협의 시 남녀 모두를 대표하는 그룹을 포함해야 한다(World Bank, 2007e).

개발 계획과 평가는 종종 '젠더 중립적(Gender neutral)' 접근을 취하는데, 이는 남성과 여성이 동일한 개발 수요를 지니고 있다고 가정한다. 대부분의 사회에서 남성이 공동체와 가정 내 의사결정의 권한을 지니는 경향이 있기 때문에, '젠더 중립적' 접근은 대개 남성의 우선순위를 반영한다. 여성의 수요와 역량을 무시하게 되면, 정책과 프로그램의 효율성과 형평성을 심각하게 저해한다. 개발 계획 및 평가 시, 성 인지적 접근을 충분히 적용하지 않는 경

우가 많기 때문에, 공동체 내 협의 혹은 가구별 설문조사가 공동체 안의 모든 의견을 확인하기 위한 목적으로 이루어질 때에도 여성의 관심사는 반영되지 않는 경우가 종종 있다.

6. 국제 및 지역 파트너십 프로그램 평가

국제 및 지역 파트너십 프로그램(GRPPs)[*]은 긴급한 국제적 혹은 지역적 문제를 해결하기 위해 그 중요성이 점차 커지고 있는 개발 원조 형태이다. 대부분의 GRPPs는 농업, 환경, 보건, 재원 또는 국제 무역과 같은 하나의 분야나 주제에 특화되어 있다.

GRPPs는 체계적 파트너십 프로그램으로 다음과 같은 특징이 있다.

- 합의된 목표를 달성하기 위해 다수의 파트너가(자금, 기술, 인력 및 평판 등의) 자원을 공동으로 부담
- 프로그램 활동은 국제, 지역 또는 여러 국가에서 시행
- 다양한 파트너가 관리 구조 및 운영 조직이 갖추어진 새로운 조직을 구성(World Bank, 2007f).

새로운 GRPPs는 대개 국제적 혹은 지역적 차원에서 공동의 대응을 필요로 하는 문제나 기회가 있을 때 구성된다. 그 주체는 공여기관이나 수원기관일수도 있으며, 공공기관이거나 민간기관일 수도 있다.

메콩 강이나 나일 강 유역 수자원 관리를 예로 생각해보자. 강 유역 관리

---

[*] 국제 및 지역 파트너십 프로그램(Global and regional partnership program): 국제적·지역적 또는 여러 국가 간에 합의한 목표를 달성하기 위해, 여러 파트너들이 자원을 공동으로 제공하는 체계적 파트너십 프로그램.

에는 여러 국가가(메콩 강 유역은 6개국, 나일 강 유역은 19개국) 관련되어 있기 때문에 단일 국가 차원에서 문제를 해결할 수 없다. 게다가 국제 혹은 지역적 수준의 집단행동으로 상당한 경제적 성과를 달성할 수 있다(예를 들어 여러 국가의 개발과 관련된 신기술 또는 우수사례의 도출).

GRPPs는 종종 글로벌 공공재의 생산 또는 보존(예를 들어 종자 기술 개선 혹은 생물 다양성을 증가시키는 연구)이나 공동의 문제 해결(예를 들어 HIV/AIDS 나 환경오염)에 중점을 둔다. 글로벌 공공재는 비경합적(한 사람 또는 한 국가에 대한 공급이 다른 사람 또는 다른 국가로의 공급을 감소시키지 않음)이고 비폐쇄적(일단 한 사람 또는 한 국가에 제공되면, 모두가 혜택을 받음)이며, 수혜 범위가 국경을 넘어 확장된다.

GRPPs에 참여하는 다양한 파트너는 대개 관점과 동기가 서로 다르다. 하나의 공식적인 관리구조가 수립되면 공식 목표, 멤버십 또는 참여에 대한 기준, 의사결정 절차 및 때로는 분배 기준이 수립된다.

약 150여 개의 GRPPs가 설립되었으며, 분담금 수준은 연간 몇 백만 달러에서 많게는 10억 달러 이상에 이른다. 지식 공유 및 네트워킹에 한정해 활동하는 경우도 있고, 혹은 기술 지원, 투자 및 시장/무역 활동을 펼치는 경우도 있다. 국제농업연구협의체(Consultative Group for International Agricultural Research), 서아프리카 HIV/AIDS 및 운송 프로그램(West Africa HIV/AIDS and Transport Program), 지구촌 물 파트너십(Global Water Partnership), 무역을 위한 통합 프레임워크(Integrated Framework for Trade) 및 말라리아 퇴치(Medicines for Malaria Venture: MMV) 등이 그 예이다.

다음과 같은 특징으로 인해 GRPPs에 대한 평가가 복잡해진다.

- GRPP의 파트너십 프로그램 특성은 평가에 두 가지 영향을 미친다. 첫째, 다양한 파트너의 서로 다른 관점을 고려해야 한다. 둘째, 우수사례를 도출하는 기준 및 (긍정적이든, 부정적이든) 프로그램의 성과 달성에 기여하는 관리구조 자체의 효

과성 또한 평가해야 한다.

- 프로젝트와 달리 GRPPs는 목표 달성을 위한 기한을 한정하지 않는다. 목표와 전략은 종종 재원의 증가(또는 감소), 공여국 또는 파트너십 구성의 변화, 혹은 외부 조건의 변화와 함께 변화한다.
- (지역적·국가적 및 국제적으로) 서로 다른 수준에서 비용이 발생하고, 수혜효과가 축적된다. 효과성에 대해 평가할 때는 다양한 차원의 기여도와 독립성을 고려할 필요가 있다.
- GRPPs가 글로벌 및 지역적인 공공재를 제공할 수 있다는 것은 국가 및 국제라는 각각의 수준에서 밝혀낼 수 있는 비용과 혜택 간 차이가 있음을 의미한다. 이는 비용 - 효과성 평가를 복잡하게 하고, 국제 - 국가 협력 및 연결 관계에 대한 효과성 평가가 필요하다.
- 프로그램 특성상 일정조정이 가능하고 보다 장기적이기 때문에, 평가자는 복잡한 중기 전략 목표 달성을 위한 진척상황을 고려한다. 이러한 전략적 목표에는 프로그램 규모 확대를 목표로 하는 자원 동원, 지역적 시행자로의 권한 이양, 주무 기관으로부터의 독립, 종료 또는 출구전략, 또는 새로 부상하는 국제 프로그램과 협업의 패턴 변화 등이 있다.

세계은행그룹의 GRPPs 참여가 확대되고 있고 국제적으로 지속가능한 개발을 위해 그 중요성이 점점 커지고 있다는 점을 감안하여, 2006년 독립평가그룹은 GRPPs 성과를 검토하고 개선하기 위해 새로운 활동을 시작했다. 첫째, OECD DAC 평가 네트워크의 요청에 부응하여, 독립평가그룹은 GRPPs를 평가하기 위한 합의된 원칙과 기준 개발을 주도했다. 이 작업의 첫 번째 성과는 「GRPPs 평가를 위한 자료집(Sourcebook for Evaluating Global and Regional Partnership Programs)」(World Bank, 2007f)이다. 보다 상세한 가이드라인과 사례를 포함하는 보고서를 출판하기 위한 연구 작업이 진행 중이다.

둘째, IEG는 세계은행의 수행성과 측정을 위해 세계은행과 연관된 GRPPs

의 독립적 평가(Independent evaluation)를 시작했다. 검토 보고서 중 7개는 공개되었으며, 교훈이 도출되고 있다.

말라리아 퇴치(MMV)에 대한 평가 및 프로그램 검토보고서가 그 예이다. 1999년 설립된 MMV는 민관 파트너십(Public-private partnerships)을 통해 적정 비용의 새로운 말라리아 예방 약품을 개발 및 보급함으로써 말라리아 부담을 경감시키기 위해 노력하고 있으며, 2006년까지 누적된 기여금은 1억 5,100만 달러에 달한다. 스위스 법에 근거하여 독립적 비영리 기구로 설립된 이 프로그램 사무국은 제네바에 위치하며, 뉴델리에 지사가 있다. MMV 이사회는 산업계, 학계, WHO 및 (MMV 자금의 60%를 제공하는) 빌 & 멜린다 게이츠 재단(Bill & Melinda Gates Foundation) 등에서 선별된 11명으로 구성된다.

MMV의 공여기관은 2005년 외부 평가를 의뢰했다. 이 평가의 평가팀은 아프리카의 저명한 공중보건 교수가 리더를 맡았고, 4인으로 구성되었다.

평가팀과 합의된 평가 직무기술서(TOR)에서는 표준적인 평가 기준을 적용해 GRPP 관련 사항과 MMV 자금 지원을 통한 활동의 특성을 살펴보도록 하고 있다. 다음 논의를 통해 GRPP 평가에 그 기준이 어떻게 적용되었는지를 살펴볼 수 있다.

▶ **적절성**(Relevance) ｜ 이 평가를 통해 프로그램 목표의 적절성과 관련한 이러한 질문이 제기되었다. '해결 중인 문제 및 프로그램의 필요성에 대한 국제적인 합의가 이루어졌는가?' 이 평가는 글로벌 공공재인 전염병 확산 방지라는 MDGs 달성 관련 프로그램의 적절성을 강조했다. 또한 보완의 원칙(Subsidiarity principle)을 적절성 평가에 적용해, 프로그램이 해당 국가 또는 지역 수준에서 제공할 수 없는 서비스를 제공하는지 검토했다. 이 평가는 프로그램이 글로벌 공공재를 제공하고 있기 때문에 보완의 원칙에 부합한다는 결론을 내렸다.

이 평가는(말라리아 퇴치를 위한 다른 프로그램과 순수 민간 의약품 개발 프로그램 등을 모두 감안하여) 다른 보급처와 서비스와 관련된 MMV의 부가가치를 고려했다. 또한 수혜자의 수요를 고려했을 때 프로그램 목표가 적절하게 수립되었는지 살펴보았다. 이 프로그램은 의약품 개발뿐 아니라 보급 및 접근성 문제까지 다루었기 때문에 그 목표와 목적이 적절히 수립되었다고 본다.

이 평가를 통해 또한 다음과 같은 질문이 제기되었다. '프로그램 전략과 설계가 적절한가?' '프로그램의 선정이 적절하고 적합했는가?' '프로그램의 지리적 범위와 수혜 범위는 어디까지인가?' '민관 파트너십은 어떻게 활용되었는가?' '프로그램 전략에 보다 적절한 대안이 있지는 않았는가?'

▶ **효과성**(Efficacy) ｜ 이 평가는 프로그램 계획 대비 달성된 산출물 및 성과뿐만 아니라, 목표 달성에 기여하거나 달성을 저해한 요소도 검토했다. 모니터링 및 평가 프레임워크가 어떻게 수립되었고 데이터 수집이 잘되었는지에 따라 평가의 품질도 매우 달라진다. 다음과 같은 요소의 기여도가 고려되었다.

- 이해관계자 관련성
- 포트폴리오 관리의 효과성
- 민관 파트너십 운영의 효과성
- 과학적 접근법의 사용
- 생산 접근법의 효과성
- 의도하지 않은 프로그램 결과

▶ **효율성**(Efficiency) ｜ 평가 직무기술서(TOR)를 통해 효율성을 분리된 하나의 기준으로 보고 평가를 해달라고 요청받지는 않았지만, 평가자들은 서비스 전달 수단의 기회비용을 고려하는 것이 중요하다고 판단했다. 평가자들은 관리 및 행정 비용을 프로그램 지출 및 시간 경과에 따른 변화에 대비해

분석하고, 다른 질병 예방약 개발 비용이나 대규모 민간 제약회사의 일반적인 약품 개발 비용을 기준치로 보고 이를 비교했다.

▸ 거버넌스(Governance) ㅣ 이 평가에서는 전염병이 자주 발생하는 국가에서의 MMV 관리팀(Governing body)의 대표성, 과학적 전문지식의 사용, 자원 동원 캠페인에서 파트너에 대한 신뢰성, 평가에 대한 반응 등을 살펴봄으로써 MMV 거버넌스의 정당성을 평가했다. 또한 다음과 같은 중요한 기능을 수행하는 거버넌스의 효과성을 측정했다.

- 전략 설정(MMV 거버넌스는 국가 수준에서의 의약품 접근성 문제 해결을 위한 새로운 방향 수립에 대한 이해를 높였는가?)
- 다른 유사 기관과의 협력(이 평가는 이 부분에 더 많은 주의를 기울이도록 권고)
- 자원 동원(이 평가에서는 필요한 기금을 모금하고 공여기관의 지원을 다양화하는 데 선제적 대응이 필요하다고 권고)

▸ 지속가능성/중기 전략 과제(Sustainability/Medium-term strategic questions) ㅣ 이 평가는 프로그램의 수혜가 현재의 조건하에서 지속될 수 있을 것인지, 프로그램의 지속가능성을 개선하는 환경 변화가 이루어질 수 있을 것인지 평가했다(프로그램의 규모가 바뀌어야 하는가? 다른 조직과의 관계가 더욱 효과적으로 수립되어야 하는가? 조직 혹은 관리체제의 정비를 고려해야 하는가?). 이 평가는 또한 향후 모니터링 및 평가 활동에 대한 제언사항을 도출했다. 프로그램에 대한 문헌검토, 이해관계자를 대상으로 한 광범위한 인터뷰, 자문위원회 회담에 대한 과학적 관찰 및 국내 방문조사 등의 방법을 활용해 평가가 이루어졌다.

국제 프로그램 검토보고서(Global Program Review)에서는 이 평가의 독립성과 품질을 판단했다. 해당 평가의 독립성을 판단하기 위해 누가 평가를 의뢰했는가와 어떻게 평가를 관리했는가를 고려하고, 평가 직무기술서(TOR)에 따라 모든 측면을 고려하고 있는지를 검토했다. 그리고 평가의 품질과 평가의 궁극적 영향력(프로그램의 운영진이 제언사항을 수행하는 정도)을 살펴보았다. 이를 통해 이 평가가 프로그램 운영진 및 세계은행이 실시하는 후속조치에 대한 토대를 제공했음을 확인했다.

해당 검토보고서 는 세계은행의 수행성과를 평가했다. 이때 프로그램 설립을 지원하기 위한 소집권한(Convening power) 활용, 다른 공여국과 비교했을 때 초기에는 상당했으나 시간이 지나면서 감소한 재정 지원, 세계은행의 관리팀 및 위원회의 심의과정 참여를 고려했다. 검토보고서에 따르면 향후 문제의 소지가 될 수 있는 세계은행의 역할과 관련된 이슈들이 있다. 보고서에서는 평가 및 검토 보고서에서 도출된 제언을 요약하여 제시하고 있다. 여기에는 프로그램을 위한 제언(적절한 모니터링 및 평가 프레임워크 수립 필요), 다른 GRPP에 적용이 가능한 제언(국제/국가적 수준에서 다른 주요 행위자와의 효과적인 협력 및 자문 필요), 다른 원조 기관에 적용이 가능한 제언(서비스 수행에서 민관 파트너십을 활용하는 프로젝트를 위한 교훈) 등이 포함되어 있다.

요약

최근 평가자들은 분야, 국가 또는 주제에 대해 개념적인 초점을 맞추어 개발 프로그램의 효과성을 검토하고 있다. 이는 개발 프로그램이 거시적 관점에서 영향력을 발휘하기 위한 방법을 모색하기 위한 노력으로 더욱 복합적인 접근법을 활용하여 자원을 공유할 수 있는 상호작용과 방법을 확인하고 있다. 공동 평가, 국별 프로그램 평가, 분야별 프로그램 평가, 주제별 평가 또는 국제 및 지역 파트너십 프로그램 평가 등이 이에 해당된다.

ADB(Asian Development Bank). 2006a. *Indonesia: Capacity Building Project in the Water Resources Sector.* Project Performance Evaluation Report for Indonesia. http://www.adb.org/Documents/PPERs/INO/26190-INO-PPER.pdf.

――――. 2006b. *Private Sector Development and Operations: Harnessing Synergies with the Public Sector.* http://www.oecd.org/dataoecd/6/59/39519572.pdf.

AfDB(African Development Bank). 2005. *Morocco: Evaluation of Bank Assistance to the Education Sector.* http://www.oecd.org/dataoecd/36/19/37968449.pdf.

Bamberger, Michael. 2005. *IPDET Handbook for Evaluating Gender Impacts of Development Policies and Programs.* International Program for Development Evaluation Training, Ottawa.

Bamberger, Michael, Mark Blackden, Lucia Fort, and Violeta Manoukian. 2001. "Integrating Gender into Poverty Reduction Strategies." In *The PRSP Source-book.* 335-74. Washington, DC: World Bank. http://povlibrary.worldbank.org/files/4221_chap10.pdf.

Breier, Horst. 2005. *Joint Evaluations: Recent Experiences, Lessons Learned and Options for the Future.* Draft report to the Development Assistance Committee Network on Development Evaluation, Organisation for Economic Co-operation and Development, Paris.

Chen, Jhaoying, and Hans Slot. 2007. "Country-Led Joint Evaluation: Dutch ORET/MILIEV Programme in China." Presentation at the sixth meeting of the Development Assistance Committee Network on Development Evaluation, Paris, June. http://www.oecd.org/dataoecd/63/28/38851957.ppt.

Compton, Donald W., M. Baizerman, and S. H. Stockdill, eds. 2002. *The Art, Craft, and Science of Evaluation Capacity Building.* New Directions for Evaluation 93 (Spring)(publication of the American Evaluation Association).

Danish Ministry of Foreign A% airs. 1999. *Evaluation Guidelines.* 2nd ed. Copenhagen. http://www.um.dk/NR/rdonlyres/4C9ECE88-D0DA-4999-9893-371CB351C04F/0/Evaluation_Guidelines_1999_revised.pdf.

――――. 2006. *Evaluation Guidelines.* Copenhagen.

――――. 2007. *Joint External Evaluation: The Health Sector in Tanzania 1999-2006.* http:// www.oecd.org/dataoecd/53/46/39837890.pdf.

Duursma, M. 2004. *Child Labour in Scavenging, Tanzania, Dar es Salaam.* Updated August 16, 2005. http://www.waste.nl/page/724. "Evaluation of the Implementation of the Paris Declaration. Synthesis Report.: 2008, 26.

Freeman, Ted. 2007. "Joint Evaluations." International Program for Development Evaluation Training(IPDET) presentation, Ottawa, June-July.

Fullan, M. 1993. *Change Forces.* London: Falmer Press.

GTZ(Gesellschaft fur Technische Zusammenarbeit). 2004. *National Monitoring of Sustainable Poverty Reduction Strategy Papers PRSPs.* Eschborn, Germany. http://siteresources.worldbank.org/INTISPMA/Resources/Training-Events-and-Materials/summary_MainReport.pdf.

Heath, John, Patrick Grasso, and John Johnson. 2005. *World Bank Country, Sector, and Project Evaluation Approaches.* International Program for Development Evaluation Training(IPDET) presentation, Ottawa, July.

House, Ernest R. *Guiding Principles for Evaluators.* 1995. New Directions for Program Evaluation No. 66. San Francisco: Jossey-Bass.

IOM(International Organization for Migration). 2006. *IOM Evaluation Guidelines.* Office of the Inspector General. http://www.iom.int/jahia/webdav/site/myjahiasite/shared/shared/mainsite/about_iom/eva_techref/Evaluation_Guidelines_2006_1.pdf.

Johnson, John. 2007. "Confronting the Challenges of Country Assistance Evaluation." International Program for Development Evaluation Training(IPDET) presentation, Carleton University, Ottawa, June 26-27.

Kusek, Jody Zall, and Ray C. Rist. 2004. *Ten Steps to a Results-Based Monitoring and Evaluation System.* World Bank, Washington, DC. http://www.oecd.org/dataoecd/23/27/35281194.pdf.

Mackay, Keith. 1999. *Evaluation Capacity Development: a Diagnostic Guide and Action Framework.* ECD Working Paper 6(January), World Washington, DC. http://lnweb18.worldbank.org/oed/oeddoclib.nsf/a4dd58e444f7c61185256808006a0008/7f2c924e183380c5852567fc00556470?OpenDocument.

_____. 2006. *Institutionalization of Monitoring and Evaluation Systems to Improve Public Sector Management.* World Bank, Independent Evaluation Group, Washington, DC. http://siteresources.worldbank.org/INTISPMA/Resources/ecd_15.pdf.

_____. 2007. *How to Build M&E Systems to Support Better Government.* World Bank, Washington, DC. http://www.worldbank.org/ieg/ecd/docs/How_to_build_ME_gov.pdf.

Mertens, D. M. 1994. "Training Evaluators: Unique Skills and Knowledge." *New Directions for Program Evaluation* 62: 17-27.

MLB(Multilateral Development Bank), EC(Evaluation Cooperative Group), and WGEC (Working Group on Evaluation Criteria and Ratings for Public Sector Evaluation). 2003. *Good Practice Standards for Evaluation of MDB Supported Public Sector*

Operations. http://www.ifc.org/ifcext/oeg.nsf/AttachmentsByTitle/MDB-ECG/US$FILE/MDB-ECG_Good-Practice.pdf.

OECD(Organisation for Economic Co-operation and Development). 1999. "Evaluating Country Programmes," Development Assistance Committee, Vienna Workshop, March 11–12. http://www.oecd.org/dataoecd/41/58/35340748.pdf.

_____. 2002. *OECD Glossary of Key Terms in Evaluation and Results Based Management*. Development Assistance Committee, Paris.

_____. 2005. Workshop on "Challenging the Conventional Wisdom: The View from Developing Country Partners," Network on Development Evaluations, Development Assistance Committee, Nairobi, April 20–21. http://www.oecd.org/dataoecd/20/44/34981186.pdf.

_____. 2006. *DAC Evaluation Series: Guidance for Managing Joint Evaluations*. Development Assistance Committee, Paris. http://www.oecd.org/dataoecd/29/28/37512030.pdf.

Porteous, Nancy L., Barbara J. Sheldrick, and Paula J. Stewart. 1999. "Enhancing Managers' Evaluation Capacity: A Case Study for Ontario Public Heath." *Canadian Journal of Program Evaluation*. Special Issue: 137–54. http://www.phac-aspc.gc.ca/php-psp/pdf/toolkit/enhancing_managers_evaluation%20_capacity%20_CJPE_1999.pdf.

UNFPA(United Nations Population Fund). 2005. *State of World Population 2005*. http://www.unfpa.org/swp/2005/english/notes/index.htm.

WASTE. 2005. *Thematic Evaluation on Child Labour in Scavenging Africa, Asia, and Europe Assessment*. Gouda, the Netherlands. http://www.waste.nl/page/720.

World Bank. 2001a. *Design Paper for a Multipartner Evaluation of the Comprehensive Development Framework*. Comprehensive Development Framework Secretariat, Washington, DC. http://www.worldbank.org/evaluation/cdf/cdf_evaluation_design_paper.pdf.

_____. 2001b. *Engendering Development-through Gender Equality in Rights, Resources and Voice*. Washington, DC: World Bank.

_____. 2001c. *The PRSP Sourcebook*. http://web.worldbank.org/WBSITE/EXTERNAL/TOPICS/EXTPOVERTY/EXTPRS/0,,menuPK:384207~pagePK:149018~piPK:149093~theSitePK:384201,00.html.

_____. 2005. *Evaluation of World Bank's Assistance to Primary Education*. Operations Evaluation Department, Washington, DC. http://www.worldbank.org/oed/education/evaluation_design.html.

_____. 2007a. *Country Assistance Evaluation: CAE Retrospective*. Independent Evaluation Group, Washington, DC. http://www.worldbank.org/ieg/countries/cae/featured/cae_retrospective.html.

_____. 2007b. *Global Program Review: Medicines for Malaria Venture.* Independent Evaluation Group, Washington, DC. http://lnweb18.worldbank.org/oed/oeddoclib.nsf/24cc3bb1f94ae11c85256808006a0046/d591aea3bbb897de852573130077a0cb?OpenDocument.

_____. 2007c. *Impact Evaluations: Bangladesh Maternal and Child Health.* Independent Evaluation Group, Washington, DC. http://www.worldbank.org/oed/ie/bangladesh_ie.html.

_____. 2007d. *Poverty Monitoring Systems.* http://web.worldbank.org/WBSITE/EXTERNAL/TOPICS/EXTPOVERTY/EXTPAME/0,,contentMDK:20203848~menuPK:435494~pagePK:148956~piPK:216618~theSitePK:384263,00.html.

_____. 2007e. *PRSP Sourcebook.* Washington, DC. http://web.worldbank.org/WBSITE/EXTERNAL/TOPICS/EXTPOVERTY/EXTPRS/0,,contentMDK:20175742~pagePK:210058~piPK:210062~theSitePK:384201,00.html.

_____. 2007f. *Sourcebook for Evaluating Global and Regional Partnership Programs: Indicative Principles and Standards.* Independent Evaluation Group, Washington, DC. http://siteresources.worldbank.org/EXTGLOREGPARPRO/Resources/source-book.pdf.

_____. 2008. *CAE Methodology.* Independent Evaluation Group, Washington, DC. http://web.worldbank.org/WBSITE/EXTERNAL/EXTOED/EXTCOUASSEVA/0,,contentMDK:21107046~menuPK:3098030~pagePK:64168445~piPK:64168309~theSitePK:2832047,00.html.

웹사이트

International Labour Organization. http://www.ilo.org.

Stufebeam, D. L. 1999. *Evaluation Plans and Operations Checklist.* http://www.wmich.edu/evalctr/checklists/plans_operations.htm.

_____. 2001. *Guiding Principles Checklist.* http://www.wmich.edu/evalctr/checklists/guiding_principles.pdf.

World Bank. *ADePT: Stata Software Platform for Automated Economic Analysis.* http://econ.worldbank.org/programs/poverty/adept.

_____. *Core Welfare Indicators Questionnaire (CWIQ).* http://www4.worldbank.org/afr/stats/cwiq.cfm.

_____. *Global and Regional Partnership Programs.* http://www.worldbank.org/ieg/grpp.

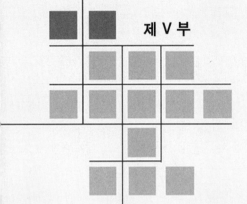

제 V 부

평가의 추진

평가의 관리

평가는 까다로운 과업일 수 있다. 모든 이들이 업무에 집중하도록 하고, 마감기한을 맞추고, 작업의 품질을 유지하는 것은 힘든 일이다. 이번 장은 정책 입안자들이 변화를 이끌어내기 위해 활용될 수 있도록 평가를 계획하고, 관리하고, 품질기준을 충족시키고, 결과를 공유하는 방법에 대해서 다룬다.

이 장은 다음과 같이 구성된다.
- 평가설계 매트릭스의 관리
- 평가 계약하기
- 평가 수행자 각각의 역할과 책임
- 인력, 과업, 예산관리

1. 평가설계 매트릭스의 관리

성공적인 개발평가의 핵심은 기획이다. 평가가 형편없이 기획되었다면, 분석이 정교할지라도 평가의 품질이 크게 개선되지 않을 것이다. 동양 속담 중에 천 리 길도 한 걸음부터라는 말이 있다. 여행자가 첫 걸음, 그다음 걸음을 올바른 방향으로 내딛는다면, 목적지에 닿을 가능성은 높아진다. 목적이나 방향을 명확하게 알지 못하고 헤매면 평가자는 시간, 에너지, 자원을 낭비하게 된다. 또한 목적지에 도착할 가능성마저 낮아진다. 그러므로 필요한 지도를 구하고, 대체 경로를 파악하고, 시간, 비용을 미리 계산해보고, 혹시 겪게 될지도 모를 위험에 대해 대비함으로써 여행을 준비하는 것이 현명하다.

앞 장에서 본 바와 같이, 평가설계 매트릭스(Evaluation design matrix)는 평가를 계획하는 시각적 방법으로서, 평가설계의 주요 요소에 초점을 맞추고 있다. 평가 매트릭스 양식은 고정된 것이 아니라 평가의 필요성에 따라 조정될 수 있다. 다른 계획과 마찬가지로, 업데이트 및 수정이라는 반복되는 과정을 거치게 된다. 새로운 정보가 수집됨에 따라 아이디어와 접근법을 일부 수정해야 할 수 있다.

훌륭한 평가설계 매트릭스만으로 우수한 평가가 완성되는 것은 아니다. 예를 들어 반드시 필요한 기술이 없는 인력이 평가를 수행하려고 한다거나, 평가 수행이 중요한 결정에 영향을 미칠 수 있는 시기를 놓치거나, 데이터 수집 중에 예산이 부족해지는 경우가 발생할 수 있다.

2. 평가 계약하기

평가 관리자는 기관 내 평가를 수행하는 직원들의 기술 역량의 문제를 파악하고, 이를 해결할 책임이 있다. 평가 기술을 가진 직원의 수는 적지만 그들을 필요로 하는 곳은 많다. 그래서 개발평가는 주로 컨설팅 회사나 개인 컨설턴트와 계약하여 수행한다. 유럽연합과 같은 일부 기관은 거의 모든 평가를 전문가들에게 위임해 수행한다. 평가의 객관성을 위해 평가 대상인 프로그램에 참여한 컨설턴트는 평가에 참여할 수 없다.

평가 전문가와 계약하여 평가를 수행하는 것에는 장점과 단점이 있다. 장점은 평가 전문가가 평가 대상인 프로젝트의 분야와 유형에 깊이 있는 지식을 가지고 있고, 현지어를 할 줄 알고 지식을 보유하고 있으며, 만약 평가자 선정이 경쟁절차를 통해 이루어졌다면 비용 대비 효과적인 평가자를 활용할 수 있다는 점이다. 단점은 계약 비용이 많이 들고(계약 자체보다 입찰과정에 더 많은 비용이 소요된다) 내부 역량이 강화되지 않는다는 점이다.

1) 제안요청서

컨설팅 회사나 개인 컨설턴트를 고용하는 절차는 일반적으로 제안요청서*를 작성하는 것에서 시작한다. 기관과 계약 규정 및 절차에 따라 계약자는 수의계약, 지명입찰이나 제한경쟁입찰, 혹은 공개경쟁입찰 등을 통해 선정될 수 있다. 평가 관리자 또는 사전에 정해진 기준에 따라 추천을 하도록 지명된 자문단이 우수한 제안서를 선정할 것이다.

호킨스(Hawkins, 2005)에 따르면 제안요청서는 다음과 같은 사항을 포함해야 한다.

- 평가의 의도
- 연구의 배경과 상황
- 중요 정보 필요사항

---

* 제안요청서(Request for Proposals: RFP): 프로젝트 입찰 참여를 도모하기 위한 초청서.

- 평가 목적

- 필요 산출물

- 일정

- 입찰자 선정 기준

- 프로젝트 관리자를 위한 계약 상세정보

- 제안 마감일

- 예산 및 다른 자원

평가 지식과 경험, 해당 분야·문화에 대한 지식, 평가 결과와 결과의 활용 권한을 지닌 패널이 제안서를 선정해야 한다. 해당 패널은 제안서 선정 시 제안요청서에 제시된 기준에 따라야 하며, 선정 과정은 상세히 기록해두어야 한다.

호킨스는 컨설턴트를 선택할 때 다음 기준을 활용할 것을 조언한다.

- 제안요청서는 적절하게 작성되었는가?

- 평가를 어떻게 수행해야 할지에 대한 상세한 설명이 있는가?

- 어떤 의사소통 및 보고 전략을 제안하고 있는가?

- 역량이 있다는 증거가 있는가? 경력은 어떠한가?

- 비용은 얼마인가? 예산내역이 상세하게 제시되어 있는가?

계약을 완료한 뒤에도 평가 관리자는 여전히 피계약자인 컨설턴트와 평가에 대한 책임이 있다. 여기에는 다음 사항이 포함된다.

- 목표와 목적을 명확하게 유지

- 연구에 대한 권한을 유지

- 작업을 모니터링하고 적기에 피드백을 제공

- 적기에 의사 결정
- 계약변경이 필요할 경우 계약자와의 협상에서 개방적인 태도 견지

2) 평가 직무기술서

평가 직무기술서(Terms of Reference: TOR)는 평가의 배경·목적·의도, 평가팀 구성원 각각의 역할과 책임, 평가 일정 등을 포함한 문서이다. 평가 직무기술서는 일반적으로 평가 전반에 대해 언급하며, 평가의 의뢰자와 관리자, 관리자와 계약자, 혹은 평가 관리자와 평가팀 간의 초기 합의된 바를 포함한다. 평가팀의 모든 구성원은 보통 평가 직무기술서에 기술된 각각의 책임에 대해 명확하게 이해하고 있어야 한다.

평가 직무기술서를 통해 정해진 기간 안에 무엇이 완료되어야 하는지를 현실적으로 정해야 한다.

평가 직무기술서는 평가설계 매트릭스를 포함할 수 있으며, 평가설계 매트릭스를 작성하는 것이 첫 번째 산출물이 될 수도 있다. 또한 평가를 수행하고 보고하면서 윤리와 기준에 대한 합의를 반영할 수 있다(윤리와 기준에 대한 논의는 14장 참고).

평가 직무기술서를 작성하는 과정을 통해 이해관계자는 어떤 이슈를 다루게 될지에 대한 논의와 의사결정에 참여하게 된다. 평가 직무기술서를 통해 기초적인 가이드라인을 확립함으로써, 모든 관계자가 평가의 기대 효과에 대해서 이해할 수 있다(박스 12.1).

『평가와 성과 중심 관리 주요 용어 사전(Glossary of Key Terms in Evaluation and Results-Based Management)』(OECD, 2002)에 따르면, 평가를 위한 평가 직무기술서는 다음 사항을 포함한다.

- 평가의 목적 및 범위

평가 직무기술서 작성 시 다음과 같은 팁이 매우 유용하다.

● 평가의 목적을 명확하게 기술하고 다음과 같은 사항을 확인한다.
 - 평가에서 다룰 일반적인 이슈 및 초기 질문
 - 주요 이해관계자와 그들의 예상 평가 사용처
 - 채택될 전반적인 평가 접근법
 - 예상 평가 산출물 및 산출물 제출 시기와 활용법
 - 평가팀 구성원이 갖추어야 할 전문성
 - 논리적 구조
● 평가의 목적을 기술적으로 혹은 절차적으로 단순히 기술하지 않는다. 평가가 어떻게 기관에 도움이 될 수 있는지 명확히 해야 한다.
● 평가에서 다루어야 할 초기 질문에 집중한다.
● 너무 많은 질문을 선택하지 않는다. 광범위한 문제에 대해 피상적으로 평가를 실시하기보다는 몇 가지 문제에 대해 심도 있게 실시하는 것이 더 낫다.

자료: Adapted from UNDP(2006).

● 평가방법
● 성과를 측정하거나 또는 분석을 수행하는 기준
● 자원과 시간
● 보고 시 요구사항

평가 직무기술서는 일반적으로 다음과 같은 사항을 포함한다.

● 짧고 서술적인 제목
● 프로젝트나 프로그램에 대한 설명
● 평가를 실시하는 이유와 기대
● 평가의 범위와 초점(평가에서 다룰 이슈 및 질문)
● 이해관계자(누가 참여할 것인가, 누가 무엇을 할 것인가, 관련 절차)

- 평가 절차에 대한 설명(무엇을 할 것인가)
- 산출물 목록(업무 수행 계획서, 중간보고서, 최종 보고서, 발표자료)
- 필요한 자격요건 명시(학력, 경력, 기술, 역량)
- 활동, 시간, 인원, 전문가 비용, 출장 및 기타 지출에 따른 예상 비용

평가 직무기술서는 평가설계 매트릭스를 대체하는 것이 아니라 보완하기 위해 작성된다. 평가 직무기술서는 책임에 초점을 맞추고 있으며, 디자인 매트릭스는 평가 수행을 위한 계획이다.

3. 평가 수행자 각각의 역할과 책임

많은 사람이 각기 다양한 역할과 책임을 안고 평가에 참여한다. 고객(의뢰기관), 이해관계자, 평가 관리자 및 평가자(계약 또는 직원)의 책임이 높고 정보 분석가, 자문단, 동료 검토자, 정보 수집자 등의 책임은 제한되어 있다. 평가에 관련된 모든 사람의 책임과 역할을 명확하게 정의하고 이에 대한 합의가 이루어져야 한다.

1) 주요 의뢰기관

평가에는 많은 이해관계자가 있을 수 있지만, 일반적으로 평가를 의뢰하고 자금을 지원하는 주요 의뢰기관은 하나이다. 해당 기관이 다루고자 하는 특정 이슈, 평가 결과의 사용방안, 그에 상응하는 일정이 전반적인 평가의 틀을 구성한다.

평가자들은 의뢰기관과 초기에 만나 다음과 같은 이슈에 대해 논의하는 것이 좋다.

- 평가의뢰의 의의와 맥락
- 평가를 요청하게 된 필요성, 이슈, 또는 관심사
- 평가 결과가 필요한 중요한 시점
- 평가에서 다루어야 할 중요한 문제
- 의사소통 스케줄 및 빈도

스크리븐(Scriven, 2007)은 주요 평가 점검표(Key evaluation checklist)를 활용해 평가 시작 전 요청의 세부사항을 확인하거나 혹은 의뢰기관이 세부 사항을 명확히 이해할 수 있도록 논의하는 것이 중요하다고 강조한다. 스크리븐에 따르면 이 회의에서 다음과 같은 질문을 해야 한다.

- 정확히 무엇을 평가해야 하는가?
- 배경은 어느 정도 고려되어야 하는가?
- 프로젝트의 효과를 전반적으로 평가해야 하는가? 아니면 각 구성요소의 기여도를 평가해야 하는가? 평가자는 각 구성요소가 어떻게 작동하는지에 대한 의뢰기관의 논리를 평가해야 하는가?
- 관련된 모든 측면에서의 영향을 고려해야 하는가? 아니면 몇 가지 측면에서의 영향을 고려해야 하는가?
- 평가가 형성적(formative)인가, 총괄적(summative)인가, 또는 서술적(descriptive)인가?

4장에서 논의된 바와 같이, 평가팀은 평가 결과 공유 및 커뮤니케이션 계획을 수립함으로써 주요 의뢰기관과의 관계를 관리하고, 주요 이해관계자, 미디어, 대중과의 협력을 도모할 수 있다. 해당 전략을 통해 정보를 공유하는 이유·대상·장소·방법 등을 명확히 하는데, 이는 평가가 민감한 정보와 관련되어 있을 때 특히 중요하다.

흔히 평가자는 평가 결과 공유계획 수립이 평가를 마무리하는 단계에서 이루어진다고 생각한다. 그러나 결과 공유 및 커뮤니케이션 전략의 수립은 평가 초기부터 시작해서 평가 수행기간 동안 계속해서 수정 및 보완되어야 한다. 공유전략은 평가를 지원하고, 평가 및 방법론을 더욱 발전시키고, 이해관계자의 참여를 돕고, 평가 결과를 활용하기 위한 것이다.

2) 이해관계자

4장에서 정의된 바와 같이, 이해관계자(Stakeholders)는 의뢰기관 이외에 프로젝트 수행과 관련해 이해관계를 가진 조직 또는 개인을 말한다. 보통 이해관계자는 프로젝트 수행 기간 및 종료 후 몇 년 간 프로젝트의 영향을 받는다.

이해관계자는 조직 내·외부 모두 있을 수 있으며, 평가에서 그 역할은 평가에 관련된 이슈와 질문을 확인하는 것에서부터 데이터를 제공하는 것까지 다양하다.

참여적 평가에서 특히 이해관계자는 평가와 관련된 다양한 책임을 맡을 수 있다. 일부 이해관계자를 선정하여 평가팀에 포함할 수 있으며, 평가질문 개발, 데이터 수집 및 분석과정에 참여한다. 이해관계자가 평가 과정에 참여하는 경우, 평가를 지원하고 평가 결과 및 제언에 따라 행동할 가능성이 높다(참여적 평가에 대한 설명은 5장 참고). 평가 대상인 프로젝트, 프로그램 또는 정책에 대한 이해관계자의 비판이 평가에 도움이 될 수 있다. 평가 대상에 대한 비판은 평가에서 다루어야 할 중요한 이슈를 명확히 하기 때문에 평가 절차를 강화할 수 있다(단, 이 이슈를 다루지 않는다면 평가의 신뢰성이 하락한다)(CDC, 2001).

세계은행의 「참여를 위한 자료집'(Participation Sourcebook)」은 참여적 평가와 관련해 이해관계자에 대해 유용한 지침을 제공한다(World Bank, 1996). 이해관계자를 파악하고, 그들의 평가 참여를 요청해야 한다. 평가자는 이해관계자가 평가에 참여하도록 하기 위해 다양한 방법을 모색해왔다. 의사결정 과정에서 제외된 그룹이 발언권을 갖게 하기 위해서는 특별한 조치가 필요하다. 이를 위해 평가자는 먼저 '발언권이 약한 사람들'을 모아 그들에게 대표권을 주고, 참여세션을 개최하고, 이해관계자들이 모든 차원에서 발언권을 가질 수 있도록 한다.

많은 이해관계자에게, 외부인이 '참여적 평가'를 제안하는 것은 의심스러워 보일 수 있다. 공공기관이나 공무원, 공여국과의 프로젝트 경험은 그들에게 부정적 인상을 남겼을 수 있고, 이를 변화시킬 필요가 있다. 신뢰를 구축하기 위해서는 정보를 공유하고, 중개인을 통해 일을 하고, 되도록 초기부터 시작하는 것이 좋다. 신뢰를 구축하는 방법 중 하나는 평가가 의도하는 바에 대한 정보를 공유하는 것이다. 평가자는 개별 면담이나 마을 모임과 같은 대규모 집단회의를 통해 정보를 공유할 수 있다. 이러한 회의에서 평가자는 평가의 방법과 목적에 대한 정보를 공유하고, 회의 참여자들은 그들의 기대와 우려사항을 말할 수 있는 기회를 갖게 된다. 참여적 평가에서 신뢰관계를 구축하면 참여자에게 평가를 위해 위원회를 구성하도록 요청할 수도 있다.

학계, NGOs, 관심을 갖는 시민과의 의사소통을 위해, 관련 웹사이트에 접근법에 대한 논문을 게시하고 의견을 조회하는 방안이 있다. 여전히 새로운 조언을 고려할 수 있으며, 수정이 가능한 시점에 실시해야 한다. 특히 평가자가 의견에 대한 답변 및 조치사항(또는 제안을 포함하지 않은 이유)을 알리는 데 가장 효과적이다.

어떤 경우에는, 평가자와 이해관계자 사이에 불신이 높아 이를 해소하기 위한 중재자가 필요할 수도 있다. 이러한 경우, 이해관계자의 존경을 받는 사람이 평가자와 이해관계자를 함께 모을 수 있다.

평가자는 이해관계자, 특히 프로젝트에 의해 직접 영향을 받는 사람들을 방문해야 한다. 이해관계자가 해당 평가에 대해 들어보았는지, 평가에 대해 어떻게 생각하는지 질문할 수 있으며, 평가자들은 이러한 비공식적인 피드백을 다른 통로를 통해 취득한 정보와 비교해볼 수 있다. 이를 통해 일관성을 확인하고 편견이 있는지 점검할 수 있다.

이해관계자 집단평가를 설계할 때 그들에게 발언권을 주는 것은 의견 차이를 조정하고 합의를 도출할 확률을 높인다. 따라서 이해관계자의 조기 참여는 갈등 방지 조치가 될 수 있다. 평가설계 과정에서, 자신들에게 해가 될 것이라고 생각하는 사람들은 이를 직접적으로 반대하게 된다. 손해가 커질수록 반대도 강해질 것이다. 한번 반대 여론이 형성되면 이를 해결하기는 ― 불가능하지는 않더라도 ― 매우 어려워진다.

3) 평가 관리자

평가 관리자(Evaluation Manager)는 평가의 설계, 준비, 실행, 분석, 보고, 배포 및 후속조치를 관리하는 사람이다. 평가 관리자는 동시에 여러 건의 평가를 관리할 수 있다. 또한, 평가자는 평가를 관리하면서 수행하기도 한다.

평가 관리자의 책임은 준비(Preparation), 실행(Implementation), 후속조치(Follow-up) 등 세 단계로 분류할 수 있다(UNFPA, 2007). **준비**는 제안요청서, 평가 직무기술서(TOR), 평가디자인 매트릭스를 작성하고 실행계획을 세우는 초기 작업을 포함한다. 이 단계에서 관리자는 다음 사항을 수행해야 한다.

- 평가 목적 결정 및 평가 결과의 사용자 확인
- 평가 과정에 참여해야 할 사람 결정
- 주요 이해관계자 파악
- 평가범위와 접근방식, 평가질문을 포함한 설계 매트릭스의 틀 수립
- 평가를 위한 평가 직무기술서 초안 작성 및 평가 일정 작성
- 평가 수행에 필요한 기술과 경력 요건 확인

- 데이터 수집 방법의 개발 및 사전 검사, 수집된 기존 정보의 내용 검토. 선별적인 검토를 통해 기존의 정보 출처가 신뢰할 수 있고 의미가 있는 평가 결과를 산출하기 위해 충분한지 확인. 처리할 수 있는 정보만을 수집
- 평가자 선발, 모집 및 평가의 목적, 매트릭스, 수행 계획에 대한 간략 설명과 훈련
- 수집된 배경 문서/자료 등을 평가팀에 사전 전달, 자료를 완전히 이해할 수 있도록 충분한 시간 줌
- 현지 조사 계획 검토
- 평가 수행을 위한 자원의 유효성 확인

실행은 분석, 초안 작성, 보고를 포함하여 평가를 직접 시행하는 과정이다. 이 단계에서 관리자는 다음 사항을 수행해야 한다.

- 관련 보고서, 간행물 및 기타 모든 관련 정보에 대한 평가자의 완전한 접근 보장
- 평가 과정을 계속 주시, 평가의 모든 단계에서 평가자에게 피드백 및 지침 제시.
- 평가보고서의 품질 평가, 평가보고서 초안이 평가 직무기술서에 부합하며, 평가 결과가 타당하고, 현실적인 제언을 도출할 수 있도록 보고서의 강점과 한계를 평가자와 논의
- 평가자 및 주요 이해관계자가 보고서 초안에 대해 의견을 나눌 수 있도록 회의 주선
- 최종 결과물 승인, 이해관계자에게 평가 결과를 발표할 수 있도록 지원

마지막 단계인 후속조치는 성과를 평가하고, 결과를 배포하며, 제언을 따르고, 사후관리를 수행하는 것을 의미한다. 이 단계에서, 관리자의 책임은 다음과 같다.

- 평가자의 성과를 평가하고 기록

- 주요 이해관계자와 대중에게 평가 결과 배포
- 제언사항을 이행하고, 현재와 향후의 프로젝트에 평가 결과가 활용될 수 있도록 제언사항 이행을 정기적으로 모니터링
- 평가팀이 무엇이 잘되었고, 무엇이 계속되어야 하고, 돌이켜 보았을 때 무엇을 달리 행해야 하는지 확인하기 위해 평가 과정을 다시 한 번 검토하도록 독려

이 세 가지 단계에서, 평가 관리자는 모든 참여자가 그들의 의견과 생각을 나눌 수 있도록 팀 회의의 진행자 역할을 할 수 있다. 진행자로서 관리자는 다음과 같은 책임이 있다.

- 의제 설정
- 그룹이 의제에 집중하도록 돕기
- 모든 의견을 제시할 수 있도록 보장
- 의사결정 과정(합의 또는 투표 절차) 감독

4) 평가자

평가자(Evaluators)는 평가의 주요 작업을 수행하는 인력이다. 평가자의 규모는 평가의 규모와 범위, 예산, 동원 가능한 사람의 수에 따라 정해진다. UNDP(2006)에 따르면, 좋은 평가자의 특징은 다음과 같다.

- 구체적인 문제에 대한 전문성
- 주요 목표와 관련된 핵심 개발 이슈, 관련 지식 또는 '큰 그림'을 볼 수 있는 능력
- 조직의 프로그램과 프로그램이 수행되는 방식에 대한 익숙함
- 평가와 관련하여 설계, 데이터 수집, 데이터 분석 및 보고 준비 능력
- IT 활용 능력

UN인구기금(United Nations Population Fund: UNFPA, 2007)은 평가자의 몇 가지 책임에 대해 설명한다.

- 평가설계와 관련하여 조언. 평가 목표 및 질문 수정 및 구체화
- 평가 실시
- 정보/문서가 활용 가능한지 검토한다.
- 필요에 따라 추가 정보를 수집하는 방법을 설계, 수정. 추가정보 수집을 수행 또는 조정
- 현지 조사 및 인터뷰 시행
- 참여적 평가에서 이해관계자의 참여를 독려
- 평가 관리자에게 정기적으로 평가 진행사항 보고
- 정보 분석·종합, 평가 결과 해석, 결론 및 제언 작성 및 이에 대한 논의를 통한 교훈 도출
- 평가보고서 초안에 대한 논의 참여. 사실에 대한 오류 또는 잘못된 해석을 수정 및 교정
- 세미나/워크숍에서 평가 결과 발표 및 논의 주도
- 평가보고서 완성 및 평가 결과 발표 준비

많은 기관이 평가에 참여하는 개인의 전문적 역량에 대한 기준 수립을 시도하고 있다. 평가자 자격인증 제도를 수립하는 것에 대한 논의가 진행 중이다(평가자의 역량과 자격인증에 대해서는 15장에서 검토한다).

4. 인력, 과업, 예산관리

프로젝트 관리는 여러 가지로 비유된다. 어떤 이들은 프로젝트 관리를 저

글링에 비유한다. 프로젝트 관리자는 동시에 여러 사항(인력, 과업, 시간, 예산, 품질)을 관리해야 하기 때문이다. 또는 오케스트라를 지휘하는 것에 비유한다. 관리자는 거리를 유지하면서 서로 다른 기술을 가진 다수의 유능한 인력을 총괄하기 때문이다.

1) 인력관리

평가팀이 함께 일을 하기 위해서는 다양한 기술이 필요하다. 관리자가 숙달해야 하는 갈등 해결 및 팀 조직 기술에 대해 설명하고자 한다.

관리자는 프로젝트를 재정 지원하는 공여기관의 우려 또한 관리해야 한다. 일부 사람들은 주목을 받기 위해 평가가 부정적인 측면에 초점을 맞출 것을 우려할 수 있다. 몇 가지 부정적인 평가 결과가 전체 프로젝트에 해가 될 것이라고 걱정할 수 있다. 프로젝트의 파급효과가 측정하기가 어려워서 기대만큼 충분하게 나타나지 않았고, 이로 인해 프로젝트가 효과적이지 않다는 잘못된 결론을 내리게 되고, 결국 프로젝트 예산 지원에도 부정적인 결과를 미칠 수 있다는 점에서 우려를 할 수 있다.

공여기관의 우려를 해결하는 한 가지 방법은 평가에서 다루는 이슈를 정할 때 그들을 참여시키는 것이다. 또한 평가자는 평가 수행계획, 결과, 제언을 검토할 수 있는 기회를 제공해야 한다.

▪ 갈등 해결 능력

갈등은 종종 그룹 간에 발생한다. 갈등을 해결하는 데 가장 필요한 두 가지 능력은 의사소통 능력과 경청 능력이다. 중요한 의사소통 능력 중 하나는 '당신'이라는 말 대신 '나'가 주어가 되는 문장을 사용하는 것이다. 경청 능력은 청취자가 화자의 말을 정확히 이해했는지 확인하는 것을 포함한다("제가 듣기에 당신은 지금 … 말하고 있는 것 같습니다. 제가 이해한 것이 맞나요?").

관리자는 다양한 방법으로 갈등 해결을 도울 수 있다.

- 갈등을 겪고 있는 사람을 모두 회의에 소집한다. 양쪽이 자신의 의견을 방해받지 않고 간단히 요약하여 이야기하게 한다. 한 사람이 다른 사람의 발언이 끝나기 전에 비판을 시작한다면 이를 제지한다.
- 사람들이 자신의 감정에 대해 논의하도록 한다. 이는 갈등을 줄이는 데 많은 도움이 된다.
- 관련된 사람에게 다른 사람들이 어떻게 행동하기를 바라는지를 설명하도록 한다.
- 양쪽의 이야기를 모두 듣는다. 작업 환경에서 이 갈등을 야기하는 요인이 있는지 확인한다. 만약 있다면, 갈등을 해결하기 위해 작업 환경을 변화시키는 방법을 고려한다.
- 어느 한쪽 편을 들지 않는다. 참가자들에게 평가의 목표 또는 목적을 상기시키고 양쪽 모두 목표를 달성하기 위한 방법을 찾도록 노력한다.
- 참가자들이 갈등을 해결할 것이라고 기대하고 이를 위해 계속해서 만날 수 있도록 한다. 어떻게 진행되고 있는지 검토할 시간을 정한다.

모든 갈등이 승자와 패자가 나누어지면서 끝나는 것은 아니다. 건설적인 갈등은 양 당사자 모두가 '승리'하면서 끝나는 것이다(박스 12.2).

■ 팀 조직 기술

팀을 구성하여 일을 하는 데에는 다양한 기술이 필요하다. 이러한 기술은 다음과 같다.

- 경청(Listening): 팀 구성원은 적극적으로 다른 구성원의 이야기를 경청해야 한다. 이는 팀의 가장 가치 있는 자산이 될 수 있다.
- 질문(Questioning): 팀 구성원은 다른 사람이 말하는 것을 명확히 하고 구체화하기 위해 질문을 해야 한다.
- 설득(Persuading): 팀 구성원은 아이디어를 교환해서 구체화하고, 정당화하며, 재고할 필요가 있다
- 존중(Respecting): 팀 구성원은 다른 사람의 의견을 존중하고 그 아이디어와 노

력을 격려하고 지원해야 한다.

- **도움**(Helping): 팀 구성원은 필요할 때 서로 지원해야 한다.

팀을 관리하는 것은 몇 가지 추가적인 기술을 필요로 한다(박스 12.3).

팀을 최대한 활용하기 위해 다양한 기술을 사용할 수 있다. 브레인스토밍 (Brainstorming)은 짧은 시간 안에 한데 모인 많은 사람들로부터 아이디어를 모으기 위해 사용된다. 사람들은 평가질문에 대해 자신의 생각을 이야기하고, 이를 플립 차트에 적는다. 한 사람이 하나의 아이디어를 제공하고, 다른 사람이 또 다른 아이디어를 제공한다. 진행자는 아이디어가 더는 나오지 않을 때까지 계속 돌아가며 진행한다. 기본 규칙은 모든 아이디어를 플립 차트에 기재하는 것이고, 아이디어에 대한 토론은 하지 않는 것이다. 모든 아이디어를 이야기한 후 공통적인 아이디어를 확인하고, 새로운 목록을 생성하게 된다.

개념 지도 만들기(Concept mapping)는 모든 참가자에게 아이디어를 요청하고 중요도에 따라 이를 분류하여 순위를 결정하는 과정이다. 이것은 브레인스토밍 또는 선호도 다이어그램(Affinity diagramming)을 통해 아이디어를 생각하는 것부터 시작한다. 각 아이디어는 별도의 인덱스카드에 적어 벽에 붙인다.

아이디어가 더는 떠오르지 않을 때, 참가자들은 모든 아이디어를 살펴보고 유사한 개념이나 주제를 나타내는 카드를 같은 그룹으로 정리한다. 그 후 참가자들은 각 개념/주제에 적절한 라벨을 붙인다. 진행자는 각 아이디어의 중요성과 그것이 왜 중요한지 혹은 왜 중요하지 않은지에 대한 토론을 시작한다. 일부 상대적으로 중요하지 않은 개념이나 주제가 이 단계에서 탈락할 수 있다. 그러한 아이디어는 완전히 제거되거나 다른 종류로 분류될 수 있다. 모든 참가자들은 벽에 붙어 있는 그룹을 검토하고 진행자에게 어떤 아이디어를 다른 분류로 이동하도록 요청할 수 있다.

참가자가 개념/주제와 분류에 만족하면, 진행자는 순위를 정하기 시작한다. 각 참가자는 진행자가 중요한 것으로 선택하고 싶은 개념/주제의 수에 따라 스티커를 받는다. 선택하고 싶은 개념/주제가 다섯이라면 각 참가자는 5개의 스티커를 받는다. 참가자들은 자신이 가장 중요하다고 생각하는 5개의 개념/주제 옆에 스티커를 붙인다. 진행자는 가장 많은 수의 스티커가 붙은 5개의 개념/주제를 확인하고 스티커 수에 따라 순위를 정한다. 원하는 경우, 이 과정은 각각의 개념/주제에 대해 반복될 수 있다.

2) 과업 관리

과업 관리는 인력관리보다 쉬워 보이지만, 이 과정에도 어려움은 있다. 평가 목표 및 가장 중요한 과업에 집중하는 것이 핵심이다.

과업지도*는 모든 이들의 과제를 시작 및 완료 날짜와 함께 나열할 수 있도록 한다(표 12.1). 간트 차트(Gantt chart) 또한 사용될 수 있다(그림 12.1).

....

* 과업지도(Task map): 과제, 책임자, 시작 및 완료 날짜를 나타낸 표.

표 12.1 과업지도 예시

과업	담당자	시작일	종료일
외부 문헌을 검토하고 관련된 내부 또는 외부 이슈를 확인한다	Anna, Miguel, Kabir	7/1	7/4
평가 대상 프로젝트 문서(예를 들어 이사회 회의록, 결재문서, 감독 보고서 등)를 검토한다	Kabir	7/5	7/23
일정을 계획하고 의뢰기관과의 회의를 주선한다	Anna	7/15	7/31
주요 이해관계자를 확인하고 회의 일정을 정한다	Kabir, Miguel	7/15	7/17
고객과의 회의 내용 및 결정된 사항을 요약 정리한다	Anna	8/1	8/3
이해관계자 회의를 실시하고, 이슈를 요약한다	Anna, Miguel	8/5	8/15
평가계획 초안을 작성한다	Anna	7/1	8/31

자료: 저자 작성.

그림 12.1 간트 차트 예시

과업	1주차	2주차	3주차	4주차	5주차	6주차	7주차
문헌 조사	△▬▬▬▬▬▬▬▬▬▬▲						
이해관계자 회의		△▬▬▬▬▬▬▬▬▬▲					
변화이론 초안 작성			△▬▬▬▬▬▬▬▬▲				

자료: 저자 작성.

간트 차트는 유용한 모니터링 도구로서, 간트 차트에서 각 과업을 나타내는 막대는 계획 대비 실제 진행을 보여준다. 또한 차트를 통해 한 과업이 다른 과업 완료에 따라 변경되거나, 또는 너무 많은 과업이 집중되어 있는 부분의 병목 현상도 확인할 수 있다. 많은 소프트웨어 패키지는 간트 차트 양식을 포함하고 있다.

과제가 일정에 따라 완료되었는지 확인하기 위해 모니터링이 이루어져야 한다. 예상대로 진행되고 있지 않다면, 평가자는 그 이유를 확인하고 해결방안을 결정해야 한다. 초기에 발견된 문제가 해결하기 쉽기 마련이므로 팀 구성원들이 안심하고 문제를 보고할 수 있도록 하는 것이 중요하다.

계획을 미리 세우는 것이 중요하지만, 장애물을 만났을 때 유연하게 대처하는 것도 중요하다. 더 많은 시간 또는 자원을 할당하거나 과업을 조정할 수 있다.

3) 예산 관리

샌더스(Sanders, 1983)에 따르면, 평가 예산은 일반적으로 10개의 항목으로 나눌 수 있다.

- 평가인력 급여 및 수당
- 컨설턴트
- 출장 및 일비(직원 및 컨설턴트)
- 통신(우편, 전화 등)
- 인쇄 및 복사
- 데이터 처리
- 인쇄 자료
- 소모품 및 장비
- 하청
- 간접비(시설, 공공요금)

혼(Horn, 2001)은 평가 예산 수립을 위한 상세한 체크리스트를 제공한다. 체크리스트는 위 항목의 유형에 따라 비용의 각 요소를 구분한다. 평가 관리자는 전체 평가 비용을 추정하기 위해 각 항목별 비용을 계산할 수 있다.

평가 예산이 낮은 경우, 피츠패트릭 등(Fitzpatrick, Sanders, Worthern, 2004)이 개발한 비용 절약 방안을 참고한다.

- 자원 봉사자 또는 저임금 근로자 고용

- 출장비용 절감을 위해 지역 전문가를 활용하여 데이터 수집
- 비용이 적게 드는 인력을 훈련하여 과업 수행
- 장비, 인력, 물품, 소모품 등의 대여
- 외부 평가자가 고용된 조직에 현물 부담을 요청
- 평가의 범위 축소(일부를 향후에 하는 것으로 연기하기 등).
- 기존의 측정치, 데이터 또는 보고서를 사용
- 데이터가 대단히 정확하지 않아도 결과에 심각하게 영향을 미치지 않는다면, 비용이 저렴한 데이터 수집 방법 사용
- 결과 배포를 위해 대중매체 이용
- 체계적 관리를 통해 효율성 제고

프로젝트 예산 중 평가를 위한 예산의 비중은 프로젝트의 가시성, 계획된 평가범위 및 평가가 제대로 이루어지지 않을 경우에 발생하는 문제 등 여러 요인에 따라 달라진다. 켈로그 재단의 평가 **도구**(Evaluation Toolkit)(1998)에 따르면, 평가 예산이 프로젝트 전체 예산의 5~10% 정도를 차지해야 한다. 프로젝트의 비용의 1~3%가 평가에 배정되어야 한다는 주장도 있다(대규모 프로젝트의 경우 비율은 더 작아진다).

4) 프로젝트 관리

프로젝트 관리는 일정, 범위, 비용 및 가용자원을 포함하여 프로젝트의 모든 측면을 동시에 관리하는 것으로, 여러 단계를 포함하는 과정이다. 프로젝트 관리 모델과 프로젝트 관리 인증 프로그램은 다양하다. 프로젝트 관리 분야 권위자 중 한 사람인 마이클 그리어(Michael Greer, 2001)는 활동과 결과를 강조하는 모델을 개발했다. 그의 모델은 프로젝트 관리를 5단계로 나눈다.

- 시작(initiating)

- 계획(planning)

- 실행(executing)

- 감독(controlling)

- 종료(closing)

각 단계는 그리어가 활동(Action)이라 부르는 단계로 나뉜다. 그는 5단계에 걸쳐 수행해야 할 20가지 활동을 제시한다(표 12.2).

표 12.2 그리어의 프로젝트 관리자의 20가지 활동

단계/활동	성공적 수행의 결과
시작 단계	
① 프로젝트 수요와 실행 가능성을 보여준다	프로젝트 산출물에 대한 수요를 확인하고, 넓은 관점에서 산출물, 산출물을 생성하는 의미, 산출물을 생성하고 시행하는 비용, 산출물을 시행함으로써 확보할 수 있는 이득을 설명하는 문서
② 프로젝트 승인을 획득한다	자금 지원기관이 "계속 혹은 중지" 결정 프로젝트 활동에 필요한 자원을 공식적으로 신청할 수 있음; 프로젝트 헌장(Project charter)은 ① 프로젝트를 공식화하고, ② 외부 혹은 필요한 자원을 신청할 수 있는 고위급 관리자가 작성하며, ③ 프로젝트 관리자가 필요한 자원을 신청할 수 있도록 권한을 부여한다.
③ 단계별 승인을 획득한다	자금 지원기관이 '계속' 혹은 '중지' 결정을 내리는데, 프로젝트 관리자에게 특정 단계의 활동에 자원을 지원하도록 권한을 부여한다. 각 단계에 대한 승인문서는, ① 그 절차를 공식화하고, ② 외부 혹은 프로젝트의 수요를 충족시킬 수 있는 수준인 관리자가 작성한다.
계획 단계	
④ 프로젝트 범위를 설명한다	• 프로젝트 범위에 대한 서술 • 범위 관리 계획 • 업무 분업 구조
⑤ 프로젝트 활동을 정의하고 배열한다	• 수행 활동 목록 • 업무 분업 구조 업데이트 • 프로젝트 네트워크 다이어그램
⑥ 활동의 지속기간과 필요한 자원을 예상한다	• 각 활동에 필요한 시간 계산과 관련 가정 • 필요한 자원에 대한 설명 • 활동 목록 업데이트

⑦ 프로젝트 일정을 정한다	• 시간에 따른 자원 활용, 현금 흐름 예상, 주문/산출 일정 등과 같은 세부사항 지원
⑧ 비용을 추산한다	• 각 활동 완료까지 소요되는 비용 추정 • 가정 및 제약 요인을 포함한 세부사항 지원 • 처리 가능한 비용 변동 정도를 설명하는 비용 관리 계획
⑨ 예산과 지출계획을 세운다	• 측정/모니터링 비용 기준치 또는 시간별 예산 • 어떤 자원이 언제, 어느 정도 지출될 것인지 나타낸 지출계획
⑩ 공식적인 품질관리계획을 세운다(선택적)	• 조작적 정의(Operational definition)를 포함한 품질관리계획 • 품질 확인 체크리스트
⑪ 공식적인 프로젝트 의사소통 계획을 세운다(선택적)	• 수집구조, 배분 구조, 배포될 정보에 대한 설명, 정보 생성 일정, 커뮤니케이션 계획 업데이트 방법 등을 포함하는 커뮤니케이션 관리계획
⑫ 직원을 구하고 조직한다	• 역할과 책임 배정 • 직원 채용 계획 • 적절한 세부사항을 포함한 조직도 • 프로젝트 직원 • 프로젝트 팀 전화번호부
⑬ 위험요소를 확인하고 대응계획을 세운다(선택적)	• 자원, 조짐, 해결방안을 포함하여 잠재적 위험요소를 설명한 문서
⑭ 외부 자원에 대한 계획을 수립하고 획득한다(선택적)	• 계약자 고용 방법을 설명하는 조달 관리 계획 • 조달 품목(제품 또는 서비스)을 설명하는 작업 설명서 또는 요구사항 설명서 • 입찰 문서 • 평가 기준(계약자의 제안서 평가 기준) • 재화 또는 서비스에 대해 공급자와의 계약
⑮ 프로젝트 계획을 수립한다	• 기존 프로젝트 계획을 아우르는 포괄적인 프로젝트 계획
⑯ 프로젝트 계획 단계를 종료한다	• 자금 지원기관이 서면으로 허가한 프로젝트 계획(프로젝트 착수 '승인')
⑰ 프로젝트 계획을 검토하고 필요할 경우 다시 계획을 세운다	• 특정 단계를 실행하는 세부 계획이 정확하고 계획된 결과를 효과적으로 달성할 것이라는 확신

실행 단계

⑱ 프로젝트를 실행한다	• 작업 결과(산출물) • (프로젝트 확대 또는 축소를 바탕으로 한) 요구사항 변경 • 주기적 진행보고서 • 팀 성과에 대한 평가 또는(필요한 경우) 개선 • 산출물에 대한 입찰/제안서 요청, 계약자(공급자) 선정 및 계약의 재체결 • 원하는 결과를 달성하기 위한 계약 관리

감독 단계

⑲ 프로젝트 활동을 감독한다	• 점검된 산출물을 수용하는 결정 • 산출물에 대한 재작업, 작업절차 조정 등과 같은 수정 조치 • 프로젝트 계획과 범위 업데이트 • 교훈 목록 • 품질 개선 • (적용 가능하다면) 완성된 평가 체크리스트

종료 단계

⑳ 프로젝트 활동을 종료한다	• 자금 지원기관이 이 단계 또는 활동의 결과물을 수용한다는 공식 승인 문서 • 계약자 작업 결과 및 파일 업데이트를 수용한다는 공식 승인 • 달성을 위해 준비된 프로젝트 기록 업데이트 • 작업 결과에 대한 후속조치 그리고/또는 출구전략

자료: Greer(2001).

요약

평가가 목표를 달성하기 위해서는 계획이 필수적이다. 평가자는 다른 평가 참여자와 관련된 자신의 역할과 책임을 이해해야 한다. 평가 직무기술서는 모든 사람이 검토할 수 있도록 이러한 책임을 문서화한 것이다.

인력, 시간, 과업 및 비용과 관련된 문제를 해결하는 데에서, 평가 관리자는 평가 목표를 잊지 말고 이를 달성하기 위해 모든 결정을 해야 한다.

12장 연습문제

응용연습 12.1 평가 직무기술서(TOR)

아래 평가 직무기술서를 읽고, 지시사항에 따르라.

세계무역기구(WTO)의 제안으로, 통합 프레임워크 프로그램(Integrated Framework program)을 관리하는 관계부처 그룹은 세계은행의 지난 2년간의 프로그램 집행에 대한 검토를 시행하도록 요청했다. 여러 기관의 공동 프로그램인 통합 프레임워크 프로그램은 최빈국이 국제 무역체계를 통해 경제성장을 달성하도록 지원하기 위해, WTO 규정 관련 세미나 개최에서부터 항구와 항만 개선에 이르기까지 무역과 관련된 원조를 제공한다. 개별 국가는 공여국의 지원을 위한 원조 요청서를 제출한다.

보고서는 다음과 같은 주제를 다루어야 한다.

- 통합 프레임워크의 목표에 대한 인식(관련 당사자의 의견을 조사함으로써 달성)
- 무역 관련 원조 검토(제도 구축, 사람과 기업의 역량 및 인프라 구축)
- 통합 프레임워크의 확대와 무역 및 거시경제 정책 환경 등을 포함한 정책적 고려 사항
- 통합 프레임워크 행정관리
- 향후 제언 사항

컨설턴트는 통합 프레임워크의 운영과 그 목적 간의 관련성을 평가해야 한다. 또한 비용 대비 효과성과 프레임워크, 토론회 및 다른 활동을 감독하는 주요 기관 사이의 조율의 효과성을 평가해야 한다.

컨설턴트는 프로젝트 집행 관련 문헌을 검토하고, 관련 기관의 운영 직원 모두와 인터뷰를 시행하고, 최빈국 대표뿐만 아니라 통합 프레임워크 지원을 받은 2개 이상의 아프리카 국가를 포함한(보츠와나와 우간다를 제안한다) 최빈국 정부 혹은 기업 대표를 검토해야 한다. 이 보고서는 부록을 포함하지 않고 약 20쪽 정도의 분량이어야 한다.

가능하면 2인 1조로 협력해 평가 직무기술서를 검토하고 비판하며 다음 질문에 대한 답을 구한다.

1. 평가 직무기술서가 필요한 모든 요소를 포함하고 있는가?
2. 어떤 요소가 완료되었는가?
3. 어떤 요소가 개선될 수 있는가?

응용연습 12.2 당신은 관리자가 될 준비가 되었는가?

관리자의 특성 목록(Reh, 2007)을 자세히 읽어보고 당신이 가진 기술과 개선해야 할 기술을 확인한다.

사람으로서

- 당신은 당신 자신과 능력에 대한 자신감이 있어야 한다. 당신은 자기 자신에 대해 만족하지만 계속해서 학습하고 더 나아지고 있다.
- 당신은 외향적인 사람이어야 한다. 당신은 파티의 스타가 될 필요가 없다. 하지만 인기 없는 사람이 되어서는 안 된다. 관리는 사람을 다루는 기술이며, 사람을 만나는 것을 즐기지 않는 사람을 위한 일이 아니다.
- 당신은 정직하고 솔직해야 한다. 당신의 성공은 다른 사람의 신뢰에 좌우된다.
- 당신은 '통합하는 사람'이지 '배제하는 사람'이 아니다. 당신은 당신이 하는 일에 다른 사람

을 끌어들인다. 당신은 다른 사람들이 어떤 특성이 부족하다고 해서 배제하지 않는다.

● 당신은 존재감이 있어야 한다. 관리자는 이끌어야 한다. 영향력이 있는 지도자는 방에 들어설 때 다른 사람의 주목을 이끄는 특징을 가지고 있다.

업무에 대해

● 당신은 일관적이지만 경직되어 있지는 않다. 신뢰할 수 있지만, 마음을 바꿀 수 있다. 당신은 결정을 내리지만 다른 사람들의 조언을 쉽게 받아들인다.

● 당신은 조금 특이하고 독창적이다. 당신은 새로운 일을 시도하고, 그것이 실패하면 실수를 인정하지만, 시도한 것 자체는 사과하지 않는다.

● 당신은 '계산하는 것'을 두려워하지 않는다. 계획 및 일정을 세우고 그에 따라 일한다.

● 당신은 민첩하고 신속하게 계획을 변경할 수 있다. 하지만 변덕이 심하지는 않다.

● 당신은 정보를 도구로 볼 뿐, 비축된 힘이라고 생각하지는 않는다.

참고문헌

Bemelmans Videc, M. L., R. C. Rist, and E. Vedung. 1997. *Sticks, Carrots, and Sermons: Policy Instruments and Their Evaluation.* Piscataway, NJ: Transaction Publishers.

Billson, Janet Mancini. 2004. *The Power of Focus Groups: A Training Manual for Social, Policy, and Market Research: Focus on International Development.* Burlington, RI: Skywood Press.

CDC(U.S. Centers for Disease Control and Prevention). 2001. *Introduction to Program Evaluation.* http://www.cdc.gov/tobacco/tobacco_control_programs/surveillance_evaluation/evaluation_manual/00_pdfs/Chapter1.pdf.

Chelimsky, E. 1987. "The Politics of Program Evaluation." *Social Science and Modern Society* 25: 24-32.

de Regt, Jacomina. 1996. "Mozambique: Country Implementation Review." In *World Bank Participation Sourcebook,* 83-88. Washington, DC: World Bank. http://www.worldbank.org/wbi/sourcebook/sb0211.pdf.

ESRC(Economic and Social Research Council). 2007. "Welcome to ESRC Today. Top Ten Tips." http://www.esrc.ac.uk/ESRCInfoCentre/Support/Communications_toolkit/communications_strategy/index.aspx.

Feuerstein, M. T. 1986. *Partners in Evaluation: Evaluating Development and Community Programs with Participants.* London: MacMillan, in association with Teaching Aids at Low Cost.

Fitzpatrick, Jody L., James R. Sanders, and Blaine R. Worthen. 2004. *Program Evaluation: Alternative Approaches and Practical Guidelines.* New York: Pearson Education.

Greer, Michael. 2001. "20 Key Project Manager Actions and Results." In *The Project Manager's Partner.* Amherst, MA: HRD Press. http://www.michaelgreer.com/20-actns.htm.

_____. 2008. *Michael Greer's Project Management.* http://www.michaelgreer.com.

Hawkins, Penny. 2005. "Contracting Evaluation." International Program for Development Evaluation Training(IPDET) presentation, Ottawa, June 30–July 1.

Horn, Jerry 2001. *A Checklist for Developing and Evaluating Evaluation Budgets.* http://www.wmich.edu/evalctr/checklists/evaluationbudgets.pdf.

Kellogg Foundation. 1998. *Evaluation Handbook.* Battle Creek, MI. http://www.wkkf.org/Pubs/tools/Evaluation/Pub770.pdf.

King, Jean A., Laurie Stevahn, Gail Ghere, and Jane Minnema. 2001. "Toward a Taxonomy of Essential Evaluator Competencies." *American Journal of Evaluation,* 222: 229–47. http://www.nbowmanconsulting.com/Establishingpercent20Essentialpercent20Programpercent20Evaluatorpercent20Competencies.pdf.

Kirkhart, K. E. 2000. "Reconceptualizing Evaluation Use: An Integrated Theory of Influence." In *The Expanding Scope of Evaluation Use,* ed. V.J. Caracelli and H. Preskill, 5–24. New Directions for Evaluation No. 88. San Francisco: Jossey-Bass.

Kusek, Jody Zall, and Ray C. Rist. 2004. *Ten Steps to a Results-Based Monitoring and Evaluation System.* Washington, DC: World Bank.

Lawrence, J. 1989. "Engaging Recipients in Development Evaluation: The 'Stakeholder' Approach." *Evaluation Review* 13(3): 243–56.

Leeuw, Frans. 1991. "Policy Theories, Knowledge Utilization and Evaluation." *OECD World Forum on Statistics: Knowledge and Policy,* vol. 4, 73–91. Organisation for Economic Co-operation and Development, Paris.

McNamara, C. 1999. *Checklist for Program Evaluation Planning.* http://www.managementhelp.org/evaluatn/chklist.htm.

Muir, Edward. 1999. "They Blinded Me with Political Science: On the Use of Non–Peer Reviewed Research in Education Policy." *Political Science and Politics* 32(4): 762–64.

NCSTE(Chinese National Centre for Science and Technology Evaluation), and IOB(Policy and Operations Evaluation Department [the Netherlands]). 2006. *Country-Led Joint Evaluation of the ORET/MILIEV Programme in China.* Amsterdam: Aksant Academic Publishers.

NEIR TEC(Northeast and the Islands Regional Technology in Education Consortium). 2004. *Gathering Together and Planning: Exploring Useful Skills for Educators to*

Develop Through Collaborative Evaluation. http://www.neirtec.org/evaluation/
    PDFs/Gathertogether3.pdf.
OECD(Organisation for Economic Co-operation and Development). n.d. *DAC Evaluation
    Quality Standards for Test Phase Application.* Development Assistance Com-
    mittee, Paris. http://www.oecd.org/dataoecd/30/62/36596604.pdf.
_____. 2002. *OECD Glossary of Key Terms in Evaluation and Results-Based Manage-
    ment.* Development Assistance Committee, Paris.
Patton, Michael Q. 1977. "In Search of Impact: An Analysis of the Utilization of Federal
    Health Evaluation Research." In *Using Social Research in Public Policy Making,*
    ed. C. H. Weiss, 141–64. Lexington, MA: Lexington Books.
_____. 1997. *Utilization-Focused Evaluation.* 3rd ed. Thousand Oaks, CA: Sage
    Publications.
_____. 2005. "Qualitative Methods and Analysis for Development Evaluation." International
    Program for Development Evaluation Training(IPDET) presentation, Ottawa, June
    27–29.
Reh, F. John. n.d. "How to Be a Better Manager." http://management.about.com/cs/mid
    careermanager/a/htbebettermgr.htm.
_____. 2007. "Management Tips." http://management.about.com/cs/generalmanagement/
    a/mgt_tips03.htm.
Rist, Ray C., and N. Stame. 2006. *From Studies to Streams: Managing Evaluative
    Systems.* Piscataway, NJ: Transaction Publishers.
Rossi, Peter Henry, Howard E. Freeman, and Mark W. Lipsey. 1999. *Evaluation: A
    Systematic Approach.* Thousand Oaks, CA: Sage Publications.
Rutman, L. 1980. *Planning Useful Evaluations: Evaluability Assessment.* Thousand Oaks,
    CA: Sage Publications.
Sanders, James R. 1983. "Cost Implications of the Standards." In *The Cost of Evaluation,*
    eds. M. C. Alkin and L. C. Solman, 101–17. Thousand Oaks, CA: Sage Publication.
Schwartz, R. 1998. "The Politics of Evaluation Reconsidered: A Comparative Study of Israeli
    Programs." *Evaluation* 4: 294–309.
Schwartz, R., and J. Mayne. 2004. *Quality Matters: Seeking Confi dence in Evaluating,
    Auditing, and Performance Reporting.* Piscataway, NJ: Transaction Publishers.
Scriven, Michael. 2007. "Key Evaluation Checklist." http://www.wmich.edu/evalctr/checklists/
    kec_feb07.pdf/.
Stufflebeam, Daniel L. 1999. "Evaluations Plans and Operations Checklist." http://www.
    wmich.edu/evalctr/checklists/plans_operations.pdf.
Tilley, Nick. 2004. *Applying Theory-Driven Evaluation to the British Crime Reduction
    Programme: The Theories of the Programme and of Its Evaluations.* Thousand

Oaks, CA: Sage Publications.

UNFPA(United Nations Population Fund). 2007. "Tool No. 5: Planning and Managing an Evaluation." *Programme Manager's Planning, Monitoring and Evaluation Toolkit.* New York. http://www.unfpa.org/monitoring/toolkit/5managing.pdf.

Weiss, Carol H. 1973. "Where Politics and Evaluation Research Meet." *Evaluation* 1: 37-45.

_____. 2004. *Identifying the Intended Uses of an Evaluation.* International Program for Development Evaluation Training(IPDET) presentation, Ottawa, July. http://www.idrc.ca/ev_en.php?ID=58213_201&ID2=DO_TOPIC.

Wholey, J. S. 1979. *Evaluation: Promise and Performance.* Washington, DC: Urban Institute.

_____. 1994. "Assessing the Feasibility and Likely Usefulness of Evaluation." In *Handbook of Practical Program Evaluation,* eds. Joseph S. Wholey, Harry P. Hatry, and Kathryn E. Newcomer, 15-9. San Francisco: Jossey-Bass.

Widavsky, A. 1972. "The Self-Evaluating Organization." *Public Administration Review* 32: 509-20.

World Bank. 2006. *The World Bank Participation Sourcebook.* Washington, DC: World Bank. http://www.worldbank.org/wbi/sourcebook/sbhome.htm.

웹사이트

Canadian Evaluation Society. *Professional Designation Project.* http://www.evaluation canada.ca/site.cgi?s=5&ss=6&_lang=EN.

Conflict Resolution Information Source. http://www.crinfo.org/index.jsp.

Conflict Resolution Network. http://www.crnhq.org/.

EIB(European Investment Bank Group). 2008. "What Is the EIB Group?" http://www.eib.org/attachments/general/whatis_eibgroup_2008_en.pdf.

ESRC(Economic and Social Research Council). "ESRC Society Today: Communication Strategy." http://www.esrc.ac.uk/ESRCInfoCentre/Support/Communications_toolkit/communications_strategy/index.aspx.

Europe Aid Co-operation Office. 2005. *Evaluation Methods.* http://ec.europa.eu/europeaid/evaluation/methodology/index_en.htm.

_____. 2006. *Methodological Bases.* http://ec.europa.eu/europeaid/evaluation/methodology/ methods/mth_en.htm.

European Commission. 2008. *Evaluation Network.* http://ec.europa.eu/regional_policy/sources/docgener/evaluation/tech_en.htm.

Evalnet. 2000. http://www.evalnet.co.za/services/.

IBSTPI(International Board of Standards for Training, Performance, and Instruction). *Competencies for Internal Staff and External Consultants Conducting*

Evaluations in Organizational Settings. http://www.ibstpi.org/Competencies/evaluatorcompetencies.htm.

IDRC(International Development Research Centre). 2004. *Evaluation Planning in Program Initiatives*. http://web.idrc.ca/uploads/user-S/108549984812guidelineweb.pdf.

MSH(Management Sciences for Health), and UNICEF(United Nations Children's Fund). "Quality Guide: Stakeholder Analysis." In *Guide to Managing for Quality*. http://bsstudents.uce.ac.uk/sdrive/Martin percent20Beaver/Week percent202/Qualitypercent20Guide percent20- percent20Stakeholder percent20Analysis.htm.

Treasury of Board of Canada Secretariat. 2005. *Improving the Professionalism of Evaluation*. http://www.tbssct.gc.ca/eval/dev/Professionalism/profession_e.asp.

UNDP(United Nations Development Programme). 2006. *Planning and Managing an Evaluation Website*. http://www.undp.org/eo/evaluation_tips/evaluation_tips.html.

UNFPA(United Nations Population Fund). 2004. *Programme Manager's Planning, Monitoring and Evaluation Toolkit*. http://www.unfpa.org/monitoring/toolkit/5managing.pdf.

Weiss, Carol. *Identifying the Intended Use(s) of an Evaluation*. International Development Research Centre. http://www.idrc.ca/ev_en.php?ID=58213_201&ID2=DO_TOPIC.

Western Michigan University Evaluation Center. *Evaluation Checklists*. http://www.wmich.edu/evalctr/checklists/checklistmenu.htm.

_____. *The Checklist Project*. http://evaluation.wmich.edu/checklists.

평가 직무기술서(TOR)의 예시

ADB(Asian Development Bank). 2008. *Model Terms of Reference Diagnostic City Water Assessment*(Links). http://www.adb.org/Water/tools/City-Water- Assessments.asp.

CIDA(Canadian International Development Agency). *Model for Evaluation Terms of Reference*. http://www.acdicida.gc.ca/INET/IMAGES.NSF/vLUImages/Performance review4/US$fi le/tor_sample_text.pdf.

FAO(Food and Agriculture Organization of the United Nations). *FAO Model Terms of Reference for a Joint Evaluation Mission*. http://www.fao.org/pbe/pbee/common/ecg/233/en/torseng.doc.

UNDP(United Nations Development Programme). 2002. *Handbook on Monitoring and Evaluating for Results*. http://www.undp.org/eo/documents/HandBook/ME-Hand Book.pdf.

결과 발표

일단 자료수집과 분석이 거의 완료되면, 이제 잠정 결과를 공유하고 최종 결과를 전달하기 위한 계획을 수립할 차례이다. 평가를 통해 발견된 사항을 공유하고, 이를 반영해 변화를 도모하는 것은 평가의 가장 중요한 부분 중 하나이다. 평가 결과 발표는 문서(메모 또는 보고서) 또는 구두(브리핑이나 발표회 등) 형태로 이루진다.

이 장은 크게 다음과 같이 구성된다.
- 공유 전략 수립
- 평가보고서 작성
- 정보 공시
- 구두 발표

1. 공유 전략 수립

평가의 가치는 의사결정에 필요한 정보를 제공한다는 점에 있다. 개발평가를 설계할 때에는 평가의 최종목적이 이해관계자의 의사결정에 유용한 정보를 제공하는 것이라는 것을 명심해야 한다. 개발평가의 목적은 지식의 추구가 아니라는 것이 바로 평가와 연구의 핵심적인 차이점이다. 평가 결과는 청중/이용자(audiences)에게 명확하고 정확하게 전달해 평가 결과를 최대한 활용할 수 있도록 하는 것이 중요하다.

평가 결과의 공유 전략(communication strategy)은 개발평가의 핵심 구성요소로서, 평가의 초기단계에서부터 평가의 전 과정에 걸쳐 지속되어야 한다는 점을 지금까지 강조해왔다. 결과의 공유는 평가의 마지막 단계에서만 일어나는 활동이 아니다. 평가의 의뢰자 및 주요 이해관계자는 평가의 계획단계뿐 아니라 평가 결과를 공유하고 평가 결과의 환류를 위한 절차와 수단을 개발하는 데에도 참여해야 한다. 공유 전략은 처음부터 체계적으로 개발해야하며, 반드시 다음 내용이 명확히 제시되어야 한다.

- 평가 정보를 누가 필요로 하는가
- 무슨 정보가 필요한가
- 정보가 어떤 형태로 제공되어야 하는가
- 언제 정보가 제공되어야 하는가
- 정보 제공의 책임자는 누구인가

평가의 모든 단계와 산출물을 포괄하며, 이해관계자의 수요에 맞추어 다양한 전달 방식을 활용하는 공유 전략을 수립해야 한다.

먼저 평가 의뢰기관과 함께 평가 이슈에 대해 사전협의를 실시하고, 현지 이해관계자 그룹과의 논의를 통해 공유전략을 수립한다(표 13.1). 평가 의뢰

표 13.1 평가의 예비단계, 설계단계에서의 홍보전략 체크리스트 샘플

대상	조치	홍보방식	책임자	기한
사전작업				
고객/의뢰기관	프로젝트 이슈와 소요시간 논의	회의	팀장	6/1
국가 및 지역 차원의 비정부조직	프로젝트 이슈 논의	회의	팀원 B	6/5
프로젝트 담당자	프로젝트 이슈 논의	회의	팀원 C	6/11
지방정부 공무원	프로젝트 이슈 논의	회의	팀원 B	6/10
자문위원회	초대장 발송	이메일	팀원 A	6/14
	이슈에 대한 사전회의 계획, 개최	자문위원회	팀원 B	6/25
개발평가 커뮤니티	이슈에 대한 검토 권유	공개평가 웹사이트에 대해 이메일로 공지	팀원 C	6/25
설계				
자문위원회	설계초안에 대한 검토 및 논의	회의	팀원 A	7/15
	최종 설계안 제공	이메일	팀원 A	7/30
고객	최종 설계안 공유	구두 브리핑	팀장	7/22
개발평가 커뮤니티	설계 초안 검토	웹사이트(개진된 의견 모니터링)	팀원 B	7/31

자료: 저자 작성.

기관과 논의한 후에는 평가설계에 대해 공식적인 브리핑을 시행할 수 있다. 대중의 의견수렴을 위해 평가설계가 웹사이트에 공개되어 있다는 점을 현지 이해관계자 그룹에게 이메일로 안내할 수 있다. 평가 의뢰기관과 주요 이해관계자에게 전화 또는 이메일로 평가의 진행 상황에 관한 정보를 지속적으로 제공하는 등 평가 수행기간 중의 비공식적인 평가 결과 공유도 의미가 있다.

최종 결과는 다양한 형태로 확산할 수 있다. 예를 들면, 공여자에게는 최종 공식 보고서를 제출하고 평가 결과에 대한 심층 브리핑을 실시할 수 있다. 현지 프로젝트 관리자에게는 평가 결과 개요 보고서를 제시하고 간단한 브리핑을 실시할 수 있다.

평가자는 브리핑이나 발표회, 보고서 제출 등을 통해 최종결과를 보고한

로렌즈 등(Lawrenz, Gullickson, and Toal, 2007)은 평가 결과를 이해관계자들과 공유하기 위해 다양한 혁신적 기법을 사용했다.

① 사례조사 결과를 인터넷을 포함한 다양한 방식으로 확산했다. 사례조사 결과는 평가팀의 13개 프로젝트 현지방문 결과를 담고 있다. 단지 평가 의뢰기관뿐만 아니라 향후 수혜 대상자의 수요까지 고려한 방법이다.

② 평가 결과를 바탕으로 아홉 차례 이슈 보고서(협업, 확산, 자료 개발, 전문적인 개발, 프로젝트 개선, 모집과 유지, 지속성, 자문위원회, 평가 등의 주제)를 발간했고 웹사이트에 게시했다. 현장방문 보고서, 설문조사 데이터, 이슈별 사전연구조사 등을 종합한 내용이다.

③ 이슈 보고서에 대한 관심을 높이기 위한 책자를 제작했다. 그 책자는 엄청난 흥미를 유발하여, 그들이 저널에 이슈 보고서를 발간했을 때 당초 계획했던 것보다 더 폭넓은 이용자를 대상으로 평가 결과를 확산하게 되었다.

④ 그들이 현장 방문에서 실시했던 절차를 포함한 현장 방문 핸드북을 온라인에 게시했다. 웹페이지에 핸드북을 올린 후에 많은 기관과 다른 연구자들이 관심을 가지고 있음을 알게 되었다.

⑤ 자신들이 연구해온 프로젝트의 지속성을 높이기 위한 단계별 핵심 조치를 담은 책자를 개발했고, 이를 PDF 형태로 웹사이트에 게시했다. 이는 사용하기 쉬울 뿐 아니라 프로젝트 개선에 적절한 정보로 구성되어 있어 현장에서 잘 받아들여졌다.

⑥ 일부 아이디어에 대한 심도 깊은 논의를 위하여 영상회의를 개최했다.

⑦ 영상회의 진행 모습을 웹사이트에 연결했다. 연구저자, 영상회의에 참석한 주요 연사에 대한 정보와 함께 관련 문서와 동영상 자료를 웹사이트에 게시했다. 이러한 모든 정보들이 웹사이트에 게시되었고 CD로도 제작되었다.

다. 보다 광범위한 대중 및 이용자를 대상으로 결과를 확산하기 위해서는 보도자료를 활용한다. 보도자료 배포나 기자회견 등을 계획한다면 시기와 구체적 방안에 대해 주요 이해관계자와 논의를 해야 한다.

평가자와 이해관계자가 평가의 결과, 시사점, 대안, 후속 조치를 논의할 수 있도록 환류 절차를 포함하는 것도 중요하다. 만약 대규모 그룹 토론을 개최할 경우, 평가자는 평가 결과를 상이한 이해관계자 그룹과 동시에 공유하는 데 문제가 있을지 파악해야 한다.

기술적인 평가보고서가 평가 결과를 전달하는 가장 효과적인 방법이 아닐 수 있다(Torres, Preskill, and Pinotek, 1997). 평가자는 메시지를 전달하기 위하여 책자, 비디오, 이슈 보고서, 차트와 그래프가 있는 짧은 요약문 등의 방안을 활용해야 한다(박스 13.1).

2. 평가보고서 작성

보고서의 목적은 독자들과 소통하는 것이다. 이를 위해서는 아래 사항을 고려해야 한다.

- 보고서 작성 시 보고서의 목적과 독자를 염두에 두고, 독자에 대해 되도록 많은 것을 파악하여 독자에게 가장 효과적인 방식으로 보고서를 작성
- 간단하고 적극적이고 긍정적이며 익숙하고 문화적으로 이해하기 쉬운 단어 사용
- 축약형과 약어는 최대한 자제
- 배경설명은 보고서의 맥락을 소개하기 위해 필요한 수준으로만 제한. 필요시 추가적인 배경설명은 부록으로 제시
- 독자가 보고서를 신뢰하는 동시에 평가의 한계도 인지할 수 있도록 평가의 구성과 방법론에 대해 충분한 정보 제공, 평가 결과를 왜곡하지 않도록 주의
- 요약문 작성(요약문에 대한 설명은 다음에 이어짐).
- 주요 주제나 핵심 질문에 대한 답을 제시하는 내용으로 보고서 본문을 구성
- 각 부문별로 중요한 포인트를 처음에 제시하고, 설명하려는 포인트가 무엇인지에 관한 언급으로 각 문단 시작
- 결론과 제언사항을 뒷받침할 근거를 제시
- 평가설계 매트릭스나 조사 수단에 관한 기술적인 정보는 부록에서 설명
- 충분한 시간을 들여서 검토, 검토, 또 검토!
- 보고서를 한 번도 읽어보지 않은 사람에게 초안 교정을 위임하여, 누락된 내용이

나 명확하지 않은 부분을 검토하도록 요청

- 가능하다면 평가에 관한 지식이나 이슈에 대한 전문성을 가진 외부 검토자에게 최종 초안의 검토를 요청하고, 보고서에서 수정이 필요한 부분을 제안하도록 요청. 만약 동료검토가 적절하지 않은 경우라면 해당 평가수행에 관여하지 않은 동료에게 보고서 검토를 요청

1) 요약문

요약문(Executive summary)은 평가를 통해 답을 구하려는 평가 질문, 평가 방법론, 평가 결과와 결론, 권고사항 등을 요약하여 제시한다.

요약문은 독자가 평가보고서의 주요 메시지를 신속하게 파악할 수 있도록 작성한다. 요약문은 보고서의 결론 부분을 단순히 축약하는 것이 아니고 본문에 나올 내용을 예고하기 위한 것도 아니다. 요약문은 보고서의 본문을 읽을 수 없을 정도로 시간이 없는 독자를 위한 하나의 완결된 문서여야 한다.

스크리븐(Scriven, 2007: 1)에 따르면, 요약문의 목적은 결과의 요약이지 절차의 요약이 아니다.

평가를 통해 확인한 결과와 고객과 이해관계자, 독자의 수요가 어떻게 연관되는지를 기준으로 전체적인 요약문을 어떻게 구성할지 평가의 전 과정에서 지속적으로 자문해야 한다. 이런 자문을 거치면서 가장 중요한 문제에 대해 알아내야 할 사항에 집중할 수 있게 된다.

요약문은 간결해야 한다. 2쪽이면 적당하고 4쪽을 넘으면 너무 길다. 요약문은 다음과 같은 내용으로 구성한다.

- 독자의 주목을 끌 수 있는 방식으로 평가의 목적 및 이슈를 개괄적으로 설명 또는

소개

- 평가를 통해 답을 얻고자 하는 질문, 평가의 범위와 평가 기법에 관한 간단한 설명
- 연구의 맥락을 알려주기에 충분한 배경 설명
- 독자에게 가장 중요하다고 생각되는 주요 평가 결과에 관한 요약
- 독자가 참고할 수 있도록 해당 부문별 쪽번호 정보 제공
- 주요 평가 결론 및 권고사항

2) 보고서 본문

평가보고서 본문의 구성요소는 다음과 같고, 일반적으로 각 구성요소별로 장을 나눈다.

- 서론
- 평가에 관한 설명
- 평가 결과
- 결론
- 권고사항

서론에서 다룰 내용은 다음과 같다.

- 평가 목적
- 평가 배경
- 변화모형이론을 통해 도출된 프로젝트의 목적과 목표
- 평가질문

평가에 관한 설명 부분에는 다음과 같은 내용이 포함되어야 한다.

- 평가 목적
- 평가 범위
- 평가 기법
- 평가의 한계
- 평가 참여자(자문 이사회, 컨설팅 회사)

평가에 관한 설명 다음에는 평가 결과가 이어진다. 평가 결과 부분을 작성할 때 평가자는 반드시 다음과 같은 사항을 유의해야 한다.

- 독자들이 정확히 이해할 수 있는 방식으로 평가 결과를 설명
- 가장 중요한 결과만 포함
- 연구 질문과 주요 주제 또는 이슈에 관한 결과로 구성
- 주요 포인트를 강조하기 위해 차트, 표, 그래프 등을 사용

보고서의 마지막 부분인 결론과 권고사항은 독자들이 가장 먼저 읽는 부분이기도 하다. 평가자는 종종 결과와 결론의 구분을 어려워한다. 결과는 평가를 통해 파악한 사실로서 근거에 의해 뒷받침되어야 한다.

결론은 평가 결과에 대한 전문적인 판단을 기반으로 도출된다. 결론은 평가의 하위 목표뿐 아니라 대상 프로젝트의 전반적인 목표에 관한 것이어야 한다. 결론에서 새로운 정보를 제시하지는 않는다.

권고사항은 보고서를 통해 의뢰기관 또는 핵심 이해관계자에게 이행하도록 요구하는 바로서, 행동을 요구한다. 권고사항을 작성하는 것은 쉽지 않은 일이다. 문제에 대한 해결책을 결정할 수 있는 관리자의 권한을 축소시킬 정도로 권고사항이 너무 구체적이어서는 곤란하다. 예를 들면 평가를 통해 가격정책의 개선을 권고할 수는 있지만, 정책을 입안하거나 정책이 갖추어야 할 구체적인 조건까지 다루지는 않는다. 하지만 평가 결과를 통해 가격정책

에 반드시 포함되어야 할 핵심요소를 제시할 수는 있다.

동시에 권고사항이 일반적이기만 해서는 안 된다. 권고사항은 이를 충족하기 위해 필요한 조치가 무엇인지, 어떤 조직 또는 부서가 언제 조치를 취해야 하는지 등에 관한 내용을 모든 사람이 이해할 수 있을 만큼 충분히 명확하고 구체적이어야 한다.

모든 권고사항을 단순히 나열해서는 안 되며, 평가자는 중요도 순으로 권고사항을 서너 개 정도로 제한해야 한다.

필요한 경우 평가자는 권고사항을 서너 개 정도의 그룹으로 분류해 구성한다. 권고의 어조도 신중해야 한다. 의사결정의 주체는 평가 결과 보고서가 아닌, 관리자라는 점을 명심해야 한다.

권고사항은 후속조치가 없다면 그 의미가 약화된다. 권고사항의 후속조치를 위한 한 가지 방법은 권고사항 이행 추적 시스템(tracking system)을 수립하는 것이다. 추적 시스템을 통해 이해관계자는 평가 권고사항의 이행 여부를 모니터링할 수 있다. 각 권고사항이 평가에서 제시된 순간부터 이행 과정의 진전 상황을 확인하는 과정으로서, 다음 내용을 포함한다.

- 권고사항이 제시된 날짜
- 권고사항 이행의 책임자
- 응답(response)/진전사항(progress)

표 13.2 권고 추적 시스템

권고사항	출처	날짜	책임자	응답/진전사항
1.				
2.				
3.				
4.				

자료: 저자 작성.

그림 13.1 IFC의 권고사항 이행 추적을 위한 2단계 MATR

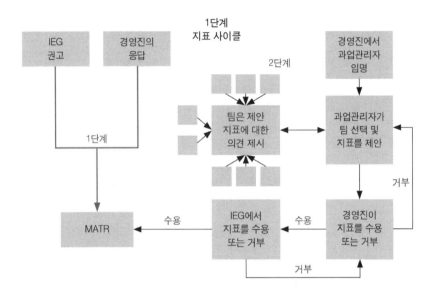

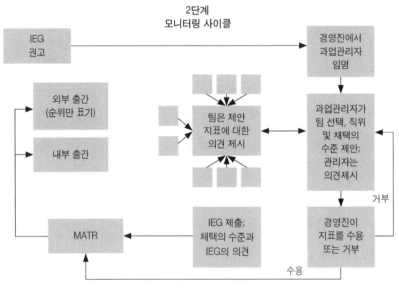

자료: Independent Evaluation Group of the International Finance Corporation(2008).

표 13.2는 권고사항 추적 시스템으로 활용할 수 있는 간단한 매트릭스를 보여준다. 평가자가 이 매트릭스의 첫 번째 두 열을 채울 수 있고, 이후 관리자가 권고사항의 후속조치 사항을 확인한다.

세계은행의 국제금융기업(IFC)은 권고사항 추적 시스템을 개발해 활용하고 있다. IFC의 독립평가그룹(IEG)에서 준비한 평가보고서는 IFC의 경영진에 대한 권고사항과 IFC의 답변을 포함한다. 이러한 권고사항은 IFC 이사회의 개발효과성위원회(Board's Committee on Development Effectiveness: CODE)에서 논의된다. CODE는 권고사항의 채택 수준과 현황을 포함한 주기적인 상황을 보고받는다. IEG는 IFC 경영진과 함께 경영조치 추적보고(Management Action Tracking Record: MATR, 영단어 'Matter'와 동일하게 발음)를 개발했다.

MATR은 완결된 보고체계를 유지하도록 설계되어 있어서 IEG나 IFC도 최종순위를 바꿀 수 없다. 그림 13.1은 MATR의 두 단계를 보여준다. 첫 번째 단계에서 IEG와 IFC는 각 권고사항의 이행 여부를 판단하는 지표를 선정한다. 두 번째 단계에서는 이행 중인 권고사항의 각 채택수준과 현황에 대해 주기적으로 업데이트된 정보가 CODE에 보고된다.

IEG와 IFC 순위는 동일하지 않아도 된다. 권고사항이 이행되거나 대체되거나 더는 관련이 없을 경우 그 이상 추적하지 않는다. IFC 경영진이 수용하지 않은 권고사항도 추적하지 않는다.

3. 정보 공시

시각 정보는 보고서를 흥미롭게 만들고, 문자보다 명확하게 정보를 전달하며, 독자의 시선을 끌어당길 수 있다. 따라서 그래픽을 효과적으로 활용함으로써 평가보고서의 영향력을 향상시킬 수 있다.

1) 삽화

삽화(Illustrations)는 텍스트로 표현된 내용의 초점을 강화할 수 있도록 도
와준다. 하지만 삽화는 단순한 장식이 아니고, 삽화를 삽입하는 분명한 이유
가 있어야 한다. 보고서 표지의 삽화는 전체적인 주제와 관련이 있고 해당 위
치에 있어야 하는 구체적인 이유가 있을 때 삽입한다.

모든 삽화는 독자들이 그림에서 주목해야 할 부분을 가리켜주도록 본문에
서 언급되어야 한다. 평가보고서에 쓰일 수 있는 삽화의 종류에는 지도, 스케
치, 선화(Line drawing), 사진 등이 있다. 삽화를 쓰기 위해서는 승인이 필요
한 경우가 있다.

▌ 지도

다음과 같은 내용을 보여주기 위해 지도를 활용할 수 있다.

- 프로젝트의 대상지를 표시
- 지리적 맥락 제공
- 프로젝트의 지리적 범위 또는 확산 영역을 표기
- 샘플을 그리기 위한 기초 표시
- 패턴이나 등치선을 이용하여 지역의 지형적 비율이나 수준을 지시(Cummings, 2003)

지도를 최대한 활용하기 위한 유의사항은 다음과 같다.

- 지도가 읽고 이해하기 용이해야 함(패턴이나 음영 구분이 명확해야 함)
- 최신 버전을 활용
- 출처를 표기

그림 13.2 개입 전후의 마을에 대한 아이들의 인상

자료: Cummings(2003).

- 필요한 경우 축적을 나타내기 위한 나침반 화살 표기

■ 스케치와 선화(線畵)

자료수집의 일환으로 평가자는 때로 참가자들에게 스케치를 요구한다(그림 13.2). 이러한 스케치는 다음과 같은 목적으로 활용할 수 있다.

- 보고서에 흥미를 가미
- 보고서의 개인화(Personalize a report)
- 방법론적인 접근방식을 반영
- 기술적으로 그리기 어려운 아주 정교한 삽화가 필요할 때
- 유머 활용
- 참가자가 갖는 인상을 직접 보여주기

선화는 무엇이 어떻게 작동하는지 또는 하나의 대상이 다른 대상과 어떻게 연결되는지를 보여주기 위한 용도로 쓰인다. 선화는 말로 설명하기 훨씬 어려운 절차나 상황을 묘사하는 데 유용하게 쓰일 수 있다.

▌ 사진

사진은 보고서에 유용하게 추가될 수 있다. 사진의 기능은 다음과 같다.

- 맥락을 설명
- 현장 작업의 진전사항을 제시
- 직접적인 관찰을 포착(예를 들어 집의 형태, 인근지역의 혼잡한 상황)
- 현지 상황에 독자를 익숙하게 함
- 근거를 제시(Cummings, 2003)

삽화와 마찬가지로, 사진은 단순히 장식의 용도로 사용되어서는 안 된다. 레빈 등(Levin, Anglin and Carney, 1987)은 그림과 삽화를 사용하는 방안에 대한 정보를 검토하고 요약했다. 사진을 통한 학습과정의 효과에 대하여 다음과 같은 두 가지 결론을 내렸다.

- 삽화가 내용과 관련이 있으면, 학습과정에 실질적인 효과를 기대할 수 있다.
- 만약 삽화가 내용과 관계가 없거나 또는 심지어 상충되면, 학습과정에 미치는 효과가 없고 오히려 혼란을 야기할 수 있다.

따라서 보고서 안에 사진이나 다른 그림을 삽입하기 위해서는 그 위치에 넣어야 하는 구체적인 이유가 반드시 필요하다.

2) 차트와 그래프

차트와 그래프는 자료를 시각적으로 제시한다. 차트와 그래프에 대한 별도의 설명이 필요 없이 독자가 내용을 이해할 수 있도록 제시하는 것이 가장 이상적인 활용 방법이다.

▮ 조직도

조직도(Organization chart)는 조직 안의 계층을 표현한다(그림 13.3). 이러한 차트는 명확하고 압축적으로 조직 내의 책임 및 보고체계를 보여준다.

그림 13.3 조직도의 예

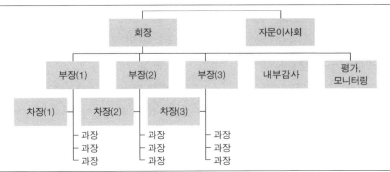

자료: 저자 작성.

조직도는 평가보고서에 자주 등장하는데, 이는 조직의 체계를 이해하는 것이 어떤 조직을 이해하는 첫 번째 단계가 될 수 있기 때문이다. 대부분의 문서작업 프로그램은 조직도를 그릴 수 있는 도구를 가지고 있다.

▮ 간트 차트

간트 차트(Gantt chart)는 계획을 나타낼 때 자주 사용된다(그림 13.4). 특히

그림 13.4 간트 차트 예시

과업	1주차	2주차	3주차	4주차	5주차	6주차	7주차
문헌 조사	△				▲		
이해관계자 회의		△				▲	
변화이론 초안 작성			△				▲

자료: 저자 작성.

프로젝트 관리에 유용하며, 그중에서도 프로젝트의 계획에 특히 유용하다.

■ 그래프

그래프는 제한된 자료를 통해 명백한 메시지를 전달해야 한다. 모든 그래프에는 제목, 숫자, 출처가 있다. 그래프의 제목에는 필요시 자료의 연도를 표기해야 한다(표 13.3).

표 13.3 그래프의 요소

요소	내용
제목	독자들이 그래프의 메시지를 바로 확인할 수 있도록 모든 그래프와 차트에 제목을 제시.
수평축 또는 x축	선그래프 또는 막대그래프에서 한 가지 변수를 나타내는 수평선(예컨대 시간).
수직축 또는 y축	선그래프 또는 막대그래프에서 두 번째 변수를 대표하는 수직선(예컨대 비용).
원점	수직축과 수평축이 만나는 지점.
격자	자료의 수준을 정확히 보여줌으로써 비교할 수 있도록 격자를 포함함. 산만해 보이지 않도록 최소한의 격자만 사용하는 것이 바람직함.
축 제목	x축 또는 y축의 제목은 매우 중요함. 제목을 통해서 표현의 대상과 측정 단위를 제시(연도, 미터, 파운드, 제곱마일, 달러, 온도). 예: 비용(미화), 거리(km)
축 눈금	x축과 y축의 값을 보여주려면 적절한 눈금이 필요함. 표시하려는 자료의 전체 범위를 포함할 수 있도록 눈금을 결정함. 변수 간의 관계를 가장 잘 보여줄 수 있도록 축의 눈금 간의 비율을 선택함.
실제 값	많은 그래프와 차트는 그래프에 실제 값을 표시함. 이러한 추가적인 값의 표기는 독자들이 실제 상황을 파악하는 데 도움을 줌.
좌표	x축의 값이 y축의 값과 만나는 지점. 조합의 표현 방식은 그래프의 종류에 따라 다름(점, 정점, 막대의 정상 등).

자료: 저자 작성.

다양한 그래프나 차트가 자료 전달에 유용하게 쓰일 수 있는데, 각각의 그래프나 차트는 서로 다른 목적으로 활용된다(표 13.4).

▶ 선그래프 ㅣ 선그래프*는 시간에 따른 변수의 변화를 보여주는 데 주로 쓰인다(그림 13.5, 그림 13.6) 예를 들어 평가자는 식품가격의 월별 등락이나

표 13.4 그래프 유형에 따른 형태와 목적

그래프 유형	예시	목적
선그래프		시간에 따른 경향을 표현
단일 막대그래프		선형 또는 일차원적 특성 비교
다원 막대그래프		공통변수를 지닌 두 가지 이상의 특성 비교
파이차트		전체를 구성하는 부분 표시
분포도		경향 또는 관계를 표현

자료: 저자 작성.

수년에 걸친 인구 변화 또는 6주간의 학생 성적을 선그래프로 표현할 수 있다.

선그래프는 동일한 기간 동안 한 가지 또는 복수의 항목의 변화상을 보여줄 수 있다. 선그래프는 연속적인 자료를 보여주기에 좋은 방식인데, 예를 들면 구간(interval) 자료 또는 비율(Ratio) 자료가 이에 해당한다. 구간 자료는 특정 범위로 구분될 수 있고 구간 사이에 유의미한 거리가 존재하는 자료를 말하는데, 그 예로는 소득액수, 교육연수, 투표수가 있다. 비율 자료는 0 값을 가지고 있는 구간 자료로서, 예를 들어 소득은 0달러가 진정한 '무소득'을 나타내기 때문에 비율자료이다.

---

* 선그래프(Line graph): 일련의 자료 지점들을 선으로 연결한 것. 대개 시간에 따른 변화를 보여준다.

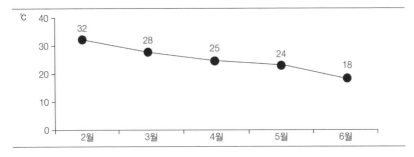

그림 13.5 A 지역의 평균기온 하락, 2008년 2~6월

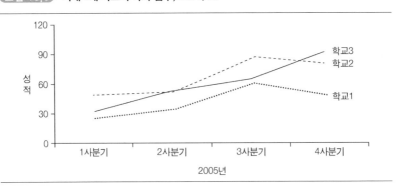

그림 13.6 역내 3개 학교의 독서 점수, 2004/05

▶ **막대그래프** | 막대그래프(Bar graph)는 양을 나타내거나 비교가 가능하도록 직사각형 모양의 긴 막대를 이용한다. 어떤 요소가 표현되었는지 독자가 확실히 이해할 수 있도록 막대그래프의 제목을 주의 깊게 붙여야 한다.

막대그래프에는 변수가 한 가지인 것과 두 가지 이상인 것 두 종류가 있다. 막대는 수직 또는 수평으로 표시할 수 있다.

복수의 집단이 가진 동일한 변수를 비교하기 위해서는 다원 막대그래프를 쓰면 된다. 예를 들어 한 국가의 서로 다른 세 지역의 광산 복구 비중을 비교하고자 한다면 이때 다원 막대그래프를 쓸 수 있다. 또 다른 예로는 설문조사 결과 남학생과 여학생의 응답 결과를 비교하기 위하여 막대가 2개인 그래프

그림 13.7 부모 테스트 결과 지역별 점수 차이

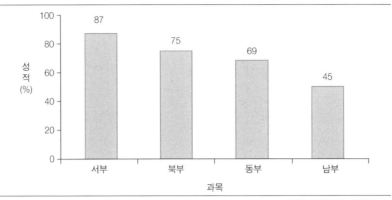

를 쓸 수 있다.

막대그래프는 종종 명목 자료 또는 범주 자료를 보여주기 위해 쓰인다. 명목 자료 또는 범주 자료란 순서가 없고, 범주를 나타내는 숫자도 순전히 구분을 위해 임의로 부여한(1 = 동쪽, 2 = 북쪽, 3 = 남쪽) 자료를 말한다. 이런 범주는 범례에 명백하게 설명되어야 한다.

그림 13.7은 네 명의 임산부에게 주어진 부모 테스트의 점수를 보여준다. 단일 막대그래프는 한 집단의 특정 변수에 관한 자료를 보여준다(그림 13.7). 다원 막대그래프는 둘 이상의 집단의 특정 변수에 관한 자료를 제공한다(그림 13.8)

▶ **파이 차트** ｜ 파이 차트*는 전체를 구성하는 부분의 개수가 적을 때 유용하다(그림 13.9). 파이 차트는 구성요소의 수가 8을 초과하거나 3 미만일 때는 쓰지 않는다.

....

* 파이 차트(Pie Chart): 전체를 구성하는 여러 부분 간의 상대적인 규모 등을 표현하도록 부문별로 나누어진 원형 차트.

그림 13.8　감독관과 보조자 간의 답변 차이

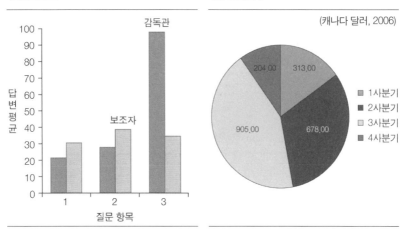

그림 13.9　3분기에 최고의 전력비 기록

(캐나다 달러, 2006)

자료: 저자 작성, 임의자료.

그림 13.10　시험성적과 등급 간의 관계

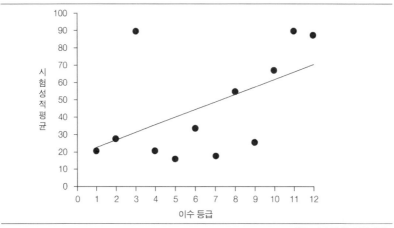

자료: 저자 작성, 임의자료.

▶ 분포도 |　분포도는 수평, 수직 축으로 이루어진 평면에 점을 찍어서 자료 간의 관계를 보여주는 그래프이다(그림 13.10). 만약 변수 간에 상관관계가 있을 경우, 선이나 곡선이 분명해진다. 상관관계가 클수록 그래프의

점들이 나타내는 모습은 선이나 곡선에 더 가깝게 나타날 것이다. 분포도 상에서 특정한 패턴이 나타나지 않는다는 것은 두 변수 간에 명백한 관계가 없다는 것을 보여준다.

3) 표

표는 정보를 정리된 형태로 보여주는 데 활용된다. 보고서에서 활용할 수 있는 표에는 자료표와 분류표(매트릭스)의 두 가지 유형이 있다

▋ 자료표

자료표(Data tables)라고 불리는 표는 자료의 양이 많지 않은 숫자 정보를 보여주기에 유용하다(Tufte, 1983). 많은 데이터를 포함하는 자료표는 일반적으로 선그래프나 막대그래프와 같이 다른 형식을 그리기 위한 기초자료로 활용되는데, 이런 경우에는 대개 자료표가 부록에 들어간다.

사진이나 삽화와 마찬가지로 독자는 표에서 무엇을 찾아보아야 하는지를 바로 알아차리지 못한다. 따라서 표의 제목을 통해 표에서 무엇을 나타내는지, 어떻게 정보와 연결되는지를 알려주는 것이 필요하다. 무엇을 보아야 하는지에 관한 짧은 설명은 보고서의 서술에도 포함되어야 한다. 표로 자료를 나타낼 때에는 자료가 수집된 연도와 자료의 출처를 포함해야 한다.

에런버그(Eherenburg, 1977)는 표 디자인에 필요한 원칙을 소개한다.

- 소수점 두 자리 이하에서 반올림해서, 자료 비교를 용이하게 한다[주: 우리는 소수점 첫자리에서 반올림하는 것을 제안한다. 독자는 상세한 수준의 자료를 원하지 않는다]
- 필요한 경우, 열과 행의 합계와 평균을 제시해 독자에게 각 칸의 자료 비교가 용이하도록 한다.

선이 많은 자료표 예시

참석자들의 인구 정보

참석자 번호	키	체중	나이	지역
1	44	30	7.2	북부
2	46	35	7.1	동부
3	40	20	7.6	북부
4	32	22	7.2	남부
5	29	23	7.0	남부
6	50	38	7.8	북부
7	44	30	7.3	서부
8	44	28	7.3	서부
9	42	30	7.5	동부
10	48	45	7.9	남부
평균	38.09	27.36	6.72	

선이 적은 자료표 예시

참석자들의 인구 정보

참석자 번호	키	체중	나이	지역
1	44	30	7.2	북부
2	46	35	7.1	동부
3	40	20	7.6	북부
4	32	22	7.2	남부
5	29	23	7.0	남부
6	50	38	7.8	북부
7	44	30	7.3	서부
8	44	28	7.3	서부
9	42	30	7.5	동부
10	48	45	7.9	남부
평균	38	27	7.0	

주: N = 10.
자료: 저자 작성, 임의자료.

- 가장 중요한 자료는 열(Column)에 넣어서 독자가 더 쉽게 비교할 수 있게 한다.

표의 형태를 결정할 때, 선이 너무 많으면 표의 가독성을 떨어뜨린다는 점을 명심해야 한다. 이것은 2개의 표에서 볼 수 있는데, 표 13.5는 선이 많은 표의 예시를 보여준다. 표 13.6은 동일한 정보를 보다 적은 선으로 나타낸다. 두 번째 표가 자료에 더 집중할 수 있는 형태라는 점을 알 수 있다. 또한, 마지막 행은 열에 있는 자료의 평균값을 보여준다는 점에 주목한다.

▌ 분류표(매트릭스)

분류표 또는 매트릭스는 다양한 요소에 따라서 자료를 체계적으로 배치한다(표 13.7). 적어도 두 가지 이상의 요소를 기준으로 자료 간의 유사점과 차이점을 보여준다.

분류표는 복잡한 정보를 묘사하는 데 쓰일 수 있다. 설계 매트릭스는 분류표이다.

표 13.7 **분류표의 예시**

빈곤 감소 전략: 사례조사 대상국

국가	시작일	집행연수	검토완료 여부
에티오피아	2002.09.17	4.7	완료
기 니	2002.07.25	4.9	완료
모리타니아	2001.02.06	6.3	완료
모 잠 비 크	2001.09.25	5.7	완료
탄 자 니 아	2000.11.30	6.3	완료

주: 2007.05 자료.
자료: 세계은행(2004).

4) 시각정보의 효과성 향상

시각정보 표현 전문가인 에드워드 터프트(Edward Tufte)에 따르면, 그래픽을 활용한 시각자료는 다음과 같은 역할을 한다.

- 자료를 보여준다.
- 독자가 정보를 시각화한 방법이나, 그래픽 디자인, 기술 등의 외적인 것보다 그래픽의 내용에 집중하도록 유도한다.
- 자료의 의미를 왜곡하지 않도록 한다.
- 제한된 공간에 많은 자료를 보여준다.

박스 13.2 효과적인 그림을 제작하는 요령

다음 사항에 유의하여 그림의 효과성을 증가시킨다.

- 메시지를 전달하기 위해 충분한 데이터를 표현하되, 하나의 그림에 표현하는 데이터의 양을 제한한다.
- 그림이 메시지를 전달하고 사람들이 공감할 수 있는지 확인한다.
- 가독성이 좋은 크기(폰트)를 사용하고, 10포인트 크기보다 작아서는 안 된다. 너무 다양한 글자 타입과 폰트를 사용하는 것은 피한다. 독자가 읽기 쉽게 만든다(되도록 형태는 가로로 만든다).
- 데이터에 집중하고, 데이터 형식에는 연연하지 않는다.
- 과도한 격자; 너무 빼곡한 격자, 필요 이상의 눈금표시, 단순한 데이터에 대한 불필요한 표현, 상자, 음영, 점 표시 등은 피하고, 가능하면 범례도 생략한다.
- x 또는 y축 축에 따라 찍힌 점 주위의 네모상자를 없앤다.
- 막대 안에서는 격자선을 숨긴다.
- x와 y 데이터의 실제위치를 표현하는 데 선이 없는 표식을 사용한다.
- 막대를 단선으로 된 막대로 바꾸고, 축으로부터 나온 선을 삭제하고 데이터 값으로부터 x축과 y축을 시작함으로써 그래픽을 간결하게 만든다.
- 눈금을 정확하게 지키고 이를 명확하게 구체화한다. 필요한 만큼의 정보의 범위를 제공하지만, 가능한 주제에 벗어나지 않는 선에서 포함시킨다.
- 산만하고 불필요한 패턴은 피한다.
- 출력할 때 차이를 보여주지 못하는 명암을 주의한다.
- 시각적인 안정감을 주는 여백을 사용한다.
- 자료 출처를 명시한다.

자료: Tufte(1983).

그림 13.11 불필요하게 산만한 그림의 예시

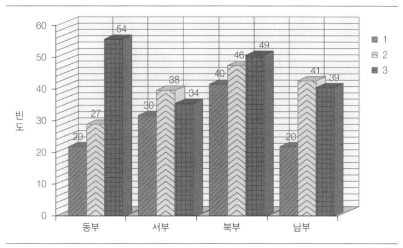

자료: 저자 작성.

- 방대한 자료의 집합을 의미 있게 보여준다.
- 자료의 다양한 부분을 눈으로 비교하기 쉽게 하라.
- 자료를 거시적 차원에서 미시적 구조까지 다양한 수준에서 보여준다.
- 자료에 대한 설명과 통계수치가 긴밀하게 연계되도록 한다(Tufte, 1983).

터프트는 자료를 제시하기 위해 필요한 잉크의 양을 '자료 잉크(data ink)'라고 언급했다. 그래픽을 그리는 데 소요되는 잉크가 자료 잉크라고 할 수 있다. 좌표선, 제목, 또는 다른 부수적인 요소를 그리는 데 필요한 자료 잉크는 되도록 적어야 한다(박스 13.2). 그는 추가적인 정보를 제공하지 않는 장식을 '차트 쓰레기(chart junk)'라고 부른다.

그림 13.11은 차트 쓰레기가 포함된 그림의 예를 보여준다. 음영과 좌표선은 그림의 메시지 전달을 향상시키는 데 아무런 역할을 하지 못한다. 각 열의 꼭대기에 붙여진 꼬리표는 독자가 패턴에 집중하지 못하게 만든다. 그림 13.12는 차트 쓰레기가 없는 동일한 그림을 보여준다.

그림 13.12 데이터 잉크를 최대화한 간결한 그림의 예시

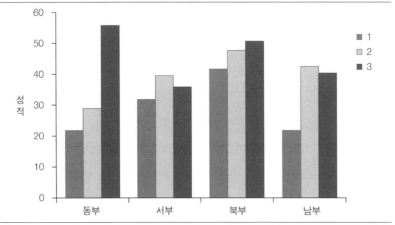

자료: 저자 작성.

4. 구두 발표

대중 앞에서 이야기하는 것에 큰 두려움을 느끼는 사람들이 많다. 이러한 대중연설에 대한 두려움은 충분한 준비와 사전 연습을 통해 완화될 수 있다. 발표회를 기획할 때는 다음과 같은 질문을 고려해야 한다.

- 관중이 누구이며, 기대하는 바가 무엇인가? 얼마나 자세한 수준의 정보를 원하는가?
- 발표의 포인트는 무엇인가? 관중이 기억하길 바라는 가장 중요한 세 가지 메시지는 무엇인가? 발표하는 정보를 이용하여 관중이 무엇을 했으면 좋겠는가?
- 관중에게 정보를 전달할 때 직면하게 될 언어 또는 기술적 과제가 있는가?
- 발표에 대한 관중의 반응을 어떻게 미리 알아낼 수 있을까?
- 발표를 얼마 동안 해야 할까?
- 발표할 때 사용할 수 있는 시청각 자료(슬라이드, OHP 등)는 어떤 것이 있는가?

발표를 준비할 때는 관중을 염두에 두고, 중요한 메시지에 초점을 맞추고, 오랜 기간에 걸쳐 증명된 '당신이 전달하려는 것이 무엇인지 먼저 말하고, 전달하려는 메시지를 전달하고, 당신이 전달한 것을 다시 말하라'는 단순한 법칙을 따르도록 한다.

발표의 품질을 향상하는 가장 좋은 방법 중 하나는 연습이다. 다른 사람들 앞에서 리허설하기 전에 혼자 발표 리허설을 한다. 리허설이 끝나면 스스로 피드백을 해서, 그에 따라 발표를 수정한다. 또한 주어진 발표시간을 초과하지 않는지 확인해본다.

발표를 하는 동안에는 관중 대신 노트를 보면서 말하면 안 된다. 관중 속의 많은 사람들과 눈을 맞춘다. 프로젝터와 스크린을 쓸 예정이면 모든 슬라이드를 인쇄물로 준비해서, 발표자가 스크린을 보고 읽느라 관중을 등지고 서 있지 않도록 주의해야 한다.

1) 시각적 보조 장치 활용

시각적 요소는 발표의 효과를 향상시킬 수 있다. 발표는 슬라이드, OHP, 칠판, 유인물 등을 이용할 수 있다(슬라이드나 OHP를 사용한다면, 전기나 장치가 작동하지 않을 경우를 대비한 차선책을 반드시 마련해둔다).

글로 쓰인 정보는 구두로 전달되는 정보를 보완할 수 있다. 이런 이유로, 특히 관중의 모국어가 아닌 언어로 발표할 때에는 발표를 시작할 때 적은 분량의 인쇄물을 배포하는 것도 좋은 방법이다(박스 13.3). 관중이 인쇄물에 필기할 수 있는 장점도 있다. 인쇄물이 없으면 관중들이 발표 내용 필기에 바빠 집중을 못 할 수 있다. 그러나 인쇄물을 발표가 시작될 때 배포하는 경우, 관중이 발표자가 아닌 인쇄물에 집중하게 되는 단점이 있다.

만약 이러한 이유로 발표 끝에 인쇄물을 나누어줄 경우에는, 관중한테 그 사실을 알려주는 것이 중요하다. 발표 중에 복잡한 자료나 표를 포함하는 경우,

다음 내용을 숙지하면 인쇄물의 활용도를 향상시킬 수 있다.

- 단어 수는 최소화한다. 한 슬라이드나 OHP 필름에는 텍스트를 8줄 이하로 제한한다.
- 충분한 여백을 둔다.
- 시각적으로 깔끔하게 작성한다.
- 가독성을 위해 인쇄물의 페이지 당 슬라이드를 2개로 유지한다.

해당 부분의 인쇄물은 그 주제를 다루는 시점에 나누어주는 방법도 고려해야
한다.

2) 발표 프로그램 활용

파워포인트와 같은 발표 프로그램을 활용하는 것은 정보의 시각화를 보다
전문적으로 보이도록 해줄 수 있다. 그러나 발표를 단순한 슬라이드쇼로 전
락시키지 않도록 이를 현명하게 사용해야 할 필요가 있다. 발표를 흥미롭게
유지하기 위해서 발표자는 가장 중요한 포인트만 전달하도록 슬라이드 수를
제한해야 한다(박스 13.4).

슬라이드를 과도하게 사용하여 발표를 해칠 수도 있다. 터프트는 다음과
같이 말한다.

관중은 무자비하게 연달아 등장하는 슬라이드의 부담을 견뎌야 한다. 한정된 시간
안에 넘치는 정보를 소화해야 하기 때문에, 맥락을 이해하고 분석하는 것이 어려워
진다. 시각적인 추론은 관련 있는 정보를 나란히 보여줄 때 효과적으로 작동한다.
종종 구체적인 내용이 충실할수록 명확성과 이해가 더 뛰어나다. 특히 비교가 기본
적인 통계자료에서 더욱 그렇다(Tufte, 2003).

요약

평가 결과의 전달은 평가 자체만큼이나 중요하다. 만약 평가의 메시지를 전달하지 못한다면, 평가를 수행하는 것은 의미가 없다. 평가를 문서나 구두로 전달할 때에는 반드시 이용자의 수요를 충족할 수 있도록 맞춤형으로 제시해야 한다.

문서 또는 구두 보고는 그래픽을 활용함으로써 효과가 향상될 수 있다. 이번 장에서 제시된 원칙을 유념한다면 평가자는 평가 결과의 영향력을 제고할 수 있을 것이다.

13장 연습문제

응용연습 13.1 평가보고서 개선하기

평가보고서가 평가방법론이나 결과, 결론과 권고사항을 의도한 대상에게 잘 전달하고 있는지 판단할 수 있는 기준을 개발해본다. 이를 활용해서 자신의 분야에서 최근에 작성된 보고서를 평가해본다. 각 기준별로 당신의 판단에 근거하여 보고서에 등급을 부여한다(A - 탁월함, B - 우수함, C - 적당함, NI - 개선이 필요함). 보고서의 메시지 전달력을 향상시키기 위해 필요한 개선점을 제시한다.

응용연습 13.2 이용자 맞춤형 보고서 작성

응용연습 13.1에서 검토한 보고서를 이용하여 그 평가 결과나 방법론에 흥미를 가질 만한 다양한 관중을 찾아본다. 각 관중별로 평가의 어떤 측면에 가장 관심이 많을지, 어느 수준까지 상세한 정보를 원할지, 각 그룹의 수요와 선호를 만족시키기 위해서는 보고서의 주요 메시지를 전달하기 위한 최선의 방법은 무엇일지 고려해본다. 분석 결과를 활용하여 각 관중을 대상으로 어떠한 전달방식으로, 언제, 누가 전달할 것인가를 보여주는 체크리스트를 작성한다.

 참고문헌

Busuladzic, Dino, and James Trevelyan. 1999. *Demining Research: An Ergonomic Aspect of Humanitarian Demining.* University of Western Australia, Perth. http://www.mech.uwa.edu.au/jpt/demining/tech/dino/ergonomics.html.

Cummings, Harry. 2003. "Using Graphics in Development Evaluations." International Program for Development Evaluation Training(IPDET) presentation, Carleton University, Ottawa, June 16–July 11.

Druker, Phil 2006. *Advanced Technical Writing.* University of Idaho, Moscow, Idaho. http://www.class.uidaho.edu/adv_tech_wrt/week14/conclusion_recommendation_final_report.htm.

Ehrenberg, A. S. C. 1977. "Rudiments of Numeracy." *Journal of the Royal Statistical Society* 140: 277–97.

Independent Evaluation Group of the International Finance Corporation. 2008. *Enhancing Monitoring and Evaluation for Better Results: Biennial Report on Operations Evaluation in IFC 2008.* Washington D.C.: World Bank. http://www.ifc.org/.../BROE2008_FullReport/$FILE/BROE+for+disclosurefinal+V8-fi nal.pdf.

Kaplan, Craig S. 2003. "Presentation Tips." Craig Web Experience. http://www.cgl.uwaterloo.ca/~csk/presentations.html.

Lawrenz, Frances, Arlen Gullickson and Stacie Toal. 2007. "Dissemination: Handmaiden to Evaluation Use." *American Journal of Evaluation* 28(3): 275–89.

Lentz, Michelle 2007. "Tufte and Visual Presentation." http://www.writetech.net/2007/02/presentation_st.html.

Lester, P. M. 2000. *Visual Communication: Images with Messages.* 2nd ed. Kentucky: Wadsworth Cengage Learning.

Levin, J. R., G. J. Anglin, and R. N. Carney. 1987. "On Empirically Validating Functions of Pictures in Prose." In *the Psychology of Illustration,* vol. 1, eds. D. A. Willows and H. A. Houghton, 51–85. London: Springer-Verlag.

MIGA. 2007. *Annual Report 2007–8.* http://www.miga.org/documents/IEG_MIGA_2007_ Annual_Report.pdf.

Scriven, Michael. 2007. "Key Evaluation Checklist." http://www.wmich.edu/evalctr/ checklists/kec_feb07.pdf.

Taylor, Dave. 2007. "Use PowerPoint to Enhance Your Presentation, Not Cripple It." http:// www.intuitive.com/blog/use_powerpoint_to_enhance_your_presentation_not_crip ple_it.html.

Torres, R., H. S. Preskill, and M. E. Piontek. 1997. *Evaluation Strategies for Communicating and Reporting.* Thousand Oaks, CA: Sage Publications.

Tufte, Edward R. 1983. The *Visual Display of Quantitative Information.* Cheshire, CT: Graphics Press.

_____. 1990. *Envisioning Information.* Cheshire, CT: Graphics Press.

_____. 1997. *Visual Explanations: Images and Quantities, Evidence and Narrative.* Cheshire, CT: Graphics Press.

_____. 2003. "PowerPoint Is Evil: PowerPoint Corrupts. PowerPoint Corrupts Absolutely." *Wired* 11.09, September. http://www.wired.com/wired/archive/11.09/ppt2.html.

_____. 2006. *Beautiful Evidence.* Cheshire, CT: Graphics Press.

_____. 2008. The *Work of Edward Tufte.* http://www.edwardtufte.com/tufte/.

Wallgren, Anders, Britt Wallgren, Rolf Persson, Ulf Jorner, and Jan-Aage Haaland. 1996. *Graphing Statistics and Data.* Thousand Oaks, CA: Sage Publications.

World Bank Operations Evaluation Department. 2004. "The Poverty Reduction Strategy Initiative: An Independent Evaluation of the World Bank's Support through 2003." World Bank, Washington, DC.

웹사이트

Statistics Canada. *Using Graphs.* http://www.statcan.ca/english/edu/power/ch9/using/ using.htm.

Torok, George. *Presentation Skills Success.* http://www.presentationskills.ca/.

평가자를 위한 평가윤리, 정치, 기준 및 원칙

평가자는 기획, 조직, 평가설계, 수집, 분석, 데이터 발표 등 많은 임무를 수행하면서 동시에 다양한 대내외 압력에 대처해야 한다. 평가자는 평가계획과 평가기관을 변경하거나, 평가 결과를 수정하라는 요구에 직면할 수 있다. 때로는 윤리적·정치적 이슈도 고려해야 한다.

윤리와 정치는 모든 평가자의 문제다. 특히 거버넌스가 취약하고 부패 문제가 있는 국가에서 일하는 평가자에게는 더욱 그렇다. 개발기구 내의 내부 압력도 윤리적 문제를 야기한다. 이 장은 평가의 윤리적 문제와 정치적 고려에 대한 논의를 다루고 있다.

이 장은 크게 다음과 같이 구성된다.
- 윤리적 행위
- 정치와 평가
- 평가기준과 원칙

1. 윤리적 행위

윤리는 선택을 이끄는 가치와 신념의 체계이다. 윤리는 '우리는 어떻게 살아야 하는가?'와 같은 거대한 문제를 다룬다. 이 문제에 대해 생각해보자. '우리는'(합의를 추구하는 집단), '어떻게'(방법), '살아야'(몸을 가진 존재), '하는가'(야망)를 누가 정의했는가?(World IQ, 2008). 윤리는 결정을 내리는 사람에 따라 무엇이 옳고 그른지, 좋고 나쁜지에 대한 견해를 근거로 한다.

윤리적 행위를 파악하고 규제하기 위해 법을 제정하지만, 법으로 모든 상황을 다룰 수는 없다. 더욱이 불법은 아니지만 비윤리적인 행위도 있을 수 있다(예를 들어 피평가자로부터 작은 선물을 받는다든가, 강력한 증거가 있음에도 보고서의 기조를 긍정적 또는 부정적으로 바꾸는 것 등).

평가자는 가끔 무엇이 올바른 지 분명하지 않은 상황에 직면한다. 윤리는 가치와 신념에 근거하기 때문에, 문화마다 서로 다른 윤리가 존재한다. 따라서 평가 대상 국가의 법과 윤리를 고려하는 것이 중요하다.

평가자는 또한 범죄나 범죄혐의를 보고하는 행위 및 절차에 대한 법에 대해 알아야 한다. 예를 들어 미국에서 성희롱은 범죄이다. 성희롱은 성적인 언동으로 굴욕감, 혐오감을 느끼게 하는 행위, 성적인 언동이나 행위의 수용 또는 거부가 고용이나 근로실적에 명시적·암시적으로 영향을 미칠 때, 또는 그러한 언동이나 행위가 적대적이거나 불쾌한 근로환경을 조성하는 경우 등을 일컫는다(U.S. Equal Employment Opportunity Commission, 2002). 성희롱 혐의에 대해 보고하지 않으면 법적 책임이 발생할 수 있다.

평가자는 자신들이 일하고 있는 국가의 법뿐 아니라 자신이 몸담고 있는 조직의 지침과 기준에 대해서도 알고 있어야 한다. 많은 개발기구는 자체적으로 윤리기준이나 지침을 발표했다.

1) 평가 부패(Corruptibility)와 오류(Fallacies)

평가자는 "권력에 맞서 진실을 말할" 수 있어야 한다. 평가자는 독립적이어야 하며, 의문을 갖고 분석적인 사고방식을 갖추어야 한다. 피츠패트릭 등(Fitzpatrick, Sanders, Worthern, 2004)은 '평가 부패'의 다섯 가지 형태에 대해 다음과 같이 제시했다.

- 이해갈등의 결과 또는 어떤 대가나 벌금을 예상해 진실을 왜곡하고 긍정적인 결과를 생산하려는 의도(그 의도는 의식적일 수도, 무의식적일 수도 있음)
- 체계적이지 못하고 비전문적인 평가에서 비롯된 근거 없는 의견으로 인한 침해
- 평가자의 편견이나 선입견이 반영된 평가 결과
- 지킬 수 없는 약속으로 의뢰기관이나 참여자를 유인
- 명예서약 위반

하우스(House, 1995)는 약간 다른 관점에서 부패를 바라보는데, 평가자가 단순히 자신의 책임을 잘 이해하지 못한 것이라고 말한다. 그는 다음과 같이 다섯 가지 '평가 오류' 사례를 제시하고 있다.

- **의뢰기관 중심주의(Clientism)**: 의뢰기관이 요청하는 것은 무엇이든 해야 하거나 또는 의뢰기관에게 혜택이 되는 것은 무엇이든 윤리적으로 옳다는 태도
- **계약주의(Contractualism)**: 공익에 저해된다 해도 평가자는 의문 없이 계약에 따라야 한다는 오류
- **방법론 지상주의(Methodologicalism)**: 평가자를 윤리적 딜레마에 빠지게 하더라도 특정 방법론을 따르는 것이 평가자의 행위를 윤리적으로 만든다는 신념
- **상대주의(Relativism)**: 중심집단보다 주변집단의 의견은 그 중요성이 낮다는 주장이 근거가 없는 것처럼, 다양한 참여자로부터 수집한 모든 데이터가 동등한 비중

으로 다루어져야 한다는 오류
- 다원주의(Pluralism)/엘리트주의(elitism): 취약계층보다 상위계층이 더 힘을 갖고 있다고 생각해 우선순위를 부여하여 그 의견을 보다 중요시하는 오류

2) 윤리적 문제 확인하기

모리스와 콘(Morris and Cohn, 1993)은 미국평가협회(AEA) 회원을 대상으로 윤리적 문제에 대한 의견을 조사했다. 아래 목록에 있는 윤리적 문제는 이 조사를 통해 나온 결과를 수정한 것이다.

- 의뢰기관이 평가실시 전에 이미 조사결과가 어떠해야 한다고 판단하거나, 윤리적으로 의심스러운 방식으로 조사결과를 사용할 계획일 때
- 의뢰기관이 평가와 관련됨에도 특정 질문을 평가에서 제외할 때
- 의뢰기관이 평가 결과가 발간되기 전에 조사결과를 의도적으로 수정할 때
- 의뢰기관이 평가자가 조사결과 발표를 변경하도록 압력을 가할 때
- 의뢰기관이 조사결과를 무시하거나 은폐할 때
- 의뢰기관이 평가자가 비밀유지를 위반하도록 압력을 가할 때
- 의뢰기관이 평가 결과를 오용/남용할 때
- 의뢰기관이 합법적인 이해관계자를 기획단계에서 제외할 때
- 평가자가 불법적·비윤리적·위험한 행위를 발견했을 때
- 평가자가 불특정한 이유로 조사결과를 완전히 공개하기를 주저할 때
- 평가자가 객관적이고 공정하게 조사결과를 발표할 수 있을지 확신하지 못할 때
- 의뢰기관이나 이해관계자로부터 기밀유지를 위반하라는 압력이 없더라도, 평가자가 특정 조사결과를 발표하는 것이 위반행위가 될 것을 우려할 때
- 조사결과가 특정인에 불리한 증거로 사용될 때

이 외에도, 평가설계와 관련된 윤리적 이슈가 있다. 윤리적 이슈는 실험군과 대조군을 할당하는 무작위 평가설계에서 불거질 수 있다. 만약 그 개발 프로젝트 활동이 유용하다는 점이 확인되면, 대조군에 포함된 사람도 프로젝트의 수혜를 요구할 수 있다. 그런 요구를 받아들이면 평가 설계와 내용이 바뀌게 된다.

평가 결과를 유용하게 활용할 수 있으려면, 평가가 반드시 정직하고 객관적이며 공정하게 수행되어야 한다. 수집된 데이터를 정직하고 공정하게 분석, 보고하는 것은 평가자의 의무이다.

평가 초기에 특히 미묘한 문제들이 발생할 수 있다. 때로는 특정한 평가질문을 하지 말라거나, 덜 민감한 방향으로 평가를 진행하라는 압력도 있다. 조직이나 프로젝트에 부정적 영향을 미칠 수 있는 특정한 이슈를 제기하지 말라는 요구를 받을 수도 있다. 의뢰기관은 문제를 인식하고 이를 시정하기 위해 이미 조치를 시작했으니 굳이 이 문제를 공식화해서 프로젝트 지원을 위험하게 할 필요가 없다고 할 수도 있다. 민감한(부정적인) 이슈가 드러날 것을 염려하여 직원, 프로젝트 참여자, 시민 대상 조사를 거부하거나 저항할 수도 있다. 또는 특정한 사람들이 회의, 인터뷰에서 배제되거나, '시간 제약'을 이유로 현장조사가 제한될 수도 있다. 평가자는 회피하려는 이슈를 제기하고, 특정 이슈에 가담하지 않으며, 모든 관점을 청취하고 고려하도록 노력해야 한다.

평가에 영향을 미치려는 시도는 평가과정 중에도 일어난다. 대부분의 평가자가 뇌물은 즉시 알아차리지만 미묘한 형태의 영향은 즉각 알아차리지 못할 수도 있다. 친절을 베풀거나 저녁식사에 초대하는 것은 집을 떠나온 평가자를 환영하는 태도로 볼 수 있지만, 이 역시 평가자의 관점, 궁극적으로는 보고서에 영향을 미치려는 시도라고 볼 수도 있다.

어떤 때는 평가자를 부패나 사기로 이끌기도 한다. 평가자는 이 정보가 다른 이슈로부터 관심을 돌리려는 시도인지, 정보원이 누군가에게 앙갚음하려는 의도로 제공한 것인지, 또는 진짜 부패인지 구분하려고 해서는 안 된다. 평가자는 이 의혹/혐의의 사실여부를 판단하려고 조사에 나서지 말고, 수사권을 가진 기관에 조사를 의뢰해야 한다.

대부분의 개발기구는 직권남용이나 사기 혐의의 보고 절차를 갖추고 있다. 일례로 세계은행의 조직윤리담당부서(Department of Institutional Integrity)는 직원의 직권남용뿐 아니라 기관 운영과 관련된 사기, 부패 혐의도 조사한다. 해당 부서는 직권남용, 사기, 학대 등을 보고하는 '핫라인'을 운영하고 있다.

평가팀은 사기, 학대, 직권남용 혐의에 대한 해당 조직의 정책과 처리기준을 잘 알고 있어야 한다. 이 절차는 고용계약, 직원업무지침, 특별 책자 등의 형태로 잘 정리되어 알려져야 한다. 평가자는 조직의 정책과 기준 준수를 명심해야 한다.

개발협력 활동으로 인해 개도국에 '피해를 입히지 말라(do no harm)'는 모토는 평가에도 역시 적용된다. 사기나 학대가 의심되어 이를 보고하는 경우를 제외하고는 평가 때문에 참여자에게 피해를 입히지 말아야 한다. 즉, 이는 평가 참여자가 누구인지를 알리거나 위협에 처하게 만들어서는 안 된다는 뜻이다.

만약 참여자의 비밀유지가 보장되었더라도, 나중에 이름이 알려지면 피해를 입는다. 비밀유지는 필수적이지만 곤란한 상황이 발생할 수 있다. 예를 들어, 어떤 교육 프로그램 평가자가 여러 인터뷰 참여자로부터 책임자가 개인적인 용도로 기금을 횡령했다는 얘기를 들었다고 가정하자. 평가자는 어떻게 해야 할까? 이 조사결과를 공개하는 것은 비밀리에 이 얘기를 해준 이들을 위험에 빠트릴 수 있다. 특별조사관에게 이 일을 밝히지 않으면 잠재적으로 부정행위에 공모한 것이 될 수도 있다. 이런 상황에서는 익명의 핫라인이 큰 도움이 된다. 이 혐의에 연루되지 않은 감독관이나 관리자와 이 상황에 대해 얘기하는 것도 유용하다.

평가자는 기자, 프로젝트 또는 프로그램 관리자, 이사회 임원에게서 비공식적인 정보나 답변을 요구받을 때 특별히 조심해야 한다. 비공식적으로 얘기해달라는 요청이 어떤 의미인지 명확히 해야 한다. 얘기를 시작하기에 앞서 평가자는 그 정의를 확실히 해야 한다.

2. 정치와 평가

평가는 언제나 정치적 맥락에서 이루어진다. 평가가 실시된다는 단순한 사실이 개인이나 기관의 의제로 발전하기도 한다. 흔히 아는 것이 힘이라고 말한다. 평가는 행위를 뒷받침하는 당근이나 채찍으로 사용될 수 있는 지식을 제공한다. 평가는 종종 승자와 패자를 만들어내는 활동이다.

정치도 평가의 온전성을 저해할 수 있다. 정치는 평가를 어떻게, 어느 정도로 사용할지 결정할 수 있다. 긍정적 평가는 더 많은 재원의 확보와 시범 프로젝트의 확대, 평판과 영향력 강화, 해당 프로젝트 또는 프로그램에 참여한 사람의 경력 구축에 도움이 된다. 심각한 문제가 있는 것을 확인한 평가는 프로젝트를 발전시키고 향후 결과가 향상되도록 만들 수도 있지만, 프로젝트 예산 축소, 프로젝트 취소, 이에 개입한 사람의 권력, 영향력 손상이라는 결과를 가져올 수도 있다.

1) 평가에서 정치의 원인

평가는 조직적 지식이다. 실제(Reality)의 정의를 둘러싼 권력투쟁이 평가 과정에 내재되어 있다. 머리(Murray, 2002)는 평가에서 정치가 불가피한 이유는 주관성(Subjectivity)의 여지가 많기 때문이라고 주장한다. 주관성은 평가에 연관된 여러 사람들 사이의 차이로 이어진다. 평가자는 평가되는 사람과 이해관계자로부터 실제 개념을 수집한다. 평가의 개념이 서로 다를 수 있고,

평가의 단계에서 불일치가 일어나기도 하며 정치적 행위를 불러일으키기도 한다.

머리(Murray, 2002: 2)는 "인간에게 있는 보편적인 취약함과 평가방법의 기술적 요소에 내재되어 있는 문제"에 불일치의 근본원인이 있다고 말한다. 그는 또 평가의 기술적·인간적인 약점이 정치적 영향력을 가질 수 있다고 말한다. 각각의 약점은 다음과 같다.

■ 기술적 약점

평가 작업은 대부분 그 목적, 목표, 기준을 준수할 때 우수하게 이루어진다. 그러나 평가자, 의뢰기관, 기타 이해관계자는 무엇을 측정할 것인가를 두고 합의하는 데 어려움을 겪는다. 또 평가의 초점을 결정하는 것도 어려울 수 있다. 좋은 평가는 변화의 이론과 해당 프로젝트가 기반을 두는 가정을 확인한다. 만약 변화이론이 프로젝트 이해관계자와 함께 개발된다면, 프로젝트의 목적과 목표, 활동, 결과에 대한 보편적인 이해를 담고 있을 것이다. 따라서 변화이론은 정치적 문제가 되기 전에 프로젝트의 이해에 관한 잠재적 갈등을 피하는 데 도움이 된다.

머리(Murray, 2002)는 정치적 문제로 이어질 수 있는 두 번째 보편적인 문제는 조직의 한 차원을 평가한 조사결과를 일반화하는 것이라고 말한다. 이는 개인, 프로젝트, 기능, 조직 전체의 성과 간의 연계가 분명하게 성립되지 않을 때 문제를 야기한다. 이때 또다시 기반이 되는 가정을 확인하는 데 변화이론이 도움이 된다.

■ 인간적 약점

인간은 자기 이해에 따라 움직이곤 한다. 사람들의 무의식적 편견이 평가의 실시와 결과 분석에 영향을 미치게 된다. 컷과 머리(Cutt and Murray, 2002)는 평가에 영향을 미칠 수 있는 세 가지 인간적 요인을 다음과 같이 밝힌다.

- '좋은 게 좋은 것이다'(look good-avoid blame: LGAB)식 사고방식
- '실제에 대한 주관적 해석'(subjective interpretation of reality: SIR) 현상
- 신뢰 요인

　'좋은 게 좋은 것이다' 식 사고방식은 일반적인 인간적 특성을 나타낸다. 사람은 성공을 바라고 실패와 관련된 것은 피하고 싶어 한다. 대부분의 평가자는 성공과 실패를 모두 드러내려는 의지를 갖고 있다. 그러나 평가자는 두려움으로 인해 실패를 낱낱이 보고하지 못할 수도 있다. LGAB 상황에서, 사람은 자신이 통제할 수 없는 부정적 결과를 장황하고 길게 설명한다. 아니면 평가범위와 접근법을 문제 삼기도 한다(평가설계에 관한 명확한 합의가 대단히 중요한 이유이다).

　'실제에 대한 주관적 해석' 현상은 평가 자료를 해석하는 과정에서 발생한다. 평가자는 자신의 선입견과 신념을 근거로 평가 결과를 주관적으로 해석할 가능성이 있다. 일례로, 두 평가자는 같은 하나의 상황을 두고 이 상황을 '교실 통제권을 잃은 교사', 혹은 '참여적인 교사'라고 묘사할 수도 있다. 어떤 평가자가 좋은 교사란 학생들이 자리에 앉아서 지명받을 때만 말할 수 있도록 하는 것이라고 믿는다면, 교사가 통제권을 상실한 혼란스러운 상황으로 보게 될 것이다. 자신의 아이가 '개방 교실'에서 수업을 받고 있는 평가자라면 똑같은 상황을 교사가 학생들과 수업에 참여하고 있는 상황으로 해석할 수 있다.

　'실제에 대한 주관적 해석' 현상은 평가자가 유사 프로젝트 평가에서 어떤 점이 잘 기능했고, 어떤 이슈를 확인할 수 있는지 파악하기 위해 기존 문헌을 검토해야 하는 이유이다. 주관적 편견을 줄일 수 있는 또 다른 방법은 삼각전략(triangulation strategy)으로서 다양한 출처의 정보와 함께 질문지, 인터뷰, 구조적 관찰 같은 다양한 자료수집 방법을 사용하는 것이다.

　컷과 머리가 발견한 또 다른 요인은 신뢰요인이다. 신뢰요인은 '좋은 게 좋

은 것이다'와 '실제에 대한 주관적 해석' 요인을 촉발(또는 유발)할 수 있다. 신뢰는 어떤 사람의 능력이나 진실에 대한 믿음이다. 만약 어떤 사람이 진실성이나 능력이 결여되어 있다고 느낀다면, 그 사람을 신뢰하지 않을 것이다. 이 사람이 자신에게 피해를 입힐지도 모른다고 느낄 것이다. 신뢰는 정도에 따라 부분적 신뢰(특정 맥락이나 특정 문제에 대해서만)에서부터 전면적 신뢰(모든 상황에서)까지 다양하다. '좋은 게 좋은 것이다'나 '실제에 대한 주관적 해석' 현상은 불신이 만연할 때 정치가 그 관계에 진입하게 만든다.

2) 정치적 게임 식별하기

평가를 정치로부터 완벽하게 분리시키는 것은 불가능하다. 따라서 평가에서 발견되는 정치적 상황을 관리하는 것이 필요하다. 이를 위해 머리(Murray, 2002)는 관련 사람들의 역할에 따라 게임을 분류했다. 평가자가 상황을 관리하는 데 이 게임을 이해하는 것이 도움이 된다.

▌ 피평가자들의 정치적 게임

피평가자는 자신의 활동에 대해 공식적인 조사를 피하고 싶어, 다음과 같이 대응할 수 있다.

- 평가의 필요성 부인
- 평가에 너무 시간이 많이 소요되어 일상적인 업무에 지장을 준다거나 과중한 업무 부담을 준다는 이유로 평가 연기를 요청
- 평가의 중요성을 인정하면서도 주저하며 평가 참여를 지연시킴
- 평가자로부터 신뢰를 얻기 위해 평가자와 밀접한 개인적 관계를 추구

일단 평가가 시작되고 자료를 수집하면 또 다른 정치적 게임이 시작된다.

정보 제공자는 다음과 같이 대응할 수 있다.

- 평가자가 요청하는 자료를 삭제 또는 왜곡
- 평가자에게 엄청난 양의 정보를 제공하여 무엇이 관련 있는지 없는지 분류하기 어렵게 유도
- 평가 말미에 신규 데이터를 제시

자료가 수집되고 평가자가 자료해석 준비를 마치면 피평가자는 다음과 같이 대응할 수 있다.

- 문제가 있다는 것을 부인
- 이미 문제를 알고 있었고 이를 위한 변화를 시행하고 있다면서 문제의 중요도를 폄하하거나, 문제의 원인을 다른 사람이나 자신이 통제할 수 없는 제3의 힘을 가진 자에게로 전가
- 상황이 변했기 때문에 그 정보는 관련이 없다고 주장

■ 다른 이해관계자의 정치적 게임

다른 이해관계자도 평가 과정의 정치에 영향을 미칠 수 있다. 다양한 이해관계자는 서로 다른 의제와 관심사를 갖고 있다.

만약 이해관계자가 평가의 주요 질문을 파악하는 단계에 관여하지 않는다면, 평가가 잘못된 방향으로 가고 있다고 판단할 수 있다. 이 외에도 언론 같은 제3자를 동원해 기관을 비판하고 평가가 어떻게 진행되어야 하는지 방향을 지시하려고 할 수 있다.

■ 평가자의 정치적 게임

평가자도 평가게임을 벌일 수 있다. 일부 평가자는 정보를 비공식적으로

수집함으로써 평가과정을 뒤엎을 수도 있다. 그리고 비공식 정보를 평가 자료 해석 단계로 가져올 수 있다.

평가자의 정치적 게임은 평가의 해석단계에서 발생하는 경우가 대부분이다. 이 게임에는 다음과 같은 사항이 포함된다.

- 측정기준을 바꾸거나 밝히지 않음
- 명시하지 않은 기준을 의사결정에 적용
- 특정 출처에서 나온 자료는 신뢰할 수 없다고 배제하는 등, 명시하지 않은 기준이나 이데올로기적 기준을 자료해석에 적용
- 평가자의 결론과 일치되지 않은 자료 무시

3) 평가에서 정치 관리

평가에서 정치는 불가피하기 때문에, 이를 어떻게 관리하는지가 중요하다. 평가의 전 과정에서, 평가자는 신뢰를 구축해야 한다. 이상적인 방안은 평가의 각 단계마다 공개 토론을 개최해 모든 참여자가 관심사를 논의하고 발언할 기회를 갖는 것이며, 최소한 그 차이에 대해 합의 또는 불합의에 도달해야 한다. 머리(Murray, 2002)는 평가에 관련된 모든 당사자가 평가가 기반을 두고 있는 논리를 완전히 이해하는 것이 중요하다고 말한다. 그는 변화이론(또는 논리 모델)은 논리를 정교화하는 한 가지 방법으로, 이를 통해 오해의 여지를 줄일 수 있다고 제안한다.

다른 어떤 방식으로 신뢰를 구축할 수 있을까? 일반적으로 신뢰를 구축하는 데에는 많은 시간이 걸리며 많은 이해관계자와 마주해야 한다. 머리는 평가과정에 모든 이해관계자의 참여를 도모하도록 제안한다.

4) 협상을 통해 이해관계자와의 균형 맞추기

평가자의 가장 큰 과제 중 하나는 다양한 이해관계자이다. 평가자는 다양한 이해관계자들의 이해·상충되는 안건을 관리하기 위해 강력한 협상 기술이 필요하다. 마키에비츠(Markiewicz, 2005)는 평가협상을 위한 유용한 원칙을 제안한다.

■ 평가협상의 원칙

마키에비츠(Markiewicz, 2005)는 다음과 같이 평가협상에 관한 원칙을 제시했다.

- 평가에 내재된 정치적 특성 인정
- 다양한 이해관계자의 기여도에 가치 부여
- 이해관계자의 위치 평가 및 평가계획 수립
- 평가자가 이해관계자 커뮤니티 내의 활동적인 주체임을 이해시킴
- 갈등에 대응하는 협상가로서 평가자의 기술을 개발
- 다양한 이해관계자와의 갈등 조율 기술 개발

한 가지 핵심전략은 이해관계자를 참고그룹, 추진위원회, 자문위원회 등으로 조직화해서 평가과정을 감독하도록 하는 것이다. 이런 접근법은 '조력자로서의 평가자' 모델과 일치하는 것이다(단, 이 모델은 책임성을 평가하는 독립 평가에는 일반적으로 적용할 수 없다). 각 그룹은 분명하게 규정된 역할과 기능을 갖는 것이 중요하다. 각 그룹이나 위원회의 활동회원이 어떻게 평가과정에 참여해야 하는지에 대한 토대를 구축하는 것이 필요하다.

마키에비츠(Markiewicz, 2005)에 따르면, 평가자는 일정 수준의 신뢰를 구축하면 이해관계자 간의 갈등이나 분쟁영역을 협상해야 한다. 평가자는 이

해관계자가 독자적인 해법을 찾을 수 있도록 중재 역할을 해야 한다. 이를 위해 평가자는 강력한 커뮤니케이션 기술을 보유하고 있어야 한다. 경청하고 적절한 질문을 하고 이해도를 점검하는 능력도 이에 포함된다. 평가자는 또한 모든 이해관계자 간의 상호작용을 격려하고 촉진하며, 협상과정의 초점을 유지해야 한다.

평가자는 협상기술을 개발해야 한다. 평가자는 갈등해결을 위한 협상기술에 관한 추가 교육과 실습도 마련할 수 있다(조력자로서의 평가자 모델). 평가자가 협상기술을 개발할 수 있는 또 다른 방법은 갈등 해결 경험(성공과 실패한 경험 모두)을 공유하기 위해 동료와 작업하는 것이다.

패튼(Patton, 1997)은 다음과 같은 주제 논의를 위해 최소한 네 차례의 회의를 해야 한다고 제안한다(장기 프로젝트에서 더 많은 회의가 개최되어야 한다).

- 1차 회의: 평가의 초점
- 2차 회의: 방법과 측정방안
- 3차 회의: 자료수집에 앞서 도구 개발
- 4차 회의: 조사결과로 이어질 자료해석에 합의하기 위한 자료 검토

이는 이 책에서 추천한 단계와 유사하다.

마키에비츠는 이해관계자와의 관계에서 평가자가 해야 하는 역할에 대해 논의한다. 그녀가 지적한 두 가지 중요한 특성은 책임감과 유연성으로서, 이해관계자를 평가과정에 참여시키기 위해 필요하다. 평가자가 이해관계자와 너무 친밀한 관계를 맺을 때, 이해관계자와 너무 많은 상호작용을 할 때 야기될 어려움에 대해서도 밝히고 있다.

패튼 역시 실증적 과정에 중점을 두고, 이해관계자도 실증적 과정에 중점을 둘 수 있게 지원할 것을 제안한다. 이를 통해 이해관계자와의 관계를 객관적으로 유지하고 편견의 개입, 조사결과의 오용을 방지할 수 있다.

■ 평가 협상 실습

마키에비츠(Markiewicz, 2005)는 평가 협상의 세 가지 단계를 제시한다.

- 초기 단계: 각 위치를 논의
- 중간 단계: 활발한 협상 진행
- 마지막 단계: 합의에 도달하기 위한 조치

이 모델을 사용하기 위해, 평가 협상가는 공감하면서도 적극적으로 설득하는 광범위한 협상기술을 구사해야 한다. 공감 기술을 통해 협상에 도움이 되는 분위기를 조성하고, 적극적 기술을 발휘해 협상과정을 이끈다.

공감은 '타인의 필요, 이해, 입장에 대한 정확하고, 비판하지 않는 이해를 보여주는 과정'이라고 규정할 수 있다(Mnookin, Peppet and Tulumello, 2000: 46). 공감은 두 가지 요소를 포함한다. 하나는 타인의 눈으로 세상을 보는 능력이며, 다른 하나는 그 같은 견해를 말로 표현하는 능력이다. 공감은 타인의 경험에 대한 이해를 여러 사람이 공유할 수 있는 반응으로 표현하는 것이다.

마키에비츠(Markiewicz, 2005)는 공감을 다른 목적, 가치, 우선순위에 관한 정보를 획득하는 중요한 특성이라고 말한다. 공감은 타인의 마음을 열도록 만드는 촉매제이며 설득력 있는 협상 도구이기도 하다.

일단 평가자가 각 이해관계자의 의견을 잘 이해하면, 참석한 모든 이해관계자에 대한 이해를 다른 말로 바꾸어 표현해야 한다(Hale, 1998). 평가자는 그 이해가 정확한지 당사자에게 묻고, 차이를 설명하거나 명확하게 해야 한다. 적극적인 청취, 적절한 질문, 이해관계자가 한 말에 대한 확인 등이 도움이 된다.

적극성이란 한 사람의 필요, 이해, 입장을 표현하고 옹호하는 능력이다 (Mnookin, Peppet and Tulumello, 1996). 평가 협상에서 적극성은 조력자의 권위라고도 불린다. 공감과 적극성 간의 균형을 잡기 어려울 수 있다. 페퍼와

툴루멜로(Peppet and Tulumello, 1996)는 공감과 적극성을 협상 행위의 두 가지 독립적인 측면으로 보았다. 공감과 적극성이 함께 활용될 때, 협상에 실질적인 이익을 낳으며 이해관계자의 수요를 더 잘 이해할 수 있다.

3. 평가기준과 원칙

전문평가협회는 평가자의 윤리적 결정에 대한 기준이나 가이드라인을 개발한다. 북미, 유럽, 호주의 전문평가협회는 평가자를 위한 윤리강령을 만들었다.

미국평가협회는 평가기준과 원칙을 개발해 **프로그램 평가기준**(Program evaluation standards)과 **평가자 원칙**(Guiding principles for evaluators)이라는 두 가지 문서를 발간했다. 다른 분야의 그룹에서도 이 기준과 원칙을 상황이나 환경에 맞게 수정해 적용하고 있다.

미국평가협회는 평가자가 일상적으로 사용할 수 있는 지침을 주기 위해 **평가자 원칙**을 개발했다. 미국평가협회 기준과 원칙의 가장 큰 차이는 그 목적이다. 기준은 전문적 성과에 관계가 있는 반면, 원칙은 전문적 가치와 관계가 있다. 기준은 평가의 산물에 집중하는 반면, 원칙은 평가자의 행위에 초점을 맞추고 있다. 두 문서는 윤리적이고 적절한 평가 방식을 제안한다.

1) 프로그램 평가기준

미국평가협회 프로그램 평가기준은 다음과 같이 네 가지 범주로 분류된다.

- 유용성
- 적절성

- 타당성
- 정확성

적절성에는 다음과 같은 여덟 가지 기준이 포함되어 있다.

- **서비스 지향(service orientation)**: 평가 후원기관의 이해를 충족할 뿐 아니라 프로그램 참여자, 커뮤니티, 사회의 요구에 대해 학습
- **공식적 합의**: 프로토콜 준수, 자료 접근, 평가의 제약에 관해 의뢰기관에 분명하게 경고하기, 지나치게 많은 약속을 하지 않는 등의 이슈를 포함
- **평가 대상의 인권**: 사전 동의, 개인 정보 보호, 기밀보장 등 포함
- **인적 상호작용**: 평가대상의 인권에 대한 연장선으로 평가자는 모든 인적 상호작용에서 인간 존엄성 존중
- **완전하고 공정한 평가**: 프로그램의 강점과 약점에 관한 목표를 정확하게 명시. 평가자는 의뢰기관을 만족시키거나 다른 집단을 위해 평가를 편향되게 실시하지 않음
- **조사결과 공개**: 의뢰기관이나 후원자뿐 아니라 해당 프로그램과 그에 대한 정확한 평가로 혜택을 받을 수 있는 더 많은 대중을 위해 결과 공개
- **이해 갈등**: 평가자는 가능한 공개적이고 정직한 방식으로 평가자의 선입견과 가치를 공개하여 편견을 방지
- **재정적 책임**: 평가자가 요청한 정보를 수집, 지원, 제공하고 다양한 관계자에게 평가에 대해 설명하는 데 소요된 시간과 노력 등, 모든 지출을 적절하고 신중하게 집행하고 그 내용을 문서로 기록

미국평가협회 프로그램 평가기준은 매우 미국적인 기준으로 만들었기 때문에 다른 국가에서 수정 없이 사용하기에는 적절하지 않을 수 있다. 켈로그 재단은 지난 2000년 바베이도스에서 열린 지역 및 국가 평가자 회의를 지원

했다. 여러 국제 평가기관이 이 회의에 참석했는데, 당시 회의에서 논의된 안건중 하나는 미국평가협회 프로그램 평가기준을 다른 국가에 배포할 지 여부와 배포 방식에 대한 것이었다.

당시 회의 결과로 이 이슈를 논의한 보고서가 발간되었다(Russon, 2000). 첫 번째 보고서에서 토트(Taut, 2000)는, 미국평가협회가 개발한 프로그램 평가 기준은 가치를 기반으로 하며 그 가치는 문화마다 다르기 때문에 미국 외의 다른 지역에서는 그 효용이 낮을 수 있다는 점을 조사했다.

토트는 기준이 기반을 두는 가치를 문화적 가치 측면과 비교했다. 토트가 확인한 가장 중요한 문화적 가치 측면은 다음과 같다.

- 개인주의 대 집단주의
- 위계 대 평등주의
- 보수주의 대 자율성
- 패권 대 조화
- 불확실성 회피

문화와 관련하여 지적한 또 다른 차이는 직접 커뮤니케이션 대 간접 커뮤니케이션, 상위 수준의 맥락(high context) 대 하위수준의 맥락(low context), 연공서열(seniority)의 중요성 등이다.

토트는 "무엇이 유용하고 윤리적인가는 무엇이 타당하고 정확한가에 비해 문화에 따라 크게 다르다. … 적절성 기준 문제는 정치적·문화적 영향에 따라 크게 다르다"(Taut, 2000: 24)고 결론 맺는다. 토트는 평가자가 해당 사회의 문화적 측면을 설명할 것을 권고했다. 또 평가 분석을 위해서는 문화 전문가의 조언을, 그 인식에 대해서는 동료들의 조언을 얻고 논의할 것을 권고했다.

2) 평가자를 위한 원칙

미국평가협회는 프로그램 평가, 개인 및 정책에서 윤리적 관행을 증진하기 위해 노력하고 있다. 이를 위해, 평가자의 전문적인 활동을 위한 원칙을 개발했다(AEA, 1995). 이 원칙에는 다음과 같은 사항이 포함된다.

- 체계적 조사
- 인간에 대한 존중
- 숙련
- 공공복지에 대한 책임
- 진실/정직

미국평가협회 윤리위원회는 지난 2004년 평가원칙 업데이트와 주요 사항을 검토했다(평가원칙과 프로그램 평가기준에 관한 추가적인 자료는 미국평가협회 웹사이트에서 찾을 수 있다. 이 두 문서는 이 장 마지막의 '평가기관' 부분에 링크되어 있다).

평가 가이드라인이나 평가기준 초안, 최종본을 인터넷에 올린 평가기관은 다음과 같다.

- 아프리카 평가협회(초안평가기준과 가이드라인)
- 호주 평가학회(윤리 가이드라인)
- 캐나다 평가학회 윤리행동 가이드라인
- 독일 평가학회(기준)
- 이탈리아 평가협회(가이드라인)
- 스위스평가학회(기준)
- 영국 평가학회(우수사례 가이드라인)

영국 우수사례 가이드라인은 현장 평가자를 위한 가이드라인 외에, 평가
의뢰기관 및 참여자를 위한 가이드라인도 수립했다.

3) UN 시스템에 대한 평가윤리

UN평가그룹(United Nations Evaluation Group: UNEG)은 윤리 가이드라인
(Evaluation quality)(UNEG, 2008)에서 평가윤리를 다루고 있는데, 이는 "보편
적이고 국제적으로 인정된 전문적인 이상"을 근거로 한다(UNEG, 2008: 3).
UN평가그룹은 UN 직원, 외부 컨설턴트, 모든 UN 기관의 협력기관 평가자에
게 이 평가강령의 준수를 권고한다. 이 가이드라인의 윤리원칙은 다음과 같
이 구성된다.

- 평가의 의도
  - 유용성
  - 필요성
- 평가자의 의무
  - 독립성
  - 공정성
  - 신뢰성
  - 이해갈등 관리
  - 정직과 진실
  - 책임성
- 참여자에 대한 의무
  - 인간의 존엄과 다양성 존중
  - 인권
  - 기밀유지

- 피해 방지
- 평가과정과 산물
  - 정확성, 완전성, 신뢰성
  - 투명성
  - 보고
  - 누락과 비행(UNEG, 2008)

UN평가그룹은 UN 시스템의 평가기준도 수립했다. 그 윤리 기준은 다음과 같다.

- 평가자는 신념, 매너, 관습에 민감해야 하고 진실하게 행동하며 모든 이해관계자와의 관계에서 정직해야 한다.
- 평가자는 자신이 대우받기 원하는 것과 똑같은 방식으로 사람을 대해야 한다.
- 평가자는 개인 정보원의 익명성과 비밀유지를 보호해야 한다.
- 평가자는 자신의 결과물에 책임져야 한다.

4) DAC 기준

앞서 1장에서는 개발평가에 관한 OECD DAC의 평가 네트워크에 대해 논의한 바 있다. 이 네트워크는 개발평가 규범과 기준을 논의하는 주요 그룹이다. DAC의 주요 규범과 기준에 관한 업데이트된 요약문은 http://www.oecd.org/dac/evaluationnetwork에서 찾을 수 있다.

이 장과 특별히 관계있는 것은 DAC의 평가품질기준(Evaluation quality standard)로서 평가과정과 산물에 대해 안내하고 있다. 이 기준은 3년간의 시험단계를 거친 뒤 2009~2010년에 최종 승인되었다. 이 가이드라인 6항은 평가자 독립성과 평가팀이 간섭 없이 자유롭게 일할 수 있는 범위에 대해 논하고 있다. 7항은 평가 윤리를 다루고 있다. 이 가이드라인에 따르면 평가과정에서 평가자는 "모든 이해관계자의 성별·신념·매너·관습을 존중하고, 진실하고 정직하게 수행해야 한다. 평가 참여자의 권리와 복지를 보호해야 한다. 개인 정보원의 익명성과 비밀유지는 법에 명시된 대로 보호받아야 한다" (p. 22).

5) 이해 갈등

노골적이거나 암시적인 이해 갈등은 평가자의 신뢰와 평가의 우수성에 영향을 미칠 수 있는 큰 문제다. 각 평가에서, 평가자는 이해갈등이나 이해갈등 조짐으로부터 자유로운지 밝혀야 한다.

일부 기관은 이해갈등을 다루는 가이드라인을 개발했다. 예를 들면, 아시아개발은행(ADB) 운영평가그룹(Operations evaluation group)은 직원이나 컨설턴트에게 자신이 관여한 업무를 평가하지 못하도록 금하고 있다. 이는 평가조직에서의 모범적인 사례이다.

요약

윤리는 선택을 이끄는 가치와 신념의 체계이다. 평가는 이해갈등이 있음에도 평가를 실시하거나, 비전문적인 평가에 참여하거나, 평가 업무에 영향을 미치는 편견을 허용하거나, 지킬 수 없는 약속을 하거나, 명예서약(Honor commitment)을 위반함으로써 윤리기준을 위반할 수 있다. 위임기관 중심주의, 계약주의, 방법론 지상주의, 상대주의, 다원주의/엘리트주의로 인한 오해도 비윤리적 행위를 유발할 수 있다.

OECD DAC의 평가네트워크, UN평가그룹, 미국평가협회 및 기타 기관은 평가품질, 윤리, 규범을 정의하고 측정하기 위해 기준, 가이드라인, 규범을 개발했다. 개발평가자는 관련 기준, 가이드라인, 규범과 우수사례를 잘 이해하고 있어야 한다.

14장 연습문제

응용연습 14.1 윤리: 로사와 농업평가

로사 마르케스(Rosa Marquez)가 다음과 같은 이야기를 들려주며 당신의 조언을 구한다. 여기에서 윤리적 이슈는 무엇이며 당신이라면 로사에게 어떻게 하라고 조언할 것인가?

로사는 지역 관료, 프로젝트 관리자, 지주를 만나 곧 실시될 지역 농업 프로젝트 평가에 관해 브리핑했다. 수년간 이 마을은 관개시스템 구축, 비료 구매, 도로 건설, 장비 구입 등을 위해 상당한 금액을 지원받았다.

이번은 로사의 첫 번째 이 지역 방문이었다. 지역 팀 멤버인 에두아르도는 이 지역을 여러 번 방문했고 여러 지주를 알고 있었다. 그는 친밀한 관계 구축을 위해 지주들과 함께 저녁식사를 하러 나가자고 제안했다.

저녁식사를 하는 동안, 로사는 에두아르도와 지주들이 하는 이야기를 듣게 되었다. 지주들은 에두아르도와 친밀한 관계를 맺고 있는 것으로 보였고 그에게 담배 한 상자를 선물했다. 지주들은 이 지역에 무엇이 필요한지에 대해 논의했다. 지주들은 효과적으로 토지를 활용하기 위해서는 더 많은 자원이 필요하다고 생각했다. 그들은 일부 농부를 대신하기 위해 더 많은 농업장비를 원했다. 또 환경법이 허용하는 것보다 비료를 더 많이 사용하고 싶어 했다. 에두아르도는 지주들의 말에 동의하면서 제외조항을 받을 수 있도록 추천할 수 있다며 조만간 실시될 평가에서 도움을 받을 수 있을 것이라고 말했다.

이날 저녁식사는 한 지주가 로사를 자기 가족과의 점심식사 후 이 지역 투어로 초대하는 것으로 마감되었다. 로사는 물어보지도 않고 내일 만날 계획을 잡은 것이 무례하다고 느꼈다. 그녀는 저녁식사 후 에두아르도에게 짧게 설명하고 왜 지주들과 그런 합의를 했는지 물었다. 에두아르도는 지주들이 평가에서 긍정적인 것을 얻을 수 있다고 느끼면 평가에 협조할 것이라고 말했다.

다음 날 투어 도중, 로사를 초대한 지주는 자신들이 얼마나 열심히 일하고 구습에 맞서 얼마나 많은 진보를 이루었는지 설명했다. 지주는 로사가 그들의 노력을 지원할 것으로 믿는다고 말했다. 만약 평가가 부정적이면 지주와 그 가족은 생존할 수 없다. 그는 감사의 뜻으로 자기 가족이 수세대 동안 간직해온 목걸이를 선물했다.

지주 가족과의 점심과 투어 후, 로사는 프로젝트 관리자를 만났다. 그는 남은 3일 동안 그녀가 만날 인사들을 포함한 일정에 대해 설명했다. 이 회의에는 지주들, 농업지도원, 비료와 농기구를 판매하는 지역 비즈니스 커뮤니티 회원, 농업생산품 수출업자들이 포함되어 있었다. 왜 농부들과 농부가족들이 포함되지 않았냐고 묻자 농부와 그 가족들은 프로젝트 효과성 평가에 기여할 아무런 가치가 없다는 대답이 돌아왔다. 그녀는 자신이 만나야 할 다른 사람들이 지역 커뮤니티에 있는지 물었다. 프로젝트 매니저는 적절한 사람을 포함시키기 위해 갖은 노력을 다했고 프로젝트 평가를 수월하게 할 수 있을 것이라고 로사에게 대답했다.

참고문헌

Cutt, James, and Vic Murray. 2000. *Accountability and Effectiveness Evaluation in Nonprofit Organizations.* London: Routledge.

Fitzpatrick, Jody L., James R. Sanders, and Blaine R. Worthen. 2004. *Program Evaluation: Alternative Approaches and Practical Guidelines.* New York: Pearson Education Inc.

Hale, K. 1998. "The Language of Co-Operation: Negotiation Frames." *Mediation Quarterly* 16(2):147–62.

House, E. R. 1995. "Principles Evaluation: A Critique of the AEA Guiding Principles." In *Guiding Principles for Evaluators,* eds. R. Shadish, D. L. Newman, M.A. Scheirer, and C. Wye, 27–34. New Directions for Program Evaluation No. 66. San Francisco: Jossey-Bass.

JCSEE(Joint Committee on Standards for Educational Evaluation). 1994. *The Program Evaluation Standards: How to Assess Evaluations of Educational.* Programs Thousand Oaks, CA: Sage Publications.

Markiewicz, Anne. 2005. "'A Balancing Act': Resolving Multiple Stakeholder Interests in Program Evaluation." *Evaluation Journal of Australasia* 4(1–2): 13–21.

Molund, Stefan, and Goran Schill. 2004. *Looking Back, Moving Forward: SIDA Evaluation Manual.* Stockholm: Swedish International Development Cooperation Agency.

Mnookin, Robert H., Scott R. Peppet, and Andrew S. Tulumello. 1996. "The Tension between Empathy and Assertiveness." *Negotiation Journal* 12(3): 20–35.

_____. 2000. *Beyond Winning: Negotiating to Create Values in Deals and Disputes.* Cambridge, MA: Harvard University Press.

Morris, M., and R. Cohn. 1993. "Program Evaluators and Ethical Challenges: A National Survey." *Evaluation Review* 17: 621–42.

Murray, Vic V. 2002. *Evaluation Games: The Political Dimension in Evaluation and Accountability Relationships.* http://www.vserp.ca/pub/CarletonEVALUATION GAMES.pdf.

Patton, M. Q. 1997. *Utilization-Focused Evaluation: The New Century Text.* 3rd ed. Thousand Oaks, CA: Sage Publications.

Russon, Craig. 2000. The *Program Evaluation Standards in International Settings.* http://www.wmich.edu/evalctr/pubs/ops/ops17.pdf.

Stuffl ebeam, D. L. 1986. "Standards of Practice for Evaluators." Paper presented at the annual meeting of the American Educational Research Association, San Francisco, April.

Tassie, A. W., V. V. Murray, J. Cutt, and D. Gragg. 1996. "Rationality or Politics: What Really Goes on When Funders Evaluate the Performance of Fundees?" *Nonprofit and Voluntary Sector Quarterly* 25(3): 347–63.

Taut, Sandy. 2000. "Cross-Cultural Transferability of the Program Evaluation Standards." In *The Program Evaluation Standards in International Settings,* ed. Craig Russon. Occasional Papers Series, Western Michigan University, Evaluation Center, Kalamazoo. http://www.wmich.edu/evalctr/pubs/ops/ops17.pdf.

UNEG(United Nations Evaluation Group). 2005. *Norms for Evaluation in the UN System.* http://www.uneval.org/index.cfm?module=UNEG&Page=UNEGDocuments& LibraryID=96.

_____. 2008. *Ethical Guidelines.* http://www.uneval.org/papersandpubs/documentdetail. jsp?doc_id=102.

U.S. Equal Employment Opportunity Commission. 2002. http://www.eeoc.gov/facts/ fs-sex.html.

World IQ. 2008. "Simple View of Ethics and Morals." http://www.wordiq.com/definition/ Simple_view_of_ethics_and_morals.

웹사이트

Department for International Development. http://www.keysheets.org/red_7_swaps_rev. pdf.

Evaluation Center, Western Michigan University. http://www.wmich.edu/evalctr/.

Human Rights Education. http://www.hrea.org/pubs/EvaluationGuide/.

Institute of Development Studies. 1998. *Participatory Monitoring and Evaluation: Learning from Change,* IDS Policy Briefi ng 12(November). http://www.ids.ac. uk/ids/bookshop/briefs/PB12.pdf.

Inter-American Development Bank. 2004. *Proposal for Sectorwide Approaches(SWAps)*. http://enet.iadb.org/idbdocswebservices/idbdocsInternet/IADBPublicDoc.aspx?do cnum=509733.

MEASURE Evaluation Project. *Monitoring and Evaluation of Population and Health Programs*. University of North Carolina, Chapel Hill. http://www.cpc.unc.edu/ measure.

National Aeronautics and Space Act of 1958. http://www.hq.nasa.gov/office/pao/History/ spaceact.html.

Treasury Board of Canada. *Linkages between Audit and Evaluation in Canadian Federal Developments*. http://www.tbs-sct.gc.ca/pubs_pol/dcgpubs/TB_h4/evaluation03_ e.asp.

United Nations Population Fund. *UNFPA List of Evaluation Reports and Findings*. http:// www.unfpa.org/publications/index.cfm.

World Bank. *The World Bank Participation Sourcebook*. Washington, DC: World Bank. http://www.worldbank.org/wbi/sourcebook/sbhome.htm.

평가기관

African Evaluation Association. http://www.geocities.com/afreval/.

American Evaluation Association. http://www.eval.org.

Australasian Evaluation Society. http://www.aes.asn.au/.

Canadian Evaluation Society. http://www.evaluationcanada.ca.

European Evaluation Society. http://www.europeanevaluation.org.

German Society for Evaluation. http://www.degeval.de/.

Government and Nongovernmental Organizations. http://www.eval.org/Resources/govt_ orgs_&_ngos.htm.

Institute of Internal Auditors. http://www.theiia.org.

International Organization of Supreme Audit Institutions. http://www.gao.gov/cghome/ parwi/img4.html.

Italian Evaluation Association. http://www.valutazioneitaliana.it/aiv/news.php.

Swiss Evaluation Society. http://www.seval.ch/en/.

United Kingdom Evaluation Society. http://www.evaluation.org.uk/.

평가기준과 원칙

American Evaluation Association. 2004. *Guiding Principles*. http://www.eval.org/ Publications/GuidingPrinciples.asp (Abbreviated version in brochure form: http:// www.eval.org).

_____. 2005. *Program Standards*. http://www.eval.org/EvaluationDocuments/progeval.

html.

Asian Development Bank. *Guidelines.* Operations Evaluation Group. http://www.adb. org/documents/guidelines/evaluation/independent-evaluation.pdf.

Australasian Evaluation Society. *Ethical Guidelines for Evaluators.* http://www.aes. asn.au/about/Documents%20-%20ongoing/guidelines_for_the_ethical_conduct_of_ evaluations.pdf.

Canadian Evaluation Society. *Guidelines for Ethical Conduct.* http://www. evaluationcanada.ca.

German Society for Evaluation. *Standards.* http://www.degeval.de/standards/standards. htm.

Italian Evaluation Association. *Guidelines.* http://www.valutazioneitaliana.it/statuto.htm #Linee).

Organisation for Economic Co-operation and Development. *Principles for Evaluation of Development Assistance.* Development Assistance Committee. http://www.oecd. org/dataoecd/31/12/2755284.pdf.

_____. *DAC Criteria for Evaluating Development Assistance.* Development Assistance Committee. http://www.oecd.org/document/22/0,2340,en_2649_34435_2086550_ 1_1_1_1,00.html.

_____. DAC Network on Development Evaluation. *Evaluating Development Co-Operation: Summary of Key Norms and Standards.* http://www.oecd.org/dac/ evaluationnetwork.

United Kingdom Evaluation Standards. 2008. http://www.mfcr.cz/cps/rde/xbcr/mfcr/Eval Standards_UK.pdf and http://www.evaluation.org.uk/resources/guidelines.aspx.

개발평가의 미래

이제까지 우리는 '개발 성과 중심의 평가(the road to results)'에 대해 살펴보았다. 평가를 어떻게 준비하고 설계해서 시행할지, 어떻게 전문적으로 개발활동을 펼쳐나갈지 개발평가의 토대에 대해 논의했다. 이 장에서는 개발평가의 과거와 현재를 간략하게 살펴보고 개발평가의 미래가 어떠한 모습으로 전개될지 논의한다.

이 장은 다음과 같이 구성된다.
- 과거부터 현재까지
- 미래

1. 과거부터 현재까지

개발 분야의 변화는 즉시 개발평가에 반영된다. 새천년개발 선언을 지지하고 개발을 빈곤 감소를 위한 국제사회의 목표로 인정한 세계 지도자들은 개발 성과 측정에 관심을 갖기 시작했다. 개발평가는 이 변화를 반영해 변화하고 있지만 아직 해결해야 할 과제가 많다.

이 책은 보다 나은 의사결정을 위해 평가 지식을 적극적으로 활용하도록 기여하고자 한다. 평가 지식을 활용해 개발 효과성을 개선하기 위해서는 다음의 일곱 가지 단계를 거쳐야 한다.

1) **성과 중심 평가로 전환해야 한다** ㅣ 단순한 산출물 측정을 넘어 성과 달성에 보다 많은 관심을 기울여야 한다. 그 중요성에도 불구하고, 이는 아직 개발 혹은 개발평가에서 아직 보편화되지 못했다. 개발 프로젝트의 단기·중기·장기적 성과를 알지 못하면, 공여기관은 지속가능한 제도적 개선을 위해 수혜국의 행동의 변화를 가져온다는 확신도 없이 계속해서 재화와 서비스를 지원하게 될 것이다.

2) **프로젝트 착수에 앞서 변화이론을 확인한다** ㅣ 영향을 파악하기 위해 첫 번째로 던져야 할 필수적인 질문은 '프로젝트는 어떤 영향력을 나타냈는가?'가 아니라 '프로젝트는 실제로 필요했던 것인가? 그리고 우리는 왜 그 프로젝트의 영향이 실제로 일어날 것이라고 기대했는가?'이다. 이러한 분석이 반드시 이루어져야 한다. 변화이론은 프로젝트와 그 프로젝트가 목표하는 성과 사이의 연결 논리, 즉 그 성과가 '어떻게' 그리고 '왜' 발생할 것이라고 생각했는지 뒷받침하는 핵심 가설과 대상 지역에서 관찰되는 변화를 설명할 수 있는 주요 상충되는 사건을 세밀하게 묘사해야 한다.

3) 평가설계에서 '만일 이 프로젝트가 시행되지 않았다면 상황이 어떠했을까'와 같은 질문을 통해 해당 프로젝트의 실질적 영향을 탐구하고자 한다 ㅣ

이는 프로젝트와 결과, 영향 간의 연결관계를 설정하는 데 필수적이다. 실험적 설계가(그리고 준실험적 설계가 프로젝트의 성과를 입증하는 데) 확실한 설계이긴 하지만 '황금 기준'은 아니다. 개발평가는 답을 필요로 하는 평가 질문에 집중하고, 그 질문에 적용될 설계를 선택해야 한다. 일례로, 장기간 수행되는 프로젝트를 통해 발생하는 부가적인 영향이나 환경과 참여자의 특성으로 인한 성과의 다양성을 파악하는 일은 실험군과 비실험군 사이에 발생하는 결과의 차이만을 파악하는 것보다 더 유용하다. 실험적·준실험적 설계는 모든 영향 평가 훈련 내용에 들어가야 하지만, 사례 연구와 같은 비실험적 설계 또한 반드시 포함해야 한다.

4) 개별 프로젝트로 인한 성과를 파악하는 대신 국가 수준에서의 지도 작성(Mapping), 기여(Contribution), 추가적 성격(Additionality)을 활용한다 | 개별 공여기관의 프로젝트로 인한 개발 성과를 파악하는 것은 어렵고, 복잡한 평가일수록 부문 또는 국가 차원에서 그 성과를 확인하는 것이 보다 유용하다. 글로벌 파트너십으로서의 개발에 대한 인식과 함께, 패러다임의 전환이 필요하다. 개발평가를 위한 첫 번째 단계는 해당 국가에서 주요 공여기관, 차관기관, NGOs의 활동을 지도 작성을 통해 구조화하는 것이다. 가급적 수원국에서 직접 분석하도록 하고, 이 결과를 활용해 원조 조화를 평가하고 개별 개발기관의 기여를 파악한다.

5) 비용을 줄이고 프로젝트 평가의 장점을 적극 활용한다 | 다양한 평가 결과가 있지만, 대부분의 평가는 아직 프로젝트 평가와 가장 밀접하다. 자금 지원이 종료된 후 1~3년이 경과된 관련 프로젝트에 대한 클러스터 평가를 보다 활발히 시행해야 한다. 이를 통해 결과의 패턴을 찾고, 성공의 주요 요소인 참여적 특성 혹은 환경 요인이 있는지 확인해볼 수 있다.

6) 평가 역량을 키우라 | 개발 성과의 측정에 대한 중요성이 강조됨에 따라, 개발평가 전문가에 대한 수요가 높아졌다. 파리 선언과 아크라 행동계획은 개발도상국의 평가 역량 강화와 공여국의 개발원조 규모 증가에 관심

을 집중시키는 데 크게 기여했지만, 평가 역량 강화를 위해서는 여전히 많은 노력이 필요하다. 또한 공여기관은 개발도상국의 각 정부부처와 공공기관에서 점차 평가 전문가를 필요로 하는 점을 인식하고 문제해결을 위해 협력해야 한다.

다자 및 양자개발은행, 기타 개발기관은 내부역량을 활용하여 평가역량을 강화해야 한다. 개발기관의 평가 담당자들은 일반적으로 개발 프로젝트 관리자 출신으로 평가 관련 전문적인 지식이 없는 경우가 종종 있다. 경제학 혹은 다른 분야의 연구자 출신으로, 일반적으로 적용 가능한 사회과학 연구법이나 계량경제학 교육은 받았지만, 정성적 연구에서는 충분한 훈련을 받지 못한 경우가 많다.

프로젝트의 품질관리를 위한 훈련과 기타 평가역량 강화 노력에 대해 자체 평가를 필요로 한다. 평가 전문성에 대한 충분한 검증이 필요하다.

7) **평가지식을 활용하라** ㅣ 평가를 통해 알게 된 정보를 다음 개발 프로젝트에 사용하지 않는다면 큰 변화를 만들어낼 수 없다. 평가는 단순히 책임을 묻기 위해 수행되는 것이 아니라, 교훈을 도출해내기 위해 필요하다. 이는 평가자의 오랜 목적이었기 때문에 개발평가에서 어떻게 평가의 활용도를 높일 것인지에 대해서는 이미 많은 논의가 있다. 이를 행동으로 옮기는 것이 중요하다는 점 역시 오랫동안 강조되었다(Rist and Stame, 2006).

2. 미래

우리 중 어느 누구도 미래를 정확하게 예측할 수 없지만, 개발평가에서 무엇이 미래의 트렌드가 될지, 또는 장애가 될지에 대한 견해를 제안해볼 수 있다. 우리는 이에 대해 몇 가지 제언을 제시하며 이 책을 마치고자 한다.

첫 번째로, 우리는 모든 개발도상국에서 모니터링과 평가의 중요성이 계속 강조되고 있음을 확인해왔다. 한 가지 흥미로운 개발 프로그램으로 개발도상국의 M&E 체계에 대한 연구 투어가 있다. 이 투어는 개발도상국과 선진국 국민 모두가 참여할 수 있으며, 이러한 노력이 단지 정부 차원에서뿐만 아니라 국회, 복지재단, 교회, 협회, 자원봉사기관 등이 속한 민간부문에서도 일어날 것이라고 보고 있다.

성과에 대한 책임성은 계속해서 그 중요성이 강조될 것이다. 그러나 지나치게 많은 데이터를 소화시키느라 과부하가 된 모니터링 지표 체계는 그 지속가능성을 저해하는 가장 큰 위협요소가 될 수 있다.

1) 내부평가와 외부평가

개발평가와 관련하여 미국평가협회에서 1990년대에 시작한 양적 - 질적 방법론에 대한 치열한 찬반 대결은 아직 끝나지 않았다. 그러나 개발 사회에서는 일반적으로 이 두 방법을 혼합하여 사용해왔다.

개발평가에 더 문제가 되는 것은 내부평가를 행할지, 외부평가를 행할지, 평가팀의 지위에 대한 점이다. 모니터링 체계와 M&E 관리직원은 명백히 내부인력으로 볼 수 있지만, 평가에서는 신중히 생각해보아야 한다. 개발평가가 내부평가와 성과 중심 모니터링 체계를 관리하는 복합적인 특성으로 변하게 될 것인가? 아니면 개발평가가 유럽연합 집행위원회(European Commission: EC)의 전략에 의지해 외부 평가자와 기업에 위탁해 이루어질 것인가?

우리는 성과에 대한 강조로 인해 기관 내 M&E 관리 부서뿐만 아니라 외부 자문가와 기업에 의해 수행되는 평가 역시 증가하게 될 것이라고 본다. 또한 독립적 평가에 대한 필요성과 수요 또한 증가할 것이라고 생각한다.

외부에서 수행되는 평가가 반드시 독립적인 것은 아니다. 만일 평가가 외부적으로 수행되더라도, 프로젝트를 관리하는 인력이 실시한다면 이는 독립평가로 볼 수 없다. 독립평가, 독립적 평가 부서, 독립적 평가자는 다자개발은행의 평가협력그룹(Evaluation Cooperation Group)에서 수립한 독립성 원칙, 즉 평가를 수행하는 주체의 평판이나 윤리에 구애받지 않는다는 원칙을 지켜야 한다.

독립평가 기능은 해당 기관 내에서 수행할 수도 있다(세계은행그룹의 독립적 평가 그룹이 그 예다). 혹은 국회나 다른 입법 기관의 일부로서 그 기능을 담당할 수도 있다. 이것이 어디에 속해 있든지 간에, 독립적 평가 부서는 1장에서 제시된 평가원칙을 활용하여 독립성 원칙의 준수 정도를 공식적으로 평가할 필요가 있다.

2) 평가 역량의 개발

M&E에 대한 수요가 증가함에 따라 평가역량 또한 강화되어야 한다. 평가 기능을 소수의 외부 전문가에 의존하는 방식으로는 장기적인 수요에 대처할 수 없다. 한 국가 내 모든 차원에서 평가 역량이 전반적으로 강화되어야 한다. 우리는 개발도상국의 평가역량 강화 노력이 지속적으로 증가할 것이라고 본다.

평가역량 개발은 개발도상국가의 M&E 체계를 구축하고 강화하는 복합적인 활동을 포함한다. 개발 효과성, 프로젝트와 프로그램의 목적 및 성과사슬의 세분화, 성과 정보(기본 데이터 수집을 포함), 프로젝트와 프로그램 M&E, 수혜자 평가 조사, 수행성과 감사와 같은 많은 관련 개념과 방법을 포괄한다 (Kusek and Rist, 2004; Mackay, 2007).

각 국가가 평가역량을 강화하기 위해 필요한 시작점을 파악할 수 있도록 다양한 진단도구가 개발되고 있다(World Bank, 1999를 보라).

평가역량 개발은 다음의 네 가지 주요 분야에서 평가 결과를 활용하도록 한다.

① 기존 M&E 체계의 기원: M&E 지지자 혹은 우수 기관의 역할과 M&E 정보의 중요성을 높인 주요 사건(개혁 성향의 정부 선출이나 재정 위기 등).

② M&E 체계를 관리하고 평가 기획을 담당하는 정부부처나 기관(재무부, 기획실, 대통령실, 입법부, 각 부문별 정부부처)의 M&E 체계에 대한 역할과 책임. 각 이해관계 기관이 M&E 중요성을 높게 평가하도록 하는 동기 부여(M&E 정보에 대한 높은 수요). 국가 및 부문 단계에서 통합되지 않은 M&E 체계의 사례. M&E 체계에 대한 국가/지역 이슈의 중요성.

③ 공공부문 환경이 관리자들이 높은 기준의 성과를 달성하고, 성과에 대한 책무를 지도록 독려하는가 여부. 정부 성과 평가에 대한 강조로 더 큰 성과를 기대할 수 있는 공공부문의 개혁 - 빈곤 감소 전략, 성과주의 예산, 정책분석 기술의 강화, 공무원 사회의 성과 문화 형성, 서비스 수행 능력 향상(고객서비스 기준 등), 정부 권력 분권화, 시민 사회 참여의 증가, 혹은 반부패 전략.

④ 예산 결정, 국별 및 부문별 기획 프로그램 관리, 책임 관계(기획재정부, 대통령실, 의회, 각 부처, 시민사회의) 등 M&E 체계가 적극적으로 뒷받침하는 공공부문 관리의 주요 기능.

⑤ (정책 고문 및 기획, 정책 결정, 성과 검토 및 고시 등) 예산수립의 여러 단계에서 M&E 정보의 역할, 부문별 정부 부처의 M&E 업무와 예산 결정 과정에서 해당 정보 활용 간의 단절. 예산과정과 정책기획 간의 단절. 예산심의 관련 부처에서 M&E의 역할 강화의 기회.

⑥ 주요 이해관계자(기획재정부 등)가 위탁한 M&E 정보가 제3자(각 부처 등)에 의해 사용될 수 있는 범위. 정보 활용의 장애물 인지(만일 존재한다면). 다른 이해관계자의 정보 활용 정도에 대한 증거(진단 검토 혹은 설문조사 등). 정부에게 큰 영향을 미친 주요 평가의 예.

⑦ M&E 체계에서 강조하는 도구 유형(일반 수행성과 지표, 빠른 재검토 및 평가 수행성과 사정, 엄격하고 깊이 있는 영향평가). M&E 도구 유형의 각 범위와 비용. 평가의 우선순위가 정해지는 방식('문제 프로그램'이나 파일럿 프로그램, 고비용 및 고시도(high- visibility) 프로그램에 초점을 두고 있는가? 아니면 프로그램 효과성과 관련된 질문에 답하기 위한 체계적인 조사 어젠다를 기반으로 하고 있는가?).

⑧ 수행성과 정보 수집과 평가 수행에 대한 책임성(자체부서, 학계 및 자문 회사). 데이터의 품질이나 신뢰성 문제 혹은 수행된 평가의 질과 관련 문제. M&E 현지 공급의 강점과 약점. 주요 역량 한계점과 정부 역량 강화의 우선순위.

⑨ 최근 M&E 지원 규모. 전체 정부, 부문 및 부서 수준에서 M&E 지원 프로젝트(엄격한 영향평가와 같은 주요 평가 수행을 위한 기술적 지원, 다른 역량 강화 및 자금 제공).

⑩ 정부 내부의 변화에 직면하여 지속가능성 문제를 포함한 M&E 체계의 전체적인 강점과 약점에 관한 결론. M&E 체계의 기부자금에 대한 의존도. 미래 M&E 체계의 강화를 위한 현재의 계획.

자료: World Bank(2006).

- 기획, 정책 결정, 우선순위 결정, 특히 예산 절차에서 정부 자원의 배분
- 교훈 도출 및 개선을 위해 부문, 프로그램, 프로젝트 성과 이해
- 정부가 성과에 대해 책임을 질 수 있도록 각 관리자들이 자신이 담당한 프로젝트 성과에 대한 책임을 안도록 함. 책무성의 개념은 경제 거버넌스와 공공부문의 건전성이 국가 경제 경쟁력 강화의 핵심이라는 것을 인지하는 것까지 포함
- 개발 프로그램 성공을 널리 입증해야 함. 개발 프로그램이 과거에 성공했던 국가를 중심으로 지원해야 한다는 국제사회의 압박이 거세지는 상황에서, 개발 프로그램의 성공에 대한 홍보는 외부 자원 유치 필요성이 높은 국가에서 점차 더 중요해지고 있음. 게다가 개발협력에 대한 범국가적 접근이 점차 강조하고 있기 때문에, 국가 차원의 성과 파악을 장려하고 있음

평가역량 개발을 위해서는 평가의 유용성에 대해 정책 결정자를 설득해야 한다. 또한 쉽게 데이터를 취합하고 결과를 확산하고 활용할 수 있는 정보 기반이 요구된다. 평가 체계를 강화하는 일은 정치적·제도적 변화를 수반하기 때문에 오랜 시간이 소요된다(Schaumberg-Müller, 1996). 일례로, 미국이 정부성과결과법안(the Government Performance and Results Act: GPRA)과 그 안에 포함된 모든 M&E 체계를 완전히 시행하는 데까지는 무려 10년이라는 세월이 걸렸다(Kusek and Rist, 2004). 평가는 통제 체계가 아니라 성과와 정책 결정 기능을 향상시키는 도구라는 인식이 필요하다.

그렇다면 평가역량 개발을 장려하기 위해 무엇이 필요한가? 어떠한 유인과 제재가 존재하는가? 톨르몽드(Toulemonde, 1999)는 유인(당근)과 제재(채찍)를 모두 활용해 평가의 수요를 확대하는 것이 필요하다고 말한다. 그가 제시하는 첫 번째 보상은 예산이다. 평가에는 비용이 소요되고, 이 비용은 평가역량 개발을 위해 반드시 확보되어야 한다. 두 번째 보상은 평가자가 되기로 한 인력의 향후 커리어에 대한 밝은 전망이다.

제재를 통한 평가 수요 창출 방안의 첫 번째는 평가 시행의 의무화이다.

평가를 수행해야 하는 기관은 모두 질문할 권리를 가져야 한다. 모든 현장 데이터와 평가 결과를 사용할 수 있어야 한다.

톨르몽드는 "법과 제도만으로는 의미가 없음"을 인정한다(Toulemonde, 1999: 159). 법과 제도는 집행되어야 하고, 그 과정에서 권력을 사용할 수 있으며, 유인과 제재를 동시에 사용하는 것이 중요하다는 점을 강조한다.

3) 개발평가자의 전문성

누구나 개발평가자가 될 수 있다. 특정 훈련이나 교육을 통해 도달할 수 있는 개발평가의 전문성 기준이나 자격증 취득 과정은 아직 수립되어 있지 않다. 많은 평가자가 어떤 공식적인 훈련도 받지 않고 현장에서 직접 일을 하면서 배우고 있다. 평가팀을 관리하고 지휘하는 일에도 역시 어떤 특별한 자격요건을 요구하지 않는다. 즉 평가 지식이나 경험은 필수요건이 아니다.

일을 통해 학습하는 방법을 무시할 수 없다. 공식훈련을 받지 않은 관리자도 일을 통해 전문성을 키울 수 있다. 그러나 개발평가 서비스를 이용하는 사람들에게 개발평가의 전문성을 증명하기 어렵다.

개발평가의 중요성이 계속 높아지는 상황에서, 개발평가 전문성에 대한 수요가 높아질 것이라고 생각한다. 국제개발평가협회(IDEAS)의 역할이 점차 중요해지는 이유이다.

4) 핵심 역량 구축하기

개발평가와 관련한 또 하나의 주요 이슈는 평가자가 박스 15.2에 나온 것과 같은 핵심 역량을 지니고 있는가 하는 점이다. 미국평가협회는 관련 이슈에 대해 조사를 한 후, 이러한 전문가 인증을 실시하지 않기로 했다. 이와 대조적으로, 캐나다 평가협회는 전문 평가자 자격을 인증하는 '전문 자격증' 제

1.0 전문 훈련

1.1 전문적 평가 기준 적용

1.2 평가 수행에서 윤리적 행동과 청렴 추구

1.3 잠재 의뢰기관의 개별적 평가 접근법과 기술 체득

1.4 설문 응답자, 프로젝트 참여자, 다른 모든 이해관계자에 대한 존중

1.5 전반적 복지와 공공복지 고려

1.6 평가 지식기반에 대한 기여

2.0 체계적 조사

2.1 평가의 지식기반 이해(용어, 개념, 이론, 가정)

2.2 정량적 방법에 대한 지식

2.3 정성적 방법에 대한 지식

2.4 혼합적 방법에 대한 지식

2.5 문헌조사 수행

2.6 프로젝트 이론 세분화

2.7 평가질문 프레임

2.8 평가설계 개발

2.9 데이터 출처 명시

2.10 데이터 수집

2.11 데이터 유효성 검토

2.12 데이터 신빙성 측정

2.13 데이터 분석

2.14 데이터 해석

2.15 판단

2.16 제언 개발

2.17 평가의 이유

2.18 평가 절차와 결과 보고

2.19 평가의 장점과 한계 명시

2.20 메타평가 수행

3.0 상황 평가

3.1 프로젝트 설명

3.2 프로젝트 평가성 결정

3.3 관련 이해관계자들의 관심 사항 파악

3.4 평가 사용자의 정보 수요에 대응

3.5 분쟁 해결

3.6 평가의 조직적 맥락 조사

3.7 평가와 관련한 정치적 고려사항 분석

3.8 평가 결과 사용 이슈에 대한 관심

3.9 조직적 변화 이슈에 대한 관심

3.10 평가 수행 장소와 의뢰기관의 특수성 존중

3.11 다른 이들의 의견에 개방적 자세

3.12 필요에 따른 연구결과 변경

4.0 프로젝트 관리

4.1 제안 요청 응답

4.2 평가 시작 전 의뢰기관과 협상

4.3 공식 협정서 작성

4.4 평가 과정 내내 고객과 소통

4.5 평가 예산 책정

4.6 주어진 정보 수요에 대한 비용 설정

4.7 정보, 전문성, 인력, 기기와 같이 평가에 필요한 자원 파악

4.8 적정 기술 사용

4.9 평가 수행 관계자 감독

4.10 평가 수행 관계자 훈련

4.11 지장을 주지 않는 방식으로 평가 수행

4.12 적절한 때에 성과 제시

5.0 반성적 실천

5.1 평가자로서 자기 인식(지식, 기술, 성격)

5.2 개인의 평가 수행 성찰(역량과 성장 분야)

5.3 평가 전문성 개발 추구

5.4 관련 분야 전문성 개발

5.5 평가 강화를 위한 전문 관계 구축

6.0 대인관계 역량

6.1 서면을 통한 의사소통 능력 활용

6.2 의사소통 능력 활용

6.3 협상 기술 활용

6.4 분쟁해결 기술 활용

6.5 건설적 대인 관계 구축 원활화(팀워크, 그룹 소통, 프로세싱)

6.6 범문화적 역량 발휘

자료: Stevahn and others(2005).

도를 수립할 계획이고, 이와 동시에 평가 교육을 받은 대학원생을 양성하고자 한다. 뉴질랜드 평가 협회 역시 최근 이러한 역량을 개발하려는 움직임을 보이고 있다.

캐나다 재무부는 캐나다 정부부처에 필수부서가 된 평가팀 팀장에게 자격증명을 요구하는 추세이다. 재무부에서 마련한 보고서에 '연방정부 내 평가 전문성을 키우기 위한 접근방법 연구' 결과가 제시되어 있다(Treasury of Board of Canada Secretariat, 2005). 훈련 및 성과 표준에 대한 국제이사회(International Board of Standards for Training, Performance and Instruction)는 기관 내에서 평가를 수행하는 내부 직원과 외부 자문가의 역량 개발을 도모해 왔다(이 웹사이트 링크는 이 장 마지막에 나와 있다).

캐나다평가협회의 전문자격제 프로젝트는 자격증명은 교육과 경험 모두를 기반으로 해야 한다고 보고 있다. 캐나다평가협회는 무시험을 기반으로 한 자격증명 접근을 취하고 있다. 자격요건 확립, 전문 인력을 대상으로 한 교육법, 자격증명 이사회, 분쟁 해결 메커니즘 수립을 포함한 많은 작업이 순조롭게 진행 중에 있다. 시범 프로젝트 운영은 2009년에 시작될 것으로 예상한다(AEA, 2008). 이 장 마지막에 제시된 캐나다평가협회 웹사이트에서 이에 관한 더 많은 정보를 얻을 수 있다.

개발평가 관련자를 위한 기준 마련은 어떻게 진행되고 있는가? IDEAS가 관련 조사를 착수했는데, 캐나다 평가 사회가 행한 방대한 배경활동 덕분에 원활히 일을 진행할 수 있게 되었다. UNEG의 평가역량 개발 전담반이 다양한 층위의 평가 직원이 필요로 하는 핵심 역량을 개발한 작업 또한 도움이 될 것이다(UNEG 웹사이트 주소 역시 이 장 마지막에 나와 있다).

어떤 사람들은 평가 분야는 평가자가 갖추어야 할 역량에 대해 결코 합의점을 찾지 못할 것이고, 대신 개별 조직 혹은 개개인이 자신의 업무, 환경, 전통에 적합한 평가개발자 역량을 개발할 것이라고 생각한다. 그러나 우리는 개발평가를 위한 국제적 핵심 역량이 개발될 것이라고 본다. 또한 개발기관들이 핵심 역량을 갖추는 것 외에도 자신들의 업무에 적합한 평가자 역량 기준을 추가로 마련하게 될 가능성이 높다.

또 다른 논란은 평가자는 모든 상황에서 모든 평가에 필요한 모든 역량을 갖추기 위해 초인이 되어야 할지도 모른다는 견해이다. 분명, 평가 전문가가 되기 위해서는 사회 및 환경 분야나 기타 분야의 전문성과 같이 추가로 요구되는 자격요건이 있다. 그러나 일반내과의는 뇌수술 훈련을 받을 필요가 없어도, 뇌 분야 전문의가 일반 내과의학 또한 배워야 하는 것처럼, 핵심 역량은 평가의 가장 중심이 되는 역량이다.

5) 개발평가자 자격 인증

세계적으로 인정받을 수 있는 기술 자격에 대한 개발평가 자격 취득 절차가 있어야 할까? 이러한 자격증은 회계사에게 매우 유용한데, 공인회계사 자격증은 세계적으로 인정받는 자격증이다. IDEAS가 최근에 수행한 설문 조사는 역량, 궁극적으로는 자격 인증제를 통한 전문성 증대에 대한 지지가 높아지고 있음을 보여준다(Morra Imas, 2009).

평가자의 자격을 인증하는 것은 수준 이하의 평가 수행자나 작업으로부터 소비자를 보호하는 기제로 작용할 것이다. 또한 이는 감리 결과나 감사관과 평가자를 구분하는 기제가 될 것이다. 문제는 이러한 기제를 마련하는 일이 특히 수요가 공급을 능가하는 환경이나 일을 통해 학습하는 분야에서 진입 장벽을 만들게 되지 않을까 하는 점이다.

개발평가자의 핵심 역량에 대한 요구가 매우 높을 것이다. 만일 개발평가자를 위한 특정 핵심 역량이 구체화된다면, 자격인증에 대한 논의가 더는 없을 것이라고 본다.

결과적으로 개발평가를 위한 가장 큰 난제는 민주주의 전통이 없는 나라에서 평가에 대한 수요를 확립하고, 참여적 평가와 성과 중심 평가를 조화시키고, 모든 조직에서 내부적으로 평가적 사고를 촉진하며 개발 프로그램에 대한 현실적 기대를 설정하는 것이다. 이러한 난제에 잘 대처할 수 있기를 바란다.

15장 연습문제

응용연습 15.1 평가역량 구축

당신(혹은 당신 그룹)은 당신 나라의 정부로부터 평가역량 증대를 위한 전략 계획을 수립해 달라는 요청을 받았다. 한 장 내지 두 장 분량의 전략 계획서 준비를 위해 다음 질문을 활용하라.

① 몇 년 동안 가장 어려웠던 개발 프로젝트 이슈 2개 내지 3개를 기술하라.

② 당신이 아는 범위 내에서 이미 존재하는 평가 역량(평가자의 재능, 기술, 자원 기반시설)은 무엇이라고 생각하는가?

③ 현재와 미래의 개발 요구와 이슈, 당신의 현재 개발 역량을 미루어 보았을 때, 당신의 나라에서 평가역량을 개선시킬 수 있도록 강화가 필요한 역량 중 가장 중요한 것 여섯 가지를 열거하라.

④ 당신의 국가에서 M&E 체계에 대한 수요를 촉진시키는 것은 무엇인가?

⑤ 당신 나라 정부의 어느 부서에서 효과적인 프로젝트 수행에 대한 책무를 지니고 있는가?

⑥ 개발목표 달성 점검을 위하여 정부 내에 성문화된 전략 혹은 조직이 있는가?

⑦ M&E 체계 기획과 사용을 위한 필수 기술 역량은 어디에 있는가? 이러한 역량(혹은 역량의 부재)은 당신의 국가에서 M&E 체계 사용에 어떻게 기여하는가?

⑧ 당신 국가의 수요를 필수, 매우 중요, 중요로 분류하여 우선순위를 매기라.

 ## 참고문헌

AEA(American Evaluation Association). 2008. "Professional Designation for Evaluators in Canada: Where Are We Now?" Session at the annual conference of the American Evaluation Association, Denver, CO, November 5-8.

Beywl, W., and K. Harich. 2008. "University-Based Continuing Education in Evaluation:

The Baseline in Europe." *Evaluation* 13(1): 121‒34.

Boyle, Richard. 1999. "Professionalizing the Evaluation Function: Human Resource Development and the Building of Evaluation Capacity." In *Building Effective Evaluation Capacity: Lessons from Practice,* eds. Richard Boyle and Donald Lemaire, 135-51. New Brunswick, NJ: Transaction Publishers.

Boyle, Richard, and Donald Lemaire, eds. 1999. *Building Effective Evaluation Capacity: Lessons from Practice.* New Brunswick, NJ: Transaction Publishers.

Dewey, J. D., B. E. Montrosse, D. C. Schroter, C. D. Sullins, and J. R. Mattox II. 2008. "Evaluator Competencies: What's Taught versus What's Sought." *American Journal of Evaluation* 29(3): 268‒87.

Ghere, G., J. A. King, L. Stevahn, and J. Minnema. 2006. "A Professional Development Unit for Reflecting on Program Evaluator Competencies." *American Journal of Evaluation,* 27(1): 108‒23.

Kusek, Jody Zall, and Ray C. Rist. 2004. *Ten Steps to a Results-Based Monitoring and Evaluation System.* World Bank, Washington, DC. http://www.oecd.org/dataoecd/23/27/35281194.pdf.

Mackay, Keith. 2007. *How to Build M&E Systems to Support Better Government.* World Bank, Independent Evaluation Group, Washington, DC. http://www.worldbank.org/ieg/ecd/docs/How_to_build_ME_gov.pdf.

McDonald, K. E., and S. E. Myrick. 2008. "Principles, Promises, and a Personal Plea: What Is an Evaluator to Do?" *American Journal of Evaluation* 29(3): 343‒51.

Morra Imas, Linda. 2009. "The Competencies and Credentials Debate in Evaluation: What Is It all About?" Presentation to the International Development Evaluation Association's Global Assembly, Johannesburg, March.

Porteous, Nancy L., Barbara J. Sheldrick, and Paula J. Stewart. 1999. "Enhancing Managers' Evaluation Capacity: A Case Study for Ontario Public Heath." *Canadian Journal of Program Evaluation*(Special Issue): 137‒54.

Rist, Ray C., and Nicoletta Stame, eds. 2006. From Studies to Streams: *Managing Evaluative Systems.* Piscataway, NJ: Transaction Publishers.

Schaumberg-Muller, Henrik. 1996. *Evaluation Capacity Building: Donor Support and ExperienCES.* Copenhagen: Organisation for Economic Co-operation and Development. http://www.oecd.org/dataoecd/20/52/16546669.pdf.

Sonnichsen, Richard C. 1999. "Building Evaluation Capacity within Organizations." In *Building Effective Evaluation Capacity: Lessons from Practice,* eds. Richard Boyle and Donald Lemaire, 53‒3. New Brunswick, NJ: Transaction Publishers.

Stevahn, Laurie, Jean A. King, Gail Ghere, and Jane Minnema. 2005. "Establishing Essential Competencies for Program Evaluators." *American Journal of Evaluation,* 26(1): 43‒59.

Toulemonde, Jacques. 1999. "Incentives, Constraints, and Culture-Building as Instruments for Development of Evaluation Demand." In *Building Effective Evaluation Capacity: Lessons from Practice,* eds. Richard Boyle and Donald Lemaire, 153–68. New Brunswick, NJ: Transaction Publishers.

Treasury of Board of Canada Secretariat. 2005. *Improving the Professionalism of Evaluation.* Final report. http://www.tbs-sct.gc.ca/eval/dev/Professionalism/profession_e.asp.

World Bank. 1999. *Evaluation Capacity Development: A Diagnostic Guide and Action Framework.* ECD Working Paper 6, Operations Evaluation Department, Washington, DC.

_____. 2006. *Diagnostic Guides.* Washington, DC. http://www.worldbank.org/ieg/ecd/diagnostic_guides.html.

웹사이트

Campbell, Patricia B., and Beatriz Chu Clewell. 2008. *Building Evaluation Capacity: Designing a Cross-Project Evaluation. Guide I.* Urban Institute, Washington, DC. http://www.uquebec.ca/observgo/fichiers/43799_GRA-1a.pdf.

_____. 2008. *Building Evaluation Capacity: Collecting and Using Data in Cross-Project Evaluations. Guide II.* Urban Institute, Washington, DC. http://www.uquebec.ca/observgo/fichiers/42773_GRA-1b.pdf.

Canadian Evaluation Society. www.evaluationcanada.ca.

_____. *Professional Designation Project.* http://www.evaluationcanada.ca/site.cgi?s=5&ss=6&_lang=EN.

UNEG(United Nations Evaluation Group).2004a. *Evaluation Capacity Development: A Strategy Paper.* http://cfapp1-docs-public.undp.org/eo/evaldocs1/uneg_2006/eo_doc_350011048.doc.

_____. 2004b. *Evaluation Capacity Development Task Force: Highlights.* http://cfapp1-docs-public.undp.org/eo/evaldocs1/uneg_2006/eo_doc_562044935.doc.

Weiss, Carol. *Evaluating Capacity Development: ExperienCES from Research and Development Organizations around the World.* http://www.agricta.org/pubs/isnar2/ECDbood(H-ch7).pdf.

부 록

OECD DAC
개발평가 네트워크
: 주요 용어 및 기준

개발평가 네트워크(The Network on Development Evaluation)는 OECD DAC의 하위 기관이다. 개발평가 네트워크는 엄밀하고, 독립적이고 유용한 평가가 이루어지도록 지원함으로써 국제개발 프로그램의 효과성을 제고하는 데 목적을 둔다. 본 네트워크는 호주, 오스트리아, 벨기에, 캐나다, 덴마크, 유럽연합 집행위원회, 핀란드, 프랑스, 독일, 그리스, 아일랜드, 이탈리아, 일본, 룩셈부르크, 네덜란드, 뉴질랜드, 노르웨이, 포르투갈, 스페인, 스웨덴, 스위스, 영국, 미국, 세계은행(World Bank), 아시아 개발은행(Asian Development Bank), 아프리카 개발은행(African Development Bank), 미주 개발은행(Inter-American Development Bank), 유럽부흥개발은행(European Bank for Reconstruction and Development), UN개발프로그램(UNDP), 국제통화기금(IMF) 등 30개의 양자 공여국과 다자간 개발기관으로 구성된다.

♟ 소개

DAC 개발평가 네트워크는 OECD 회원국 개발원조기관의 평가 담당자와 전문가의 국제협의체이다. 개발평가 네트워크는 엄밀하고, 독립적이고 유용한 평가가 이루어지도록 지원함으로써 국제개발 프로그램의 효과성을 증진하는 데 목적을 두고 있다. 개발평가 네트워크는 개발원조위원회(Development Assistance Committee: DAC)의 산하 기관이다.

개발평가 네트워크 임무의 핵심은 개발평가를 위하여 국제적으로 합의된 규범과 기준을 개발하는 것이다. 이를 바탕으로 평가정책을 운용하고 평가를 수행하며, 원조효과성을 위한 파리 선언에서 약속한 바와 같이 원조 조화를 도모할 수 있다. 규범과 기준은 경험에 기반을 두고 수립하여, 개발환경의 변화에 발맞춰 진화해왔다. 이 규범과 기준은 우수한 품질의 평가를 통해 개발 성과를 입증하려는 노력을 바른 방향으로 이끄는 국제적인 기준이 된다.

이 장에 요약해 제시하는 규범과 기준은 각 평가의 목적과 상황에 맞게 신중하게 적용해야 한다. 아래 DAC의 개발평가 웹사이트에서 전체 내용을 참조하기 바란다.

www.oecd.org/dac/evaluationnetwork

평가 관련 주요 용어의 개념은 『평가 및 성과중심관리 용어 사전(Glossary of Key Terms in Evaluation and Results Based Management)』*에서 소개되었다. 용어사전은 평가 개념의 이해를 돕는 유용한 자료로서 아랍어, 중국어, 네덜란드어, 영어, 프랑스어, 이탈리아어, 일본어, 러시아어, 포르투갈어, 한국어, 스페인어, 스웨덴어, 터키어로 번역되어 참고할 수 있다.

평가의 정의

평가는 현재 진행 중이거나 완료된 프로젝트, 프로그램 또는 정책에 대해 설계와 내용, 성과를 체계적이고 객관적으로 측정하는 것이다.

평가의 목적은 적절성, 효율성, 효과성, 파급성, 지속 가능성을 파악하는 것이다. 평가는 신뢰할 수 있고 유용한 정보를 제공할 수 있어야 하며, 평가를 통해 도출한 교훈을 수원국과 공여국의 정책결정 과정에 반영해야 한다.

또한 평가는 프로젝트, 프로그램 또는 정책의 가치와 중요성을 판단할 수 있는 근거를 제시해야 한다.

♟ 평가를 위한 규범 및 기준 개발

1991년에 OECD DAC이 채택한 개발원조평가를 위한 원칙(Principles for evaluation of development assistance)(Part 1에서 요약)은 평가 네트워크의 평가 접근의 핵심을 이룬다. 이 원칙은 개발기관의 평가 시스템의 관리와 제도에 초점을 두고 있다.

---

* 원문인 "Glossary of Key Terms in Evaluation and Results Based Management"는 2010년 KOICA가 번역했음(옮긴이 주).

1998년에 DAC 회원국은 평가원칙에 대한 검토(Review of the evaluation principles)를 통해 평가원칙의 유용성에 대한 이해와 원칙의 이행에 큰 진전을 이루었다는 점을 보고했다. 이 기본적인 평가원칙은 개발평가에 중요한 기준을 제시할 뿐만 아니라, DAC 회원국들이 유일하게 합의한 개발 성과 측정 메커니즘인 DAC 동료검토의 기반으로 기능하고 있다. 한편 이 검토과정에서 평가원칙이 더욱 발전하기 위해 조정과 더욱 세분화된 지침이 요구되는 부분이 강조되었다.

개발원조평가를 위한 DAC 기준(DAC criteria for evaluating development assistance)(Part II에서 제시)은 평가 원리를 기반으로 하여 개발평가에 적용될 수 있는 유용한 안내 역할을 한다.

8년에 걸친 동료검토를 통해 2006년에 발표된 회원국들의 평가 정책과 실무의 분석 결과는 평가 시스템과 활용: 동료검토와 평가를 위한 도구(Evaluation Systems and Use: A Working Tool for Peer Reviews and Assessments)(Part III)의 개발로 이어졌다. 이 문서는 평가기관으로서의 강력한 평가 기능의 핵심요소와 그 원칙을 구현하는 방법을 제시한다.

규범적 프레임워크의 개발에서 가장 최근의 진전은 평가 품질 기준(Evaluation quality standards)(Part IV에 초안이 제시되어 있음)의 수립이다. 이는 평가과정과 산출물에 대해 지침을 제시하는데, 3년간의 시범 적용을 거쳐 2009년에서 2010년에 완료될 것이다.

이 외에도, OECD DAC 회원국은 개발평가 분야에 대한 구체적인 가이드라인의 필요성을 인식하고 있다. 이러한 평가 관련 규범이 수립되고 평가 경험이 축적되면서 다양한 평가 분야에 대한 가이드라인이 개발되고 있다. 이 중 가장 중요한 가이드라인이 Part V에서 소개된다.

♟ Part I: 개발원조 평가를 위한 DAC 원칙

1991년 OECD DAC 고위급 회담(High level meeting)에서 채택된 평가원칙은 1992년에 효과적인 원조를 위한 DAC 원칙(DAC Principles for effective aid)으로 발간되었다. 주요 내용은 아래와 같다.

1) 중점사항

이 원칙은 원조관리 과정에서 원조 평가의 역할에 대한 일반적인 가이드라인을 제공한다.

- 원조기관은 평가의 역할과 책임에 대한 명확한 개념을 바탕으로 내부 평가 체계와 평가정책을 확보해야 한다.
- 평가과정은 정책 결정 및 개발 원조의 집행과 관리 과정으로부터 공정하고 독립적이어야 한다.
- 평가과정은 평가결과와 함께 가능한 공개해 널리 사용될 수 있어야 한다.
- 평가가 유용하기 위해서는 평가 결과가 충분히 활용되어야 한다. 이를 위해서는 정책 결정자와 직원 모두가 평가결과를 공유해야 한다.
- 원조평가에서 수원국과의 파트너십 및 공여국 간의 협업은 필수적이다. 수원기관의 역량을 강화하고 행정적인 부담을 완화한다는 점에서 중요하다.
- 평가는 개발 프로젝트 또는 프로그램을 계획하는 단계부터 주요 요소로 고려해야 한다. 개발 프로젝트 또는 프로그램이 달성하고자 하는 목표를 명확하게 확인하는 것이 객관적인 평가를 위한 필수 조건이다(4번째 문단).

2) 평가의 목적

평가의 주요 목적은 다음과 같다.

- 평가를 통한 교훈을 바탕으로 향후 원조 정책, 프로그램, 프로젝트를 개선한다.
- 대중에게 정보를 제공하는 것을 포함해 국민에 대한 책임성을 확보한다.

성공사례뿐만 아니라 실패사례에 대한 평가를 통해 가치 있는 정보를 생성해, 미래의 원조 프로그램과 프로젝트를 향상시킬 수 있다(6번째 문단).

3) 공정성과 독립성

평가 절차는 정책 결정과 개발 원조 관리 과정으로부터 공정하고 독립적이어야 한다(11번째 문단).

공정성은 평가의 신뢰성 확보와 조사 및 분석 결과, 결론의 왜곡을 방지하는 데 기여한다. 독립성은 평가에 정당성을 제공하고, 정책 결정자 및 관리자가 자신의 활동을 스스로 평가할 때 발생할 수 있는 이해의 충돌 가능성을 감소시킨다(12번째 문단).

평가기능을 개발원조의 계획 및 관리단계로부터 분리함으로써 공정성과 독립성을 확보할 수 있다. 즉, 평가를 담당하는 부서를 기관의 대표 또는 이사회 직속으로 독립적으로 설치하여, 그 결과를 직접 보고하도록 한다. 평가부서가 그 부서가 소속되어 있는 프로그램 관련 의사결정을 담당하는 해당 기관의 중앙부서, 고위급 위원회에 평가결과를 보고하는 경우, 이 과정에서 평가과정과 결과가 방해받지 않도록 주의해야 한다. 어떠한 접근법이 선택되든 평가결과와 정책 결정, 프로그램 관리와의 연계를 강화할 수 있어야 한다(16번째 문단).

4) 신뢰성

평가의 신뢰성은 평가자의 전문성과 독립성, 평가 절차의 투명성 정도에 따라 달라진다. 신뢰성 확보를 위해서는 성공뿐만 아니라 실패사례도 보고할 수 있어야 한다. 평가의 신뢰성과 책임성을 확보하기 위해 수원국도 평가에 참여해야 한다(18번째 문단).

평가 과정의 투명성은 신뢰성과 정당성에 매우 중요하다(20번째 문단).

5) 유용성

의사 결정에 영향을 미치기 위해 평가 결과는 적절하고 유용한 것으로 인식되어야 하고, 명확하고 간결한 방법으로 제시되어야 한다. 또한 개발협력의 다양한 이해관계자의 서로 다른 이해와 요구를 반영해야한다. 평가 결과에 대한 접근성 또한 그 유용성을 높이는데 매우 중요하다(21번째 문단).

평가 결과를 의사결정 과정에 활용하기 위해서는 적절한 시기에 제시되어야 한다. 즉 평가는 프로젝트의 여러 단계에서 중요한 역할을 하며, 프로젝트 종료 후 사후적으로만 수행되지 않도록 해야 한다는 것을 의미한다. 진행 중인 프로젝트 활동에 대한 모니터링은 관리자의 책임이다. 모니터링을 계획하는 데 독립적인 평가자가 지원함으로써 모니터링을 개선할 수 있다(22번째 문단).

6) 공여국과 수원국의 참여

가능한 한 공여국과 수원국 모두 평가 과정에 참여해야 한다. 평가 결과는 양쪽 모두에 관련이 있기 때문에, 양국의 모든 주요 이슈를 평가를 통해 다뤄야 하며, 해당 프로젝트의 효과성과 파급성에 대한 양국의 관점을 모두 반영해야 한다. 평가의 공정성과 독립성의 원칙은 양국에 동일하게 적용된다. 수원국과 공여국의 참여와 공정성은 평가의 품질을 향상시킬 수 있고, 프로젝트 종료 후 수원국이 전적으로 책임을 맡게 되기 때문에 지속가능성을 개선할 수 있다(23번째 문단).

때로는 해당 프로젝트로부터 영향을 받는 그룹의 관점이 평가에서 중요한 부분을 차지하기도 한다(24번째 문단).

관련된 모든 당사자가 평가에 참여함으로써 학습의 기회로 활용할 수 있고, 수원국의 역량 강화에 기여할 수 있다.

7) 공여국 간의 협력

원조 공여국 간의 협력은 서로 학습하고 노력의 중복을 방지하기 위해 필수로 요구된다. 평가 방법론을 발전시키고, 평가보고서와 정보를 공유하며, 평가결과에 대한 접근성을 높이기 위해 공여국 간의 협력을 장려해야 한다. 공여국과의 공동평가는 서로의 평가 절차와 접근법을 이해하고 수원국의 행정 부담을 경감시키기 위해 활성화되어야 한다. 공동평가의 계획을 실천하기 위해 공여국들은 서로의 평가계획을 체계적으로 교환해야 한다(26번째 문단).

8) 평가 프로그래밍

전반적인 평가계획은 개발기관에서 수집해야 한다. 평가계획을 수립하는데, 평가 대상이 되는 다양한 활동을 적절한 범주로 분류한다. 그 범주 중에서 우선순위를 선정하고, 일정을 수립해야 한다(27번째 문단).

개발원조 기관은 평가 과정에 대한 가이드라인과 기준을 마련해야 한다. 이를 통해 평가방향을 이끌고, 평가수행 및 평가결과 보고 시 필요한 사항을 정립한다(31번째 문단).

9) 평가 기획 및 실행

평가계획과 평가범위를 수립할 때는 다음과 같은 활동이 필요하다.

- 평가의 목적과 평가의 범위를 선정한다.
- 평가에서 사용된 방법론을 기술한다.
- 평가 대상 프로젝트 및 프로그램 선정 기준을 확인한다.
- 평가 시행에 필요한 자원과 시간을 파악한다(32번째 문단).

종종 평가의 이슈라 일컫는, 평가를 통해 답을 모색할 평가 질문을 확인하는 것이 중요하다. 이를 통해 평가의 프레임워크를 마련하고, 평가의 결론과 제언사항의 기반을 제시한다.

10) 결과 보고 및 환류

평가결과는 명확하게 보고해야 한다. 가능한 한 기술적인 용어의 사용을 피하고 평가요약, 평가대상의 개요, 평가방법에 대한 설명, 주요 발견사항, 교훈, 결론 및 제언사항을 포함하여 작성한다(39번째 문단).

평가결과를 바탕으로 한 피드백은 과거와 미래 활동의 연결고리가 된다는 점에서 평가과정에서 매우 핵심적이다. 향후 정책과 프로그램 개발에 평가 결과를 활용하기 위해서는 모든 관련 부서가 참여하는 피드백 체계를 마련해야 한다. 즉 평가위원회, 세미나, 워크숍, 자동화 시스템, 보고 및 환류절차가 있어야 한다. 네트워킹 및 내부 커뮤니케이션과 같은 비공식적인 방법을 통해 아이디어와 정보를 공유할 수 있다. 평가 결과 환류를 효과적으로 운용하기 위해서는 고위급 차원의 지원과 적정 수준의 인력과 예산자원이 필요하다(42번째 문단).

♟ 개발원조 평가를 위한 DAC 원칙 검토

1998년에 원조평가 작업반(현재 DAC 개발평가 네트워크의 전신)의 회원국은 개발원조 평가를 위한 DAC 원칙(DAC Principles for Evaluation of Development Assistance)을 적용하면서 겪은 경험에 대해 검토했다. 평가원칙이 어떻게 활용되는지 확인하고 그 영향 및 유용성, 적절성을 검토해 제언사항을 도출했다. 이를 통해 평가원칙을 구현하기 위한 노력을 확인하고, 이 문서의 II-V장에서 제시된 바와 같은 후속작업에 대한 방향을 수립했다. 검토결과는 평가자와 평가결과의 사용자로부터 도출한 제언사항을 포함하고 있다.

이 검토결과는 개발협력의 평가가 발전하고 있고 초점이 변화되고 있음을 보여준다. 이 네트워크의 회원국은 각 국가의 개발평가 기관/부서가 원조효과성에 보다 초점을 맞춘 새로운 역할을 할 수 있도록 조직개편을 단행했다. 또한 평가부서들은 전통적인 프로젝트 평가로부터 프로그램, 섹터(분야), 주제, 국가별 평가로 그 방향을 전환했다. OECD 회원국의 개발원조 결과에 대한 관심이 증가하고, 개발도상국에서도 평가체계와 노력이 자리 잡기 시작했다는 점도 확인했다.

대부분의 회원국이 개발평가를 위한 DAC 평가원칙을 우수한 수준으로 준수하고 있다는 점을 확인했다. 또한 이 평가원칙이 평가 시행과 평가부서의 재편에 유용하고 적절한 지침을 제시했다고 밝혔다. 이에 따라, 해당 평가원칙이 여전히 타당하다는 결론을 도출했다.

그럼에도, 평가원칙을 일부 보완하고 주요 분야에 대한 가이드라인(예를 들어 우수 또는 미흡 사례)이 강화되어야 한다는 점이 제기되었다. 파트너십을 확보하기 위해 요구되는 협력과 독립성 사이의 균형의 관리, 피드백과 의사소통의 증진, 평가문화 조성, 공동평가 시행, 파트너십 도모, 인도주의적 원조 평가 방안 등이 이에 포함된다.

♟ PART II: 평가기준

개발협력 프로그램과 프로젝트를 평가할 때, 개발원조 평가를 위한 DAC 원칙에 제시된 다음 기준을 참고하도록 한다.

1) 적절성

원조 활동이 수혜그룹, 수원국 및 공여국의 개발 우선순위와 정책에 부합하는 정도를 의미한다.

프로그램이나 프로젝트의 적절성을 평가하는 과정에서 다음 질문을 활용한다.

- 프로젝트의 목표가 현재까지 얼마나 유효한가?
- 프로젝트의 활동과 산출물은 프로젝트의 중장기적 목표와 일관성 있게 설계되었는가?
- 프로젝트의 활동과 산출물은 프로젝트의 파급효과와 영향과 일관성 있게 설계되었는가?

2) 효과성

원조 활동이 어느 정도로 그 목표를 달성했는지를 측정한다.

프로그램이나 프로젝트의 효과성을 평가하는 과정에서는 다음 질문이 사용될 수 있다.

- 목표가 얼마나 달성되었는가 또는 달성될 수 있는가?
- 목표를 달성하는 데 기여한 또는 기여하지 못한 요소는 무엇인가?

3) 효율성

효율성은 산출물(질적/양적)과 투입요소와의 관계를 측정한다. 경제적인 측면에서 최소한의 비용으로 목적을 달성하기 위한 가능성을 측정하는 것이다. 일반적으로 같은 산출물을 도출하는 데 대안이 되는 요소들과의 비교를 통해 평가한다.

프로그램이나 프로젝트의 효율성을 평가하는 과정에서는 다음 질문이 사용될 수 있다.

- 프로젝트 활동은 비용 효율적이었는가?
- 프로젝트 목표는 일정에 맞춰 달성되었는가?
- 프로젝트는 다른 대안과 비교할 때 가장 효율적인 방식으로 수행되었는가?

4) 영향력/파급효과

개발활동이 초래한 긍정적/부정적 변화, 직접적/간접적, 의도한/의도하지 않은 변화를 의미한다. 이는 지역사회, 경제, 환경 등에 미치는 개발활동의 결과와 영향을 의미한다. 해당 지역에서 나타난 무역이나 재정상황의 변화 등과 같이 개발활동이 의도하지 않았거나 부정적으로 나타난 효과 모두를 다루어야 한다.

프로그램이나 프로젝트의 영향력을 평가할 때, 다음 질문을 활용한다.

- 프로그램이나 프로젝트의 결과로 어떠한 일이 일어났는가?
- 수혜자집단에 실제로 어떤 차이가 나타났는가?
- 프로젝트의 영향을 받은 사람들의 규모는 어느 정도인가?

5) 지속가능성

지속가능성이란 대상 프로젝트 또는 프로그램이 종료된 후에도 일정 기간 동안 그 긍정적 효과가 지속되는 정도를 의미한다. 프로젝트는 환경적으로나 재정적으로 지속 가능해야 한다.

프로그램이나 프로젝트의 지속가능성을 평가할 때, 다음 질문을 활용한다.

- 공여국의 지원이 종료된 후에 프로그램이나 프로젝트의 효과가 얼마나 지속될 수 있는가?
- 프로그램이나 프로젝트의 지속가능성을 결정하는 데 가장 주요한 영향을 끼치는 요소는 무엇인가?

♟ PART III: 평가 시스템과 활용: 동료검토와 평가를 위한 작업도구

이 프레임워크는 평가기능을 강화하고 책임성을 확보하기 위해 2006년에 개발된 후, 8년간의 검토를 거쳐 완성되었다. 이는 개발원조 기관의 평가 역량을 강화하고 투명성과 책임성 개선을 지원하기 위해 고안되었다. 또한 평가에 대한 동료검토를 염두에 두고, 원조기관의 평가 개선을 위한 관리 방안으로서 개발되었다.

1) 평가정책: 평가부서의 역할, 책임성과 목표

- 정부부처/원조기관은 평가 정책을 보유하고 있는가?
- 그 정책은 원조기관 내에서의 평가 부서의 역할, 거버넌스 및 지위를 기술하고 있

는가?

- 전체 개발협력 프로그램에 걸쳐 평가가 이루어지는가?
- 평가 정책상, 평가가 학습과 책임성 개선에 어떻게 기여하는가?
- 기관 내에서 평가와 감사의 관계는 어떠한가?
- 두 개 혹은 그 이상의 원조기관이 있는 경우, 각 평가 부서의 역할은 어떻게 조율되는가?

▶ 평가정책이 기관 내에서 잘 알려지고 실행되고 있는가?

2) 평가의 공정성, 투명성 및 객관성

- 평가 부서와 평가 과정의 독립성은 얼마나 보장되어 있는가?
- 평가 부서의 독립성을 강화하거나 저해하는 요인은 무엇인가?
- 평가 부서는 원조 프로그램의 성공 및 실패 사례를 밝히고 있는가?
- 평가 과정은 신빙성과 정당성을 확보할 수 있을 만큼 투명한가? 평가결과는 발표되는가?

▶ 기관 내부와 외부의 비 평가관리자는 평가과정과 보고서가 공정하다고 인식하는가?

3) 평가의 재원 및 인력

- 평가를 위해 적절한 수준의 예산과 인적 자원이 지원되는가?
- 평가 부서를 위한 별도 예산을 가지고 있는가? 그렇다면, 단년도 또는 다년간 예산인가? 평가결과의 활용, 환류 및 평가 지식의 관리 증진을 위한 활동이 예산에 포함되는가?
- 직원들은 평가에 대한 전문지식을 가지고 있는가? 그렇지 않을 경우, 이들을 위한 훈련 프로그램이 있는가?

- 컨설턴트 채용에 대하여 자격요건, 공정성, 의무사항 등에 대한 정책이 있는가?

4) 평가의 파트너십 및 역량강화

- 수혜자들은 평가 과정에 어느 정도 참여하고 있는가?
- 개발원조기관은 현지의 평가자를 얼마나 활용하고 있는가?
- 개발원조기관은 파트너가 이끄는 평가에 참가하는가?
- 평가부서는 수혜국의 평가 관련 역량 강화 프로그램을 지원하는가?
  - ▶ 수원국/수혜자/지역NGO가 원조기관/공여국의 평가과정과 결과의 품질, 독립성, 객관성, 유용성, 파트너십에 대하여 어떻게 인식하는가?

5) 평가의 품질

- 평가 부서는 평가의 품질(보고서와 과정을 포함)을 어떻게 관리하는가?
- 개발원조기관은 평가 가이드라인을 보유하고 있는가? 이해관계자들이 이 가이드라인을 활용하고 있는가?
- 평가보고서의 품질을 평가하고 개선하기 위한 기준을 개발해 적용하고 있는가?
- ▶ 개발원조 기관 내에서 평가결과/과정의 품질은 어떻게 평가되고 있는가?

6) 평가의 기획, 조율 및 조화

- 원조기관은 평가에 대한 다년간의 계획을 가지고 있는가?
- 평가계획은 어떻게 개발되는가? 원조 기관 내에서 누가, 어떻게 우선순위를 파악하는가?
- 복수의 기관이 ODA 기획과 집행에 참여하는 경우, 평가의 기능은 어떻게 조직되는가?

- 평가부서는 평가 활동에서 다른 공여국과 협력하는가?
- 현장에서의 평가 활동은 어떻게 조율되는가? 평가에 대한 권한이 기관 본부에 있는가, 지역사무소에 있는가?
- 평가부서는 공동평가에 참여하는가?
- 평가 부서/개발원조 기관은 기타 기관의 평가 정보를 활용하는가?
- 다자원조의 효과성을 어떤 방식으로 평가하는가? 얼마나 다자기관의 평가 시스템을 활용하는가?

7) 평가결과의 공유, 환류, 지식관리 및 학습

- 평가 결과는 어떻게 공유하는가? 보고서 이외에, 다른 수단(평가결과에 대한 언론 보도, 기자회견, 연차보고서 등)이 사용되는가?
- 평가 결과를 정책 결정자, 프로젝트 관리부서 및 일반 대중에게 어떻게 알리는가?
- 직원 및 관련 이해관계자들이 평가결과에 접근할 수 있도록 어떤 메커니즘이 있는가?
- ▶ 기관 직원들은 평가를 '학습 도구'로서 인식하는가?

8) 평가의 활용

- 대내외적으로 평가결과의 주요 사용자는 누구인가?
- 평가는 국회, 감사원, 정부 및 일반 대중의 정보 수요에 대응하는가?
- 평가 결과 및 제언사항의 후속조치 및 실행을 위한 시스템이 있는가?
- 원조기관/부처는 평가결과에 대해 이해관계자(주요결정자, 자문단 등)의 후속조치를 어떻게 장려하는가?
- 정책 수립 시 평가결과를 활용하도록 의사 결정과정에 연결되어 있는가?
- 최근 평가 결과 및 제언사항으로 인한 주요 프로젝트 및 정책 변화 사례가 있는가?

- 평가 결과가 책임성 강화에 기여한 사례가 있는가?

▶ 평가의 유용성과 영향력에 대한 비평가자(프로젝트 기획 및 관리부서, 현장 사무소 등)의 인식은 어떠한가?

♟ Part IV: DAC 평가품질기준

2006년에 DAC 평가품질기준안이 최초로 수립되었으며, 3년간의 시범적 용기간을 거쳐 2009년에 최종본이 확정되었다.

이 기준은 DAC의 개발협력 평가원칙을 준수하고, 평가의 공정성과 독립성, 신뢰성과 유용성을 확보하도록 지원한다. 개발원조 기관 차원의 평가 시스템 관리에 초점을 두고, 평가수행과 보고서에 대한 지침을 제공한다. 이 기준은 양질의 평가과정과 평가결과를 도출하기 위해 중요한 핵심사항을 제시함으로써, 개발평가의 품질 향상을 목적으로 한다. 모든 평가에 적용할 수는 없겠지만 가능한 한 폭넓게 적용해야 한다.

1) 평가의 목적과 목표

(1) 평가의 근거
평가가 왜, 누구를 위해 수행되는지, 왜 이 시점에 수행되어야 하는지를 설명한다.

(2) 평가의 목표
평가의 목표는 학습과 책임성 확보이다. 예를 들어 다음 사항이 평가의 목적이 된다.

- 원조정책 및 절차, 기술의 향상
- 프로젝트/프로그램의 지속 및 중단 여부를 결정
- 이해관계자와 납세자를 대상으로 원조활동의 성과에 대해 보고

(3) 평가의 목적

평가의 목적은 평가가 달성하고자 하는 목적을 의미한다.
예를 들어 다음과 같다.

- 개발행위의 결과(**산출물, 결과, 영향**)를 확인하고 효과성과 효율성, 적절성을 측정
- 특정 정책과 프로그램에 대한 평가결과와 결론, 제언을 제공

2) 평가범위

(1) 평가의 범위

평가의 범위는 평가에서 다루고자 하는 내용, 평가예산, 평가기간, 지리적 범위, 평가결과의 사용자 및 기타 요소 등을 고려해 결정된다.

(2) 프로젝트/프로그램 논리 및 결과

평가보고서는 대상 프로젝트/프로그램의 논리와 투입, 활동, 산출물, 영향의 각 단계별 성과를 평가한다.

(3) 평가기준

평가보고서는 적절성, 효과성, 효율성, 영향력 및 지속가능성 등 DAC 5대 기준을 준용한다. 이 평가기준을 명백하게 정의한다. 만약 어느 기준을 포함하지 않는다면, 그 이유와 새로운 기준으로 대체하는 경우 그 기준에 대해 설명한다.

(4) 평가질문

평가팀이 평가대상을 충분히 평가했는지 독자들이 평가할 수 있도록 모든 평가질문을 평가보고서에서 기술해야 한다.

3) 배경

(1) 개발 및 정책 환경

평가보고서는 대상 프로젝트/프로그램 관련 정책적 배경, 수원기관 및 공여기관의 정책, 목표와 전략을 서술해야 한다. 개발환경은 대상 지역 및 국가 경제와 개발수준 등을 의미하고, 정책 환경은 빈곤감소전략, 성평등, 환경보호와 인권 정책 등을 일컫는다.

(2) 제도적 환경

평가보고서는 제도적 환경과 관련 이해관계자를 분석함으로써, 대상 프로젝트/프로그램에 미치는 영향을 분석한다.

(3) 사회·정치적 환경

평가보고서는 수혜지역의 사회·정치적 환경과 대상 프로젝트/프로그램의 성과와 파급효과에 미친 영향을 서술한다.

(4) 추진체계

평가보고서는 공여국 및 주요 파트너를 포함한 대상 프로젝트/프로그램의 추진체계를 소개한다.

4) 평가 방법론

(1) 방법론 설명
평가보고서는 평가 방법론과 사용절차를 설명하고, 그 방법의 타당성과 신뢰성을 설명한다. 또한 평가의 독립성에 미치는 영향을 포함하여, 평가방법의 모든 한계를 서술해야 한다. 데이터를 수집하고 처리하는 과정에서 사용되는 방법과 기술을 설명하고, 선택된 방법의 정당성 및 한계와 단점을 설명한다.

(2) 성과 평가
성과를 평가하기 위한 방법을 구체적으로 제시하고, 대상 프로젝트/프로그램으로 인한 변화와 그 관계에 영향을 미친 요인을 설명한다. 성과 평가의 기반으로 지표를 사용하는 경우, 해당 지표는 SMART(Specific: 구체적이고/Measurable: 측정 가능하고/Attainable: 달성 가능하고/Relevant: (측정 대상과) 연관되어 있고/Time bound: 시의적절하다)해야 한다.

(3) 이해관계자
이해관계자는 평가 이슈를 확인하고 평가에 필요한 정보를 제공하기 위해 평가과정에 참여된다. 공여국 및 수원국 모두 주요 이해관계자로 고려되어야 한다. 평가보고서는 평가 시 참여한 이해관계자, 그 선정 기준과 참여사항을 설명한다. 일부의 이해관계자만 참여한 경우, 그 선정 기준과 방법을 함께 설명한다.

(4) 표본추출
평가보고서는 표본추출 방법과 표본의 대표성에 대한 한계점을 명확히 설명한다.

(5) 평가팀

평가팀은 평가기술과 배경지식, 성별, 경력 등에서 다양하게 구성해야 하며, 관련 국가 및 지역의 전문가를 포함해야 한다.

5) 정보출처

(1) 정보의 투명성

평가보고서는 정보(문헌, 응답자 등)의 출처를 상세하게 밝혀 정보의 적절성을 판단할 수 있도록 해야 한다. 참여자의 개인정보 보호를 침해하지 않는 수준에서 인터뷰 대상자와 관련 문서 목록을 작성해 포함시켜야 한다.

(2) 정보출처의 안정성 및 정확성

평가는 다양한 방법과 출처를 사용하여 데이터의 정당성을 검증하고 비판적으로 평가한다.

6) 독립성

(1) 이해관계자로부터의 평가자 독립성

평가보고서는 평가 의뢰기관의 정책, 운영 및 관리기능, 프로젝트/프로그램의 집행기관 및 수혜자로부터 평가자가 어느 정도 독립성을 확보했는지 설명해야 한다. 이와 관련해 발생할 수 있는 충돌은 공개적이고 정직하게 다루도록 한다.

(2) 자유롭고 공개된 평가과정

평가팀은 자유롭고 간섭 없이 평가할 수 있어야 하고, 이를 위한 관련 데이터에 대한 접근성과 협력이 보장되어야 한다. 평가보고서는 평가 과정에 영향을 미칠 수 있는 모든 장애물을 설명해야 한다.

7) 평가윤리

(1) 전문적이고 윤리적인 방식으로 평가 수행

젠더, 신념, 태도 및 모든 이해관계자의 관습을 민감하게 인지하고 존중해 평가를 시행해야 한다. 또한 평가 참여자의 권리와 복지의 보호를 보장해야 한다. 요청이 있는 경우 또는 법률상 필요한 경우, 개인정보는 철저히 보호되어야 한다.

(2) 평가팀 내 의견 불일치 인정

평가팀 구성원은 특정 판단과 권고로부터 자신을 해리(解離)할 수 있는 기회를 가져야 한다. 팀 내에서 의견이 불일치된 상황은 보고서에서 인정되어야 한다.

8) 품질보증

(1) 이해관계자의 의견 반영

평가 결과, 결론, 제언사항과 도출한 교훈에 대해 이해관계자들이 언급할 수 있는 기회가 주어져야 한다. 평가보고서는 이러한 의견을 반영하고 의견의 차이를 인정해야 한다. 입증 가능한 사실에 대한 분쟁이 있는 경우 다시 조사를 실시하고, 필요 시 초안을 수정해야 한다. 의견이나 해석의 차이가 있는 경우 참여자의 권리와 복지가 충돌하지 않는 범위에서 이해관계자의 의견의 차이를 보고서 첨부자료로 제시한다.

(2) 품질관리

품질관리는 전체 평가 과정에서 이루어져야 한다. 평가범위 및 복잡성에 따라 품질관리를 내부 또는 외부에서, 동료검토 또는 자문단을 통해 수행한다. 품질관리는 평가자의 독립성의 원칙을 준수해야 한다.

9) 평가결과의 관련성

(1) 평가결과의 형성

평가결과는 평가 대상과 평가 목표에 부합해야 한다. 평가결과는 평가질문 및 데이터 분석과 일치하도록 제시되어야 하며, 결론을 뒷받침하는 근거를 제시해야 한다. 만약 평가 대상이 계획에서 변경된 경우, 그 점을 충분히 설명해야 한다.

(2) 할당된 시간과 예산 내 평가 시행

평가결과는 평가의 목적에 따라 적시에 이용 가능하도록 시행하고 보고한다. 평가기간이나 예산과 관련한 예상치 못한 변경 사항이 있다면 이 역시 보고서에 기재되어야 한다. 계획 및 실제 평가 과정과 결과의 차이도 설명되어야 한다.

(3) 제언과 교훈

제언과 교훈은 평가결과의 사용자에게 적합하고, 사용자가 실행 가능한 범위에서 제시되어야 한다. 제언은 실행 가능한 제안이어야 하고, 교훈은 유사 프로젝트/프로그램에도 적용 가능해야 한다.

(4) 평가의 활용

평가결과에 대한 인정과 평가에 따른 후속 조치가 필요하다. 평가결과에 대한 접근성 보장을 위해 평가결과의 체계적인 확산, 보관 및 관리가 요구된다.

10) 평가의 완전성

(1) 평가질문에 대한 답을 모색

평가보고서는 평가범위에서 제시된 모든 평가질문에 대해 답을 제시해야 한다. 그렇지 못한 경우, 그 이유를 명확히 설명해야 한다.

(2) 분석의 명확성

분석은 논리적 흐름에 따라 구성되어야 한다. 자료와 정보의 제시와 분석이 체계적으로 이루어져야 한다. 분석결과 및 결론을 명확하게 제시하고 자료와 정보의 분석으로부터 논리적으로 전개되어야 한다.

(3) 결론과 제언, 교훈의 분리

평가결과와 결론, 제언사항을 명확하게 구분하여 제시해야 한다. 평가는 결론과 제언사항, 교훈을 논리적으로 구분해 제시한다. 결론은 평가 결과로 뒷받침되고, 제언사항과 교훈은 결론으로부터 도출된다.

(4) 명확한 요약

평가보고서는 요약문을 포함한다. 요약은 보고서의 개요와 주요 결론, 제언사항, 교훈 등을 포함한다.

♟ Part V: 관련 가이드라인

개발평가 분야에 대한 구체적인 가이드라인의 필요가 높아짐에 따라, 평가 경험을 토대로 다수의 가이드라인이 개발되었다. 이 중 일부를 아래와 같이 소개한다.

1) 「분쟁예방 및 평화구축 활동에 대한 평가 가이드라인: 시범 적용을 위한 초안(Guidance on evaluating conflict prevention and peacebuilding activities: Working draft for application period)」(OECD, 2008)

이 가이드라인은 분쟁예방과 평화구축 활동 평가의 과제와 우수사례를 소개한다.

분쟁예방과 평화구축을 위한 원조 지원이 증가하면서, 그 성과와 실패의 이유에 대한 관심이 높아지고 있다. 이 지침은 분쟁예방과 평화구축 프로젝트, 프로그램 및 정책의 평가에 방향을 제시하며 이러한 질문에 답하고자 한다. 체계적인 학습과정을 활성화하고 책임성을 강화해 궁극적으로 평화 구축 활동의 효과성을 개선해야 한다.

이 문서의 주요 내용은 다음과 같다.

- 공여국은 NGOs와 같은 파트너가 실시하는 활동을 포함하여, 분쟁예방과 평화구축 활동에 대해 체계적이고 우수한 수준의 평가를 실시해야 한다.
- 평가는 보다 우수한 설계를 기반으로 시행해야 한다.
- 관련 프로그램과 정책의 조화와 조율이 필요하다.
- 분쟁예방과 평화구축의 개념과 정의가 명확해야 한다.

2) 「공동평가 관리를 위한 가이드라인(Guidance for managing joint evaluations)」(OECD, 2006)

이 가이드라인은 공동평가 관리자들이 효과적으로 공동평가를 실시할 수 있도록 실무적인 지침을 제공한다. 「공동평가: 최근 사례와 교훈, 미래를 위한 제언(Joint Evaluations: Recent Experiences, Lessons Learned and Options for the Future)」과 「효과적인 공동평가 사례(Effective Practices in Conducting a Joint Multi-Donor Evaluations」(2000)에서 소개된 경험을 검토한 결과이다.

이 가이드라인은 다양한 이해관계자들이 평가과정에 넓은 폭으로 참여하는 참여적 평가가 아닌, 하나 이상의 다른 개발 원조기관이 공동으로 참여하는 평가에 대하여 초점을 둔다. 국제사회가 개발 효과성 개선을 위한 상호 책임성과 공동의 접근을 강조하는 현 시점에서는 이와 같은 다수의 공여국이나 기관 간의 협력적인 접근이 점차 유용하다.

공동평가는 다음과 같은 장점이 있다.

- 파트너 간의 상호 역량강화와 학습
- 참여와 주인의식 확보
- 업무 부담의 완화
- 평가결과의 당위성 확보
- 전체 평가 수의 감소, 파트너 국가의 행정비용 절감

이와 같은 장점이 있음에도, 공동평가는 별도의 비용과 과제를 생성해, 관련 공여기관에 상당한 부담을 줄 수 있다. 예를 들어 다양한 공여기관 간의 합의를 도출하고 조율 절차를 관리하는 데 많은 비용과 시간이 소모될 수 있다. 또한 복잡한 공동평가로 인해 평가시행이 지연되면서 평가결과의 적시성과 적절성에 영향을 줄 수도 있다.

3) 「효과적인 학습과 책임성을 위한 평가 피드백(Evaluation Feedback for Effective Learning and Accountability)」(OECD, 2001)

이 책은 다양한 평가결과의 환류 체계를 소개하고, 체계 개선을 위한 지침을 제시한다. 또한 평가 피드백과 관련 주요 이슈 및 평가 피드백이 직면한 도전과제와 해결 방안을 설명하고 있다.

주요 과제는 평가결과를 기관 내·외부의 다양한 독자들에게 전달하는 과정에 있다. 평가결과의 환류와 공유 활동은 평가의 주요 부분이며, 평가결과에 대한 효과적인 피드백을 통해 정책 입안자들에게 적절한 정보를 제공함으로써 개발정책 및 프로그램, 활동들을 개선하는 데 기여한다. 각 공여기관의 배경과 구조, 우선순위 등에 차이가 있기 때문에 이러한 가이드라인이 항상 적합하지는 않을 수 있다. 또한 평가결과의 사용자에 맞춰 접근법을 조정할 필요가 있다. 그러나 다양한 단계에서 다양한 분야의 활동이 요구된다.

평가 피드백의 개선을 위한 제안사항은 다음과 같다.

- 기관의 내·외부에서 학습과정이 어떻게 이루어지고 있는지, 이를 방해하는 요소는 무엇인지 파악하고 확인하는 절차를 거친다.
- 평가 피드백의 적절성과 적시성이 어떻게 개선될 수 있는지 평가하고, 이를 보장하기 위한 조치를 취한다.
- 다양한 독자/평가결과 활용자의 수요에 맞춰 어떻게 피드백 접근법을 개발할 수 있을지 전략적인 관점을 개발한다.
- 평가 활동에 파트너 국가의 이해관계자를 참여시킬 수 있는 방안을 모색한다.
- 조직 내(평가결과 및 다른 정보 포함) 학습을 위한 기회와 인센티브를 확대한다.

4) 「복잡한 위기상황에서의 인도적 지원에 대한 평가 가이드라인 (Guidance on evaluating humanitarian assistance in complex emergencies)」 (OECD, 1999)

이 가이드라인은 인도주의적 지원 프로그램 평가를 설계하고 관리하는 인력을 대상으로 지침을 제시한다.

역사적으로 일반 개발원조 활동보다 인도적 지원에 대해서는 평가가 충분히 이루어지지 않았다. 인도적 지원을 위한 ODA 비중이 증가하고 그 복잡성에 대한 인식이 증가함에 따라, 인도적 지원 평가를 위한 방법론 개발의 필요성 역시 계속해서 증가해왔다. 이 지침은 인도적 지원 분야에서 특별히 유의해야 하는 평가의 측면을 강조하는 '개발원조 평가에 대한 DAC 원칙'을 보완한다.

OECD DAC 개발평가 네트워크

개발협력의 평가 : 주요 용어와 기준의 요약

DAC 개발평가 네트워크의 핵심 구성요소는 개발평가를 위해 국제적으로 합의된 규범과 기준을 개발하는 것이다. 이러한 평가 정책과 실천을 공유하고 원조 효과에 대한 파리 선언의 약속에 맞춰 원조조화에 기여하기도 한다. 규범과 기준은 경험에서 비롯되어 개발되었고, 변화하는 원조 환경에 맞춰 오랜 기간에 걸쳐 개선되었다. 이 표준은 높은 수준의 평가를 통해 개발성과 개선에 기여할 수 있도록 국제 기준으로서의 역할을 한다.

여기에 제시된 규범과 기준들은 평가의 목적과 대상, 상황에 맞게 분별적으로 적용되어야 한다. 또한 이 요약들은 완벽한 평가 매뉴얼이 될 수 없으므로, DAC 개발평가 네트워크에서 열람 가능한 전문을 참조하기 바란다.

www.oecd.org/dac/evaluationnetwork.

찾아보기

지은이

린다 G. 모라 이마스(Linda G. Morra Imas)는

세계은행 그룹(World Bank Group)의 독립평가그룹 자문관입니다. IPDET(개발평가교육 프로그램)의 어머니로 널리 알려져 있으며, 공동 책임자를 맡고 있습니다. 전 세계를 누비며 모니터링과 평가에 대해 자문과 교육 활동을 해오고 있으며, 조지워싱턴 대학(George Washington University)과 칼튼 대학(Carlton University)의 겸임교수를 역임한 바 있습니다. 모라 이마스 박사는 1996년 세계은행 입사 후 수많은 평가를 이끌었습니다. 미국 회계감사원(US Government Accountability Office)의 선임 자문관을 역임했으며, 교육 및 고용 프로그램 관련 의회 위원회에 참여해 자문을 실시하기도 합니다.

레이 C. 리스트(Ray C. Rist)는

세계은행 그룹의 독립평가그룹 자문관이며 1997년 세계은행에 입사했습니다. 미국 정부의 행정 및 법무 분야에서 15년간 근무한 바 있으며, 코넬 대학(Cornell University), 존스홉킨스 대학(Johns Hopkins University), 조지워싱턴 대학(George Washington University) 등에서 교수직을 역임했습니다. 또한 리스트 박사는 1976~1977년간 독일 베를린의 막스플랑크 연구소(Max Planck Institute)의 선임 연구원으로 재직한 바 있습니다. 25권의 저서를 남기고 편집했으며, 135개 논문을 발표했고, 75개 이상의 국가에서 강의했습니다.

옮긴이

한국국제협력단(KOICA)　강지운 · 권새봄 · 라갑채 · 박소희 · 이상미 · 이지수 · 김유겸 · 원지영 · 장서희 · 한송이 · 이우정 · 전혜선 · 손송희 · 김양희 · 김수지 · 변지나 · 이재은

한국국제협력단(KOICA)은

개발도상국들에게 정부 차원의 개발원조를 제공하는 우리나라의 대외 공적개발원조 전담 실시기관입니다.

번역감수

한국국제협력단(KOICA)　이재은 · 한송이 · 변지나 · 조소희

한울아카데미 1877

개발협력 프로그램 평가의 설계와 실행

지 은 이 ┃ 린다 G. 모라 이마스, 레이 C. 리스트
옮 긴 이 ┃ 한국국제협력단(KOICA) 강지운·권새봄·라갑채·박소희·이상미·이지수·김유겸·원지영·장서희·
　　　　　 한송이·이우정·전혜선·손송희·김양희·김수지·변지나·이재은
번역감수 ┃ 한국국제협력단(KOICA) 이재은·한송이·변지나·조소희
펴 낸 이 ┃ 김종수
펴 낸 곳 ┃ 한울엠플러스(주)

초판 1쇄 발행 ┃ 2016년 10월 20일
초판 2쇄 발행 ┃ 2021년 4월 5일

주소 ┃ 10881 경기도 파주시 광인사길 153 한울시소빌딩 3층
전화 ┃ 031-955-0655
팩스 ┃ 031-955-0656
홈페이지 ┃ www.hanulmplus.kr
등록번호 ┃ 제406-2015-000143호

Printed in Korea.
ISBN 978-89-460-8058-4 93340

* 책값은 겉표지에 표시되어 있습니다.